▲ 近年来，汽车配件行业已发展成为柳江县工业支柱产业之一。图为汽配产业工人在奋战。

2003年，柳江县生产总值32.83亿元，增长17.03%，其中：第一产业增加值10.91亿元，增长2.60%；第二产业增加值13.81亿元，增长38.81%；第三产业增加值8.11亿元，增长7.48%；三次产业结构比例由上年的31.2：31.3：37.5调整为33.2：42.1：24.7。财政收入3.20亿元，增长19.45%；财政支出2.8亿元，比上年增长 17.62%；金融运行平稳，年末贷款余额10.7亿元，同比增长16.66%，居民储蓄余额15.43亿元，同比增长14.02 %。全社会固定资产投资6.08亿元,增长78.35%。农民人均纯收入 2414 元，增长 6.51%。全县经济综合竞争力进一步增强，在广西经济发展“十佳”县评比中排列第七位。

▲ 图为柳江县招商引资重点项目——计划投资18个亿的红花水利枢纽工程施工现场。

◀ 柳江县招商引资项目——商贸街开工庆典现场。

鱼峰区

柳州市和鱼峰区领导为大型商业项目——五月阳光购物广场剪彩开业。

鱼峰区招商引资又结硕果，大型商业项目——五月阳光购物广场隆重开业。

鱼峰区位于柳州市东南部，濒临柳江，南邻羊角山镇，西接柳南区，北抵柳东乡，西北隔江与城中区相望。行政区域面积约91平方公 里，年末总人口21.85万。鱼峰区经济繁荣、商贸发达、旅游兴旺、交通便利，是柳州市经济、旅游、文化和交通中心，素有“桂中商埠”之称，通信、金融、保险、工商、税务等配套设施齐全。拥有各类大中专院校10多所，有145家大中型笼头企业；“江南新天地”商业步行街为龙头，高档商务楼、商场、宾馆、公园，构成了发展商贸、旅游、文化、休闲、娱乐得天独厚的区位优势。

“三个文明”建设协调健康发展。近年来，鱼峰区积极实施“开放立区、实业强区、文化活区”的发展战略，以加快发展为总基调，以开放带动为强大动力，以提高和改普人民坐活水平为根本厂出发点，突出项目建设、城市建设、基层建设及区政府自身建设“四个重点”打造商贸中心、物流中心、

雄伟、壮丽的鱼峰区机关新办公大楼。

行政服务中心“三个中心”，积极推行电子政务，抓住民营经济发展“一个关键”，努力推进经济建设和各项社会事业全面进步。2003 年，全区完成国内生产总值 13.67 亿元，同比增长 12%。实现地方财政收入3.46 亿元，增长 47%，本级财政收入 6114 万元。城镇居民人均可支配收入 8350 元，增长 5.3%，农民人均纯收入3587 元，增长 33%。全年净增就业岗位 9813 个，城镇登记失业率控制在 4% 以下，实现全区“三个文明”建设协调健康发展。

各项工作结硕果。继续保持“全国科技先进城区”称号，连续第 3 次荣获“市级科技与经济结合工作优秀领导班子”，“自治区文明城区”，荣获“自治区第二次全国基本单位工作先进单位”，“自治区全区群众体育先进单位”，“自治区党建示范区”。

自治区“白企入桂”重点项目，柳州市重点建设项目——江南新天地商业步行街隆重奠基，图为市领导挥楸填土为此重点项目奠基。

鱼峰区把区域属企业改制作为重中之重的工作，积极稳步推进企业改制，图为鱼峰区委书记纳翔为改制企业——柳州市建益电厂材料有限责任公司揭牌。

鱼峰区重大招商引资项目——广州本田汽车奥特约销售服务店隆重开业，为鱼峰区燎原路、柳石路汽车专卖市场又添华彩。

2003年鱼峰区招商引资硕果累累，一大批外地客商落户鱼峰，图为柳州市最大的药店之一——柳州民生药房隆重开业。

精诚测绘所简介

员工参加素质培训

企业简介

柳州市精诚房地产测绘事务所正式成立于2001年11月3日，系柳州市建委下属单位之一。主要负责对柳州市行政区域范围内申请权属登记的房产依法进行测绘和房屋及用地情况进行调查，并提供可靠的测量数据和资料。现有员工39人，其中测量工程师3人，房地产经济师2名，助理工程师8人，助理经济师5名，下设综合部、测绘一部、测绘二部、测绘三部，财务部、办公室共六个部门。购置有全站仪、测距仪、水准仪、经纬仪等测量设备一批，并配备了30多台电脑，采用电脑办公、计算出图，以“优质、高效、求实、创新”为服务宗旨；追求管理的现代化，是一支正在蓬勃发展的专业测量队伍。

资质等级：丁级

法人代表：胡建军

联系人：官怀宇

电话：0772-2872108

传真：0772-2809906

地址：广西柳州市公园路31号

邮编：545001

广西测绘二院高级工程师谢勇同志正在指导大家使用全站仪。

精诚测绘所

优质 高效 求实 创新

大厅人员为群众提供咨询服务。

团员青年看望市聋哑学校

团支部组织青年团员在人民广场开展《测绘法》宣传活动。

柳南区简介

雄伟的柳南区政府办公大楼

柳南区位于柳州市西南部，东与鱼峰区毗邻，西南与柳江县接壤，北临柳江与城中区、柳北区隔江相望。蜿蜒如带的柳江沿柳南区西北部飘然而下，从螃蟹岭南麓往东转折，再流至华丰湾，全长14.3公里。柳南区政府设在潭中西路10号，下辖西鹅乡、太阳村镇及柳南、柳石、南站、鹅山、河西、银山6个街道办事处，行政区域面积181.8平方公里。2003年辖区常住人口29.9万人。作为柳州市的“南大门”，柳南区内铁路、公路四通八达，柳州火车站、柳州火车东站、柳州汽车客运总站、柳州汽车客运南站等客运、货运枢纽均设于该区，交通十分便利，是大西南重要的货物集散地。

▼ 柳南区四家班子团结一心、共谋发展。左起为区长焦耀光、人大常委会主任蒙凤生、党委书记崔明放、政协主席覃宣贤。

▲ 各级领导关注柳南区的发展。这是自治区党委书记曹伯纯、市委书记吴集成、市长陈向群、市政协副主席林桂平到柳南区招商引资项目进行调研。

近年来，柳南区围绕柳州市“工业立柳、强市富民”的发展思路，充分发挥区位优势，坚持“二产强区、三产富区、科教兴区、依法治区、文明建区”，努力营造良好的投资环境、工作环境和人居环境，同时，加强对一、二、三产业的调整，构建了具有柳南特色的经济协调发展新格局，各项工作取得了优异的成绩。先后荣获“全国科技先进城区”、“全国社区建设示范区”、“自治区双拥模范区”等称号。2003年柳南区完成生产总值14.14亿元，比上年增长15.07%，其中：第一产业增加值0.79亿元，第二产业增加值3.40亿元，第三产业增加值9.95亿元；分别比上年增长6.5%. 16%和15.5%。

柳南区环境优美、招商引资活跃，不少大型项目纷纷落户柳南，带动了柳南区的经济发展。

投资八千多万美元的柳州温州商贸城落户柳南，成为广西“百企入桂”的第一项目。

辖区的上海通用五菱和柳工集团两大企业，拉动了柳南区的汽配、工配企业及配件销售的快速发展。图为上汽通用五菱的总装车间和柳工产品。

融安县简介

融安县位于广西北部，与柳州、桂林分别相距110公里和140公里。全县总面积2945平方公里，总人口32万人，辖6镇8乡153个村（街、社区），聚居汉、壮、苗、瑶、侗等19个民族，县城城区面积9.6平方公里，8万多人口。枝柳铁路、209国道、融江河穿城而过，占地120亩的融安综合批发市场位于209国道旁。融安历来是桂北、湘西、黔东南三省区交界中心区域的商品集散地，素有“小柳州”之美称。

县委书记唐前明、县长秦邦元陪同自治区党委常委、政法委书记彭祖意视察水果生产基地。

县委书记唐前明、县人大主任徐友光、县长秦邦元、县政协主席龙功积陪同市委书记吴集成视察融安城镇建设。

融安物产十分丰富，主要矿藏有石灰石、白云石、粘土、铅锌、硫铁、重晶石等。主要特产有：金桔、罗汉果、板栗、脐橙、沙田柚、香菇、木耳、竹笋、小洲头菜、茶油、竹凉席系列产品等。

丰收在望的罗汉果

2003年全县人民在县委、政府的领导下，高举邓小平理论伟大旗帜，以“三个代表”重要思想为指导，认真贯彻落实党的十六大和十六届三中全会精神，紧紧围绕“建设大市场、搞活大流通，大力发展以商贸为主的第三产业，实现跨越式发展，重振‘小柳州’雄风”的总体发展思路，解放思想，开拓进取，加快产业结构调整，加大招商引资力度，大力发展非公有制经济。国民经济持续稳定发展；社会事业全面进步；城乡居民收入稳步增长，人民生活继续改善。

长安广场——锦锈雕塑

斯柳工业园

融安境内209国道二级公路

广西柳城县

概况

柳城县位于广西中北部，属柳州市辖县，县城驻地大埔镇距柳州市45公里。广西乃至西部重要工业制造业基地柳州东临粤港台等经济发达地区，南接北部湾东南亚等高速发展地区，西靠云贵川，北抵长江中下游，背靠大西南，面向东南亚，处于我国南方开发区（华南经济圈）与大西南待开发区（西南经济圈）的交汇带，是中国东盟自由贸易区位的桥头堡。柳城县具有如此得天独厚的地理优势，为招商引资提供了最佳的先天条件。

日田药业

县领导与客商洽谈

柳城县自然资源丰富。境内矿产资源主要有镁、硅、煤、大理石、白云石、锰等。融江、龙江、柳江流经县境，水力资源丰富，理论水能蕴藏量为15.63万千瓦，其中可供开发利用的蕴藏量为12.25万千瓦。

宜柳高速公路穿境而过

大埔水电站

柳城县交通发达，有水路、铁路、公路与全国交通网联网。水路往上可达贵州；往下可达广州、香港等地；铁路有国家一级干线枝柳铁路穿过；公路有209国道二级水泥路自北向南经过县境，国道323线宜柳高速公路自西向东贯穿县境。

为优化县内投资软环境建设，县委、县政府出台了《柳城县工业区优惠办法》、《柳城县招商引资优惠办法》、《柳城县招商引资奖励办法》等一系列优惠政策，为投资者创办企业提供“一站式”优质、热忱、周到的服务。

柳城县是一个美丽富饶，具有良好的经济发展潜力和前景的好地方。面对经济科技全球化趋势和实施西部大开发战略，我们将以更积极的姿态，以更优惠的政策、优质的服务、优良的环境，竭诚欢迎国内外有识之士到柳城投资兴业，共谋发展。

广西柳城县人民欢迎您的到来！

完善的配套体系　理想的投资乐土

发展中的柳州高新区欢迎您

柳州高新技术产业开发区是1992年经广西壮族自治区人民政府批准成立的省级高新区，规划面积12平方公里。柳州高新区中心区位于柳州市东部，与市中心区一江之隔，是柳州市科技、经济、文化的中心和对外开放的窗口。2004年市委、市政府提出启动官塘新区建设，高新区在巩固发展中心区的同时，全面启动和推进官塘新区的建设！

柳州高新区中心区经过十二年的发展，逐渐形成有色金属新材料产业为重点，协调发展电子信息、生物制药、机电一体化产业的产业发展格局。区内基础设施和支撑服务体系完善，设有国家级创业服务中心、国家级新材料基地、律师事务所、会计师事务所、审计师事务所、人才交流中心、仲裁委员会、技术市场等服务体系及海关、商检、银行、外汇管理、进出口公司等涉外服务机构。中心区环境优雅，空气质量优良，区内学校、医院、宾馆、高档住宅、别墅等生活服务设施一应俱全。中心区今后将着力向总部经济、研发中心和孵化基地发展。

高新区管委会主任张思奇（左二）、党工委书记刘国铧（左一）陪同副市长郑俊康（右一）到园区非凡电子公司视察。

柳州高新区科技工业苑雄姿。

官塘新区概念性规划图。

官塘新区作为柳州高新区园区建设的主要载体，秉承着“高起点规划、高标准建设、高速度推进”的理念，官塘新区将成为投资者一个理想的投资乐园和生财旺地。

依山傍水的官塘新区位于柳州市东部，与市行政中心仅一江之隔。园区交通便捷，桂柳高速公路贯穿南北，环城高速公路连接东西，323 国道从园区中部穿越而过，湘桂铁路干线穿越园区北部并分设两个四级站场。官塘新区距城市中心区仅 7 公里，距柳州机场仅 10 分钟车程，距桂林两江国际机场也仅需1个半小时。

官塘新区作为柳州市城市次中心，将致力于高新产业、时尚人居、商贸休闲的合一。官塘新区还将着眼于我市未来城市的发展，通过新材料产业园、机电一体化产业园、电子信息产业园、生物与制药产业园和适用技术产业园的建设与发展，为我市提供强有力的产业储备。

热忱欢迎海内外朋友到柳州高新区投资创业、共享高新区良好的投资环境和优质服务。

柳州高新技术产业开发区管理委员会

地址：柳州市高新一路15号

招商电话：3998191、3998192

网址：www.lzgxq.com

柳州市市政工程有限责任公司

成立于1950年的柳州市市政工程有限责任公司，历经50多年的发展和奋斗，现是柳州市唯一拥有市政建设一级、公路二级、堤防二级、水利水电二级、工民建三级、商品砼二级、水泥制品二级资质的综合性建筑国有控股施工企业，年施工生产产值能力近5亿元，成为广西市政建设施工行业的骨干企业之一，为广西区域的经济发展和城市建设做出了重要贡献。公司经营业务范围主要有：城市道路、公路、桥梁、给排水管道、堤坝、工民建筑和大型土石方工程施工。可独立承建各类大中型施工项目施工，还可生产各种不同用途、不同规格的压力管和砼预制构件，年生产砼管达20公里以上，砼构件2万立方米以上。公司还拥有一整套现代化砼搅拌系统，年产砼达15万立方米以上，商品砼供应幅射全柳州市的施工工地。

董事长李小舟工作照

公司一向遵循“质量第一，诚信守法，顾客至上”的宗旨，把“争广西一流，创工程精品，不断为顾客提供满意的产品和服务”作为一贯的奋斗目标，先后荣获全国市政工程质量优秀企业、

公司混凝土搅拌站

公司参建的潭中高架桥

公司办公大楼

市政工程鲁班奖

全国市政工程设备管理先进企业、自治区级先进企业、自治区企业管理先进单位、自治区经济效益先进单位、AAA级信用企业、自治区建筑施工企业安全生产（管理）先进单位等荣誉称号，连续14年被评为自治区重合同守信用企业，获得了OHSAS职业健康安全管理体系和ISO质量管理体系的认证。公司承建的南（宁）吴（圩）机场高速公路工程获中国市政示范工程金杯奖、潭中高架桥工程获柳州市第十三届建筑工程质量“龙城杯”奖和国家“鲁班奖”——这是广西市政行业中唯一获此殊荣的企业。

柳州市市政工程有限责任市政公司

二OO四年八月二十四日

公司施工的学院路

与时俱进 服务经济

柳州市统计局是负责全市统计和国民经济核算工作的市人民政府工作部门，下属3个事业单位，现有职工52人，其中党员25人，大专以上学历49人。作为社会经济信息的主体部门，肩负着为党和政府决策管理提供依据，为企事业单位经营管理提供信息，为社会公众了解市情、参与社会经济活动提供资料，为科学研究、地区合作提供数据的任务。

近年来，该局工作以经济建设为中心，以适应各级党政领导实施科学决策为需要，积极提供统计优质服务，成为宣传和反映经济建设的“晴雨表”，统计工作的水平和工作地位得到了明显的提高。全局干部职工在局领导的带动下，工作一年一个台阶，每年都有新变化，整体工作已经走在了全自治区前列。特别是在大型国情国力调查的组织实施、统计办公自动化建设和服务纳税人，为纳税人办实事等方面成绩尤为突出。

多年来，市统计局在市委、市政府和上级业务部门领导下，坚持以马列主义、毛泽东思想、邓小平理论和“三个代表”重要思想为指导，贯彻实事求是的思想路线，紧紧围绕全市“工业立柳，强市富民”和“再造一个工业柳州”的战略目标，围绕提高数据质量这一主线，与时俱尽，求真务实，积极服务于各级领导和地方经济建设，充分发挥统计工作信息、咨询、监督职能，抓住经济运行中的热点、难点问题，用统计工作独特的视觉来演绎经济工作中的成与败、得与失、好与坏。统计局每年向市领导和社会提供有参考价值的分析报告上百篇，使党政领导真正感觉到统计信息是社会经济信息的主体，是宣传和反映经济建设的“晴雨表”。现在市级多项经济工作的考核、考评，都要统计局出具定量方面的结果；对经济实行重大决策前，提供论证报告。统计局真正成为了领导决策的参谋与助手。该局连续多年被市委、市政府评为柳州市“创文明机关”先进单位，连续四年受到自治区统计局统计工作综合考评优秀奖的表彰，并多次获得了全国人口普查、基本单位普查、统计执法大检查等国家级先进集体荣誉称号。

国务院经济普查督察组到我市检查指导工作

柳北区概况

广西柳州市柳北区位于柳州市区北部，下辖6个乡植、4个街道办事处，总面积为320.89平方公里，常住人口31,44万人，是柳州市面积最大、人口最多的城区，也是人流.物流、信息流的集散地和工业、商业、文化中心。辖区内交通、通讯、电力、供水等设施完善，有火车北站、白沙汽车客运中心.铁路货运站、鹧鸪江码头等交通岖纽站点，国家一级公路209国道纵贯该区4个乡镇，连接柳州市北面4县，正在建设的环城高速公路与209国道交汇，将南柳，桂柳，宜柳高速公路连接一起，形成纵横交错的公路网。柳北区依山环水，有风景秀丽的雀儿山公园、江湾休闲观光区，九曲柳江环区而过。城区内有广西林业生态工程技术学院、广西师范专科学等10余所大中专院校，有柳化、两面针、金嗓子等13家国有大中型企业以及大批柳州市支柱产业的骨干企业，辖区内北站路、三中路是全市著名的商业特色街，商贸、饮食，服务网点星罗棋布，有柳州中百华联超市、好机汇电脑城.柳州市图书市场、盛君超家电超市、广西最大的生产资料批发市场等购书场所；有柳州饭店、京都宾馆、柳州迎宾馆、天龙大酒店、金福园美食城、顺风海鲜楼等知名宾馆酒楼，素有“吃在柳北”的美誉；辖区房地产发展较快，有“桂景湾”、“协和康城”、“三丰名圆”等20多处大型商住群。

近年来，柳北区委、区政府带领全区人民不断解放思想，开拓创新，全面实施“税源经济”发展战略，通过营造环境、招商引资使城区经济迅速发展。城区先后荣获“全国民政工作先进县（区）”、“群众体育工作先进单位”、“双文明建设先进单位”、“社会治安综合治理优秀城区”、“双拥模范城区”等30多项国家、自治区和柳州市的荣誉称号。

柳北区政府地址：柳州市八一路73号　邮编：545001

联系电话：2827114

柳北区政府新建办公大楼

柳北区四套班子领导与客商在一起

前排左起：区书记 雷应敏、区长 陈虹 人大主任 谭桂森

潭中高架桥夜景

柳州大源化工有限责任公司公司

简 介

公司经营聚丙烯、高压聚乙烯、低压聚乙烯等塑料原料以及甲苯、二甲苯、甲醇、丙酮等有机、无机化工原料已有二十多年的历史，年销售额1亿多元，是广西区内塑料原料及化工原料的主要供应商。公司有占地100亩的仓库，并配有三条危险化学品铁路专用线及危险货物运输车队（具有铁道部、交通厅、区安全监督管理局颁发的危险品经营、储存及运输许可证），专线、仓库年吞吐物资超过20万吨，目前这些设施全面对社会开放，欢迎各界人士前来指导、洽淡。

地址：柳州市航二路8号

邮政编码：545007

业务电话：0772-3231115 3231116

仓库电话：0772-7212100 7216441

柳州大源化工

柳州大源化工

柳州市工商行政管理局

近年来，柳州市工商局紧紧围绕建立一支“智能型、法治型、服务型”工商队伍的目标，大力开展抓好整顿规范市场秩序，加强队伍教育整顿，努力实现争创“优质市场环境、优质工作作风。”扎实开展“三个代表”重要思想深入学习贯彻年、诚信建设推进年和优质服务年活动，大力改革监管制度，积极创新工作机制，充分发挥工商行政管理职能作用，努力为各类气市场主体服务，为保护经营者、消费者合法权益服务，为促进柳州市经济快速健康发展服务。

2004年，柳州市工商局通过大力开展“为纳税人办实事”活动，狠抓队伍的规范化管理，提高工商人员的服务意识；通过大力开展整顿和规范市场经济秩序，严厉打击各种扰乱市场经济秩序的违法违章行为；通过开展“文明科室”评比和“青年岗位能手”、“青少年维权岗”、“人民满意公务员集体”等竞赛活动，促进精神文明建设。在整顿和规范市场秩序工作中，市商局紧紧围绕重点市场、重点区域和重点商品，积极开展与人民群众生活密切相关的市场专项整治行动。先后组织开展了节日市场、农贸市场、农资市场、化妆品市场等10多次专项整治行动，尤其是大力开展食品安全整治，全面推进“食品放心工程”，不断强化对食品经营行为的监管，突出重点，多管齐下，加强监管执法，严厉打击食品违法经营行为。为此，市工商局积极推进商品质量监管“关口前移”试点工作，实行商品市场准入制度和食品生产企业信用分类监管制度。加大商标专用权保护力度，强化对粮食市场管理，严厉打击传销和变相传销行为，进一步清理无照经营，深入开展服务“三农”、红盾护农专项行动。

柳州市工商局解放思想，与时俱进，不断转变观念，强化服务意识，充分发挥工商行政管理职能作用，在维权打假、服务地方经济，促进市场繁荣等方面做出了应有的贡献，取得了可喜的成绩。2003年以来，荣获全国档案管理先进集体、全国个私协先进集体、自治区文明单位、自治区工商系统双文明建设金奖等市级以上荣誉称号33项。

图为市工商局领导班子全体成员。（左一为党组成员、纪检组长曾小林；左二为党组成员、副局长徐瑞雪；中间为党组书记、局长李伯勤；右一为党组成员、副局长韩志平；右二为党组成员、副局长杨广才）。

▲ 良好的办公环境为适应新时期工商行政管理工作提供有力的保障。图为新落成使用的办公大楼一角。

▼ 市工商局积极开展打假活劣专项整治行为，严厉打击生产、销售伪劣的违法行为。图为集中销毁假冒商品的场景。

▲ 市工商局积极开展为纳税人办实事活动，在注册登记、商标、广告、合同管理等方面为企业出谋划策。图为工商人员深入企业了解生产、经营情况。

交通银行柳州分行

市领导吴集成、陈向群等到交通银行视察、指导工作。

2003年，交通银行柳州分行在上级行和当地党委、政府领导下，在人民银行的监管下，用“三个代表”重要思想统领各项工作，紧紧围绕发展主题，深化改革，优化结构，强化管理，开拓创新，积极主动地开展工作，较好地完成了各项主要工作任务。

截至2003年末，资产总额达345935万元，增长23.87%；人民币各项存款余额比年初增加60801万元，增长24.33%，其中：储蓄存款比年初增加24021万元，增长22.36%；外汇存款比年初增加157万美元，增长39.05%，在当地占比比年初上升1.24个百分点。人民币贷款余额比年初增加38550万元，增长24.25%。

综观2003年各项业务的发展，呈现出六个特点：一是本外币存款、贷款同时大幅增长；二是人民币流动性基本保持在良好状态，除在3月底前后短期内略感吃紧外，资金头寸较为宽裕；三是盈利水平进一步提高；四是不良资产占比和绝对额连续三年实现双降；五是业务营销能力、拓展能力进一步增强；六是在主营业务有较大幅度增长的同时，国际结算业务、外汇宝（个人外汇买卖实盘交易）等中间业务也呈现快速发展的良好势头。

交通银行柳州分行

新装饰的交通银行驾鹤路外汇宝交易大厅开业场景。

交通银行员工在广场向市民宣传识别假币的知识。

由该院（公司）勘察的部分工程项目

柳州市人大办公楼

柳州广电中心

柳州电信大厦

柳州金运来大厦

柳州鸿府大厦

从左至右副院长肖广华、何裕良、
院长白爱忠、副院长欧阳伯文在研究工作

院长、经理、法人代表 ： 白爱忠

广西水文地质工程地质勘察院（公司）

我院（公司）成立于1958年8月（原名广西水文地质工程地质队），是集水文地质、岩土工程、地质灾害防治工程、测绘、物探、施工、实验等于一体的专业队伍。现有技术人员队伍203人，其中高级职称46人、中级92人、初级65人，注册土木工程师（岩土）11人，监理工程师6人。各类工程设备200多台（套）。所持资质证书有：工程勘察综合类甲级，地质灾害防治工程勘查甲级、施工甲级、设计甲级，地基与基础工程专业承包壹级，工程物探甲级，测绘乙级及省级实验室计量认证单位等。全院（公司）实现了电脑化办公，所有技术成果计算机出图率100%。

40多年来，主要完成了全区1：20万水文地质普查35个图幅、广西区域水文地质工程地质志、广西1：50万环境地质调查、广西旱片地区大型地下水资源勘查与成井等；柳江大桥、邕江大桥、成昆铁路、桂柳与南柳高速路、柳州广电中心与通信指挥中心等300多项大型岩土工程勘察项目；南柳和宜柳高速公路边坡加固、柳州马鞍山危岩治理等60余项地质灾害防治工程；右江百色水利枢纽、龙滩水电站、百色市城市规划、改建铁路黔桂线柳州至麻尾段等50余项大型建设项目的地质灾害危险性评估；广西郁江水利枢纽工程物探及柳州潭中高架桥桩基检测等200多项；南宁民族宫、东风柳汽公司21层住宅楼等170多项地基与基础施工；长江三峡重庆湛普滑坡群地质灾害勘查、施工与设计等50多项；柳州阳和开发区、河池见塘山飞机场等80多项地形测绘。 有50多个项目获部（省）级、120多个项目获局（市）级优秀工程（项目）奖。2002年通过了ISO9001：2000质量管理体系认证。

“科学管理、规范作业、技术先进、顾客满意”是我们的质量方针。我们愿与所有业主精诚合作，共创美好未来，为国家建设做出我们的贡献！

单位地址：广西柳州市东环路12号
联系电话：0772—3139422
传　　真：0772—3136445
邮　　编：545006
E－mail：ck2002@gx-sky.com

柳州柳江大桥

CADBM

QUALITY SYSTEM CERTIFICATE

柳州市劳动和社会保障局简介

柳州市劳动和社会保障局在市委、市政府和自治区劳动和社会保障厅正确领导下，全面贯彻落实“三个代表”重要思想，以人为本，围绕再建一个工业柳州，巩固了两个确保，就业形势基本稳定，全市国有企业下岗职工100%得到了基本生活保障，企业离退休人员100%按时足额领到了养老金。2003年再就业工作再上一个新台阶，各级党委、政府再就业政策得到落实，下岗失业人员小额担保贷款、税费减免、大龄援助等再就业扶持政策顺利实施，城镇登记失业率4%，再就业工作得到了国家的表彰。进一步健全社会保障体系，私营企业和个体工商户社会保险扩面征缴工作取得了突破，医疗保险制度改革稳步推进。企业工资分配宏观调控机制已基本建立，企业劳动关系和谐稳定。该局多次被市委、市政府授予先进单位称号，2000年被评为柳州市“机关作风建设”10个先进单位之一，1998 以来连续五年被评为“文明机关”和柳州市办理人大建议、政协提案先进单位。该局于2002年被国家劳动和社会保障部授予集体一等功。劳动保障工作为柳州市经济发展、国有企业改革和维护社会稳定做出了贡献。

自治区劳动和社会保障厅厅长李包业(左一)到市劳动和社会保障局调研(右一为该局局长莫晓钢)

柳州市劳动争议仲裁员开庭审理案件维护企业和职工合法权益。

2003年11月市劳动保障监察支队监督施工企业发给民工被拖欠的工资。

柳州市举办公益性岗位援助双选会积极帮助大龄就业困难对象实现再就业。

柳州市城市投资建设发展有限公司简介

柳州市城市投资建设发展有限公司(简称柳州市城投公司)是柳州市人民政府为改革城市建设投资体制于1999年7月出资组建的国有独资有限责任公司，主要职能是融资并投资建设城市基础设施，承担基础设施建设项目法人责任。

城投公司成立近五年以来，在市委、市政府的领导下，在政府各主管部门和上级公司的领导和支持下，已成功地为我市基础设施建设项目融资20.9亿元，完成基础设施建设投资25.68亿元。按照市委、市政府的统一部署和市政府各行政主管部门的具体要求，城投公司正在组织建设四个方面的基础设施项目：1、柳州市城市内环路及中心主骨架道路工程。包括潭中高架桥、跃进路、八一路、莲塘路、红光桥、双冲桥、潭中西路西段、柳太路南段、飞鹅立交桥、龙屯立交桥、城站路、银仔山隧道、桐油山隧道、南二环东端道路、胜利路、胜利立交桥等子项工程。其中约一半子项工程已建成通车、其余子项工程将于年内全部建成通车。2、柳州市城市污水综合治理工程。包括龙泉山污水处理厂、白沙污水处理厂、静兰污水处理厂及河南、河西、河北、河东、东南、帽合等片污水收集系统和截污工程，以及河东排水干渠、河东沿江截污工程等项目。其中龙泉山污水处理厂一期工程已经建成投入使用，其余子项工程将于2004年至2007年陆续建成。3、柳州市东区开发建设项目。包括学院路、桂中大道、友谊桥、东堤路等项目。其中学院路已建成通车、其余项目将于2004年至2006年陆续建成。4、柳州市六条进出口道路工程。包括：东出口、南出口、西南出口、西出口、北出口、东北出口等项目。将于2004年至2006年陆续建成。上述项目建成后，将基本解决柳州市的对外交通问题和水环境污染问题，改善市民出行条件和居住条件，改善投资环境，拉开城市发展框架，为柳州市经济持续健康发展，这实现“再造一个工业柳州”打下良好基础。

城站路

红光大桥

柳州市安全生产监督管理局

柳州市安全生产监督管理局（柳州市煤矿安全监察局、柳州市安全生产委员会办公室）是主管安全生产综合监督管理和煤矿安全监察的市人民政府工作部门。主要职责是综合管理全市安全生产工作，依法行使煤矿安全监察、危险化学品和烟花爆竹安全综合监督管理，组织实施安全生产许可证制度，组织和指导全市安全生产宣传教育培训，承担市安全生产委员会办公室的日常工作等。

近年来，柳州市安全生产监督管理局按照国家、自治区和市委、市政府对安全生产工作的有关要求和部署，认真贯彻落实《安全生产法》和《国务院关于进一步加强安全生产工作的决定》，坚持“安全第一、预防为主”的方针，大力组织落实各级安全生产责任，深化安全生产专项整治，加强防范重特大安全事故，开展安全宣传教育培训，强化安全监管和综合治理等，促进了全市安全生产形势的稳定好转。

在新形势下，柳州市安全生产监督管理局将围绕实现“再造一个工业柳州”目标，以“三个代表”重要思想为指导，依法监管与优质服务并举，为全市经济的发展创造安全稳定的环境。

地址：柳州市三中路66号

电话：2810914　传真：2825129

网址：lzaj@lzet.com.cn

安全生产专题讲座

安全生产专题报告会

局领导到企业检查安全生产工作

事故救援演练

柳州市农业局

柳州市农业局是柳州市人民政府主管农业和农村经济发展的工作部门，内设13个职能科室，现有在职工作人员55人。下辖柳州市农业技术推广中心、柳州市农业科学研究所、柳州市农业干部学校、柳州市水果生产办公室、柳州市农村经济与经营管理站5家事业单位，管理柳州市蔬菜副食品总公司、柳州市豆制品公司、柳州市桂丰蔬菜经贸公司等国有、集体企业。

图为市农业局局长谢东陪同陈向群市长检查我市水果生产。

2003年，柳州市农业局认真贯彻中央、自治区、柳州市农村工作会议精神，深入贯彻落实中央“多予、少取、放活”方针，遵循经济规律和自然规律，深入推进农业结构调整和农业产业化经营，重点开发无公害农产品，围绕龙头企业原料需求，引导大田作物生产向园艺作物生产转移，树品牌、建协会，加强信息体系建设、农产品质量安全监测体系建设和服务，不断提高农产品的竞争力。进一步规范农业行政执法，加强农民负担监督工作，克服夏秋连旱和非典疫情的不利影响，为农业和农村经济发展，为农民增收做出了积极贡献。荣获全区农业执法、农业技术推广、农业广播电视教育以及柳州市文明机关、生产安全、办理人大代表建议、政协提案先进单位等自治区、市级荣誉20多项。

在新形势下，柳州市农业局以马列主义、毛泽东思想、邓小平理论和“三个代表”重要思想为指导，认真贯彻落实党的十六大和十六届三中全会精神，认真学习贯彻《中共中央、国务院关于促进农民增加收入若干政策的意见》，围绕实现全面建设小康社会宏伟目标，牢记全心全意为人民服务的宗旨，求真、务实、创新，以科学的工作方法和扎实的工作作风，落实党的农村政策，带领农民群众稳步推进农村改革，加快发展农村生产力，促进农村社会全面进步。

地址：柳州市三中路6号

电话：2811065　传真：2853438

网址：ht tp:/ / www. lzny. gov. cn

我市大力推广生态富民工程，推广捕食螨防治螨生物防治技术。图为自治区人民政府孙瑜副主席(右三)到我市检查工作。

市农业领导班子成员：（左起）

何国玲 副局长、韦永长 副局长（兼）

陈元 党委书记、谢东 局长、郑清 副局长

王铁平 副书记、纪委书记、李晖 副局长

柳州市国土资源局

2003年6月28日，《柳州市土地开发整理规划》通过了自治区国土资源厅组织的评审验收，图为黄方方厅长在会上发言。

2003年5月9日上午，陈向群市长(左二)和周卓新副市长(左一)到我局调研。我局领导就当前市重点工程的土地征用等问题作了汇报，陈市长做了指示。

我局党委书记刘保先在市一中旁的桐油山上检查危岩治理情况。

柳州市国土资源局成立于2001年10月31日，是柳州市人民政府主管全市土地资源和矿产资源的规划、开发、保护与合理利用以及地质灾害防治等工作的职能部门，同时也是土地评估和测绘的行业主管部门，其前身是柳州市土地管理局。

近年来，该局在柳州市委、市政府和自治区国土厅的领导下，以柳州市“五大主攻方向”为工作重点，以国土资源各项方针政策为主线，突出抓好征地供地工作，确保经济发展和城市建设用地；强化国有土地资产管理，积极推进土地有形市场建设；积极做好国企改革土地处置工作，促进柳州市中小企业改革；全面开展地质矿产管理工作，构建地质矿产管理新体系，建立健全矿业权市场；按照国务院的部署，积极开展治理整顿土地市场秩序、园区清理整顿、经营性用地招拍挂出让执法监察等专项工作并取得阶段性成果；结合机构改革，狠抓队伍建设和业务建设，全面推进依法行政，努力提高国土资源规划、管理、保护和合理利用水平。自2001年起，该局先后被评为“全国地质灾害防治先进集体”、“自治区综合统计先进单位”、“柳州市文明机关”、“柳州市‘严打’整治斗争先进集体”、“柳州市保密工作先进单位”、“柳州市军队转业干部安置工作先进单位”、“办理市人大、政协建议和提案先进集体”等。

十六大的春风吹遍了八桂大地，祖国必将迎来中国特色社会主义建设的大好时机。柳州市国土资源局将继续围绕区政府“富民兴桂新跨越”和市政府“工业立柳、强市富民”的总体工作思路，结合“为纳税人办实事”活动，积极进取、开拓创新，努力为国土资源管理事业和各项经济建设做出更大贡献。

单位地址：柳州市立新路49号
办公电话：0772-2825279
传　　真：0772-2821556

柳州市住房公积金管理中心简介

经柳州市人民政府批准，柳州市住房公积金管理中心于2003年3月23日正式成立，中心是直属市人民政府的不以营利为目的的独立的事业单位，负责柳州市行政区域内住房公积金的归集和管理，并按照“住房公积金管理委员会决策，住房公积金管理中心运作，银行专户存储，财政监督”的原则运作。中心定编108人，其中，中心本级47人，分支机构61人，中心内设综合科、公积金管理科、计划信贷科、财务科、其他住房资金管理科、稽查科六个科室，下辖柳州铁路局分中心和柳江管理部、柳城管理部、鹿寨管理部、融安管理部、融水管理部、三江管理部七个分支机构。办公地点设在市中山东路11号。

何以斌 柳州市住房公积金管理中心书记

张九祥 柳州市住房公积金管理中心主任

柳州市住房公积金管理中心的工作职责是：

(一) 编制、执行住房公积金的归集、使用计划；

(二) 负责记载职工住房公积金的缴存、提取、使用等情况；

(三) 负责住房公积金的核算；

(四) 审批住房公积金的提取、使用；

(五) 负责住房公积金的保值和归还；

(六) 编制住房公积金归集、使用计划执行情况的报告；

(七) 承办住房公积金管理委员会决定的其他事项；

(八) 对违反《住房公积金管理条例》的行为，依法进行处理；

(九) 根据管委会的统一决策，对分支机构实行统一管理、统一制度、统一核算。

柳州市住房公积金管理中心的成立，标志着柳州市建立住房公积金制度进入了一个全面发展的新时期。中心在新的领导班子领导下，认真贯彻落实国务院《住房公积金管理条例》，强化管理，规范运作，切实维护住房公积金缴存人合法权益，自觉接受社会各界的监督，以一流的服务，一流的业绩回报社会，为加快柳州市的城镇住房建设，实现市委、市政府提出的全面建立小康社会的宏伟目标和“再造一个工业柳州”的战略决策做出应有的贡献。

柳州市机关事务管理局

党委书记、局长邬燕文团结班子成员率领全局干部职工，围绕“再造一个工业柳州”抓好三个文明建设，局连续三年保持了柳州市“文明机关”称号。

柳州市机关事务管理局在市机构改革中更名为“柳州市人民政府机关后勤服务中心”，保留原局名称，实行“两块牌子一套人马”。是主管市直机关后勤服务保障工作的正处级单位。

该局管理着三个机关大院，除办公区外，仅市直机关宿舍就有1700多户，常住人口约7500多人。工作范围包括行政事务、会务服务、房产管理、办公用房调配、基建维修、环境卫生、绿化美化、安全保卫、计划生育、医疗服务、幼儿入托等，仅财务管理就涉及市直机关20个单位。

为搞好机关后勤服务工作，该局干部职工不断增强服务意识，紧密围绕全市中心工作做好机关后勤服务工作。在“创建文明机关”活动中，他们结合实际开展了“三优一满意”活动，即：优质服务、优良作风、优美环境，做人民满意的后勤工作者·。为广大机关干部职工创造了一个安全、优美的工作和生活环境，保证了我市党政机关工作高效有序运转。该局两个文明建设也上了新的台阶——连续荣获（保持）柳州市“文明机关”称号；市委市政府大院一直保持柳州市“花园式单位”称号；市直机关三大院荣获自治区“文明小区”称号。

柳州市机关事务管理局局领导班子成员（右起副局长付福根、韦宾；党委书记、局长邬燕文；副局长唐振华、邓保华）

国务院副秘书长兼国务院机关事务管理局局长焦焕成今年到广西检查指导工作时，接见了邬燕文局长（左为焦焕成局长）。

管理局积极抓好机关大院的安全管理和绿化美化工作，为广大机关干部职工创造了一个良好的工作学习和生活环境。图为获自治区“文明小区”称号的市直机关三大院一角。

城中区城中街道办事处概况

柳州市城中区城中街道办事处，位于市中心最繁华商贸区，北起广场路，南至柳江路，东起文惠路，西至小南路，辖区面积0.9平方公里。常住人口15581人，5312户。下辖内有龙城、东门、五星、广场4个社区居委会。办事处区位优势明显，基础设施完善，柳州市最早形成的商业圈——五星商业圈位于其中，并辐射全处。辖区内商贸餐饮业发达，以“百城万店无假货活动示范店”五星、工贸等为首的大型商厦林立，以柳州宾馆、丽晶大酒店等三星级宾馆为首的宾馆、饭店星罗棋布，麦当劳、肯德基、上岛等国际著名连锁店相继登陆；文化娱乐设施齐全，新华书店购书中心、市文化艺术中心、市人民广场以及市人民电影院等全市大型文化娱乐场所坐落其中；卫生医疗设施方便，中西医结合医院、市妇幼保健院、市红会医院、区医院以及社区卫生医疗点遍布；银行、电信、邮局比邻而居，形成较完善的金融、信息、通讯等服务网络；旧城改造项目以及房地产业方兴未艾。形成了一批功能齐全，各具特色的商业街，如休闲美食商业步行街——五星街，五一路通信器材一条街，龙城路品牌专卖一条街，解放南路休闲、文化、娱乐一条街，滨江路酒吧餐饮一条街等。同时，拥有广西首个“全国文明示范商业街”和“百城万店无假货活动示范街”——龙城路，使素有“桂中商埠”之称的柳州倍显繁华昌盛。旺盛的人气蕴藏着巨大的商机，是投资娱乐餐饮、商贸、房地产的黄金区域。

多年来，城中街道党政一班人带领全街干部群众，坚持“两手抓，两手都要硬”的工作方针，发展街办经济，致力社区服务，美化社区环境，切实抓好社区党建、招商引资、城建城管、社会稳定、队伍建设5大重点工作，有力地促进了辖区的三个文明建设。先后被授予自治区城市体育先进单位、自治区民政工作先进街道、柳州市社会治安综合治理先进单位、柳州市计划生育先进单位、柳州市"五好文明家庭"创建先进集体等光荣称号。

目前，城中街道办事处以创建“自治区文明街道”为目标，实施“三产强街、项目兴街、税源富街”的发展战略，尽心营造良好的投资环境。街道办事处党工委书记潘炳华、主任段顺连热情欢迎全社会各界人士来城中旅游、观光、投资兴业。

近年来，街道把安置下岗职工再就业作为重点工作来抓，除成立了再就业服务中心，直接为下岗失业人员提供用工信息和安置就业外，街道还拓宽视野，广辟安置渠道，开办社区服务网点。特别是在市、区有关部门的支持配合下，在青云路口地段创办了青云美食广场和擦皮鞋一条街，共安置下岗职工、失业人员142人，较好地推动了辖区就业和再就业工程的实施。

柳州市城中区城中街道办事处

柳州市畜牧水产局

柳州市畜牧水产局领导班子，左起李书云、刘家品、罗坚

柳州市畜牧水产局是市人民政府主管畜牧水产业、饲料工业的职能部门。内设办公室、畜牧兽医和饲料科、水产科、计划财务科、党委办公室、动物防疫监督所；直属单位有市畜牧站、兽医站、兽医检疫站、兽医卫生化制场、渔业技术推广站、渔政监督管理站。承担着全市畜牧水产业、饲料工业的发展战略、中长期发展规划和组织实施；指导全市畜牧水产业生产、行业社会服务体系建设，引导行业结构调整、资源配置和产品品质的改善；贯彻执行行业的有关法律、法规，负责监督管理全市动物防疫、种畜禽管理、兽药药政、饲料管理、渔政等行政执法工作；负责对我市四城区、六县畜牧水产管理部门进行业务指导。近几年，柳州市畜牧水产局加速养殖业结构调整，变革传统养殖方式，推广新技术、新品种，重点发展瘦肉型猪、奶牛、肉牛、肉羊、放养家禽、罗非鱼、禾花鱼等优势产品规模养殖，充分利用资源优势，建立优势产品规模养殖小区、示范村（户），引导农民积极发展养殖业，促进农民增收，推进我市畜牧水产业健康发展。2003年，全市肉类总产量21.04万吨，牛奶产量8027吨，禽蛋产量3736吨，水产品产量46603吨。目前全市有规模养猪场（户）4793户，养牛户419户，养禽场（户）824家。今后，柳州市畜牧水产局将进一步加大调整优化畜牧水产业区域布局和产业品种结构的力度，重点发展畜牧水产优势产品，构建畜牧水产养殖优势带区，推广畜牧水产业先进适用技术，推动我市养殖业的快速发展，为我市率先实现小康做出新的贡献。

▲ 农户规模养殖小区牛群

▼ 市畜牧局、市扶贫办扶持专业户饲养小尾寒羊（新项目）

柳州市航星房地产开发公司简介

图为“航星花园”销售中心

柳州市航星房地产开发公司是柳州市人民政府于一九九四年批准成立的主要从事房地产开发、经营和市政基础设施开发建设的国有独资企业，注册资金800万元。

成立之初，公司主要受市政府委托承担旧机场开发区的部分基础配套的设施建设（供排水、道路等），几年中前后完成近3000万元的工程量，为旧机场开发区的建设开发创造了良好的条件。

一九九九年，柳州市航星房地产开发公司投资开发了“航星苑”住宅小区，凭借自身的优势，以先进的管理模式，优良的施工质量，完善的配套设施建设了一个环境优美、户型实用、绿色生态住宅小区。该小区建筑面积为 37600 平方米（共16栋，354户），因地理位置好，建筑质量高，深受消费者欢迎，且住宅十分畅销，现已销售完毕。

“航星花园”是公司继成功开发“航星苑”之后的又一扛鼎之作。小区依据原有地形地貌特征把小区景观设计分为四大主题，在每一个花园组团里均以不同季节的花卉和植物来表现四季植物景观，缔造一个四季皆丽景，花开争艳红，春花繁似锦，夏绿荫暗香，秋叶红似火，冬翠绿常延的主题花园小区。

小区规划有多层住宅、叠拼别墅、临街商铺三种物业类型，总占地面积 57219.4 平方米，总户数约为 608 户。小区一还设有大型地下车库、幼儿园、尊贵会所、活动中心等生活配套设施。“航星花园”位于旧机场航二路与航星路交汇处，交通网络四通八达、快捷便利。

建设中的“航星花园”

公司自成立以来，一直奉行深化改革、开拓 创新的企业精神。并拥有一批精明的管理人才和优秀的技术骨干，为公司的可持续发展打下坚实的基础。我们将始终坚持“诚信为本、业主至上”的服务理念为业主提供优质的服务和美好的生活空间。

公司地址：柳州市航星路25号

电话号码：3210240

旧机场航星银路一带

创新 服务 发展

——柳州市审计局2003年审计工作简介

2003年，柳州市审计局在市委、市政府和上级审计机关的领导下，创新审计监督理念，紧紧围绕全面建设小康社会的奋斗目标和我市“再造一个工业柳州”的总体思路搞好服务；创新审计方法，进一步突出重点，加大对重点领域、重点部门、重点资金和严重违法违纪问题的审计力度，强化审计调查和分析研究，积极探索经济效益审计路子，促进了我市审计成果质量、审计工作水平的大幅度提高。全年完成审计单位 230 个，占全年审计计划 146 个的 158% 依法查处违规金额 4.12 亿元，管理不规范金额 7.24 亿元；查出应上交财政金额 4461 万元，已上交财政金额 1624 万元；查出应归还原渠道资金 5075 万元，应自行纠正金额 8.3 亿元，应调帐处理 4967 万元；移送司法机关处理 3 人，移送纪检监察部门处理 2 人。经济责任审计工 作成绩突出，我市被自治区审计厅推荐为全国经济责任审计工作先进市。全市审计机关在整顿和规范市场经济秩序，提高经济增长质量和效益，促进廉政建设、推进依法行政等方面，较好地发挥审计监督的积极作用。

◀ 柳州市审计局结合审计工作，积极开展审计学术研讨活动。2003年共组织完成审计学术论文35篇，其中《WTO与审计监督》、《内部风险审计》和《加强审计监督，实现富民兴桂新跨跃》分别获广西审计学会优秀论文二等奖、三等、优秀奖，《审计监督的发展趋势》作为社科优秀成果选登在《柳州探索与发展》一书中，《经济责任审计存在的问题和对策》获得广西内审协会经济责任审计理论研讨会二等奖。图为市审计局、市审计学会举办的审计学术论文表彰会会场。

▶ 柳州市审计局加强党组织建设，努力培养一支一专多能的复合型人才队伍，造就政治过硬、业务精湛、清正廉洁的审计队伍。图为市审计局局长陈国旽在审计局党总支换届选举党员大会上讲话。

柳江县农机校简介

LIU ZHOU XIAN NONG JI JIAN JIE

柳江县农机校成立于1974年，是从事机动车驾驶员和成人技术培训的国家事业单位，目前开设的主要项目有：汽车，拖拉机，摩托车及成人实用技术培训。我校教学设施齐全，师资力量雄厚。建校三十年来为国家培训了数以万计的机动车驾驶员和实用技术人才，为社会主义现代化建设作出了应有的贡献。我校条件优越，服务周到，是学生学车练技术的好去处。

电话：7212314

柳江县农机校

教练员为学员现场讲解

柳江县农机校机动车驾驶员训练场

柳州市经济委员会

LIUZHOU SHI JINGJI WEIYUANHUI

柳州市经济委员会是市政府主管全市工业经济的工作部门，加挂市中小企业局牌子。主要职责是：负责全市工业规划、经济运行调节、工业企业技术改造组织实施、工业中小企业发展、工业企业技术创新和新产品开发、工业能源的组织与协调、交通运输、邮电通信部门、国防科技工业的综合协调、工业企业的行业管理等。

2003年，在市委、市政府的正确领导下，市经委认真贯彻市委九届九次全会精神，为实现“再造一个工业柳州”的目标，积极推进企业技术进步、技术创新，一努力提高企业的核心竞争力，扎扎实实做好各项工作，全面完成各项工作任务。获广西支教工作先进单位、市机关先进党组织、市科普工作先进集体等荣誉称号，促进了我市工业经济持续快速发展。

面对新的形势和要求，市经委决心以“团结开拓、求真务实、服务用心、争创一流”作为经委工作的标准，进一步解放思想，转变观念，深化改革，抢抓机遇，扩大开放，进一步调整工业结构，加强技术改造和技术进步，发展一批具有核心竞争力的大型企业集团，加快中小企业、民营经济的发展，处理好工业经济发展中增量与存量的关系。为“再造一个工业柳州”，推进柳州市工业跨越式发展作出新的贡献。

柳南区银山街道办事处基本概况

柳南区银山街道办事处成立于1999年12月22日(原称旧机场街道办事处)，辖区面积7.2平方公里，常住人中51762人，流动人口4939人。办事处办公大楼座落于柳州旧机场开发区航生路，东靠柳南区环卫所，南临东苑小区，西近航生路，北面为广电小区。办事处下设党政办公室、计生办公室、民政办公室、劳动保障事务所、财务室、司法所等部门。办事处下辖柳邕、银山、航北、新翔、广电、八达、东苑、新鹅、南苑、福鑫等十个社区居委会。

银山街道办事处办公室

电话：3229952转201

传真：32229959

银山街道办事处办公大楼

2003年柳州市扶贫办简介

一、**概况**：柳州市扶贫开发领导小组办公室是市政府管理扶贫开发工作的职能部门，属常设议事协调机构，设主任1名，副主任2名，全办共有干部、职工 12 人。

二、2003年扶贫开发主要成效：

（一）科技扶贫工作：2003 年中央、自治区、柳州市共投入财政扶贫资金460万元实施科技扶贫项目，其中利用国家财政扶贫资金 100 万元，扶持三江县发展茶叶生产；利用自治区财政扶贫资金 210 万元，扶持融水、融安、柳江、鹿寨县实施茶叶、滑皮金桔、大果山楂、黄栀子等科技扶贫项目，利用市财政扶贫资金 150 万元，扶持各县（区）种植早蜜梨、优质桑蚕、罗汉果、八角等十五个科技扶贫项目。

（二）基础设施和生态环境建设：在贫困地区投资2778.47万元(其中中央财政扶贫资金1366.8万元、市财政安排的扶贫资金10万元、地方及群众自筹1401.67万元)，修建通村四级公路32条246.3公里,屯级路51条182.3公里,独立桥3座144.7米,人畜饮水工程44处，沼气池5989座。

（三）社会帮扶工作：2003 年，我市组织了133个单位分别到70个有贫困村的乡镇开展定点帮扶工作，中直机关单位国家林业局，区直、驻邕中直单位共9个单位也分别到融水、三江县开展定点帮扶工作。2003年共捐资及帮扶资金2943.4万元，帮扶物资一批，其中：中直机关单位国家林业局、区直、驻邕中直单位捐资158.4万元推广种植毛竹2600亩，帮助融水、融安、三江修建村屯道路5条40.5公里，修建校3所以及赠送电脑等教学设备、办公用品一批；全市机关事业单位的干部职工捐资420多万元，帮扶贫困县（三江、融水、融安县）农户建设沼气池1.68万座以上；有18家企业与贫困县签订了捐资修建通乡油路的合同，计划捐资2365万元。

（四）扶持扶贫龙头企业：2003 年全市共获扶贫贴息贷款1.055亿元，用于三江县草头坪电站建设项目，电站于2003年6月份竣工发电,开始产生效益。

（五）科技培训工作和扶贫干部培训：2003 年共投入扶贫资金90万元（其中自治区财政扶贫资金60万元、市财政扶贫资金30万元）举办和组织参加各类培训班334期，培训贫困地区扶贫干部和农民22777人次。

（六）异地安置场点建设：巩固和完善已移交的 22 个扶贫异地安置场建设工作，异地安置场点的基础设施项目投入自治区财政扶贫资金 80.5 万元，用于新建和改建屯级路，修建安置场点学校、增添教学设施等。

（七）革命老区建设工作：经市党史办、扶贫办研究、推荐，市人民政府批准，增补柳江县三都镇、里高镇、福塘乡为解放战争时期革命老区，增补柳城县大埔镇、沙埔镇、社冲乡为抗日战争时期革命老区。

柳州市扶贫办

2004年9月3日

柳州市信息产业局

柳州市信息产业局是主管全市信息化和信息产业的市人民政府工作部门，负责全市电子信息产品制造业、软件业、信息服务业和推进城市信息化工作。

近年来，柳州市信息化建设和信息产业发展紧紧围绕信息化带动工业化这条主线，努力完成六大任务，即大力发展信息基础设施建设，为信息化建设奠定基础；用信息技术改造提升传统产业，全面推进企业信息化；运用先进信息技术，建设电子政务；进一步推进现代信息技术在社会各领域的应用，提高社会信息化水平；积极培育和扶持信息产业；加强信息化环境建设，制定和完善相关的政策措施，营造良好的市场环境。

2004年9月8日，柳州市首家数字证书认证机构上海市CA中心广西分中心在丽晶大酒店举行揭牌仪式，宣布落户柳州，直接为全市的网络安全保驾护航。

图为胡锦朝副书记（左一）与上海CA中心何总经理（右一）为广西分中心揭牌。

为了及时、准确、全面反映柳州市信息化发展整体水平，为研究制定全市信息化发展战略提供科学依据。经市政府批准，由市信息产业局牵头组织，从2002年12月开始，在全市范围内开展了柳州市信息化水平测评，这是信息化建设领域意义重大的创新性基础工作。根据测评结果撰写的《柳州市信息化应用水平测评技术报告》通过专家评审，一致认为该《技术报告》结构完整，引用数据准确，内容丰富，对研究制订加快柳州市信息化建设对策措施提供了重要的决策依据、咨询和参考，对信息化建设具有较大的指导作用和推广价值。

图为召开柳州市信息化水平测评评审会,征集专家意见。

不断攀登技术高峰的

柳州市工人医院

2003年11月8日是柳州市工人医院建院70周年纪念日。经过70年几代“工医人”的努力，医院发展成为集医疗、科研、教学为一体的国家三级甲等医院、广西医科大学第四临床学院、第四附属医院，是柳州市最大的综合性医院之一。

2003年非典型肺炎在全国部分城市流行。柳州市工人医院承担全市“非典”防治定点医院任务，经全院职工努力，圆满完成任务，受到国务院、自治区检查组的好评。柳州市工人医院坚持“以病人为中心”，加强管理、发展业务，不断提高医疗技术质量。2003年全年门诊诊疗病人57.7万，出院病人2.25万人次。在医疗业务不断拓展、医疗技术进一步提高，特别是重大技术上取得突破性进展，8月28日在自治区内开展首例同种异体原位心脏移植手术获得圆满成功，病人康复出院，体现了医院的综合技术实力。科研取得丰收。全年获自治区科技进步奖三等奖2项，获柳州市科技进步奖8项，其中一、二等奖各一项。同时有14项临床科研课题在自治区、市又获得立项。全年科技兴医成果继续在全市卫生系统保持领先地位。

柳州市工人医院在保护人民健康，做好老百姓的常见病、多发病的诊治的同时，向解决疾病中急、危、重、难、大、杂病症不断取得良好成绩，为桂中地区人民身体健康不断作出新的贡献。

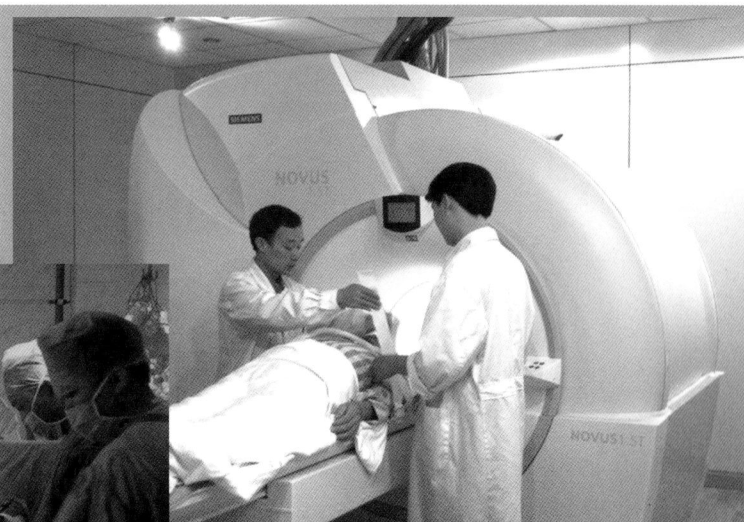

柳州市工人医院2003年引进的柳州市最先进的西门子1.5T磁共振，提高了诊断水平。

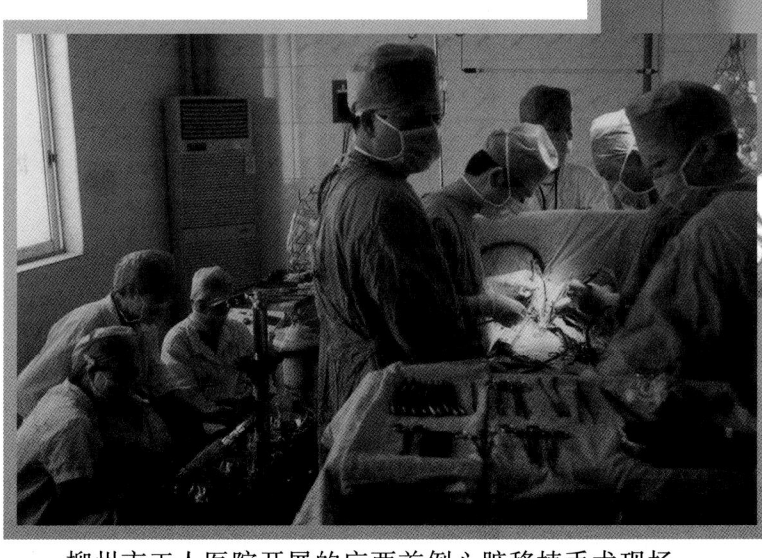
柳州市工人医院开展的广西首例心脏移植手术现场

西鹅乡基本情况简介

地理位置与交通状况： 西鹅乡位于柳州市西部，距市中心七公里，是城乡结合部地带，东与柳州工程机械股份有限公司、上汽通用五菱有限公司、柳州机车车辆厂等大中型企业毗连，南与柳江县、柳州市农工商公司交界，西到文笔山，北接太阳村镇、柳州鱼峰水泥集团公司。

全乡行政面积8721公顷，耕地面积1255公顷，自然资源丰富，境内有大小水库8座，地理位置优越，交通十分便利。柳州至南宁二级公路即柳邕路从南郊横穿而过，南面紧靠航空港白莲飞机场，乡政府距柳州市最大的交通枢纽柳州火车南站只有5公里，柳太公路、文山公路、桃花公路、石烂公路等大小公路纵横交错境内。便利的交通和柳州市强劲的辐射，为该乡发展经济提供了得天独厚的有利条件。

人口状况： 全乡辖行政村10个，分别是：新云、门头、帽合、竹鹅、山头、文笔、西鹅、长龙、老房、和平村，59个自然屯，2003年末常住总人口19583人，流动人口45620人。

经济特点： 乡党委、政府为全面贯彻落实十六大精神，实践“三个代表”重要思想，坚持“服务城市，富裕农村”的指导思想，大力调整农业产业结构，提出了“稳一进二要进三”的工作思路，在稳定农业生产的基础上，解放思想，抓住机遇，加大招商引资力度，切实改善投资环境，重点发展二、三产业。在“再造一个工业柳州”的大背景下，以工业化的思维来谋划和统领全乡经济的发展，通过工业化来带动农业产业化和农业现代化，从而推动农村的城镇化。大力发展“配套经济”，依托柳州工程机械股份有限公司、上汽通用五菱有限公司等大企业的辐射，加大招商引资力度，已有多家投资上1000万元的工程机械和汽车配套生产大企业落户我乡，如：江航工贸有限公司、华青工程机械厂、柳州市银翔机械配件厂、柳州市邕达工配厂、柳州市建臣汽车配件厂、柳州市奇鑫工程机械有限公司等，正努力打造成柳州市的“汽车与工程机械配件生产基地”。

西鹅乡发展的整体框架是： (1)竹鹅、山头、文笔、西鹅、老房、和平、门头、帽合大力吸引外资发展工配、汽配、加工企业，着力打造成柳州市的“工程机械和汽车配件生产基地”。(2)新云、门头、帽合、竹鹅村依靠近市区的有利条件，搞市场、服务、餐饮，发展第三产业。(3)西鹅、和平两村依靠柳太路的扩建和潭西汽车大道的建设发展第三产业。(4)长龙村发展旅游观光业。(5)文笔、山头在农业方面发展无公害蔬菜。(6)老房村向水果林方向发展。

政府办公地址、联系电话
地址：柳南区西鹅乡政府大院
电话：3645055　　3645968　　3645785
邮政编码：545007

柳州市江航工贸有限公司厂区一瞥

柳州市古八景之一
——柳南区西鹅乡文笔山

柳州市古八景之一
——柳南区西鹅乡文笔山

摄影：覃崇

柳州经济统计年鉴

LIUZHOU ECONOMIC AND STATISTICAL YEARBOOK

2004

柳 州 市 统 计 局 编

Compiled by

Bureau of Statistics of Liuzhou

中国统计出版社
China Statistics Press

(京)新登字 041 号

图书在版编目 (CIP) 数据

柳州经济统计年鉴. 2004/柳州市统计局编.—北京：中国统计出版社，2004. 7

ISBN 7-5037-4415-4

Ⅰ.柳...

Ⅱ.柳...

Ⅲ.地区经济—统计资料—柳州市—2004—年鉴

Ⅳ.C832.673-54

中国版本图书馆 CIP 数据核字 (2004) 第 055511 号

柳州经济统计年鉴—2004

作　　者/　柳州市统计局

责任编辑/　蔡启新

E-mail /　yearbook@stats.gov.cn

责任校对/　刘　进

出版发行/　中国统计出版社

通信地址/　北京市西城区三里河月坛南街 75 号　　中国统计出版社

邮　　编/　100826

电　　话/　(010) 63262295

印　　刷/　柳州市薪蕾印刷厂

经　　销/　新华书店

开　　本/　880×1240 毫米 1/16

字　　数/　133 万字

印　　张/　37.5 印张

印　　数/　500 册

版　　别/　2004 年 9 月第 1 版

版　　次/　2004 年 9 月第 1 次印刷

书　　号/　ISBN 7-5037-4415-4/F.1874

定　　价/　160 元

ISBN 7-5037-4415-4

9 787503 744150 >

《柳州经济统计年鉴—2004》编辑委员会

《柳州经济统计年鉴—2004》编辑部

编辑说明

一、《柳州经济统计年鉴—2004》是一本反映 2003 年柳州市国民经济和社会发展等方面活动情况及基本概貌的年刊。本《年鉴》资料翔实、内容丰富，全面介绍柳州经济、科技、社会各方面的发展变化，是各级领导、理论和实际工作者的必备工具书，是机关、团体、学校、科研、企事业单位及海内外各界人士认识柳州、了解柳州的重要窗口。本《年鉴》在前几年出版的年鉴基础上作了调整、改进，并与前几年版本编辑内容结构、指标数据等方面保持了连贯性。

二、经过编辑人员紧张、艰苦的努力，《柳州经济统计年鉴—2004》进行了全新、重大改版：改为标准 A4 版面，结构也进行了重新调整；新编中英文对照目录；在内容上，柳北四县（鹿寨、融安、融水、三江）划归柳州后，为了弥补历史资料的不足，新增改革开放以来历史数据（1978 年-2003 年）；新增农民生活情况；新增企业主要经济指标一览表等。全新的《柳州经济统计年鉴—2004》将更加精美、规范、实用、可读。

二、本《年鉴》的内容包括:1.统计公报;2.柳州概貌;3.社会、经济及科技发展概况;4.县、区社会经济发展概况;5.2003 年统计资料。

三、本《年鉴》中涉及到的国民经济行业分类按照国家统计局新的《国民经济行业分类》（GB/T4754——2002）标准执行。

四、由于统计制度的改革，本《年鉴》对以前发表的统计数据重新进行了核实，相应地调整了部分数据。读者在使用历史数据时，如数据有出入，以本《年鉴》为准。

五、本《年鉴》所用文字稿件均由各有关部门、单位提供，并经供稿单位领导和《年鉴》编辑部编审。由于计算口径不同,个别数量指标可能不一致,使用时应以该《年鉴》统计指标数据为准。

六、本《年鉴》中“全市”包括市区、柳江县、柳城县、鹿寨县、融安县、融水县和三江县；“市区”包括柳南区、鱼峰区、城中区、柳北区。计量单位均采用法定计量单位。表中符号使用说明：“空格”表示该项无指标数据；“…”表示数据不足指标最小单位，“#”表示其中的主要项。

七、本《年鉴》中地区生产总值指标，为自治区统一调整后的数值。

八、《柳州经济统计年鉴》自公开出版以来，得到了中共柳州市委、市人民政府及有关部门、单位的大力支持,对此,我们深表谢意,不足之处,欢迎指正。

《柳州经济统计年鉴》编辑部

目　录

CONTENTS

第一部分　统计公报

Part Ⅰ　Statistical Communique

第二部分　柳州概貌

Part Ⅱ　Summary of Liuzhou

第三部分　社会、经济及科技发展概况

Part Ⅲ　Social Economic and Technological Development

第四部分　县、区社会经济发展概况

Part Ⅳ　The Economic Development of Counties and Districts

第五部分 数据资料
Part Ⅴ Statistical Data

一、综 合
Chapter 1 General Survey

二、国民经济核算

Chapter 2 National Accounts

三、人口、劳动力和职工工资

Chapter 3 Population , Labor Force and Worker's Salary

四、农 业

Chapter 4 Agriculture

五、工业
Chapter 5 Industry

六、运输、邮电

Chapter 6 Transport, Postal and Telecommunications

七、固定资产投资

Chapter 7 investment in Fixed Assets

八、城市公用事业、环境保护

Chapter 8 Urban Public Utilities, Environmental Protection

九、能源购进、消费与库存

Chapter 9 Purchase, Consumption and Stock of Energy

十、商业、外贸、旅游、物价

Chapter 10 Business, Foreign Trade, Travel, Price

十一、服务业及行政事业单位

Chapter 11 Service Sectors and institutions

十二、财政、金融、保险

Chapter 12 Government Finances, Banking, insurance

十三、文化、教育、卫生、体育
Chapter 13 Culture, Education, Hygiene, Sports

十四、人 民 生 活
Chapter 14 People's Life

十五、企业排序情况一览表

Chapter 15 List of Enterprises by Main indicators

附　录

APPENDIX

第一部分 统计公报

柳州市2003年国民经济和社会发展统计公报

2003年，全市人民在市委、市政府的领导下，高举邓小平理论伟大旗帜，以“三个代表”重要思想为指导，认真贯彻落实党的十六大、十六届三中全会和自治区党委八届四次全会精神，克服了“非典”疫情和持续高温干旱、电力运力紧张等不利影响，紧紧围绕“工业立柳、强市富民”的总体发展思路，坚持“五大主攻方向”，坚持以改革统揽全局，以创新推动全局，大力发展非公有制经济，积极推进“再造一个工业柳州”战略的实施，顺利实现了国民经济和社会发展的主要预期目标。国民经济保持良好发展势头，经济总量迈上新的台阶；国内需求持续增长；科技、教育、文化、卫生、体育等各项社会事业全面进步；城乡居民收入稳步增长，人民生活继续改善。

一、综 合

国民经济保持快速增长。全年国内生产总值突破300亿元，达326.67亿元，按可比价格计算，比上年增长11.9%。其中第一产业增加值44.91亿元，增长4.6%；第二产业增加值161.07亿元，增长17.2%；第三产业增加值120.69亿元，增长8.7%。

市场物价总水平小幅上涨。全年城市居民消费价格总水平比上年上升0.6%。八大类商品价格呈“五升三降”的格局。

2003年城市居民消费价格比上年上涨（%）

指 标	2003年比上年上涨%
居民消费价格总水平	0.6
食品	2.9
#粮食	8.8
烟酒及用品	0.1
衣着	3.6
家庭设备用品及维修服务	-7.6
医疗保健和个人用品	5.0
交通和通讯	-6.1
娱乐教育文化用品及服务	-1.1
居住	2.3

就业规模继续扩大。年末全市就业人员188万人，比上年增加2万人。全年新增就业岗位3.03万个，下岗失业人员再就业1.57万人。城镇登记失业率控制在4%以内。

财政收入保持增长。全年财政总收入58.18亿元，比上年增长16.6%。其中地方一般预算收入27.13亿元，增长16.4%。

经济体制改革稳步推进。82%的市属重点国有企业完成改制，大型企业法人治理结构日趋完善。企业上市打破十年坚冰，柳化股份、西面针股份成功上市，柳钢金城股份已通过国家证监会初审，凤糖股份等10户企业结束上市辅导。

国民经济和社会发展中存在的主要问题是：产品结构不合理的矛盾依然突出；中小企业活力不强，发展不够快；动力、电力供应不足，制约经济发展；农村尤其是贫困县的基础较为薄弱，农民增收渠道不多，扶贫攻坚任务仍然很重；就业和再就业压力仍然较大。

二、农 业

农业生产在结构调整中稳步发展。全面贯彻落实中央提出的“多予、少取、放活”的农村工作方针，紧紧围绕增加农民收入这一中心，进一步调整和优化农业结构，促进了农业生产的发展。全年实现农林牧渔业总产值72.79亿元，比上年增长5.85%。

粮食、油料、糖蔗等农产品受严重旱灾的影响，产量下降，蔬菜和水果生产在提高品质的基础上继续保持增长。

主要农产品产量

产品名称	产量（万吨）	比上年增长%
粮食	79.89	-8.67
油料	2.72	-13.38
#花生	1.90	-11.21
甘蔗	629.16	-3.29
#糖蔗	611.65	-3.70
蔬菜	139.49	4.28
水果	19.57	10.63

畜牧、水产业生产稳定增长。畜牧业：加大产品优化力度，扩大养殖规模户。主要产品产量稳步增长。

主要产品产量

产品名称	单位	产品	比上年增长%
肉类总产量	万吨	21.04	7.68
#猪牛羊产量	万吨	17.38	7.68
出栏肉猪头数	万头	209.62	8.37
家禽出栏只数	万只	2436.82	13.73
牛奶产量	吨	8027	0.99
猪年末存栏头数	万头	127.92	-1.65
蚕茧	吨	9572	9.73

水产业：继续实施《万元水面》项目，引进和推广新品种、新技术。水产品产量4.66万吨，比上年增长8.12%。

林业生产持续发展。以退耕还林还草为主的生态建设得到加强。全年完成造林面积1.94万公顷，比上年增长97.96%。其中退耕造林面积0.79万公顷，增长2.59倍。幼林抚育面积3.67万公顷，增长18.01%。

三、工业和建筑业

工业生产快速增长。全市完成工业总产值500.62亿元，比上年增长18.14%。其中，规模以上工业企业完成工业总产值426.52亿元，增长18.9%。汽车、冶金、机械三大支柱产业是全市工业生产增长的强大推动力。汽车、冶金、机械三大行业完成工业总产值291.62亿元，增长22.55%，拉动规模以上工业生产增长15.7个百分点。52户超亿元企业完成工业总产值352.02亿元，增长23.26%，占全市规模以上工业总产值的83.58%。

规模以上工业增加值首次突破百亿元。全市工业增加值136.05亿元，增长12.38%。其中规模以上工业企业增加值115.03亿元，增长15.43%。

工业增加值主要分类情况

指 标	增加值（亿元）	比上年增长（%）
规模以上工业企业	115.03	15.51
#轻工业	29.80	1.36
重工业	82.23	21.87
#国有及国有控股企业	93.30	14.76
#国有企业	44.33	1.85
股份有限公司	11.32	35.90
外商及港澳台投资企业	19.08	50.44
#大中型企业	97.83	24.27

工业产品结构调整取得新进展。制糖、汽车、钢铁、烟草、建材等优势行业升级步伐加快，优势产业对工业增长的推动作用进一步增强。全市规模以上工业企业新产品产值114.37亿元，比上年增长34.24%，新产品产值率27.15%，比上年提高2.46个百分点。铁、钢、钢材产量分别突破200万吨；汽车产量达22万辆，雪佛兰新车型实现了广西轿车生产新的突破；装载机产销量分别突破1万辆；卷烟产销量分别突破50万箱。

主要工业产品产量

产品名称	单位	产量	比上年增长（%）
机制糖	万吨	76.98	16.54
卷烟	万箱	50.9	14.65
机制纸	万吨	17.23	2.7
焦炭	万吨	99.44	27.51
硫酸（折100%）	万吨	70.99	16.88
合成氨	万吨	22.92	2.8
化肥（折纯）	万吨	24.61	1.59
牙膏（自然支）	万支	73145	49.39
水泥	万吨	354.66	18.54
生铁	万吨	218.35	27.12
钢	万吨	205.15	24.68
成品钢材	万吨	215.44	21.56
十种有色金属	万吨	24.79	-18.3
内燃机	万千瓦	689.69	13.3
气体压缩机	台	5021	-0.34
铲土运输机械	台	13048	55.61
汽车	辆	208455	21.44
#公路客车	辆	139720	52.8
轿车	辆	450	
发电量	万千瓦小时	406459	32.24
供电量	万千瓦小时	772487	9.92

规模以上工业经济效益创历史最高水平。工业综合经济效益指数134.85，比上年提高22.1个百分点；产品销售收入突破400亿元，达430.09亿元，比上年增长23.87%；实现利税总额突破50亿元，达54.63亿元，增长54.26%。其中利润总额19.86亿元，比上年增长139.27%。

建筑企业生产持续增长。全市建筑业完成增加值25.02亿元，比上年增长57.62%。全市有资质等级的建筑企业77家，比上年减少5家，实现建筑业总产值42.27亿元，比上年增长19.45%。全年施工单位工程4626个，比上年增长10.80%，房屋建筑施工面积683万平方米，增长19.55%，房屋竣工面积262.11万平方米，增长31.23%。

四、固定资产投资

固定资产投资高速增长，投资额首次突破百亿元。继续加大城市基础设施建设和工业企业更新改造投资的力度，积极培育多元投资主体，多渠道筹集建设资金，全社会固定资产投资首次突破百亿元，达109.36亿元，比上年增长44.33%。

基本建设、更新改造、房地产开发投资均呈高速增长态势。基本建设投资41.11亿元，增长64.70%；更新改造投资30.67亿元，增长35.16%，其中工业更新改造投资25.5亿元，增长37.8%；房地产开发投资27.90亿元，增长72.62%。多元化投资格局初步形成：国有经济投资60.83亿元，增长32.75%；集体经济投资2.13亿元，下降27.65%；私营个体经济投资24.78亿元，增长59.83%；其他经济投资21.63亿元，增长65.52%。

本年新增的主要生产能力有：焦炭40万吨/年；生铁73.5万吨/年；方坯连铸120万吨/年；线材40万吨/年；装载机50台/年；载货汽车1000辆/年；客车30000辆/年；机制糖2500吨/年；新建公路10公里；改建公路2495.16公里；新建独立公路桥梁1座；中等学校学生席位11242个；小学校学生席位1215个；医院病床542张；城市自来水供水能力20万吨/日；城市自来水管道长度7.4公里；城市污水处理能力10万吨/日；城市公共交通车辆购置278辆；城市防洪堤长度3.59公里。

五、国内贸易

消费品市场销售较快增长。全市社会消费品零售总额(旧口径)114.28亿元，比上年增长11.10%。其中，城市消费品零售额 83.29 亿元，增长 11.62%；县及县以下零售额 30.99 亿元，增长 9.72%。分行业看，批发零售贸易业零售额 75.37 亿元，增长 14.91%，其中限额以上批零贸易业零售额 23.60 亿元，增长 32.30%；餐饮业零售额 13.52 亿元，增长 7.89%；其他行业零售额 25.39 亿元，增长 2.62%。

六、对外经济

全年外贸出口创汇 2.55 亿美元，比上年增长 21.51%，其中自营出口生产企业出口创汇 2.33 亿美元，增长 25.33%。全年新批外商投资企业 18 家。全年实际利用外资 6273 万美元，比上年增长 25%。

七、交通、邮电和旅游

交通运输业稳步发展。全年各种运输方式完成旅客发送量 3114.38 万人次，其中，铁路 351.43 万人次，公路 2654 万人次，水运 105.5 万人次，民航 3.45 万人次。完成货物发送量 3953.42 万吨，其中，铁路 672.79 万吨，公路 3141 万吨，水运 139.6 万吨，民航 290 吨。

邮电通信业保持快速增长。完成邮电业务总量 16.99 亿元，比上年增长 28.82%。其中，电信业务总量 15.78 亿元，增长 30.92%；邮政业务总量 1.22 亿元，增长 6.64%。年末固定电话用户 56.74 万户，增长 12.97%，移动电话用户 76.58 万户，增长 69.61%。年末计算机互联网用户 22.7 万户，增长 9.85%。

旅游业。全年接待国内旅游人数 381.3 万人次，国内旅游收入 21.55 亿元。接待国外旅游人数 12973 人次，其中，接待港澳台同胞 5857 人次，接待外国人 7015 人次。

八、金融和保险

金融运行保持平稳。年末金融机构各项存款余额 433.69 亿元，比年初增长 16.37%。金融机构各项贷款余额 274.30 亿元，比年初增长 23.79%。其中个人消费贷款 34.06 亿元，比年初增长 56.33%。

金融机构存贷款情况

指　标	年末数（亿元）	比年初增长（%）
各项存款余额	433.69	16.37
#企业存款	146.62	19.47
城乡居民储蓄存款	257.78	17.01
各项贷款余额	274.30	23.79
#短期贷款	149.88	9.44
中长期贷款	87.44	42.04

保险事业不断发展。全年保费收入 9.15 亿元，比上年增长 32.31%。其中，寿险保费收入 5.39 亿元，增长 26.1%；财产险保费收入 2.62 亿元，增长 11.53%；健康险和意外伤害险保费收入 1.14 亿元，增长 2.87 倍。支付各类赔款及给付 1.66 亿元，增长 13.93%。其中，寿险赔付 0.30 亿元，增长 8.38%；财产险赔付 1.19 亿元，增长 15.61%；健康险和意外伤害险赔付 0.17 亿元，增长 12.43%。

九、教育和科学技术

教育管理体制、办学体制改革进一步深化，素质教育稳步推进，教育质量和办学水平不断提高。实施普九攻坚计划，全面启动三江、融水的普九工作，抓好融安的普九巩固工作，继续做好其他各县的“两基”巩固提高。大力推进城乡教育联动，促进城乡教育同步发展。年末全市共有普通中学 237 所，专任教师 1.07 万人，在校学生 20.28 万人；小学 1205 所，专任教师 1.63 万人，在校学生 31.50 万人；特殊教育学校 5 所，专任教师 41 人，在校学生 730 人；全市各类幼儿园 184 所，专任教师 1441 人，在园幼儿 5.77 万人；小学入学率 99.13%。社会办学继续发展，年末社会力量举办的小学 121 所，普通中学 26 所。

科技事业继续发展。全年安排市级科技计划项目 118 项，列入国家级科技计划项目 10 项、列入自治区级科技计划项目 38 项。完成科技成果鉴定 38 项，成果公报 58 项。获广西科技进步奖 13 项，评出市级科技进步奖 38 项。专利申请 265 项，专利授权 175 项。

十、文化、卫生和体育

文化事业继续推进。实施文化精品战略取得丰硕成果，文化基础设施得到加强，文化活动健康活跃。至年末，全市有各种艺术表演团体 9 个，公共图书馆 7 个（不含乡镇）。大型民族音画《八桂大歌》进入全国舞台艺术精品工程行列，“首届农村文艺汇演”、“柳江之夏”、“文化企业行”等文化活动深受群众欢迎。北部四县全部按计划收听、收看到柳州市的广播电视节目。广播综合人口覆盖率 92.52%，电视综合人口覆盖率 95%。

卫生保健工作得到加强。积极推进城镇医疗卫生改革，加快乡镇卫生院的基础设施建设，不断加强农村卫生工作。全市 6 县 1 区 30 个乡（镇）卫生院完成新建、扩建业务用房 1.02 万平方米，投资 681 万元，卫生服务的供给能力进一步增强，城市社区卫生服务网络及县、乡、村三级医疗预防保健网进一步健全。建立城市社区卫生服务中心 17 个，卫生服务站 81 个。计划免疫接种率保持较高水平。逐步建立卫生监督和疾病预防控制体系，公共卫生突发事件的应急能力有了提高，全市无一例非典和疑似非典病例。年末共有卫生机构 1981 个，其中医院、卫生院 180 个。病床床位 1.1 万张，卫生技术人员 1.22 万人。

体育事业取得新成绩。在全区第十届体育运动会上，夺得金牌45枚、银牌66枚、铜牌44.5枚，总分2976.32分，金牌总数和总分位居全区第三，1人破2项全国游泳少年纪录，5人破6项全区少年纪录。体操学校艺术体操队在全国艺术体操锦标赛中，获8枚金牌、5枚银牌、3枚铜牌。

十一、城市建设和环境保护

城市建设和管理力度空前，三项整治成效明显。城市基础设施建设继续加强，城市面貌进一步改善。城市电网改造、学院路、文昌路东段、南二环路、文惠路改造、八一路改造等一批重点工程相继完工，双冲桥主体合龙，大埔电站第一台机组即将发电，红花水电站、红光桥、人民广场改造、桂中大道南段、城市排污系统等项目加快推进。阳和、河东建设取得实质性进展，旧城改造全面提速。以市容市貌三项整治为重点，强力推进城市管理。拆墙透绿、整治“五车”、整顿夜市、清理被挪用停车场、整体改造重点路街、实施限摩，市容市貌明显改观。

对30多条路进行了维修，完成道路维修面积12.14万平方米；疏通下水道11.93万米；对文惠桥、壶东桥、壶西桥进行了维修；清理电话亭、书报亭、报警亭以及经营性临时占道摊点896个。自来水供水综合生产能力64万立方米/日(不包括自备水源)，比上年增长36.17%；垃圾处理率100%；城市道路长度为672.1公里，增长0.86%；道路面积775.82万平方米，增长4.09%；拥有公共交通运营车辆687辆，增长23.56%，拥有线路65条，比上年增加29条；路灯拥有量2.7万盏，城市路灯灯亮率为98%；城市公共绿地面积576.78公顷，增长7.45%，人均公共绿地面积6.01平方米，增长5.62%。

环境保护工作得到加强。强化管理，认真执法，加大污染治理和生态保护力度，环境综合治理方面取得显著成绩，环境质量进一步改善。空气环境质量总体继续好转，达到国家三级标准。柳江河水环境质量继续保持国家地表水三类水质标准。城市区域环境噪声平均值为58.7dB(A)，市内交通噪声平均值为69.8dB(A)。

十二、人口、人民生活和社会保障

人口低速增长。年末全市总人口351.26万人，其中市区人口95.89万人。全市出生人口3.87万人，死亡人口1.35万人。

人口主要构成情况

指 标	年末数（万人）	比重（%）
全市总人口	351.26	100.00
#非农业人口	121.26	34.52
农业人口	230.00	65.48
#男性	183.22	52.16
女性	168.04	47.84
#18岁以下	71.41	20.33
18-35岁	119.71	34.08
35-60岁	115.94	33.01
60岁以上	44.20	12.58

城乡居民收入继续增加，人民生活水平稳步提高。在岗职工年平均工资13832元，比上年增长11.14%；城市居民人均可支配收入8370元，增长5.6%；农民人均纯收入2072元，增长6%。

社会保障工作进一步加强。“两个确保”继续得到巩固，城镇贫困居民最低生活保障实现应保尽保，养老、失业、医疗等社会保障覆盖面不断扩大，保险基金收缴率达90%以上，80%的企业退休人员初步实现了社会化管理。年末基本养老保险参保职工29.96万人，失业保险参保职工26.05万人，基本医疗保险参保职工 42.12万人。

社会福利事业继续发展。年末社会福利机构77个，床位数 2736张。各类社区服务网点380个。全年筹集社会福利资金 0.12亿元。全市低保救济25.41万户次69.62万人次，发放低保金 3465万元。正式启动农村特困户生活救助工作，核实救助2.24万户5.47万人，已发放救济款82.26万元，救济粮134.5万斤，救济衣被2768件（床）。

第二部分　柳州概貌

【地理位置与面积】

柳州市位于广西中部偏东北，为湘桂、黔桂和枝柳铁路交汇处，东经108°50′～109°45′，北纬23°54′～24°51′。地处柳江中游，柳江自西北方向穿绕城市向东南方向流去。市区山环水绕，呈壶状。总面积18617平方公里，其中市区658平方公里，柳江县2539平方公里，柳城县2110平方公里，鹿寨县3355平方公里，融安县2900平方公里，融水县4624平方公里，三江县2430平方公里。

柳州市是一个北、东、西三面被山丘包围，南面张开的岩溶盆地，具有典型的岩溶地貌特征。地面标高在海拔85—105米之间，市区地形平坦微有起伏。地貌以岩溶残蚀型峰林平原和峰林丛洼地为主，低山丘陵穿插其中，低山丘陵面积占陆地面积的58.4%。土壤以红壤、石灰土为主，其中红壤主要分布在北部的柳城地区，石灰土则以南部的柳江分布最广；耕作性土壤以旱作土壤和水稻土壤为主，其中旱作土壤占50%以上。

（曾昭杰）

【气候及气候特点】

2003年柳州市气候特点是：年平均气温显著偏高，冬暖明显，夏季炎热；年雨量偏少，夏、秋、冬连旱严重；冬季霜雪天气较多。

气温：2003年度温度的最大特点是：在暖冬的背景下出现了极端异常的寒冷天气，极端最高、最低气温大部县区都再创历史新高。柳州市年平均气温：北部三县18.7～20.2℃，中、南部各县20.9～21.8℃，与常年值比较偏高0.6～1.1℃。鹿寨、市区、柳江年平均气温突破历史记录，柳城、融安、融水位居历史第二，三江县名列历史第三位。从隆冬1月到夏初5月，气温持续比常年值偏高，其中，2月份平均气温比常年偏高2.5～3.3℃，呈现了隆冬不冷的现象。盛夏7、8月气温仍继续偏高，从7月中旬开始，全市各县、区陆续出现了较长一段时期的高温天气，其中市区从7月11日到24日连续高温日数多达14天，超过有记录以来的最高值。全年高温日数23～38天，比常年偏多6～19天；年极端最高气温38.5～39.5℃，融安县突破历史极值，其它各县区则位居第二或第三位。年极端最低气温-2.9～0.4℃，出现在1月7～8日，其中，三江、柳城、柳江分别为-2.9℃、-1.3℃、-0.5℃，是近三十年来的最低值。春季影响我市的冷空气较多，出现了二次低温阴雨过程天气，低温阴雨结束期与常年比较：北部三县偏早2～3天，其它各县偏迟。三江出现了倒春寒天气。秋季寒露风天气出日期与常年持平。

降水：年总降水量938.5～1771.8毫米，其中小于1000毫米的有：柳城、柳江及市区；年雨量与常年相比偏少1～3成。年降水量之少为历史罕见，其中柳江县为历史之最，柳城位居第二，市区则位居历史之三。年内降雨量分布不均，7月到12月全市大部县区各月降水量均比常年同期明显偏少，其中尤以7月和11月偏少最为明显。7月降水量各县均不足100毫米，为历史所罕见，其中融水、鹿寨两县刷新历史记录。11月降水量与常年同期相比偏少7成以上，南部地区尤其明显。年降雨日数121～164天，比常年值明显偏少，其中南部四县年降雨日数为有记录以来的最小值。年内日降雨量大于等于50毫米的暴雨日数：北部6～8天，南部1～3天，其中，大于等于100毫米的大暴雨仅有融安和融水县出现，分别是3天和2天。暴雨或以上的降雨日数比常年明显偏少。

日照及其他：年日照时数1387.3～1891.4小时，与常年相比偏多1～2成，日照充足。年总蒸发量1233.8～1568.4毫米，与常年持平。雷暴日数43～59天，霜日：融安、柳城分别为11天和10天，其他县区4～6天；降雪日数：三江4天，融安、融水3天，其他四县区1天，开始于1月6日；此外三江、融安、融水、柳城还出现了不同程度的积雪。

重要气候事件及其影响：2003年主要气候事件有冰雪、高温、干旱、大风。

冰雪天气：2003年1月5～6日，我市各县出现了雨夹雪、冰粒、冰霜冻等灾害天气，其中，三江县下了一场大雪。冰雪天气给工农业生产造成严重的损失。据三江县有关统计这场大雪使树木和农作物受灾面积达9.74万亩，成灾3.6757万亩，绝收2.45万亩，直接经济损失2461万元。损坏房屋550户1650间，冻死耕牛200头。三江县境内交通中断两天，部份乡村通信中断。柳江县农作物受害严重，其中：甘蔗14.63万亩，果树2.05万亩，蔬菜3.62万亩，死鱼5369公斤。柳城县寒害波及全县14个乡镇，据统计受灾人口达6.2万多户28万多人，受灾农作物面积45万多亩。其中，甘蔗32万亩，果蔗4500亩，蔬菜3.7万亩，水果6.9万亩，油菜、冬玉米等农作物2万多亩；全县牲畜死亡465头，伤14959头，家禽死亡5750羽，伤2000羽，鱼塘受灾610亩，鱼死亡1.82万公斤，伤2.198万公斤；其中受灾最为严重、损失最大的是甘蔗，约有17万亩甘蔗出现了严重倒伏。直接经济损失6000万元，间接损失2000万元。据《南国早报》报导，1月6日融水县和睦镇市场被罕见的大雪压塌，正在市场交易的12人被压伤，被压在下面的摊位共80多个。由于大雪影响柳铁已有近20趟客车、40多列货车晚点。这次冰雪天气给柳州市造成的直接经济损失3.65亿元。

12月25日，柳州市遭受低温冻害，部份县伴有霜冻，使正在正常生长的越冬作物特别是甘蔗、蔬菜、水果等受到严重危害。受灾范围6个县的89个乡镇，相当部分作物被冻伤、冻死，造成严重减产和绝收。

干旱：进入7月份以来柳州市各县出现了不同程度的干旱。据市农业部门统计，干旱致使柳州市的水库有效蓄水量仅为4549万立方米，占有效库容的13%。有6座中型水库有效库容低于10%，其中3座有效库容为0。全市有97个乡镇，2408个村屯受到不同程度的干旱威胁，受灾农业人口达130万人。全市农作物受旱面积173万亩，成灾面积84万亩，绝收面积3.5万亩，造成农业经济损失25878多万元。

暴雨、冰雹天气：2003年4月10日21时30分左右三江县境内遭受雷雨大风和冰雹袭击，据灾区群众反映，当时出现雷雨大风和冰雹（有鸡蛋大小）。全县13个乡镇不同程度受灾，造成1人死亡1人重伤10人轻伤，其中县城东部的斗江镇（重灾区）1人死亡1人重伤2人轻伤；房屋倒塌4户11间，房屋受损坏700户1750间；农作物受灾面积5000亩，直接经济损失1900万元。

2003年6月26日至27日，三江县普遍出现大雨和暴雨天气， 本次暴雨天气过程使我县东南部各乡镇均不同程度受灾。据调查了解，引起一些山路塌方和农田受淹或毁坏。全县受灾农田725.5亩，成灾面积492亩，重灾96亩，绝收75亩；冲毁水利134条552米，堤坝3处20米，公路塌方42米，受灾农作物85亩。直接经济损失80余万元 。

（彭燕洁）

【水文】

2003年柳州水文站年降水量为916.5毫米，最大日降水量为63.0毫米，降水天数114天，年降水量自1991年以来12年出现的又一降水量低值。柳州水文站2003年降水量比多年平均降水量1463.0毫米偏少546.5毫米，属降水量偏低年份。

柳江柳州水文站2003年平均水温为21.4℃，最高水温为32.0℃，出现日期为8月6日；最低水温为10.0℃，出现日期为1月9日。

2003年，柳州水文站年最高水位为79.34米，与警戒水位（81.5米）相差2.16米。洪水自6月20日10时起涨，6月28日5时出现洪峰，至7月6日2时持平。整场洪水历时13天，洪水涨幅9.35米。其它两场洪水均维持在中洪水位。其中5月29日16时，洪峰水位为75.73米；7月8日16时，洪峰水位为74.87米。柳州水文站年最低水位为68.68米，出现日期为12月24日。全年最大流量11600m^3/s，最小流量152 m^3/s。年输沙量为148万吨，年最大断面平均含沙量为0.579kg/m^3，年最小断面平均含沙量为0.003 kg/m^3，年平均含沙量为0.048 kg/m^3。

由于受西南季风的影响，在柳江流域上空气流保持相对稳定的作用下，自8月份开始至12月份，柳江流域出现持续高温干旱现象，致使柳州水文站断面水位一直在69.00米左右摆动。干旱时间持续长为历史所罕见。

（李新桂 张柳钢）

【行政区划 】

城中区 ： 区政府驻龙城路西一巷。辖城中、公园、中南、水上、潭中5个街道办事处，柳东镇，18个社区居委会，6个村民委员会。辖区面积77.017平方公里；人口11.3万人（其中非农业人口10.03万人）。

鱼峰区：区政府驻静兰路。辖天马、驾鹤、箭盘山、五里亭、荣军、阳和6个街道办事处和羊角山镇，45个社区居委会，4个村民委员会。辖区面积98.20平方公里；人口21.93万人（其中非农业人口20.77万人）。

柳南区：区政府驻潭中西路。辖河西、柳南、柳石、南站、鹅山、银山6个街道办事处和太阳村镇、西鹅乡，46个社区居委会，20个村民委员会。辖区面积181.80平方公里；人口29.92万人（其中非农业人口26.59万人）。

柳北区：区政府驻八一路。辖解放、雅儒、胜利、雀儿山、柳钢5个街道办事处，石碑坪、沙塘、长塘、洛埠4个镇，黄村、白露2个乡，有社区居委会41个，村民委员会37个。辖区面积320.033平方公里；人口32.74万人（其中非农业人口26.97万人）。

柳江县：县政府驻拉堡镇。辖拉堡、里雍、百朋、成团、洛满、流山、三都、里高、进德、穿山、土博11个镇和白沙、福塘2个乡，127个村民委员会，18个社区居委会。总面积2539平方公里。

柳城县：县政府驻大埔镇。辖大埔、龙头、太平、沙埔、东泉、凤山、六塘、冲脉、寨隆9个镇和西安、社冲、马山、古砦、洛崖5个乡，121个村民委员会，15个社区居委会。总面积2110平方公里。

鹿寨县：县城驻鹿寨镇。辖鹿寨、雒容、中渡、寨沙、平山5个镇和黄冕、江口、导江、龙江、拉沟、四排6个乡，121个村民委员会，8个社区居委会。总面积3355平方公里。

融安县：县城驻长安镇。辖长安、浮石、泗顶、板榄、大将、大良6个镇和城东、大巷、雅瑶、大坡、东起、沙子、桥板、潭头8个乡，138个村民委员会，15个社区居委会。总面积2900平方公里。

融水苗族自治县：县城驻融水镇。辖融水、和睦、三防、怀宝4个镇和永乐、四荣、香粉、安太、洞头、汪洞、同练、滚贝、杆洞、安陲、大浪、白云、红水、拱洞、良寨、大年16个乡，198个村民委员会，7个社区居委会。总面积4624平方公里。

三江侗族自治县：县城驻古宜镇。辖古宜、丹洲、斗江3个镇和周坪、程村、和平、老堡、高基、良口、洋溪、富禄、梅林、八江、林溪、独峒、同乐13个乡，160个村民委员会，6个社区居委会。总面积2430平方公里。

（张永昌、梁汉飞）

【人口情况】

一、柳州市人口情况

至2003年末，柳州市总人口数为351.26万人，比上年增加2.74万人；总户数为95.10万户，比上年增加2.02万户；户均人口3.69人。

2003 年，柳州市男女性别比（以女性人口为 100）109:100。

2003年，全市出生人口38693人，人口出生率为11.06‰；死亡人口13464人，人口死亡率为3.85‰；人口自然增长率为7.21‰。

2003 年，柳州市从市外迁入人口 50524 人，迁入率为14.44‰；迁出市外人口47045人，迁出率为13.45‰；净迁入人口3479人，净迁入率（也称为人口机械增长率）为0.99‰。

柳州市人口主要构成情况

指　标	年末数（万人）	比重（%）
全市总人口	351.26	100.00
#非农业人口	121.26	34.52
农业人口	230.00	65.48
#男性	183.22	52.16
女性	168.04	47.84
#18岁以下	71.41	20.33
18-35岁	119.71	34.08
35-60岁	115.94	33.01
60岁以上	44.20	12.58

综合人口自然变动和机械变动的结果，柳州市人口净增长率为8.2‰。

二、柳州市区人口情况

至2003年末，柳州市区总人口为95.89万人，比上年增加1.51 万人；总户数为28.66万户，比上年增加0.68万户；户均人数为3.35人。

柳州市区人口主要构成情况

指　标	年末数（万人）	比重（%）
市区总人口	95.89	100.00
#非农业人口	84.35	87.97
农业人口	11.54	12.03
#男性	49.66	51.78
女性	46.23	48.22
#18岁以下	16.34	17.04
18-35岁	31.26	32.60
35-60岁	36.56	38.13
60岁以上	11.73	12.23

2003 年，柳州市区男女性别比（以女性人口为 100）107.4:100。

全年出生人口8276人，人口出生率为8.7‰；死亡人口3856人，人口死亡率为4.05‰；人口自然增长率为4.65‰。

全年迁入人口29598人，迁入率为31.11‰；迁出人口19890人，迁出率为20.91‰；净迁入人口9708人，净迁入率（也称为人口机械增长率）为10.20‰。

综合人口自然变动和机械变动的结果，市区人口净增长率为14.85‰。

四城区总人口数从多到少依次排列为：柳北区32.74万人，柳南区29.92万人，鱼峰区21.93万人，城中区11.30万人。

三、6 县人口情况

至2003年末，6县总人口为255.36万人，比上年增加1.23万人。总户数为66.45万户，比上年增加1.34万户；户均人口

3.84人。

6县人口主要构成情况

指　标	年末数（万人）	比重（%）
6县总人口	255.36	100.00
#非农业人口	36.91	14.45
农业人口	218.45	85.55
#男性	133.55	52.30
女性	121.81	47.70
#18岁以下	55.07	21.56
18-35岁	88.45	34.64
35-60岁	79.37	31.08
60岁以上	32.47	12.72

2003年，6县男女性别比（以女性人口为100）109.6:100。

全年6县出生人口30417人，人口出生率为11.94‰；死亡人口9608人，人口死亡率为3.77‰；人口自然增长率为8.17‰。

全年6县迁入人口20926人，迁入率为8.21‰；迁出人口27155人，迁出率为10.66‰；净迁出人口6229人，净迁出率（也称为人口机械减少率）为2.45‰。

综合人口自然变动和机械变动的结果，6县人口净增长率为5.72‰。

6县总人口从多到少依次为：柳江县53.13万人，鹿寨县48.21万人，融水苗族自治县46.81万人，柳城县40.68万人，三江侗族自治县34.71万人，融安县31.83万人。

（刘进）

第三部分
社会、经济及科技发展概况

农业

【农业经济综述】

2003 年，柳州市农村工作认真贯彻落实党中央提出的“多予、少取、放活”的农村工作方针，贯彻落实自治区“1234610”的农业和农村工作思路，以增加农民收入为中心，积极推进农业和农村经济结构战略性调整，努力提高农产品的市场竞争力，实施品牌战略，大力发展优质、无公害农产品，扩大生产规模，提高农产品质量和农业生产效益，农业生产保持良好的发展势头，全年实现农业总产值 72.79 亿元，按可比价格计算，比上年增长 5.85%；农业增加值 44.92 亿元，比上年增长 7.59%；农民人均纯收入 2082 元，比上年增长 6.55%。

农业生产稳定增长。全市种植业结构调整力度进一步加大，粮食播种面积继续调减，总产量略有下降，单产和品质有所提高，农业生产取得较好成绩。全年农林牧渔业总产值 42.81 亿元，比上年增长 1.03%。全年粮食产量 79.89 万吨，下降 8.64%；糖蔗产量 611.65 万吨，下降 3.70%；水果产量 19.57 万吨，增长 10.61%；油料产量 2.72 万吨，下降 13.38%；蔬菜产量 139.49 万吨，增长 4.28%；蚕茧产量 9572 吨，增长 9.73%。

农业结构调整取得积极进展。一是粮食种植面积继续调减：全年调减粮食种植面积 11436 公顷，减少 5.91%；增加其他作物种植面积 874 公顷，增长 0.79%，其中蔬菜面积扩大 1.35%。粮食和经济作物种植比例由上年的 1：0.62 调整到 1：0.65；二是主要农作物良种覆盖率均有不同程度提高，农产品结构进一步优化：优质水稻面积所占比重达 75.00%，高产高糖糖料蔗面积所占比重达 90.00%，水果优良品种所占比重达 80%；三是无公害农产品生产规模进一步扩大，在 2002 年通过认定 2833 公顷基地的基础上，又有 9867 公顷农产品基地通过了自治区检查组的现场验收，其中蔬菜 1733 公顷，水果 2467 公顷，水稻 3333 公顷，茶叶 2333 公顷，柳城县“凉水山”蜜桔达到国家 AA 级绿色食品标准；四是优势农产品区域布局初步形成，柳江县无公害蔬菜，鹿寨县无公害椪柑、桑蚕，柳城县糖蔗、无公害蜜桔、脐橙，融安县食用菌和金橘，融水县糯米柚、茶叶，三江县茶叶，城区都市农业等优势、特色农产品产业区、产品带雏形显现；五是现代农业示范样板逐步建立：“吨粮田”、“吨糖田”、“万元田”的“三田”建设取得新成绩，全年实施“三田”面积 5.13 万公顷。

林业生产得到进一步的发展，退耕还林工作得到进一步的加强，生态林业得到进一步的巩固。全年完成造林面积 19436 公顷，增长 98.10%，其中退耕造林面积 7878 公顷，增长 2.43 倍；进一步加强森林防火、病虫害防治工作。全市发生森林火灾 133 起，过火总面积 2400.50 公顷，受害森林面积 405.00 公顷，森林受害率为 0.42‰；全市森林病虫害发生面积 13440 公顷，发生率 1.5%，成灾率为 0.1%，实际防治面积 12013 公顷，防治率 89.20%。

牲畜业、水产业持续发展。畜牧、水产业大力调整优化产业结构，加强良种繁育体系建设，推进畜牧水产业科技进步：1. 加大种子工程建设力度，加速畜禽良种化工作进程；2. 扩大实施《万元水面》等渔业技术推广项目，加快水产业结构调整步伐；3. 培育发展壮大龙头企业，积极推进产业化经营；4. 加强行业管理，严格执行畜牧水产业法律法规，有效保障产业健康发展和规范产业秩序。从而有效地提高畜禽水产上市率和优质品种率，促进了畜牧、水产业生产的发展。全年肉类总产量 21.05 万吨，比上年增长 7.69%。其中猪牛羊肉产量 17.37 万吨，增长 7.62%；牛奶产量 8027 吨，增长 0.99%；出栏肉猪头数 209.62 万头，增长 16.19%；水产品产量 4.66 万吨，增长 8.12%。

农业生产条件持续改善。年末农业机械总动力 101.87 万千瓦，比上年增长 1.98%；农村用电量 23698 万千瓦小时；全市农田水利建设共完成计划项目 370 处，完成投资 16878.31 万元；完成改善有效灌溉面积 5.52 千公顷；年末农田有效灌溉面积 9.74 万公顷。农村电网改造力度加大，农村通电、通车、通电话、通自来水的“四通”程度进一步提高。

（黄廷初）

【种植业】

一、农业生产情况

2003 年柳州市农作物播种面积 43.13 万公顷，比上年下降 2.69%。

粮食作物　播种面积 18.20 万公顷，总产量 79.89 万吨，单产 4390 公斤/公顷。其中谷物播种面积 15.73 万公顷，总产量 75.28 万吨，单产 4786 公斤/公顷（稻谷播种面积 13.40 万公顷，总产量 69.07 万吨，单产 5156 公斤/公顷）；豆类播种面积 1.23 万公顷，总产量 1.80 万吨，单产 1470 公斤/公顷（大豆播种面积 1.09 万公顷，总产量 1.61 万吨，单产 1473 公斤/公顷）；红薯播种面积 1.24 万公顷，总产量 2.81

万吨。

经济作物　播种面积 11.99 万公顷。其中油料作物播种面积 2.11 万公顷，总产量 3.14 万吨，单产 1484 公斤/公顷；糖料蔗播种面积 8.35 万公顷，总产量 650.58 万吨，单产 76213 公斤/公顷，2002/2003 榨季进厂糖料蔗 652 万吨，产混合糖 73.60 万吨；木薯种植面积 8128 公顷，药材种植面积 3159 公顷，茉莉花、席草、红瓜籽等其它经济作物种植面积 2622 公顷。

其他农作物播种面积 11.09 万公顷。其中蔬菜播种面积 8.15 万公顷，总产量 139.49 万吨，单产 17116 公斤/公顷；年末果园面积 2.52 万公顷，水果总产量 19.57 万吨；年末茶园面积 4335 公顷，茶叶总产量 1723 吨；年末桑园面积 6199 公顷，鲜茧产量 9572 吨。

二、种植结构调整

农产品结构进一步优化。粮食、甘蔗生产保持稳定，果、菜、茶、桑、中药材等经济作物快速发展，经济作物比重由上年的 51.1%提高到 56%。

农产品质量安全水平提升。水稻、糖料蔗和水果的良种覆盖率分别达到 75%、90%和 80%，8345.8 公顷无公害农产品基地通过自治区验收，其中蔬菜 886.5 公顷，水果 3224.7 公顷，水稻 1901.3 公顷，茶叶 2333.3 公顷，柳城县“凉水山”蜜桔达到国家 AA 级绿色食品标准。

农产品优势区域布局初步形成。柳江县无公害蔬菜，鹿寨县椪柑、桑蚕，柳城县糖蔗、蜜桔、脐橙，融安县食用菌和金橘，融水县糯米柚、茶叶，三江县茶叶，城区都市农业等优势、特色农产品产业区、产品带雏形显现。

三、农业科技

《南丰蜜桔无公害生产技术研究》等 4 项科研项目通过成果鉴定，引进试验示范推广“金优 253”、“新台糖 25”等新优品种 16 个，推广“水稻免耕抛秧”等先进适用农业技术 15 项，23.33 万公顷次，其中捕食螨生物防治技术应用区内领先。完成“吨粮田”、“吨糖田”、“万元田” 2.53 万公顷、1.67 万公顷、9333 公顷。农民实用技术培训咨询 60 多万人次，“绿色证书工程”培训班 185 期，经考核合格颁证 6050 人，农村富余劳动力转岗就业技能培训和农民骨干培训 3600 人。

（王石坚）

【畜牧水产业】

一、畜牧业生产指标完成情况

2003 年肉类总产量完成 210397 吨，同比增长 7.83 %；出栏肉猪 2096232 头，同比增长 9.17 %；出栏肉牛 162640 头，同比增长 15.98 %；出栏肉羊 198728 只，同比增长 34.74 %；禽蛋产量 3767 吨，同比增长 66.4 %；牛奶产量 8027 吨，同比增长 0.99 %；畜牧业产值 221146 万元。

二、水产业生产完成情况

2003 年水产品产量为 46603 吨，同比增长 6.93 %；内陆养殖面积 10405 公顷；池塘养殖面积 3536 公顷；水库养殖面积 5350 公顷；河沟养殖面积 206.1 公顷；稻田及其他养殖都比去年有所增加，网箱养鱼 6699 吨；工厂集约养殖方式产量 600 吨。

三、加大品种调整力度，为农民增收奠定基础

（一）在城区、柳江县、柳城县和鹿寨等县重点抓连片推广和进行示范村屯建设，发展规模化养殖。累计推广二元杂母猪养殖 1.1 万头。

（二）以牛冻配为重点，推进牛的品改工作。建设牛冻配点总数达 103 个，完成牛杂交配种 2.73 万头。

（三）积极开展山羊圈养试点和羊的品种改良工作。圈养山羊示范户 153 户，圈养山羊 6477 只，全市良种羊存栏 9258 只，良种覆盖率由年初 38.52%　提高到 46.5 %。小尾寒羊存栏 718 只。

（四）优化水产品品种结构，改进养殖方式。把奥尼鱼作为罗非鱼品种改良良种化、标准化和产业化的品种重点扶持。利用地（电）热水反季节流水养罗非鱼作为柳州市特色产业重点，实施《万元水面》项目，全年实施面积 1006 公顷，项目试养殖户 1230 户。

四、加强行业管理，依法行政

（一）做好重大动物疫病防治监测工作，对重大动物疫情依法处理，制定 W 病、Q 病和山羊痘防治计划并组织实施，对 W 病、Q 病和山羊痘疫情实行快报制度，并认真执行封锁、扑杀、消毒、强制免疫等防疫措施。

（二）动物检疫工作。加强检疫，全市动物屠宰检疫 106 万头，动物产品检疫 110 万头。

（三）加强兽药、饲料监督管理，规范兽药、饲料市场秩序。开展兽药和饲料市场大检查 3 次，检查经营单位 932 个/次，检查兽药、饲料生产企业 108 个/次，收缴假、劣、违禁药品 11322 瓶（包、盒），原粉 3450 克，价值 0.95 万元，共立案查处 6 起产品不合格案和使用违禁药品案。

（四）渔政监督管理。检查违法电、炸、毒鱼行为 6 次，查处非法电鱼案 35 起，没收发电机、升压器、电瓶等物资

36台（套），没收渔船5艘、鱼鹰28只，对全市27家已办理了经营利用驯养繁殖水生野生动物许可证的饭店、酒家等业主进行年度证审。积极开展柳江人工增殖放流活动，筹集放流资金3万元，投放鱼苗种15万尾。

（彭瑛）

【林业】

一、2003年全市林业部门社会总产值89988万元（现行价），其中：第一产值为74104万元；第二产值为12825万元；第三产业产值为3059万元。

二、2003年林业生产情况

1. 完成造林面积 22543 公顷，占任务 17533.3 公顷的128.6%。

2. 完成退耕地造林6000公顷，配套荒山荒地造林7881公顷，分别占任务的100%及121.6%。

3. 完成珠江防护林造林866公顷，配套封山育林333公顷，占任务733.3公顷的163.5%。

4. 完成义务植树321.7万株，占任务230万株的139.9%。

三、森林资源管理工作

1. 全年完成商品木材生产计划蓄积量 570233 立方米，占任务597450立方米的95.4%，没有突破限额指标。

2. 市辖区核发《木材经营（加工）许可证》89份，年审642户；签发木材运输证2.02万份，运输木材59.42万立方米。

3. 查处违法运输木材等林业案件 4767 起，依法没收木材1.43万立方米，野生动物1268只，行政处罚4828人，挽回经济损失580.21万元。

四、森林防火

全市共发生森林火灾 133 起，其中一般火灾 55 起，火警78起，过火总面积2400.5公顷，受害森林面积405.0公顷，损失林木成林蓄积 13705.7 立方米，烧死幼林 67.2 万株，森林受害率为0.42‰，尚未突破市委、市政府森林火灾受害率 1‰的控制指标和自治区森林防火目标管理 6‰的奖励指标。

五、森林病虫害防治

全市累计发生森林病虫害面积 13440 公顷，实际发生13380公顷，发生率1.5%，实际防治面积12013公顷，防治率89.2%，发生森林病虫灾严重成灾面积为500公顷，成灾率为 0.1%；全年木材调运检疫 80.87 万立方米，检疫率99.2%，苗木产地检疫164公顷，合计种苗12310万株，检疫率96.6%。

六、农村能源建设工作

贯彻执行市委、市政府作出的农村“三大会战”决定，做好全市沼气池建设会战方案，共筹措资金 1057 万元，其中：市财政支农资金450万元，自治区非贫困村建池补助经费187万元，市干部捐款420万元；新建沼气池5.01万座，占柳州市下达任务5万座的100.2%，占自治区下达2.6万座的192.7%；举办沼气池技术培训班27期，共培训沼气池技术员 1662 人，编印沼气建设、综合利用、安全使用知识等资料3万册。

（莫柳梅）

【水利业】

一、水利、地方水电工程现状

2003年底，柳州市现有水利工程39559处，耕地有效灌溉面积97.16千公顷，其中：水田91.04千公顷；耕地旱涝保收面积77.62千公顷，其中：水田73.81千公顷；2003年实灌面积82.74千公顷。

1. 水利工程：现有蓄水工程8825处，总库容6.46亿立方米，有效灌溉面积33.37千公顷；其中：水库工程314处，总库容5.94亿立方米，有效灌溉面积26.54千公顷，；塘坝工程1735处，总库容0.51亿立方米，有效灌溉面积5.27千公顷；水井水柜工程6776处，总库容0.006亿立方米，有效灌溉面积1.56千公顷。引水工程23853处，正常引水流量100.96立方米/秒，有效灌溉面积40.59千公顷；机电泵工程6881处，7175台，总装机容量61.37千千瓦，有效灌溉面积20.20千公顷。

2. 地方水电工程：2003年底，柳州市现有地方水电工程130处21台，发电装机容量15.2万千瓦；年发电量5.53亿千瓦时。

二、水利、地方水电建设

1. 2003年，农田水利建设共完成计划项目370处，完成投资16878.31万元；完成改善有效灌溉面积5.52千公顷，新增解决饮水困难6.25万人，改善饮水困难0.2万人，完成渠道防渗7.40公里。

2. 2003年，柳州市国债项目完成投资3109.79万元（国债资金 1904 万元），其中：小流域综合治理项目完成投资230.79万元（国债资金160万元）；农村人饮工程项目完成2879万元（国债资金1744万元）。治理水土流失面积32.37平方公里，新解决饮水困难10.16万人。

三、依法行政，规范对河道和水政、水资源、水土保持的管理工作。

2003年，对柳州市的水资源管理、河道采砂管理、河道清障、河道建设项目审批、水土保持等工作实行依法行政。2003年全市共审批河道采沙许可证101本；上报我局审批的在河道管理范围内的工程项目42个，经过审查35个项目同意兴建，不同意兴建的工程项目7个，有效地控制河道管理范围内违章建筑物的兴建。

2003年，柳州市各级水行政主管部门对柳城县莲花河小流域、柳江县牛鼻河小流域、鹿寨县洛清江石榴河小流域进行综合治理，共完成投资371.78万元，总治理面积35.14平方公里，初步控制了项目区内的水土流失恶化状况，改善了当地的生态环境，取得了较好的经济效益和社会效益。

（邹群珍）

【农业机械】

2003年，全市完成农机生产经营服务总值5.89亿元，其中：农业机械总作业值5.83亿元；农机系统经营服务总值0.06亿元。

2003年，全市农业机械原值6.51亿元，其中：全民所有1.53亿元，占总原值的23.50%；集体所有0.02亿元，占总原值的0.30%；农户所有4.96亿元，占总原值的76.19%。农业机械总动力101.87万千瓦。农用拖拉机24476台、2.87万千瓦，其中：大中型拖拉机6470台、14.00万千瓦；小型拖拉机11215台、12.00万千瓦；耕整机及微拖6746台、2.87万千瓦；机耕（滚）船45台、0.03万千瓦。农业动力机械73351台、41.62万千瓦，其中：柴油机49830台、27.48万千瓦；电动机22403台、13.69万千瓦；其它动力机1118台、0.44万千瓦。农田排灌机械30975台、13.31万千瓦。农副产品加工机械35298台、22.92万千瓦。工、副业用动力机械7078台、5.39万千瓦。联合收割机62台。农用载重汽车1616台、14.95万千瓦。农用运输车1985台、5.71万千瓦。大中型拖拉机机农具1666台；小型拖拉机机引农具20790台。

〖农机化生产〗2003年，全市共完成机犁机耙面积15.13万公顷；机收面积1796公顷；跨区机收面积273公顷；动力机脱粒面积5.42万公顷，机电排灌面积2.15万公顷；机械化肥深施面积3.31万公顷。

〖农机科研培训〗2003年，市农机推广站完成对甘蔗高效节能深耕深松开行组合机具进行可行性分析，并已向柳州市科技局申报科技投资项目。

2003年，柳城县农机推广站共推广甘蔗中耕培土机83台，融安县推广水稻联合收割机6台。

2003年，为农村培训各类技术人员2656人，其中：拖拉机驾驶员670人，汽车驾驶员1278人，其它农机操作人员708人。

〖农机安全监理〗2003年，完成拖拉机年检审8604台，完成任务数的106.4%，审验拖拉机驾驶员4318人，组织机手参加安全学习30740人次，纠正各种违章1679次，查扣无牌证拖拉机31台。建立健全农机安全管理网络，开展农机安全建设试点工作，目前已在全市范围内建成15个农机安全村，共与机主或驾驶员签订《农机安全生产责任状》6065份，签状率达75%。

（李少雄）

工　业

【工业经济综述】

2003年，柳州市工业战线紧紧围绕“再造一个工业柳州”的工作目标，克服“非典”和电力紧张等不利因素带来的影响，抓住有利时机，加快发展步伐，全市工业生产规模和利税水平再上一个新台阶，支柱产业和优势企业不断发展壮大，工业经济步入新一轮快速增长期。

一、工业生产再上一个新台阶

1.全市工业总产值突破500亿元大关，规模以上工业增加值首次突破100亿元。2003年，全市完成工业总产值500.62亿元，比上年增长18.14%。实现工业增加值131.42亿元，比上年增长13.6%，其中规模以上工业实现工业总产值426.52亿元，比上年增长18.9%，实现工业增加值114.95亿元，比上年增长15.43%。

2.产品产量有了新的突破。2003年，生产汽车22.25万辆，增长21.48%，其中，客车13.97万辆，增长52.8%，轿车450辆；铲土运输机械1.3万辆，增长55.61%；钢205.15万吨，增长24.68%；钢材215.44万吨，增长21.56%；生铁218.35万吨，增长27.12%；卷烟50.9万箱，增长14.65%；机制糖76.98万吨，增长16.54%；牙膏7.31亿支，增长49.39%；水泥354.66万吨，增长18.54%；发电量40.65亿千瓦小时，增长32.24%。

3.汽车、冶金、机械三大支柱产业是全市工业发展的强大推动力。2003年，汽车、冶金、机械三大行业完成工业总产值 296.15 亿元，比上年增长 24.64%，拉动全市规模以上工业生产增长 17.07 个百分点。

4. 优势企业不断发展壮大，带动全市工业生产快速健康发展。2003 年，工业总产值超亿元的企业 53 户，比上年多 3 户；超 5 亿元的 12 户，比上年多 2 户；超 10 亿元的 9 户，比上年多 3 户；超 50 亿元的有 2 户。53 户超亿元企业完成工业总产值 354.52 亿元，比上年增长 22.89%，占全市规模以上工业总产值的 83.12%，比上年提高 3.57 个百分点。柳钢和上汽通用五菱公司产销双双突破 50 亿元大关，柳钢的铁、钢、钢材产量均突破 200 万吨，实现利税占全市规模以上工业四分之一；上汽通用五菱公司推出雪佛兰新车型，实现了广西轿车生产新的突破；柳工股份公司的装载机产销量首次突破 1 万辆；柳州卷烟厂的卷烟生产突破 50 万箱，利税首次突破 10 亿元。

二、工业总体经济效益创历史最高水平

1. 2003 年，工业企业综合经济效益指数为 134.85，比上年提高 22.1 个百分点；总资产贡献率为 10.86%，比上年提高 2.51 个百分点；资本增值保值率为 109.92%，比上年提高 7.12 个百分点；成本费用利润率为 4.89%，比上年提高 2.41 个百分点；劳动生产率为 68194 元/人，比上年提高 11452 元/人。

2. 实现利税总额突破 50 亿元。2003 年，规模以上工业实现利税总额 54.75 亿元，比上年增长 57.08%，其中利润总额 20.09 亿元，比上年增长 154.02%。

3. 扭亏增盈工作成绩显著。2003 年，规模以上工业亏损企业亏损额为 8.09 亿元，比上年下降 28.14%，减亏 3.17 亿元，其中华锡、西江造船厂、佳旺锅炉公司、低压电器厂、大富氏公司等 24 家企业一举扭亏为盈。

三、工业更新改造再创历史新高，企业发展后劲不断增强。2003 年，全市工业完成更新改造投资 25.5 亿元，比上年增长 37.8%，占“九五”期 58.8%。新增生产能力：生铁 73.5 万吨/年、连铸钢坯 120 万吨/年、钢材 40 万吨/年、焦炭 45 万吨/年、装载机 50 台/年、载货汽车 1000 辆/年、客车 3 万辆、机制糖 2500 吨/年，增强了企业发展后劲，为我市工业保持健康快速发展打下了坚实基础。

四、国有企业改革取得新突破。截止 2003 年底，市属国有重点企业完成改制 81.7%，以股权多元化为重点的国企改制目标基本完成，大型企业法人治理结构日趋完善，企业上市打破十年坚冰，柳化股份成功上市。

五、主要工作措施：围绕全市工业发展目标，着重抓好以下几个方面。

（一）加强机关作风建设，增强服务意识，积极开展“为纳税人办实事”活动。

1. 深化行政审批制度改革，简化行政审核、审批程序，不断提高办事效率，加大工作透明度。

2. 改变过去重国有工业，轻民营企业的做法，做到国营、民营企业一视同仁，为企业创造良好宽松发展环境。

3. 加强企业产业导向和行业发展动态、市场动态、科技成果和合作项目信息的沟通、咨询以及指导企业信息化建设。

（二）加强工业经济调控，搞好协调服务。

针对“非典”影响采取应对措施。成立领导小组，专题研究应对“非典”影响的措施，把“非典”对我市工业造成的负面影响降到最低限度。

（三）全力推进技改项目实施，培育新的经济增长点。

围绕工业企业技术改造，2003 年我市着重抓好以下几项工作，全力推进技改项目的实施。

1. 全力推进“四个一批”项目进展。2003 年，重点抓好“四个一批”共 51 个项目，作为技改工作的重点，予以全力推进。

2. 把握国家产业政策导向，积极争取国家和自治区的支持。2003 年，经努力，有柳化“硝酸铵改性改造”列入第十批国债项目计划；花红药业“妇科中药花红片药品生产管理规范改造”等 4 个项目列入国家第三批“双高一优”导向计划；欧维姆机械公司“预应力体外索技改”等 3 个项目取得了国债资金计划，共获得国债资金补助 2398 万元；柳州五菱“微型专用车技改”等 16 个项目获自治区技术改造贴息、补助资金 5710 万元。

3. 积极推进列入自治区下半年重点新开工计划项目的进展。我市列入 2003 年下半年自治区统一组织的新开工项目共 34 项，其中工业技改项目 13 项。这批项目实际开工 11 项，累计完成投资 14 亿元。

4. 支持农产品加工业，发展壮大县域经济。一是大力支持凤糖股份公司、柳江造纸厂等农产品加工龙头企业通过技术改造，提高生产挡次和能力，更广范围地幅射带动周边县区农产品基地的建设，拉动县区经济的发展；二是抓住自治区加紧规划、准备出台优惠政策对农产品加工业给予扶持的机遇，向自治区上报了凤糖“年产 20 万吨精制糖生产线技改”等 18 个农产品加工项目，争取自治区的支持。

（四）抓技术创新，推进工业化进程。

1.抓好创新项目和企业技术中心建设。到 2003 年底，全市共有 15 家自治区级技术中心，4 家国家级技术中心。

2.积极推进企业信息化建设。成功举办了“柳州市制造业企业 ERP 项目成功案例经验交流会暨项目推广会”，对柳钢集团等 7 个信息化项目进行验收评审。

（五）加强中小企业发展研究，促进企业健康发展。起草了《加快我市中小企业发展的意见》、《关于柳州市中小企业服务体系建设的实施意见》和《柳州市企业信用征信和评估管理暂行办法》等服务体系建设相关的政策措施及办法规定。

（唐德贤）

【大中型工业企业】

2003 年，全市大中型工业企业按照“工业立柳，强市富民”的总体思路，为实现“再造一个工业柳州”的目标，围绕经济结构调整，深化企业改革，推进企业技术进步、技术创新，努力提高企业的核心竞争力，克服“非典”、电力紧张等不利因素的影响，实现发展速度、效益、结构和质量的相统一。

一、分布情况。2003 年，按照国家新的大中型企业划分标准，全市共有大中型企业 78 家，比上年增加 2 家，其中大型企业 11 家、中型企业 67 家；轻工业 22 家、重工业 56 家；国有企业 19 家、集体企业 3 家、股份合作企业 1 家、联营企业 1 家、有限责任公司 24 家、股份有限公司 8 家、私营企业 16 家、港澳台商投资企业 3 家、外商投资企业 3 家。从行业分布来看，大中型企业分布在 22 个工业大类，其中以交通运输设备制造业和农副食品加工业居多，两大行业共 24 家，占大中型企业 30.77%。

二、经济运行特点

1.工业生产强劲增长。2003 年，全市大中型工业企业完成工业总产值 362.5 亿元，按不变价格计算，比上年增长 29.31%，其中大型工业企业完成工业总产值 218.19 亿元，比上年增长 27.25%，中型工业企业完成工业总产值 144.31 亿元，比上年增长 32.59%；完成工业增加值 97.83 亿元，比上年增长 24.27%。其中，大型工业企业完成工业增加值 48.57 亿元，比上年增长 19.81%，中型工业企业完成工业增加值 49.26 亿元，比上年增长 29.00%。

2.经济效益大幅度增长。2003 年大中型工业企业实现产品销售收入 369.67 亿元，比上年增长 36.54%；实现利税总额 51.63 亿元，比上年增长 56.08%；实现利润总额 19.82 亿元，比上年增长 1 倍。

3.资产不断壮大。2003 年，全市大中型工业企业共有资产 481.29 亿元，比上年增加 101.84 亿元，增长 26.84%。其中，大型企业共有资产 216.78 亿元，比上年增加 40.02 亿元，增长 22.64%；中型企业共有资产 264.51 亿元，比上年增加 61.82 亿元，增长 30.5%。

4.支撑和拉动作用明显增强。大中型工业企业是全市工业的中流砥柱，对全市工业的发展起着举足轻重的作用。2003 年，大中型工业企业工业总产值占规模以上工业总产值的 84.99%、工业增加值占规模以上工业增加值的 85.05%、产品销售收入占规模以上工业产品销售收入的 85.07%、实现利税总额占规模以上工业利税总额的 94.3%、实现利润总额占规模以上工业利润总额的 98.66%、资产占规模以上工业资产总计的 83.2%；分别拉动规模以上工业总产值、工业增加值、产品销售收入、利税总额、利润总额、资产总计增长 22.81 个百分点、18.99 个百分点、28.51 个百分点、53.23 个百分点、125.44 个百分点、19.35 个百分点。

三、发展的主要措施

1.全力推进企业技术创新，增强企业竞争力。2003 年，钢铁、汽车、机械、轻工、化工、制药等行业的大中型工业企业，积极运用高新技术和先进适用技术，促进产品结构的优化升级，加快走新型工业化道路的步伐，使企业产品的市场竞争力进一步增强，极大地提高了大中型企业的整体实力和盈利能力。如柳钢采用先进成熟的冶金工艺技术对生产系统进行改造，企业生产能力大幅度提高，企业技术装备水平也迈上了一个新台阶，形成中板、棒材、高速线材三大产品格局；柳汽开发生产出“霸龙”重型拖头车，不断提高“风行”乘用车的质量和规模；上汽通用五菱在稳步提升“五菱之光”等产品市场竞争力的同时，成功推出了雪佛兰新车型，使整车品种初步实现了由低档次的传统微型车、普通载货车向中高挡次的商务用车、家庭用车、中重型改装车转型，同时带动了一大批零部件企业的改造，壮大了我市汽车行业；柳工利用国家级技术中心的优势，积极应用信息技术，加快新产品开发，基本形成以装载机为核心，挖掘机、压路机、叉车为辅的产品多元化格局；柳烟引进国外先进制丝生产线，采用先进的信息技术，实现生产过程自动化，使企业整体工艺技术装备水平达到国内先进，增强了企业盈利能力；凤糖集团在稳定提高制糖质量的同时，与国内知名院校合作，发展生物有机肥、蔗渣浆等，提高制糖的综合利用水平；

柳化引进世界最先进的壳牌煤气化技术对生产工艺进行改造，实现制气连续化，使合成氨和尿素生产成本大幅度下降，增强企业在国内外的市场竞争力；金嗓子公司、花红药业、亿康药业等制药企业以国家强制推行药品生产管理规范为契机，大量采用国内外先进技术和设备，对生产车间进行GMP改造，提升了我市制药行业的综合实力。

2.推进投融资工作，增强企业发展后劲。2003年，大中型企业加快进入证券市场融资和建立现代企业制度的力度。柳化于7月1日顺利上市发行股票，7月17日在上海证券交易所挂牌交易；桂柳工10配3股3600万股申报材料于9月上报中国证监会，力争实现融资3亿元左右；两面针股份公司已通过中国证监会股票发行委员会的核准，拟发行社会公众股6000万股，拟实现融资7亿多元；柳钢股份申报IPO的工作进展顺利，2004年有望实现IPO，拟上市发行社会公众股1.72亿股，募集资金10亿元以上；凤糖股份4月已完成上市辅导，目前有关验收和申报IPO的工作正在稳步推进和实施；柳州欧维姆有限公司整体变更设立柳州欧维姆股份有限公司已于11月3日以桂政［2003］27号批复设立，目前企业正在引入券商加快进入上市辅导；柳州机械厂选聘券商、中介机构等前期工作已基本完成，目前改制工作正在稳步推进和实施。

（唐德贤）

【二轻工业】

2003年，柳州市二轻系统完成工业总产值（现价）14003万元，完成工业增加值3137万元，实现销售收入14768万元。

一、整体推进二轻集体企业改革、改制。为加快二轻集体企业改革，改制步伐，根据市委、市政府对企业改革、改制的要求及市领导的指示精神，制定了《柳州市二轻集体企业2003年改革、改制工作意见》，明确了各企业党政一把手对改革、改制负全责，明确了奖励与约束机制，各企业成立了改革、改制领导小组，制定了改制计划和时间表，2003年，二轻系统33家集体工业企业，8家二层机构，已有28家集体工业企业，7家二层机构完成了改制，改制完成率达85.4%。

二、努力抓好生产经营工作。2003年，二轻工业生产经营完成不理想，各项经济指标下滑，生产经营萎缩。影响全年经济指标的原因：一是非典的影响；二是企业改制的短期阵痛；三是缺电影响。但仍有部分企业通过企业改革、改制，体制创新、管理创新给企业注入新的活力。如柳州市塑料编织水泥袋厂在9月份完成改制为柳州市天一塑料制品有限责任公司后，迅速组织力量，调动、筹措资金，抓好2003---2004年榨季工作，保持了工厂主导产品糖袋的良好销售势头，为企业今后的快速发展奠定了良好基础；柳州市皮革集团公司改制为自然人持股的柳升皮革有限公司，给企业注入了新的活力，各项经济指标快速增长，取得较好效益。

三、抓好安全生产工作，认真抓好安全生产基础管理工作，建立各项安全生产管理制度，落实安全生产责任制，加强防火、交通安全管理工作。6月份组织开展全国“安全生产月”活动，11月份组织开展了全国“119”消防宣传活动，据不完全统计两次共张贴标语300多条（幅），出墙报20多板，组织职工2000多人次学习《安全生产法》、《消防法》，组织和督促企业领导、安全管理人员及特种作业人员共22人次参加上级有关部门开办的安全知识、业务知识培训；全年共组织5次安全大检查，坚持每季度或重大节日前开展安全生产大检查制度，做到警钟长鸣，及时发现安全事故隐患，有效的落实“预防为主，安全第一”的方针。

（王　燕）

【企业景气】

2003年，柳州市的企业抓住机遇、开拓进取，取得了令人瞩目的成绩。企业景气调查显示，柳州市企业景气状况比上年又上了一个台阶。2003年全市平均企业景气指数达到113.35点，比上年提高11.28点，企业家信心指数达到119.38点，比上年提高10.47点。

柳州市企业景气状况的主要特点是，各行业、各种注册类型企业的景气状况趋于协调，而大型企业的景气状况明显好于中小企业。

调查显示，2003年第4季度，八大行业的景气指数分别为：工业123.52点、建筑业119.70点、交通运输邮政及仓储业116.67点、批发和零售业118.06点、房地产业130点、社会服务业142.86点、信息传输及计算机服务业183.33点、住宿和餐饮业105.07点，数据显示八大行业的景气指数都处在景气区域，表明各行业得到了较协调的发展。

第4季度各注册类型企业的景气指数分别为：国有企业109.47点、集体企业107.98点、股份合作企业116.67点、有限责任公司128.22点、股份有限公司142.90点、私营公司160点、外资企业140点，数据显示各注册类型企业的景气指数都处在了景气区域。

从企业规模看，大型企业的景气状况明显好于中小企业。据第 4 季度调查显示，大型企业的景气指数为 152.47 点，而中型企业景气指数仅为 107.69 点，小型企业景气指数为 114.29 点。可见，虽然中小型企业的景气指数也处在景气区域，但其数值与大型企业相比有较大差距。

柳州市企业景气调查结果还呈现出以下几点情况：

一、工业企业景气状况快速提升。第 4 季度柳州市工业企业景气指数为 123.52 点，比上年同期提高 15.70 点，而且首次突破了 120 点关口，表明在经济大环境的引导下，柳州市工业企业已开始再次起飞。

二、房地产业景气状况成一大亮点。柳州市房地产业在旧城改造速度加快、城市基础设施迅速改善的情况下，迎来了难得的高速发展机遇。该行业全年平均景气指数达到 127.11 点，其空置商品房面积景气指数由上年末的 129.17 点升至本年末的 135 点。

三、国有控股企业的景气状况迅速好转。调查显示，本年第 4 季度国有控股企业的景气指数为 119.93 点，比上年同期提高 16.05 点，表明柳州市国有企业的改革改制工作取得了实质性成效。

四、能源及原材料价格上涨给工业企业带来较大影响。调查显示，工业企业的能源及原材料价格景气指数由上年第 4 季度的 63.12 点降至本年第 4 季度的 34.30 点，导致不少工业企业的盈利能力下降。

（何润德）

交通、邮电

【公路运输业】

2003 年，柳州市拥有各类营运车辆 2.88 万辆。其中，营运客车 2392 辆，3.53 万客位（含出租汽车 1203 辆，6015 客位）；营运货车 1.30 万辆，4.96 万吨位；轮胎式拖拉机 8497 辆，8885 吨位；其他营运机动车 4897 辆，1438 吨位。

全市开通道路客运线路 512 条，年平均日发 3097 班次。其中，跨省线路 110 条，年平均日发 135 班次；跨地市线路 271 条，年平均日发 948 班次；地市内线路 131 条，年平均日发 2014 班次（其中，县内线路 91 条，年平均日发 1387 班次）。市属 6 个县中（不含 4 个城区），已有 88 个乡镇、380 个行政村通班车，班车开通率分别为 100%和 42.36%。

全市公路运输共完成客运量 3654 万人，客运周转量 28.35 亿人公里；货运量 3141 万吨，货运周转量 23.56 亿吨公里。春运期间共运送旅客 216 万人次，完成客运周转量 2.33 亿人公里；“十一”黄金周运送旅客 37.94 万人次，完成客运周转量 3523.70 万人公里。

以整治“五车”非法营运为重点的道路运输市场秩序整顿活动成效显著。经整治，市区内“五车”沿街揽客、无证经营等非法营运现象明显减少，道路运输市场秩序明显好转。

组织“非典”疫情防控工作。全市查验入境车辆 13.07 万辆次，乘客 46.73 万人次，消毒道路运输车辆 24.58 万辆次，有效地防止疫情通过交通运输工具传入柳州，并确保疫期全市交通运输畅通。

全年全市道路运输行业共发生行车事故 47 起，事故责任率为 71.81%。其中，特大事故 2 起，重大事故 24 起，一般事故 21 起；事故造成受伤 77 人，死亡 36 人，直接经济损失 197.92 万元。

（韦宁）

【水路运输】

2003 年，柳州辖区航道里程 1052 公里，船舶通航 6 个县。拥有民用运输机动船舶 858 艘，7.54 万净载重吨，1.12 万个客位。其中，货船 420 艘，客船 438 艘。

水路运输完成客运量 105.50 万人，客运周转量 1842 万人公里；完成货运量 139.60 万吨，货运周转量 4.63 亿吨公里；完成港口货物吞吐量 61.63 万吨；完成船舶修造 127 艘，6373 吨，船舶工业总产值 385.70 万元。

水运经营完成年度审验工作，共年审水路运输企业 12 户、水运服务企业 7 户、港口经营企业 9 户和船舶 817 艘，企业和船舶的年审率分别为 92.31%和 95.22%。为 340 艘船舶换发新版《营运证》，39 艘船舶办理《国内水路运输登记证明书》，注销 58 艘船舶的《营运证登记证明书》。组织开展对市区柳江河段“三无”小客船非法营运的专项整治，共出动海事、公安、交通、城管等执法人员 180 余人，暂扣“三无”小客船 44 艘，基本消除市区河段小客船非法营运现象。

完成融江司马滩和柳江木糠、福林洲、韦义洲、鹧鹰洲、磨滩、黄滩、六疏等浅滩维护挖砂 3.65 万立方米。完成柳、黔江小赖滩、锁匙筒等重点滩险整治工程水下炸礁 1 万立方米，机挖卵石 2.54 万立方米，筑丁坝 4640.80 立方米，筑顺坝 3963 立方米，完成工程投资 308 万元。完成柳、黔江重点险滩整治后航标的配布工作。全年完成航道标志维护 16.31 万座天，标灯维护 10.25 万盏天，维护正常率为 99.87%，航道通航保证率达 95%以上，无航道航标责任海损事故发生。

柳州市政府出台《关于加强乡镇船舶安全管理的通知》，针对融安、融水和三江等县航区存在的乡镇船舶超载运输、无证运输现象比较严重的问题，进行3专项整顿，没收拆解“三无”船舶17艘。全年共出动海事巡航船艇913艘次，执法人员3037人次，检查船舶7691艘次，查处违章船舶2524艘次。市辖航区乡镇船舶运输无水上交通事故发生。

（韦宁）

【民用航空】

［概况］　2003年，民航柳州站有职工176人。全年共飞行1528架次，比2002年增长20.98%，其中运输飞行1429架次，增长21.93%；其它飞行99架次；全年共执行3条航线。一是广州—柳州—广州航线，由南航汕头航空公司波音737-300型客机担任飞行任务，每日飞行一班，5、6月份由于受“非典”影响，航班由每周7班减少为每周2-4班，7月份恢复为每天一班；二是北京—柳州—北京航线1—3月份为每周一、三、五飞行，4月份为每周7班，5月份、6月份受“非典”影响，一度取消，7月份恢复一周四班；三是上海—柳州—上海航线，北京、上海两条航线均由山东航空公司CRJ-200型飞机担任飞行任务。航空护林是由东方航空通用公司邯郸分公司米—171直升机担任航空护林的飞行巡视及森林灭火工作，于2003年11月12日——2004年1月11日共计飞行时间55天，飞行架次64架次。

［运输生产经营］　全年民航柳州站的运输生产经营情况总体较好，旅客吞吐量货邮行吞吐量与2002年相比都有较大增长。全年旅客吞吐量68048人，比上年增加29.03%，完成年计划133.43%，其中进港33587人，增长29.72%；出港34461人，增长28.15%。全年旅客高峰日吞吐量652人次，高峰小时吞吐量为141人次。旅客吞吐量最好的月份是10月份为8010人，最差的月份是5月份为860人（注：2003年5、6月份，受“非典”影响）。货、邮、行吞吐量740.8吨，比上年增加41%，完成全年计划186.33%；其中进港312.1吨，出港428.7吨，分别比2002年增长122.01%和36.41%。主营收入317万元，比上年增长18.73%，为全年计划的115%；主营业务成本1292万元，比上年增长6%，亏损1314万元，比上年增亏26万元，增长5%。从客座率和载运率来看，2003年航线总体客座率和载运率分别为54%和44.7%。

［影响运输生产因素］　柳州机场全年的运输生产情况相对而言虽说形势较好，但由于执行航线相对较少，特别是支线航班缺乏，辐射面较窄，制约了航空运输和当地经济的发展。从机型来看，航班主要是中型客机和小型客机，B737系列客机飞行599架次，占运输架次的39.2%，CRJ系列客机飞行834架次，占运输架次的54.6%，其它机型飞行99架次，占运输架次的7.2%，飞行架次与2002年相比有所上升，收入较2002年也有所上升。由于柳州-北京、上海航班还是培育期，客座率不高。

（柳州民航局）

【邮政通信】

2003年，柳州邮政局在市内分设城中、鱼峰、柳北、柳南、西江5个营业处，设邮政储蓄网点10处，设有邮政支局（所）56处，集邮门市部2处，邮政社区服务中心（网点）21处，图书门市部3处，邮政网吧5处，音像批销、零售部2处。下属柳江、柳城、鹿寨、融安、融水、三江共6个县邮政局。至年底，固定资产总值共计1.44亿元，有汽车邮路10条（其中省际一级干线邮路2条，省内二级干线汽车邮路8条），邮路单程总长3020公里，有邮运车辆131辆，投递摩托车28辆，自动包裹分拣机1台，自动信函分拣机1台，信函装封机2台，大型彩色像片冲扩机3台。全年柳州邮政累计完成固定资产总投资1280万元，新增了一批高科技项目，对所辖13个储蓄营业网点的电视监控系统进行了更新，完成了邮政综合网的验收和电子化支局系统的改造工作，有利提升了柳州邮政的整体水平。全年邮政业务总量稳步增长，累计完成1.22亿元，实现总收入1.08亿元，函件量完成2777.58万件，储蓄余额净增2.79亿元，特快专递量完成48.5万件，物流业务有所突破，完成收入527.84万元。全年无通信质量事故，无重大安全责任事故，连续第七次被市消协评为消费者信得过单位，良好地发挥了邮政社会普遍服的作用，为柳州经济的发展作出了贡献。

（蒋　煜）

【电信通信】

2003年，柳州电信分公司突出“创新、发展、效率、效益”的方向目标，开拓进取，真抓实干，努力完成全年的各项任务。同时配合广西电信分公司圆满完成上市的各项准备工作。

［整合资源优化电信网络］　当年，该分公司合理调整并把握投资方向，把有限的资金投入到有限市场，提升电信网络能力，拓展电信业务功能，提高了资源的利用率和投资

效益，并满足了市场需求。

1.配合区公司完成“广西电信承载网工程柳州单项工程”、“广西电信IP城域网工程”、“广西电信IP城域网AND一、二、三期扩容工程”、“广西电信数据DDN网工程”的设备安装、调试及验收工作；完成省干传输SDH、波分复用二期扩容、南宁至柳州传输柳州长途机房设备安装调测、广西国税系统二期扩容及广西检验检疫局传输等工程。

2.完成龙城、白云汇接局扩容工程。

3.全市本地网程控电话交换机新增容量14696线，总容量达89万门。

4.完成小灵通网关扩容工程；进行柳州市区小灵通网络500MW基站优化改造工作，安装开通500MW基站800多个。本地网小灵通网络新增6万门，总容量达17.8万门。

5.基本完成柳州市银行2M网工程；新增ADSL宽带网端口19336线。

6.完成IC卡公用电话530处，新安装开通405部，全本地网IC卡公用电话累计达9300部。

7.组织管线工程施工598项，竣工466项，完成投资8490多万元。

［积极开发业务市场创收增效］ 柳州电信分公司面向市场，创新经营思路和经营模式，采取多种措施，积极开发通信业务市场。一是加强市场信息的收集和客户研究分析工作；二是积极开展话务量营销；三是大力发展宽带业务；四是突出抓好大客户营销工作；五是加强商业客户营销工作；六是大力发展公用电话业务；七是积极拓展增值业务；八是加强营销策划和品牌宣传工作；九是积极探索全业务代理和专业代理，充分利用社会代办力量做好公众客户渠道的服务和业务推广工作；十是加强资费管理工作。当年，全本地网新增电话用户10.41万户，用户总数达83.03万户，小灵通用户累计达15.36万户。

［创新服务模式树立品牌形象］ 柳州电信分公司以组建4个营销服务主渠道和营销一体化为契机，创新服务模式，优化业务流程，完善后台支撑体系，进一步改善服务，树立了柳州电信诚信服务的良好形象。当年，已完成4个渠道机构设置和管理办法、绩效考核制度的制订，通过把服务指标、营销指标、话务量指标进行量化和经营活动授权，明确各渠道的责、权、利，发挥了各渠道的积极性和主动性。同时完善了以“前台服务为标志，后台服务为支撑，网络服务为基础的服务链。该分公司还强化“用户至上，用心服务”理念，组织开展“争创品牌10000号”竞赛、星级营业窗口、星级营业员评比活动，以及岗位练兵和业务知识、业务技能竞赛。服务质量明显提高。此外，还开展经常性、制度化的服务检查，建立10000号对各渠道的内部服务监督体系，实现装、移、修机100%回访。并加强与社会监督员、“12315”等政府部门的交流沟通，以多渠道、多角度检测和评价电信服务工作，对存在问题及时整改。树立了柳州电信分公司的良好形象。

（李宁肇）

【联通】

中国联通是经国务院批准成立的全国性大型国有股份通信企业。中国联通柳州分公司成立于1999年7月，是中国联通在柳州的分支机构，负责柳州区域内的联通通信网络建设和业务发展。

2003年，公司全体员工在激烈地市场竞争中顽强拼搏、真抓实干，实现了经营业绩稳步增长，完成年计划收入的80%。首先是加强网络建设，做好G、C两网的协调发展，变单一的语音网络为智能化的多元化网络。经过各部门的共同努力，目前已实现了“乡乡通”，柳州市区G网良好覆盖率达到80%；C网良好覆盖率达到75%。同时还完成了几十家宝视通用户的接入工程。其次是全面推行服务质量管理，优化服务体制。1001呼叫中心、接待前台受理咨询共计80万次，投诉受理共计4818件次。年内推出的联通无限是中国联通CDMA1x无线数据业务的统一品牌的名称，它分别包含了互动视界、彩e、神奇宝典、定位之星、掌中宽带、联通在信等六项子业务。大力推广增值业务，为增加业务收入打下了基础，增值业务在移动业务收入中的比重上升了10%。

中国联通柳州分公司将发展成为世界一流、领先行业的综合电信运营商，为用户提供随时随地的享受。

（中国联通柳州分公司）

【移动通信】

中国移动通信广西柳州分公司全面负责中国移动（香港）有限责任公司在柳州辖区内的移动通信网络建设、业务经营和综合管理。

中国移动通信广西柳州分公司下辖来宾、鹿寨、柳江、柳城、融安、融水、三江、象州、武宣、金秀、合山、忻城等12个县（市）分公司。公司以提升网络质量为目标，潜心打造精品网络，以优质满意的服务回报客户。2003年，经过广大员工的共同建设，柳州移动通信GSM网络容量逾百万。GSM 网络覆盖柳州市区，市郊及 12 个县市的 172 个乡镇及 1266 个行政村，完全实现了柳州移动所辖范围内乡乡通手机。另外，市内所有的二星级以上酒店，大型商场及绝大部分的高层写字楼，电梯间，地下停车场都已实现了信号覆盖。实现全国 31 个省市自治区的所有大中城市及绝大部分乡镇的联网；实现与世界五大洲的100 多个国家和地区，170 多个运营商之间的国际自动漫游。“全球通”已成为国内网络覆盖最广泛，国际漫游国家和地区最多，功能最完善的数字移动电话品牌。

柳州移动公司继续推进“服务效率”与“服务态度”双重进步的策略。为提高服务，除听取客户的意见外，公司还聘请专门的社会监督员对网络质量、服务质量实行严格的监督，使客户的权益得到充分保障。

中国移动数据业务发展步伐迅速而稳健。业务包括彩信、短信、GPRS、WAP、WLAN、CMNET、IP 直通车、手机证券、手机银行、手机彩票等，包罗万象的移动新业务使手机功能日益强大，给客户的日常生活提供了便利。

（中国移动通信广西柳州分公司）

固定资产投资和建筑业

【固定资产投资概况】

在继续加大城市改造力度，实施再造“工业柳州”的推动下，2003 年柳州市固定资产投资取得了历史性的突破，投资总量和增幅在全区各市中排行第二。呈现以下特点：

1.投资总量创历史新高，突破百亿元大关。全市完成全社会固定资产投资 1093675 万元，比上年增长 41.43%。其中：基本建设完成投资 411050 万元，比上年增长 52.52%；更新改造完成投资 306719 万元，比上年增长 35.16%；房地产开发完成投资 278999 万元，同比增长 72.62%，均有较大幅度增长。

2.全社会固定资产投资结构发生明显变化，房地产开发投资比重加大。柳州市用于基本建设的投资占全社会固定资产投资的比重为 38.51%，比上年增加 3.66 个百分点；用于更新改造的投资占全社会固定资产投资的比重为 28.14%，比上年减少 1.2 个百分点；用于房地产开发的投资占全社会固定资产投资的比重为 25.51%，比上年增加 4.61 个百分点。

3.基本建设、更新改造投资以国有投资为主体，国有经济占绝大比重。国有经济完成投资 582827 万元，比上年增长 51.45%，占基本建设、更新改造、其他投资的 78.99%。在国有经济投资中，用于基本建设的投资为 339600 万元，比上年增长 59.96%，占基本建设投资的 80.63%；用于更新改造的投资为 241632 万元，比上年增长 40.39%，占更新改造投资的 78.51%。

4.房地产开发投资以私营及个体经济投资为主体，私营及个体经济在房地产开发行业中越来越起着主导作用。全市房地产开发投资278999万元，其中：国有单位完成投资25447万元，比去年增长 58.01%，占房地产开发投资 9.12%；集体单位投资完成 8957 万元，同比增长 7.81%，占 3.21%；私营及个体完成投资 173147 万元，同比增长 109.35%，占 62.06%；其他经济完成投资 71448 万元，同比增长 31.08%，占 25.61%。

5.用于工业的投资额加大，投资速度加快。柳州市在固定资产投资中，用于工业投资为 425988 万元，比上年净增加 112132 万元，增长幅度为 35.73%，比上年的增幅多 12.61 个百分点，占基本建设、更新改造、其他三项投资的 57.74%。

6.资金来源充裕，来源渠道主要来自国内贷款、自筹和其他资金。基本建设、更新改造和其他投资的资金来源合计为 736949 万元，比上年增长 17.57%，其中：上年末结余资金为 133080 万元，比上年增长 1.38 倍；本年资金来源小计为 667367 万元，比上年增长 16.87%。在本年资金来源小计中：国家预算内资金 39759 万元，占 5.96%；利用外资 5909 万元，只占 0.89%；而国内贷款、自筹资金和其他资金为 621699 万元，占 93.15%。房地产开发投资的资金来源则主要以自筹和其他资金来源中的预付款及定金为主。2003 年房地产开发本年资金来源小计为 410575 万元，比上年增长 83.19%，其中：自筹资金和定金及预付款为 319592 万元，比上年增长 93.12%，占资金来源小计的 77.84%。

7.投资主体主要依靠地方投资为主，中央投资极少。柳州市的基本建设、更新改造和其他投资中，共有施工项目 666 个，完成投资额 737781 万元。其中地方项目为 618 个，占总项目的 92.79%，地方项目完成投资额是 674610 万元，占 91.44%。

8.投资分布符合柳州“工业重镇，城市基础设施落后”的实际情况。从投资额的投资走向来看，柳州市的基本建设，更新改造和其他投资的行业分布，主要集中投在三大行业，即制造业，电力、燃气及水的生产和供应业，水利，环境和公共设施管理业。这三大行业的总投资额达 635073 万元，占 86.08%。其中：制造业投资达到 328635 万元，占基建、更改、其他投资的 44.54%；电力、燃气及水的生产和供应业投资达 92059 万元，占基建、更改、其他投资 12.78%；水利、环境和公共设施管理业投资达到 214379 万元，占基建、更改、其他投资 29.06%。

9. 从产业结构来看，柳州市第一产业完成投资 12171 万元，比上年增长 1.65 倍，占投资总额的 1.2%；第二产业完成投资 429651 万元，同比增长 33.49%，占 42.26%；第三产业完成投资 574958 万元，同比增长 70.32%，占投资总额的 56.55%。在第三产业投资中房地产开发投资为 278999 万元，占第三产业投资的 48.53%。

10. 用于工业投资的比重在下降。在全社会固定资产投资中，用于工业建设的投资总量虽然增幅较大，但占投资总额的比重有所减少。2003 年全市工业投资为 425988 万元，比上年增长 35.73%，占全社会固定资产投资的比重由上年的 40.59%下降到 2003 年的 38.95%，减少了 1.64 个百分点。

11. 工业更新改造投资过于集中，行业单一。柳州市工业更新改造完成投资 255089 万元，烟草、化工、医药、黑色金属、汽车五大行业占去了 98%。其中黑色金属冶练及压延加工业投入更新改造资金 154705 万元，占全部工业更新改造的 60.65%。

12. 更新改造偏重于增加产量的改造，忽视从节约能源，增加品种，提高产品质量方面进行改造。柳州市在更新改造投资中，用于增加产量的更新改造投资达到 175695 万元，比上年增长 128.12%，占更新改造投资的 57.08%；而用于节约能源的更新改造投资为 9609 万元，占更新改造投资的 3.12%；用于增加品种的更新改造投资为 29516 万元，比上年下降 56.77%，占更新改造投资的 9.59%；用于提高产品质量的更新改造投资为 39850 万元，比上年下降了 14.58%，占更新改造投资的 12.95%。

2003 年经过更新改造和基本建设新增的主要生产能力有：焦炭 40 万吨/年；生铁 73.5 万吨/年；方坯连铸 120 万吨/年；线材 40 万吨/年；装载机 50 台/年；载货汽车 1000 辆/年；客车 30000 辆/年；机制糖 2500 吨/年；新建公路 50 公里；改建公路 136.66 公里；新建独立公路桥梁 1 座；造林面积 0.5 万亩；中等学校学生席位 11242 个；小学校学生席位 1215 个；医院病床 592 张；城市自来水供水能力 20 万吨/日；城市自来水管道长度 7.4 公里；城市污水处理能力 10 万吨/日；城市公共交通车辆购置 278 辆；城市防洪堤长度 3.59 公里；城市道路扩建面积 21.58 万平方米。

（唐耿）

【建筑业】

2003 年，柳州市建筑业在固定资产投资高速增长的拉动下，生产大幅增长，利润总额 6 年来首次盈利。

［生产和效益良好］

一、建筑业生产开始提速。柳州市具有建筑业资质等级并有工作量的企业 69 家，比上年减少 8 家。全年完成建筑业总产值 422683 万元，比上年增长 26.61%，其中在外省完成的产值为 34201 万元，比上年增长 84.77%；全年新签合同金额 440026 万元，比上年增长 23.63%；单位工程施工个数 4626 个，比上年增长 13.83%；单位工程竣工个数 3206 个，比上年增长 18.30%；房屋建筑施工面积 683 万平方米，比上年增长 23.75%；房屋建筑竣工面积 273.33 万平方米，比上年增长 36.84%。

二、全行业 6 年来首次盈利。柳州市建筑业企业利润总额 6558 万元，一举扭转多年来亏损的被动局面，同时财务运行质量明显好转。2003 年工程结算收入 517905 万元，比上年增长 75.37%，工程结算税金及附加税 16701 万元，比上年增长 87.80%，工程结算利润 26108 万元，比上年增长 22.76%，管理费用 25565 万元，比上年增长 15.45%，财务费用 1011 万元，比上年下降 14.54%。

三、劳动生产率大幅提高。柳州市建筑业企业按建筑业总产值计算的全员劳动生产率为 8.77 万元/人，比上年增长 21.81%，按增加值计算的全员劳动生产率为 1.85 万元/人，比上年增长 23.33%。2003 年我市建筑业劳动生产率的大幅提高，主要是 2002 年完成了建筑业企业新资质就位工作，淘汰了 10 多家没有实力的小企业后，劳动生产率开始大幅增长。

［存在问题］

一、企业资产负债率虽然下降，但仍然偏高。2003 年底，柳州市建筑业企业负债 377065 万元，其中流动负债 372455 万元，长期负债 4610 万元，资产负债率为 73.76%，虽然比上年下降 8 个百分点，但与国际公认标准 50%相比，仍然偏高太多。过高的负债率让企业难以有更多的资金来推进技术进步和更新设备，企业技改等相对滞后。

二、拖欠工程款现象比较普遍。虽然中国人民银行于 2003 年 6 月 13 日发布了《关于进一步加强房地产信贷业务管理的通知》，明确规定建筑施工企业不得使用银行贷款垫资房地产开发项目，但从我市的实际情况看，不用垫资就能拿到项目的建筑业企业少之又少，为了拿到项目，各企业都从其他途径筹钱垫资。2003 年末，柳州市建筑业被拖欠工程款54991万元，比上年增长8.98%，其中竣工后被拖欠27523万元，比上年增长1.63%。

三、国有企业占据七成的市场份额，其他经济性质的企业发展缓慢。2003年，柳州市国有企业和国有独资公司共22家，占建筑业单位的31.88%，全年完成建筑业总产值296324万元，占全部总产值的70.11%，集体企业也是22家，完成建筑业总产值36708万元，仅占全部总产值的8.68%，私营企业6家，完成建筑业总产值15748万元，占全部总产值的3.73%。

（林艺）

城市建设和保护

【城市规划】

2003年完成了柳州市城市总体规划、柳州市市域城镇体系规划、历史文化名城保护规划纲要的市级和建设部专家组评审工作。

在启动“河东”、“阳和”两翼方面，完成了河东新区规划，组织编制了文昌路景观规划。完成了阳和工业新区规划的编制。组织编制了柳州市近期建设规划。完成了城站路、城邕路、河北半岛沿江地段景观规划等规划方案的报批工作。组织编制了文惠路改造规划和东台路、友谊路、北站路、柳石路、柳太路、跃进路、胜利路景观控制规划。

在城市规划评审方面，组织了人民广场及周边地区规划、河北半岛沿江地段景观规划、柳钢“十五”规划调整项目总图等36项大型规划方案的评审。

在测绘方面，共完成了河西测区、柳北测区、大桥测区等45平方公里的地形图测绘。

积极推行“阳光规划”，对学院路、西江路景观规划等4项规划方案进行了公示。公布了城邕路修建性详细规划等3项经批准实施的城市规划。

依法执行城市规划的“一书两证”管理制度，使大规模的城市建设在城市规划的指导下有序开展。共完成了规划总平面图审批233项；完成规划定点1112项，核拨用地面积3847.86万平方米；审批公房报建338项，面积283.73万平方米；审批私房报建1431项，面积25.89万平方米。完成大型户外广告审批71件；提出规划设计条件80份。积极为国有企业改制服务，共为改制企业补办相关的项目规划定点96项，用地面积217.89万平方米；为32个单位补办改制企业建设工程规划手续315项，建筑面积48.11万平方米。查处违法用地、违法建设案件1450起，建筑面积9.77万平方米；发出行政处罚决定书911份，面积8.85万平方米；自行拆除43户；申请人民法院强制执行拆除违法建筑99宗，面积0.43万平方米；罚款补证774户，面积53.06万平方米，罚款金额共计479.80万元。处理各种城市规划纠纷1702件。

开展了市容市貌三项整治行动，清理沿街的违章搭盖1572间，电话亭166个，违章户外广告1267块。共拆除市区9条重点整治路段的机关、事业单位及部分企业的沿街门面730间，面积3.04万平方米，并改造成通透式围墙，按照规划要求增设了大量的绿地，美化了沿街景观。清理了24家单位挪作它用的地下停车场，恢复停车泊位面积1.99万平方米。

（曾昭杰）

【国土资源】

2003年，柳州市国土资源系统积极实践“三个代表”重要思想，以柳州市“五大主攻方向”为工作重点，以国土资源各项方针政策为主线，不断推进依法行政工作，在城市建设用地征用与供应、国有土地资产管理、矿产资源管理与地质灾害防治、矿业权市场培育、地籍与测绘管理等方面均取得了较大成绩，尤其是土地市场秩序治理整顿工作取得阶段性成果，地矿管理工作成绩显著，土地交易储备取得较大成绩。

全市共办理土地登记12411宗，面积4589.08公顷；办理集体土地使用权登记发证2933宗。完成房改房、商品房土地登记发证89089本。实施耕地开垦项目46个，累计实施土地开发整理复垦1352.6公顷，预计新增耕地1218.49公顷，柳江、柳城、三江、鹿寨、融水5县及原郊区62个耕地开垦小项目获得区国土厅确认工作，新增耕地面积170.69公顷。完成市区165平方公里的基准地价更新和地价动态监测体系工作。融水县18个乡（镇）土地利用总体规划通过自治区国土资源厅验收。创建行政职权职责体系、行政程序和工作质量标准，形成了《柳州市国土资源局行政职权职责体系》，制定了138项行政职权职责规范文本和240项行政程序和工作质量标准的规范文本。

［建设用地征用与供应］

2003年是柳州市城市三年大建设的关键一年，全市建设用地量大幅度增长，市国土局实施征地工作面临前所未有的巨大压力，征地工作围绕阳和（工业）新区、东区“两翼”

防洪堤、南二环路、双冲桥、学院路、文昌路等重点工程开展。全年共受理建设项目征地申请 82 宗，面积 1428.70 公顷。完成柳州市城市 4 个批次征地材料、7 宗单独选址建设项目征地材料的上报工作，用地总面积达 426.67 公顷；2002 年第三批次、第四批次及 2003 年第一批次征地材料已经国务院批复，总用地面积 485.7 公顷（折合 7285.5 亩）；办理了 2 宗单独选址建设用地项目的先行用地上报审批工作，面积达 942.13 公顷。共审核上报六县城市 15 个批次、城镇 8 个批次、5 宗单独选址建设项目征地材料，面积达 542.84 公顷。完成土地供应 377.28 公顷，其中，经营性项目供地 123.79 公顷，其他项目供地 134.5 公顷，划拨供地 118.99 公顷。完成征地量 1265.04 公顷（折合 18976 亩），拆迁农房建筑面积达 14.53 万平方米。2003 年，市国土局累计进行征地批后实施 1400 多公顷，相当于前三个五年征地量的总和，有力地保障了柳州市的重点工程建设用地供应。

［国有土地资产管理］

柳州市进一步强化国有土地资产管理，努力实践“经营城市”战略，认真贯彻《国务院关于加强国有土地资产管理的通知》文件精神，结合柳州市推进城建体制改革，强化国有土地资产管理，积极推进土地有形市场建设，经营性国有土地使用权一律实行公开交易，建立健全土地收购储备制度。全年共计办理单位建设用地手续 1234 宗，面积 521.78 公顷，其中出让土地 1081 宗，面积 333.14 公顷；划拨土地 82 宗，面积 67.75 公顷；补办划拨 78 宗，面积 68.35 公顷；改变用途 2 宗，面积 2.64 公顷；设定他项权利 1 宗。追缴出让金 3237 万元。以公开交易方式出让国有土地使用权共 244 宗，面积 141.12 公顷，成交价 8.72 亿元，高出起始价 5688 万元。在公房改造、国企改制、危房改造等方面实施土地收购、收储 641.4 公顷。市政府出台了《柳州市人民政府关于建立土地收购储备与审批运转机制的通知》、《柳州市人民政府关于加强土地集中统一管理严格控制建设用地供应总量的通知》等规范性文件，进一步加强土地资产管理，规范公开交易和土地收购储备行为。

［国企改革土地处置］ 2003 年是企业改制的攻坚年，市国土局认真贯彻执行《柳州市国有企业改制中国有划拨土地处置的暂行办法》、《柳州市属国有中小型企业改制暂行办法》、《柳州市国有企业改制中资产处置的暂行办法》3 个规范性文件，积极做好国企改革土地处置工作，促进柳州市中小企业改制。全年共完成 72 家改制企业，178 宗土地的出让金审核工作，完成全部任务的 82%。出具土地出让金确认证明 33 份，核实资产 15.85 亿元，审核土地 317.45 公顷。经审核批准土地资产处置的企业有 20 家，涉及 70 宗土地处置，土地面积 84.23 公顷，应收土地出让金 1.99 亿元，实收企业改制土地出让金 7128 万元。

［土地市场秩序治理整顿］ 2003 年，全市国土资源系统积极贯彻国务院、国土资源部和自治区、柳州市政府一系列文件和指示精神，认真抓好土地市场秩序治理整顿、经营性土地使用权招拍挂出让执法监察、园区清理整顿三项工作。经过认真自查自纠和整改，园区“停、清、撤”取得实效，拖欠的农民征地款得到全面落实，土地市场秩序根本好转，治理整顿土地市场秩序工作取得显著成效。全市开展了专项执法监察，建立和完善了国土资源部规定的必须建立的 9 项制度，土地有形市场已全部建立。对自治区批准设立的 6 个园区和市政府批准设立并已撤销的 6 个园区，以及柳江、鹿寨两县违规设立的 3 个园区进行了清理，提出了古亭山和阳和（工业）新区整合的汇报材料，提出了《关于集中统一管理我市各类园区土地的意见》。

［地质矿产管理］

柳州市积极推进采矿权市场建设，市国土局印发了《关于进一步规范采矿权管理的通知》，要求全市从 2003 年 3 月 1 日起全面停止采矿权无偿出让，将采矿权市场建设列为 2003 年地矿管理工作的重要任务。全年共出让采矿权 105 宗，价款 1182.9 万元，其中，市国土局成功拍卖了社湾村扛山建筑石料灰岩采矿权，实现了柳州市采矿权公开交易零的突破。全面加强地矿管理，清理了勘查开采活动，依法查处无证采矿 98 起，查处越界开采 2 处，注销采矿许可证 24 本，停产整顿 31 个矿山，取缔和关闭不合格矿厂 10 个，小矿山 24 个；完成了全市 10 座锡矿山、22 座重晶石矿山、9 座锰矿山的清理整治工作，完成全市锡、重晶石、锰矿采矿资格审查和生产情况调查并上报区国土厅，为实施开采总量调控作好了准备；对旅游风景区、重要交通干线两侧的采石场和河道采砂点进行了专项治理，关闭重要交通干线两侧采石场 35 家，限期搬迁 9 家；完成探矿权人的清理整顿工作，制止非法探矿 1 处。征收矿产资源补偿费 257 万元，收取采矿权价款 17.2 万元。完成 2003 年矿产开发年检工作，年检率达 96.54%，通过年检，全市追缴补偿费 18 万元，征收采矿权使用费 25 万元。共受理矿产品经营、加工许可证申请 267 起，按规定进行审查登记发证 278 本，办理许可证年审 92 本。

［国土资源执法监察与政策法规宣传］ 大力加强国土

资源执法监察工作，严格依法查处土地违法行为和矿产资源违法行为。全年共查处土地违法案件 719 起，办结 691 宗，其中历年积案 36 宗，涉案土地面积 105 公顷。依法申请法院强制执行 14 宗。开展国土资源动态巡查，有效制止土地违法行为 153 宗。受理土地权属纠纷案件 111 宗，处理完毕 99 宗，新案结案率 89%；处理土地遗留问题 28 宗，办结 27 宗，积案结案率 96%。加大对矿产违法行为的查处力度，查处矿产违法案件 46 宗，罚款 28.81 万元。及时处理和制止各类违法违章采矿 72 起，有效提高了依法办矿、合理开采水平。

（国土资源局）

【城市燃气】

［城市燃气供应］ 2003 年，柳州市有燃气企业 10 家，液化石油气储配能力 9900 立方米，液化石油气供应点 280 户，液化石油气用户 14.5 万户；管道企业 3 家，储气能力 7.6 万立方米，供气 5 万户；管道液化石油气供气小区 9 个。全市用气 69 万人（约 19.71 万户），按非农业人口 84.35 万人计算，城市气化率为 82%。

柳州市 现有焦炉煤气储备站一座，可储存 5.4 万立方米焦炉管道煤气，配备有中压干管 17 .4 公里，低压干管 36.4 公里，管道煤气用户 4 万户；液化气储存能力 6000 立方米，用户 6 万多户 ；三座代天燃混气站，中压燃气干管 96 公里，低压燃气干管 73 公里，设计供气规模 15 万户。2003 年供应管道焦炉气 13222 千立方米，比去年增长 13.50%；代天燃气供气 12.20 万立方米；销售液化石油气 9850.10 吨，比去年增长 30%。柳铁燃气公司 ，全年销售液化气 2.47 万吨，销售收入 7676 万元。柳州机车车辆厂燃气公司 ，液化石油气年销售量比去年增长 15%。

［燃气行业管理］ 行业管理：2003 年，柳州市燃气管理处根据建设部《城市燃气管理办法》、《广西壮族自治区燃气管理办法》、《城镇燃气设计规范》等文件规定，结合柳州市燃气市场的现状和发展规划，起草了《柳州市瓶装液化气供应站（点）布局和设置技术条件》，绘制《柳州市液化气供应站（点）设点分布图》。把资质审查与站、点的安全普查相结合，在日常资料年审的基础上，增加了抢险预案、生产安全制度、岗位责任制、安全隐患整改落实情况等审查，对不规范的站、点，采取限期整改、搬迁、收回供气单位资质（格）证书、下达行业整顿通知等措施，完成了具备资格的供应点向具备资质的燃气企业挂靠工作。安全责任层层落实，燃气管理处与燃气企业签定安全承包责任书，燃气企业与挂靠供应点签定安全承包合同；完善各气站抢险预案；开展燃气站、点服务规范化管理达标活动。为保证燃气供应安全，燃管处在“元旦”、“春节”、“五一”、“国庆”节假日重点检查各站、点安全情况，已形成了制度。此外，日常监督检查工作从不间断，2003 年燃管处采取了对被检查的企业进行评分考核，按考核分数排名的方法，全年对 10 个气站日常检查 93 站次，发现安全隐患 248 次，检查市区供应网点 2200 点次，发现安全隐患 344 处，下发整改通知 95 份，均督促限期整改。针对一些气站资质证到期换证和试运行转正情况，燃管处对原已取得资质证书的 10 个气站进行普查，把符合条件的气站资质审查资料上报区建设厅。有 280 家供应点通过审查换发了“燃气供应网点资格证书”。燃管处与市技监局质检所合作，对全市的燃气器具市场进行普查，抽检了 250 家门面的 305 台燃气器具，经过一年的努力和准备工作，燃气器具管理工作已逐步进入正常轨道。鹿寨、融水、融安、三江四县划归柳州市管理后，为使这四县的五个气站尽快步入正轨，燃管处经常派人到现场检查指导，全年对各县燃气企业检查 38 站次，发现安全隐患近 100 处，5 次将检查结果通报。年内燃气行业没有发生重大安全责任事故。国务院取消燃气企业资质审批后，根据建设部文件精神，在柳州市建委领导下，市燃管处配合工商局加强对燃气行业工商登记的前置性审查工作。为提高燃气从业人员的安全防范意识，开设了燃气的基本知识、燃气应用的操作技能、消防安全常识及相关的法规、规定和日常事故的应急处理措施等课程，参加培训的市内及六县燃气从业人员达 556 人。燃管处在《柳州建设》刊物上举办了两期“燃气安全小常识”专栏，在《柳州晚报》等报刊宣传燃气法规常识，全年给各报刊提供稿件近 20 份。

专项治理：根据柳州市燃气市场存在无证经营燃气的情况，柳州市燃气管理处分别与市安监局、市整规办、鱼峰消防支队、柳北消防支队等部门四次整顿燃气市场，共清理无证经营燃气点 26 户，暂扣无证经营钢瓶 375 个，封存过期翻新钢瓶 403 个。两次向工商局提供市区无证经营液化石油气站、点名单 110 户次。燃管处还配合督促市煤气公司清理占压煤气管道的违章建构筑物。

（燃气管理处 尹星衡 罗旋）

【城市公共交通】

2003 年购入新型大客车 41 辆、中型车 68 辆、小客车 36 辆共计 145 辆，用于更新老式车型及开辟新线路。期末运营车辆已达 687 辆（折合标准台 831.3 标台，同比增加 130 标台），万人拥有车辆 8.7 标台，同比增加 1.3 标台/万人。期末固定资产达 3.03 亿元。运营线路 65 条，同比增加 29 条；线路总长 967.55 公里，同比增加 397.11 公里；线网长度 282.3 公里，同比增加 79.6 公里。

为进一步优化线网布局，扩展公交线网，2003 年新开线路共 29 条；恢复线路 2 条；延伸线路 5 条；有效填补了柳州市客运市场的盲点，得到市政府的认同和市民的欢迎。新开线路之多，在柳州公交史上属史无前例。

一、1 月 15 日，10 路线调整延伸到柳江公交站发车；11 路线恢复到十一冶二区发车；13 路线调整走潭中西路；35 路线调整不再走潭中西路；

二、1 月 25 日，驾鹤路截污工程完工，5、12 路线恢复原线路运营；

三、1 月 26 日，32 路线恢复开通并调整延伸至上游三区，同时 25 路线恢复原线路运营；

四、3 月 22 日，因柳太路拓宽工程施工影响安全，11 路线调整走潭中西路；27 路线调整从西环路口发车，经五菱公司至工程，回程到西环路口后，再经五菱公司走工程回西环路口。

五、3 月 28 日新开通了 39、40、41、42 四条新线；

六、5 月 13 日，因市政府城市规划需要，广雅停车场地撤消，3 路线调整从五一路东发车；39 路线改为环行线；4、10 路线调整为环行线；14 路线调整从车辆厂发车；21 路线调整从广场路发车。

七、5 月 14 日 28 路线调整从基隆开发区发往八一路（改为市区线，票价调为 1.00 元），同时分离出从基隆开发区发往拉堡的 43 路环行线

八、5 月 20 日，荣军路截污工程完工，9、21、30 路恢复原线路运行；

九、5 月 24 日 41 路线调整从柳邕客运站发车。

十、7 月 2 日开通 45、46 路线。

十一、8 月 27 日起，因城站路改造拓宽工程施工，车辆实行由东往西单向行驶，16 路及 32 路线回程改走飞鹅路、谷埠路回程；27 路线改道经飞鹅路至鱼峰路；

十二、9 月 3 日，28 路线调整延伸从南环站发车；17 路支线改为 37 路；42 路调整延伸至磨滩路；43 路线调整延伸从莲花城发车至拉堡，开通 56、57 路线；

十三、为配合市政府“五车整治”工作，9 月 8 日开通 521、523、532、533、541、542、543 路 7 条区间车线路；开通 601、602、604、606、609、610、618、624、636 路 9 条夜间车线路；5 路线晚 19：30 时后不过桥，运行至五一路西后返程；

十四、9 月 18 日学院路通车，8 路线道路被截断封闭，改走文昌路至电化厂上原线运行；

十五、9 月 25 日 22 路线恢复开通延伸至碧芙蓉景区；

十六、9 月 28 日开通 50 路线，201 支线同时取消；

十七、12 月 30 日开通 33、47、52 路线。

（邓保红）

【园林绿化】

［园林规划设计］ 2003 年完成马鞍山奇石市场总体规划设计、驾鹤小桃源景点建设方案及施工图设计、八桂奇石二馆装修方案设计、帽合公园一期规划设计、长林公园北段景观改造设计，完成南环、燎原小游园规划、定点工作，都乐公园总体规划和雀山公园总体规划通过初审。参与对广场（含柳侯公园）改造、学院路、文昌路、东堤沿江景观带、河北半岛景观、阳和大道等的绿化设计及“三项整治”示范街建设的绿化规划设计评审，确保各项绿地指标的达标。

［园林绿化建设］ 2003 年，结合三项整治工作，四城区及有关部门拆除有碍观瞻的临街门面和围墙，实施拆房还绿、征地建绿、拆墙透绿工程，年内城市新增绿地近 90 公顷，是近十年增加最多的一年。园林部门完成驾鹤小桃源、帽合公园一期工程、长林公园北段和北站小游园四个公园建设和改造任务。年内开工的还有南环小游园、燎原小游园和柳侯公园景观改造工程。人民广场整体扩建和改造开始动工。街道绿化方面，园林部门完成新建道路学院路、文昌路和南二环路绿化;四城区新建、扩建和改造三中路、公园路、文惠路、解放北路、文笔路、飞鹅路、友谊路等 10 多条道路，增加 30 余处街道绿化和小游园。

［景区景点建设］ 2003 年，园林局加大景区景点园容园貌整治力度，取消开放性公园江滨公园的大部分及广场的全部经营点，增加体现公园文化内涵的新景点，如雀山双马小广场、箭盘湖周边改造、龙潭公园雷山栈道改造等。积极招商引资，7 月，园林局与上海裕野实业有限公司在都乐公园合作建设的柳州野生动物园项目正式签约；雀山公园引资 200 多万元将“西游宫”建设成健身中心；柳侯公园引资 300 万元按照具有文化艺术沙龙性质的精品园林打造盆景园；帽合公园引资 180 万元建设游乐场和度假山庄。

［全民义务植树］ 截至 5 月 23 日，全市 389 个单位参加全民义务植树劳动，出动 3718 车次，14.19 万人次，种植各类乔木 33.34 万株，灌木、藤本植物 111.67 万株，绿篱 36.65 万株，地被植物 36.8 万平方米，完成全年任务的 166.83%。全年全市评出“花园式单位”11 个、“优美校园”6 个、“绿化美化先进单位”8 个。

［园林执法］ 2003 年，园林局依法办理树木砍伐、移

植及征（占）用绿地审批业务424项。全年查处损坏园林绿化的违章案件634起（擅自砍伐城市树木963株、侵占园林绿地188.2平方米）；追缴树木补偿费、占用绿地费25.67万元。

［奇石文化交流］　2003年4月，柳州市园林局、柳州市赏石协会组织石友参加首届上海多伦国际赏石文化节，展品获金奖4件，银、铜奖若干。9月，组织30件奇石赴广东顺德陈村花卉世界参加广东首届国际盆景·雅石博览会，获金奖3件，银奖、铜奖、优秀奖若干。

2003年全年先后举办四次赏石文化沙龙活动。“五一”和“国庆”黄金周期间举办两届“柳州藏石家精品联展”。

（桂春芳）

【环境保护】

［概况］ 2003年，柳州市环境保护重点抓好环境经济发展和环境综合整治，控制大气与柳江河水污染，环境保护工作效果显著。全市的空气环境质量继续好转，达到并超过国家三级标准，二氧化硫、二氧化氮及总悬浮颗粒物的平均浓度分别为：0.070毫克/立方米、0.030毫克/立方米、0.206毫克/立方米，酸雨频率仅为15.0%；地面水环境质量继续保持国家三类水质标准；声环境质量继续得到改善，城市区域环境噪声平均值为58.7分贝，市内交通噪声平均值为69.8分贝。

［环境监督管理］ 2003年共完成环保审批建设项目1520项，项目总投资460077.81万元，其中环保投资19319.49万元，环保投资占总投资的5.34%。建设项目环境影响报告书（表）编报率100%，“三同时”执行率98%。按照国家环保总局第13号令《建设项目竣工环境保护验收管理办法》的要求，全年验收建设项目环保94项，新增废水处理能力3172.2万吨/年、废气处理能力52624.31万标立方米/年、废渣处理能力33.9万吨/年。依法加大排污费的征收力度，下半年依据《排污费征收使用管理条例》征收排污费，全局共征收排污费1484.48万元。完成城市环境综合整治定量考核工作，考核评分为76分。

［环境综合治理］ 1.利用环保专项资金，扶持工业企业环境污染综合治理。先后补助20家企业29个污染治理项目，安排环保补助资金1730.2万元，完成跃进化工厂搬迁工程、柳州锌品厂搬迁工程顺利开工、东风化工厂搬迁前期工作进展顺利；2.继续组织实施国家清洁能源行动试点示范城市项目，编制完成《柳州市清洁能源行动中期工作总结报告》及《柳州市清洁能源行动2003年度工作总结报告》和《柳州市用煤管理政策案例研究》；3.开展全国七个重点省市二氧化硫总量控制排污交易政策示范工作，按照国家环保总局和美国环保协会“合作备忘录”要求，编制完成了《柳州市二氧化硫总量控制及排污权交易政策示范试点实践》和《柳州市二氧化硫排放权交易政策实施指南视觉出版物拍摄脚本》；4.继续开展对外环保合作项目。参与实施UNDP“21世纪绿色工业城市与柳州”项目，技术方案已由广西壮族自治区发展计划委员会递交到国家发展改革委员会审批，柳州市民用煤气第三期工程和立冲沟垃圾卫生填埋场工程亦进展顺利。

［环境执法］ 1.加强重点执法：全年分别对全市用煤管理、一次性餐具等白色污染及中高考期间噪声管理进行查处，其中检查734家（件），下达整改通知书51份，受理群众投诉569次，出勤272次，立案处罚10件；2.抓好日常执法工作：2003年，共执行环境现场检查2125次，调查处理环境污染事故及纠纷171件，调解赔偿金额6.5万元，处理率达96.4%；3.关停20家不法排污企业，淘汰柳州市东风化工厂、电化厂各2台开放式电石炉和西龙钢厂4台2吨的炼钢电炉；4.加大了行政处罚力度，受理环境行政处罚案件51件，罚款金额26.746万元；5.积极受理市民投诉，实行24小时值班制度，共受理市民昼夜环保投诉2263起，处理率100%。

［生态保护］ 1.认真贯彻落实《全国生态环境保护纲要》，坚持生态保护与污染防治并重的方针，积极组织相关部门加大对全市采石场及非煤矿山的安全和环保整治力度；2.积极开展“菜篮子”产品产地的环境保护工作；3.着重加强对乡镇企业环境管理，防止“15小”、“新五小”及国家产业政策明令禁止和淘汰企业死灰复燃；4.严格控制养殖废物排放，积极发展生态农业和有机农业，并加强对自然资源开发的环境监督管理；5.开展区域、流域生态环境整治工程，开展竹鹅溪综合整治工程和荒漠石山恢复示范工程等；6.在乡镇建设生态示范村，开展改水改厕工作，建设沼气池，推广以沼气为主的生态能源工程，指导农民合理施用化肥、农药和地膜等。

（秦萍）

【城市供水】

2003年柳州市自来水完成供水量12371.2万立方米，售水量10422.92万立方米，新发展一户一表用户10387户，进行一户一表改造6623户；全年水质综合合格率为99.88%，34项水质综合合格率为100%；管道维修及时率为99.84%；管网压力合格率为99.7%。

［供水设施建设］ 2003年全年共敷设供水管道长度20878米，其中：拉堡供水工程完成DN600—DN800管道安装3900米，完成投资797万元，工程于6月18日竣工并投入运行。东环配水管网工程完成管道安装长度11100米，完成工程投资3717万元（不含征地费等前期费用2060万元）。配合城市道路改造安装管道5878米，完成投资844万元。

旧机场加压站完成投资496万元，站内生产性设施已全部完工，于6月18日向拉堡供水，并顺利通过了竣工验收。

为配合阳和开发区的建设，公司完成了《柳州市阳和开发区输水管线工程可行性研究报告》的编制和施工图设计。12月底，阳和大道和西江路管段已正式开始施工。

完成了东环加压站综合楼的施工图设计和前期报建手续，进入招标阶段。

［优质服务］ 为更好方便用户办理用水手续，公司在供水大厦一楼设立营业大厅，营业处、经营科、设计室、安装公司等部门在大厅联合办公，从办理用水报装、勘察设计、安装收费到交纳水费等，形成一条龙服务。7月1日，位于荣军路口的河南营业所也正式启用。

为适应供水市场的需要，实现以用户为中心，以服务求发展的目标，公司成立了供水客户服务中心，实行“一站式”服务体系。该中心于10月开始试运行，设有4名专职客户代理员，得到了用户的好评。

自2001年开办银行代扣水费业务后，2003年下半年又推出银行托收水费业务，整个过程通过计算机全过程管理，极大地方便了用户。

公司2003年用户满意率为97.6%。

（李 凡）

批发零售贸易餐饮业

【商业综述】

2003年，柳州市继续贯彻落实扩大内需的政策，努力克服“非典”带来的影响，深化企业改革，整顿和规范市场秩序，调整经营策略，着力培育新的消费增长点，加快城市化建设步伐，努力营造良好的消费环境和消费氛围，全市消费品市场呈现出繁荣活跃态势，社会消费品零售额继续保持快速增长。2003年，全市实现社会消费品零售总额114.28亿元，比上年增长11.10%，比全区社会消费品零售总额增幅高1.5个百分点。

一、2003年消费品市场运行的主要特征

1、消费品市场运行呈现开局良好、增幅回落、迅速回升、快速增长的四个阶段。一季度适逢元旦和春节，假日消费特征明显，消费品市场充满了生机与活力，受假日消费带动，当季实现消费品零售额29.26亿元，同比增长10.70%，开局良好。二季度受“非典”疫情的影响，旅游活动基本停止，商品流通受阻，餐馆酒楼大多受影响，仅有医药及保洁品类商品销售表现活跃（中西药增幅高达30.6%），市场增幅迅速回落，当季实现消费品零售额25.78亿元，增长幅度回落至8.50%。三季度随着“非典”疫情的基本控制，社会正常生活秩序得到了恢复，旅游活动趋于正常，各种公务经营性活动和商家促销活动增多，商品促销活动升温，居民消费走向正常，消费品市场出现了较快增长的态势，社会消费品零售额同比增长11.80%。四季度受前期积压购买力的释放，消费信心大增，消费气氛浓厚，市场进一步趋旺，增长速度加快，社会消费品零售额同比增长13.08%。

2、城市市场增长快速，增速快于农村市场。由于城市居民收入水平较高，再加上购物环境优势和交通便利，使得城市依然是实现购买力的集聚地和消费重心。全年城市实现消费品零售额83.29亿元，同比增长11.62%，增幅比上年提高了3.52个百分点。农村市场（县及县以下）由于受农民收入增长缓慢的制约，加之商业网点不健全，购买力大量流入城市，全年农村市场实现社会消费品零售额30.99亿元，增长9.72%，比上年增幅下降0.69个百分点。

3、非公经济零售增长迅猛，市场份额继续扩大。2003年全市非公有制经济实现社会消费品零售额97.68亿元，比上年增长19.37%，非公有制经济零售额所占比重由上年的79.55%扩大到85.47%。其中，私营经济、个体经济、股份制经济零售额分别增长18.6%、13.03%和63.91%，而国有、集体经济零售额分别下降27.73%和9%。

4、批发零售贸易业零售额增长迅速，是消费市场的主角。为提高市场竞争力，扩大市场占有份额，我市商业企业朝着“做大”、“做强”的方向发展，规模效应日益显现。全年批发零售贸易业实现零售额75.37亿元，比上年增长14.91%。其中，限额以上企业增长尤为强劲，实现零售额23.60亿元，同比增长32.30%，增幅比限额以下贸易业高出23.88个百分点。

5、餐饮业呈较为明显的“V”字型走势。一季度快速发展，二季度因“非典”原因，外地旅客和商务活动锐减，各种聚会和婚宴活动取消，餐饮业遭到“非典”重创，零售额增幅大幅度回落，出现负增长，下降2.9%。第三季度开始，随着“非典”疫情的解除，餐饮业迅速恢复并呈逐月增长之势，三季度餐饮业社会消费品零售额同比增长3.6%。四季度餐饮业又出现活跃之势，同比增长7.89%。全年实现社会消费品零售额13.52亿元,同比增长7.89%。

6、消费亮点显现，消费档次不断提升。随着人们生活水平的日益提高，居民消费由解决温饱向提高生活质量转换，消费内容日趋多样化，消费层次出现升级趋势，消费重点已从传统的“吃、穿、用”向“住、行、玩”转化。“住、行、玩”消费带动了相关产业的快速发展。汽车、通讯器材、体育娱乐用品、儿童玩具、石油及制品、五金电料、金属材料等商品零售额都有了大幅度的增长。

二、消费品市场存在的主要问题

1、农村消费品市场建设滞后，农村消费需求不足。在城市流通企业不断扩张，市场竞争程度越来越激烈的情况下，农村市场流通业投资主体却十分有限，导致农村消费品市场发育落后。2003年，县以下农村市场消费增长5.44%，增长缓慢，其零售额所占比重仅为全市社会消费品零售总额的12.67%。

2、居民消费信心暂显不足，储蓄存款增加，消费倾向降低，即期消费受到抑制。随着就业压力的加大，居民的消费支出压力会越来越大，对预期支出顾虑较多。2003年，我市城乡居民储蓄存款257.78亿元,比上年增长17.01%,其增幅远远高于城乡居民消费的增长。高储蓄表明，城乡居民即期消费的动力有待提高，消费倾向降低，预期支出的压力仍较大。

3、城乡居民收入差距过大，不利于农村市场的开拓。2003年，我市城市居民人均可支配收入8370元，比农村农民人均纯收入多6288元。农民的低收入，必然在一定程度上影响农村居民消费的增长，影响到农村市场的开拓，也是农村消费市场难以启动、有效需求不足的一个重要原因。收入差距过大，它还影响到农村劳动者的劳动积极性。如果社会保障又得不到保证，它还将危及社会稳定。

4、就业与再就业和社会保障压力增大，在很大程度上制约了消费需求的增长。随着住房、医疗、养老等各种政策及措施实施的加快及企业改革的深入，下岗和失业人员的增多，就业问题成为困扰经济发展的重要问题，它将在很大程度上导致了消费的不足。同时，社会保障体制的不完善，也会削弱对消费品的即期需求。

（饶绍珍）

【集贸市场】

一、市场简介

2003年，柳州市共有消费品市场166个（不含所辖的6个县，下同），其中消费品综合市场126个，农副产品市场20个，工业消费品市场15个，其它市场5个。生产资料市场21个，其中生资市场7个，钢材市场3个，木材市场4个，其它市场7个。生产要素市场12个，其中房地产市场1个，金融市场6个，技术市场1个，劳动力市场2个，信息市场2个。2003年，全市各类市场大力开展文明经营、诚信建设，积极引导场内广大经营业主开展文明经商、守法经营、诚实守信的竞赛活动，涌现出一批文明诚信的市场和经营业户。经由市精神文明办、工商、商贸、税务等多家部门的联合考评，全市共有24个市场被评为2003年度文明诚信市场。其中柳南辖区9个，分别是：飞鹅商城、顺达通综合批发市场、五菱市场、小鹅山综合市场、云岭农贸市场、桂中家俱城、永前市场、五里卡蛋品交易市场、金鹅小商品市场。柳北辖区6个，分别是：柳北市场、好机汇电子科技市场、五交化商品市场、金福园美食广场、雅儒农贸市场、永盛北雀农贸市场。城中辖区2个，分别是：广雅市场、九九九时装市场。鱼峰辖区3个，分别是：金地商贸城、柳机市场、东环综合市场。生产资料和生产要素市场4个，分别是：柳州物资储运贸易总公司生产资料批发大市场、柳州市摩托车（配件）商城、柳州市西环装饰建材市场、柳州市二运燎原货运交易市场。

二、市场管理

2003年，市工商局从进一步完善“三式三制”和“经济户口”管理入手，不断探索市场监管的新模式，采取日常检查与专项整治相结合，市场巡查与市场预警警示相结合等举措，大力整顿和规范市场经济秩序，使市场监管工作更趋规范化，制度化。一是以集贸市场专项整治为重点，不断规范市场经营行为，营造良好的市场经济环境。先后开展了集贸市场、肉食品市场、粮食市场、农资市场、钢材市场、废旧市场、汽车、摩托车及其配件市场等专项整治行动，重点对“毒鼠强”危险化学品、野生保护动物等进行大检查。全年共检查各类市场170多个，检查市场经营摊点14300户次，查处假冒伪劣种子1300多公斤，伪劣化肥100多吨，农药2190多瓶，清缴“毒鼠强”等剧毒鼠药20多公斤。特别是在“非典”期间，市工商局加大对市场的监管力度，严历打击各种假借“非典”名义趁机哄抬物价、虚假广告宣传、经销假冒伪劣商品等不法行为，为平抑市场物价、维护市场秩序，确保市场繁荣发挥了职能作用。二是大力推行“三个一”活动：一条消费者满意街、一个无假冒伪劣商品市场、一个群众购物放心店），开展诚信个体工商户、诚信私营企业评比活动取得了明显成效。全市共评出“诚信个体工商户”300多户，“诚信私营企业”20 多户，“诚信市场”24 个。三是进一步组织巩固文明市场创建工作，按照文明市场达标条件，严格考评。目前，全市获得国家级文明市场 2 个，自治区级文明市场 16 个，市级文明市场 33 个，城区级文明市场 54 个。

（华玉麒）

【供销合作商业】

［概况］ 2003 年，柳州市供销合作联社系统有直属企业 21 家，社办工厂 3 家，各类商品交易市场 8 个，业务指导柳江县、柳城县、鹿寨县、融安县、融水县、三江县供销社及 87 个基层供销社。年末固定职工 4638 人；商业网点 671 个，营业面积 52.21 万平方米，仓库面积 18.28 万平方米，资产总额 63431 万元。全系统实现商品购进总额 76014 万元，比上年增长 8.96%；商品销售总额 79796 万元，比上年增长 8.54%；其中农业生产资料销售额 50048 万元，消费品零售额 5621 万元；供销社企业自办、联办的各类批发交易市场商品交易额约 33000 万元；全系统实现利润 47.78 万元，比上年增加利润 26.89 万元，上缴各种税费总额 390.53 万元，比上年增加 65.41 万元。

［围绕助农增收总目标，推动农业产业化经营］ 2003 年，市供销合作联社系统认真贯彻落实党的十六届三中全会精神、自治区农村工作会议精神，紧紧围绕市委市政府提出的农业发展规划和助农增收总目标，积极参与和推动农业产业化经营。一是围绕柳州市农业种植结构的转变，及时调整农资经营策略和经营品种，创新营销服务方式，千方百计增设服务网点和扩大农资连锁经营。全系统组织化肥供应 49 万吨，其中：氮肥 23.8 万吨、磷肥 7.8 万吨、复合肥 6.5 万吨、钾肥 10.9 万吨。送化肥下乡，送到农民手中 55000 吨，比上年增加 5000 吨。二是以扶贫、扶持等合作方式，为 4505 户农民或农民生产专业户签订发展生产合同，提供综合服务，组织供应各种化肥、农药 8095 吨。三是大力发展商品基地，带动农户发展生产，实现助农增收。全系统参与和扶持发展的商品基地 9 个，面积 8.76 万亩。四是拓宽渠道，牵线搭桥，引导农民发展商品生产，进入市场，采取各种形式促进农产品流通。2003 年全系统收购农副产品 2888 万元，比上年增长 19.49%。其中收购肉牛 520 头，造纸原料竹子 8500 吨，鲜茧 2600 吨，桐籽 6000 吨，还组织蔬菜、瓜果、茶油、糯米、大米、猪、鸡、鸭等农副产品供应佳用超市。

［加快改造经营网络，开拓连锁配送经营］ 2003 年，市供销合作联社认真贯彻市委市政府提出的“三大一新”的精神，把网点资源进行整合、改造作为重要工作来抓，制定了连锁经营创业规划，实施了“联强靠大”“合作互补”的发展思路，用现代流通方式和新型业态来改造供销社传统经营网络，取得了新的突破。一是通过多种方式展开合作，如租赁合办、经营承包、加盟店等方式开办连锁超市，推动供销社的网点资源与市佳用公司新型经营业态的全面整合。2003 年，全系统与市佳用公司联合开办连锁超市 6 家，经营面积 4500 多平方米。目前还达成联办超市意向的有 5 家，面积 5000 多平方米。二是不断开拓连锁配送业务服务，大力发展农副产品进超市。实现农副产品进超市 300 多万元。三是整合系统内部农业生产资料的连锁经营业务。全系统实现农资商品连锁配送 258 个经营点，化肥配送 35.6 万吨，取得了较好的经济效益和社会效益。

［拓宽经营服务领域，发展传统专营业务］ 一是烟花炮竹专营地位得到提升，经营业务快速增长。供销社烟花炮竹专营单位认真制定和完善烟花炮竹的营销和安全管理制度，积极配合公安、工商、技监、消防、环保等部门搞好市场管理，巩固和扩大了烟花炮竹的经营市场，购销规模和效益比上年增长 50%以上，综合经营额达 1500 万元。二是废旧物资经营业务不断扩大，组织工业原料供应稳步增长。全系统废旧物资从生产者购进 16751 万元，比上年增长 69.24%，组织供应废钢铁 82834 吨，保持了废旧物资经营业务不断扩大的良好运行趋势。

［减债减负、招商引资、优化资产］ 2003 年，市供销合作联社从搞好资产经营和资本营运入手，充分发挥企业的积极性，用活用足政策，认真抓好企业减债减负、招商引资、盘活优化资产的工作。一是抓好债权回购。市供销合作联社积极协调指导市土产公司与地区土产公司共同出资 2230 万元，通过竞拍，回购长城公司 5300 万元的债权，土地面积 43325 平方米，减少企业债务 3070 万元，盘活资产 8000 多万元。二是搞好招商引资。市供销合作联社把跃进路 53、59

号20多亩和柳邕路1、2、3仓约90亩两块土地的网点进行招商开发，努力搞好优化资产结构，扩大经营业务网点面积，提高供销社企业的经营服务档次和市场竞争力。

（庞勇光）

【粮油商业】

2003年，柳州市粮食系统坚持以邓小平理论和江泽民总书记“三个代表”重要思想为指导，解放思想，实事求是，与时俱进，积极探索粮食行业发展的新路子，为确保粮食安全，促进粮食经济发展取得了显著成绩。

一、加强储备粮管理。市县各储备粮单位严格按照储备粮管理规定和上级要求，合理布局，运用现代科学保粮技术，实行推陈储新管理办法，建立健全规章制度，做到“一符三专四落实”，投入235万元资金改建、扩建、维修仓库，改善仓储条件，加强保化人员业务培训，提高管理水平，确保各级储备粮储得好，调得动，用得上，得到国家粮食局检查组的充分肯定。

二、认真做好粮食购销工作，确保了粮食市场稳定。一是积极做好粮食收购。全区在实行粮食购销市场化改革后又推行农村税费改革，粮食收购再次出现新问题、新困难，市县粮食部门结合实际情况，采取积极措施，建立目标管理制，深入乡、镇、村（屯）宣传指导，并设立收购点方便农户，不代扣代缴各项费用，及时兑现粮款，并加强与工商、财政、农发行等部门的联系，加强市场管理，切实保护了农户的利益。全年共购进粮食6446万公斤（贸易粮，下同），其中从农户手中收购粮食2086万公斤。区内外采购4360万公斤；购进食油59万公斤。二是认真做好粮食销售。全年共销售粮食8384万公斤，其中军供344万公斤，退耕还林粮1297万公斤，农村生活安排170万公斤；全年销售食油62万公斤。

三、发展多种经营，搞活粮食经营。一是发展优质稻产业化经营，帮助农民实现增收。市县粮食部门把发展优质稻产业化经营作为新的经济增长点来抓，积极推广种植优质稻，请专家指导农民生产，与农民签订收购合同，消除后顾之忧。全年粮食部门参与种植面积30万亩，与农民签订合同4.06万亩，收购优质稻谷1701万公斤，加工销售510万公斤，柳江县“八桂一都”牌优质大米深受群众欢迎。二是积极开展招商引资活动，发展多种经营，目前，有14个项目列入自治区粮食系统招商引资项目推介表，已成功招商引资的项目有4项，引资金额达2780万元，为今后的发展打下了基础。

（梁世梅）

【石油商业】

［概况］2003年，柳州市从事成品油经营的企业中，拥有经营批发权的企业4家，分别是中石化广西柳州石油分公司、中石油广西柳州分公司、柳铁材料厂、工联公司。零售经营加油站（网点）327个，其中中石化135个，中石油11个，材料厂1个，工联公司2个，其他经营单位及个人178个。年销售油品35万多吨。

市场经营的主体是中国石化广西柳州石油分公司，该司原是柳州地市（现为柳州市和来宾市）唯一从事成品油经营的国有企业，管辖两市11个县级石油分公司，现在在岗职工652个，在用油库3座，总库容量8万立方米，加油站零售网点遍布柳州、来宾两市。2003年，柳州石油公司购进油品31万吨，销售油品32万吨，商品销售收入10亿元，实现利润1.01亿元。

［成品油资源及价格］2003年成品油资源时紧时松，1—4月国际油价一路上扬，国内资源偏紧，成品油销售顺畅，价格基本与国际接轨；5—7月，国际国内油价全面下滑，资源相对丰富，市场处于淡季；8月份以后，受国际政治局势和国内消费进入旺季影响，成品油资源再度紧张，个别品种已近脱销。2003年，油品价格最低为：90#汽油2.50元/升，93#汽油 2.60 元/升，0#柴油 2.45 元/升；最高为：90#汽油3.15元/升，93#汽油3.35元/升，0#柴油3.05元/升。

［安全管理］安全重于泰山，没有安全就没有稳定、效益和发展，对从事易燃易爆的成品油经营的企业来说，安全尤其是其工作的重中之重。柳州石油分公司始终认真的贯彻执行“安全第一，预防为主，全员动手，综合治理”的方针，完善及创新安全管理模式。在实际工作中，根据安全工作“横向到边、纵向到底、责任到人”的管理要求，把安全职责落实到每个环节，落实到库站每个岗位、每个员工。还依照“谁主管，谁负责”的管理原则，在全经济区范围内层层落实岗位安全职责。同时坚持抓好平时的定期检查、专项检查、节日检查、重点大检查，提高了库站的安全系数。还完善管理制度，进一步明确和落实安全责任。确保安全工作，确保安全生产，确保国家和人民群众生命财产安全。

（吴有德）

【旅游业】

［概况］ 2003年，柳州市旅游局克服“非典”对旅游业发展造成的影响，做好规划，加强行业管理，组织培训工作，练好内功，为柳州市旅游业的恢复与振兴做好基础工作。2003年，柳州市共接待海外旅游者1.21万人次，接待国内旅游者381.30万人次，其中旅游星级饭店接待国内旅游者69万人次，全市旅游总收入21.89亿元，全年旅游宾馆住宿率67.9%。

［旅游行业抗击非典］ 2003年，在防控“非典”期间，市旅游局全力开展抗击“非典”的各项工作，杜绝“非典”通过旅游活动传播。配合国家旅游局、自治区旅游局开展相关的调研工作，积极为旅游企业争取优惠政策，及时退还旅行社质量保证金，帮助旅游企业落实减免税费政策，帮助他们渡过难关。随着“非典”疫情逐步得到控制，为尽快恢复启动旅游市场，开展“美丽柳州健康游”柳州市旅游市场恢复启动系列活动。6月14、15日两天全市各景区景点分批免费开放，约有30万市民参加了活动。

［旅游行业管理］ 2003年，市旅游局进一步加强对旅游行业的管理工作。⑴做好旅游行业发展工作，全年新增国内旅行社3家，新增三星级饭店（宾馆）2家。⑵做好旅行社年检年度审查工作和星级饭店年度复核工作。⑶组织做好柳州市导游IC卡的换发工作，全年换发导游IC卡156张。⑷完善了全市导游人员档案，加强对导游人员管理。⑸成立柳州市导游服务中心，解决社会导游员无处管理的现象。⑹做好旅游投诉处理工作，全年共处理旅游投诉3起，满意率达100%。⑺做好旅游市场打假打非工作，对旅行社超范围经营及“黑导”私自接团等违规行为进行了查处。⑻在3月15日消费者保护日“9.27”世界旅游日、12月4日全国法制宣传日，组织开展了旅游法律、法规的现场咨询活动。⑼抓好假日旅游黄金周工作。

［旅游市场开发］ 2003年，柳州市在广西乃至国内外开展了一系列旅游宣传促销活动，宣传柳州旅游，提高柳州旅游知名度。⑴针对柳州市新的旅游资源特点，制作了旅游贺卡、旅游宣传扇、旅游宣传折页、柳州旅游手绘地图等一系列宣传品。⑵出版《柳州阳光之旅》旅游时尚刊物。⑶与区旅游局合作开通柳州旅游在线网站。⑷组织参加了南宁国际民歌节旅游狂欢活动的花车巡游和民族歌舞表演。⑸组织柳州部分旅游企业参加昆明国际旅游交易会。⑹与柳工集团联合在柳州日报举办“引客入柳”有奖征文活动。⑺承办柳州“韩国周”活动，由韩国国家文化旅游观光部官员、旅行商、媒体记者组成的韩国柳州旅游团考察了柳州市景点，并与旅游界人士进行了交流。⑻组织部分旅游企业参加9月的香港国际旅游交易会，在香港旅游周刊上刊登柳州旅游宣传广告。

［旅游规划与景点建设］ 2003年柳州市继续抓好旅游规划与景点建设工作：⑴4月，完成《柳州市2003年--2020年旅游业发展总体规划》评审工作。⑵认真落实三项会战中的旅游项目，协助各县旅游项目的实施。⑶指导大桥洛维园艺场和柳钢等单位做好全国农业、工业旅游示范点的申报评审工作，并通过了自治区旅游局的初评。⑷协助雀山公园、三门江国家森林公园做好申评3A景区工作；对全市A级景区自查。⑸组织有关人员对融水、融安、三江三县的主要旅游资源开发建设及旅游线路组合现状进行实地考察调研，形成了《融水、融安、三江旅游资源的考察报告》。⑹委托北京国智公司进行旅游市场营销和风情柳江、程阳八寨项目策划。

［旅游教育培训］ 2003年，加强对旅游从业人员的培训工作：⑴在融水县举办融水、三江、融安、鹿寨四县导游讲解员培训班。⑵举办了一期旅行社经理人员和两期旅行社导游人员培训班，近300人次的旅行社经理、导游人员分批分期参加了此次培训；⑶在“非典”期间，督促、指导各星级宾馆饭店、旅行社自行组织开展以“非典”预防常识、旅游安全、旅游职业道德、旅游政策法规、旅游业务技能操作等内容为主培训工作。⑷做好旅行社经理资格考试的报名组织工作。⑸组织柳州旅游行业有关人员参加在南宁举办的两期全国旅游行业管理人员高级研修班培训。⑹举办导游人员岗前培训班，66名新导游参加了岗前培训。⑺抓好导游人员资格报名、培训、考试工作，柳州市共有469人报名参加考试。

（冯文健）

对外经济贸易

［概况］ 2003年，柳州市克服了“非典”疫情的影响，继续采取“请进来，走出去”的对外开放措施，改善和优化对外开放环境，提高利用外资和外贸出口水平。1、开拓国际市场，狠抓外贸出口。全市外贸出口呈现止落回升，终止了连续两年出口下滑的势头，完成出口总值2.55亿美元，比上年增加4518.85万美元，增长21.51%。2、引进外资。全市利用外资继续增长，实际利用外资6272.50万美元，比上年增加1154.50万美元，增长24.99%，其中外商直接投资

5596 万美元，增长 25%。3、积极实施“走出去”战略。市领导带领有关部门和企业走出国门，鼓励有条件的企业走出去，组织自营出口企业和自营出口生产企业到欧洲、南美洲、北美洲及东盟国家进行经贸市场考察，参加国内外经贸投资洽谈会、商品交易会、展销会及香港 CEPA 中小企业商机博览会。4、积极推进和培育非公经济企业出口。除“三资”企业外，全市自营出口生产企业共 45 家，全年出口创汇 2.28 亿美元，其中国有企业 15 家，出口创汇 1.01 亿美元，占自营出口生产企业出口的 44.74%；民营企业 30 家，出口增长势头强劲。

［对外贸易情况］　2003 年，柳州市进出口商品总值 4.00 亿美元，比上年增加 6800 万美元，增长 20.48%，外贸依存度（占 GDP）10.09%。其中：出口总值 2.55 亿美元，外资依存度（占 GDP）6.43%，同比增加 4518.85 万美元，增长 21.51%；进口总值 1.45 亿美元，外贸依存度（占 GDP）3.66%，同比增长 2302.59 万美元，增长 18.89%。其中：外贸公司出口 700.63 万美元，完成年计划 53.89%，同比增长 1.59%；生产企业自出口 2.33 亿美元，完全成计划 108.46%，比增 25.33%；三资企业出口 1368.81 万美元，完成计划 62.19%，比降 20.08%。一般贸易止落回升，出口创汇 2.33 亿美元，同比增长 41.24%；加工贸易出口创汇 2242.81 万美元，比降 50。40%，其中：来料加工 1286.02 万美元，增长 26.04%，进料加工 956.79 万美元，比降 72.68%。

［利用外资情况］　2003 年，柳州市外商直接投资项目 18 个，其中：合资企业 8 家，合作企业 1 家，独资企业 9 家，累计合同总额 6114.16 万美元，注册资本 3655 万美元，合同外资额 2611.42 万美元，与上年比项目总数、合同总额、注册资本、合同外资额分别下降 25%、80%、78%和 89%。实际利用外资 6272.50 万美元，较上年增加 1154.50 万美元，增长 24.99%，其中外商直接投资 5596 万美元，增长 25%。

（柳州市对外贸易经济合作局）

【海关】

2003 年，柳州海关认真落实党中央提出“依法行政，为国把关，服务经济，促进发展”16 字工作方针，依法履行进出境监督管理职责，维护国家经济利益和安全；积极采取措施服务经济建设，支持地方扩大外贸进出口；按照党中央提出的“政治坚强，业务过硬，值得信赖”12 字要求，加强队伍建设和廉政建设。

进出境运输工具，货物，物品监督方面。柳州海关坚持依法行政，按照国家有关法律、法规和政策规定，认真做好进出境货物、物品和运输工具的监管，同时加大服务力度，为进出口企业办实事好事，做到把关与服务两不误。2003 年依法监管进出境运输工具 999 艘（辆），比去年同期（下称同比）下降 9.59 %，其中船舶 309 艘，下降 44.32 %，火车 633 卡，增长 52.16 %，汽车 56 辆，下降 57.46 %；监管进出口货物 123257 吨，同比增长 2.23%，其中进出货运量为 96029 吨，同比下降 10.6%。处理小型船舶进出境舱单 308 份，同比下降水 44%，其中进口 141 份，出口 167 份，进出口，舱单的核销率达到 100%；查验，放行报关单 1946 份，其中进口 813 份，出口 1133 份；办理货物转关进出口手续 462 票，转关货物共 57603 份；同比分别增长 24%、18.6%，转关数据正常核销率达 100%；办理区外监管 248 票；监管货物 722667 吨，比去年同期下降 30%。2003 年，为企业加班服务共派出监管人员 566 人次，累计加班 2596 小时，监管进出口货物 413 批，共计 8647 吨，监管进出境船舶 308 艘次，为企业缩短货物通关时间 319 天，节约费用 869 万元。

通关管理方面。审核报关单 1951 份，同比增长 2.36%；货物 进出口总额为 7616 万美元，同比下降 2.5%，其中进口额 4972 万美元，同比下降 0.54%，出口额为 2644 万美元，同比下降 5.99%：柳州口岸主要进口商品为机电产品，纺织品及钢铁制品；主要出口商品为棉花及其织物，肥料，氧化锌。签发进口付汇，出口结汇，出口退税报关单证明联 1894 份。全年平均通关速度为 2.66 天，最快通关速度 2.07 天。

税收征管方面。认真执行国家税收政策，依法征税款 6249.3 万元，其中关税 1675 万元，代征税 4574.3 万元，超额完成全年税收任务；征收监管手续费 18.4 万元，审价补税 7441 元，办理税收担保 14 单。大力支持企业利用国家减免税收政策进口设备，为符合政策规定的三资企业、技改项目、外国政策无偿捐赠设备和物品办理审批等业务，2003 年共为辖区 17 家企业办理减免税手续 94 笔，减免税收 7497.3 万元，其中减免关税 2389 万元，减免增值税 5108.3 万元，同比增长 9.3%、9.96%、7.91%。对 1998 年以来的减免税货物进行全面普查，共核查减免税企业 18 家。

加工贸易管理方面。审批备案加工贸易合同 64 份，备案金额 7506 万美元，同比分别增长 10.34%，26.6%；其中进料加工合同 53 份，备案金额 6215 万美元，来料加工合同 11 份，备案金额 1291 万美元；核销手册 56 本，补征税款 23 笔，计征税款 103 万元.加工贸易备案合同的主要进口料件有化纤布、锰矿、锌精矿、腈纶毛条、蓝湿牛皮、铟原料等，主要的出口商品有硅锰合金、高碳锰铁、锌锭、铟锭和服装、腈纶毛线、劳保手套。

企业管理方面。办理新注册企业 62 家，异地备案企业 91 家，评定 A 类企业界 6 家。企业年审合格率达到 100%，其中 28 家企业被评为 A 类企业。召开企业管理政策宣讲会，对辖区 170 家企业进行政策宣传。

（柳州海关）

文化艺术、新闻出版及档案

【专业文艺】

［专业艺术］ 2003 年，柳州市有专业艺术表演团体 4 个，艺术研究所 1 个，艺术学校 1 所，全年创作、移植大戏剧本 4 个、小戏剧本 15 个和一批其他类型的艺术作品，整理出传统桂剧剧本 17 个；广西民族音画《八桂大歌》作为全新的艺术形式，被选入 2003—2004 年度国家舞台艺术精品工程 30 台国家资助剧目；彩调剧《茶山会》参加山东博兴首届国际小戏艺术节夺得 5 个奖项，彩调剧《山间情话》、《铜锣声声》参加首届广西彩调艺术节获优秀剧目奖。

［社会文化］ 2003 年，柳州市基层文化建设成绩显著，截止年底，全市 98 个乡镇全部建立乡镇宣传文化站，组成各种业余文艺团队 500 余个，市区 142 个社区按照企业型、小区型和居民型分别开展文化建设，年内建立社区文化示范点 31 个，社区业余文艺团队发展到 100 多个。文化信息资源共享工程进展顺利，年初广西文化信息资源共享工程柳州市分中心开通，全年建成基层节点 15 个。群众文化活动丰富多彩，全年组织开展首届柳州市社区文艺汇演、首届柳州市农村文艺会演、第四届“柳江之夏”群众文艺展演、“基层服务号”等全市性大型群众文化活动 30 多项。6 县 4 区结合自身实际，创出不少活动品牌和亮点，如鱼峰区提出“文化强区”，充分利用江滨社区文化广场的地理优势，全年举办各种演出 40 场次，观众累计 14 万人次；柳南区开展“大家跳，大家练，大家画，大家读”社区文化系列活动 200 多场，社区文化活动异彩纷呈；柳城县打造“百村百戏”，业余文艺团队发展到 117 个，全年演出 1500 多场；柳江县“小康文化示范户”创建活动方兴未艾，村屯文化建设生机勃勃；三江县发挥民族民间传统文化优势，积极引导民间文化活动开展，全年业余文艺队演出 180 多场，吸引群众和游客近 20 万人次。

［文物博物］ 2003 年，柳州市文物博物工作以旧城改造为契机，以再现历史文化名城风貌为出发点，完成了一系列文物保护和建设工作：1、《柳州市历史文化名城保护规划》通过评审；2、柳州市博物馆扩建工程、柳侯祠“复清”扩建工程正式立项；3、进行大龙潭鲤鱼嘴岩厦贝丘遗址二次发掘，出土距今最早两万年、最晚六千年的遂石石器、硕石石器、陶片等遗存物品 1000 余件，弥补上世纪八十年代第一次发掘时人类演变文化时期上的空白；4、完成“桂南会战检讨会旧址”周边环境改造；5、对全市 50 个在建工程进行文物调查，抢救性清理明清墓葬 4 座，征集地下文物 20 多件；6、市博物馆由五一路搬迁到解放北路临时库房，白莲洞洞穴科学博物馆局部整修完成；7、大韩民国临时政府抗日斗争活动陈列馆在建设中，旧飞机场中外联合抗战纪念苑在规划论证中；8、以“博物馆与朋友”为主题的“5·18”国际博物馆日活动效果良好，市博物馆收到民间人士捐赠文物 70 余件；9、启动“柳州文物考察一日游”，成为“保护文物，爱我名城”的有效活动载体。截止 2003 年底，全市有文物古迹 529 处，其中国家文物保护单位 2 处，自治区文物保护单位 15 处，市、县两级文物保护单位 112 处。

［文化产业］ 2003 年，柳州市积极探索发展文化产业新路子，围绕文化产业资源的盘活与整合，几个大项目已经明确开发意向。演出市场亮点突出，全年引进国内外演出团体 15 个，演出 85 场，观众近 5 万人次，票房收入 200 多万元。本土精品剧目《八桂大歌》形成轰动效应，在柳州、南宁共演出 49 场，观众 55 万人次，票房收入近 200 万元。各专业剧团积极探索自营演出与经纪演出相结合新路子，市属 4 个专业剧团全年独立演出 215 场，演出收入近 70 万元。

（黄 毓）

【广播电视】

2003 年，柳州市广播电视新闻宣传工作以“三个代表”为指导思想，紧紧围绕市委、市政府各时期的中心工作进行广播电视宣传，做到节目创新，办出特色，逐步实现“三贴近”。外宣工作上中央台、广西台，播送的稿件数量电台、电视台都创历史最好水平。为了拓宽事业，2003 年广电系统在技术改造和技术更新上也下了很大功夫，实现了市委、市政府的民心工程——建设一条微波链路，使市属六县都收到了柳州电台、柳州电视台的广播电视节目。在基础建设方面强化安全播出，以数字化手段扩大广播电视覆盖面。

2003 年柳州市广播电视刷新指标有：电台上送中央电

台采用稿件30条，广西电台采用530条。电视台上送中央电视台采用稿件40条，广西电视台采用550条。安全播出，各台的台内停播率为零，各项指标全部达自治区广电局规定标准。2003年网络中心新装有线电视用户1.6万户，架设光缆13.5公里，电缆30公里，跳通中山、西江、新翔、依山、铁通的备环信号。作为市政府“六通一亮”的宣传单位，网络中心兑现服务承诺，一年完成用户维修2.6万户，确保20万户看好有线电视。视通公司年内建设活动机房15个，辅设光缆150公里，覆盖用户约4万多户，10月份该公司推出服务承诺即办即装，使视通宽带品牌在柳州有更高的知名度。2003年全公司发展用户1.2万户，经济收入达1200万元。

（韦光训）

【柳州日报】

2003年，柳州日报为全市的经济发展和社会稳定提供了强有力的精神动力和舆论支持，收到了领导、群众都满意的“双赢”效果。

《柳州日报》为对开八版，《柳州晚报》为四开十六版，两张报纸均为周七刊，全年各发行361期，日均发行量与2002年相比有所增长。2003年底，《柳州日报》和《柳州晚报》进行了试扩版，其中日报改为对开十六版，晚报改为四开二十四版，并取得成功，为2004年元旦开始的正式扩版打下良好的基础。

一、整合资源，理顺管理体制。

2003年，报社进行了旨在激活“干部能上能下，员工能进能出，分配有高有低”机制的综合改革。整个过程按照“公开、公平、公正”的原则和干部队伍“革命化、年青化、知识化、专业化”的要求进行，将原有的22个部室精简为10个部门，精简达55%；报社行政副职、中层正副职干部和首席编辑、首席记者全部通过公开竞聘上岗，普通员工实行双向选择。

此次综合改革，力度之大开全国党报先河，也引起了全国同行的高度关注。在今年召开的中国报业协会、全国地市报会议和全国少数民族地区州盟地市报研究会年会上，指定柳州报社作专题发言。区内外几十家报社来电索要相关材料和来人考察学习。

二、激发活力，为改革发展提供政治保证。

在全市思想解放大讨论活动中，“面对新形势，柳州怎么办，自己怎么办”这个问题，报社确定了“加压、提速、创新、增收”的报业发展新理念，对全体员工的工作任务、工作效率、工作质量、工作效益提出了明确的要求。报社党委多次组织中层以上党员、干部参加的学习讨论会和座谈会，充分发挥党支部的战斗堡垒作用，开展针对性、超前性的思想教育，使班子成为新闻宣传工作的坚强政治核心和民主、团结、和谐的领导集体，使广大群众积极参与，支持改革，为综合改革的顺利进行提供了坚实的思想基础和组织保证。

三、加大策划力度，创新报道方式，使日报的权威性、晚报的可读性得到了进一步体现。

对于国内外的重大事件和市里的各项中心工作，两报都进行了全方位策划，派出精兵强将，选准切入点，突出主题，运用消息、通讯、评论、照片等方式，展开集群式报道，将报道的指导性和可读性有机结合，圆满完成了各项报道任务和一系列重大报道战役。此外，报社还在创新报道方式上进行了有益地探索和尝试：

1、率先在全区实行“报上开会”，改变了过去各级干部疲于“奔会”的状况，新华社、人民日报和区内各媒体都纷纷予以报道。

2、会议报道和事迹报道短小精炼。改变过去市里开大会，报纸就大版会议消息的作法，注重短小精炼，突出重点，三、五百字，简洁明了。

3、深入挖掘，推出典型。经过深入细致地调查研究和精心策划，柳州日报于5月22日推出了本市“张海迪式的人物”——袁茵，在全市引起很大反响。

4、晚报实行延时截稿和奖励新闻报料，抢发当天新闻的战略。大大加快了新闻的采、编、发速度，在“抢新闻”上将竞争对手远远地抛在了后面，受到了同行和读者的一致好评。

（柳州日报社）

【档案工作】

［概况］2003年，柳州市有市县档案局馆7个、专业档案馆3个、企业档案馆2个。档案干部队伍建设，基础业务建设、业务监督指导、档案工作执法检查、教育培训、档案信息化建设等取得明显成效。柳州市142个社区完成建档工作，成为全自治区第一个完成社区建档的城市。柳州市档案局馆荣获“全国档案系统先进集体”称号；柳州市工商局档案室荣获“全国档案工作优秀集体”称号；柳江县、柳钢（集团）公司档案馆获“全区档案工作先进集体”；周伍柳、

陈丽娟获“全区档案工作先进个人”，受到自治区人事厅，自治区档案局的表彰。

［市档案馆基础业务建设］ 2003 年，柳州市加强基础业务建设，丰富馆藏和改善档案工作环境。（1）加大档案收集接收力度。抽专人参与柳州市重要活动拍摄，其中拍摄重要会议、重大活动照片 367 张、旧街景照片 315 张、抗非典活动照片 86 张；依法接收 2 个单位 2122 卷档案进馆；对撤销郊区的 43 个部门 5 万多卷（份）档案开展整理、立卷。（2）档案馆库设施不断改善，安装闭路监控报警系统。

［档案宣传工作］ 2003 年，柳州市在《中国档案报》发表文章 7 篇、《广西档案》14 篇，《柳州日报》、《柳州晚报》5 篇。在互联网上设立柳州档案信息网站，介绍馆藏史料，与同行业务交流；安排有关各职能部门参观馆库及设施，向社会各界宣传柳州历史，宣传档案工作。

［农业农村档案工作］2003 年，柳州市辖 6 个县档案局按照自治区档案局的要求，开展农业农村档案工作联系点的选点工作；围绕落实土地承包政策、产业结构调整、农村税费改革，山林土地勘界，小城镇建设与“三农”相关问题，认真做好档案管理服务工作；加强对乡镇村年度文件材料收集、整理、归档的监督、指导，提高农业农村档案工作水平。

［社区完成建档工作］2003 年，柳州市把社区建档工作作为档案工作的重要组成部分来抓。市档案局与市社区办联合下发《柳州市关于做好社区居委会档案工作的通知》，市辖 142 个社区全部建档完毕，成为广西区第一个完成社区建档的城市。

［档案信息化建设］2003 年，柳州市加快档案信息化建设步伐，完善局域网和互联网中柳州市档案信息网建设，对局域网档案馆主页进行更新，对柳州市信息网的内容进行补充，为今后将馆藏已开放的档案和现行文件全文数据库接入互联网打下坚实基础。市档案馆数字化建设正式启动，已扫描录入 4000 多卷 82.50 万页．检查、补录和修改档案数据 4.73 万条，制成光盘报送自治区档案目录中心。

［市档案馆展厅投入使用］ 2003 年 12 月，新装修的市档案馆一楼 260 平方米的展厅投入使用。由《中国水彩》杂志社、广西美术家协会、柳州文联、广西“大地”水彩画会、市档案馆联合主办的“七人水彩画展”成为该展厅第一个展览。

［出版改革与中国年鉴“研讨会暨中南、西南地区年鉴协作会在柳召开］ 2003 年 12 月，“出版改革与中国年鉴”研讨会暨中南、西南地区年鉴协作会在柳州市召开。中国版协年鉴研究会会长许家康，常务理事韩荣根、王中华、谭惠全等出席了会议。会议紧紧围绕“出版改革与中国年鉴”的主题和年鉴创新、年鉴评奖等问题，展开热烈讨论，达到互相交流、互相借鉴，共同提高的目的。

（吴培炳）

教育卫生及体育

【教　育】

［综述］ 2003 年，全市共有幼儿园 184 所，在园幼儿 5.71 万人，幼儿园教师 1641 人，其中大专以上学历的幼儿教师 753 人；有小学 1205 所，在校小学生 31.5 万人，小学教师 16326 人，小学教师学历合格率 96.94%，其中大专以上学历的教师 5481 人，占小学教师数的 33.57%；有普通中学 237 所，在校初中生 16.4 万人，在校普通高中生 3.88 万人；初中教师 8542 人，初中教师学历合格率 92.07%，其中大学本科以上学历的初中教师 1583 人，占初中教师数的 18.53%；普通高中教师 2118 人，学历合格率 85.74%。柳州市有各类中等职业学校（普通中专、职业中专、职业高中、成人中专、技工学校）43 所，国家级重点 6 所（其中一职校为国家重点建设示范性职校，进入国家重点职校五十强行列），自治区级重点 6 所，自治区示范性中等职业学校 1 所。各类中等职业学校在校生总计 40617 人，全市职业学校教师总数 3094 人。2003 年全市中等职业学校共计招生 13905 人（其中职业中专 4686 人，职业高中 345 人，普通中专 6636 人，成人中专 338 人，技工学校 1900 人），比去年增长 1438 人，增长率为 10.34%。

［教育扶贫济困］ 2003 年，柳州市教育局从市本级教育“两费”中安排 1100 多万元用于柳北三县的教育，其中 500 万元用普通高中建设，300 万元用于融安“普九”。市教育局投入资金聘请柳州市规划设计院对六个县的县中进行了校园总平规划。全年共收回并维修了 6000 多套课桌椅送给柳北各县。2003 年柳州市共发放 8 批助学款，资助困难学子 519 人，发放助学金 97.3 万元。柳高“宏志班”学生全免各种费用达 16.4 万元，为困难学生减免学杂费 3.37 万元，发动学校教师为“宏志班”捐款 1.27 万元；市十四中为 32 个困难学生捐款 2.7 万元；市九中继续开办“希望班”，招收各县家庭贫困的优秀学生，免收其学费、杂费、住宿费等各种费用。

（赵从奎 ）

【卫生事业】

2003年全市共有医疗卫生单位2039个（含厂矿企业医疗卫生机构、诊所、卫生所、社区卫生服务机构、村卫生室），病床10907张，在职职工1.52万人，其中卫生技术人员11899人，占78.27％。全市每千人口拥有床位3.11张、卫生技人员3.39人、医生1.77人、护师（士） 1.35人。全市医疗卫生单位（不含部队）完成诊疗任务760.72万人次，其中，门诊642.70万人次、急诊78.95万人次、住院19.53万人次，治愈率64.24％，病死率1.55%，病床使用率65.74%，病床周转21.12次。

2003年将六县“120”分中心纳入市“120”医疗急救指挥中心统一管理。全年共接受呼叫13324次，派出车辆13136车次，接回病人10497人。

继续开展药品集中招标采购和药品集中采购，全国各地的93家药品生产、经营企业参加了投标，共有1385种药品中标，药品集中招标采购金额达2.1亿元，药品集中招标的品种数量和参与投标的单位为历年来最多。

社区卫生服务在全市（含六县四区）全面铺开，成立社区卫生服务中心23个、社区卫生服务站84个，利用企业和社会资金开办社区卫生服务机构的金额达500万元。六县成立了2个社区卫生服务试点。各社区卫生服务机构建立健康档案2.46万份，签订家庭保健合同2658份，出卫生宣传墙报346期，发放各种健康宣传资料达15.96万份，举办卫生健康知识讲座156场次，为居民进行健康体检6.82万人次，制定了23项社区卫生服务管理制度，投入培训经费达7.5万元。

国际合作项目进展顺利，完成了6万余字的柳州市卫七项目健康促进子项目1996-2003年评估报告；为做好卫十项目的启动及全面实施工作，对全市各有关医疗卫生单位防痨人员进行了培训，办学习班三期，培训人员171人；协助自治区卫生厅和澳洲广西项目官员，在柳州市成功举办中澳艾滋病亚洲区域合作项目暨县、市级减低毒品需求，预防艾滋病有效措施研讨会。

根据卫生部的布置开展第三次国家卫生服务调查，对我市20个社区的660户城市居民和132户农村居民进行入户询问调查，了解居民健康状况、卫生服务需要与需求量、卫生服务费用、居民对卫生服务的反应性等信息，为合理制定卫生发展政策和战略提供客观依据。

柳州市将2003年定为全市“医疗质量年”，制定了医疗质量控制管理方案和一级医院的质量监控指标、评分细则，对二级以上医院临床用药情况进行动态监测，完成对91家卫生所、编外门诊和126家个体医诊室的评审工作。全市的医疗水平进一步提高，市工人医院完成了广西第一例心脏移植手术；市人民医院成功地做了一例出生14天，体重3.5公斤的婴儿心脏手术；市妇幼保健院开展的试管婴儿孕娠成功率为42.3%；市中医院成功地开展了肾移植工作。

2003年全市各医疗机构共立项课题38项，获得科技经费42.5万元；鉴定课题20项，其中有3项达国内领先水平，12项达国内先进水平，5项达广西领先水平；获奖23项，其中获广西科技进步三等奖4项，获市科技进步奖19项。获市科技进步奖的医药卫生成果数占全市获奖成果数的50%。

（撰稿：杨清）

【卫生防疫】

2003年，柳州市制定了《进一步建立和完善柳州市公共卫生管理体系，提高公共卫生管理水平和防控公共卫生突发事件能力的实施方案》，成立了体现政府职能转变、职能分工明确、集疾病预防与控制和公共卫生技术管理和服务的柳州市疾病预防控制中心。

全年无甲类传染病发生。全年组织完成全市120943名学生体检及结果统计工作及8.5万名学生常见病防治；进行各类人员体检50168人；完成了31359份食品，水等各类样品的检测工作，对作业场所职业危害因素、居民居室内空气卫生检测，为社会提供优质的卫生检测服务。

预防医源性感染，开展对全市医疗机构消毒效果监测工作，采取样品576份，合格率为94.44％。检测一次性医疗用品委托样品74份合格率93.24％。抽检一次性卫生用品样品114份，合格率86.8％。对我市2家消毒服务机构进行技术指导，55份样品消毒合格率为100％。

项目管理与科研工作：完成《卫七项目评估报告》、卫九项目、安全百分百项目2003年柳州调查点的调查工作；10月全面启动世行贷款、英国赠款、日本无偿援助结核病控制（卫十）项目，对传染性和重症肺结核病人实行全程督导、免费检查与治疗，落实肺结核病人的归口管理。

2003年春夏之交，传染性非典型肺炎肆虐全球，柳州市疾控中心按市政府、市卫生局要求，迅速启动公共卫生突发事件“三网”，成立传染性非典型肺炎紧急处理领导小组。严格执行《柳州市传染性非典型肺炎预防性处理预案》等4

个非典防制工作预案，“非典”疫情实行每日“零”报告制。至6月22日，共调查及排查发热病人1212人，最后全部排除“非典”；并对发热病人密切接触者516人进行调查监控，实施医学隔离观察。对进柳的航班、火车、汽运乘客进行“非典”检测，发放预防中药口服液7506袋。

及时切断传播途径。向公共场所及大小单位提供消毒药品约127吨，消毒器械40000多件（套），个人防护用品25630件（套）。通过报纸、电台、电视台播发防病知识、通知约110余篇，设立“非典”防控热线咨询电话，接受“非典”预防与防制知识咨询、专家解答。接听电话5400多次，与《南国今报》联合开辟了“非典”防制热线咨询专栏。编印各种预防“非典”宣传单、册、画，25万份、《柳州市传染性非典型肺炎预防控制资料汇编》2期8000本，编辑出版“非典防控”简报11期。对全市交通、教育、公共场所、饮食、社区等重点部门、重点单位、重点人群开展“非典”防制知识培训、卫生技术指导和督查工作。确保了柳州市无一例传染性非典型病例或疑似病例，使柳州市非典防制工作取得阶段性胜利。疾控中心在“非典”防控中成绩卓著，被市委、市政府授予“非典”防控先进单位，1人被自治区、7人被柳州市人民政府授予 “非典”防控先进工作者光荣称号。

（黄　莉）

【计划生育】

［概况］ 2003年全市出生人口32007人，人口出生率为9.18‰，自然增长率为5.05‰，计划生育率为92.62%，人口出生统计合格率为94%，综合节育率为89.70%，圆满完成了自治区下达给柳州市的人口计划和计划生育各项任务、指标，全市人口增长稳定在低生育水平上。市委、市政府受到自治区的表彰，市计生委荣获自治区人口和计划生育目标管理一等奖；城中区、柳南区、柳江县、鹿寨县荣获自治区人口和计划生育目标管理“达标”先进单位。

［宣传教育］ 深化人口和计划生育宣传教育工作改革，全面落实“大宣传、大联合、出精品”的宣传工作发展战略，继续广泛深入开展“婚育新风进万家”活动，重点抓好国家《人口与计划生育法》、《广西人口与计划生育条例》等相关法律法规宣传教育；继续在柳州电视台、柳州电台、柳州日报设计生栏目；在市委党校设置“柳州市人口教育培训基地”，年内举办2期县处级领导干部和2期中青年干部人口理论培训班共181人，举办4期计生干部培训班共516人。在全市范围内开展宣传服务月和专项治理活动，印制宣传资料158万份，举办文艺演出675场，书写标语5.5万条，出墙板报9080期，出动宣传车3917台次，使计生法律法规宣传进村入户、入耳。

［科技服务］ 进一步加强计划生育技术服务基础设施建设，市、县、乡三级财政共投入291万元用于基层计划生育技术服务网络设施建设。年底，全市计划生育服务机构达一级所18个、二级所68个，6县915个村委有计划生育服务室717个，乡级计划生育技术人员472人，持有计划生育服务人员合格证156人。坚持以人为本，积极开展以技术服务为重点的“生殖健康”、“出生缺陷干预”、“生殖道感染干预”三大工程；中国/联合国人口基金第五周期生殖健康/计划生育项目6月在柳江县启动实施。2003年，全市共为39.2万个已婚育龄妇女进行康检，康检率达57.12%；为3.3万名已婚育龄妇女治病，治愈率达74.03%；为600多名不育不孕症患者诊治和转诊。继续深入开展“药具合格村”活动，年底达“药具合格村”标准的有760个行政村，合格率达81.5%。

（覃树光）

【体育事业】

2003年，柳州市认真贯彻落实《中共中央、国务院关于进一步加强和改进新时期体育工作的意见》，狠抓《全民健身计划纲要》和《奥运争光计划纲要》的落实。群众体育和竞技体育工作都取得了可喜成绩。

一、全民健身运动蔚然成风。 2003年，柳州市以“科学锻炼，有益健康”为主题，以开展全民健身活动为契机，加大亲民、便民、利民的体育设施建设。投入47.5万元，建成19个“全民健身路径工程”。自治区投资30万元，在胜利小区建成全民健身广场1个。年内先后举行冬泳、职工足球联赛、领导干部运动会，社区汽排球赛，家庭羽毛球赛，鱼峰区篮球赛、大型体育健身展示表演，千人漂游柳江活动，环城长跑比赛，全民健身体质测定等活动（比赛）1150场，参加活动群众达5万人次。

二、竞技体育取得可喜成绩。 2003年，柳州市加强对体育竞赛工作的管理。共派出34名裁判员参加自治区体育局举办的裁判员培训。年内先后举办足球、羽毛球、乒乓球、篮球等全市性比赛7次。参赛队伍164队，参赛运动员3000人，观看群众达3万人次。7月承办了“金嗓子喉片杯”第十四届全国部分城市老年篮球邀请赛，8月承办了广西第二届体育舞蹈锦标赛。9月参加全国第七届少数民族运动会抢花炮和“艾达配”项目比赛，抢花炮队获全国民运会金牌，

"艾达配"获表演项目一等奖。11月韦剑参加在中国澳门举行的第七届世界武术锦标赛，夺得男子剑术、男子对练两项世界冠军。8月体操学校参加全国艺术体操锦标赛，获得8枚金牌，5枚银牌，3枚铜牌。8月至10月派出20个代表队共389人参加全区第十届运动会19个项目的比赛，获得金牌45枚、银牌66枚、铜牌44.5枚；总分2976.32分。代表团被评为"体育道德风尚奖"代表团。年内柳州市体育局荣获"第十四届亚运会贡献奖"和"2003年中国体育彩票杯全区全民健身系列活动优胜奖"；9月柳州市体育局被国家体育总局授予"1998年—2002年全国残疾人体育先进单位称号"。

三、学校体育稳步发展。2003年狠抓学校体育工作，年初制定了《2003年柳州市学校体育工作计划》，年内共组织开展中小学田径、武术、篮球、足球、等12个项目的比赛，有5000名中小学生参加竞赛活动。全市有体育传统项目学校业余训练网点23个，业余体校8所，有1000名少年儿童参加业余训练。6月份组织全市中小学校推行《国家体育锻炼标准》和《学生体质健康标准》检查验收工作，2002-2003学年度全市（不含六县）中、小学生有10.9万人达到《国家体育锻炼标准》，占全市适龄推标人数的96.13%。

四、老年人体育丰富多彩。年内先后举办武术、健身球保健操、双球操、舞蹈培训班19次，培训体育骨干720人。组织开展全市大型宣传活动6次，参加表演群众达7000人次。举办单项体育比赛13次，参加比赛群众共计6041人次。7月派出41名运动员参加广西老年体协在柳州举行的健身球操比赛，获得中老年组优胜奖；8月派出27名运动员参加在桂林举办的激灵圈操比赛，获得冠军。9月派出13人参加全国中年人"泰迪杯"无极健身球保健操比赛获得冠军。城中区老年体协广场十站、柳城县委大院老年人健身辅导站、柳江县农贸站等32个辅导站获全区老年人基层先进辅导站称号；柳江县老年体协获中国老年体协授予全国先进集体称号。

（谭凤娥）

财政、税收

【国家税务】

［国家税务概况］2003年，柳州市国家税务局机构设置为14个机关科室、6个县局、7个征收分局、5个稽查局。职工总数1120人，管辖的工商业纳税人3.51万户，其中：国有企业1690户，集体企业2970户，私营企业2365户，个体工商业2.65万户，联营企业16户，股份合作企业202户，有限责任公司930户，股份有限公司242户，港澳台投资企业143户，外商投资企业93户，增值税一般纳税人3306户，小规模纳税人3.13万户。

年初，自治区国家税务局下达该局的税收任务是36.18亿元，7月和11月两次追加任务共1.32亿元，最终任务37.5亿元，比上年完成数33.19亿元增长12.98%。全年累计入库税款37.53亿元，完成区局任务的100.08%，同比增收4.34亿元，增长13.08%，其中，"两税"入库35.13亿元，同比增收4.25亿元，增长13.76%；四小税入库2.4亿元，先征后返3215万元，免抵调库4920万元。市本级入库税款31.24亿元，完成市政府任务的102.77%。

2003年税收入库情况一览表　　单位：万元

	合计		中央级		地方级	
	入库税收	±%	入库税收	±%	入库税收	±%
全局合计	375321	13.06	298665	14.82	76656	6.7
市区收入	330578	14.26	265758	16.21	64820	6.91
柳江县	18720	9.83	13737	9.15	4983	11.75
柳城县	7839	-5.95	5840	-5.94	1999	-5.97
鹿寨县	8430	10.47	6134	9.24	2296	13.88
融安县	4698	-2.16	3468	-0.68	1230	-6.1
融水县	3773	10.32	2783	11.23	990	7.84
三江县	1283	-2.43	945	-1.25	338	-5.58

［落实新税收政策］一是落实下岗人员再就业税收优惠政策。通过新闻媒介、市政府网站、宣传专栏、宣传册等形式，使税收优惠政策家喻户晓。全年深入企业、街道宣传2000多人次；举办讲座33场、听众3000多人；为再就业下岗人员免费办理税务登记证459户、免费金额3万多元；为1398户符合政策纳税人办理税收减免手续，得到了国务院督查组、自治区政府督查组和市领导的充分肯定，也得到了纳税人好评。二是做好出口退税机制改革各项准备工作。该局开辟专栏、举办讲座、转发文件，向纳税人公布、宣传出口

退税机制改革精神和政策，走访退税率下降幅度较大企业，了解企业应对措施及明年出口预测，及时测算退税机制改革后出口及退税变化情况，为应对改革提供政策参考依据。三是稳妥完成增值税起征点调整工作。该局制定工作方案、实施办法及应急预案，及时掌握情况、解决问题、化解矛盾，同时，该局主动汇报，取得市委、市政府、市人大、市政协对调整工作的理解和支持，并与市委、市政府督查办、市政府信访办、城区领导、个协、非公办、工商联代表座谈，通过辅导、分发“致纳税人一封信”等资料以及新闻媒介加强宣传，做好调查测算、公示、审理评定、退库工作。在全局管辖正常经营个体工商户38974户中，确定不达起征点13734户，退税 500多万元。

［税收征管］ 2003年，国税局分别就县局、征收分局、稽查局三个系列的税源状况、机构分布、人员配置、信息化建设等进行了全面调查，掌握第一手材料；拟定了征管改革方案，为新一轮征管改革夯实基础。全面推行“一窗式”，规范增值税管理，除涉外分局外，各征收单位均采取认证窗口单独设置、报税与纳税申报窗口合一的模式，整合了现有工作流程，提高了增值税管理水平，方便了纳税人。

［税收信息化］ 2003年柳江县局是全区国税系统CTAIS试点单位，CTAIS系统于11月份推到前台单轨运行，为CTAIS在全市的全面运行积累了经验。柳江县局荣获全国税务系统信息化建设先进单位。完成全局光缆网、金税二期网络改造工程，各县局、分局到市局及总局的广域网传速度达2兆，速度是改造前的32倍。

［税收服务］ 2003年国税局树立“税收管理与税收服务并重”理念，执法让国家放心，服务让人民满意。积极参加柳州市政府组织的“为纳税人办实事活动”，设置“下岗再就业税收优惠政策专用窗口”48个，改善办税环境，改进服务手段。简化办税程序，提高办事效率。对办理税务登记、年审、纳税申报等业务实行一站式服务；对税务登记证年审、变更、注销、增值税一般纳税人临时及正式认定实行限时服务；对一般纳税人纳税申报实行“一窗式”管理；建立绿色通道，纳税申报期实行领导值班制，现场办公。

［行业作风整顿］ 2003年以行风评议活动为突破口，从勤政廉政、服务质量、工作效率、依法行政等方面存在的问题进行了专项整治，增强了公仆意识和职业道德修养，工作作风明显改变。在全市行风评议小组向纳税人发出的2000份《柳州市民主评议行风社会测评表》中，该局的满意率和基本满意率达99%以上，行风评议成绩在全市被评单位中名列第一。

［用人创新机制］ 在初步构造激励、监督、管理和工作运行机制的基础上，深入贯彻《党政领导干部选拔任用条例》，大力推进干部人事制度改革，按照机构改革“三定”方案的要求，对部分副科空缺职位实行竞争上岗。进行了部分股所长职位择优选任工作，通过上述工作举措，拓宽了选人渠道，广开了进贤之路，营造了公开、平等、竞争、择优的用人环境，形成了正确的学习导向和用人导向。为了激发干部队伍工作积极性，有71位德、能、勤、俭、廉方面表现突出的同志获得非领导职位的晋升。

（纪晓梅　范凤）

【地方税务】

［概况］柳州市地方税务局下辖8个职能科室、3个局、6个分局、6个县局、2个中心、1个印刷厂，干部职工1141人，其中具有大学专科以上学历的916人，占总人数的80%。

2003年，柳州市地方税务局担负着全市的地方税收工作。征收的主要税种有：营业税、企业所得税、个人所得税、资源税、城市维护建设税、房产税、印花税、城镇土地使用税、土地增值税、车船使用税等。2003年底，纳入税务登记管理的纳税户共70349户，其中国有企业2816户，集体企业3664户，私营企业1635户，股份合作企业321户，股份有限公司245户，中外合资企业210户，个体工商户55376户。

［税收收入］2003年，按照“依法征税，应收尽收，坚决不收过头税，坚决制止和防止越权减免税”的组织税收收入原则，采取了完善税源监控办法、寻找新的税收增长点等各种行之有效的措施推进组织收入工作。2003年，共完成各项收入19.1055亿元，完成自治区地税局下达年度税收计划19.09亿元的100.8%，其中，企业所得税3.86亿元，完成年度税收计划4.15亿元的92.9%，比上年减收1867万元，下降4.6%；个人所得税2.44亿元，完成年度税收计划2.1亿元的116.2%，比上年增收6278万元，增长34.6%；其它各税12.80亿元，完成年度税收计划12..84亿元的99.8%，比上年增收16294万元，增长14.6%。取得了组织税收收入额创历史新高的成绩。

［税收征管］ 该局紧紧抓住“强化科学管理，优化税收环境”的主线，将税收征管与信息化建设紧密结合，与时俱进地推进税收征管工作。

全面推广新银税一体化，进一步优化纳税服务 自2002

年9月起，与市交通银行柳州分行联合进行了新银税一体化试点工作。通过2003年上半年不断地实践、总结、改进、再实践，从2003年7月1日起，与市交通银行柳州分行按照协议规定，联合在地税局直属征收局、城中分局、柳北分局、鱼峰分局、柳南分局、高新技术开发区分局等6个单位全面推行银税一体化合作，推行银税一体化的对象是各单位所管辖的2000余户个体“双定”纳税户。新银税一体化改变了原银税一体化与多个银行的合作方式，仅单独与交通银行柳州分行合作，强调了银税一体化工作的统一纳税申报流程，保证了银税合作工作的规范化，实现了纳税人“一卡在手，轻松缴税”，切实方便了纳税人办理申报纳税手续，进一步规范了税收征收和缴纳行为，实现了税务、银行、纳税人的“三赢”。

全方位简化办税程序，不断改进纳税服务工作，首先，施行了建立在银税一体化基础上的“双简”（简易申报及简并征期）办法。解决了2万余个“双定”业户要重复跑路、到税务机关办理纳税手续等问题，为他们大幅度减负，腾出了经营时间。其次，深化行政审批制度改革提高办事效率，方便纳税人。包括纳税人在办理变更税务登记手续时，不需要到征收分局签字、盖章，减少审批环节；对一年期到期的税务登记证内容没有发生变化的采取延期至一年的办法，减少纳税人办证的次数及办证大厅换证压力，方便纳税人；将办理个体工商户税务登记的权限下放到各城区分局办理，采取联网制，由直属管理局协调、组织，方便纳税人就近办证。

[税收优惠政策] 积极执行有关下岗和失业人员再就业及西部大开发等方面的税收优惠政策。从讲政治的高度来深刻理解执行再就业工程意义，对下岗再就业人员实行“贴心、温暖服务工程”。首先，在执行相关政策时采取“先松后紧，宽严有度，适当放权，过程监督，集中审批”办法。下岗人员自办的个人实体，减免税由基层的县局、分局直接受理，市局不再受理。凡下岗人员到企业上岗的，企业符合减免税条件的年税额在5万元以下的由基层的县局、分局先行办理，年税额超过5万元的年终市局统一审批。其次，建好台账，了解动向。为了掌握下岗人员再就业情况，要求各基层单位每月上报《下岗职工再就业流转税明细表》了解办理情况和动向，并作为年终执行税收政策考核依据。2003年，共减免营业税484户金额96万元，个人所得税1346户金额67万元，城市维护建设税和教育费附加1341户，金额18.3万元，累计减免税费金额181.1万元，总共办理减免税户数1700多户。此外，为减轻下岗失业人员负担以及促进下岗失业人员再就业，对从事个体经营的下岗失业人员，在办理税务登记证时免交税务登记工本费。2003年，共为下岗失业人员免费办理税务登记678户，免交金额达4.75万元。年内，还全面贯彻落实西部大开发等一系列税收优惠政策，维护纳税人的合法权益。全年共审核批复（或上报）申请减免税企业153户，减免金额20685万元，其中享受西部大开发政策86户企业，减免金额18587万元。申请税前扣除项目企业47户，其中财产损失28户，国产设备投资抵免8户，可抵免投资金额69817.8万元，企业申请提取2003年度总机构管理费11户，提取金额1500多万元。为繁荣地方经济做出了自己的贡献。

[税务稽查] 2003年，累计查补地方各项收入16452万元，比上年增收2147万元，增长15%。

重点案件的查处 一是以查处大案、要案为突破口，充分发挥一级稽查的“尖刀”作用，重拳打击涉税违法犯罪活动。该局稽查局、直属管理局与市公安局经侦支队密切配合，成立专案组开展了以查处大案、要案为重点的打击假发票的专项整治工作。成功破获了柳州天雄经贸公司等8家运输企业利用假发票和虚开发票偷逃国家税款的案件，追缴税款739.57万元、罚款339.49万元，共为国家挽回损失1079.06万元。二是注重拓展对重点行业检查的深度和广度，力求做到查深、查细、查透。该局稽查局稽查人员在对柳钢集团、汽车厂、卷烟厂、上汽通用五菱联发公司、供电公司、汽运公司等国有大型企业开展的重点检查中，查补个人所得税、房产税、土地使用税等各税共800多万。柳江县局1至11月份共检查企事业单位48户，查补税款101万元。

重大案件集体审理制度 2003年，共审理涉税金额在100万元以上的重大税务案件12宗，查补税款1090万元，罚款703万元，合计达1793万元。对涉税金额在100万元以上的一律列入重大税务案件审理范围。同时，执行案件移送前必须先经市局稽查局初审，然后由市局重大案件审理委员会审理，最后移送市局稽查部门制作处理决定书的程序。对案件性质严重、案情复杂、争议程度大、社会影响面广的重大税务要案，坚持召开重大税务案件审理工作会议集体审理。我局在重大税务案件的审理过程中严格把文字规范关、政策依据关、程序合法关、核算准确关、执行结果关，年内，没有发生一起因执法偏差引起的税务行政纠纷，有力地打击了涉税违法犯罪行为。

年内，该局在税案举报的管理工作和税收专项检查工作中共受理举报案件129件，已查结88件，依据举报线索查补税款250万元，共移送公安机关的涉税案件5起，兑现举报案件奖励1200元。税收专项检查方面，自4月份开始，在全市范围内有组织、有计划、有步骤、有重点地对建筑安装业、房地产业、大型餐饮娱乐业等行业进行了税收专项检查。截至 9月底，共查补各类税款1420万元，罚款390万元，有力地打击了涉税违法行为，净化了税收环境。

（黎规友）

金融、保险

【金 融】

［金融运行健康平稳］ 2003 年，柳州市金融部门认真贯彻稳健的货币政策，灵活运用各种货币政策工具，保持货币信贷的适度增长，切实加大对柳州市经济发展的支持力度，为国民经济持续健康发展创造了良好的金融环境。（一）各项金融总量持续快速增长，贷款投放高位增长。2003 年末，柳州市金融机构各项存款余额 433.69 亿元，增长 16.37%，同比多增 5.93 个百分点；各项贷款余额为 274.3 亿元，增长 23.79%，同比多增 13.34 个百分点。存贷款增量比为 86.42%，同比提高了 40.05 个百分点。（二）金融机构整体持续实现盈利。2003 年末柳州市商业性金融机构实现利润 1.97 亿元，同比多增 2.22 亿元。其中：四大国有独资商业银行实现利润 1.04 亿元，同比下降 0.82 亿元；中小金融机构实现利润 0.93 亿元，同比多增 0.33 亿元。（三）存量贷款进一步优化。一是不良贷款余额和比率双下降。年末柳州市金融机构均实现了不良贷款率下降 2 个百分点的目标。二是投向结构优化。投向品种得到优化。各商业银行强化了向个人消费贷款、票据贴现、农业贷款等风险相对小、盈利能力相对较强的信贷种类倾斜。各商业银行强化了优质客户的倾斜，信贷资金投向一些相对较安全的大中企业。

［各项存款保持快速增长］ 2003 年末，柳州市金融机构各项存款余额 433.69 亿元，增长 16.36%。（一）企业存款保持较大增幅。年末柳州市金融机构企业存款余额 146.62 亿元，增长 19.47%，同比多增 7.32 个百分点。活期企业存款占 70.1%，新增活期部分占企业存款增量的 42%，同比分别下降 5.48 个百分点和 54.84 个百分点。活期部分在存量和增量两方面均下降，意味着定期部分的增长，表明部分企业经营资金相对较充裕。企业存款增长主要因素：一是部分企业生产经营改善，可支配资金增多。二是各金融机构加大贷款投放力度，派生存款较多。三是柳州市城市建设项目较多，基建资金、项目工程款大量增加。（二）储蓄存款持续快速增长，储蓄向投资转化率有所下降。年末，柳州市金融机构储蓄存款余额 257.78 亿元，增长 17%。储蓄存款持续增长主要因素是：一是居民预期支出增加，预期收入下降，预防性储蓄增长。二是居民可支配收入增加，消费需求低迷，居民边际消费倾向下降，“惜购”情况突出，货币幻觉作用增强储蓄倾向。三是现有投融资体制下，民间投资渠道不通畅，居民即期收入剩余直接形成储蓄比例较大。

［信贷投放增势基本与地方经济发展相适应］ 2003 年末，柳州市金融机构各项贷款余额274.30亿元，增长23.78%，信贷增长有力的推动了当地经济的快速发展。（一）央行灵活运用货币政策工具，加大货币政策支持地方经济发展力度。一是积极运用再贷款工具，积极支持扶持对象的发展。2003 年累计发放再贷款 15.93 亿元，增强了扶持对象的综合实力。二是规范和引导票据业务持续快速发展。截止年末，柳州市票据贴现融资余额达 24.85 亿元，比年初增长 3.17 倍，票据融资的飞速增长对拓展企业融资渠道实现银企双赢起到了良好效果。（二）商业银行信贷投放力度持续加快，投放效能明显。从资金投向来看：一是消费贷款持续快速发展。2003 年末个人中长期消费贷款余额 33.61 亿元，增长 57.06%；个人短期消费贷款余额 0.44 亿元，增长 16.64%。二是基建和技改贷款增长较快。2003 年末柳州市基建贷款和技改贷款分别增长 46.04%、20.66%。三是商业银行信贷资金持续加大支持支柱产业的重点企业。从机构分布上看，贷款增量主要集中在国有商业银行。年末柳州市四大国有商业银行新增贷款 41.09 亿元，占全市金融机构新增贷款的 77.94%。从期限结构上看，中长期贷款增幅相对较高。年末短期贷款增长 9.44%，中期流动资金贷款减少 30.5%，中长期贷款增长 42.73%。从金融创新上看，商业银行不断创新贷款业务，推动地方经济加快发展。农行给个人颁发“信用”身份证，建行成立个人消费信贷中心，工行转变票据业务政策等。

［现金收支增长较快，现金保持净回笼］ 2003 年，柳州市金融机构累计收入现金 1111.54 亿元，累计支出现金 1107.69 亿元，收支相抵累计净回笼 3.86 亿元。储蓄存款净收入的增加是现金净回笼的主要因素。全年市金融机构储蓄存款收入 859 亿元，储蓄存款累计支出 856 亿元，收支相抵储蓄净回笼累计 3 亿元。同时，随着消费市场的稳定增长，

商品销售服务业回笼现金继续保持稳步增长，全年商品销售、服务业累计实现现金收入 139.10 亿元。

（林启刚）

【工商银行】

［概况］ 2003 年，中国工商银行柳州分行（下称工行）拥有网点 88 个，员工 1494 人。各项存款（含外币）余额 136.22 亿元，比年初增加 18.2 亿元；各项贷款余额为 85.43 亿元，比年初增加 8.78 亿元。不良贷款余额比上年末下降 3.77 个百分点。实现安全经营。工行顺利通过“中国工商银行文明建设先进单位”复查验收，铁路支行荣获“中国工商银行文明建设先进单位”荣誉称号，一大批先进的集体和个人荣获众多高级别荣誉称号。

［营销体系］ 2003 年工行不断创新营销体制，增强竞争能力。通过组建客户经理队伍，成立营销中心，认真推广个人理财中心核心竞争力开发与管理项目，不断完善对客户经理的业绩考核与分配激励，大大增强了工行对优质客户的竞争能力。顺利完成了会计、出纳、储蓄三大业务及各支行营业厅与毗邻分理处的全面整合，成功投产了全功能银行系统，使全行营业网点的业务功能和服务功能大为增强。ATM、CDM 等自助设备数量不断增多、布局不断优化、利用效率不断提高（ATM 日均交易笔数、日均交易金额在全区名列第一），网上银行、电话银行的大规模推广，不仅有效地分流了柜台业务，而且使客户随时随地享受到工行 24 小时不间断的金融服务。

［信贷管理］ 2003 年工行狠抓信贷业务的管理，“三驾马车”齐头并进。一是通过集中经营优秀公司客户、主攻优质项目信贷市场、大力发展个人住房贷款、积极拓展票据业务，准确地把握住了信贷增长点，新增贷款质量优良。二是通过实行以“两挂钩一结合”为主要内容的清收奖励政策以及行领导挂帅清收制度，对不良贷款大户实施“攻坚大会战”，用好用足“还款免息”和呆账核销政策，认真做好抵债资产处置和出租活化工作。三是以提高信贷资产质量为核心，完善信贷风险控制体系，强化风险控制手段；推进信贷审查审批和贷后管理流程的改革，理顺前后台关系，全面提升信贷管理水平。

［内部管理］ 2003 年，工行坚持依法按照规定经营，强调“安全就是效益”，注重发挥纪检监察、稽核监督、安全保卫和各业务管理部门的内控管理职能，深入扎实地开展“内控监管安全区创建活动”，顺利通过了自治区分行 2003 年内控综合评价，并一举脱掉了“重点监控”的帽子。认真落实廉政汇报、廉政谈话、廉政鉴定、廉政档案、任前公示、入党前公示等党风廉政建设专项制度，认真实施“扫雷工程”，深入开展“珍惜职业生命”和“视制度如生命”系列教育活动，进一步落实了党风廉政建设责任制，把案件防范提升到了一个新的水平。

［企业文化］ 工行坚持“两手抓、两手硬”，注重培育有自身特色的企业文化，为业务经营增添活力。从整章建制和规范管理入手，通过制定服务行为规范，开展服务礼仪培训，加大服务检查力度，规范统一网点形象，有效地扭转了服务滑坡的不利局面，使整体服务水平有了明显的改进和提高。

（石红 潘晓曦）

【农业银行】

［市场营销成效显著］ 一是存款保持稳步增长势头。年末，农行本外币各项存款余额 113.49 亿元，比年初增加 21.44 亿元，其中同业存款余额 2.98 亿元，比年初增加 8854 万元；存款增量市场份额 40.97%，比年初提高 6.69 个百分点，居同业首位，存款增量排名全国农行系统第 40 位。二是信贷有效投放力度强。年末各项贷款余额 67.6 亿元，比年初增加 15.45 亿元，其中法人客户贷款余额 52.4 亿元，比年初增加 9.31 亿元；低风险自然人贷款余额 15.2 亿元，比年初增加 5.4 亿元。三是中间业务快速增长。年末银行卡发卡量 89.37 万张，比年初增加 30.75 万张；代理业务总额 38 亿元；累计签发银行承兑汇票 16.4 亿元，比年初增加 7.34 亿元，办理贴现业务 11.55 亿元；完成年度计划的 128.24%；办理国际结算业务 6849 万美元，同比增加 3118 万美元，完成年度计划的 136.99%；全年实现中间业务收入 1346 万元，同比增加 374 万元，完成年度计划的 119.12%。

［经营利润创历史最好水平］ 2003 年实现利润 1.31 亿元，完成年度最高考核计划的 100.42%，创利水平居全国农行系统的第 34 位。农行 17 个支行（部）全面盈利，实现了年初确定的奋斗目标。一是在优化结构中降低了资金成本。在 2003 年新增的 21.44 亿元存款中，对公存款增加 9.29 亿元，占存款增长总量的 43.54%，存款付息率达 1.15%，比年初下降 0.08 个百分点。二是向资产质量要效益。2003 年末，按四级分类：不良贷款余额 11.35 亿元，比年初下降 5280 万元，占比 16.78%，比年初下降 6.08 个百分点，不良贷款余额比年末控制余额多压缩 3773 万元；清收“两呆”贷款本

息 1.1 亿元，完成年度计划 121.69%，累计盘活不良贷款 6219 万元，完成年度计划的 132%；累计保全不良贷款 1.89 亿元，完成年度计划的 141.59%。三是收息水平有新的提高。由于贷款营销力度大，新增贷款不仅速度快，而且结构不断得到优化，创造了极大的收入空间，同时采取有力措施狠抓表内外利息，促进了收息水平的提高。全年各项贷款利息收入 3.08 亿元，同比增加 3869 万元。四是压缩非生息资金占用有新成效。围绕经营效益目标抓好对资产的核算管理，及早下达资金营运计划和资金备付率计划，科学核定各行(部)库存现金限额和现金平均备付率最低限额，加强现金占用的日常监测，压缩非生息资金占用取得新成效。全年平均备付率为 2.89%，比年初下降 0.67 个百分点，非生息资金占用余额 5.56 亿元，比年初下降 1.39 个百分点。

［各项改革稳步推进］ 一是进一步完善了费用资源分配制度和效益分配的制度。进一步拉大了不同岗位以及行际之间的分配差距，费用和工资分配向一线业务倾斜。二是进一步深化机构和人事劳动用工制度改革。全年共撤并机构 21 个，分流人员 289 人；有 2 个城区分理处和 8 个储蓄所经批准升级为支行；三是深化信贷管理体制改革。创新信贷会审制度，提高信贷会审质量，成立城区风险经理组，发挥风险经理对客户经理的横向制约作用，调整经营行的信贷经营权，进一步提高经营层次，抓信贷审查制度创新，信贷事项审查以支行为单位分片包干，实行对包片支行的评级、授信、贷款及其它信贷事项等一揽子业务全面负责制，积极推进信贷电子化建设，狠抓系统数据质量，规范系统的运行管理。

［狠抓从严治行］ 一是开展“三创”活动，加大对基层行和营业网点执行制度的检查力度。二是突出监督检查。注重抓好案例分析推动整改。发挥好再监督作用，对审计结果落实、抵债资产处置、贷款性条件执行等方面情况进行监督检查，每季度对各级行政领导执行制度检查责任制情况进行监督检查，对机关和各行(部)业务主管部门履行自律监管责任制进行再监督检查，对存在问题限期抓整改。在全行开展“三个把握住自己”和“学制度、守法纪、创三无网点”的教育活动，三是抓好基层党建工作。开展《干部任用条例》执行情况的检查，开展党建工作综合检查调研活动，开展“树组工干部形象”的集中学习活动。四是注重宣传工作。2003 年，全行在中央级报刊、电台发表稿件 35 篇，在省(区)级报刊、电台发表稿件 87 篇，在地市级报刊、电台发表稿件 238 篇。

（曾贤伟）

【建设银行】

［概况］ 2003 年，中国建设银行柳州分行下辖 1 个营业部、6 个城区支行和 3 个县支行，有网点 58 个，员工 1398 人。2003 年实现利润 1.57 亿元，完成上级行下达全年计划的 109.76%，全行人均创利 10.34 万元。全行存款、贷款、利润总量在全区建行排名第一，资产质量、创造利润、人均存款、网均存款、人均创利等指标在柳州金融系统中都名列前茅。2003 年，荣获建总行 “降低不良资产攻坚战”先进集体称号，先后获得柳州市和自治区“文明单位”称号。

［负债业务］ 2003 年，建设银行柳州分行努力促进负债业务持续发展，确保储蓄存款持续稳定增，在个人负债业务上实现批量化经营。2003 年末，本外币储蓄存款余额 51.42 亿元，完成自治区分行下达全年任务的 243%。

［贷款营销工作］ 2003 年，柳州分行加大优质贷款营销力度。全年累计发放贷款 68.32 亿元。年末贷款余额比年初新增 16.2 亿元。全年累计授信额度近 46 亿元。

［压逾盘活工作］ 2003 年，柳州分行大力提高资产质量，努力降低不良贷款比例。2003 年把保全工作重点定位在诉讼执行和办理呆账贷款核销上。一是加大集约化经营力度。二是抓重点、抓大户，进行重点突破。三是灵活运用减免息政策，盘活不良资产。四是精心组织核销工作，大力消化历史包袱。通过努力，该行实现了不良贷款和不良贷款率双下降，年末不良贷款率为 3.28%。

［大力发展中间业务］ 2003 年，柳州分行进一步拓展中间业务市场，全年中间业务收入 885.4 万元，比上年同期增长了 202.5 万元。

［努力拓展各项业务］ 2003 年，柳州分行通过实施“八大战略”，大力拓展各项业务，提高市场份额。一是推行业务品牌战略。大力培植个贷中心、票据中心、电子银行中心、银行卡中心四大产品品牌。个贷中心直接经营个贷业务，到年末，个贷余额达到 7.90 亿元，位居全区建行前列，个贷不良率仅为 0.08%，居全国建行系统前列。票据中心适时出台了票据业务的操作办法和实施细则，全年完成贴现业务量 24.37 亿元，完成承兑量 1.94 亿元，在柳州金融系统及全区建行市场占比排名第一。电子银行中心和银行卡中心成立后，网银业务和银行卡业务得到空前发展。二是推行全方位金融服务战略，增强客户对建行的认知度和依存度。三是实施基本结算户战略，使客户结构得到较大改善。四是实施集中经营战略，进行会计、储蓄后督集中、信贷集中、保全集

中、票据经营集中等。五是实施差别化服务战略，在柳州金融系统率先推出了免填储蓄凭条、定期存款和国债通存通兑等服务新品牌。六是实施标高战略。七是实施准入和退出机制，对“芝麻户”、夕阳行业和劣质客户则实行退出机制。八是实施舒心工程，提倡在实现企业价值最大化的同时，充分体现员工的个人价值。

（姚宏峰）

【中国人寿保险】

［机构设置概况］　2003年，中国人寿保险股份有限公司柳州分公司机关设有总经理室、办公室、综合管理部、计划财务部、信息技术部、教育培训部、团体业务部、代理业务部、个人业务部共九个部、室。在柳州市区范围内设有柳南、柳北、柳江、柳城、融水、融安、鹿寨七个支公司和三江营销服务部。原设立在来宾市行政区域内的来宾、武宣、忻城、合山、象州、金秀等六个支公司由中国人寿保险股份有限公司柳州分公司直接管辖。

［经营状况］　2003年，中国人寿共实现保费收入50225万元，较上年同期相比增长了10.95%。其中长期险保费收入46465万元；短期险保费收入3509万元，同比增长12.51%。短期险赔付率为46.6%，同比下降2.79%，全年实现利润610万元。三大块业务发展保持了应有的速度并呈现以下特点：一是继续保持主导地位，在业务总量中的占比达72.75%。二是团体业务稳定发展，团体业务同比增长79.55%。三是兼业代理业务化专业化经营架构初步形成。年内已开发建设有银邮代理网点241个，客户经理人队伍51人，业绩稳步提升。

［经营管理］　一是根据省级集中管理的要求，及时调整有关岗位职责，做好新合同、保全、理赔、咨询投诉等各项基础性工作；二是认真贯彻落实新颁布的《保险法》，严格依法合规经营。三是开展增收节支活动，严格实行基建装修招标和大宗物品招标采购等制度。四是开展单证管理、内部管理、三防一保、执法情况等专项检查，做好纠错、整改工作。五是开展廉政建设，分别与所辖的基层公司签订“廉政建设承诺书”。

［队伍建设］　一是深化三项制度改革，坚决执行能者上、庸者下用人原则。二是全面实施人才高地战略，公开向社会招聘人才队伍。三是加强党的组织建设。四是加强教育培训，提高全员业务素质。

［精神文明建设］　一是深入开展劳动竞赛。二是推行以“成己为人，成人达己”为核心理念的企业文化。积极开展职业精神年活动和“争先创优”活动。三是实行服务承诺。开展“呵护人生，关爱生命”客户服务月活动，举办大型健康讲座。柳州国寿分公司客户服务部被中国人寿总公司授予“中国人寿女职工双文明示范岗”荣誉称号。

（廖贻祥）

【中国人民财产保险】

［概况］2003年，中国人保股份有限公司柳州市分公司业务持续稳健发展，承担柳州市（包括6个县）客户经营风险责任金额达405亿，实现保费收入21494万元，完成年计划任务109.5%，同比增长19.2%。

［全面推进机动车辆保险改革］经中国保监会批准，2003年1月1日中国人保全面推进和实施机动车辆保险改革，承保各种机动车174041辆，同比增长47.3%。

［重返人身险市场］2002年10月28日，第九届全国人大常务委员会第三十次会议通过《中华人民共和国保险法》修正案，“经营财产保险业务的保险公司经保险监督管理部门核定，可以经营短期健康保险业务和意外伤害保险业务”的规定，中国人保柳州分公司以意外险为突破口，集中业务骨干进行产品开发，分三批先后推出大众化、多样化（对特定人群和交通类保险产品）高端产品　（差异化、个性化和人性化保险服务的产品）。并经中国保监会核定，在柳州成为第一家获准经营意外伤害保险的财产保险公司。当年收入人身意外伤害险保费854.3万元，完成年计划任务101.0%。

［企业改制］　2003年1月9日中国人保股份制改造方案获国务院批准。6月23日，经国务院同意，中国保监会批准，中国人民保险公司独家发起设立中国人保控股公司、中国人民财产保险股份有限公司和中国人保资产管理有限公司。7月19日中国人保顺利完成，中国人保控股公司、中国人民财产保险股份有限公司和中国人保资产管理有限公司在北京举行揭牌庆典。同日，中国人民财产保险股份有限公司柳州市分公司在柳州举行了重组改制和揭牌庆典新闻发布会。11月6日“中国保险第一股”——中国人民财产保险股份有限公司在香港证券交易所成功上市，首日盘报2.425港元，报收于全日高位2.70港元，较发行价上涨50%，全天成交16.39亿股，成交额达42.26亿港元，几乎占去当日股票成交量的五份之一。截止12月31日“人保财险”股票的收盘价3.475港元，比发行价1.8港元上涨93%。

（邬天梅）

【太平洋财产保险】

［概况］ 2003年，中国太平洋财产保险股份有限公司柳州中心支公司设有管理部门6个，5个代理业务部，下辖7个支公司。公司坚持“以效益为中心，以市场为导向，以客户为基础”的经营指导思想，积极推进业务结构调整和“双核”体系建设，克服了“非典”疫情和诸多市场竞争因素，保持业务健康快速发展，较好地完成全年各项经营目标任务。2003年，公司完成保费收入5938.76万元，承保金额203.2亿元，保费同比增长6.3%，累计赔款金额2644.25万元，综合赔付率为44.53 %，已决赔款7675起。

太保产险柳州中心支公司开办业务险种有企业财产保险及附加险、机动车辆保险及附加险、国内货物运输保险、建筑安装工程保险、家庭财产保险、短期意外伤害保险，个险种所占保费收入的比重如下：企业财产险：25.63%，机动车辆险:50.88%，建筑安装工程险:4.51%，货物运输险:10.54%，其它险种:8.44%。

为规范公司的管理体系，使管理部门的职能和管理人员的分工更趋合理化，公司对部分部门进行调整，并成立理赔、定损中心。目前，公司拥有员工177人，中层管理人员32人，员工平均年龄33岁。其中，具有大专以上文凭83人，占员工总人数的47%，拥有高级、中级、初级技术职称的员工分别为2人、12人、55人。

［业务结构］ 2003年，是公司业务发展、优化的关键一年。公司把业务发展列为全年经营工作的重中之重，运用行政手段和经济杠杆双管齐下，对不同地区、机构、险种进行差异化管理，努力提高承保质量。年初，公司根据业务发展需要，加大对优质业务的拓展力度，做好重点企业、重大项目的跟踪服务和攻关工作，为公司的业务发展打下了良好基础。

［加快“两核”集中体系建设 提高风险管控能力］ 为优化公司内部业务处理流程、提高风险防范能力，2003年7月，太保系统在全司范围内实施核保核赔“两核”集中管理。柳州公司在8月份成立了“两核”中心，并且严格按照总公司集中核保核赔管理的标准化流程要求，调整组织结构、加强人员调配和培训，做好业务排查和承保理赔资料的收集和应收保费的催收工作，将核保关口前移至展业攻关阶段。目前，公司“两核”体系全部集中到位，运行平稳。

［企业文化］ 太保产险柳州中心支公司在发展业务的同时，坚持参加各种社会公益活动。为响应市政府号召帮助贫困地区，全司员工个人捐款6700元支援对口扶贫乡村建设；“八·一”建军节到来时，组织干部员工到共建单位——广西武警二支队开展拥军慰问活动。

3月份，组织参加柳州保险行业协会开展的《保险法》知识宣传活动，在人民广场设置宣传展板，向广大市民宣传《保险法》的相关知识；7月份，组织文艺节目参加柳州保险行业协会举办的“保险行业2003年盛夏之夜联欢晚会”；10月份，组织营销员参加“柳州保险行业20003年经验传真促进会”，有2名营销员作为典型在会上作经验介绍。

（王丽璇）

【太平洋人寿保险】

［概况］ 2003年，公司员工立足全局、锐意进取、艰苦奋斗、迎难而上，一手抓抗击非典，一手抓业务发展，始终牢牢把握住发展的主题，坚持以效益为中心，按照“集团化管理、专业化经营、市场化运作”的经营管理新模式，稳健经营，业务取得快速发展。2003年共实现保费收入8756.75万元，同比增长23.11%。给付、退保总支出1996.89万元，为柳州市人民提供了208.6亿元的人身风险保障。

［专业化经营］ 2003年，公司按照专业化经营的管理体制，逐渐形成了营销、直销、银邮三大渠道的销售模式，并分别由个人业务部、团体业务部、银行保险部实行业务渠道归口管理，形成专业化的销售架构，建立专业化的渠道队伍。在专业化经营的经营模式下，各渠道均取得了较大发展。其中：个人营销业务保费收入3504.08万元，完成年计划的100.12%；直销业务保费收入2945.13万元，完成年计划92.04%。银邮业务保费收入2307.54万元，完成年计划100.33%。

［队伍素质建设］ 进一步深化人事、分配制度改革，制定了《2003年员工考核办法》、《2003年分配办法》，充分调动了员工的工作积极性。在人事改革上，优化干部队伍结构，提拔任用一批年轻有为的员工，充实到中层干部管理队伍中来，加强了领导力量。全司干部队伍平均年龄35岁。其中党员13人，占干部队伍的76.5%。在以内部培养为主的同时，积极引进发达地区具有高水平的营销管理人才，并采取面向社会招聘和在营销员中选拔相结合的方法，组建公司讲师团，合理地进行资源的重新组合，为营销业务的发展提供了组织保障。通过建立一个“能上能下、能进能出”的灵活用人机制，为优秀人才的脱颖而出创造了良好的环境，员工的整体素质也有了一定的提高。

（唐国强）

科学技术、开发区

【科学技术】

［大力实施以产品创新为核心的自治区第二轮创新计划］ 以工业为重点，优先支持企业技术创新项目、制造业信息化项目和高新技术产业化，用高新技术、先进适用技术改造和提升传统产业及产品，支持科技创新能力建设，组织开发、引进和推广应用关键技术和共性技术，保护企业核心技术。

在已下达的 2003 年科技计划中，支持创新计划项目 88 项，支持经费 1526.50 万元，其中："科技金源"项目 76 项，支持经费 1362.50 万元；"科技金桥"项目 8 项，支持经费 118 万元；"科技金穗"项目 4 项，支持经费 46 万元，有效地保证了创新计划的实施。

［坚持走新型工业化道路，以信息化带动工业化］ 市政府加强了对全市信息化建设和信息产业发展的规划、协调、监督、服务，特别是把信息化带动工业化作为工作的重点和突破口，以此带动经济和社会的全面信息化。

引导企业用信息化改造和提升传统产业，充分发挥企业的积极性和柳州市制造业信息化促进中心、生产力促进中心和数控机床研究所的作用，通过以 CAD 为代表的单元技术应用，以 ERP 为代表的集成技术的应用和以数控技术为代表的高新技术应用为重点，广泛地开展制造业信息化技术的推广应用。2003 年，启动制造业信息化示范企业 14 家，启动广西制造业信息化工程试点示范企业 13 家。

大力吸引资金投入柳州市的信息化建设，引导企业逐步加大以信息化带动工业化的投入。根据"政府扶持，企业为主"的原则，通过政府和企业的多元投入和市场的参与，为制造业信息化工程实施提供了资金保障。2003 年，全市安排制造业信息化项目 27 项，项目总投资 15290 万元，财政科技投入 622 万元，获自治区科技厅经费支持 100 多万元。

［实施专利战略，加大知识产权开发和保护的力度］ 根据"人才、专利和技术标准"三大战略精神，贯彻落实《柳州市专利资助及奖励暂行办法》，进一步增强广大市民的专利意识，提高全市的专利申请量和专利权拥有量，扶持一批有自主知识产权和市场前景的高新技术产品。全年全市专利申请 265 项、授权 175 项，资助专利申请 88 项，资助金额 7.67 万元。

［以增加农民收入为核心，提高农业科技含量］ 以科技项目为切入点，引进推广先进适用的农业新技术、新品种，提高农业科技含量，促进农村经济的迅速发展。以农业产业化项目、农产品加工项目为重点，提升传统农业的科技含量。通过种养大王、种养能手和青年星火带头人、青年科技示范户的示范带动作用，引导农民运用先进适用的科学技术，发展农业生产，增加收入。

［完善技术创新服务体系，强化科技中介机构的服务功能］ 大力开展产学研结合工作。依托国内大学、科研院所雄厚人才和技术资源，利用其科研优势和科研成果，搭建科技成果转化平台，为柳州市企业与高校院所之间建立了稳固的桥梁，不断地引进优秀的科技成果，促使科技成果在企业转化为生产力。对于本市科技项目研发完成后，经过组织专家评审鉴定、登记公报，认定为科技成果予以交流转化，通过科技进步奖的奖励，推动科技成果推广应用。2003 年组织和主持科技成果鉴定 38 项；科技成果登记、公报 58 项;科技成果推广应用项目列入市科技三项计划 4 项，支持经费 80.5 万元。

积极争取国家中小企业创新基金。继续向企业做好对国家科技部科技型中小企业技术创新基金的宣传工作，组织和帮助企业积极申报科技型中小企业技术创新基金、项目。共有广西花红药业有限有限责任公司等七家企业申报了科技型中小企业技术创业基金项目。

［积极组织、参与科技合作、经贸洽谈活动］ 在市委、市政府的重视和支持下，柳州市连续 10 多年组织举办了技术引进洽谈会，与国内约 40 余所大学、科研院所建立了稳定联系，定期为柳州市发布科技成果信息，派专家来柳州对企业进行技术指导。柳州市科技局深入全市 156 家企业进行调查摸底，收集技术需求 121 项；编印项目需求集发至高校院所，并组织人员带头技术需求，前往 35 所高校科研院所进行直接对接和洽谈合作。采用"走出去、引进来"的形式，充分利用广西区政府、市政府组团参加的科技活动周、北京科博会、深圳高交会等活动，动员并组织企业参展参会，促成企业项目配对、签约。据初步统计，全市 140 多家企业在各项活动中与高校院所开展了项目对接和洽谈，80 余家企业与高校院所达成项目合作意向。10 月份的深圳高交会上，有 12 家企业 12 个项目进行了配对，5 个项目合同签约，合同金额达 1390 万元；9 个项目达成合作协议，协议金额约 30380 万元。

［科普工作成效显著］ 开展科普培训和科普宣传活动，提高农民的科技文化素质。在全市范围内建立农村科普

培训基地，引进新品种、新技术，开展科技培训，为农民增收和农业增效服务，取得了较好的经济效益和社会效益。建立县区科普联席会议制度，充分发挥柳州市科普联席会议制度成员单位的作用，广泛开展科技服务、科技下乡活动。全年共组织有关人员 2428 人次科技下乡，共送图书下乡 1.2 万册，送科技资料 52.8 万份，办科技培训班 834 期，培训农民 50818 人。

【科技情况】

2003 年，柳州市科学研究与技术开发计划项目 5 批 118 项，总投资 50442.10 万元，补助科技项目经费 1877 万元。其中：工业及信息化项目 56 项，补助科技经费 1174 万元；农业及科普计划项目 18 项，补助科技经费 285 万元；社会发展计划项目 23 项，补助科技经费 120 万元；成果推广及科技合作计划项目 5 项，补助科技经费 76 万元；软科学计划项目 5 项，补助科技经费 51 万元；科技创新能力建设项目 7 项，补助科技经费 108 万元；其它项目 4 项，补助科技经费 63 万元。

2003 年，柳州市列入国家科技计划项目 10 项，获得经费 660 万元、列入自治区级科技计划项目 38 项，获得经费 496 万元，比 2002 年度增长 64%；

［科技投入］2003 年市科技三项费支出总额为 1980 万元，其中：项目经费 1877 万元，比上年预算增长 20%，占当年市本级一般预算支出的 1.32%，增长幅度较往年有较大提高。

［科研机构］ 2003 年，全市独立科研机构 11 个、县属科研机构 3 个、企业技术开发机构 146 个。

【科技成果】

［科技成果］ 完成科技成果鉴定 40 项，成果登记、公报 58 项；柳州市获广西科技进步奖 13 项，其中：一等奖 1 项；二等奖 3 项；三等奖 9 项。2003 年度柳州市科技进步奖评出获奖成果 38 项，其中：一等奖 3 项；二等奖 13 项；三等奖 22 项。

［专利申请和技术应用］ 专利申请 265 项、授权 175 项。资助专利申请 88 项，资助金额 7.67 万元。

（柳州市科技局）

【高新技术产业开发区】

［概况］2003 年，柳州高新区紧紧围绕“工业立柳、强市富民”这一目标开展工作，在市委、市政府的正确领导下，完成技工贸总收入 62.71 亿元，工业总产值 63.17 亿元，工业增加值 13.81 亿元，实现利税 6.24 亿元，出口创汇 6471 万美元，分别较上年增长 25%、42%、33%、846%和 24%。其中高新区中心区（法定统计渠道统计数据）完成技工贸总收入 26.83 亿元，工业总产值 15.96 亿元，工业增加值 5.66 亿元，实现利税 1.83 亿元。完成财政总收入 13791 万元，其中本级财政收入为 7896 万元（含体制返还部分）。新增孵化高新技术项目 15 项，孵化毕业企业 4 家。

［招商引资］积极开展以会招商，组团参加北京科博会、深圳高交会、上海招商会和广西经贸洽谈会等，广交朋友，收集招商项目。年内，高新区新增企业 118 家，完成进区项目 50 个，实际引资总额为 5.64 亿元。其中外资企业 7 家，分别是：柳州海威机电科技公司、柳州福来德满机电公司、柳州城市管网管理公司、柳州力劲机械科技公司、柳州素莉雅制衣公司、柳州台泥新型建材公司和柳州远翅塑料公司，合同投资总额 2645.7 万美元，实际到位外资 629 万美元，内资企业 111 家，到位内资 2.67 亿元。

［国家级新材料基地］通过富有成效的准备和争取，2003 年 8 月，国家科技部高新司批复同意成立柳州市国家新材料基地。柳州市国家新材料基地的建立为我市新材料产业在产业政策和配套资金等方面争取国家支持创造了有利的条件和平台，年内华锡集团无汞锌粉技术开发、大尺寸高密度 ITO 靶材制备新工艺两个项目为此得到国家 210 万元的支助。

［高新企业认定和科技项目申报］高新区共认定高新技术企业 4 家，它们分别是：柳州威克科技有限公司、广西纹理防伪有限公司、柳州市桂通电信工程有限公司和柳州朗德软件有限公司；认定高新技术产品 17 项，并为 MUX64/128E 话音复用设备等 11 个项目争取各类科技经费共计 540 万元。

［财政税收］一是规范和加强年度财政预算，对行政收费及房租收入，一律实行收支两条线管理，所有收入缴入国库，支出列入当年预算。二是制定和完善高新区银行帐户及印章管理规定、会计集中核算管理规定等财务制度，成立高新区会计集中核算中心。三是召开高新区财税工作座谈会，加强对园区企业经营及纳税情况的调查。四是加强税收征管，全年共完成财政总收入 13791 万元，按可比口径（今年上划五户税收大户到市里，减收 2500 万元）完成年预算的 119%，较上年增收 2061 万元。

［“人才小高地”建设］高新区继续加强与全国一流名校的合作，年内分别与浙江大学研究生院和华南理工大学研究生院共建浙江大学博士研究生社会实践基地和华南理工

大学博士研究生校外培养基地。此外高新区还加强与武汉大学、华中科技大学、东南大学等高校的联系，年内共有 52 名博士研究生进区服务。并组织辖区 20 多家企业参加区内大中专毕业生“双选会”，共引进各类人才 497 人。

（余乐军）

城市人民生活

【城市人民生活】

［城市居民家庭构成状况］ 据柳州市城市社会经济调查队对全市 200 户家庭抽样调查，2003 年居民家庭平均人口数为 610 人，平均每户 3.05 人，比上年下降 2.24%，其中：有收入者 2.12 人，比降 2.30%，无收入者 0.93 人，比降 2.11%。在 200 户有收入者中，就业人数为 284 人，平均每户 1.42 人，比降 2.74%，全年平均每一就业者所负担的人口数（负担系数）1.71 人，比增 0.59%，就业面为 58.44%，比降 0.43 个百分点。就业人数中有 174 人是国有经济单位职工，18 人是城镇集体经济单位职工，个体经营者 32 人，个体被雇者 22 人，其它各种经济类型单位职工 4 人，离退休再就业者 14 人，其他就业者 20 人。离退休 124 人。其他有收入者 16 人。

［城市居民收入增长势头不减］ 2003 年柳州市 200 户居民家庭，年人均家庭总收入 9138.48 元，比上年增长 6.27%，扣除物价因素后实际增长 5.63%，其中：年人均可支配收入（新算法）8370.72 元，增长 5.59%，扣除物价因素后实增 4.96%，增幅比上年高 0.54 个百分点；按（旧算法）可支配收入 8992.44 元，增长 4.37%，扣除物价因素后实增 3.75%。年人均工薪收入 6193.32 元，增长 5.91%，扣除物价因素实增 5.28%，其中：人均工资及补贴收入 6006.84 元，增长 3.55%；人均工薪收入占家庭总收入的比重为 67.77%，占可支配收入的比重为 73.99%，其中：工资及补贴收入占家庭总收入的比重占 65.73%，比降 1.73 个百分点，占可支配收入的比重 71.76%，比降 1.42 个百分点。本年度，反映居民收入分配差异程度的基尼系数为 0.384，比上年减少 0.002。柳州市居民家庭工资及补贴收入仍是居民家庭收入的主体。由上年保留下来的 166 户可比调查户中，有 64 户由于种种原因造成减收，比重占 38.55%，比上年减少 5.33 个百分点。

2003 年，柳州市居民人均可支配收入与全国城镇居民平均水平 8472.20 元相比，低 1.20 个百分点；与广西区城镇居民人均可支配收入 7785 元相比，高出 7.52 个百分点；与广西区城市(八市)居民人均可支配收入 7965.96 元相比，高 5.08 个百分点。柳州市人均可支配收入在自治区 14 个调查市县中，居第二位，在自治区五辖市中，亦居第二位，与上年一样。比居全区第一位，可支配收入水平最高的南宁市，柳州市低 8.64 个百分点；比桂林市高 1.51 个百分点；比北海市高 4.54 个百分点；比居第五位的梧州市高出 18.53 个分点。

［城市居民消费水平略有增长］ 2003 年，柳州市居民年人均家庭总支出 7571.88 元，比降 7.60%，扣除物价因素后实降 8.15%；其中：消费支出人均 6032.52 元，比增 0.68%，扣除物价因素实增 0.08%。在构成居民主要消费的 8 大类项目中，有 5 大类消费支出呈上升，有 3 大类呈下降趋势。柳州市居民消费水平与全国、全区平均水平相比，低于全国城镇的平均水平，高于全区城镇的平均水平，其中，比全国人均消费支出的 6510.97 元，低 7.33 个百分点；比广西区城镇的人均消费支出 5763.48 元，高 4.67 个百分点；比全区城市（八市）的人均消费支出 5848.70 元，高 3.14 个百分点。柳州市人均消费支出在自治区五辖市中，居第四位，比上年降低一位，比全区消费水平最高的南宁市，低 16.41 个百分点；比桂林市低 4.64 个百分点；比居第三位的梧州市低 1.69 个百分点；比居第五位的北海市高 2.86 个百分点。

［城市居民食品消费增大］ 2003 年，柳州市居民人均食品消费支出 2459.88 元，增长 5.70 %，是居民生活中的第一大类消费，全年食品消费占消费总支出的比重（恩格尔系数)40.78%，比上年上升 1.94 个百分点；比全国城镇居民家庭的恩格尔系数 37.12%，高 3.66 个百分点；比广西区城镇居民家庭的恩格尔系数 40.01%，高 0.77 个百分点。从主要食品的消费与上年相比，在 9 类型商品中，有 1 类呈下降，7 类呈上升，1 类消费量上升而消费额下降的趋势。肉禽蛋水产品类和蔬菜类仍是居民家庭餐桌上两大主菜类，其消费就占食品消费的 49.42%，比增 0.42 个白分点。

［城市居民衣着消费以成衣为主］ 2003 年，柳州市居民人均衣着支出 455.16 元，增长 1.85%，占消费总支出的比重 7.54%，比上年增加 0.08 个百分点。年内人均购买各种服装支出 313.68 元，比降 3.36 %，其占衣着类总支出的 68.92%，比降 3.72 个百分点，其中：购买男士服装增长 1.81%，女士服装下降 4.68%，童装下降 18.22%，各占购买服装总支出的比重分别为：38.75%、54.55%和 6.70%，在衣着消费中，购买成衣的消费仍占近 7 成，成套服装消费仍是居民衣着支出的主流。

［城市居民用品消费激减］ 2003 年，柳州市居民家庭设备用品及服务人均支出 367.82 元，下降 27.67%，消费降

幅近3成，是构成消费总支出八大类消费项目中,降幅居第一位，其占消费总支出的比重由上年 8.49%降到 6.10%,减少2.39 个百分点,比重由上年占八大类消费项目增幅的第五位降至降幅的第六位。在构成家庭设备用品及服务支出的6项指标中,有3项消费上升,有3项下降。具体项目消费：家庭耐用消费品支出196.68元,比降43.72%;室内装饰品支出7.44元,比降61.96%；床上用品支出50.76元，比增52.16%；家庭日用杂品支出93.72元，比增7.72%；家具材料支出0.14元,下降93.14%；家庭服务支出19.08元，比增11.19%。家庭耐用消费品的支出占设备用品及服务消费的比重由上年68.71%降到 53.47%,减少15.24个百分点。

［城市居民居住条件进一步完善］ 2003年,柳州市200户居民家庭现住房总建筑面积1.41万平方米，人均23.18平方米，比增3.53%；现住房总使用面积1.10万平方米，人均17.99平方米，比上年增加0.75平方米,增长 4.35%,；对现住房进行过装修的有145户，占总体调查户的72.5%；未装修过的有55户，占27.5%。有188户居民家庭以饮用自来水为主，比增0.53%；饮用矿泉水的有2户,比增1倍；饮用纯净水的有10户,比降16.67%。居住条件体现在：自来水使用户占总体调查户的96.5%,比上年的比重下降1个百分点；有厕所浴室卫生设备的家庭占总体调查户的93.0％，比增1.0个百分点.；气化燃料的使用率为96.5 ％，比增1.5个百分点;拥有冷暖功能的空调机,占总体调查户的22.0%，比增1个百分点;拥有家庭电话的占总体调查户的96.5 ％，比增3个百分点。200户家庭拥有移动电话139部,比增15.83%。柳州市居民人均居住支出634.68元，比降1.07%，在本年度八大类消费项目中，降幅较大，由上年的第三大类消费降到第四大类消费，与上年相比，其占消费支出的比重为10.52%，减少0.19个百分点。

［城市居民医保消费激增］ 2003 年,柳州市居民用于医疗保健的消费人均支出361.18元，比增64.83%，其占消费总支出的比重由上年3.65%升到5.99%，在八大类消费项目中所占消费总支出的份额上升到第七位。从构成医疗保健支出 的6项指标中，有4项消费指标上升，1项指标下降，1 项没有消费，其中：医药费人均支出达 241.46 元,比增82.43%；医疗器具本年无消费；保健用品下降13.10%；补药费增长 54.08%； 医疗保健服务增长 36.73%； 其他医疗保健消费增长3.04倍。

［城市居民交通和通讯消费加大］ 2003 年,柳州市居民交通和通讯消费人均支出646.44元,增长5.17%,涨幅由上年居八大类消费项目的第二位降至第四位,其占消费总支出的比重由上年的10.26%升到10.71%，增加0.45个百分点。从分项来看，交通消费人均支出 355.20 元,比降 2.86%；通讯消费人均支出291.24元，比增16.96%。引起交通消费水平下降的主要原因,是占比重达到32.84%的购买家庭交通工具消费减少,人均支出 85.32 元 ,比降 40.82% 。影响通讯消费水平增长，主要是构成通讯消费的通讯工具和通信服务消费额上升，其中:通讯工具类比增 14.41%；占比重 97.45%的电信费比增20.91%；其他通讯费比降54.41%；邮费增长1.33倍。

［城市居民文教娱乐服务消费大幅下跌］ 2003年，柳州市居民教育文化娱乐服务支出人均 872.76 元，比降16.54%，降幅居八大类消费项目的第二位，其占消费总支出的比重由上年17.45%降到14.47%,减少2.98个百分点，仍是继食品之后的第二大类消费。在构成居民教育文化娱乐服务支出的三要素消费中，消费呈二减一增，其中:文化娱乐用品人均支出255.60元，比降36.80%；文化娱乐服务人均支出232.20 元,比增 13.03%；教育人均支出 384.96 元，比降11.67%。本年度居民家庭文化娱乐用品和教育消费的大幅度下降，是导致居民家庭教育文化娱乐服务支出减少的主要原因。

［城市居民杂项消费增幅上升］ 2003年，柳州市居民人均用于杂项商品和服务支出234.84元，比增24.73%，在构成八大类消费项目中,消费增幅由上年的第七位退居第二位,其占消费总支出的比重由上年的3.14%增到3.89%,上升0.75个百分点。在构成居民杂项商品和服务的2个要素中:居民杂项商品类人均支出138.60元,比增24.06%，其占杂项商品和服务消费支出的比重达到 59.02%,近六成；而服务类支出96.24元,比增25.71%。

（苏庆辉）

【市场物价】

［市场物价总态势］ 据柳州市城市社会经济调查队调查统计，2003 年,柳州市市场物价总水平比上年略有回升。居民消费价格总指数：按定基比计算为 103.6；按同期比计算为 101.6；按环比计算为 100.4；按累计比计算为 100.6；按以上年12月为100计算为102.7。按累计比计算的居民消费价格总指数比上年同期上升0.6%；商品零售价格总指数按累计比计算为99.2，比上年同期下降0. 8%。商品零售价格总指数下降 0.5 个百分点。与广西区平均水平相比，居民消

费价格指数低0.5个百分点，商品零售价格指数低1.0个百分点。与全国平均水平相比，居民消费价格指数低 0.6 个百分点，商品零售价格指数低0.7个百分点。

［市场物价指数变动状况］ 2003年，在编制居民消费价格八大类指数中，有五大类指数上升，有 93 个品种价格指数上涨，占总调查数251个代表规格品的37.05%，比增1.99个百分点；有三大类指数下降，有104个品种价格指数下跌，占41.44%，比降2.38个百分点；有54个品种价格指数与上年持平，占21.51%，比增0.39个百分点。从八大类分类指数升降看：食品类指数 102.9，增长 2.9%，；烟酒及用品类指数100.1，增长0.1%；衣着类指数103.6，增长3.6%； 家庭设备用品及维修服务类指数 92.4，下降 7.6%；医疗保健和个人用品类指数 105.0，增长 5.0%；交通和通讯类指数 93.9，下降6.1%；娱乐教育文化用品及服务类指数 98.9，比降 1.1%；居住类指数102.3，增长2.3%。在居民消费价格指数中，五大类指数不同程度的增长，共同影响总指数上升 2 .1 个百分点，而三大类指数的下降，共同影响总指数回落 1.5 个百分点。升降指数相抵，致使居民消费价格总指数比上年上升 0.6 个百分点。

在构成商品零售价格十六大类指数中，有六大类指数上升，比上年增加一大类，有十大类指数下降，比上年减少一大类。在 225 个代表规格商品中，价格上升的有 89 种，占39. 56%，比上年增加8. 79个百分点；价格保持不变的有40种，占 17. 78%，下降 16. 33 个百分点；价格下降的有 96 种，占 42. 66%，比增 7. 54 个百分点。从各分类指数分析：食品类价格指数103. 1，增长3. 1%；燃料类指数112. 1，比增12. 1%；；服装、鞋帽类指数105. 2，增长5. 2%；金银珠宝类指数107. 6，增长7. 6%；中西药品及保健用品类指数103. 2，比增3. 2%；化妆品类指数100. 3，比增0. 3%；上升的六类指数共同影响总指数上升2. 3个百分点。下降的指数中，交通、通信类指数 90. 0，下降 10. 0%；纺织品类指数 93. 2，下降 6. 8%；家用电器及音像器材类指数 86. 6，下降 13. 4%；其余饮料、烟酒类、书报杂志及电子出版类、文化办公用品类、体育娱乐用品类、日用品类、家具类和建筑材料及五金电料类等七类指数均呈下降，下降的十大类商品，共同影响商品零售价格总指数回落达 3. 1 个百分点。升降指数相抵，使商品零售价格总指数比上年下降0. 8个百分点。

（苏庆辉）

第四部分
县、区社会经济发展概况

县　区

【城中区】

［综述］ 2003年城中区克服“非典”带来的不利影响，以“三个代表”为指导思想，认真贯彻党的十六大和十六届三中全会精神，团结一致，锐意进取，经济及各项事业均取得了较快的发展。

［经济稳步发展，经济实力增强］ 城中区实现生产总值74104.7万元，比上年增长17.63%；其中完成农业增加值5105万元；比上年增长34.02%；完成工业增加值11590.8万元，比上年增长10.9%；完成第三产业增加值57408.9万元；比上年增长18%；居民人均可支配收入8518万元，比上年增长速度4%；农民人均收入2928元，比上年增长7.29%。

［以项目为载体，招商引资工作成效显著］ 2003年城中区采取“走出去，引进来”的招商战略，先后到香港、上海、广东等地与20多家国内外开发商洽谈，积极、稳妥、依法推动我区开发项目。全区共引进资金22.22亿元，建设五星商业步行街、解放南路地王大厦、方东大厦、人民广场三期改造工程等项目。华天世纪、蓝色港湾、万盛财富广场、鸿府、德福第、永亿大厦、华旗大厦、瑞泰大厦、金色世纪、书香苑等项目的开发、竣工、预售、出售，为城中区新增铺面22.97万平方米，新增住宅面积47.39万平方米，新增地下停车泊位1414个，新增麦当劳、大可以等跨省（市）餐饮连锁企业5个，新增就业岗位7780个。

［以三产为重点的区域经济发展良好，非公经济发展迅速］ 以第三产业为重点，发展品牌经济、区域特色经济。2003年大规模旧城改造和市容市貌“三项整治”拆除商业店面2000多户（间），城中区妥善安置，积极稳妥拆摊迁进店，力保财政收入不减。引导被拆迁的中百商城手机业主向五一路振亿大厦、解放南路东都百货、永意大厦沿线转移，使手机市场仍在我区发展，并向高档化、规模化引进。全区商业零售额完成416620.22万元，比上年增长25.13%。

辖区非公经济人士积极参与区工商联组织的思想解放大讨论、诚信宣誓、扶贫助困，努力提高自身素质，把企业做强做大。佳用公司和向阳公司、福生堂与上市公司桂林集琦商业整合，迅速提升了主业规模。东都百货、兴隆商场、金运来大厦、聚宝大厦相继崛起，成为与五星商厦、工贸大厦交相辉映的商业亮点。最近又有较大的国机实业有限公司、万诚预拌混凝土有限公司等一批新非公企业落户城中区。

［企业改制成效显著］ 按照一厂一策，引导企业改制。民政包装厂与柳州万全机电有限责任公司以合并方式改制，手帕厂、第二工具厂以拍卖方式进行改制，水电轻工厂以旧城改造拆迁遣散职工方式进行改制，城中印刷厂以整体转让方式进行改制，改制后的企业实行民营企业管理，职工医保、社保等问题一并解决，做到企业稳定，社会稳定。

［抓好三农工作，加快推进城镇化进程］ 农村稳定、农民增收是城中区农业工作的重点，是贯彻落实中央、自治区和柳州市的有关农村政策的具体表现。全年共投入301.415万元扶持农业生产和改善农村基础设施，完成改厕任务200座，建成沼气156座，修建宽5米、长50米环江村小雷屯码头，修建了宽5.5米、长1.9公里的牛车坪水泥路，实现了村村通电话。农村税费改革把减轻农民负担放在首位，全区农村税费总额由上年的年72万元减少为29万元，农民人均负担减少32.9元，人均减负率58.33%。区政府投入20多万元，组织农民骨干、村（委）镇干部100多人次先后到广东、山东、北京、江苏、浙江、上海、南宁等参观学习，引导农民转变观念，加快发展致富。柳东镇窑埠村农民针对土地已被征收完的实际，积极发展第三产业，现已组建股份制公司，由广西区机电公司投资3000万元联建品牌汽车城。自筹资金2.5亿元新建五星级宾馆和马鹿山公园、农民新村等项目。

［城市管理］ 坚持以改善市民生活环境和投资环境，提高城市品味为目标，对辖区主要路段实行长效监管，市容市貌大大改观。投资60多万元先后对辖区一些路段进行路面硬化和水沟维修。投资700多万元开展市容市貌三项整治工作。同时，加强了河东新区的城市管理，加快柳东镇的城市化建设进程。超额完成市里下达的植树造林任务，新增绿地面积2万平方米，营造生态风景林1100亩，完成率达219%，城市绿化率达31.72%。污水、油烟等环保监测工作走上制度化管理的轨道，环境保护工作取得好成绩。

围绕争创“社会治安最佳城市”奋斗目标，加大维护社会稳定经费的投入。深入开展矛盾纠纷调处工作，全年未发生群体上访事件。充分调动各方面力量，积极参与社会治安综合治理活工作，完善“打、防、控”一体化建设，深入开展“严打”斗争和专项整治活动，有力地打击了严重刑事犯罪分子。开展创建“无毒小区”、“无毒单位”和“无毒城区”活动，达到自治区“无毒单位”三年重点整治要求。

［精神文明建设］ 深入开展思想解放大讨论学习教育活动，大力倡导全区公民“爱国守法、明礼诚信、团结友善、

勤俭自强、敬业奉献”基本道德规模，进一步弘扬社会主义、集体主义和爱国主义精神。再就业工作落实到位，为2409名下岗失业人员办理了《再就业优惠证》。新增城镇就业人数6554人，完成市政府下达任务的101%。推进企业退休人员社会化管理，城中区成立了劳动保障服务中心，接管市属73家企业的2217名退休人员，采取委托管理的企业26家，退休人员7198名，完成市政府下达的养老保险、失业保险扩面增缴任务的105%、143%。

双拥工作朝文化拥军和智力拥军发展，区财政用于全年优抚和双拥经费20万元，各项优抚安置政策得到落实，顺利通过“自治区双拥模范城区”检查验收。全区军警民共建对子124个。

［社会各项事业］ 教育工作以基础教育课程改革实验突破口，全面推进素质教育。城中区获柳州市县（区）教育目标管理一等奖。总投资1.42亿元的十二中和景行小学项目已立项，完成了规划定点、总体设计方案预审，并进入征地工作。

科技工作构建了三级科普网络，成立了街道科技，举办了社区科技节，创建了福柳新都科普基地。同北大、中科院等大专院校保持长期科技合作，为企业进行科技服务。

开展健康向上的文体活动。新建五星社区文化艺术中心，新建桂中社区图书馆和全民建身路径。加强了文化市场的监管，确保我区文化市场的文明、健康、有序发展。

建立健全完善和启动了《公共卫生突发事件三网建设方案》，投入资金20万元抗非典，确保我区没有非典及疑似非典病例发生。广泛开展群众性爱国卫生运动，辖区四害密度检查达国家控制标准。

全面完成计划生育各项指标，计生率达97.9%，高标准通过了自治区和柳州市的人口考核验收。

认真做好城市居民最低生活保障工作，核批低保对象12956户（次）、39200人（次），发放低保救济金186.1万元，发放救灾粮款4.1万元。解决228户（次）、371人缺粮问题。关心弱势群体，认真做好残疾人工作。全年共发放残疾人特困补助金22.74万元。发放特困户节日慰问金和救济金8.7万元。社区设立了工、青、妇和计生、治安调解、社会保障等组织，落实自治区实施“星光计划”工作方案，配套投资100万元，建设东门、弯塘、五星、桂中、东台五个社区老年福利服务站。柳东镇4个村民委员会通过了市级村民自治示范村检查验收。拨专款5.7万元解决柳东镇14户村民危房改造和重建。

［民主与法制建设］ 严格依法行政，建立全方位的法律服务体系，全面实施“四五”普法规划，开展《城市房屋拆迁条例》、《安全生产法》、《水法》、《统计法》等法律法规的学习宣传，开展法律“四进”活动，在全区各社区建立律师服务站18个，在各村委设立法律服务站6个，在区属企业成立法律顾问团，在学校建立司法、社区、家庭、学校与青少年法制教育“四位一体”的教育网络，在社区成立“社区居民法律学校”，建立民主法制示范社区，干部群众守法用法意识增强。全年区机关接待群众来访946人（次），接受群众来信207件，信访结案率达95%，接受行政复议案件3起，应诉行政诉讼案件20起。自觉接受人大、政协监督，全年共办结人大代表意见和建议39起、政协委员提案87起，办结率达100%，满意率达96%。

全面落实廉政建设责任制和领导干部廉洁自律各项规定，加强审计监督，严格领导干部任期经济责任审计。完善政府采购制度、公务用车制度、会务接待制度和政务公开制度。机关工作效率和服务水平进一步提高。

（许秀菊）

【柳北区】

柳北区位于柳州市区北部。辖4个街道办事处和柳钢、长虹2个企业居民办事处，4个镇和2个乡。行政区域面积320平方公里，占柳州市辖行政区域面积的二分之一。辖区总人口32.74万人，人口自然增长率4.28‰。

［经济工作］2003年，柳北区完成国内生产总值13.63亿元，增长10.72%，其中农业增加值1.75亿元，增长6%；工业增加值4.6亿元，增长12.19%，三产增加值7.28亿元，增长12.5%；农民人均纯收入2708.36元，增长6.21%，财政收入稳定增长，收支保持平衡，全面完成了柳北区人大和市政府下达的各项任务指标。

农业产业化进程加快，农村各项事业全面推进。重点发展“蔬菜、水果、养殖”三大主导产业，按“公司+基地+农户”的模式，大力扶持昌海茧业有限公司、香兰综合养殖场等龙头企业和种养协会，有效地提高了农业专业化、规模化水平。切实抓好沙塘无公害蔬菜、石碑无公害水果、洛埠竹木等特色农业基地建设，引导农民走特色农业发展之路。农业信息技术网络建设全面启动，扶贫工作取得新成效。村村通电话工程、石碑坪镇、洛埠镇文化站建设和洛埠镇路灯光亮工程已顺利完成。农业产业结构调整初见成效，农村三项会战工作进展顺利。农村税费改革工作顺利推进，农民负担人均减少29.49元，减负率达48.7%。

工业经济增量扩大，产业结构得到优化升级。规模以上企业发展势头强劲，以一利机械有限责任公司、天鹏车业为代表的汽配、机械制造产业，以雅维公司、昌海茧丝有限责任公司为代表的农产品深加工产业，以明盈针织、永发针织为代表的针织服装业；以三益人造板厂为代表的外资企业；以鹏兴化工、锐骐工贸为代表的有色金属和化工产业初具规模。非公经济快速发展，全年新增个体工商户2301户，新增私营企业237家，注册资金4.3亿元；引进规模以上工业企业11家，投资额达2.47亿元。厂区合作迈出新步伐，与柳钢非钢公司合作，引资1.3亿元创办的台泥新型建材有限公司厂区建设已启动，桂新商品混凝土有限责任公司正式奠基开工。企业技改力度加大，提高了企业核心竞争力，加速了辖区产业结构的优化和升级。

第三产业加速发展，项目建设跃上新台阶。着眼构建市区北部的物流中心，整合优化资源，推进重点项目，兴建专业市场，打造区域中心。柳北兴林竹木加工基地、广雅服装小百货综合市场等一批项目已建成开业；白沙路及周边开发、机关门前旧城改造、白沙农贸市场、胜利大超市、海川家具批发中心等一批项目准备开工；顺丰海鲜城、金大陆海鲜世界、金福园美食城、柳州风味狗肉城等共同形成饮食业“联合舰队”，产生聚集效应，巩固了“吃在柳北”的品牌和三产格局；协和康城、金水岸、嘉和名庭等近20多家房开落户柳北，为旺人气、聚商机增添了新的活力，“住在柳北”已现雏型；随着一系列大项目的实施建设，我区后发优势不断释放，特色经济进一步形成，新柳北的发展步伐大大加快，区域经济实力明显提升。

［城市管理］三项整治取得明显成效，人居环境得到全面改善。区政府投资对三中路、北雀路南段进行改造，三中路示范街景观改造已全面竣工，新增绿化面积5700M^2；对辖区马路市场进行全面整治，还路于民；区政府自筹资金，实施胜利小区中心广场改造工程，全民健身路径和文化广场正式投入使用，受到小区居民的欢迎。同时，沙塘、洛埠等城镇建设步伐的加快，使辖区人居环境进一步改善，城区品位得到提升。城区道路清扫保洁质量实现了长效管理，建立起道路包保责任制，荣获全市“金壶杯”优胜奖。同时，积极配合做好柳长公路、柳州绕城高速公路以及辖区旧城改造的拆迁工作。

［科教文卫］加强教育工作。完成辖区中小学2003—2007年教育资源整合方案和市属中学下放城区管理的接收工作；深化教育体制改革，启动名师名校工程；全面推进素质教育，教育质量不断提高。成功举办“北雀欢歌”首届文化艺术节；企业文化、社区文化、乡村文化、广场文化蓬勃发展。计生工作进一步巩固提高。荣获全国人口与计划生育法制建设先进集体和自治区级计生新闻宣传工作先进单位荣誉称号。继续保持自治区双拥模范城区称号。把握重点、抓住亮点、突出特色，推动社区服务向规范化、市场化和专业化发展，启动科教、文体、法律、卫生“四进社区”和“三下乡”基层服务活动。

［法制建设］深入推进社会治安综合治理工作，全力维护社会稳定。大力构建城乡治安防范网络体系，组建低保人员义务巡逻队，着力提升治安防控水平。开展“四五”普法和法制宣传教育，在全市率先开展“法律进社区”和“民主法制示范社区”创建工作。

［非典］众志成城，非典防控成效显著。面对突如其来的非典疫情，及时采取有效措施，全区共投入非典防控经费224.89万元，抓好防控工作。未发生一例非典或疑似病例，受到自治区表彰。

（高宇）

【柳南区】

［概貌］柳南区位于柳州市西南部，东与鱼峰区毗邻，西南与柳江县接壤，北临柳江与城中区、柳北区隔江相望。蜿蜒如带的柳江沿柳南区西北部飘然而下，从螃蟹岭南麓往东转折，再流至华丰湾，全长14.3公里。柳南区政府设在潭中西路10号，下辖西鹅乡、太阳村镇及柳南、柳石、南站、鹅山、河西、银山6个街道办事处，行政区域面积181.8平方公里。2003年辖区常住人口29.9万人。作为柳州市的“南大门”，柳南区内铁路、公路四通八达，柳州火车站、柳州火车东站、柳州汽车客运总站、柳州汽车客运南站等客运、货运枢纽均设于该区，交通十分便利，是大西南重要的货物集散地。

［经济持续、健康发展］2003年柳南区完成生产总值14.14亿元，比上年增长15.07%，其中：第一产业增加值0.79亿元，第二产业增加值3.40亿元，第三产业增加值9.95亿元；分别比上年增长6.5%、16%和15.5%。

（一）第三产业

按照柳州市“三大一新”商贸发展规划，柳南区充分发挥作为商贸大区的区位优势，以“两翼三路”为发展主线，加速推进桂中商贸新中心建设。

一是围绕飞鹅路，打造“桂中商埠第一街”。在飞鹅路一带相继成功地引进温州商贸城、新时代商业港、谷埠街国际商城和新佳华商业城四大重点工程，着力打造区域性商贸中心。四大商业房产项目总投资额31亿元，全部进入了建设施工高潮：温州商贸城主体工程全面封顶；新时代商业港西1区竣工；谷埠街国际商城完成了20万平方米旧城拆迁工作；新佳华商业城一期建成营业；广西华地工贸中心投资改造新飞鹅商业城，加上原有的九大专业市场，飞鹅路一带已成为柳州市最具商业气息的商贸中心，“桂中商埠第一街”已初具规模。

二是围绕潭中西路、柳太路、西环路建设“广西汽车贸易园”。成立了旧机动车交易中心董事会，建设集办证、招商、汽车展示于一体的招商服务展示大厅，筹建汽车检测线，整合汽车专卖店、汽车品牌市场和汽车配件市场。目前，区域内已有整车销售商24家、汽车配件销售商50家、汽车服务部25家，以及两个大型汽车专业市场。初现汽车贸易园的氛围。

三是围绕柳邕路，建设批发市场走廊和物流园区。加快柳邕路一带各类生活资料批发市场的整合力度：天河（香港）工业有限公司改造新鹅市场；顺达通综合市场完成第三期改造工作，使用面扩大到5万多平方米；国联物流张公岭货运市场建成营运，是目前广西最大的有形货运物流市场，它的建成有力地拉动柳邕路物流园的建设。

四是房地产业蓬勃发展。在旧机场开发区及河西片这两翼，金河湾、金绿洲、金山丽园、宏城绿都、三星园、兆兴园、福馨苑、福柳宏都、中山花园南都等一大批高品质的房地产项目相继开工和建设，成为柳南区经济发展中一个引人注目的亮点。

（二）工业

按照柳州市“再造一个工业柳州”的发展思路，柳南区继续实施“二产强区”发展战略。2003年工业发展实现了较大突破，全年共引进工业企业32家，总投资额1.8亿元；完成工业总产值（现价）11.27亿元，比上年增长17%，完成税利0.68亿元，比上年增长13%。

一是提高工业招商引资服务质量。在2003年广西投资贸易洽谈会上，柳州市的三个签约项目全部落在柳南区，其中奇鑫工程机械有限公司投资6000万元的柴油机配件项目、耀坊钢结构有限公司投资3.63亿元的钢结构项目，分别被自治区列为“百企入桂”项目和广西重点签约项目。

二是以产品创新为核心，促进企业科技与经济相结合。蓝天机电有限公司的多功能微型耕作机、通顺汽车部件有限公司的高性能大视野汽车后视镜、培泉自动供水装置厂的无塔全自动供水机等项目获得国家、自治区及柳州市科技经费的支持。

三是加大技改投入，增加企业竞争力。双飞汽车电器制造有限公司、皇山摩托车配件制造有限公司、柳南汽配总公司、通顺汽车部件有限责任公司等9家企业共投资1.5亿元进行技术改造和扩建，大大增强了企业的市场竞争力，并形成了新一轮的投资热潮。

（三）农业

克服“非典”、干旱等自然灾害的影响，全年完成农业总产值1.34亿元，比上年增长6%；粮食总产量10435吨，蔬菜总产量44031吨，水果总产量1000吨，甘蔗总产量25767吨。农民人均纯收入2719元，比上年增加167元。农业基础设施建设得到加强：全年共入资金506万元，用于农业基础设施建设，完成了本溪水库、拉达水库、光荣水库、中田水库除险加固工程；完成了文笔、帽合、屯雷和拉达4个村人蓄饮水工程，解决了4000多人的饮水困难；修建三面光渠道9公里，机耕路27.5公里，桥、涵65处，拦水坝3处，维修机电泵站5处，改善农田灌溉面积6000多亩。为农民增收和农业发展奠定了基础。

[社会各项事业成果丰硕]

（一）城市建设和管理

以创建优美、舒适、卫生环境为目标，以开展市容市貌三项整治为契机，健全和完善城市管理目标责任制，加强长效管理，加大城建资金投入，市容市貌大为改观。在全市“金壶杯”市容环境卫生评比中，总分列城区组第一名，一举夺得“金壶杯”。

（二）科技和教育

巩固“全国科技工作先进城区”成果，通过了科技部的科技进步考核；科技与经济结合取得新突破，利用先进科技提高企业竞争力、利用先进科技发展高附加值农业。积极推进教育综合改革，进一步提高教学质量；全年投入550万元进行学校基础设施建设（维修），完成基建（维修）项目22个，进一步改善了办学条件，荣获柳州市教育督导评估一等奖。

（三）文化体育和卫生事业

深入开展文化体育活动，组织开展柳南区首届社区文化汇演、柳南区首届“家家乐”文艺汇演、纪念毛泽东诞辰110周年歌咏比赛等活动，离退休老年文体活动丰富多彩。扎实有效地开展传染性非典型肺炎防治工作，投入专项经费40多万元，启动了公共卫生突发事件“三网”，建立了区、乡镇（街道）村（社区）三级联防责任制，较好地完成了“非典”防控任务。农村、社区卫生工作，乡镇卫生院建设均取得了重大进展；农村改厕工作进展顺利；爱国卫生达标创建活动蓬勃开展，市民卫生意识进一步提高。

（吕　宾）

【鱼峰区】

［概况］鱼峰区位于柳州市东南部，总人口21.93万人。辖羊角山1个镇和天马、驾鹤、箭盘山、五里亭、荣军、阳和6个街道办事处，46个社区居民居委会，5个村民委员会。其中：天马街道办事处6个社区居委会，驾鹤街道办事处8个社区居委会，箭盘山街道办事处10个社区居委会，五里亭街道办事处7个社区居委会，荣军街道办事处11个社区居委会，阳和街道办事处2个村民居委会，羊角山镇3个村民居委会、5个社区居委会。

2003年，鱼峰区在市委市政府的正确领导下，坚持以邓小平理论和“三个代表”重要思想为指导，认真贯彻“工业立柳、强市富民”的总体思路，紧紧围绕“开放立区、实业强区、文化活区”的发展战略，抓住机遇，锐意开拓，团结奋进，促进了全区三个文明建设的协调发展。2003年，全区实现国内生产总值13.67亿元，比上年增长12.00%。其中第一产业增加值5539万元，增长2.20%，第二产业增加值4.57亿元，增长12.60%，第三产业增加值8.54亿元，增长12.40%。实现了工业增速、农民增收、三产增效。

［开放立区取得新突破］ 2003年，鱼峰区集全区之智，全区之力开展招商引资工作，全方位开放格局初步形成。全年引进较大的商贸项目11项、工业项目6项，引进资金22.55亿元。其中，意大利啄木鸟集团远东有限公司投资7.80亿元开发的“江南新天地”商业步行街项目。浙江国信房产集团投资7亿元开放的“国信·凤起新都”大型多功能居住小区项目等，已被列为自治区“百企人桂”项目。

［实业强区取得新进展］ 依据社会科研力量，合理规划发展布局，初步形成了“打造三个中心，形成一个民营企业群”的总体构想。“江南新天地”商业步行街项目成功举行开工奠基仪式；“五月阳光购物广场”项目如期建成开业；精心培育的燎原路沿线“汽车精品专卖街区”项目，现已引进15家企业和经销公司，“广州本田专卖店”等开业营运，初步形成了汽车精品专卖街区的整体架构；新引进建成的柳州虞佳油管铸造有限公司投入生产并产生显著经济效益。抓企业改制，注入活力，用机制优势促企业发展。水轮机厂、电器设备厂通过采取引入民营企业参与改制，主动与大企业集团联姻等办法。顺利完成改制任务，已批复改制的8家企业中有7家重新挂牌营业，此外，完成了63家挂靠企业的脱钩改制任务。大力发展农村养殖业和三产服务业，促进农村经济结构进一步优化升级。切实抓好农村税费改革，农民人均减负72.05元，减负率达93.60%。

［文化活区取得新成效］ 成功举办第十四届“鱼峰之声”群众文艺会演，全区传统特色文化、精品文化不断巩固和提升。全年在江滨社区文化广场举办各类文化娱乐活动40场（次），观众累计14万人（次），广西电视台等新闻媒体多次对演出盛况作了报道。坚持“三贴近”方针，社区群众性文化活动繁荣活跃。全年组织“文化进社区”演出活动160多场（次），社区居民自发组织各项演出活动200多场（次）。

［城市建设］ 以抓好市容市貌“三项整治”工作为切入点，健全长效管理机制。实行重点路段整治、难点路段专项整治，逐步形成了以城建管部门为主，公安、交警、工商等部门密切配合的工作格局。全年拆除占道经营门面290间，清除乱搭乱盖及无证建筑1万多平方米，查扣各类非法营运车辆990辆，恢复了鱼峰山商业城等3个地下停车场功能。按照“绿、透、亮、新”的整治要求，高标准完成“鱼峰—龙潭景观示范街”建设任务。启动实施屏山大道示范街改造工程。多方动员筹集资金，对鸡喇路进行了改造。由区财政投资，开工建设了羊角山路、茅山路及排水沟等一批市政工程。全年累计参加义务植树15.20万人次，超额完成绿化任务。

［精神文明民主法制建设］ 深入开展“文明单位”、“文明市民”等群众性精神文明创建活动，对提高辖区单位和居民的文明程度树立良好的社会风尚。积极组织实施“四五”普法规划、大力推进依法治理工作，广泛发展创建“民主法治示范社区”、民主法治示范村”活动，基层民主法治工作得到进一步加强。积极妥善处理“法轮功”等邪教问题，切实维护辖区社会政治稳定。

［社会各项事业］ 加大教育经费投入，全面推进教育工作，启动实施“鱼峰区骨干教师、名师、名校长”工程。不断深化基础教育课改工作，教学质量进一步提高。切实抓好医疗卫生和防疫保健工作，医疗服务质量和水平不断提高。积极做好防控“非典”工作，取得了抗击“非典”的全面胜利。圆满完成人口与计生目标任务，顺利通过自治区和

市计生业务及党政目标管理责任制考核验收。结合实施“星光计划”项目，为 17 个社区老年服务站配备了一批健身器材。白云等 4 个社区被确定为市级社区建设示范点。基本实现“应保尽保”目标。“低保”覆盖面由 4.00%扩大到 5.00%，区财政投入再就业资金 58.60 万元，帮助 5303 名下岗失业人员实现了再就业。加紧做好企业退休人员社会化管理工作，全年接受企业退休人员 20282 人。广泛开展“扶贫帮困”活动，大力发展残疾人事业。深入开展“为新时期最可爱的人献爱心”等特色双拥活动。继续保持全国科技先进城区称号，连续 3 次荣获“科技与经济结合工作优秀班子”一等奖。此外，其他各项工作也取得了较大的成绩。

（刘阳）

【柳江县】

［概况］柳江县位于柳州市南部，是中外闻名的“柳江人”遗址所在地。全县土地面积 2539 平方公里，辖 11 个镇 2 个乡，2003 年末总人口 53.13 万人。境内物产、土特产丰富，物产以稻谷、甘蔗、玉米为主。土特产主要有：里雍的头菜、沙田柚；百朋的金柿子、莲藕；土博的三华李、生姜；成团的茨菇、草席；三都的凉帽等。交通发达，湘桂、黔桂、枝柳铁路，南柳、宜柳高速公路，322、209 国道穿越县境，由铁路、高速公路、国道、省、县、乡、村道路所组成的密集交通网络把全县的各个乡镇村连成一体。县城所在地拉堡镇已与市区连在一起。2003 年柳江县生产总值（当年价）328263 万元，增长 17.03%，其中第一产业增加值 109051 万元，增长 2.60%；第二产业增加值 138100 万元，增长 38.8%；第三产业增加值 81112 万元，增长 7.48%；人均生产总值 6190 元，增长 15.21%。2003 年精神文明建设取得丰硕成果，有 4 个单位获得了市级军警民精神文明共建先进单位荣誉称号，有 3 个单位获市级精神文明建设先进单位称号，有 2 个村屯获市级精神文明建设文明村屯称号，有 3 个单位的工作环境被评为区级文明庭院。

［农业］ 全县年末耕地面积 52466 公顷，粮食总产量 16.56 万吨，糖料蔗 178.05 万吨，蔬菜产量 47.71 万吨，比上年增长 7.41%，水果产量 3.58 万吨，比上年增长 70.48%，猪牛羊等肉类产量 4.30 万吨，比上年增长 9.69%。农业增加值（现价）109051 万元，占柳江县生产总值的 33.22%。

［工业］ 2003 年全部工业总产值（现价）38.64 亿元，比上年增长 28.20%，工业增加值 11.94 亿元，增长 32.47%；工业企业税金总额 2.09 亿元，比上年增长 28.22%。

［交通、邮电］ 2003 年境内公路里程达 555 公里；水运交通有所发展，水运客运 22 万人，水运货运 25 万吨。全年邮电业务收入 9084 万元，固定电话用户总数 3.34 万户，移动电话用户 6.34 万户， 比上年新增 2.19 万户，增长 52.77%。

［商业、财政］ 全县社会消费品零售总额 4.47 亿元，比上年增长 10.8%。财政收入跳跃性增长，突破 3 亿元大关，全年完成财政收入 32034 万元，比上年增长 19.45%。财政支出 28498 万元，比上年增长 17.63%，

［科技、教育、卫生］ 科技继续开展科教兴县战略，大力发展农业技术协会组织，先后成立乡镇村林果技术协会，蔬菜技术协会及生态农业技术协会等协会组织 10 个，推广实施科技项目 12 项，荣获 2003 年柳州市科技进步三等奖 1 项。教育：适龄儿童入学率 99.9%，在校学生 8.64 万人。其中小学生 5.23 万人，中学生 3.38 万人。卫生:全县拥有医院、卫生院 15 个，医院床位 445 张。医疗卫生技术人员 611 人。

［人民生活］ 全年城镇居民人均可支配收入 5963 元，比上年实际增长 4.71%。农民人均纯收入 2414 元，比上年实际增长 6.48%。扶贫攻坚工程经过多年奋战，到 2000 年底全县绝对贫困人口发生率已经控制在 1%指标内。2003 年继续做好脱贫工作，经过努力，到年末又有 375 户 1634 人越过温饱线。城乡人民生活继续得到改善。

（刘明红）

【柳城县】

2003 年，全县坚持以邓小平理论和党的十六大精神为指导，紧紧围绕全面建设小康社会的目标，深入实施“农业稳县、工业强县、三产富县、科教兴县”工作思路，解放思想，与时俱进，克服困难，奋力进取，全县经济继续保持增长，社会保持稳定，人民生活水平进一步提高。

［综合］ 2003 年柳城县生产总值 211930 万元，比上年增长 3.58%，其中：第一产业增加值 91620 万元，增长 4.53%；第二产业增加值 63445 万元，下降 2.07%；第三产业增加值 56865 万元，增长 9.38%，人均生产总值 5212 元，增长 3.55%。

2003 年全县人口出生率 13.77‰，比上年上升 0.43 个千分点；死亡率 4.26‰，上升 0.25 个千分点；人口自然增长率 9.51‰；上升 0.35 个千分点。年末全县总人口 406793 人，比上年增加 413 人。全县非农业人口 61356 人，增加 230

人；农业人口345437人，增加183人。

［农林牧渔业］种植业结构继续调整：粮食作物种植面积减少，总产量下降；经济作物种植面积增加，总产量有起有落。全年粮食种植面积37469公顷，调减1926公顷；粮食总产16.53万吨，比上年同期下降9.38%，其中：水稻种植面积调减1132公顷，产量下降10.24%。全年糖蔗种植面积为31304　　公顷，增加551公顷，增幅比上年回落13.44个百分点，总产量为258万吨，比上年同期下降7.19%；种植水果4565公顷，增加206公顷，水果产量3.45万吨，增长16.16%；蔬菜种植面积10730公顷，收获蔬菜产量15.87万吨，增长9.75%。此外，药材种植面积1224公顷，桑园种植面积925公顷，分别增长1.16倍和3.73%。特色农业和高效经济作物发展较快，优质水稻、名优水果、高产高糖甘蔗的种植面积不断扩大，有效地带动了全县种植业结构调整的步伐。其他主要农作物产量：蚕茧总产量0.17万吨，增长6.25%；食用菌产量0.41万吨，增长69.44%。

林业、牧业生产发展迅速，渔业生产总量下降。2003年，全县共造林2382公顷，增长82.67%；主要林产品松脂产量达1318吨，增长2.08倍。截止年底，全县森林面积为31177公顷，森林覆盖率达35.80%。牧业生产在市场价格回升的刺激带动下，收获喜人。全年肉类总产量3.72万吨，增长10.06%，其中：猪牛羊肉产量3.25万吨，增长9.25%；牛奶产量834吨，增长8.45%；肉猪出栏40.64万头，增长8.81%；肉牛出栏1.78万头，增长21.09%；肉羊出栏1.76万只，增长6.02%。由于受天气干旱、降雨量少，渔塘、水库干枯的影响，渔业生产呈下降态势。全年水产品产量0.98万吨，增长1.03%。

［工业］工业生产总体上仍呈下降趋势。2003年，全县累计完成工业总产值167068万元，比上年同期增长5.60%；实现工业增加值53737万元，下降3.00%。

全年全部国有及年销售收入500万元以上的非国有工业企业实现增加值29813万元，比上年同期下降12.10%，其中：轻工业实现增加值24829万元，下降11.48%；重工业实现增加值4984万元，下降34.63%。工业用电继续保持较高增长。全年用电总量10734万千瓦时，增长23.59%，其中：工业电用5656万千瓦时，增长90.18%。

工业企业产业结构调整取得新进展，经济运行质量有待提高。2003年，全县工业生产受支柱产品——食糖价格波动影响较大，经济效益明显下滑。全年规模以上工业企业实现产品销售收入94329万元，比上年同期下降9.72%；实现利税总额10829万元，下降13.12%，其中利润4327万元，下降29.78%。在主要工业产品产量中，发电量、中成药产量增长较快，分别比上年同期增长26.03%和69.11%，水泥、化肥分别增长18.28%和8.70%。

［固定资产投资］固定资产投资继续保持较快增长。全年完成全社会固定资产投资43166万元，比上年同期增长11.17%，其中：国有经济投资13200万元，增长81.07%；集体经济投资870万元，下降82.24%；私营个体和其他各种经济类型投资29096万元，增长13.51%。基本建设投资和房地产投资增长较快，分别完成投资30409万元和1060万元，增长54.50%和8.64倍；更新改造投资完成1223万元，下降25.20%。

投资结构有效改善，第三产业投资增长迅猛；城镇道路、水利工程除险加固等基础设施建设继续得到加强。2003年，全县第一产业完成投资7065万元，比上年同期下降25.10%；第二产业完成投资23612万元，增长8.04%；第三产业完成投资12489万元，增长65.55%。全年累计完成城镇道路施工投资1279万元，比上年同期增长2.98倍；完成水利工程除险加固工程投资465万元，增长1.35倍。

［交通运输、邮电业］ 2003年，全县完成货物周转量22177万吨公里，比上年同期下降10.51%，完成货运量532万吨，下降3.80%；完成旅客周转量8529.20万人公里，下降26.81%，完成客运量196.5万人，下降22.33%。全县公路里程达525公里，全年新增公路里程11公里。

邮电通信业持续快速发展。全年邮电业务总量8204万元，比上年同期增长99.66%；年末电话用户39759户，新增用户8344户，其中：城市电话用户17308户，增加6449户；乡村电话用户22451户，增加1895户。年末移动电话用户36775户，新增9175户；国际互联网用户880户，增长11.22倍。

［财政、金融和保险业］财政收入较快增长。2003年全县财政收入32468万元，比上年同期增长66.26%（同口径相比下降2.36%），其中：地方财政收入26627万元，增长112.46%。全年财政总支出22879万元，增长0.52%，其中：地方财政支出21648万元，下降0.47%。

金融运行平稳，保险市场潜力巨大。年末全县金融机构各项存款余额140874万元，比上年同期增长7.28%；金融机构各项贷款余额89205万元，增长32.49%。银行现金收入299417万元，增长17.63%；银行现金支出335206万元，增长14.16%。保险市场方面，全年保费收入1846.90万元，比上年同期下降 1.34%；赔付额 621.50 万元，增长 17.33%，随着国民经济的不断发展，人民生活水平的不断提高，保险市场将不断壮大，其蕴藏的巨大经济潜力亦将逐渐显现。

［消费市场和人民生活］消费品市场稳中趋活，物价稳中有升。2003 年，全县实现社会消费品零售总额 62140 万元，比上年同期增长 6.92%，增幅上升 0.85 个百分点。

城乡居民生活水平不断提高。全县城镇居民人均可支配收入 6265 元，增长 3.06%；人均消费性支出 5298 元，下降 5.07%。农民人均纯收入 2580 元，增长 6.09%；人均生活消费支出 2069 元，增长 11.72%。

［科技、文化、教育、卫生和社会保障］科技、文化事业以开展“增收措施进家、结对帮扶进家、政策法律进家、科技文化进家”为主要内容的“四进家”活动为契机，得到了蓬勃发展。全年举办各种科技培训班 15 期，参加培训的农民人数达 500 人次，其中，培训农民骨干 514 人；绿证培训人数 2167 人。2003 年全县共投入资金 272 万元，推广应用区市级科技成果 11 项，县级科技成果 12 项，其中：“桑蚕产业化开发项目”、“农民可持续发展模式研究项目”分别荣获了柳州市科技进步二等奖和三等奖。全年举办各种文艺演出 1500 场次，开展各种体育比赛 10 场次。

教育事业继续巩固提高“两基”成果，全面推进素质教育。全县年末共有小学校 131 所，在校学生 32369 人，专任教师 1806 人；普通中学 25 所，在校学生 21136 人，专任教师 1246 人；小学学龄儿童入学率 99.90%。

卫生工作继续加强医德医风建设，努力提高防病抗灾能力。年末全县卫生机构卫生技术人员数 622 人，其中医生 217 人，医院、卫生院病床数 573 张。

社会保障体系日趋完善，社会福利事业进一步发展。年末全县参加基本养老保险职工 9049 人，退休人员 3971 人；参加失业保险职工 12758 人；参加基本医疗保险职工 18593 人，退休人员 4941 人。年末全县各类福利院拥有床位 238 张；城乡居民最低生活保障对象 3810 人。

（赖立军）

【鹿寨县】

鹿寨县位于广西中部，洛清江下游，湘桂走廊东部，南接柳州市区，北通桂林，总面积 3355 平方公里，辖 5 镇 6 乡，总人口 48.21 万人。

鹿寨县区位、交通、自然条件优越，资源丰富，县城南距柳州市区 32 公里，北距桂林 115 公里，交通便利，湘桂铁路、桂柳高速公路、鹿平二级公路、322 国道交汇于县城，水路可达广州、香港，航空有柳州机场和桂林两江国际机场。鹿寨土地肥沃、气候宜人、光照充足、雨量充沛，盛产粮食、蔬菜、水果、甘蔗、桑蚕等，其中椪柑、淮山、头菜、蚕茧享誉国内外。工业以水泥、化肥、制糖、造纸为支柱产业，矿产资源丰富，已探明的矿产资源有数十种之多。旅游资源丰富，有中渡香桥岩、九龙洞等风景名胜。2003 年，全县 48 万各族人民在县委、县政府的正确领导下，全面贯彻落实党的方针政策，解放思想、深化改革、扩大开放，大力推进经济结构的战略性调整，在稳定农业和农村经济的基础上，加快工业化和城镇化建设步伐。国民经济实现较快增长，经济运行质量良好，各项社会事业进一步发展，城乡居民生活继续改善。

2003 年，鹿寨县生产总值 248781 万元，比上年增长 10.97%，其中第一产业增加值 89222 万元，比上年增长 6.50%。第二产业增加值 91060 万元，比上年增长 19.78%；第三产业增加值 68499 万元，比上年增长 7.03%。

［农业］ 农业生产实现稳步增长。全县以加快农业和农村经济发展为主线，以努力增加农民收入为中心，以抓好农业产业结构调整为重点，实施品牌战略，大力发展优质农产品，提高农产品质量和效益。全年实现农林牧渔总产值 141540 万元，比上年增长 5.92%。全年粮食产量 16.68 万吨，比上年下降 7.9%，甘蔗产量 94.46 万吨，比上年增长 4.26%，水果产量 6 万吨，与上年持平，蔬菜产量 31.15 万吨，比上年增长 2.98%，蚕茧产量 5486 吨，比上年增长 9.87%。肉类总产量 4.7 万吨，比上年增长 9.8%，水产品产量 5810 吨，比上年增长 16.29%。

［工业］ 工业生产快速增长。全年完成工业总产值 242663 万元，比上年增长 10.18%，实现工业增加值 71758 万元，比上年增长 17.31%，规模以上工业完成工业总产值 154122 万元，比上年增长 28.1%。从四大支柱产业产量看，糖 13.13 万吨，增长 30.20%；化肥 16.97 万吨，增长 15.49%；机制纸 10.39 万吨，增长 7.7%；水泥 43 万吨，增长 26.01%。

［固定资产投资］ 固定资产投资继续保持较大规模。全社会固定资产投资完成 80636 万元，增长 26.5%。其中：基本建设投资 38111 万元，增长 61.56%，更新改造投资 8673 万元，增长 229.27%，房地产投资 5636 万元，增长 236.48%。

［交通运输和邮电通讯业］ 交通运输和邮电通讯业稳步发展。全年完成交通运输和邮电通讯业总产值 38450 万元，比上年增长 9.93%。

年末城镇固定电话用户 51068 户，增长 26.85%，移动电话用户 36500 户，增长 53.04%，计算机互联网用户 1512 户。

［财政、金融和保险业］　财政收入较快增长。全年完成财政收入 20039 万元，增长 12.5%，地方财政收入 13470 万元，增长 3.38%。金融形势保持稳定。存贷款增长、现金呈净投入态势。金融机构各项存款余额 199554 万元，比年初增长 20.79%，其中，城乡居民储蓄存款余额 155641 万元，比年初增长 21.33%。金融机构各项贷款余额 110496 万元，比年初增长 12.92%。

保险事业不断发展。全年保费收入 4050 万元，比上年增长 24.31%，其中，财产险保费收入 1355 万元，增长 28.07%，人寿险保费收入 2695 万元，增长 22.50%。

［教育］　教育事业进一步发展，素质教育全面推进。全县现有小学 143 所，在校学生 34266 人；初中学校 27 所，在校学生 20545 人；高中学校 3 所，在校学生 2886 人；幼儿园 8 所，在园幼儿 4896 人。社会办学继续发展，社会力量举办的各类学校 12 所，在校学生 2178 人。

［文化、卫生、体育］　文化事业继续推进。文化工作遵循先进文化的前进方向，以繁荣发展为主题，文化市场健康发展。通过开展节庆文化活动，举办各种晚会和文艺演出，丰富文化生活，宏扬先进文化思想。开展“文化三下乡”活动，开放图书馆，抓好文化市场管理，促进文化市场繁荣。

广播电视事业进一步发展。广播覆盖率达到 90.59%，电视覆盖率 97.2%。

卫生事业继续发展。医疗服务体系和疾病防御体系进一步完善，全县共有卫生机构 23 个，其中县级医疗机构 4 所，乡镇卫生院 11 所，厂矿、场医院 8 所。有村级卫生所 209 所，个体医疗机构 170 家，医院病床数 535 床，基本形成较完善的农村卫生服务体系。全县医疗机构卫生技术人员 641 人，个体医生 174 人，乡村医生 221 人。全县、乡、村级医疗保健网络健全，疾病免疫、防治、保健工作全面发展。

体育事业取得成绩。办好业余体校，培养体育人才。一年来，向区体校输送 1 名正式队员，向其他大专院校输送 10 名学生。在区市的体育运动会上，获得金牌 8 枚，银牌 4 枚，铜牌 4 枚。积极开展群众体育活动，举办各种比赛活动。全县各乡镇村屯有灯光球场 21 个，不带灯光球场 296 个，乒乓球室 22 个，其他娱乐室 31 个。全民健身活动活跃，人民体质进一步增强。

［城市建设］　城建工作效果显著。城建工作以“三年大变样为目标”，按照“改造老城区、充实文化内涵、启动新城区、提高城市品位”的总体要求，认真抓好县城 17 个重点项目的建设工作。迎宾路匝道工程、人民会堂已完工交付使用，鹿新路主体工程已结束，桥东路工程，建中路人行道铺装石材工程、大桥路人行道工程已完工，县城主要街道实施穿衣戴帽工程，洛江小区，建中南北路综合改造工程，建中东路综合改造工程正在施工中，完成立交桥 4 个绿岛工程，完成平鹿二级路、建中东西路、建中南北路、西闸至党校路灯改造，提高了县城的档次和品位。

［人民生活和社会保障］　城乡居民收入继续增加，人民生活水平逐步提高。城镇居民人均可支配收入 6560 元，比上年增长 6.91%，农民人均纯收入 2306 元，比上年增长 7.01%，在岗职工年平均工资 11348 元，比上年增长 8.6%。

社会保障体系不断完善。下岗职工的基本生活费得到保障，离退休人员按时足额领到基本养老金，失业保险、医疗保险制度逐步健全。社会福利事业继续发展。

（苏兴隆 ）

【融安县】

融安县位于广西壮族自治区中北部，县城长安镇东距广西旅游名城——桂林市 162 公里，南距广西工业城市——柳州市市区 110 公里，枝柳铁路、209 国道、融江河道穿城而过，历来就是桂北、湘西、黔东南三省区交通枢纽和物资集散地。枝柳铁路从北到南穿过县境 4 个乡镇，209 国道穿过县境 5 个乡镇，融江水路可直达柳州、梧州、广州，常年可通航 100 吨至 300 吨级货船。

全县辖长安、浮石等 6 个建制镇，城东乡、大巷乡等 8 个乡，153 个村街，总面积 2900 平方公里。年末总人口 31.83 万人，其中，农业人口 26.62 万人，非农业人口 5.21 万人。全年出生 2739 人，人口自然出生率为 5.30‰。

在县委、县政府的正确领导下，经过全县人民的共同努力，全县经济保持增长。融安县生产总值 114629 万元，增长 4.18%。其中，第一产业增加值 41330 万元，增长 2.97%；第二产业增加值 25454 万元，下降 9.26%，第三产业增加值 47845 万元，增长 15.15%。

［农业］受高温干旱的天气影响，农业生产小幅增长。全年农林牧渔业总产值 62378 万元，增长 5.44%。其中，农业产值 34017 万元，下降 3.95%；林业产值 5592 万元，增长 21.17%；牧业产值 19645 万元，增长 16.64%；渔业产值 2137 万元，增长 4.50%。全年粮食种植面积 20778 亩，下降 9.28%，总产量 89784 吨，减少 13.82% ；甘蔗种植面积 3008 亩，比

上年增长 1.42%，总产量 161790 吨，下降 8.90%。畜牧业保持持续发展的态势。全年肉类总产量 18633 吨，比上年增长 10.06%。其中，猪肉产量 13129 吨，增长 5.49%；牛羊肉产量 1495 吨，增长 7.63%。

［工业］ 完成工业总产值 54663 万元，下降 11.19%，其中，规模以上工业完成工业总产值 32196 万元，下降 6.99%，销售收入 35285 万元，下降 4.31%；规模以下工业总产值 22467 万元，下降 15.84%。

［固定资产投资］全年全社会固定资产投资完成 27529 万元。其中，基本建设投资 9475 万元，更新改造投资 1097 万元，城镇集体投资 1173 万元，农村集体投资 3478 万元，城镇工矿区私人建房 9795 万元，城镇私营个体投资 167 万元，农村私人投资 1228 万元，零星投资 1116 万元。基本建设投资主要放在农村的基础设施建设，全年开工建设了和平到板榄、沙坪到东起、山坡到沙子、泗顶到桥板的油路工程。

［国内贸易］消费品市场销售稳定增长。实现社会消费品零售总额 32981 万元，其中，批发零售贸易业 29428 万元，餐饮业 3553 万元。

［交通、邮电和旅游业］ 交通运输业稳步发展。全年各种运输方式完成旅客运输量 216.4 万人，其中铁路 21.40 万人，公路 175 万人，水运 20 万人；完成货物运输量 850.85 万吨，其中铁路 45.85 万吨，公路 797 万吨，水运 8 万吨。

邮电通信业持续保持快速增长势头。全年邮电业务收入 4848 万元，其中邮政业务收入 345 万元；电信业务收入 4503 万元。年末本地电话用户 29823 户，比去年增长 23.16%，移动电话用户 30049 户，比上年末净增 6773 户；互联网用户数 3218 户，净增 1689 户，增长 11.46%。

［财政、金融和保险］ 财政收入增长平稳，总收入首次突破亿元，达 10017 万元，增长 9.44%。金融运行平稳。年末金融机构各项存款余额 101077 万元，增长 3.43%。其中，城乡居民储蓄存款余额 79654 万元，增长 7.83%；金融机构各项贷款余额 63218 万元，下降 21.60%。保险事业不断发展。全年保费收入 1711 万元，增长 13.31%，其中，财产险保费 617 万元，寿险保费 1094 万元；全年赔付金额 357 万元，其中，财产险赔付 197 万元，寿险赔付 160 万元。

［卫生、教育］ 卫生事业稳步发展。全社会共有卫生机构 190 个，其中，综合性医院 3 所，精神病医院 1 所，其他乡镇卫生院、专科医院共 20 所，其余的为诊所。卫生机构实有病床 596 张，医院、卫生院卫生技术人员 614 人，其中执业医师和执业助理医师 232 人，注册护师、护士 260 人。

教育事业稳步发展。全县共有幼儿园 18 所，入园儿童 3774 人。普通中学专任教师 977 人，小学专任教师 1415 人；普通中学在校学生 18793 人，小学在校学生 24678 人。学龄儿童入学率 80.7%。

［人民生活和社会保障］ 社会保障覆盖面不断扩大，保障体系日益完备。年末全县参加基本医疗保险的职工 8165 人，参加养老保险的职工人 5545 人，参加失业保险 6992 人。全年全县城居民有 4266 人获得最低生活保障。

城乡居民的生活水平进一步提高。全年城镇居民人均可支配收入 7032 元，比上年增长 2.51%，人均消费性支出 4859 元，比上年增长 6.05%；农民人均纯收入 1859 元，比上年增加了 142 元，增长 8.27%。在岗职工年平均工资 10714 元，比上年增长 13.30%；

（莫柳波）

【融水苗族自治县】

融水苗族自治县地处桂东北，云贵高原的东南端，广西盆地北缘。位于东经 108° 32′ ——109° 27′，北纬 24° 47′ ——25° 42′，东靠融安县，南邻柳城县，西南与环江毛南族、罗城仫佬族、三江侗族自治县毗邻，西北与贵州省从江县相接。全县土地面积 4624 平方公里，辖 4 镇 16 乡，205 个村（居）民委员会。年末总人口 46.81 万人，其中，非农业人口 5.49 万人，占 11.7%。境内自然资源丰富，历史上以高产杉木而著称全国，被誉为“杉木之乡”。山区盛产优质毛竹、油茶、油桐、八角等，野生动植物资源种类繁多。土特产有中草药及食用植物，如蕨菜、重阳笋、杜仲、黄芪、桔梗、香菇、金银花等，是桂北山区的“植物王国”。山区还出产香糯、香鸭、香猪等地方美食，平原丘陵区产的沙田柚品质优良，多次获国家金奖。野生动物主要有猴、果子狸、熊、穿山甲等。矿产资源主要有铁、铜、锡、金、煤等 20 多种。蛇纹石、大理石、花岗岩储藏量尤为丰富。

一年来，全县各族人民以“三个代表”重要思想为动力，解放思想，与时俱进，真抓实干。国民经济保持健康发展，各项社会事业全面进步，城乡居民生活水平不断改善。2003 年，融水苗族自治县生产总值 10.32 亿元，比上年增长 2.20%，其中第一产业增加值 4.61 亿元，增长 2.70%；第二产业增加值 1.99 亿元，下降 4.0%；第三产业增加值 3.72 亿元，增长 5.12%。

［农业］全县年末耕地面积 31532 公顷，其中水田 15278 公顷。粮食总产量 11.84 万吨，比上年下降 2.64%；糖料蔗

32.17万吨，增长9.31%，蔬菜产量8.8万吨，下降4.17%，水果产量2.54万吨，下降1.53%，茶叶产量176吨，下降12.87%，蚕茧产量553吨，增长29.2%，肉类总产量2.05万吨，增长8.1%，水产品产量0.48万吨，增长5.29%。全年造林面积3209公顷，其中经济林153公顷，防护林3056公顷，完成退耕还林1385公顷。全县农业产业结构调整步伐加快，种植结构进一步优化。

［工业］ 工业生产发展不平衡，轻工业发展较快，重工业发展缓慢，综合经济效益明显下降，多数企业产品单一，市场竞争力低，销路不畅，产品产销率低。全县工业总产值31283万元，工业增加值1.37亿元，下降12.6%，其中规模以上工业企业完成工业总产值19189万元，增长11.97%。工业增加值9831万元，增长0.14%，工业实现利税3235万元，下降30.7%。规模以下工业完成总产值12094万元。

［固定资产投资］ 全社会固定资产投资完成24310万元，比上年增长17.28%。其中，更新改造投资2080万元，下降59.92%，基本建设投资13678万元，增长54.62%，其他投资1196万元，下降13.89%，房地产投资3022万元，增长100%。本年新增的主要生产能力有：日处理原料蔗500吨，新建公路6.4公里，桥梁一座。

［对外贸易和引进外资］ 当年新签项目（合同）2个，合同外资金额157万美元，实际使用外资金额107万美元，已投产企业1个，外商直接投资150万美元。

［金融、保险和财政］ 年末金融机构存款余额99389万元，增长18.9%。其中，城乡居民储蓄存款余额76901万元，增长13.89%；金融机构贷款余款53917万元，增长8.72%。

保险事业发展较快，全年保费收入1785万元，增长18.84%，其中，财产险保费收入664万元，增长20.95%，寿险保费收入1121万元，增长17.63%。

全年完成财政收入8338万元，增长12.2%，其中，地方财政收入5042万元，增长9.7%。财政支出21690万元，同比增长13.67%。

［教育、科技和卫生］ 教育事业进一步发展，普通中等专业学校在校学生763人，普通中学在校学生20167人，小学在校学生41938人。适龄儿童入学率96.3%。年末共有卫生机构55个，其中医院、卫生院23个；病床床位518张；卫生技术人员669人，其中医生297人，护师、护士259人。

［人民生活和社会保障］ 城乡居民生活水平稳步提高，全年城镇居民人均可支配收入4234元，比上年增长0.59%，人均消费性支出3540元，增长12.85%。农民人均纯收入1487元，比上年增长7.75%。职工年平均工资10505元，增长0.38%。社会保障事业不断发展。年末全县失业保险参保人数10480人，基本医疗保险参保人数10864人，全年共支付下岗职工生活保障金1129万元。国有企业下岗职工再就业801人。全年有5939人获城镇最低生活保障，发放保障金375万元。救济农村五保户9626人次，发放救济金22.56万元，救济特困户7399人次，发放救济金22.57万元。

（胡振飞　黄　波）

【三江侗族自治县】

三江侗族自治县位于广西柳州市北部，地处云贵高原东缘，广西、湖南、贵州三省（区）交界处，全县面积2430平方公里，辖3镇13乡166个村（居委会），总人口34.7万人，聚居侗、苗、瑶、壮、汉等民族，少数民族人口占83.4%。

2003年，全县各族人民牢牢把握加快发展之主题，抓住发展机遇，创新工作机制，努力实现工业提升、培育龙头产业、基地建设、基础设施建设的“四个突破”，通过做好项目带动、引进带动、扶贫带动、流通带动、企业带动等“五个带动”，在大旱之年，国民经济仍取得一定发展，各项事业进步，城乡居民生活水平提高。全县实现地区生产总值6.77亿元，比上年下降3.6%，其中第一产业实现增加值2.75亿元，比上年下降1.4%，第二产业实现增加值1.40亿元，比上年下降28.8%，第三产业实现增加值2.62亿元，比上年增长13.5%。

［农业］ 2003年，紧紧围绕农业增效，农民增收，农村稳定这一战略目标，强化农业基础地位，加大农村工作力度，把“三农”问题摆在全县经济工作的突出位置，开创农村工作新局面，努力搞好农业产业结构调整，实施“四个一”（一片茶、一根竹、一个果、一头牛）工程，农业生产得到进一步发展。虽为大旱之年，全县仍实现农林牧渔业总产值43167万元，比上年下降1.09%。全年粮食总产量63533吨，比上年同期下降11.2%；茶叶519吨，比上年增长5.7%；肉类总产量18225吨，比上年增长1.3%。逐步形成了油茶林基地、茶叶基地、肉牛基地、毛竹基地，为全县农民增收创造了条件。

［工业］ 2003年，全县工业生产面临困境，受电力供应紧缺的影响，全县高能耗生产企业无法运转，全县工业总产值完成20543万元，比上年下降45.68%，其中，规模以上工业总产值6716万元，比上年下降18.9%，规模以下工业总产值13827万元，比上年下降53.19%。

［固定资产投资］ 在公路建设、电网改造及城镇化建设的带动下，固定资产投资增长迅猛。全社会固定资产投资26120万元，比上年增长19.39%。其中：基本建设完成投资14883万元，比上年同期增长0.9%；更新改造1116万元，比上年同期增长150.22%；城镇工矿区私人建房4256万元，比上年同期增长195.35%。年内草头坪水利枢纽工程、三江至融安二级公路改建工程、农网改造工程以及乡级油路建设，有效拉动了全县国民经济的发展。

［交通运输邮电通讯业］ 交通条件不断改善，通讯网络建设不断加强，全县等级公路407公里，客货运输周转量3896万吨/公里，比上年增长6.9%，邮电通讯业务总量2316万元，比上年增长56.4%，本地电话用户22875户，比上年增长20.39%，移动电话13596户，比上年增长45.55%。

［国内贸易］ 消费品市场销售快速增长，全社会消费品零售总额31779万元，比上年增长11.20%，其中批发零售贸易业28010万元，比上年增长55.15%，餐饮业3753万元，比上年下降14.49%，县城16054万元，比上年增长12.01%，县以下15725万元，比上年增长10.38%。

［财政、金融、保险］ 财政收入稳步增长，2003年全县完成财政收入4868万元，比上年增长6.12%，其中地方财政收入3653万元，比上年增长8.75%；财政支出16978万元，比上年增长22.27%。年末金融机构存款余额64683万元，比上年增长13.19%；城乡居民储蓄存款余额46611万元，比上年增长9.3%，金融机构各项贷款余额52583万元，比上年增长39.01%。

［教育、科技、文化、卫生］ 加强少数民族教育事业，素质教育进一步推进。2003年，小学入学率达98%，小学升学率87.6%，比上年提高5.3个百分点，初中升学率18.5%，比上年提高7.5个百分点。全县参加普通高考546人，录取本科145人，预科本科21人，专科246人，专科录取率为75.5%；成人高考录取521人，录取率68.2%，普通高考和成人高考成绩再创新高。

加强科技工作培训，走科技强县战略，把农民科技扶贫培训当作重要的扶贫项目来实施，提高农民素质。全年总共举办717期培训班，培训人员达45200多人。

组织送文化下乡，开展全民读书日活动、捐书活动；增加广播电视的硬件投入，巩固和发展"村村通广播电视"工程，广播电视覆盖率达95.48%。

卫生事业健康发展，2003年末，全县卫生机构20个，其中医院2所，卫生院15所，全县卫生技术人员417人，病床410张，农村初级卫生保健工作得到加强，结合沼气池建设改厕7092个。

［人民生活与社会保障］ 城乡居民收入继续增加，人民生活水平稳步提高，2003年，城镇居民人均可支配收入5434元，比上年同期增长10.27%，农民人均纯收入1450元，比上年增长6.07%，高档耐用消费品在城镇基本普及，同时正逐步走进农家。

社会保障体系不断完善，城镇居民的低保工作进一步落实，企业下岗职工基本生活费和离退休人员养老金按时足额发放。

（赖诗义）

第五部分　统计资料

统计示意图

年末总人口（万人）

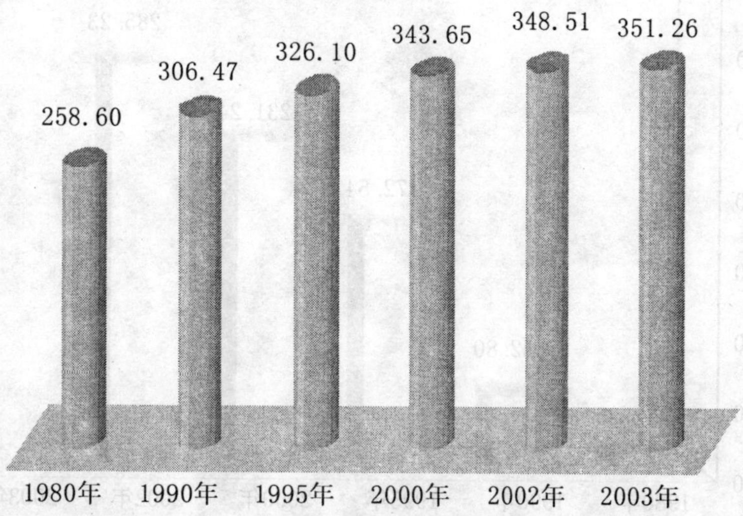

全社会从业人员(万人)

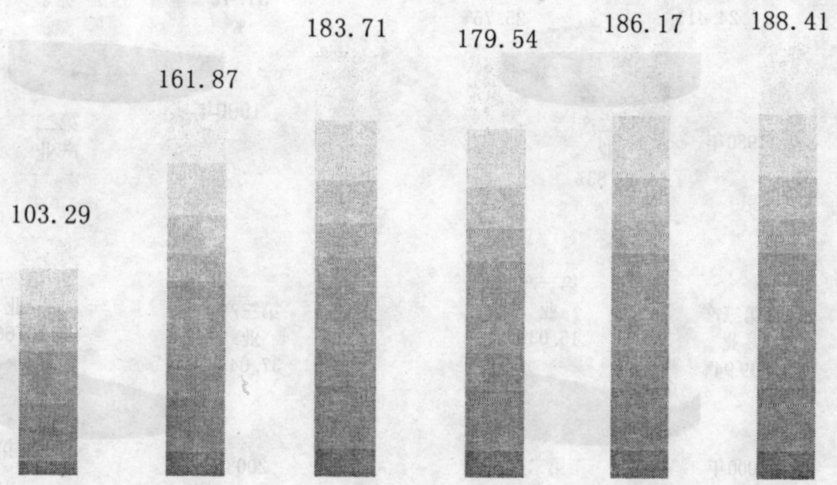

地区生产总值(亿元)

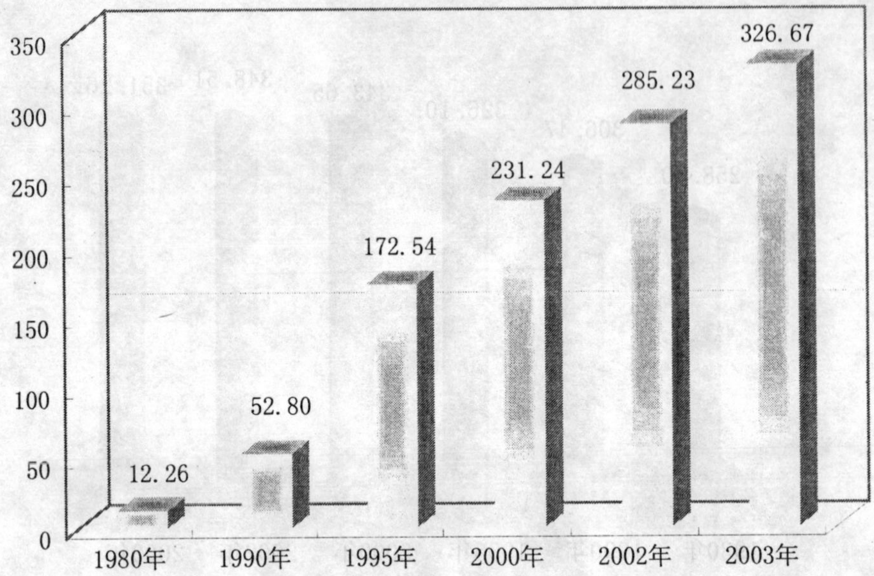

地区生产总值构成（%）

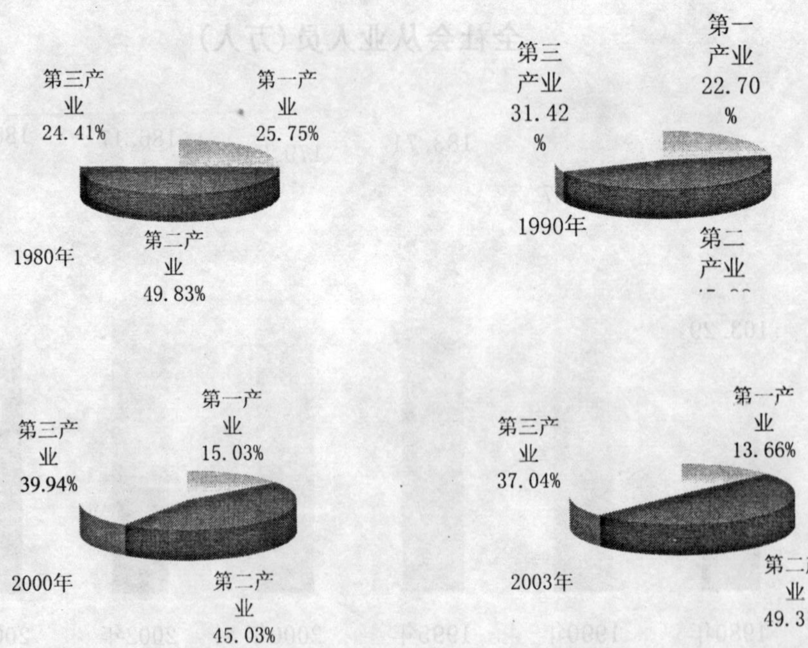

人均地区生产总值(元)

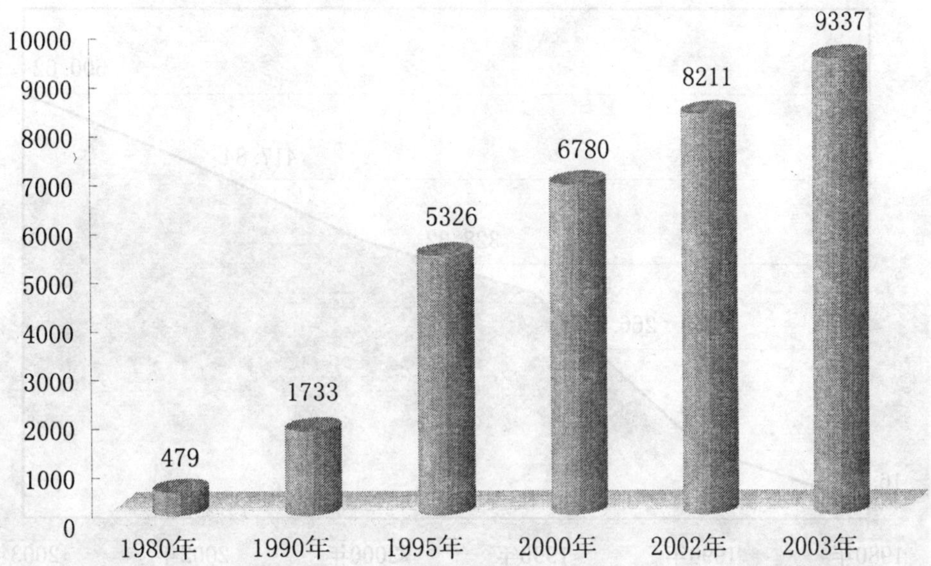

财政总收入(亿元)

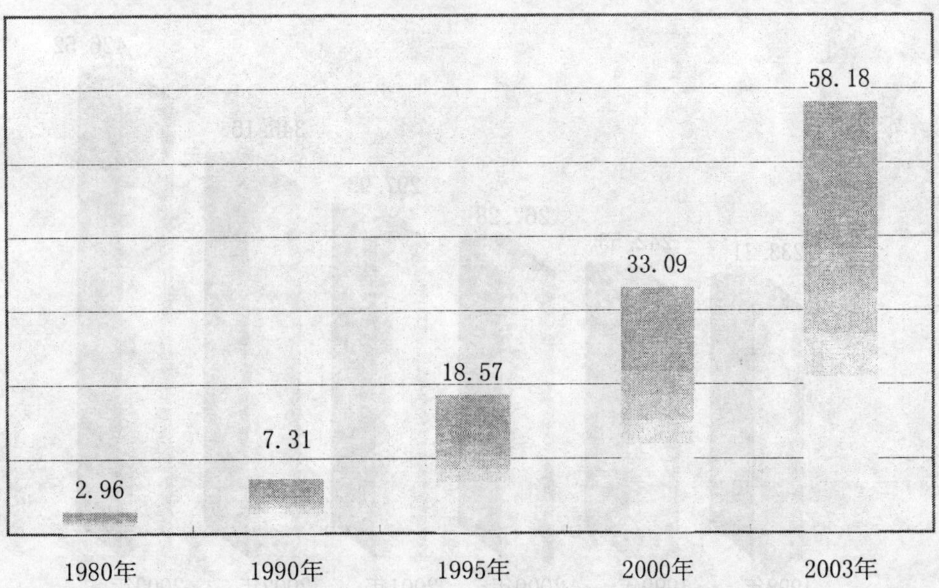

全部工业总产值(亿元)

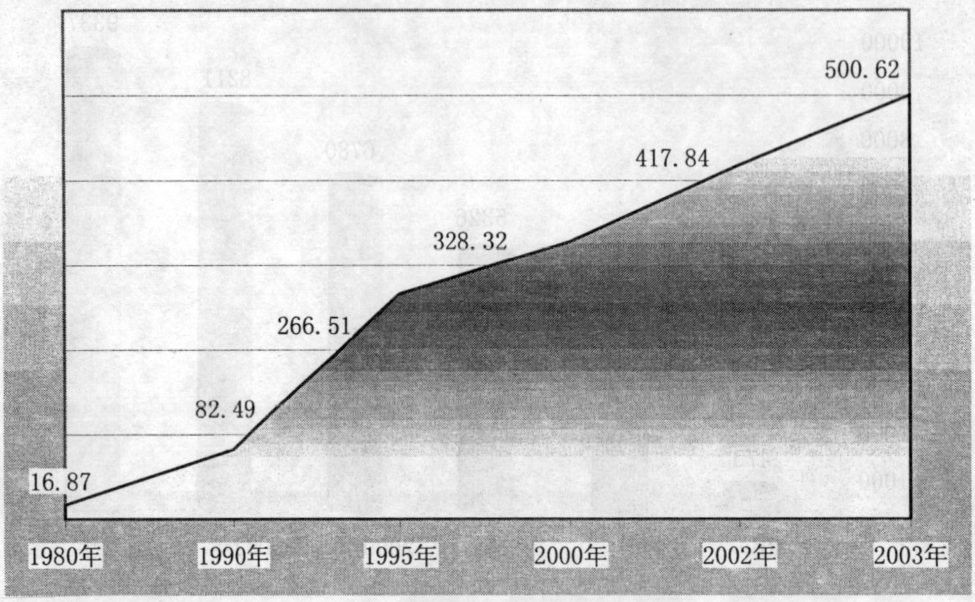

规模以上工业总产值(亿元)

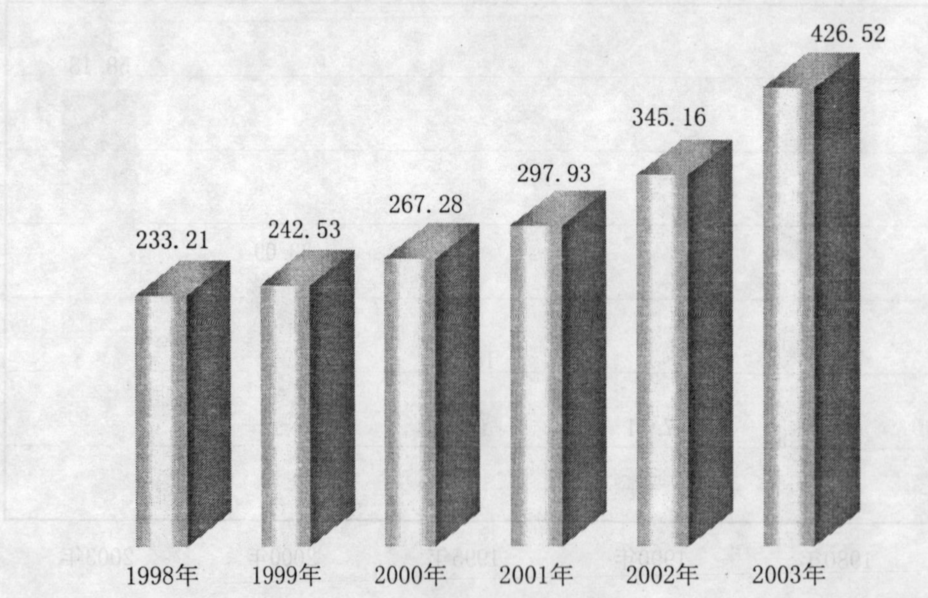

农林牧渔业总产值(亿元)

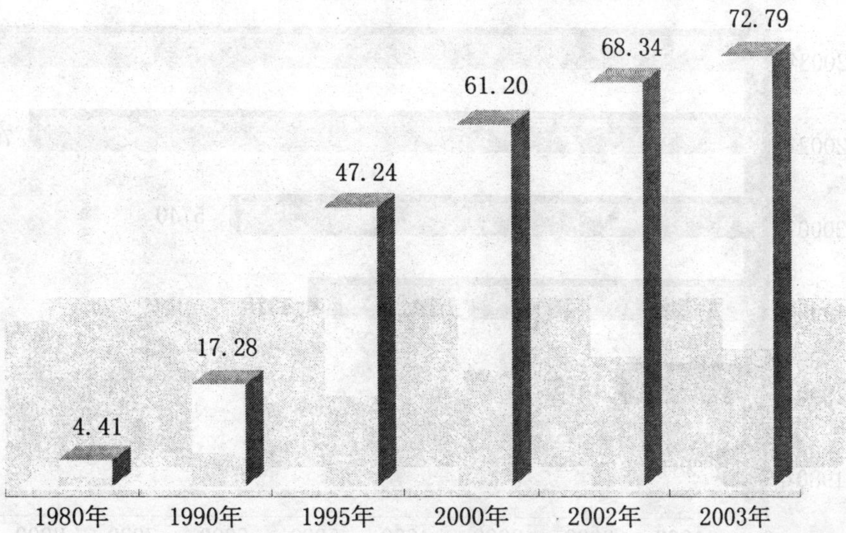

4.41
17.28
47.24
61.20
68.34
72.79
1980年
1990年
1995年
2000年
2002年
2003年

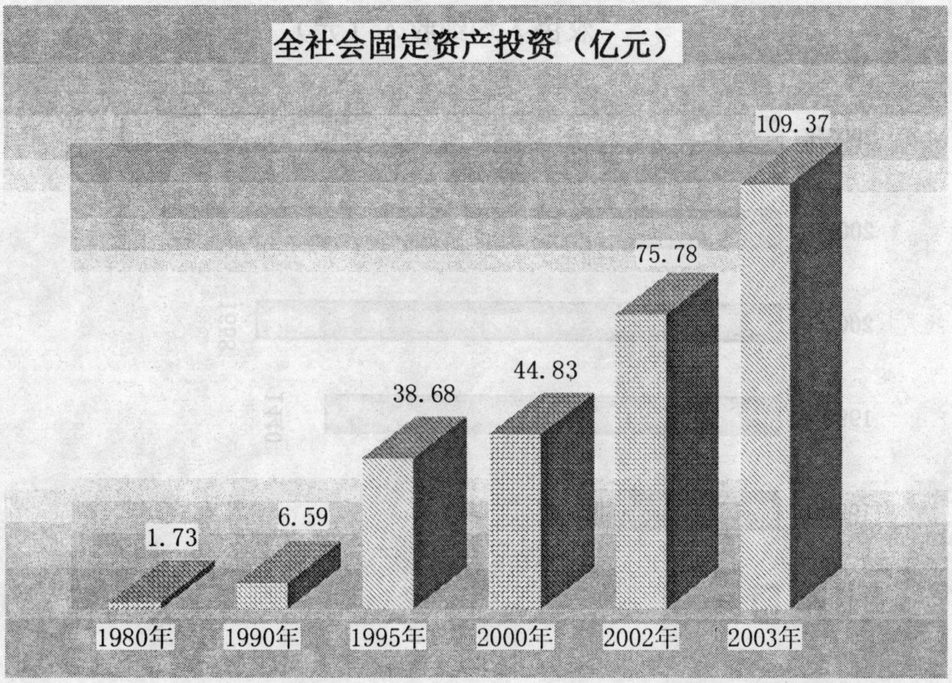

全社会固定资产投资（亿元）
1.73
6.59
38.68
44.83
75.78
109.37
1980年
1990年
1995年
2000年
2002年
2003年

城市居民人均可支配收入（元）

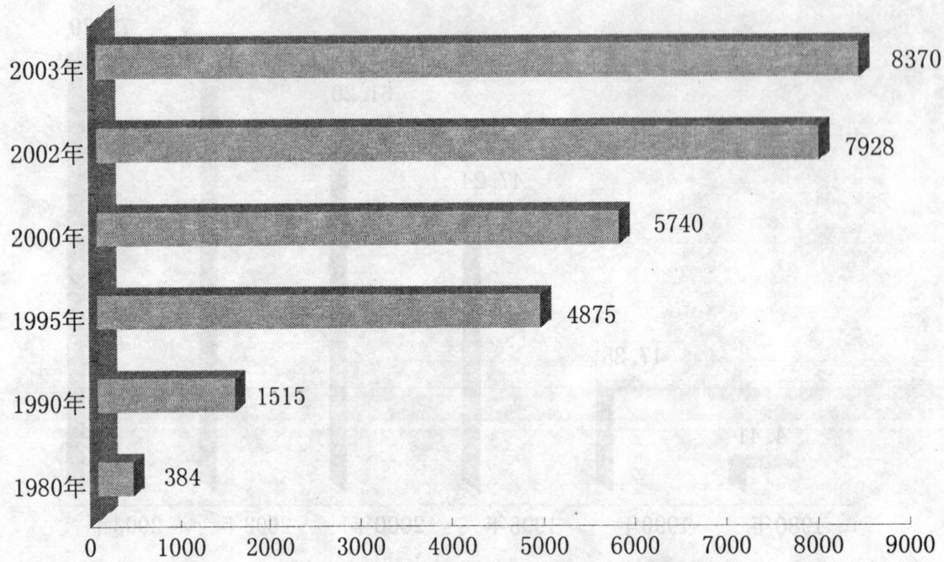

农民人均纯收入（元）

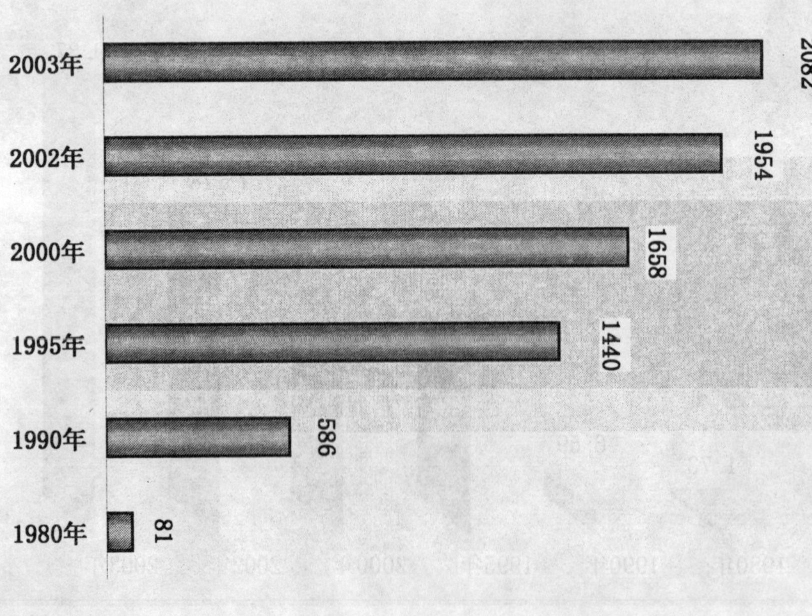

在岗职工平均工资（元）

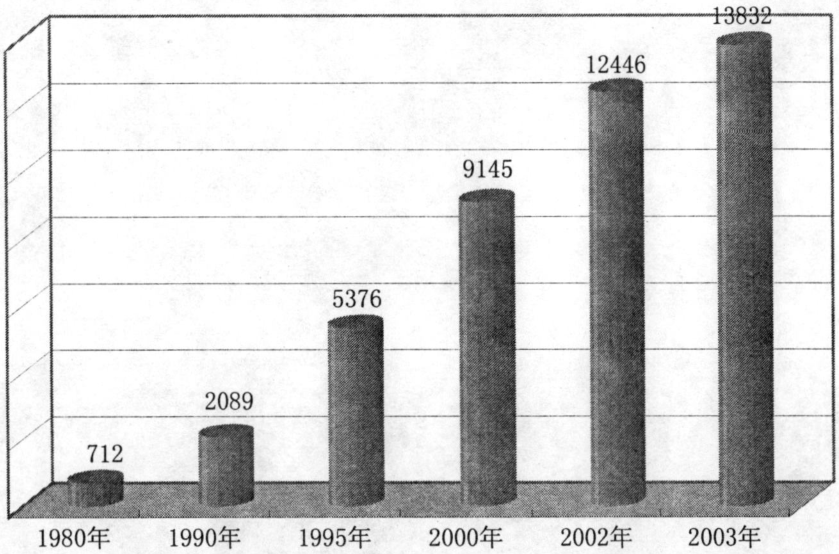

城乡居民储蓄存款余额(亿元)

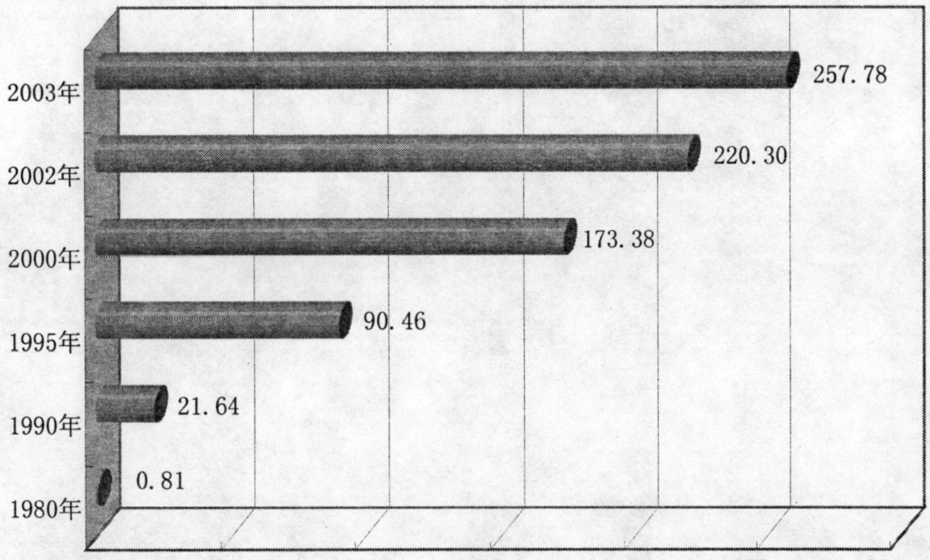

综合统计资料 1

1-1 行政区划

（2003年） 单位：个

	乡镇、街道办事处	乡	#民族乡	镇	办事处	村民、居民委员会	村委会	社区居委会
总　　计	**120**	**53**	**6**	**45**	**22**	**1149**	**932**	**217**
市　　区	32	3		7	22	217	67	150
城　中　区	6			1	5	24	6	18
柳　北　区	11	2		4	5	78	37	41
鱼　峰　区	7			1	6	49	4	45
柳　南　区	8	1		1	6	66	20	46
柳　江　县	13	2		11		143	127	16
柳　城　县	14	5	1	9		136	121	15
鹿　寨　县	11	6		5		129	121	8
融　安　县	14	8		6		153	138	15
融水苗族自治县	20	16	2	4		205	198	7
三江侗族自治县	16	13	3	3		166	160	6

1-2 乡（镇）、街道办事处一览表

（2003年）

县（区）	乡（镇）、街道办事处
城　中　区	城中办事处、公园办事处、中南办事处、水上办事处、潭中办事处、柳东镇
柳　北　区	解放办事处、雅儒办事处、胜利办事处、雀儿山办事处、柳钢办事处、石碑坪镇、沙塘镇、长塘镇、洛埠镇、黄村乡、白露乡
鱼　峰　区	天马办事处、驾鹤办事处、箭盘办事处、五里亭办事处、荣军办事处、阳和办事处、羊角山镇
柳　南　区	河西办事处、柳南办事处、柳石办事处、南站办事处、鹅山办事处、银山办事处、太阳村镇、西鹅乡
柳　江　县	拉堡镇、里雍镇、百朋镇、成团镇、洛满镇、流山镇、三都镇、里高镇、进德镇、穿山镇、土博镇、白沙乡、福塘乡
柳　城　县	大埔镇、龙头镇、太平镇、沙埔镇、东泉镇、凤山镇、六塘镇、冲脉镇、寨隆镇、西安乡、社冲乡、古砦仫佬族乡、洛崖乡、马山乡
鹿　寨　县	鹿寨镇、雒容镇、寨沙镇、中渡镇、平山镇、黄冕乡、江口乡、导江乡、龙江乡、拉沟乡、四排乡
融　安　县	长安镇、板榄镇、大将镇、浮石镇、泗顶镇、大良镇、雅瑶乡、大坡乡、城东乡、大巷乡、桥板乡、沙子乡、东起乡、潭头乡
融水苗族自治县	融水镇、和睦镇、三防镇、怀宝镇、永乐乡、四荣乡、香粉乡、安太乡、洞头乡、汪洞乡、同练瑶族乡、滚贝侗族乡、杆洞乡、安陲乡、大浪乡、白云乡、红水乡、拱洞乡、良寨乡、大年乡
三江侗族自治县	古宜镇、丹洲镇、斗江镇、周坪乡、程村乡、和平乡、老堡乡、高基瑶族乡、良口乡、洋溪乡、富禄苗族乡、梅林乡、八斗乡、林溪乡、独峒乡、同乐苗族乡

1-3 气象情况

（2003年）

指标名称	计量单位	柳州市区	柳江县	柳城县	鹿寨县	融安县	融水苗族自治县	三江侗族自治县
年平均气温	℃	21.8	21.4	20.9	21.3	19.9	20.2	18.7
极端最高气温	℃	39.0	38.8	39.2	39.5	38.6	38.5	39.2
极端最低气温	℃	0.2	-0.5	-1.3	0.4	-0.7	-0.6	-2.9
年总降水量	毫米	940.6	988.1	938.5	1192.1	1771.8	1565.3	1366.4
一日最大降水量	毫米	66.3	64.8	71.7	52.0	255.2	151.2	73.0
下雨天数(>=0.1毫米)	日	121	125	127	134	164	154	164
平均相对湿度	%	72	76	76	73	77	78	80
年总蒸发量	毫米	1106.1	1568.4	1481.8	1481.6	918.3	1486.5	1233.8
年日照时数	小时	1891.4	1799.2	1786.9	1844.9	1635.3	1747.5	1387.3

1-4 柳州市主要年份平均每天的主要经济活动

指标名称	单位	1997年	1998年	1999年	2000年	2001年	2002年	2003年
出生人数	人	108	92	96	151	96	90	107
地区生产总值(当年价)	万元	5327	5690	5913	6423	7174	7923	9074
工农业总产值(当年价)	万元	9131	9606	9957	10820	12041	13505	15928
工业总产值	万元	7641	8034	8339	9120	10233	11607	13906
农林牧渔业总产值	万元	1490	1572	1618	1700	1808	1898	2022
粮食总产量	吨	2592	2686	2686	2686	2598	2430	2219
甘蔗产量	吨	9978	9090	10387	11212	14253	18072	17477
蔬菜产量	吨	1804	1991	2656	2871	3486	3716	3875
肉类产量	吨	345	380	388	425	479	543	585
水产品产量	吨	75	96	98	108	113	120	129
邮电业务总量	万元	131	177	229	300	335	350	482
全社会固定资产投资总额	万元	1149	1282	1263	1245	1410	2105	3038
地方财政收入	万元	259	363	387	458	592	632	754
社会消费品零售总额	万元	2018	2068	2151	2254	2627	2857	2525（新口径）
市区用电量	万千瓦时	901	882	843	908	956	996	1087
市区供水量	万吨	117	116	119	115	115	112	109
市区公共车辆乘客人数	万人次	38	45	50	47	51	49	55

注：从2003年起，社会消费品零售总额不包括制造业和农业生产者的直接零售

1-5　柳江县主要年份平均每天的主要经济活动

指 标 名 称	单位	1997年	1998年	1999年	2000年	2001年	2002年	2003年
出生人数	人	11	12	12	14	12	11	15
地区生产总值(当年价)	万元	539	590	618	668	727	817	912
工农业总产值(当年价)	万元	769	824	865	932	1021	1260	1556
工业总产值	万元	447	501	528	566	624	840	1073
农林牧渔业总产值	万元	323	323	337	366	396	420	483
粮食总产量	吨	586	604	614	605	543	506	460
甘蔗产量	吨	3228	3531	3380	3849	5053	5875	5303
蔬菜产量	吨	578	631	715	751	1056	1234	1325
肉类产量	吨	43	51	73	91	101	109	120
水产品产量	吨	11	17	19	20	22	22	24
邮电业务总量	万元	7	10	11	16	19	22	42
全社会固定资产投资总额	万元	65	73	62	66	69	97	169
地方财政收入	万元	22	22	25	26	32	40	48
社会消费品零售总额	万元	118	133	149	164	183	202	124（新口径）
城乡集贸市场成交额	万元	50	66	70	80	90	91	101

1-6 柳城县主要年份平均每天的主要经济活动

指标名称	单位	1997年	1998年	1999年	2000年	2001年	2002年	2003年
出生人数	人	10	10	13	11	9	15	16
地区生产总值(当年价)	万元	401	453	437	484	544	593	589
工农业总产值(当年价)	万元	760	815	755	788	909	946	909
工业总产值	万元	418	425	373	380	475	510	464
农林牧渔业总产值	万元	342	390	382	407	435	436	445
粮食总产量	吨	491	511	523	531	530	507	459
甘蔗产量	吨	3916	4365	4179	4745	5656	7255	7212
蔬菜产量	吨	168	218	301	367	376	402	441
肉类产量	吨	74	83	69	78	88	94	103
水产品产量	吨	11	18	21	24	25	27	27
邮电业务总量	万元	4	5	4	6	10	11	13
全社会固定资产投资总额	万元	66	44	44	65	58	108	120
地方财政收入	万元	22	22	23	27	33	35	74
社会消费品零售总额	万元	144	113	142	151	152	161	108（新口径）
城乡集贸市场成交额	万元	87	67	73	74	72	80	

1-7 鹿寨县主要年份平均每天的主要经济活动

指 标 名 称	单位	1997年	1998年	1999年	2000年	2001年	2002年	2003年
出生人数	人	9	9	9	17	10	10	19
地区生产总值(当年价)	万元	502	530	544	574	619	673	691
工农业总产值(当年价)	万元	774	800	808	855	954	1042	1067
工业总产值	万元	501	516	489	519	598	662	674
农林牧渔业总产值	万元	273	283	319	336	356	380	393
粮食总产量	吨	558	572	568	557	537	503	463
甘蔗产量	吨	1897	229	2140	1729	1982	2547	2624
蔬菜产量	吨	154	184	574	599	799	838	865
肉类产量	吨	101	117	99	99	111	124	131
水产品产量	吨	13	14	12	13	13	14	15
邮电业务总量	万元	5	7	8	14	16	15	21
全社会固定资产投资总额	万元	152	256	180	200	172	177	224
地方财政收入	万元	28	32	32	30	32	36	41
社会消费品零售总额	万元	98	99	107	114	127	142	122 （新口径）
城乡集贸市场成交额	万元	80	84	91	97	108	121	135

1-8 融安县主要年份平均每天的主要经济活动

指 标 名 称	单位	1997年	1998年	1999年	2000年	2001年	2002年	2003年
出生人数	人	8	7	6	8	8	7	8
地区生产总值(当年价)	万元	249	260	274	321	358	370	318
工农业总产值(当年价)	万元	245	229	251	290	323	324	325
工业总产值	万元	124	98	113	152	178	173	152
农林牧渔业总产值	万元	121	131	138	138	145	151	173
粮食总产量	吨	320	322	311	322	311	289	249
甘蔗产量	吨	122	101	144	149	288	533	449
蔬菜产量	吨	167	176	264	302	355	342	326
肉类产量	吨	24	24	29	32	35	38	41
水产品产量	吨	7	9	9	9	9	9	10
邮电业务总量	万元	3	4	5	5	4	10	19
全社会固定资产投资总额	万元	64	67	48	85	87	88	76
地方财政收入	万元	10	11	11	12	14	16	17
社会消费品零售总额	万元	64	67	70	75	82	94	92（新口径）

1-9 融水县主要年份平均每天的主要经济活动

指 标 名 称	单 位	1997年	1998年	1999年	2000年	2001年	2002年	2003年
出生人数	人	13	13	13	16	14	13	15
地区生产总值(当年价)	万元	257	208	225	233	256	283	287
工农业总产值(当年价)	万元	294	262	263	265	279	289	298
工业总产值	万元	115	87	80	81	94	100	87
农林牧渔业总产值	万元	180	175	182	183	185	189	211
粮食总产量	吨	354	370	364	363	368	338	329
甘蔗产量	吨	413	363	317	291	600	822	905
蔬菜产量	吨	167	169	208	204	233	255	245
肉类产量	吨	41	41	41	41	49	53	57
水产品产量	吨	10	12	12	14	13	13	13
邮电业务总量	万元	3	4	6	6	9	9	12
全社会固定资产投资总额	万元	24	26	62	34	37	58	68
地方财政收入	万元	13	14	14	14	13	13	14
社会消费品零售总额	万元	107	98	100	100	105	112	111（新口径）
城乡集贸市场成交额	万元	42	50	61	69	78	83	89

1-10 三江县主要年份平均每天的主要经济活动

指标名称	单位	1997年	1998年	1999年	2000年	2001年	2002年	2003年
出生人数	人	9	9	8	11	11	11	13
地区生产总值(当年价)	万元	152	152	162	171	190	187	188
工农业总产值(当年价)	万元	211	161	171	181	185	187	177
工业总产值	万元	123	65	74	79	76	77	57
农林牧渔业总产值	万元	88	97	98	102	109	110	120
粮食总产量	吨	193	212	210	212	219	199	176
甘蔗产量	吨	0	0	0	0	0	0	1
蔬菜产量	吨	148	146	95	135	121	116	122
肉类产量	吨	28	30	32	38	41	50	51
水产品产量	吨	3	4	4	5	6	6	7
邮电业务总量	万元	2	2	3	3	4	4	6
全社会固定资产投资总额	万元	16	33	39	42	45	61	73
地方财政收入	万元	6	8	8	10	10	9	10
社会消费品零售总额	万元	44	45	45	47	62	69	88 (新口径)
城乡集贸市场成交额	万元		30	32	44	22	25	33

1-11 柳州市国民经济主要指标占全区比重

（2003年）

指标名称	单位	柳州市	广西	柳州市占广西%
年末总人口	万人	351.26	4857.00	7.23
地区生产总值	亿元	326.67	2735.13	11.94
第一产业	亿元	44.92	652.28	6.89
第二产业	亿元	161.07	1007.96	15.98
#工业	亿元	136.05	813.81	16.72
第三产业	亿元	120.68	1074.89	11.23
规模以上工业总产值	亿元	426.52	1436.43	29.69
农林牧渔业总产值	亿元	72.79	1030.90	7.06
全社会固定资产投资总额	亿元	109.37	987.31	11.08
#基本建设投资	亿元	41.11	448.83	9.16
更新改造投资	亿元	30.67	142.74	21.49
房地产开发投资	亿元	27.90	120.31	23.19
社会消费品零售总额	亿元	90.90	857.71	10.60
外贸进出口总额（海关数）	亿美元	0.76	31.92	2.38
实际利用外资额	亿美元	0.63	6.90	9.13
财政总收入	亿元	58.19	341.42	17.04
城乡居民储蓄存款余额	亿元	257.78	1971.66	13.07
年末在岗职工人数	万人	32.23	255.75	12.60

注:从2003年起,社会消费品零售总额不包括制造业和农业生产者的直接零售.

1-12　柳州市主要年份主要指标及发展速度

指 标 名 称	单 位	1978年	1980年	1985年	1990年	1995年	1998年
年末总人口	万人	247.82	258.6	281.78	306.47	326.1	336.66
社会从业人数	万人		103.29	137.52	161.87	183.71	181.37
#职工	万人	26.76	31.37	37.77	44.36	48.94	42.12
地区生产总值（现价）	万元	98855	122626	231565	528036	1725445	2048486
第一产业	万元	27019	31582	51831	119845	292525	347415
第二产业	万元	48554	61107	115254	242286	918348	929608
#工业	万元	45295	56687	107677	228818	833407	827645
第三产业	万元	23282	29937	64480	165905	514572	771463
工农业总产值（现价）	万元	175767	212777	429271	997619	3137525	3458011
工业总产值	万元	136997	168701	355692	824869	2665127	2892219
轻工业	万元	57425	84910	163387	390534	931714	963388
重工业	万元	79572	83791	192305	434335	1733413	1928831
农林牧渔业总产值	万元	38770	44076	73579	172786	472398	565874
粮食总产量	万吨	59.85	62.93	59.47	81.46	92.58	96.68
甘蔗总产量	万吨	24.57	30.83	59.86	123.36	267.75	401.26
肉类总产量	万吨	1.95	1.49	2.65	4.9	8.29	12.01
蔬菜总产量	万吨				16.60	28.82	36.30
水果总产量	万吨	0.81	1.09	1.5	3.82	8.1	9.74
水产品总产量	万吨	0.16	0.2	0.43	0.76	1.82	3.47
全社会固定资产投资总额	万元	12288	17302	48756	65881	386777	461678
社会消费品零售总额	万元	36274	47510	94315	188437	604843	744542
外贸出口总值	万美元						
实际利用外资额	万美元				425	3424	2953
财政总收入	万元	27893	29641	43681	73074	185718	257430
城乡居民储蓄存款余额	万元	5154	8073	43634	216400	904640	1480877
职工年平均工资	元／人	572	712	1139	2089	5376	6729
城市居民人均可支配收入	元／人		384	668	1515	4857	5552
农民年人均纯收入	元／人	82	81	316	586	1440	2155
居民消费品价格指数	%	100.16	105.04	115.4	99.7	120.0	95.3

注：根据国家统计局、自治区统计局要求，我市历年地区生产总值、农民人均纯收入、社会消费品零售总额有调整，使用时请注意。

1-12 续表

指标名称	单位	1999年	2000年	2001年	2002年	2003年	平均增长速度（%）		
							1979－2003年	1991－2003年	1996－2003年
年末总人口	万人	338.45	343.65	346.23	348.51	351.26	1.41	1.05	0.93
社会从业人数	万人	180.41	179.54	181.05	186.17	188.41		1.17	0.32
#职工	万人	38.26	36.26	35.32	37.31	36.15	1.21	-1.56	-3.72
地区生产总值（现价）	万元	2128552	2312445	2582544	2852319	3266706	11.06	11.93	9.68
第一产业	万元	356033	373637	393956	428629	449162	6.56	8.07	9.08
第二产业	万元	952060	1021592	1134272	1284493	1610681	12.67	13.98	9.81
#工业	万元	853936	925887	1026823	1131124	1360483	12.97	13.61	9.36
第三产业	万元	820459	917216	1054316	1139197	1206863	13.50	11.74	9.79
工农业总产值（现价）	万元	3584479	3895189	4334727	4861793	5734131	13.83	13.42	10.11
工业总产值	万元	3002125	3283229	3683987	4178409	5006187	15.34	14.22	10.34
轻工业	万元	965195	1010347	1076703	1160373	1168493	12.45	7.60	4.07
重工业	万元	2036930	2272882	2607284	3018036	3837694	16.75	17.99	13.02
农林牧渔业总产值	万元	582354	611960	650740	683384	727944	7.73	7.90	7.92
粮食总产量	万吨	96.71	96.69	93.53	87.48	79.89	1.16	-0.15	-1.83
甘蔗总产量	万吨	384.59	403.63	513.09	650.58	629.16	13.85	13.35	11.27
肉类总产量	万吨	12.34	13.47	16.6	16.78	18.05	9.31	10.55	10.21
蔬菜总产量	万吨	95.61	103.34	125.50	133.76	139.49		17.79	21.79
水果总产量	万吨	15.16	11.95	16.96	17.69	19.57	13.59	3.16	11.66
水产品总产量	万吨	3.53	3.89	4.08	4.31	4.66	14.44	14.97	12.47
全社会固定资产投资总额	万元	454624	448313	507723	757782	1093675	19.67	24.12	13.88
社会消费品零售总额	万元	774262	811515	945718	1028609	908985（新口径）			
外贸出口总值	万美元				2812	2644			
实际利用外资额	万美元	2582	1017	1839	5018	6272			
财政总收入	万元	279288	330883	422001	490002	581884	12.92	17.30	15.34
城乡居民储蓄存款余额	万元	1627566	1733800	1952000	2203031	2577804	28.22	21.00	13.98
职工年平均工资	元／人	7505	9145	10676	12446	13832	13.59	15.65	12.54
城市居民年平均可支配收入	元／人	5328	5740	7547	7928	8370		14.05	7.04
农民年人均纯收入	元／人	2183	1658	1797	1954	2082	13.81	10.24	4.72
居民消费品价格指数	%	98.6	99.8	99.7	100.6	100.6			

1-13 柳江县主要年份主要指标及发展速度

指 标 名 称	单 位	1978年	1980年	1985年	1990年	1995年	1998年
年末总人口	万人	38.71	39.69	43.85	46.58	49.20	50.94
社会从业人数	万人	16.05	17.22	19.43	22.22	26.36	26.77
#职工	万人	1.67	1.71	1.76	2.15	2.55	2.50
地区生产总值（现价）	万元	9333	10190	16696	40363	158404	212274
第一产业	万元	5940	7219	11080	23770	66395	74653
第二产业	万元	1451	1808	2624	8356	51108	63954
#工业	万元	934	1231	2027	6616	44627	56357
第三产业	万元	1942	1163	2992	8553	40901	73667
工农业总产值（现价）	万元	10574	12747	21363	57954	243868	296613
工业总产值	万元	2611	3197	6226	23357	141226	180251
轻工业	万元	1850	2273	3255	15812	62240	107199
重工业	万元	761	924	2971	7545	78986	73052
农林牧渔业总产值	万元	7963	9550	15137	34597	102642	116362
粮食总产量	万吨	12.17	12.36	13.86	18.20	20.57	21.75
甘蔗总产量	万吨	7.71	7.68	11.67	35.07	78.10	127.11
肉类总产量	万吨	0.50	0.31	0.55	0.84	1.24	1.84
蔬菜总产量	万吨	3.48	3.57	6.78	6.57	14.00	22.71
水果总产量	万吨	0.24	0.38	0.39	0.35	0.99	1.21
水产品总产量	万吨	0.02	0.02	0.08	0.12	0.23	0.63
全社会固定资产投资总额	万元	856	375	1642	5025	28624	26355
社会消费品零售总额	万元	2761	3864	7933	16800	35906	47910
财政总收入	万元	1129	1046	1392	4652	7413	11672
城乡居民储蓄存款余额	万元	102	182	1021	7341	40039	78112
职工年平均工资	元／人	458	597	868	1865	4719	5987
农民年人均纯收入	元／人	104	181	324	814	1556	1730

注：根据国家统计局、自治区统计局要求，历年地区生产总值、农民人均纯收入、社会消费品零售总额有调整，使用时请注意。

1-13 续表

指标名称	单位	1999年	2000年	2001年	2002年	2003年	平均增长速度（%）		
							1979—2003年	1991—2003年	1996—2003年
年末总人口	万人	51.43	52.27	52.85	52.92	53.13	1.27	1.02	0.97
社会从业人数	万人	28.04	27.29	26.98	26.98	29.89	2.52	2.31	1.58
#职工	万人	2.44	2.43	2.82	2.65	2.44	1.53	0.98	-0.55
地区生产总值（现价）	万元	222351	240636	261735	294237	326263	10.32	13.70	9.55
第一产业	万元	75858	81286	86691	91972	109051	7.43	10.24	11.04
第二产业	万元	62832	70146	74179	92080	138100	14.42	18.64	10.85
#工业	万元	56629	63566	66017	86800	119406	15.86	19.26	10.96
第三产业	万元	83661	89204	100865	110185	81112	11.52	13.05	5.89
工农业总产值（现价）	万元	311251	335547	367400	453520	560079	13.72	18.44	14.74
工业总产值	万元	190032	203800	224774	302250	386416	22.26	24.13	16.07
轻工业	万元	96054	109697	103174	121092	140965	19.03	18.05	16.14
重工业	万元	93978	94103	121600	181158	245451	26.54	32.22	16.03
农林牧渔业总产值	万元	121219	131747	142626	151270	173663	7.25	9.39	10.52
粮食总产量	万吨	22.09	21.76	19.53	18.21	16.56	1.24	-0.72	-2.67
甘蔗总产量	万吨	121.66	138.56	181.91	211.52	190.92	13.70	13.92	11.82
肉类总产量	万吨	2.62	3.27	3.64	3.92	4.3	8.99	13.38	16.82
蔬菜总产量	万吨	25.75	27.04	38.01	44.42	47.71	11.04	16.48	16.56
水果总产量	万吨	1.31	1.29	1.86	2.10	3.58	11.42	19.59	17.43
水产品总产量	万吨	0.69	0.72	0.78	0.81	0.86	16.24	16.36	17.92
全社会固定资产投资总额	万元	22154	23795	24690	35019	60810	18.59	21.14	9.88
社会消费品零售总额	万元	53732	58928	66018	72620	44734（新口径）			
财政总收入	万元	12596	14161	18614	26818	32034	14.32	16.00	20.07
城乡居民储蓄存款余额	万元	90663	102914	117761	136602	154312	34.03	26.40	18.37
职工年平均工资	元/人	6615	7502	8897	11311	11694	13.84	15.17	12.01
农民年人均纯收入	元/人	1792	1853	2061	2267	2414	13.40	8.72	5.64

1-14 柳城县主要年份主要指标及发展速度

指标名称	单位	1978年	1980年	1985年	1990年	1995年	1998年
年末总人口	万人	33.17	34.07	35.18	36.84	37.54	40.21
社会从业人数	万人	12.63	13.65	15.28	17.36	20.19	19.80
#职工	万人	2.05	2.22	1.89	2.20	2.36	2.28
地区生产总值（现价）	万元	5392	7282	15244	41781	105603	162983
第一产业	万元	2995	3029	7897	25068	47303	76622
第二产业	万元	1382	2972	4195	9478	42500	51890
#工业	万元	1040	2253	3319	8608	40001	47860
第三产业	万元	1015	1281	3152	7235	15800	34471
工农业总产值（现价）	万元	9432	11022	19888	62435	222748	293477
工业总产值	万元	4347	5769	8917	28520	125155	152941
轻工业	万元	2674	4102	4483	14740	69688	98586
重工业	万元	1673	1667	4434	13780	55467	54355
农林牧渔业总产值	万元	5085	5253	10971	33915	97593	140536
粮食总产量	万吨	9.49	10.39	9.56	14.42	17.01	18.38
甘蔗总产量	万吨	9.02	11.61	25.71	49.15	106.5	157.16
肉类总产量	万吨	0.21	0.11	0.44	1.04	2.00	2.98
蔬菜总产量	万吨	1.03	1.21	1.77	2.20	4.03	7.87
水果总产量	万吨	0.18	0.23	0.30	0.85	2.10	1.91
水产品总产量	万吨	0.03	0.02	0.06	0.12	0.27	0.66
全社会固定资产投资总额	万元	1420	1180	1140	2137	19041	16011
社会消费品零售总额	万元	3597	4262	8703	16996	38338	40652
财政总收入	万元	751	993	1489	4347	11923	12461
城乡居民储蓄存款余额	万元	177	167	1646	9117	36592	78098
职工年平均工资	元／人	461	561	927	1894	4599	5673
农民年人均纯收入	元／人	70	77	381	643	1450	1772

注：根据国家统计局、自治区统计局要求，历年地区生产总值、农民人均纯收入、社会消费品零售总额有调整，使用时请注意。

1-14续表

指标名称	单位	1999年	2000年	2001年	2002年	2003年	平均增长速度（%）		
							1979—2003年	1991—2003年	1996—2003年
年末总人口	万人	40.35	40.61	40.67	40.64	40.68	0.82	0.77	1.01
社会从业人数	万人	21.33	21.27	21.27	21.56	23.19	2.46	2.25	1.75
#职工	万人	2.26	2.11	1.94	1.85	1.99	-0.12	-0.77	-2.11
地区生产总值（现价）	万元	157460	174324	195791	213625	211930	10.43	10.48	10.60
第一产业	万元	77062	82106	87451	94410	91620	10.64	10.57	11.61
第二产业	万元	41825	49471	59942	65316	63445	9.20	10.22	5.41
#工业	万元	37938	45358	55632	58186	53737	9.21	10.36	4.22
第三产业	万元	38573	42747	48398	53899	56865	12.07	10.65	18.85
工农业总产值（现价）	万元	271892	283576	327321	340631	327215	12.31	12.00	8.18
工业总产值	万元	134362	136923	170863	183556	167068	15.92	14.01	7.59
轻工业	万元	80634	83268	102002	120039	106126	16.28	15.58	11.25
重工业	万元	53728	53655	68861	63517	60942	15.29	11.59	2.57
农林牧渔业总产值	万元	137530	146653	156458	157075	160147	9.37	9.43	9.28
粮食总产量	万吨	18.83	19.12	19.07	18.24	16.53	2.24	1.06	-0.36
甘蔗总产量	万吨	150.45	170.81	203.6	261.17	259.63	14.38	13.66	11.78
肉类总产量	万吨	2.50	2.81	3.16	3.38	3.72	12.18	10.30	8.07
蔬菜总产量	万吨	10.82	13.22	13.53	14.46	15.87	11.56	16.42	18.69
水果总产量	万吨	3.09	2.45	2.96	2.97	3.45	12.54	11.38	6.40
水产品总产量	万吨	0.77	0.85	0.91	0.97	0.98	14.96	17.53	5.07
全社会固定资产投资总额	万元	15974	23331	20901	38830	43166	14.63	26.01	10.77
社会消费品零售总额	万元	51072	54426	54792	58119	39016（新口径）			
财政总收入	万元	12679	14474	17714	19528	32471	16.26	16.73	13.34
城乡居民储蓄存款余额	万元	61210	72650	78191	86556	101096	28.92	20.33	13.55
职工年平均工资	元/人	6245	6919	9064	10753	11245	13.63	14.69	11.82
农民年人均纯收入	元/人	1895	2027	2230	2432	2580	15.52	11.28	7.47

1-15 鹿寨县主要年份主要指标及发展速度

指标名称	单位	1978年	1980年	1985年	1990年	1995年	1998年
年末总人口	万人	38.68	39.79	40.54	43.33	45.36	46.21
社会从业人数	万人	17.62	18.82	18.76	22.6	25.12	27.85
#职工	万人	2.27	2.31	2.33	2.56	2.88	2.74
地区生产总值（现价）	万元	8557	10010	20473	40601	133151	190868
第一产业	万元	4525	5010	9169	19130	53398	70727
第二产业	万元	1706	2526	6315	11045	52517	68498
#工业	万元	1620	2356	5969	10027	30030	48728
第三产业	万元	2326	2474	4989	10426	27236	51643
工农业总产值（现价）	万元	12394	13287	28118	65569	229237	287596
工业总产值	万元	7197	6996	15421	35789	140060	185890
轻工业	万元	2985	3506	6049	17674	74026	112080
重工业	万元	4212	3490	9372	18115	66034	73810
农林牧渔业总产值	万元	5197	6291	12697	29780	89177	101706
粮食总产量	万吨	13.46	15.86	12.6	17.63	19.57	20.58
甘蔗总产量	万吨	5.87	8.53	16.40	26.40	52.56	82.26
肉类总产量	万吨	0.48	0.20	0.60	1.13	2.45	3.63
蔬菜总产量	万吨	1.01	1.12	1.97	2.64	5.09	6.64
水果总产量	万吨	0.05	0.01	0.21	0.73	1.71	2.70
水产品总产量	万吨	0.03	0.03	0.05	0.09	0.20	0.51
全社会固定资产投资总额	万元	743	1114	3298	5522	43673	91983
社会消费品零售总额	万元	3231	4155	9672	15173	29375	35646
财政总收入	万元	1763	1885	2478	4233	10424	15371
城乡居民储蓄存款余额	万元	417	794	3286	17234	53726	84084
职工年平均工资	元／人	527	695	968	2038	4850	5634
农民年人均纯收入	元／人	80	94	409	675	1631	2205

注：根据国家统计局、自治区统计局要求，历年地区生产总值、农民人均纯收入、社会消费品零售总额有调整，使用时请注意。

1-15 续表

指 标 名 称	单位	1999年	2000年	2001年	2002年	2003年	平均增长速度（%）		
							1979—2003年	1991—2003年	1996—2003年
年末总人口	万人	46.32	47.31	47.56	47.68	48.21	0.88	0.82	0.76
社会从业人数	万人	26.56	26.84	25.14	26.19	26.54	1.65	1.24	0.69
#职工	万人	2.71	2.70	2.57	2.38	2.09	-0.33	-1.55	-3.93
地区生产总值（现价）	万元	195794	206462	222951	242215	248781	9.58	12.01	5.90
第一产业	万元	74557	78590	82029	87580	89222	8.53	10.38	10.66
第二产业	万元	63926	65023	70308	75031	91060	11.59	14.54	5.43
#工业	万元	50338	51592	57910	61645	71758	10.91	14.32	2.51
第三产业	万元	57311	62849	70614	79604	68499	9.22	11.82	9.26
工农业总产值（现价）	万元	290717	307854	343302	375225	384203	11.99	13.28	11.03
工业总产值	万元	176014	186993	215132	238380	242663	14.99	15.62	11.74
轻工业	万元	120398	124706	123668	134461	134882	16.64	17.25	11.78
重工业	万元	55616	62287	91464	103919	107781	13.34	13.71	11.68
农林牧渔业总产值	万元	114703	120861	128170	136845	141540	8.38	9.19	9.35
粮食总产量	万吨	20.43	20.04	19.16	18.11	16.68	0.86	-0.43	-1.98
甘蔗总产量	万吨	77.05	62.23	71.34	91.68	94.46	11.75	10.30	7.60
肉类总产量	万吨	3.57	3.58	3.99	4.45	4.70	9.56	11.59	8.48
蔬菜总产量	万吨	20.68	21.55	28.75	30.15	31.15	14.70	20.91	25.41
水果总产量	万吨	5.44	4.20	5.53	6.02	6.00	21.11	17.59	16.99
水产品总产量	万吨	0.44	0.48	0.48	0.50	0.55	12.34	14.94	13.48
全社会固定资产投资总额	万元	64704	72033	61938	63743	80636	20.62	22.91	7.97
社会消费品零售总额	万元	38539	40909	45796	51064	44024（新口径）			
财政总收入	万元	15467	14696	16125	17813	20039	10.21	12.70	8.51
城乡居民储蓄存款余额	万元	92268	103151	116627	128261	155642	26.73	18.45	14.22
职工年平均工资	元／人	6080	6990	8238	10477	11348	13.06	14.12	11.21
农民年人均纯收入	元／人	2316	1780	1952	2155	2306	14.39	9.91	4.42

1-16 融安县主要年份主要指标及发展速度

指标名称	单位	1978年	1980年	1985年	1990年	1995年	1998年
年末总人口	万人	25.34	26.06	28.04	30.00	31.14	31.77
社会从业人数	万人	10.77	11.62	13.15	15.02	16.10	17.72
#职工	万人	1.48	1.38	1.41	1.63	1.72	1.48
地区生产总值（现价）	万元	7132	7867	11487	25356	75590	93764
第一产业	万元	4074	4444	5592	14008	28701	29605
第二产业	万元	1873	2193	2836	4364	18848	15605
#工业	万元	1737	2001	2405	3698	11220	10560
第三产业	万元	1185	1230	3059	6984	28041	48554
工农业总产值（现价）	万元	8554	9328	12969	32235	81576	82365
工业总产值	万元	3445	3746	5358	12327	40701	35264
轻工业	万元	1012	1301	1685	3106	15837	5863
重工业	万元	2433	2445	3673	9221	24864	29401
农林牧渔业总产值	万元	5109	5582	7611	19908	40875	47101
粮食总产量	万吨	8.29	8.23	7.94	10.95	12.16	11.58
甘蔗总产量	万吨	0.37	0.55	0.89	0.76	3.31	3.65
肉类总产量	万吨	0.20	0.23	0.35	0.49	0.76	0.88
蔬菜总产量	万吨				2.64	5.81	6.32
水果总产量	万吨	0.11	0.16	0.30	0.66	0.80	0.99
水产品总产量	万吨	0.01	0.01	0.04	0.10	0.17	0.31
全社会固定资产投资总额	万元	120	151	1464	1899	16824	23997
社会消费品零售总额	万元	2242	2491	6459	8240	25491	24037
财政总收入	万元	335	340	740	2299	3718	5407
城乡居民储蓄存款余额	万元	240	490	2376	9866	30711	45983
职工年平均工资	元/人	507	704	1078	2103	4692	5167
农民年人均纯收入	元/人	94	75	313	670	1352	1927

注：根据国家统计局、自治区统计局要求，历年地区生产总值、农民人均纯收入、社会消费品零售总额有调整，使用时请注意。

1-16 续表

指标名称	单位	1999年	2000年	2001年	2002年	2003年	平均增长速度（%）		
							1979—2003年	1991—2003年	1996—2003年
年末总人口	万人	31.92	32.18	31.91	31.84	31.83	0.92	0.46	0.27
社会从业人数	万人	19.36	16.94	17.94	17.90	18.34	2.15	1.55	1.64
#职工	万人	1.38	1.46	1.46	1.33	1.30	-0.52	-1.73	-3.44
地区生产总值（现价）	万元	98709	115493	129030	133293	114629	5.42	6.98	3.26
第一产业	万元	31544	32291	33976	35390	41330	4.14	5.51	3.31
第二产业	万元	15915	24005	29495	26067	25454	4.35	7.94	2.71
#工业	万元	12268	17729	22852	19379	17478	3.46	6.34	1.71
第三产业	万元	51250	59197	65559	71836	47845	8.74	8.28	3.52
工农业总产值（现价）	万元	90223	104503	116373	116681	117041	7.15	7.71	5.35
工业总产值	万元	40566	54872	64101	62154	54663	10.79	10.31	5.22
轻工业	万元	5032	4064	4044	7533	6558	7.71	5.89	-7.00
重工业	万元	35534	50808	60057	54621	48105	11.64	11.39	9.74
农林牧渔业总产值	万元	49657	49631	52272	54527	62378	5.01	5.50	5.50
粮食总产量	万吨	11.19	11.59	11.19	10.42	8.98	0.32	-1.51	-3.72
甘蔗总产量	万吨	5.19	5.36	10.35	19.18	16.18	16.31	26.52	21.94
肉类总产量	万吨	1.03	1.15	1.26	1.38	1.46	8.28	8.76	8.50
蔬菜总产量	万吨	9.50	10.87	12.78	12.30	11.74		12.16	9.19
水果总产量	万吨	1.36	1.14	1.80	1.91	1.91	12.09	8.52	11.49
水产品总产量	万吨	0.31	0.31	0.34	0.34	0.35	15.28	10.12	9.45
全社会固定资产投资总额	万元	17357	30520	31468	31849	27529	24.29	22.84	6.35
社会消费品零售总额	万元	25366	27003	29678	33661	32981（新口径）			
财政总收入	万元	5706	6752	8006	9153	10017	14.56	11.99	13.19
城乡居民储蓄存款余额	万元	52602	60582	68219	73869	80154	26.17	17.49	12.74
职工年平均工资	元／人	5938	7081	8400	9456	10714	12.98	13.34	10.87
农民年人均纯收入	元／人	2083	1407	1589	1717	1859	12.68	8.17	4.06

1-17 融水县主要年份主要指标及发展速度

指标名称	单位	1978年	1980年	1985年	1990年	1995年	1998年
年末总人口	万人	35.79	37.05	40.73	44.22	45.46	45.76
社会从业人数	万人	14.27	15.49	18.46	21.71	25.75	24.00
#职工	万人	1.23	1.29	1.50	2.06	2.42	1.86
地区生产总值（现价）	万元	8085	10993	17718	34591	98543	75044
第一产业	万元	4336	6141	9987	17785	46290	38290
第二产业	万元	2575	3306	3439	6745	28798	14051
#工业	万元	2456	3208	3138	6045	22207	12066
第三产业	万元	1174	1546	4292	10061	23455	22703
工农业总产值（现价）	万元	10704	11910	18196	34440	116585	94343
工业总产值	万元	5195	5089	5671	10578	53845	31248
轻工业	万元	1297	931	1248	3785	17802	13390
重工业	万元	3898	4158	4423	6793	36043	17858
农林牧渔业总产值	万元	5509	6821	12525	23862	62740	63095
粮食总产量	万吨	8.51	8.55	6.93	10.40	12.57	13.30
甘蔗总产量	万吨	0.44	0.82	1.53	2.90	18.20	13.07
肉类总产量	万吨	0.17	0.21	0.36	0.66	1.20	1.49
蔬菜总产量	万吨	3.27	3.38	3.67	3.97	5.94	6.07
水果总产量	万吨	0.09	0.03	0.05	0.09	0.60	1.35
水产品总产量	万吨	0.02	0.02	0.05	0.09	0.34	0.44
全社会固定资产投资总额	万元	427	354	827	2139	16237	9452
社会消费品零售总额	万元	2854	3432	9144	14428	37207	35314
财政总收入	万元	361	368	1348	3965	6964	6503
城乡居民储蓄存款余额	万元	244	163	2568	10221	33037	45718
职工年平均工资	元/人	558	645	1111	2182	4634	4372
农民年人均纯收入	元/人	83	71	245	404	1122	1460

注：根据国家统计局、自治区统计局要求，历年地区生产总值、农民人均纯收入、社会消费品零售总额有调整，使用时请注意。

1-17 续表

指 标 名 称	单位	1999年	2000年	2001年	2002年	2003年	平均增长速度（%）		
							1979－2003年	1991－2003年	1996－2003年
年末总人口	万人	45.96	46.46	46.37	46.53	46.81	1.08	0.44	0.37
社会从业人数	万人	23.94	23.93	24.47	25.41	26.91	2.57	1.67	0.55
#职工	万人	1.89	1.81	1.68	1.47	1.37	0.43	-3.09	-6.86
地区生产总值（现价）	万元	81163	83765	92188	101973	103185	5.04	4.69	1.01
第一产业	万元	40081	40272	40584	41516	46117	3.91	4.35	3.29
第二产业	万元	15957	12886	15270	19683	19858	3.98	3.87	-7.60
#工业	万元	11255	10687	12444	15330	13708	2.81	1.94	-9.44
第三产业	万元	25125	30607	36334	40774	37210	9.09	5.73	5.79
工农业总产值（现价）	万元	94611	95333	100361	104061	107092	9.85	6.52	0.80
工业总产值	万元	28937	29313	33829	36001	31283	8.81	7.77	-3.84
轻工业	万元	11813	9642	12643	16457	19200	13.12	12.69	3.28
重工业	万元	17124	19671	21186	19544	12083	5.42	2.77	-10.93
农林牧渔业总产值	万元	65674	66020	66532	68060	75809	10.54	5.94	4.37
粮食总产量	万吨	13.1	13.07	13.23	12.16	11.84	1.33	1.00	-0.75
甘蔗总产量	万吨	11.42	10.47	21.59	29.61	32.57	18.79	20.45	7.55
肉类总产量	万吨	1.46	1.49	1.77	1.9	2.05	10.47	9.11	6.92
蔬菜总产量	万吨	7.48	7.34	8.38	9.19	8.8049	4.05	6.33	5.04
水果总产量	万吨	1.72	1.43	2.25	2.58	2.54	14.29	29.30	19.77
水产品总产量	万吨	0.42	0.49	0.45	0.45	0.48	13.56	13.74	4.40
全社会固定资产投资总额	万元	22392	12209	13458	20727	24310	17.55	20.56	5.17
社会消费品零售总额	万元	35901	36001	37851	40389	40024（新口径）			
财政总收入	万元	6552	6505	6708	7430	8337	13.38	5.88	2.27
城乡居民储蓄存款余额	万元	49164	54307	60429	67522	76901	25.88	16.79	11.14
职工年平均工资	元／人	5094	5981	8289	10465	10505	12.46	12.85	10.77
农民年人均纯收入	元／人	1546	1085	1241	1380	1487	12.24	10.54	3.58

1-18　三江县主要年份主要指标及发展速度

指标名称	单位	1978年	1980年	1985年	1990年	1995年	1998年
年末总人口	万人	26.34	27.26	29.6	31.83	33.34	33.83
社会从业人数	万人	10.56	11.76	13.87	17.55	19.67	17.79
#职工	万人	0.79	0.82	0.89	1.01	1.11	1.07
地区生产总值（现价）	万元	4451	5579	8409	17072	50854	54609
第一产业	万元	3290	3687	5192	9701	21604	22671
第二产业	万元	398	653	1141	1844	9786	10835
#工业	万元	383	509	945	1410	6647	4400
第三产业	万元	763	1239	2076	5527	19464	21103
工农业总产值（现价）	万元	9349	9345	11024	17599	58110	58136
工业总产值	万元	1684	1234	2943	4786	29079	23258
轻工业	万元	565	291	729	3242	15839	13028
重工业	万元	1119	943	2214	1544	13240	10230
农林牧渔业总产值	万元	7665	8111	8081	12813	29031	34878
粮食总产量	万吨	6.51	6.36	6.55	7.38	7.55	7.64
甘蔗总产量	万吨	0.01	0.01	0.02	0.01	0.002	0.003
肉类总产量	万吨	0.20	0.16	0.30	0.59	0.85	1.09
蔬菜总产量	万吨	1.13	1.87	2.50	2.45	3.69	5.26
水果总产量	万吨	0.01	0.03	0.02	0.18	0.26	0.23
水产品总产量	万吨	0.01	0.04	0.08	0.08	0.10	0.14
全社会固定资产投资总额	万元	365	322	400	1759	3936	11984
社会消费品零售总额	万元	1938	2667	3918	11727	15988	16029
财政总收入	万元	230	240	764	1662	2158	3505
城乡居民储蓄存款余额	万元	153	326	1504	5479	18066	25492
职工年平均工资	元／人	538	657	1007	2062	4462	4838
农民年人均纯收入	元／人	97	93	286	406	1029	1456

注：根据国家统计局、自治区统计局要求，历年地区生产总值、农民人均纯收入、社会消费品零售总额有调整，使用时请注意。

1-18 续表

指标名称	单位	1999年	2000年	2001年	2002年	2003年	平均增长速度（%） 1979－2003年	1991－2003年	1996－2003年
年末总人口	万人	33.84	34.22	34.29	34.51	34.71	1.11	0.67	0.50
社会从业人数	万人	17.07	17.26	16.85	20.02	19.53	2.49	0.83	-0.09
#职工	万人	1.27	1.34	1.01	0.92	0.85	0.29	-1.32	-3.28
地区生产总值（现价）	万元	58171	61694	68315	71733	67721	4.88	4.93	3.23
第一产业	万元	22914	23953	25595	25148	27459	2.43	3.13	5.20
第二产业	万元	12571	13131	14010	15897	14035	11.11	7.90	-2.42
#工业	万元	6337	6666	7248	7406	9161	9.24	9.69	0.58
第三产业	万元	22686	24610	28710	30688	26227	8.12	6.15	4.75
工农业总产值（现价）	万元	61585	65145	66600	67405	63711	4.72	5.02	1.03
工业总产值	万元	26483	28401	27222	27653	20544	11.09	10.55	-0.98
轻工业	万元	14560	17670	15684	17679	13134	11.53	6.78	-3.80
重工业	万元	11923	10731	11538	9974	7410	10.77	15.71	1.87
农林牧渔业总产值	万元	35102	36744	39378	39752	43167	3.03	2.83	2.56
粮食总产量	万吨	7.56	7.64	7.88	7.16	6.35	-0.10	-1.15	-2.13
甘蔗总产量	万吨	0.003	0.007	0.006	0.003	0.009	-1.77	3.63	19.09
肉类总产量	万吨	1.17	1.36	1.47	1.80	1.82	9.24	9.01	9.97
蔬菜总产量	万吨	3.41	4.87	4.35	4.18	4.39	5.58	4.58	2.20
水果总产量	万吨	0.26	0.21	0.75	0.52	0.47	16.03	7.76	7.65
水产品总产量	万吨	0.15	0.18	0.20	0.22	0.24	11.99	8.75	11.19
全社会固定资产投资总额	万元	13995	15051	16205	21878	26120	18.63	23.06	26.69
社会消费品零售总额	万元	16052	17033	22284	25002	31779（新口径）			
财政总收入	万元	3703	4106	4406	4588	4868	12.99	8.62	10.71
城乡居民储蓄存款余额	万元	28432	30620	37397	42645	46611	25.70	17.90	12.58
职工年平均工资	元／人	5486	6446	8413	9687	10308	12.54	13.18	11.03
农民年人均纯收入	元／人	1549	1188	1356	1368	1450	11.43	10.29	4.38

1-19 柳州市国民经济和社会发展指标

指标名称	计量单位	1985年	1990年	1995年	2000年	2001年	2002年	2003年
人口与就业								
人　口	**人**	2817837	3064722	3260963	3436504	3462274	3485142	3512560
农业与非农业人口								
农业	人	2067476	2196444	2215096	2304892	2289252	2290192	2299984
非农业	人	750361	868278	1045867	1131612	1173022	1194950	1212576
性别								
男性	人	1461511	1599423	1701450	1795871	1809539	1817380	1832133
女性	人	1356326	1465299	1559513	1640633	1652735	1667762	1680427
就　业								
从业人员	人			1847423	1795441	1804741	1861724	1884062
第一产业	人			1031995	1037585	1006005	1007558	965875
第二产业	人			439027	311669	298723	312356	312522
第三产业	人			376401	446187	500013	541810	605665
国民经济核算								
地区生产总值	万元	231565	528036	1725445	2312445	2582544	2852319	3266706
第一产业	万元	51831	119845	292525	373637	393956	428629	449162
第二产业	万元	115254	242286	918348	1021592	1134272	1284493	1610681
第三产业	万元	64480	165905	514572	917216	1054316	1139197	1206863
农　业								
农业牧渔业总产值	万元	73579	172750	472398	611960	650740	683385	727944
#农业	万元	45971	113748	324245	390813	417625	435369	428184
林业	万元	11916	17514	30152	27827	29494	32665	42073
畜牧业	万元	14438	37887	103374	163395	172239	181020	221150
渔业	万元	1254	3637	14617	29925	31381	34330	27539
工　业								
全部工业总产值	万元	355692	824869	2665127	3283229	3683987	4178409	5006187

1-19 续表1

指标名称	计量单位	1985年	1990年	1995年	2000年	2001年	2002年	2003年
轻重工业								
轻工业	万元	163387	390534	931714	1010347	1076703	1160373	1168493
重工业	万元	192305	434335	1733413	2272882	2607284	3018036	3837694
企业规模								
大型企业	万元				1847293	2090082	2586548	2181862
中型企业	万元				453609	499685	433755	1443136
小型企业	万元				982327	1094220	1158106	1381189
固定资产投资								
全社会固定资产投资	万元	48756	65881	386777	448313	507723	757782	1093675
投资种类分								
#基本建设	万元	25805	22720	121826	185795	160431	249577	411050
更新改造	万元	15511	31807	125983	92727	144268	226928	306719
其他投资	万元			10727	16529	21020	25907	20012
房地产	万元			86667	48804	88771	161627	278999
国内贸易								
社会消费品零售总额	万元	94315	188437	604843	811515	945718	1028609	908985（新口径）
按行业分								
批发零售贸易业	万元	72613	155599	355860	542822	621146	655853	746621
餐饮业	万元	3697	8887	64191	101317	115821	125322	126860

注:工业企业的大中小企业规模划分按新的标准

1-19 续表2

指 标 名 称	计量单位	1985年	1990年	1995年	2000年	2001年	2002年	2003年
财　　政								
地方财政收入	万元				168627	217584	232394	271309
#工商税收	万元							
企业所得税	万元				20910	53562	11410	9502
个人所得税	万元				10968	16722	9501	9760
农业四税	万元				8813	9449	13508	15202
财政支出	万元				194831	274250	307726	383657
#基本建设支出	万元				15905	22295	19539	30171
企业挖潜改造资金	万元				5549	23195	11423	28078
科技三项费用	万元				1983	2518	3645	3587
支援农业生产支出	万元				5784	6766	8329	16061
文化、教育、卫生支出	万元				44879	58956	72387	70943
人民生活								
城市居民人均生活消费支出	元			4385	4458	6010	5992	6033
#食品类	元			2336	1951	2122	2327	2460
衣着类	元			420	272	443	447	455
居住	元			451	776	1056	642	635
交通通讯	元			183	288	504	615	646
医疗保健费	元			85	146	219	219	361
教　育								
在校学生								
大学生	人	1174	2433	4896	9138	9460	21583	27686
中学生	人	87816	112593	140200	194634	198076	205757	204939
小学生	人	359539	416672	458463	375544	357408	334217	315028
专任教师								
大学教师	人	165	396	496	877	892	1319	1832
中学教师	人	5543	6929	7773	9447	9764	10679	10768
小学教师	人	13936	15958	14534	15472	15661	16673	16326

1-20 柳江县国民经济和社会发展指标

指标名称	计量单位	1985年	1990年	1995年	2000年	2001年	2002年	2003年
人口与就业								
人口	人	438498	465750	492031	522652	528541	529230	531307
农业与非农业人口								
农业	人	403710	423204	434479	449476	452793	452095	452613
非农业	人	34788	42546	57552	73176	75748	77135	78694
性别								
男性	人	225692	241641	255783	274186	274852	275814	277020
女性	人	212806	224109	236248	248466	253689	253416	254287
就业								
从业人员	人	194300	221500	263600	265662	269799	269799	298983
第一产业	人	172000	181700	178000	190921	190901	186800	181879
第二产业	人	6300	16300	31200	20787	26456	30456	41294
第三产业	人	15900	23500	54400	53954	52442	52543	75810
国民经济核算								
地区生产总值	万元	16696	40363	158404	240636	261735	294237	328263
第一产业	万元	11080	23770	66395	81286	86691	91972	109051
第二产业	万元	2624	8040	51108	70146	74179	92080	138100
第三产业	万元	2992	8553	40901	89204	100865	110185	81112
农业								
农业牧渔业总产值	万元	15137	34597	102642	131747	142626	151270	173663
#农业	万元	11279	26403	83657	94344	101759	106652	118881
林业	万元	540	563	1076	1147	2289	2941	3629
畜牧业	万元	3133	7119	16040	32588	33938	36394	43643
渔业	万元	185	512	1869	3668	4640	5283	5093
工业								
工业总产值	万元	6226	23357	141226	203800	224774	302250	386416
国有经济	万元	4627	16327	65789	64488	43273	23579	21869
集体经济	万元	1599	2804	58416	45223	28911	17422	17264
其他经济	万元		4226	17021	94089	152590	261249	347283
#私营、个体经济	万元		2437	3414	66319	91152	104173	157840
"三资"经济	万元			1402	14549	25074	58833	83449
规模以上工业	万元				133148	125903	201200	270749
规模以下工业	万元				70652	98871	101050	115667

指 标 名 称	计量单位	1985年	1990年	1995年	2000年	2001年	2002年	2003年
轻重工业								
轻工业	万元	3255	15812	62240	109697	103174	121092	140965
重工业	万元	2971	7545	78986	94103	121600	184458	245451
企业规模								
大型企业	万元	530	9202		37069	35089	49494	
中型企业	万元	821	176	34592	55091	39147	106903	162877
小型企业	万元	4875	13979	106634	111640	150538	145853	223539
固定资产投资								
全社会固定资产投资	万元	1642	5025	28624	23795	24690	35019	60810
投资经济类型分								
国有单位	万元	1076	1524	11165	9429	8447	19705	18062
集体单位	万元	4	74	6773	3340	3443	3163	3583
私营及个体投资	万元	137	3427	10306	4280	11063	8969	650
其他经济	万元	425		380	6746	1737	3182	38515
投资种类分								
#基本建设	万元	978	953	6059	9142	5743	7502	30626
更新改造	万元	102	645	2584	135	1897	14990	12362
其他投资	万元	562	3427	16369	14366	1042	127	1371
房地产	万元			3612	152	1252	800	2015
交通运输								
货运量	万吨							275
#铁路	万吨							28
公路	万吨	2	162	456	655	187	231	222
水路	万吨	1	1	12	51	23	25	25
民航	万吨							
客运量	万人							321
#铁路	万人							15
公路	万人	62	207	198	138	253	289	280
水路	万人			31	34	24	22	22
民航	人							34461
国内贸易								
社会消费品零售总额	万元	7933	16800	35906	58928	66018	72620	44743（新口径）
按行业分		7933	16800	35906	58928	66018	72620	44734
批发零售贸易业	万元	5019	11415	18601	24925	27891	33201	39548
餐饮业	万元	269	548	2380	3140	4047	5419	4422
制造业	万元	376	1098	2331	712	592	341	
农业生产者	万元	1012	2618	10388	28745	32238	32861	
其 他	万元	1257	1121	2206	1406	1250	798	764

1-20 续表2

指标名称	计量单位	1985年	1990年	1995年	2000年	2001年	2002年	2003年
财　　政								
地方财政收入	万元	972	3034	5313	9435	11482	14335	17411
#工商税收	万元	707	2324	2365	3675	4752	7759	7631
企业所得税	万元	38	15	218	594	1745	639	1289
个人所得税	万元			104	650	1127	588	505
农业四税	万元	219	432	1625	2156	2278	3248	3909
财政支出	万元	1180	4469	8787	14013	17277	24226	28498
#基本建设支出	万元	48	43	295	117	157	977	768
企业挖潜改造资金	万元	10	67	105				
科技三项费用	万元	0	5	60	5	160	334	331
支援农业生产支出	万元	158	602	830	1421	2063	1847	2197
文化、教育、卫生支出	万元	549	1272	3292	4914	6947	8892	10484
社会保障支出	万元				105	265	307	325
人民生活								
城镇居民人均生活消费支出	元				5079	5346	4896	4765
#食品类	元				2472	2554	1857	1558
衣着类	元				290	318	295	290
居住	元				527	560	701	519
交通通讯	元				203	222	420	200
医疗保健费	元				147	170	170	207
农村居民人均生活消费支出	元	200	696	1245	2626	2740	2729	1855
#食品类	元	100	439	729	1473	1508	1496	804
衣着类	元	23	42	68	101	109	114	47
居住	元	42	95	117	286	361	363	282
交通通讯	元	1	1	5	44	76	85	117
医疗保健费	元	1	13	40	76	93	110	88
教　育								
在校学生								
大学生	人							
中学生	人	7506	12104	20591	33272	34545	33814	33755
小学生	人	59543	62231	82227	66743	62520	58488	52315
专任教师								
大学教师	人							
中学教师	人	352	956	1365	1597	1548	1638	1795
小学教师	人	2082	2474	2295	2299	2429	2396	3659
卫　生								
卫生技术人员	人	338	420	538	771	778	746	748
#医生	人	183	222	272	382	368	290	289
护士	人	155	198	266	389	410	456	272

1-21 柳城县国民经济和社会发展指标

指标名称	计量单位	1985年	1990年	1995年	2000年	2001年	2002年	2003年
人口与就业								
人　口	人							
农业与非农业人口		351766	368446	375428	406074	406673	406380	406793
农业	人	302651	315831	319725	346260	345807	345254	345437
非农业	人	49115	52615	55703	59814	60866	61126	61356
性别								
男性	人	181516	192432	195226	207718	208563	207877	208066
女性	人	170250	176014	180202	198356	198110	198503	198727
就　业								
从业人员	人	152800	173625	201900	212746	212670	215563	231897
第一产业	人	130600	147700	159400	158200	153300	156400	156527
第二产业	人	8900	9300	18400	23517	23811	21643	18155
第三产业	人	13300	16625	24100	31029	35559	37520	57215
国民经济核算								
地区生产总值	万元	15244	41781	105603	174324	195791	213625	211930
第一产业	万元	7897	25068	47303	82106	87451	95266	91620
第二产业	万元	4195	9478	42500	49471	59942	65439	63445
第三产业	万元	3152	7235	15800	42747	48398	52920	56865
农　业								
农业牧渔业总产值	万元	10971	33915	97593	146653	156458	166671	160147
#农业	万元	8631	24588	73567	105070	111069	118943	109924
林业	万元	156	593	1312	1626	2068	3044	3042
畜牧业	万元	2070	8070	20253	33053	35878	35848	38664
渔业	万元	114	664	2461	6904	7443	8836	5888
工　业								
工业总产值	万元	8917	28520	125155	136923	170863	183556	167068
国有经济	万元	7470	20444	60840	8907	8741	7445	6148
集体经济	万元	1422	2670	55210	49668	44646	22028	12690
其他经济	万元	25	5406	9105	78348	117476	154083	148230
#私营、个体经济	万元	25	3274	6752	8573	50164	65002	71270
“三资”经济	万元							
规模以上工业	万元	6918	24217	116050	99738	107741	114122	93744
规模以下工业	万元	1999	4303	9105	37185	63122	69434	73324

1-21 续表1

指 标 名 称	计量单位	1985年	1990年	1995年	2000年	2001年	2002年	2003年
轻重工业								
轻工业	万元	4483	14740	69688	83268	102002	120039	106126
重工业	万元	4434	13780	55467	53655	68861	63517	60942
企业规模								
大型企业	万元		14804	21765	48155	53797	67068	
中型企业	万元			38258	9388	5750	13294	73713
小型企业	万元		13716	65132	79380	111316	103194	93355
固定资产投资								
全社会固定资产投资	万元	1140	2137	19041	23331	20901	38830	43166
投资经济类型分								
国有单位	万元	1140	2137	14598	6807	3146	7290	13075
集体单位	万元			3256	2858	2069	4212	870
私营及个体投资	万元			1187	9079	8493	10717	1632
其他经济	万元				4587	7193	16611	27589
投资种类分								
#基本建设	万元	660	1807	9930	6002	6563	19682	30409
更新改造	万元	130	330	4317	2844	290	1635	1223
其他投资	万元			1529	1805	1617	2883	
房地产	万元			800	98	120	110	1060
交通运输								
货运量	万吨		427					567
#铁路	万吨		12					13
公路	万吨	88	398	548	601	575	553	532
水路	万吨	25	17	78				22
民航	万吨							
客运量	万人		176					227
#铁路	万人		18					9
公路	万人	142	136	642	187	182	253	197
水路	万人		22	70			50	21
民航	人							
国内贸易								
社会消费品零售总额	万元	8703	16996	38338	54426	54792	58119	39016 （新口径）
按行业分				15971				
批发零售贸易业	万元	5723	10979	13208	25885	25387	30273	31670
餐饮业	万元	342	547	2763	5939	6142	6706	6163
制造业	万元	1508	1175		7529	7611	8452	
农业生产者	万元	640	3270		10623	11066	11379	
其 他	万元	490	1025		4450	4586	1309	1183

1-21 续表2

指 标 名 称	计量单位	1985年	1990年	1995年	2000年	2001年	2002年	2003年
财　　政								
地方财政收入	万元	1489	4347	7874	9632	11723	12533	26627
#工商税收	万元	1265	2623	2367	2736	3034	3393	3580
企业所得税	万元			2690	1111	3536	1038	76
个人所得税	万元				650	745	275	388
农业四税	万元			1925	2269	2440	4955	4741
财政支出	万元	1331	5036	11197	12837	16776	21750	35046
#基本建设支出	万元			574	323	917	1308	3745
企业挖潜改造资金	万元			845	10	24		10000
科技三项费用	万元			10	30	35	100	100
支援农业生产支出	万元			733	349	425	1020	1098
文化、教育、卫生支出	万元		1278	3164	4071	5481	6534	7512
社会保障支出	万元				221	316	1119	819
人民生活								
城镇居民人均生活消费支出	元				4615	5333	5581	5298
#食品类	元				1908	2011	2111	2099
衣着类	元				306	365	441	388
居住	元				324	395	440	558
交通通讯	元				449	685	727	624
医疗保健费	元				230	284	824	765
农村居民人均生活消费支出	元	269	459	1827	2231	1750	1852	2069
#食品类	元	190	261	1104	1095	877	817	1048
衣着类	元	15	32	119	97	55	55	60
居住	元	24	43	213	465	314	438	372
交通通讯	元	2	2	29	53	64	94	157
医疗保健费	元	3	3	46	90	75	82	108
教　育								
在校学生								
大学生	人							
中学生	人	10290	14459	17601	25070	23437	22929	21136
小学生	人	48200	54331	58397	41356	38534	35917	32369
专任教师								
大学教师	人							
中学教师	人	678	749	864	1251	1163	1267	1246
小学教师	人	1927	1854	1748	1791	1800	1815	1806
卫　生								
卫生技术人员	人	664	674	560	592	600	645	622
#医生	人	209	367	381	247	259	226	217
护士	人	96	116	153	88	87	264	255

1-22 鹿寨县国民经济和社会发展指标

指标名称	计量单位	1985年	1990年	1995年	2000年	2001年	2002年	2003年
人口与就业								
人 口	人	405379	433312	453557	473096	475618	476836	482112
农业与非农业人口								
农业	人	355140	372641	378539	383112	383227	384602	389958
非农业	人	50239	60671	75018	89984	92391	92234	92154
性别								
男性	人	214915	230644	242392	254020	256032	256330	259046
女性	人	190404	202668	211159	219076	219586	220506	223066
就 业								
从业人员	人	239560	251529	261537	268417	251242	261931	265355
第一产业	人	156600	166304	170997	172240	155200	156300	154871
第二产业	人	48600	46980	49540	53495	33884	36131	26916
第三产业	人	34360	38245	41000	42682	62158	69500	83568
国民经济核算								
地区生产总值	万元	20473	40601	133151	206462	222951	242215	248781
第一产业	万元	9169	19130	53398	78590	82029	87580	89222
第二产业	万元	6315	11045	52517	65023	70308	75031	91060
第三产业	万元	4989	10426	27236	62849	70614	79604	68499
农 业								
农业牧渔业总产值	万元	12697	29780	89177	120861	128170	136845	141540
#农业	万元	9779	22153	62006	72828	79104	84187	78658
林业	万元	541	1257	3369	5140	5927	7231	6789
畜牧业	万元	2234	5926	22174	39358	39541	41706	52162
渔业	万元	143	444	1628	3535	3597	3721	3367
工 业								
工业总产值	万元	15421	35789	140060	186993	215132	238380	242663
国有经济	万元	14327	27171	88963	50724	39329	65964	38579
集体经济	万元	524	1800	18616	1815	754	1012	1062
其他经济	万元	570	6818	32481	134454	175049	171404	203022
#私营、个体经济	万元	570	6818	32235	100192	111914	130118	108337
"三资"经济	万元			245				
规模以上工业	万元	14851	28971	103645	89652	112921	123180	154122
规模以下工业	万元	570	6818	36414	97341	102211	115200	88541

1-22 续表1

指标名称	计量单位	1985年	1990年	1995年	2000年	2001年	2002年	2003年
轻重工业								
轻工业	万元	6049	17674	70426	124706	123668	134461	134882
重工业	万元	9372	18115	66034	62287	91464	103919	107781
企业规模								
大型企业	万元		13890	40312	43712	65410	46445	
中型企业	万元		1329	26237	29227	24253	41066	112569
小型企业	万元	15421	20570	73510	114054	125469	150869	130094
固定资产投资								
全社会固定资产投资	万元	3298	5522	43673	72033	61938	63743	80636
投资经济类型分								
国有单位	万元	915	3014	26073	38265	38639	25043	31437
集体单位	万元	32	81	5117		4020	5643	2800
私营及个体投资	万元					10269	25612	900
其他经济	万元	2351	2427	12483	1243	6110	7445	45499
投资种类分								
#基本建设	万元	592	344	15796	36624	30362	23589	38111
更新改造	万元	298	2550	8359	2512	7882	2643	8673
其他投资	万元			2553		3437	5786	116
房地产	万元			5839	425	545	1675	5636
交通运输								
货运量	万吨	197	292	412	628	688	523	675
#铁路	万吨	75	95		145	233		98
公路	万吨	122	196		481	452	520	575
水路	万吨		1		2	3	3	2
民航	万吨							
客运量	万人	341	377	486	571	527	451	775
#铁路	万人	85	55		69	55		18
公路	万人	256	322		498	468	447	675
水路	万人				4	4	4	2
民航	人							
国内贸易								
社会消费品零售总额	万元	9672	15173	29375	40909	45796	51064	44024（新口径）
按行业分								
批发零售贸易业	万元	8752	12928	18797	25171	29364	32614	34724
餐饮业	万元	434	588	2707	6825	7576	7150	8700
制造业	万元	106	647	2249	2239	2099	3100	
农业生产者	万元	120	320	1200	5372	6321	7300	
其他	万元	260	690	4422	1302	436	900	600

1-22 续表2

指标名称	计量单位	1985年	1990年	1995年	2000年	2001年	2002年	2003年
财　　政								
地方财政收入	万元	1890	4233	6537	10752	11613	13030	13470
#工商税收	万元	1398	2746	2858	8052	9124	10099	11553
企业所得税	万元	301	226	194	540	1006	796	1030
个人所得税	万元				601	997	878	905
农业四税	万元	203	445	1691	1847	2164	2224	3178
财政支出	万元	2193	4713	8095	13073	15649	17520	21466
#基本建设支出	万元	15	7	20	47	233	262	772
企业挖潜改造资金	万元	77	133	116	219	186	431	941
科技三项费用	万元	5	8	6	8	8	8	88
支援农业生产支出	万元	48	433	393	526	380	434	860
文化、教育、卫生支出	万元	643	1210	2405	3362	4015	4523	4932
社会保障支出	万元				190	227	418	887
人民生活								
城镇居民人均生活消费支出	元				3673	3701	3660	4014
#食品类	元				1571	1378	1412	1661
衣着类	元				262	296	327	253
居住	元				402	305	385	378
交通通讯	元				250	207	244	119
医疗保健费	元				184	439	154	237
农村居民人均生活消费支出	元				1491	1823	2078	2171
#食品类	元				915	954	981	904
衣着类	元				62	75	66	70
居住	元				175	294	375	575
交通通讯	元				44	83	164	110
医疗保健费	元				64	118	92	193
教　育								
在校学生								
大学生	人							
中学生	人	12533	15002	16414	28754	26049	25085	23680
小学生	人	53521	58106	61477	48026	43664	38859	34266
专任教师								
大学教师	人							
中学教师	人	868	907	867	1007	1066	1186	1227
小学教师	人	2182	2234	1894	1624	1703	1898	1796
卫　生								
卫生技术人员	人	875	959	945	839	848	891	715
#医生	人	259	359	397	365	392	426	272
护士	人	143	211	296	271	255	301	244

1-23 融安县国民经济和社会发展指标

指标名称	计量单位	1985年	1990年	1995年	2000年	2001年	2002年	2003年
人口与就业								
人　口	人	280438	299967	311412	321751	319074	318434	318273
农业与非农业人口								
农业	人	245981	261496	265930	270828	267195	266497	266144
非农业	人	34457	38471	45482	50923	51879	51937	52129
性别								
男性	人	145562	158427	163881	169728	169550	169388	167956
女性	人	134876	141540	147531	152023	149524	149046	150317
就　业								
从业人员	人	131500	150200	161000	169432	179419	178957	183396
第一产业	人	111200	123400	123300	128162	126701	124991	119955
第二产业	人	6800	8600	14400	10032	17419	15342	14879
第三产业	人	13500	18200	23300	31238	35299	38624	48562
国民经济核算								
地区生产总值	万元	11487	25356	75590	115493	129030	133293	114629
第一产业	万元	5592	14008	28701	32291	33976	35390	41330
第二产业	万元	2836	4364	18848	24005	29495	26067	25454
第三产业	万元	3059	6984	28041	59197	65559	71836	47845
农　业								
农业牧渔业总产值	万元	7611	19908	40875	49631	52272	54527	62378
#农业	万元	4265	12014	26776	31736	33564	35366	34017
林业	万元	1593	3726	5329	4345	4472	4169	5592
畜牧业	万元	1675	3664	7408	11302	11923	12612	19645
渔业	万元	78	504	1362	2248	2313	2380	2137
工　业								
工业总产值	万元	5358	12327	40701	54872	64101	62154	54663
国有经济	万元	4208	9824	11200	28038	21107	21182	18275
集体经济	万元	1150	2503	11462	6793	6257	3555	3858
其他经济	万元				20041	36737	37417	32530
#私营、个体经济	万元				14484	17170	21880	18850
“三资”经济	万元				2964	5486	8185	7924
规模以上工业	万元				34982	40852	35457	32196
规模以下工业	万元				19890	23249	26697	22467

1-23 续表1

指标名称	计量单位	1985年	1990年	1995年	2000年	2001年	2002年	2003年
轻重工业								
轻工业	万元	1685	3106	15837	4064	4044	7533	6558
重工业	万元	3673	9221	24864	50808	60057	54621	48105
企业规模								
大型企业	万元				13225	17206	16853	
中型企业	万元				13353	15876	12630	15239
小型企业	万元				28294	31019	32671	39424
固定资产投资								
全社会固定资产投资	万元	1464	1899	16824	30520	31468	31849	27529
投资经济类型分								
国有单位	万元	879	1496	10361	17809	14173	17390	11688
集体单位	万元	120	123	1454	868	1216	2361	4651
私营及个体投资	万元	465	280	4612	10255	10067	11206	11190
其他经济	万元			397	1788	6178	892	
投资种类分								
#基本建设	万元	544	206	8498	14956	13055	13711	9475
更新改造	万元	352	555	1696	2853	3744	3679	1097
其他投资	万元	11		167	840		18	
房地产	万元		43	397				
交通运输								
货运量	万吨	88	198		193	224	812	851
#铁路	万吨	34	38		42	58		46
公路	万吨	54	160		147	160	805	797
水路	万吨				4	6	7	8
民航	万吨							
客运量	万人	119	176		287	295	159	216
#铁路	万人	33	21		44	45		21
公路	万人	86	155		229	238	126	175
水路	万人				14	12	33	20
民航	人							
国内贸易								
社会消费品零售总额	万元	6459	8240	25491	27003	29678	33661	32981（新口径）
按行业分		6209	8641					
批发零售贸易业	万元	5124	6533	19192	21108	23390	26568	29428
餐饮业	万元	219	514	1563	2068	2029	2949	3553
制造业	万元	371	190	2168	579	557	569	
农业生产者	万元	495	1404	2382	3248	3702	3575	
其他	万元			186				

1-23 续表2

指标名称	计量单位	1985年	1990年	1995年	2000年	2001年	2002年	2003年
财　　政								
地方财政收入	万元	740	2299	2391	4417	4983	5598	6259
#工商税收	万元	500	1440	1329	2067	2198	2928	3109
企业所得税	万元	91	249	135	126	603	100	105
个人所得税	万元				473	510	262	255
农业四税	万元	102	303	743	872	740	962	1269
财政支出	万元	1122	3585	5737	8926	12081	14206	16795
#基本建设支出	万元	43	69	44			160	975
企业挖潜改造资金	万元		195	43	28	53	297	57
科技三项费用	万元	2	43	3	2	6	6	7
支援农业生产支出	万元	86	431	492	657	762	1574	1310
文化、教育、卫生支出	万元	539	1288	2426	3726	4889	4318	5350
社会保障支出	万元				313	368	424	539
人民生活								
城镇居民人均生活消费支出	元		1271	3413	4376	4250	4583	4859
#食品类	元		685	1850	1774	1781	2035	2041
衣着类	元		399	348	277	353	396	339
居住	元		107	204	836	652	440	480
交通通讯	元		17	69	264	277	396	451
医疗保健费	元		36	81	193	191	219	282
农村居民人均生活消费支出	元	277	607	1183	1826	1307	1464	1673
#食品类	元	188	421	756	1063	728	860	1083
衣着类	元	20	31	69	107	53	63	51
居住	元	18	47	58	219	144	166	104
交通通讯	元	2	4	15	35	63	75	113
医疗保健费	元	1	1	21	56	112	63	64
教　育								
在校学生								
大学生	人							
中学生	人	8304	9455	11580	16197	19618	19127	18883
小学生	人	40523	42027	45904	35928	33381	26559	24678
专任教师								
大学教师	人							
中学教师	人	513	597	681	806	954	971	1001
小学教师	人	1771	1376	1252	1299	1463	1598	1415
卫　生								
卫生技术人员	人				674	747	759	614
#医生	人	786	862	390		362	338	232
护士	人					276	291	260

1-24 融水县国民经济和社会发展指标

指标名称	计量单位	1985年	1990年	1995年	2000年	2001年	2002年	2003年
人口与就业								
人口	人	407267	442213	454574	464605	463655	465307	468071
农业与非农业人口								
农业	人	368946	400150	405181	412288	411436	411895	413132
非农业	人	38321	42063	49393	52317	52219	53412	54939
性别								
男性	人	206420	226054	232445	241941	241239	240801	243305
女性	人	200847	216159	222129	222664	222416	224506	224766
就业								
从业人员	人	184600	217145	257535	239331	244740	254137	269072
第一产业	人	160100	185559	189212	192083	195004	201424	187551
第二产业	人	5900	11202	27173	14854	16102	18175	12354
第三产业	人	18600	20384	41150	32394	33634	34538	69167
国民经济核算								
地区生产总值	万元	17718	34591	98543	83765	92188	101973	103185
第一产业	万元	9987	17785	46290	40272	40584	41516	46117
第二产业	万元	3439	6745	28798	12886	15270	19683	19858
第三产业	万元	4292	10061	23455	30607	36334	40774	37210
农业								
农业牧渔业总产值	万元	12525	23862	62740	66020	66532	68060	75809
#农业	万元	4256	12186	35802	36835	37484	38475	37259
林业	万元	5780	7152	12532	10300	9103	9064	13894
畜牧业	万元	2356	4138	12724	13965	15591	16135	20502
渔业	万元	133	386	1682	4920	4354	4386	2646
工业								
工业总产值	万元	5671	10578	53845	29313	33829	36001	31283
国有经济	万元	4945	7355	26185	9972	10262	18016	7899
集体经济	万元	503	1997	8328	6683	4845	3875	459
其他经济	万元	223	1226	19332	12658	18722	14110	22925
#私营、个体经济	万元						13890	10298
“三资”经济	万元							
规模以上工业	万元	5448	9352	35586	11006	13881	18016	19189
规模以下工业	万元	223	1226	18259	18307	19948	17985	12094

1-24 续表1

指标名称	计量单位	1985年	1990年	1995年	2000年	2001年	2002年	2003年
轻重工业								
轻工业	万元	1248	3785	17802	9642	12643	16457	19200
重工业	万元	4423	6793	36043	19671	21186	19544	12083
企业规模								
大型企业	万元							
中型企业	万元		2128	11368	3326	4611	15002	12107
小型企业	万元	5671	8450	42477	25987	29218	20999	19176
固定资产投资								
全社会固定资产投资	万元	827	2139	16237	12209	13458	20727	24310
投资经济类型分								
国有单位	万元	685	1520	13081	9071	7459	13460	19976
集体单位	万元	101	559	1398	400	2273	1493	275
私营及个体投资	万元	41	60	1758	2738	2550	3684	2354
其他经济	万元					1176	2090	1705
投资种类分								
#基本建设	万元	827	1939	3532	9071	7459	8846	13678
更新改造	万元			9000		837	4614	2080
其他投资	万元					1176	2090	1196
房地产	万元		200	549				3022
交通运输								
货运量	万吨	9	226	382	158	280	274	52
#铁路	万吨				25	31	4	19
公路	万吨				128	244	265	26
水路	万吨				5	5	5	7
民航	万吨							
客运量	万人	27	343	459	354	396	396	163
#铁路	万人				33	32		10
公路	万人				301	340	371	137
水路	万人				20	24	25	16
民航	人							
国内贸易								
社会消费品零售总额	万元	9744	14428	37207	36001	37851	40389	40024（新口径）
按行业分								
批发零售贸易业	万元	7356	10798	24925	23952	24647	25777	35290
餐饮业	万元	426	949	5708	4379	4527	5312	4734
制造业	万元	303	733	3040	2435	3130	3328	
农业生产者	万元	1623	1748	3180	5235	5543	5950	
其他	万元	36	208	354		4	22	

1-24 续表2

指标名称	计量单位	1985年	1990年	1995年	2000年	2001年	2002年	2003年
财　　政								
地方财政收入	万元	1348	3965	5247	4958	4664	4596	5042
#工商税收	万元	1053	2305	2089	1550	1765	2101	2340
企业所得税	万元	106	54	444	62	518	167	158
个人所得税	万元		6	213	521	647	340	303
农业四税	万元	140	487	1912	1014	1129	1468	1770
财政支出	万元	1884	5689	8871	11077	15420	19082	21690
#基本建设支出	万元	58	11	121	130	32		590
企业挖潜改造资金	万元	34	84	31	0	251	490	418
科技三项费用	万元		3	1	1	2	1	3
支援农业生产支出	万元	11	371	332	210	101	158	
文化、教育、卫生支出	万元	868	2090	3890	4208	6473	6494	6683
社会保障支出	万元				332	255	1118	1775
人民生活								
城镇居民人均生活消费支出	元				2858	3386	3137	3540
#食品类	元				1579	1470	1485	1472
衣着类	元				163	212	216	229
居住	元				383	524	357	471
交通通讯	元				113	248	286	281
医疗保健费	元				191	125	80	126
农村居民人均生活消费支出	元	246	364	833	987	1025	1208	1402
#食品类	元	162	221	543	671	629	728	1086
衣着类	元	19	29	60	59	39	46	55
居住	元	23	47	28	94	55	149	44
交通通讯	元	2	3	8	12	8	19	24
医疗保健费	元	1	2	5	11	17	33	25
教　育								
在校学生								
大学生	人							
中学生	人	8897	10965	13185	16463	17986	19655	20167
小学生	人	58855	71438	74365	50916	45514	43432	41938
专任教师								
大学教师	人							
中学教师	人	460	637	609	653	692	736	861
小学教师	人	2350	2601	2286	2182	1962	2061	2191
卫　生								
卫生技术人员	人	731	967	1040	883	805	837	584
#医生	人	341	406	543	432	389	410	243
护士	人	165	274	309	310	299	281	242

1-25　三江县国民经济和社会发展指标

指 标 名 称	计量单位	1985年	1990年	1995年	2000年	2001年	2002年	2003年
人口与就业								
人　口	人	296003	318273	333396	342234	342873	345114	347082
农业与非农业人口								
农业	人	275700	295681	306488	314605	314772	316523	317300
非农业	人	20303	22592	26908	27629	28101	28591	29782
性别								
男性	人	151721	164318	172756	178745	179079	178979	180165
女性	人	144282	153955	160640	163489	163794	166135	166917
就　业								
从业人员	人	138716	175480	196651	172561	168540	168338	148050
第一产业	人	126811	154339	159086	140200	131600	130700	115437
第二产业	人	3753	6676	15214	8788	13218	13924	15658
第三产业	人	8152	14465	22351	23573	23722	23714	16855
国民经济核算								
地区生产总值	万元	8409	17072	50854	61694	68315	71733	67721
第一产业	万元	5192	9701	21604	23953	25595	25148	27459
第二产业	万元	1141	1844	9786	13131	14010	15897	14035
第三产业	万元	2076	5527	19464	24610	28710	30688	26227
农　业								
农业牧渔业总产值	万元	8081	12813	29031	36744	39378	39752	43167
#农业	万元	2900	5422	15632	18629	20464	19753	18565
林业	万元	3094	3524	5442	3723	4150	2727	4377
畜牧业	万元	1694	3391	6937	12592	13020	15432	18192
渔业	万元	393	476	1010	1800	1744	1840	1417
工　业								
工业总产值	万元	2943	4786	29079	28401	27222	27653	20543
国有经济	万元	1744	1742	9636	2033	4228	2458	1930
集体经济	万元	1057	1884	5395	3575	1875	1509	107
其他经济	万元	142	1160	14600	22793	21119	23685	18507
#私营、个体经济	万元	132	1098	14600	14934	15914	22574	15532
“三资”经济	万元							
规模以上工业	万元	2801	3508	14893	9893	10355	6735	6717
规模以下工业	万元	142	1278	14738	18508	16867	20917	13827

1-25 续表1

指标名称	计量单位	1985年	1990年	1995年	2000年	2001年	2002年	2003年
轻重工业								
轻工业	万元	729	3242	15839	17670	15684	17679	7897
重工业	万元	2214	1544	13240	10731	11538	9974	12646
企业规模								
大型企业	万元							
中型企业	万元			1380	2030	685		
小型企业	万元	2943	4786	28251	27365	26537	27653	20543
固定资产投资								
全社会固定资产投资	万元	400	1759	3936	15051	16205	21878	26120
投资经济类型分								
国有单位	万元	357	1696	2479	8574	5913	7679	13010
集体单位	万元	34	46	171	2074	872	1181	240
私营及个体投资	万元	9	17	1286	4152	5626	4306	1677
其他经济	万元				251	3794	8712	11193
投资种类分								
#基本建设	万元	271	1543	902	7638	8021	14750	14883
更新改造	万元	129	50	280	61	624	446	1116
其他投资	万元					1200	22	192
房地产	万元							
交通运输								
货运量	万吨	18	80	152	103	114	122	56
#铁路	万吨	15	16	110	48	58	62	42
公路	万吨	3	61	32	51	52	56	10
水路	万吨		2	10	4	4	4	4
民航	万吨							
客运量	万人	161	165	250	245	241	256	189
#铁路	万人	65	41	84	76	64	69	28
公路	万人	96	110	135	147	152	161	143
水路	万人		13	31	22	25	26	18
民航	人							
国内贸易								
社会消费品零售总额	万元	3918	11727	15988	17033	22284	25002	31779（新口径）
按行业分								
批发零售贸易业	万元	3408	10386	11505	12475	15826	17834	28010
餐饮业	万元	138	204	1607	1904	3425	4161	3753
制造业	万元	54	75	36	200	498	619	
农业生产者	万元			2813	2454	2535	2329	
其他	万元	318	1062	27			59	16

1-25 续表2

指标名称	计量单位	1985年	1990年	1995年	2000年	2001年	2002年	2003年
财　　政								
地方财政收入	万元	764	1662	1501	3419	3580	3359	3653
#工商税收	万元							
企业所得税	万元				225	462	165	90
个人所得税	万元				247	381	191	149
农业四税	万元				467	487	496	559
财政支出	万元	1349	3178	5346	9046	11525	13886	16978
#基本建设支出	万元							1083
企业挖潜改造资金	万元				133	100	172	273
科技三项费用	万元							
支援农业生产支出	万元							
文化、教育、卫生支出	万元				3269	4432	4833	5596
社会保障支出	万元				233	320	351	413
人民生活								
城镇居民人均生活消费支出	元				3750	4085	4542	4896
#食品类	元				1745	1833	1870	1862
衣着类	元				297	315	338	342
居住	元				438	472	487	671
交通通讯	元				456	541	595	553
医疗保健费	元				114	137	146	153
农村居民人均生活消费支出	元	241	324	862	1337	1025	1208	1170
#食品类	元	159	217	539	791	752	773	881
衣着类	元	25	27	52	81	51	44	37
居住	元	6	17	32	137	55	217	57
交通通讯	元	1	2	10	34	35	39	36
医疗保健费	元	6	6	3	18	30	23	49
教　育								
在校学生								
大学生	人							
中学生	人	5980	7955	8721	12020	12223	14890	15707
小学生	人	39551	41907	45217	40874	38849	36967	34005
专任教师								
大学教师	人							
中学教师	人	345	472	549	600	639	761	745
小学教师	人	1774	1741	1420	1339	1353	1571	1354
卫　生								
卫生技术人员	人	394	416	449	456	442	431	417
#医生	人	153	153	151	200	226	245	272
护士	人	241	263	298	256	216	186	134

1-26 社会经济主要指标

2003年

指 标 名 称	计量单位	全市	市辖区	柳江县	柳城县
一、人口、劳动力及土地面积					
年末总人口	万人	351.26	95.89	53.13	40.68
#非农业人口	万人	121.26	84.35	7.87	6.14
男性	万人	183.22	49.66	57.70	20.81
女性	万人	168.04	46.23	25.43	19.87
年平均人口	万人	349.89	95.14	53.03	40.66
暂住人口(一个月以上)	万人	25.71	20.50	0.39	0.45
年出生人口	人	38693	8276	5258	5602
年死亡人口	人	13464	3856	1096	1734
年末总户数	万户	95.10	28.66	15.04	10.95
经济活动人口	人	1903672	453309	300589	232784
就业人员	人	1884062	440097	298933	231897
第一产业	人	965875	49070	181879	156527
第二产业	人	312522	176954	41294	18155
第三产业	人	605665	214073	75810	57215
城镇就业人员	人	560362	373897	43483	32597
城镇国有经济	人	245378	159124	19243	14876
城镇集体经济	人	43127	37584	1630	764
城镇其他单位合计	人	100769	86646	4496	4256
内资	人	93199	79973	3893	4256
港澳台投资经济	人	1591	1338	35	
外商投资经济	人	5979	5335	568	
城镇私营经济	人	69469	49835	4602	3347
城镇个体	人	101619	40708	13512	9354
乡村劳动力	万人	132.37	6.62	25.55	19.93
年末城镇登记失业人员数	人	19610	13212	1606	887
年末单位从业人员数	万人	38.93	28.34	2.54	1.99
第一产业(农、林、牧、渔业)	万人	1.05	0.33	0.04	0.29
第二产业	万人	19.24	15.72	1.13	0.60
(1)采矿业	万人	1.32	1.04		
(2)制造业	万人	14.03	11.19	1.06	0.52
(3)电力、燃气及水的生产和供应业	万人	0.64	0.33	0.05	0.05
(4)建筑业	万人	3.25	3.16	0.02	0.03
第三产业	万人	18.64	12.29	1.35	1.11
(1)交通运输、仓储及邮政业	万人	4.12	3.90	0.01	0.03
(2)信息传输、计算机服务和软件业	万人	0.42	0.34	0.01	0.01
(3)批发和零售业	万人	1.80	1.37	0.09	0.06
(4)住宿、餐饮业	万人	0.47	0.42	0.01	
(5)金融业	万人	0.92	0.63	0.06	0.04
(6)房地产业	万人	0.33	0.24	0.06	0.01
(7)租赁和商务服务业	万人	0.61	0.52	0.03	0.02
(8)科学研究、技术服务和地质勘查业	万人	0.40	0.37	0.03	0.02
(9)水利、环境和公共设施管理业	万人	0.55	0.39	0.04	0.02
(10)居民服务和其他服务业	万人	0.17	0.17		
(11)教育	万人	4.11	1.55	0.59	0.48
(12)卫生、社会保障和社会福利业	万人	1.49	0.89	0.10	0.11
(13)文化、体育和娱乐业	万人	0.26	0.21		0.01
(14)公共管理和社会组织	万人	2.91	1.29	0.32	0.30
行政区域土地面积	平方公里	18617	658	2539	2110
#建成区面积	平方公里		99.00		
城市建设用地面积	平方公里	136.64	98.65	8.95	5.60
#居住用地面积	平方公里	36.41	20.53	2.85	2.20
公共设施用地面积	平方公里	17.18	10.70	1.76	1.50
工业用地面积	平方公里	39.90	33.78	2.47	0.55

1-26续表1

指　标　名　称	计量单位	鹿寨县	融安县	融水苗族自治县	三江侗族自治县
一、人口、劳动力及土地面积					
年末总人口	万人	48.21	31.83	46.81	34.71
#非农业人口	万人	9.22	5.21	5.49	2.98
男性	万人	25.90	16.80	24.33	18.02
女性	万人	22.31	15.03	24.48	16.69
年平均人口	万人	47.95	31.84	46.67	34.61
暂住人口(一个月以上)	万人	0.52	3.25	0.43	0.18
年出生人口	人	6884	2739	5230	4704
年死亡人口	人	1393	1053	2520	1812
年末总户数	万户	12.92	8.60	10.81	8.12
经济活动人口	人	267011	184608	270039	195332
就业人员	人	265355	183396	269072	195262
第一产业	人	154871	119955	187551	116022
第二产业	人	26916	14879	12354	21970
第三产业	人	83568	48562	69167	57270
城镇就业人员	人	40155	25296	26072	18862
城镇国有经济	人	18803	11718	13618	7996
城镇集体经济	人	1249	595	612	693
城镇其他单位合计	人	3444	1096	680	151
内资	人	3399	923	604	151
港澳台投资经济	人	45	173		
外商投资经济	人			76	
城镇私营经济	人	6340	1320	1975	2050
城镇个体	人	10319	10567	9187	7972
乡村劳动力	万人	22.52	15.81	24.30	17.64
年末城镇登记失业人员数	人	1656	1212	967	70
年末单位从业人员数	万人	2.35	1.34	1.49	0.88
第一产业(农、林、牧、渔业)	万人	0.12	0.03	0.16	0.08
第二产业	万人	0.99	0.43	0.31	0.07
(1)采矿业	万人	0.01	0.25	0.02	
(2)制造业	万人	0.91	0.14	0.19	0.02
(3)电力、燃气及水的生产和供应业	万人	0.05	0.04	0.07	0.04
(4)建筑业	万人	0.02		0.03	0.01
第三产业	万人	1.25	0.88	1.02	0.75
(1)交通运输、仓储及邮政业	万人	0.04	0.03	0.06	0.04
(2)信息传输、计算机服务和软件业	万人	0.02	0.02	0.02	0.01
(3)批发和零售业	万人	0.11	0.06	0.03	0.08
(4)住宿、餐饮业	万人	0.01	0.01	0.01	0.01
(5)金融业	万人	0.08	0.04	0.04	0.03
(6)房地产业	万人	0.01	0.01		0.01
(7)租赁和商务服务业	万人		0.01	0.02	0.01
(8)科学研究、技术服务和地质勘查业	万人	0.01	0.03	0.01	
(9)水利、环境和公共设施管理业	万人	0.02	0.04	0.03	0.01
(10)居民服务和其他服务业	万人				
(11)教育	万人	0.39	0.34	0.46	0.30
(12)卫生、社会保障和社会福利业	万人	0.09	0.11	0.12	0.07
(13)文化、体育和娱乐业	万人	0.01	0.01	0.01	0.01
(14)公共管理和社会组织	万人	0.46	0.17	0.21	0.17
行政区域土地面积	平方公里	3355	2900	4624	2430
#建成区面积	平方公里				
城市建设用地面积	平方公里	7.87	7.80	5.31	2.46
#居住用地面积	平方公里	3.47	4.04	2.22	1.10
公共设施用地面积	平方公里	0.84	1.17	0.81	0.40
工业用地面积	平方公里	1.80	0.50	0.60	0.20

1-26续表2

指　标　名　称	计量单位	全市	市辖区	柳江县	柳城县
二、综合经济					
(一)地区生产总值(当年价格)	万元	3266706	2192196	328263	211930
第一产业增加值	万元	449162	44363	109051	91620
第二产业增加值	万元	1610681	1258729	138100	63445
#工业增加值	万元	1360483	1075235	119406	53737
第三产业增加值	万元	1206863	889104	81112	56865
#交通运输仓储及邮政业	万元	235096	163156	18478	7257
信息传输、计算机服务和软件业	万元	94735	72691	5628	3587
金融业	万元	134652	103629	8028	5344
房地产业	万元	82944	35922	11699	9371
科学研究、综合技术服务和地质勘查业	万元	12524	9655	2040	175
人均地区生产总值	元	9337	23042	6190	5212
地区生产总值指数	上年=100	111.88	113.70	117.00	103.60
第一产业	上年=100	104.55	109.20	102.60	104.53
第二产业	上年=100	117.15	117.90	138.81	97.93
#工业	上年=100	112.38	112.50	132.47	97.00
第三产业	上年=100	108.65	108.60	107.48	109.38
人均地区生产总值指数	上年=100	111.03	111.71	116.73	103.55
(二)财政、金融、保险					
财政总收入	万元	581884	474116	32034	32471
#地方财政一般预算内收入	万元	271308	198846	17411	26627
#增殖税	万元	67075	57456	3915	1694
营业税	万元	57867	48108	2165	1556
企业所得税	万元	9502	7372	1289	76
地方财政一般预算内支出	万元	383657	243184	28498	35046
#基本建设支出	万元	30171	22238	768	3745
企业挖潜改造资金	万元	28078	16389		10000
科技三项费用	万元	3587	3058	331	100
城市维护费	万元	44176	40824	1862	4
科学支出	万元	974	874	43	19
教育支出	万元	54333	23292	7702	5437
医疗卫生支出	万元	16610	10075	1577	1293
抚恤和社会福利救济	万元	11627	6860	825	860
社会保障补助支出	万元	20325	15567	325	819
政策性补贴支出	万元	1568	1500		21
年末金融机构存款余额	万元	4336768	3525564	205625	140876
#城乡居民储蓄年末余额	万元	2577804	1963589	154312	101096
年末金融机构各项贷款余额	万元	2743011	2266554	107036	89207
保费收入	万元	82521	68118	4201	1953
#财产险	万元	28734	22609	2060	1145
人身险	万元	53787	45509	2141	808
赔款、给付	万元	19050	14229	1829	799
#财产险	万元	11992	9163	1037	566
人身险	万元	7058	5066	792	233
三、农业					
年末耕地总资源	公顷	249463	10863	58396	49161
常用耕地面积	公顷	240866	10831	56585	47633
农林牧渔业总产值	万元	727944	71240	173663	160147
农林牧渔业总产值指数	上年=100	114.74	123.20	112.18	107.73
总播种面积	公顷	412773	23091	91846	95935
#粮食作物	公顷	181987	6469	37705	37469
粮食产量	吨	798890	29521	165573	165329
甘蔗产量	吨	6291567	353816	1909240	2596340
蔬菜产量	吨	1394934	199946	477132	158669
水果产量	吨	195657	16106	35840	34460
肉类总产量	吨	210472	25832	43025	37231
奶类产量	吨	8027	6828	145	834
水产品产量	吨	46603	11747	8579	9830

1-26续表3

指　标　名　称	计量单位	鹿寨县	融安县	融水苗族自治县	三江侗族自治县
二、综合经济					
(一)地区生产总值(当年价格)	万元	248781	114629	103185	67721
第一产业增加值	万元	89222	41330	46117	27459
第二产业增加值	万元	91060	25454	19858	14035
#工业增加值	万元	71758	17478	13708	9161
第三产业增加值	万元	68499	47845	37210	26227
#交通运输仓储及邮政业	万元	20307	16838	5019	4041
信息传输、计算机服务和软件业	万元	4940	3230	2793	1866
金融业	万元	8028	3858	3166	2599
房地产业	万元	11809	7197	4534	2410
科学研究、综合技术服务和地质勘查业	万元	173	306	106	69
人均地区生产总值	元	5189	3601	2211	1957
地区生产总值指数	上年=100	111.00	104.18	102.20	96.40
第一产业	上年=100	106.50	102.97	102.66	98.58
第二产业	上年=100	119.78	90.74	95.96	71.20
#工业	上年=100	117.31	85.96	87.40	69.33
第三产业	上年=100	107.03	115.15	105.12	113.47
人均地区生产总值指数	上年=100	110.21	104.28	101.71	95.79
(二)财政、金融、保险					
财政总收入	万元	20039	10018	8338	4868
#地方财政一般预算内收入	万元	13470	6259	5042	3653
#增殖税	万元	1785	1072	868	285
营业税	万元	2783	1510	1059	686
企业所得税	万元	412	105	158	90
地方财政一般预算内支出	万元	21466	16795	21690	16978
#基本建设支出	万元	772	975	590	1083
企业挖潜改造资金	万元	941	57	418	273
科技三项费用	万元	88	7	3	0
城市维护费	万元	336	350	706	94
科学支出	万元	8	4	14	12
教育支出	万元	4431	4033	5213	4225
医疗卫生支出	万元	883	924	963	895
抚恤和社会福利救济	万元	727	765	945	645
社会保障补助支出	万元	887	539	1775	413
政策性补贴支出	万元	36		11	
年末金融机构存款余额	万元	199554	101077	99389	64683
#城乡居民储蓄年末余额	万元	155641	79654	76901	46611
年末金融机构各项贷款余额	万元	110496	63218	53917	52583
保费收入	万元	4060	1711	1785	703
#财产险	万元	1355	617	664	284
人身险	万元	2695	1094	1121	419
赔款、给付	万元	1173	357	510	153
#财产险	万元	629	197	298	102
人身险	万元	544	160	212	51
三、农业					
年末耕地总资源	公顷	52061	28577	35184	15221
常用耕地面积	公顷	50006	27500	33967	14344
农林牧渔业总产值	万元	141540	62378	75809	43167
农林牧渔业总产值指数	上年=100	120.40	114.09	119.90	113.75
总播种面积	公顷	82949	40710	50432	27810
#粮食作物	公顷	38673	20778	25735	15158
粮食产量	吨	166789	89784	118361	63533
甘蔗产量	吨	944642	161790	325650	89
蔬菜产量	吨	311482	115748	88049	43917
水果产量	吨	60026	19103	25392	4730
肉类总产量	吨	46992	18633	20534	18225
奶类产量	吨	144		76	
水产品产量	吨	5810	3518	4759	2360

1-26续表4

指标名称	计量单位	全市	市辖区	柳江县	柳城县
四、工业					
国有及年销售收入500万元以上非国有工业企业主要经济指标					
工业企业数	个	421	281	54	18
（1）内资企业	个	395	259	51	18
（2）港、澳、台商投资企业	个	15	14	1	
（3）外商投资企业	个	11	8	2	
工业总产值(当年价)	万元	4265218	3688501	270749	93744
（1）内资企业	万元	3468071	2982295	187300	93744
（2）港、澳、台商投资企业	万元	137028	88796	48232	
（3）外商投资企业	万元	660119	617411	35217	
工业总产值指数	上年=100	118.90	118.95	134.85	89.7
工业企业增加值	万元	1150317	970795	82704	29813
工业企业资产总计	万元	5784454	4818965	253880	131768
从业人员年平均人数	人	159240	125545	10019	5104
流动资产年平均余额	万元	2529485	2195734	142836	56285
固定资产净值年平均余额	万元	2079760	1574945	72660	54108
产品销售收入	万元	4345664	3743939	280856	94329
#产品销售税金及附加	万元	104993	102700	810	584
本年应交增值税	万元	241557	209187	14233	5917
利润总额	万元	200909	190027	21260	4327
五、交通运输、邮电通信、能源电力					
铁路客运量	万人	352.34	251.19	15.26	8.74
铁路货运量	万吨	674.99	428.81	28.25	13.40
境内铁路里程	公里	389	50	92	32
民用汽车拥有量	辆	50643			
#私人汽车拥有量	辆	24449			
公路客运量	万人	3654	2549	280	197
公路货运量	万吨	3141	1353	222	532
公路里程	公里	3488	191	555	525
#境内等级公路里程	公里	3093	179	555	481
#境内高速公路里程	公里	192	19	72	27
内河港口货物吞吐量	万吨	62	54		
水运客运量	万人	106	7	22	21
水运货运量	万吨	140	70	25	22
民用航空货邮运量	吨	290		290	
民用航空客运量	人	34461		34461	
年末邮政局(所)数	处	164	62	15	19
邮政业务收入	万元	8935	6264	608	305
电信业务收入	万元	112977	81591	8479	5258
固定电话用户数	户	558350	381414	33390	33818
年末移动电话用户数	户	637751	421877	63429	36775
国际互联网用户数	户	234338	219451	3512	3039
能源消费量	万吨	684			
全年用电量	万千瓦时	473244	391257	18386	11956
#工业用电	万千瓦时	355478	319379	7926	3585
城乡居民生活用电	万千瓦时	81326	56712	5129	4971

1-26续表5

指　标　名　称	计量单位	鹿寨县	融安县	融水苗族自治县	三江侗族自治县
四、工业					
国有及年销售收入500万元以上非国有工业企业主要经济指标					
工业企业数	个	35	15	11	7
（1）内资企业	个	35	14	11	7
（2）港、澳、台商投资企业	个				
（3）外商投资企业	个		1		
工业总产值(当年价)	万元	154122	32196	19189	6717
（1）内资企业	万元	154122	24704	19189	6717
（2）港、澳、台商投资企业	万元				
（3）外商投资企业	万元		7492		
工业总产值指数	上年=100	125.10	89.37	114.60	81.09
工业企业增加值	万元	45215	8755	9831	3205
工业企业资产总计	万元	400442	83568	47305	48525
从业人员年平均人数	人	11070	4412	2361	729
流动资产年平均余额	万元	77996	28795	11203	16637
固定资产净值年平均余额	万元	292627	50284	27610	7525
产品销售收入	万元	159478	35285	18490	13287
#产品销售税金及附加	万元	689	92	89	29
本年应交增值税	万元	7401	2987	1533	297
利润总额	万元	-14587	-1625	1614	-106
五、交通运输、邮电通信、能源电力					
铁路客运量	万人	17.67	21.40	10.07	28.02
铁路货运量	万吨	98.04	45.85	19.04	41.60
境内铁路里程	公里	60	37	39	79
民用汽车拥有量	辆				
#私人汽车拥有量	辆				
公路客运量	万人	173	175	137	143
公路货运量	万吨	201	797	26	10
公路里程	公里	806	421	620	369
#境内等级公路里程	公里	727	263	605	282
#境内高速公路里程	公里	74			
内河港口货物吞吐量	万吨	3			4
水运客运量	万人	2	20	16	18
水运货运量	万吨	3	8	7	4
民用航空货邮运量	吨				
民用航空客运量	人				
年末邮政局(所)数	处	16	14	21	17
邮政业务收入	万元	657	345	493	263
电信业务收入	万元	7012	4503	3579	2555
固定电话用户数	户	43240	25213	21436	19839
年末移动电话用户数	户	49444	30049	22121	14056
国际互联网用户数	户	2658	3218	1633	827
能源消费量	万吨				
全年用电量	万千瓦时	20399	10582	11442	9222
#工业用电	万千瓦时	12211	4579	4205	3593
城乡居民生活用电	万千瓦时	4356	2872	4944	2342

1-26续表6

指　标　名　称	计量单位	全市	市辖区	柳江县	柳城县
六、内外贸易、外经、旅游					
限额以上批发零售贸易业商品销售总额	万元	808896	720350	50812	11930
社会消费品零售总额(新口径)	万元	908985	676427	44734	39016
#贸易业	万元	746621	547951	39548	31670
餐饮业	万元	126860	95535	4422	6163
其它	万元	35504	32941	764	1183
限额以上批发零售贸易企业数 （法人数）	个	73	63	7	3
按零售业态分组					
1.百货商店	个	2	2		
2.超级市场	个	6	5	1	
进口额（海关数）	万美元	4972	4972		
出口额（海关数）	万美元	2644	2644		
外国和港澳台地区在华直接投资：					
当年新签项目(合同)个数	个	18	17		1
当年合同外资金额	万美元	2611	2571		40
当年实际使用外资金额	万美元	6272	6272		
已投产（营业）企业数 （年末实有数）	个	150	150		
从业人员数	个	10288	10288		
海外游客人数（含一日游游客）	人	12973	8093		
#外国人	人	7015	3588		
港、澳、台同胞	人	5857	4505		
国际旅游（外汇）收入	万美元	70.12	44.2		
国内旅游人数	万人次	381.3			
国内旅游总收入	万元	215520			
星级饭店数	个	17	15		
七、固定资产投资					
全社会固定资产投资总额	万元	1093675	831104	60810	43166
#基本建设	万元	411050	273868	30626	30409
更新改造	万元	306719	280168	12362	1223
房地产开发	万元	278999	267266	2015	1060
商品房屋销售面积	万平方米	97.21	93.47		
#销售给个人	万平方米	96.68	92.94		
商品房屋空置面积	万平方米	16.15	13.53		
商品房屋销售额	万元	157776	154040		
#销售给个人	万元	155877	152141		

1-26续表7

指 标 名 称	计量单位	鹿寨县	融安县	融水苗族自治县	三江侗族自治县
六、内外贸易、外经、旅游					
限额以上批发零售贸易业商品销售总额	万元	10792	6985	8027	
社会消费品零售总额(新口径)	万元	44024	32981	40024	31779
#贸易业	万元	34724	29428	35290	28010
餐饮业	万元	8700	3553	4734	3753
其它	万元	600			16
限额以上批发零售贸易企业数 （法人数）	个				
按零售业态分组					
1.百货商店	个				
2.超级市场	个				
进口额（海关数）	万美元				
出口额（海关数）	万美元				
外国和港澳台地区在华直接投资：					
当年新签项目(合同)个数	个				
当年合同外资金额	万美元				
当年实际使用外资金额	万美元				
已投产（营业）企业数 （年末实有数）	个				
从业人员数	个				
海外游客人数（含一日游游客）	人	532	5	274	4069
#外国人	人	99		34	3294
港、澳、台同胞	人	332	5	240	775
国际旅游（外汇）收入	万美元	1.95	0.04	0.29	23.66
国内旅游人数	万人次	12	12	2	13.58
国内旅游总收入	万元	990	760	230	436
星级饭店数	个	1		1	
七、固定资产投资					
全社会固定资产投资总额	万元	80636	27529	24310	26120
#基本建设	万元	38111	9475	13678	14883
更新改造	万元	8673	1097	2080	1116
房地产开发	万元	5636		3022	
商品房屋销售面积	万平方米	2.99		0.75	
#销售给个人	万平方米	2.99		0.75	
商品房屋空置面积	万平方米	2.62			
商品房屋销售额	万元	1956		1780	
#销售给个人	万元	1956		1780	

1-26续表8

指标名称	计量单位	全市	市辖区	柳江县	柳城县
八、教育、科技、文化					
学校数					
高等学校	所	6	6		
中等职业学校	所	26	20	1	1
普通中学	所	238	77	37	25
小学	所	1205	216	178	131
专任教师数					
高等学校	人	1832	1832		
中等职业学校	人	1646	1497	11	14
普通中学	人	10768	4165	1596	1232
小学	人	16326	5316	2448	1806
在校学生数					
高等学校	人	27686	27686		
中等职业学校	人	29986	28899	49	69
普通中学	人	204939	72019	33755	21067
小学	人	315028	95457	52315	32369
成人高等教育学校在校学生数	人	24033	22023	232	427
各类专业技术人员	人	113302	84227	6375	5418
#中级职称以上人员数	人	44635	35923	2120	1869
体育场馆数	个	4	1	1	1
剧场、影剧院数	个	17	6	2	2
公共图书馆图书总藏量	千册、件	1032	655	100	70
广播覆盖率	%	92.52	100.00	100.00	100.00
电视覆盖率	%	95.00	100.00	95.00	96.00
九、人民生活 社会保障					
在岗职工平均人数（含柳铁在市）	万人	36.38	26.22	2.42	1.90
在岗职工工资总额（含柳铁在市）	万元	515712	402700	28313	21299
居民人均可支配收入	元		8370		
居民人均消费支出	元		6033		
#(1)食品	元		2460		
(2)衣着用品	元		455		
(3)家庭设备、用品及服务	元		368		
(4)医疗保健	元		361		
(5)交通和通讯	元		646		
(6)娱乐、教育、文化服务	元		873		
(7)居住	元		635		
每百户居民家庭拥有：					
（1）家用汽车	辆		1.50		
（2）家用电脑	台		24.08		
人均住房使用面积	平方米		17.99		

1-26续表9

指　标　名　称	计量单位	鹿寨县	融安县	融水苗族自治县	三江侗族自治县
八、教育、科技、文化					
学校数					
高等学校	所				
中等职业学校	所	1	1	1	1
普通中学	所	30	20	28	21
小学	所	143	143	206	188
专任教师数					
高等学校	人				
中等职业学校	人	35	24	33	32
普通中学	人	1192	977	861	745
小学	人	1796	1415	2191	1354
在校学生数					
高等学校	人				
中等职业学校	人	249	90	518	112
普通中学	人	23431	18793	20167	15707
小学	人	34266	24678	41938	34005
成人高等教育学校在校学生数	人			814	537
各类专业技术人员	人	4337	4016	5351	3578
#中级职称以上人员数	人	941	1282	1169	1331
体育场馆数	个			1	
剧场、影剧院数	个	2	2	1	2
公共图书馆图书总藏量	千册、件	65	48	23	71
广播覆盖率	%	90.59	20.00	52.22	95.48
电视覆盖率	%	97.20	70.00	85.40	95.48
九、人民生活 社会保障					
在岗职工平均人数（含柳铁在市）	万人	2.33	1.31	1.36	0.85
在岗职工工资总额（含柳铁在市）	万元	26401	14007	14239	8753
居民人均可支配收入	元				
居民人均消费支出	元				
#(1)食品	元				
(2)衣着用品	元				
(3)家庭设备、用品及服务	元				
(4)医疗保健	元				
(5)交通和通讯	元				
(6)娱乐、教育、文化服务	元				
(7)居住	元				
每百户居民家庭拥有:					
（1）家用汽车	辆				
（2）家用电脑	台				
人均住房使用面积	平方米				

1-26续表10

指　标　名　称	计量单位	全市	市辖区	柳江县	柳城县
居民消费价格指数(上年为100)			100.60		
年末离休、退休、退职人员数	人	147395	123381	1882	3926
基本养老保险参保人数	人	299613	255351	8320	9049
基本医疗保险参保人数	人	421170	332580	19707	18593
失业保险参保人数	人	246638	185472	12303	12758
社会福利院数	个	6	1	1	
社会福利院床位数	张	327	130	38	
社区服务设施数	个	371	367	4	
居民最低生活保障线以下人数	人	57560	33320	1026	3810
十、社会治安					
交通事故件数	件	1727	822	261	114
交通事故死亡人数	人	256	81	52	22
刑事案件立案数	件	18366	11625	1945	939
犯罪人数	人	4333	2545	439	329
十一、市政公用事业					
城市维护建设资金支出	万元	236940	226406	1148	3081
年末实有城市道路面积	万平方米	1016.60	770.50	48.60	47.40
排水管道长度	公里	685.31	484.94	57.97	14.50
供水综合生产能力(包括自备水源)	万立方米/日	191.21	160.29	5.12	4.50
供水总量	万立方米	43571	39199	808	555
#居民家庭用水量	万立方米	12141	10476	371	192
用水人口	万人	119.82	93.76	3.85	3.16
煤气(人工、天然气)供气总量	万立方米	3354	3354		
#家庭用量	万立方米	3151	3151		
用煤气人口	人	191000	191000		
液化石油气供气总量	吨	40476	31957	831	558
#家庭用量	吨	39582	31855	831	546
用液化气人口	人	747000	551900	27200	20500
年末实有公共汽(电)车营运车辆数	辆	707	687		
全年公共汽(电)车客运总量	万人次	19805	19685		
年末实有出租汽车数	辆	1252	1074		
园林绿地面积	公顷	3374.90	2966.40	30.00	23.00
#公共绿地面积	公顷	632.13	576.78	3.67	1.60
建成区绿化覆盖面积	公顷	3052.30	2775.40	32.00	25.00
十二、环境保护					
污染源治理本年投资总额	万元	4632	3269	438	300
城市环境基础设施建设本年完成投资额	万元	32257	30679		50
三废综合利用产品产值	万元	23394	15099	1654	4716
工业废水排放量	万吨	27237	19369	2865	1748
工业废水排放达标量	万吨	21447	16246	2125	1548
工业二氧化硫去除量	吨	165854	162692	1155	1749
工业二氧化硫排放量	吨	88018	53819	11051	7611
工业烟尘去除量	吨	653294	602179	20851	14404
工业烟尘排放量	吨	51837	31326	7491	3612
工业固体废物综合利用率	%	76.12	81.11	99.47	99.62
烟尘控制区总面积	平方公里	117.20	91.90		
高污染燃料禁烧区总面积	平方公里	2.50			
环境噪声达标区总面积	平方公里	47.40	44.90		
生活污水处理率	%	3.90	3.90		
生活垃圾无害化处理率	%	69.47	100.00		

1-26续表11

指　标　名　称	计量单位	鹿寨县	融安县	融水苗族自治县	三江侗族自治县
居民消费价格指数(上年为100)					
年末离休、退休、退职人员数	人	8585	5798	2655	1168
基本养老保险参保人数	人	12234	5545	5485	3632
基本医疗保险参保人数	人	23712	8165	10864	7549
失业保险参保人数	人	13739	6992	10480	4894
社会福利院数	个	1	1	1	1
社会福利院床位数	张	50	27	30	52
社区服务设施数	个				
居民最低生活保障线以下人数	人	5737	4266	5274	4127
十、社会治安					
交通事故件数	件	307	138	53	32
交通事故死亡人数	人	48	35	11	7
刑事案件立案数	件	1254	1118	890	595
犯罪人数	人	330	285	234	171
十一、市政公用事业					
城市维护建设资金支出	万元	4186	1307	669	143
年末实有城市道路面积	万平方米	44.60	51.90	32.60	21.00
排水管道长度	公里	46.00	46.00	19.50	16.40
供水综合生产能力(包括自备水源)	万立方米/日	14.00	3.10	3.20	1.00
供水总量	万立方米	1936	398	505	170
#居民家庭用水量	万立方米	463	276	258	105
用水人口	万人	5.26	6.64	5.20	1.95
煤气(人工、天然气)供气总量	万立方米				
#家庭用量	万立方米				
用煤气人口	人				
液化石油气供气总量	吨	1800	2130	2300	900
#家庭用量	吨	1470	2108	2100	672
用液化气人口	人	48000	37500	43000	18900
年末实有公共汽(电)车营运车辆数	辆	16			4
全年公共汽(电)车客运总量	万人次	102			18
年末实有出租汽车数	辆	110	40	28	
园林绿地面积	公顷	112.5	149	45	49
#公共绿地面积	公顷	31.00	9.48	7.00	2.60
建成区绿化覆盖面积	公顷	90.00	64.40	48.50	17.00
十二、环境保护					
污染源治理本年投资总额	万元	42	553	30	
城市环境基础设施建设本年完成投资额	万元	1253	265		10
三废综合利用产品产值	万元	1306	202	418	
工业废水排放量	万吨	2125	790	260	81
工业废水排放达标量	万吨	1488	18		22
工业二氧化硫去除量	吨	259			
工业二氧化硫排放量	吨	10203	2961	1386	987
工业烟尘去除量	吨	8850		5851	1159
工业烟尘排放量	吨	5120	1462	1593	1233
工业固体废物综合利用率	%	30.48	39.50	85.07	
烟尘控制区总面积	平方公里	10.00	7.80	5.00	2.50
高污染燃料禁烧区总面积	平方公里				2.50
环境噪声达标区总面积	平方公里				2.50
生活污水处理率	%				
生活垃圾无害化处理率	%				

1-27 人均主要社会经济指标

（2003年）

指 标 名 称	单位	全市	市区	柳江县	柳城县
地区生产总值	元	9337	23042	6190	5212
工农业总产值	元	16389	43881	10562	8048
农林牧渔业总产值	元	2081	749	3275	3939
工业总产值	元	14308	43133	7287	4109
全社会固定资产投资额	元	3126	8736	1147	1062
财政收入	元	1663	4983	604	799
城乡居民储蓄存款余额	元	7368	20639	2910	2486
社会消费品零售总额	元	2598	7110	844	960
在岗职工年平均工资	元	13832	15058	11694	11245
城市居民年人均可支配收入	元		8370		
城市居民年人均消费性支出	元		6033		
农民年人均纯收入	元	2082	2803	2414	2580
耕地面积（按总人口计算）	亩	0.96	0.16	1.48	1.63
耕地面积（按农业人口计算）	亩	1.46	1.30	1.74	1.92
粮食产量	公斤	228.33	31.03	312.24	406.63
油料产量	公斤	7.79	2.45	7.16	23.04
蔬菜产量	公斤	398.69	210.16	899.79	390.25
肉类产量	公斤	60.15	27.15	81.14	91.57
水果产量	公斤	55.92	16.93	67.59	84.75
水产品产量	公斤	13.32	12.35	16.18	24.18
甘蔗产量	公斤	1798.18	371.90	3600.51	6385.69
电话机	部/万人	3613.02	8714.26	2126.58	1882.35
普通中学在校生	人/万人	585.73	756.99	636.56	518.14
小学在校生	人/万人	900.38	1003.35	986.57	796.11
医院	个/万人	0.24	0.59	0.06	0.15
医院病床	张/万人	26.52	77.91	5.64	9.76
卫生技术人员	人/万人	43.38	96.76	21.42	22.43
#医生	人/万人	16.71	41.60	7.20	6.00

注：电话机数含小灵通、移动电话。

1-27续表

指 标 名 称	单位	鹿寨县	融安县	融水苗族自治县	三江侗族自治县
地区生产总值	元	5189	3601	2211	1957
工农业总产值	元	8013	3676	2295	1841
农林牧渔业总产值	元	2952	1959	1624	1247
工业总产值	元	5061	1717	670	594
全社会固定资产投资额	元	1682	865	521	755
财政收入	元	418	315	179	141
城乡居民储蓄存款余额	元	3246	2502	1648	1347
社会消费品零售总额	元	918	1036	858	918
在岗职工年平均工资	元	11348	10714	10505	10308
城市居民年人均可支配收入	元				
城市居民年人均消费性支出	元				
农民年人均纯收入	元	2306	1859	1487	1450
耕地面积（按总人口计算）	亩	1.45	1.20	1.01	0.58
耕地面积（按农业人口计算）	亩	1.79	1.43	1.15	0.63
粮食产量	公斤	347.86	282.03	253.62	183.57
油料产量	公斤	12.32	5.54	6.38	3.19
蔬菜产量	公斤	649.63	363.58	188.67	126.89
肉类产量	公斤	98.01	58.53	44.00	52.66
水果产量	公斤	125.19	60.01	54.41	13.67
水产品产量	公斤	12.12	11.05	10.20	6.82
甘蔗产量	公斤	1970.16	508.21	697.79	0.26
电话机	部/万人	2096.30	1880.67	1038.55	1067.07
普通中学在校生	人/万人	488.68	590.32	432.13	453.83
小学在校生	人/万人	714.66	775.17	898.63	982.53
医院	个/万人	0.19	0.13	0.06	0.06
医院病床	张/万人	7.68	9.74	5.61	6.65
卫生技术人员	人/万人	22.86	30.94	23.12	22.07
#医生	人/万人	7.01	10.37	7.48	7.14

注：电话机数含移动电话。

国民经济核算　2

2-1 全市生产总值（1978～2003年）

（按当年价格计算）

单位：万元

年份	全市生产总值	第一产业	第二产业	工业	建筑业	第三产业	人均生产总值（元/人）
1978	98855	27019	48554	45295	3259	23282	404
1979	108675	27601	53076	49421	3655	27998	433
1980	122626	31582	61107	56687	4420	29937	479
1981	134663	37325	65581	60898	4683	31757	515
1982	141015	39903	66813	62252	4561	34299	527
1983	162944	43071	77557	72653	4904	42316	599
1984	187443	45703	91363	84022	7341	50377	682
1985	231565	51831	115254	107677	7577	64480	829
1986	268713	59427	135671	125001	10670	73615	944
1987	355136	69296	188676	172691	15985	97164	1223
1988	427763	81178	215292	197850	17442	131293	1447
1989	490058	96067	240590	224289	16301	153401	1631
1990	528036	119845	242286	228818	13468	165905	1733
1991	616737	119699	288506	264066	24440	208532	2002
1992	763445	137308	364917	334164	30753	261220	2447
1993	1037604	162264	563451	522798	40653	311889	3281
1994	1379144	210434	779780	714632	65148	388930	4310
1995	1725445	292525	918348	833407	84941	514572	5326
1996	1719615	319305	809616	708852	100764	590694	5249
1997	1917874	335364	890054	783673	106381	692456	5801
1998	2048486	347415	929608	827645	101963	771463	6127
1999	2128552	356033	952060	853936	98124	820459	6306
2000	2312445	373637	1021592	925887	95705	917216	6780
2001	2582544	393956	1134272	1026823	107449	1054316	7487
2002	2852319	428629	1284493	1131124	153369	1139197	8211
2003	3266706	449162	1610681	1360483	250198	1206863	9337

2-2 全市生产总值构成(1978～2003年)

(按当年价格计算)　　　　单位：%

年份	全市生产总值	第一产业	第二产业	工业	建筑业	第三产业
1978	100	27.33	49.12	45.82	3.30	23.55
1979	100	25.40	48.84	45.48	3.36	25.76
1980	100	25.75	49.83	46.23	3.60	24.41
1981	100	27.72	48.70	45.22	3.48	23.58
1982	100	28.30	47.38	44.15	3.23	24.32
1983	100	26.43	47.60	44.59	3.01	25.97
1984	100	24.38	48.74	44.83	3.92	26.88
1985	100	22.38	49.77	46.50	3.27	27.85
1986	100	22.12	50.49	46.52	3.97	27.40
1987	100	19.51	53.13	48.63	4.50	27.36
1988	100	18.98	50.33	46.25	4.08	30.69
1989	100	19.60	49.09	45.77	3.33	31.30
1990	100	22.70	45.88	43.33	2.55	31.42
1991	100	19.41	46.78	42.82	3.96	33.81
1992	100	17.99	47.80	43.77	4.03	34.22
1993	100	15.64	54.30	50.39	3.92	30.06
1994	100	15.26	56.54	51.82	4.72	28.20
1995	100	16.95	53.22	48.30	4.92	29.82
1996	100	18.57	47.08	41.22	5.86	34.35
1997	100	17.49	46.41	40.86	5.55	36.11
1998	100	16.96	45.38	40.40	4.98	37.66
1999	100	16.73	44.73	40.12	4.61	38.55
2000	100	16.16	44.18	40.04	4.14	39.66
2001	100	15.25	43.92	39.76	4.16	40.82
2002	100	15.03	45.03	39.66	5.38	39.94
2003	100	13.66	49.31	41.65	7.66	37.04

2-3 全市生产总值指数(1978～2003年)

(按可比价格计算，以上年为100)　　单位：%

年份	全市生产总值	第一产业	第二产业	工业	建筑业	第三产业	人均生产总值（元/人）
1978	106.64	104.65	106.43	107.15	99.38	109.47	103.72
1979	104.47	98.78	106.83	108.09	93.45	106.56	101.94
1980	112.87	104.77	116.73	116.47	119.86	114.18	110.50
1981	106.39	110.68	104.92	106.22	89.43	105.04	104.25
1982	105.17	103.37	105.03	105.59	97.15	107.32	102.70
1983	109.85	105.50	108.90	108.98	107.67	116.06	108.04
1984	114.01	101.75	121.05	120.39	131.20	112.48	112.86
1985	120.06	102.23	127.88	128.24	122.67	119.58	118.21
1986	113.17	105.68	118.54	119.36	106.25	107.27	111.02
1987	117.01	108.94	115.38	114.16	135.85	126.39	114.72
1988	107.62	96.45	105.44	105.89	99.18	118.89	105.67
1989	102.74	111.17	100.76	101.76	85.69	102.32	101.08
1990	102.77	106.40	100.56	100.96	93.42	104.92	101.38
1991	111.51	98.08	113.90	113.49	119.71	117.02	110.32
1992	119.22	115.13	120.16	120.45	116.39	120.16	117.69
1993	112.68	105.01	122.98	123.81	111.58	101.65	111.16
1994	118.17	100.65	130.72	130.35	136.33	105.59	116.80
1995	116.78	114.66	117.76	116.83	131.30	115.75	115.33
1996	101.47	108.34	98.74	97.39	116.25	103.96	100.34
1997	113.81	110.84	110.35	110.78	105.75	122.84	112.79
1998	107.20	101.81	105.57	106.65	93.22	113.03	106.00
1999	106.98	106.83	105.86	106.30	100.14	109.05	105.96
2000	108.85	105.33	108.69	109.63	95.58	110.70	107.74
2001	111.00	106.76	112.17	112.84	105.73	111.41	109.75
2002	113.70	106.90	117.80	115.80	139.20	111.70	112.89
2003	111.88	104.55	117.15	112.38	157.62	108.65	111.03

2-4 市区生产总值(1978～2003年)

(按当年价格计算)　　单位：万元

年　份	市区生产总值	第一产业	第二产业			第三产业	人均生产总值(元/人)
				工业	建筑业		
1978	55905	1859	39169	37125	2044	14877	1145
1979	64205	1813	42533	40147	2386	19859	1249
1980	70705	2052	47649	45129	2520	21004	1312
1981	74699	2146	51939	48903	3036	20614	1339
1982	77279	3521	51481	48889	2592	22277	1332
1983	94623	3811	62297	59005	3292	28515	1588
1984	111116	2696	73632	68853	4779	34788	1825
1985	141538	2914	94704	89874	4830	43920	2253
1986	167778	5173	112455	104039	8416	50150	2594
1987	229756	5239	154500	142130	12370	70017	3444
1988	279506	6562	179774	168162	11612	93170	4051
1989	319228	8699	201549	190264	11285	108980	4488
1990	328272	10383	200770	192414	8356	117119	4501
1991	396320	9484	240401	221317	19084	146435	5348
1992	504455	12594	306062	283222	22840	185799	6629
1993	696054	12372	466700	437718	28982	216982	8856
1994	910565	11037	626936	591445	35491	272592	11287
1995	1103300	28834	714791	678675	36116	359675	13303
1996	1039748	31424	592575	547350	45225	415749	12237
1997	1162034	32474	661510	613246	48264	468050	13411
1998	1258944	34847	704775	647734	57041	519322	14360
1999	1314904	34017	739034	679171	59863	541853	14894
2000	1430071	35139	786930	730289	56641	608002	15957
2001	1612534	37630	871068	804720	66348	703836	17604
2002	1795243	52613	990419	882378	108041	752211	19204
2003	2192196	44363	1258729	1075235	183494	889104	23042

2-5 市区生产总值构成（1978～2003年）

（按当年价格计算） 单位：%

年份	市区生产总值	第一产业	第二产业	工业	建筑业	第三产业
1978	100	3.33	70.06	66.41	3.66	26.61
1979	100	2.82	66.25	62.53	3.72	30.93
1980	100	2.90	67.39	63.83	3.56	29.71
1981	100	2.87	69.53	65.47	4.06	27.60
1982	100	28.30	47.38	44.15	3.23	24.32
1983	100	4.03	65.84	62.36	3.48	30.14
1984	100	2.43	66.27	61.96	4.30	31.31
1985	100	2.06	66.91	63.50	3.41	31.03
1986	100	3.08	67.03	62.01	5.02	29.89
1987	100	2.28	67.25	61.86	5.38	30.47
1988	100	2.35	64.32	60.16	4.15	33.33
1989	100	2.73	63.14	59.60	3.54	34.14
1990	100	3.16	61.16	58.61	2.55	35.68
1991	100	2.39	60.66	55.84	4.82	36.95
1992	100	2.50	60.67	56.14	4.53	36.83
1993	100	1.78	67.05	62.89	4.16	31.17
1994	100	1.21	68.85	64.95	3.90	29.94
1995	100	2.61	64.79	61.51	3.27	32.60
1996	100	3.02	56.99	52.64	4.35	39.99
1997	100	2.79	56.93	52.77	4.15	40.28
1998	100	2.77	55.98	51.45	4.53	41.25
1999	100	2.59	56.20	51.65	4.55	41.21
2000	100	2.46	55.03	51.07	3.96	42.52
2001	100	2.33	54.02	49.90	4.11	43.65
2002	100	2.93	55.17	49.15	6.02	41.90
2003	100	2.02	57.42	49.05	8.37	40.56

2-6 市区生产总值指数（1978～2003年）

（按可比价格计算，以上年为100） 单位：%

年 份	市区生产总值	第一产业	第二产业	工业	建筑业	第三产业	人均生产总值（元/人）
1978	108.07	102.41	108.87	109.18	103.95	106.95	101.83
1979	109.25	97.52	110.09	109.61	118.01	108.55	103.71
1980	114.12	104.95	113.66	113.34	118.65	115.91	108.93
1981	104.98	96.80	107.88	109.33	86.62	99.35	101.41
1982	104.30	149.66	101.70	102.71	82.97	106.94	100.27
1983	113.13	90.86	112.02	111.14	132.20	118.00	110.18
1984	120.14	108.64	123.49	123.70	119.36	114.00	117.56
1985	126.91	88.54	132.12	132.02	134.14	118.00	122.98
1986	119.37	119.91	121.53	121.67	118.81	113.80	115.95
1987	117.60	104.30	114.10	113.00	136.19	128.00	114.00
1988	108.70	102.02	106.35	107.50	87.09	114.76	105.10
1989	102.28	107.19	101.32	102.40	78.97	104.25	99.22
1990	100.89	108.17	99.75	100.07	91.20	103.06	98.39
1991	115.78	94.62	115.53	115.70	112.80	117.84	113.96
1992	120.12	129.39	119.05	119.41	113.00	121.41	116.98
1993	111.75	105.55	119.11	119.39	113.98	99.65	108.20
1994	118.68	94.52	127.17	128.38	104.61	103.08	115.62
1995	114.52	126.20	115.87	116.41	103.42	110.42	111.40
1996	98.09	116.76	95.59	94.92	113.01	103.30	95.74
1997	118.01	125.49	113.92	113.69	118.91	127.36	115.73
1998	110.49	109.92	109.79	109.33	119.35	112.06	109.20
1999	106.83	103.89	106.52	106.37	109.27	107.73	106.09
2000	109.20	107.25	108.58	109.45	92.40	110.66	107.57
2001	112.00	101.37	113.24	113.58	108.88	111.00	109.58
2002	116.10	103.90	119.60	116.70	158.70	110.40	113.78
2003	113.70	109.20	117.90	112.50	171.65	108.60	111.71

2-7 柳江县生产总值(1978～2003年)

(按当年价格计算) 单位：万元

年份	生产总值	第一产业	第二产业	工业	建筑业	第三产业	人均生产总值（元/人）
1978	9333	5940	1451	934	517	1942	243
1979	8011	5391	1450	930	520	1170	206
1980	10190	7219	1808	1231	577	1163	259
1981	12654	8791	1738	1275	463	2125	315
1982	12047	7781	2071	1463	608	2195	294
1983	12995	8656	1898	1351	547	2441	312
1984	14290	9120	2453	1658	795	2717	336
1985	16696	11080	2624	2027	597	2992	384
1986	17960	11571	3355	2866	485	3034	406
1987	22729	13887	4775	3965	810	4067	505
1988	31183	19647	5689	4128	1561	5847	685
1989	37532	21574	7686	6264	1422	8272	818
1990	40363	23770	8040	6616	1424	8553	881
1991	44473	21268	10161	9167	994	13044	950
1992	53041	24272	13027	11997	1030	15742	1116
1993	71584	29730	20023	17865	2158	21831	1483
1994	118313	51245	40601	37358	3243	26467	2436
1995	158404	66395	51108	44627	6481	40901	3233
1996	176514	71116	53917	46678	7239	51481	3590
1997	193904	74452	58571	51018	7553	60881	3913
1998	212274	74653	63954	56357	7597	73667	4220
1999	222351	75858	62832	56629	6203	83661	4389
2000	240636	81286	70146	63566	6580	89204	4611
2001	261735	86691	74179	66017	8162	100865	4983
2002	294237	91972	92080	86800	5280	110185	5560
2003	328263	109051	138100	119406	18694	81112	6190

2-8 柳江县生产总值构成(1978～2003年)

(按当年价格计算)　　单位：%

年份	生产总值	第一产业	第二产业	工业	建筑业	第三产业
1978	100.00	63.65	15.55	10.01	5.54	20.81
1979	100.00	67.29	18.10	11.61	6.49	14.60
1980	100.00	70.84	17.74	12.08	5.66	11.41
1981	100.00	69.47	13.73	10.08	3.66	16.79
1982	100.00	64.59	17.19	12.14	5.05	18.22
1983	100.00	66.61	14.61	10.40	4.21	18.78
1984	100.00	63.82	17.17	11.60	5.56	19.01
1985	100.00	66.36	15.72	12.14	3.58	17.92
1986	100.00	64.43	18.68	15.98	2.70	16.89
1987	100.00	61.10	21.01	17.44	3.56	17.89
1988	100.00	63.01	18.24	13.24	5.01	18.75
1989	100.00	57.48	20.48	16.69	3.79	22.04
1990	100.00	58.89	19.92	16.39	3.53	21.19
1991	100.00	47.82	22.85	20.61	2.24	29.33
1992	100.00	45.76	24.56	22.62	1.94	29.68
1993	100.00	41.53	27.97	24.96	3.01	30.50
1994	100.00	43.31	34.32	31.58	2.74	22.37
1995	100.00	41.91	32.26	28.17	4.09	25.82
1996	100.00	40.29	30.55	26.44	4.10	29.17
1997	100.00	38.40	30.21	26.31	3.90	31.40
1998	100.00	35.17	30.13	26.55	3.58	34.70
1999	100.00	34.12	28.26	25.47	2.79	37.63
2000	100.00	33.78	29.15	26.42	2.73	37.07
2001	100.00	33.12	28.34	25.22	3.12	38.54
2002	100.00	31.26	31.29	29.50	1.79	37.45
2003	100.00	33.22	42.07	36.38	5.69	24.71

2-9 柳江县生产总值指数(1978～2003年)

(按可比价格计算，以上年为100)　　单位：%

年　份	生产总值	第一产业	第二产业	工业	建筑业	第三产业	人均生产总值（元/人）
1978	104.20	102.44	105.14	105.13	105.17	110.12	101.90
1979	85.47	88.77	89.26	88.93	89.84	69.83	84.09
1980	119.80	121.66	132.12	140.28	117.54	95.98	118.28
1981	111.28	108.73	94.32	101.60	78.77	155.12	109.68
1982	96.34	88.50	119.92	115.44	132.25	103.96	94.12
1983	101.43	104.59	83.13	83.74	81.67	112.27	99.61
1984	114.38	110.42	129.23	122.81	145.07	114.10	112.03
1985	114.31	115.93	106.96	122.23	75.13	116.57	111.90
1986	103.70	94.44	137.88	152.46	88.41	46.77	102.09
1987	114.42	104.78	119.26	115.95	138.62	295.14	112.46
1988	103.82	96.34	98.97	108.47	52.47	125.86	102.54
1989	114.87	113.93	125.44	112.32	258.21	107.36	114.08
1990	106.52	111.81	100.51	101.48	96.25	102.95	105.59
1991	110.00	99.99	109.14	119.76	59.83	130.61	108.68
1992	119.85	115.99	130.44	133.05	106.03	117.00	118.06
1993	119.58	106.06	141.36	137.11	191.07	119.88	117.94
1994	127.14	106.76	167.81	173.86	117.18	110.24	125.90
1995	127.71	116.96	119.89	113.14	203.63	154.37	126.67
1996	109.08	110.69	104.10	102.66	114.02	113.87	108.50
1997	101.49	119.40	93.61	95.30	83.13	93.76	101.07
1998	112.38	112.00	102.49	104.76	86.36	124.36	110.70
1999	109.86	105.57	112.47	115.70	84.62	112.01	107.91
2000	109.33	107.89	98.68	97.00	118.52	121.09	107.96
2001	108.66	108.75	103.68	102.06	119.27	112.48	107.20
2002	110.33	106.27	116.91	123.34	63.77	109.14	109.63
2003	117.03	102.60	138.81	132.47	214.00	107.48	116.73

2-10 柳城县生产总值(1978～2003年)

(按当年价格计算)　　单位：万元

年　份	生产总值	第一产业	第二产业	工业	建筑业	第三产业	人均生产总值(元/人)
1978	5392	2995	1382	1040	342	1015	172
1979	5981	3010	1851	1491	360	1120	185
1980	7282	3029	2972	2253	719	1281	224
1981	9153	4449	3180	2564	616	1524	279
1982	11734	6516	3405	2980	425	1813	353
1983	12247	6632	3458	3168	290	2157	362
1984	11958	5930	3462	2777	685	2566	348
1985	15244	7897	4195	3319	876	3152	437
1986	18198	9441	5441	4880	561	3316	512
1987	22553	12134	7133	6397	736	3286	627
1988	27402	14570	8748	7218	1530	4084	758
1989	35085	19081	9127	7934	1193	6877	964
1990	41781	25068	9478	8608	870	7235	1138
1991	41158	22143	10667	9810	857	8348	1111
1992	42548	24413	9707	8465	1242	8428	1143
1993	60598	32448	17652	15845	1807	10498	1625
1994	77752	36852	26772	24784	1988	14128	2072
1995	105603	47303	42500	40001	2499	15800	2796
1996	117669	57384	41800	39047	2753	18485	3097
1997	144353	66048	50002	45589	4413	28303	3789
1998	162983	76622	51890	47860	4030	34471	4053
1999	157460	77062	41825	37938	3887	38573	3909
2000	174324	82106	49471	45358	4113	42747	4306
2001	195791	87451	59942	55632	4310	48398	4818
2002	213625	94410	65316	58186	7130	53899	5255
2003	211930	91620	63445	53737	9708	56865	5212

2-11 柳城县生产总值构成(1978～2003年)

(按当年价格计算)　　　　单位：%

年　份	生产总值	第一产业	第二产业	工业	建筑业	第三产业
1978	100.00	55.55	25.63	19.29	6.34	18.82
1979	100.00	50.33	30.95	24.93	6.02	18.73
1980	100.00	41.60	40.81	30.94	9.87	17.59
1981	100.00	48.61	34.74	28.01	6.73	16.65
1982	100.00	55.53	29.02	25.40	3.62	15.45
1983	100.00	54.15	28.24	25.87	2.37	17.61
1984	100.00	49.59	28.95	23.22	5.73	21.46
1985	100.00	51.80	27.52	21.77	5.75	20.68
1986	100.00	51.88	29.90	26.82	3.08	18.22
1987	100.00	53.80	31.63	28.36	3.26	14.57
1988	100.00	53.17	31.92	26.34	5.58	14.91
1989	100.00	54.39	26.01	22.61	3.40	19.60
1990	100.00	60.00	22.68	20.60	2.08	17.32
1991	100.00	53.80	25.92	23.83	2.08	20.28
1992	100.00	57.38	22.81	19.90	2.92	19.81
1993	100.00	53.55	29.13	26.15	2.98	17.32
1994	100.00	47.40	34.43	31.88	2.56	18.17
1995	100.00	44.79	40.25	37.88	2.37	14.96
1996	100.00	48.77	35.52	33.18	2.34	15.71
1997	100.00	45.75	34.64	31.58	3.06	19.61
1998	100.00	47.01	31.84	29.37	2.47	21.15
1999	100.00	48.94	26.56	24.09	2.47	24.50
2000	100.00	47.10	28.38	26.02	2.36	24.52
2001	100.00	44.67	30.62	28.41	2.20	24.71
2002	100.00	44.19	30.58	27.24	3.34	25.23
2003	100.00	43.23	29.94	25.36	4.58	26.83

2-12 柳城县生产总值指数（1978～2003年）

（按可比价格计算，以上年为100） 单位：%

年份	生产总值	第一产业	第二产业	工业	建筑业	第三产业	人均生产总值（元/人）
1978	93.57	94.02	84.18	87.77	66.51	125.00	83.78
1979	104.09	102.48	106.45	105.58	112.09	103.05	114.03
1980	119.00	114.49	121.23	123.95	104.60	126.20	118.30
1981	112.13	112.99	110.01	105.40	143.45	114.99	111.20
1982	114.38	116.70	111.98	117.80	80.97	113.98	112.83
1983	115.40	117.99	113.04	118.81	68.27	114.00	113.71
1984	106.78	97.67	114.96	105.98	236.14	112.94	105.14
1985	111.46	123.01	102.46	98.26	127.91	105.09	109.78
1986	108.34	108.00	107.99	117.44	64.03	109.99	106.32
1987	109.72	109.00	110.00	107.52	131.20	111.00	108.38
1988	108.32	106.98	108.45	94.23	207.86	111.54	107.73
1989	104.30	112.54	88.86	92.29	77.97	115.67	103.78
1990	111.58	109.24	105.15	113.73	72.93	127.41	110.56
1991	91.70	98.56	85.10	87.66	70.14	86.12	90.85
1992	112.75	122.14	106.66	117.61	26.56	98.35	112.14
1993	116.50	108.02	143.75	137.35	351.34	103.28	116.41
1994	110.96	100.02	129.10	131.55	98.04	109.31	110.26
1995	122.13	117.81	137.91	138.88	121.44	97.96	121.30
1996	106.69	107.57	104.17	104.05	106.48	111.88	106.09
1997	119.32	109.56	118.31	116.12	159.77	154.18	118.99
1998	116.10	113.12	115.36	117.19	90.08	124.74	112.81
1999	102.33	107.30	91.81	91.34	100.33	114.41	99.60
2000	109.37	122.66	84.63	82.34	122.05	125.72	108.82
2001	110.10	107.68	113.60	114.76	100.75	110.72	109.68
2002	111.26	109.47	112.91	108.92	163.10	112.64	111.22
2003	103.58	104.53	97.93	97.00	104.56	109.38	103.55

2-13 鹿寨县生产总值(1978～2003年)

(按当年价格计算)　　　　单位：万元

年　份	生产总值	第一产业	第二产业	工业	建筑业	第三产业	人均生产总值（元/人）
1978	8557	4525	1706	1620	86	2326	206
1979	9275	4760	2116	1988	128	2399	247
1980	10010	5010	2526	2356	170	2474	263
1981	11877	6411	2915	2750	165	2551	319
1982	12403	6154	3399	3145	254	2850	318
1983	14091	7463	3230	3070	160	3398	358
1984	15224	6620	5094	4795	299	3510	376
1985	20473	9169	6315	5969	346	4989	506
1986	22880	10727	6594	6269	325	5559	560
1987	29151	13505	9155	8410	745	6491	703
1988	32358	14730	10242	9582	660	7386	768
1989	35782	17458	10540	9889	651	7784	839
1990	40601	19130	11045	10027	1018	10426	943
1991	48459	22518	11840	10834	1006	14101	1113
1992	58926	25832	14474	12805	1669	18620	1345
1993	83025	28737	30246	28410	1836	24042	1887
1994	104275	38179	43116	29228	13888	22980	2360
1995	133151	53398	52517	30030	22487	27236	2971
1996	161886	64852	62902	34368	28534	34132	3549
1997	180701	63021	68467	38461	30006	49213	3943
1998	190868	70727	68498	48728	19770	51643	4149
1999	195794	74557	63926	50338	13588	57311	4232
2000	206462	78590	65023	51592	13431	62849	4410
2001	222951	82029	70308	57910	12398	70614	4704
2002	242215	87580	75031	61645	13386	79604	5078
2003	248781	89222	91060	71758	19302	68499	5188

2-14 鹿寨县生产总值构成(1978～2003年)

(按当年价格计算)　　　　单位：%

年　份	生产总值	第一产业	第二产业			第三产业
				工业	建筑业	
1978	100.00	52.90	19.90	18.90	1.00	27.20
1979	100.00	51.30	22.80	21.40	1.40	25.90
1980	100.00	50.00	25.20	23.50	1.70	24.80
1981	100.00	54.00	24.50	23.20	1.30	21.50
1982	100.00	49.60	27.40	25.40	2.00	23.00
1983	100.00	53.00	22.90	21.80	1.10	24.10
1984	100.00	43.50	33.50	31.50	2.00	23.00
1985	100.00	44.80	30.80	29.20	1.60	24.40
1986	100.00	46.90	28.80	27.40	1.40	24.30
1987	100.00	46.30	31.40	28.80	2.60	22.30
1988	100.00	45.50	31.70	29.60	2.10	22.80
1989	100.00	48.80	29.50	27.60	1.90	21.70
1990	100.00	47.10	27.20	24.70	2.50	25.70
1991	100.00	46.50	24.40	22.40	2.00	29.10
1992	100.00	43.80	24.60	21.70	2.90	31.60
1993	100.00	34.60	36.40	34.20	2.20	29.00
1994	100.00	36.60	41.40	28.00	13.40	22.00
1995	100.00	40.10	39.40	22.50	16.90	20.50
1996	100.00	40.10	38.80	21.20	17.60	21.10
1997	100.00	34.90	37.90	21.30	16.60	27.20
1998	100.00	37.10	35.90	25.50	10.40	27.00
1999	100.00	38.08	32.65	25.71	6.94	29.27
2000	100.00	38.10	31.50	25.00	6.50	30.40
2001	100.00	36.80	31.50	26.00	5.50	31.70
2002	100.00	36.20	31.00	25.50	5.50	32.80
2003	100.00	35.90	36.60	28.80	7.80	27.50

2-15 鹿寨县生产总值指数(1978～2003年)

(按可比价格计算，以上年为100)　　单位：%

年　份	生产总值	第一产业	第二产业			第三产业	人均生产总值（元/人）
				工业	建筑业		
1978	112.16	106.99	110.56	122.08	61.46	121.02	112.16
1979	93.60	90.74	80.00	105.97	16.85	118.81	92.20
1980	109.46	106.67	120.98	120.19	133.01	104.84	107.68
1981	113.62	122.71	110.44	112.19	86.33	98.52	112.45
1982	110.23	101.25	123.30	121.33	158.54	117.87	107.74
1983	107.56	114.93	89.89	91.80	63.60	112.72	105.09
1984	101.37	83.20	148.28	146.46	184.30	96.77	103.23
1985	115.20	115.85	105.94	106.78	92.71	127.46	116.74
1986	83.73	103.51	90.71	88.28	134.82	41.28	82.98
1987	134.07	119.32	136.19	136.16	134.08	192.52	132.29
1988	108.49	88.74	102.63	102.57	105.28	171.99	106.60
1989	95.88	106.62	91.22	89.55	110.93	86.29	94.68
1990	108.35	103.63	102.83	96.96	158.53	122.93	107.11
1991	105.69	122.74	98.56	95.84	114.31	88.31	104.91
1992	121.60	114.71	127.95	117.80	177.37	128.31	120.76
1993	117.01	96.97	167.94	209.50	33.62	96.50	116.56
1994	125.59	95.87	155.48	129.75	673.45	121.41	125.00
1995	123.22	127.91	121.64	109.51	168.69	120.47	121.47
1996	118.52	117.95	120.76	119.47	124.00	113.83	116.52
1997	111.96	112.88	105.89	107.91	101.00	126.53	111.36
1998	89.08	95.56	77.25	83.18	61.88	106.16	88.77
1999	107.86	111.83	101.65	110.29	71.52	112.87	107.20
2000	106.99	121.15	85.85	80.79	113.04	120.01	105.76
2001	108.18	104.83	108.76	113.97	88.76	111.78	106.76
2002	109.48	107.60	109.10	109.64	106.44	112.08	109.07
2003	110.97	106.50	119.78	117.31	131.70	107.03	110.21

2-16 融安县生产总值（1978～2003年）

（按当年价格计算）　　单位：万元

年　份	生产总值	第一产业	第二产业	工业	建筑业	第三产业	人均生产总值（元/人）
1978	7132	4074	1873	1737	136	1185	284
1979	8129	4736	2083	1948	135	1310	318
1980	7867	4444	2193	2001	192	1230	304
1981	8365	4581	2096	1864	232	1688	318
1982	9103	5025	2126	1907	219	1952	341
1983	9876	5392	2287	1967	320	2197	365
1984	10574	5662	2381	1965	416	2531	386
1985	11487	5592	2836	2405	431	3059	413
1986	12427	5532	3188	2744	444	3707	439
1987	15250	6227	3795	3293	502	5228	531
1988	15856	6323	3308	2742	566	6225	543
1989	18322	7451	4037	3429	608	6834	616
1990	25356	14008	4364	3698	666	6984	845
1991	27749	14455	4915	4356	559	8379	923
1992	31756	16540	5433	4757	676	9783	1051
1993	40828	20239	8259	7191	1068	12330	1338
1994	54301	21420	12979	10200	2779	19902	1762
1995	75590	28701	18848	11220	7628	28041	2437
1996	80778	26505	19282	12410	6872	34991	2580
1997	89812	28204	20435	12840	7595	41173	2846
1998	93764	29605	15605	10560	5045	48554	2957
1999	98709	31544	15915	12268	3647	51250	3100
2000	115493	32291	24005	17729	6276	59197	3604
2001	129030	33976	29495	22852	6643	65559	4027
2002	133293	35390	26067	19379	6688	71836	4182
2003	114629	41330	25454	17478	7976	47845	3601

2-17 融安县生产总值构成（1978～2003年）

（按当年价格计算）

单位：%

年　份	生产总值	第一产业	第二产业	工业	建筑业	第三产业
1978	100.00	57.12	26.26	24.36	1.90	16.62
1979	100.00	58.26	25.62	23.96	1.66	16.12
1980	100.00	56.49	27.88	25.44	2.44	15.63
1981	100.00	54.76	25.06	22.28	2.77	20.18
1982	100.00	55.20	23.35	20.95	2.41	21.44
1983	100.00	54.60	23.16	19.92	3.24	22.25
1984	100.00	53.55	22.52	18.58	3.93	23.94
1985	100.00	48.68	24.69	20.94	3.75	26.63
1986	100.00	44.52	25.65	22.08	3.57	29.83
1987	100.00	40.83	24.89	21.59	3.29	34.28
1988	100.00	39.88	20.86	17.29	3.57	39.26
1989	100.00	40.67	22.03	18.72	3.32	37.30
1990	100.00	55.25	17.21	14.58	2.63	27.54
1991	100.00	52.09	17.71	15.70	2.01	30.20
1992	100.00	52.08	17.11	14.98	2.13	30.81
1993	100.00	49.57	20.23	17.61	2.62	30.20
1994	100.00	39.45	23.90	18.78	5.12	36.65
1995	100.00	37.97	24.93	14.84	10.09	37.10
1996	100.00	32.81	23.87	15.36	8.51	43.32
1997	100.00	31.40	22.75	14.30	8.46	45.84
1998	100.00	31.57	16.64	11.26	5.38	51.78
1999	100.00	31.96	16.12	12.43	3.69	51.92
2000	100.00	27.96	20.78	15.35	5.43	51.26
2001	100.00	26.33	22.86	17.71	5.15	50.81
2002	100.00	26.55	19.56	14.54	5.02	53.89
2003	100.00	36.06	22.21	15.25	6.96	41.74

2-18 融安县生产总值指数(1978～2003年)

(按可比价格计算，以上年为100)　　单位：%

年　份	生产总值	第一产业	第二产业			第三产业	人均生产总值(元/人)
				工业	建筑业		
1978	99.43	90.17	115.10	110.05	156.19	103.11	100.60
1979	106.61	110.45	101.34	101.89	97.83	103.03	105.03
1980	98.27	93.55	112.40	111.42	118.82	92.09	96.89
1981	103.13	103.00	85.02	83.44	94.72	137.69	101.50
1982	108.75	111.58	98.16	100.00	88.20	113.90	107.13
1983	103.98	100.25	105.62	101.21	132.71	111.57	102.75
1984	100.66	97.94	95.96	92.41	112.61	111.17	99.32
1985	105.35	97.17	117.15	119.28	108.96	111.73	103.73
1986	104.28	100.13	104.73	108.51	88.81	110.95	102.52
1987	114.14	113.40	92.85	89.91	107.97	132.55	112.42
1988	94.71	91.62	98.29	97.94	99.76	96.75	93.21
1989	102.08	104.58	98.21	99.94	90.93	101.19	100.15
1990	104.42	111.36	101.31	104.43	86.88	97.23	103.50
1991	106.61	120.16	95.92	99.76	74.59	92.83	106.44
1992	113.18	113.44	113.69	115.05	103.64	112.36	112.56
1993	116.82	111.48	136.78	136.47	139.30	114.97	115.69
1994	117.52	99.80	140.92	133.15	203.78	133.66	116.41
1995	112.26	102.10	103.71	93.04	160.07	133.00	111.50
1996	106.63	95.50	117.94	107.50	150.00	111.82	105.66
1997	103.78	96.84	102.41	101.71	103.96	110.99	102.96
1998	100.64	94.28	78.80	84.55	66.43	118.40	100.16
1999	107.86	105.50	107.47	119.58	74.28	109.51	107.38
2000	112.10	101.88	122.41	110.91	173.11	114.45	111.39
2001	110.41	108.25	114.63	119.18	101.78	109.88	110.43
2002	107.02	110.25	93.74	92.07	99.25	110.91	107.58
2003	104.18	102.97	90.74	85.96	103.52	115.15	104.31

2-19 融水县生产总值（1978～2003年）

（按当年价格计算）　　　　单位：万元

年　份	生产总值	第一产业	第二产业	工业	建筑业	第三产业	人均生产总值（元/人）
1978	8085	4336	2575	2456	119	1174	228
1979	8264	4498	2607	2499	108	1159	229
1980	10993	6141	3306	3208	98	1546	299
1981	12145	7182	3116	3054	62	1847	325
1982	12356	6792	3696	3379	317	1868	324
1983	12752	7018	3654	3475	179	2080	328
1984	15478	9545	3478	3304	174	2455	392
1985	17718	9987	3439	3138	301	4292	440
1986	18894	10076	3483	3241	242	5335	458
1987	21887	10145	6919	6500	419	4823	519
1988	25269	10145	5769	4927	842	9355	589
1989	27579	11810	5963	5265	698	9806	634
1990	34591	17785	6745	6045	700	10061	786
1991	38301	18781	7920	7216	704	11600	862
1992	46178	20191	11905	10620	1285	14082	1032
1993	55559	25261	14687	12522	2165	15611	1235
1994	74970	33144	23504	18288	5216	18322	1657
1995	98543	46290	28798	22207	6591	23455	2170
1996	91209	45755	26744	23125	3619	18710	2003
1997	92510	48121	21553	18676	2877	22836	2027
1998	75044	38290	14051	12006	2045	22703	1641
1999	81163	40081	15957	11255	4702	25125	1769
2000	83765	40272	12886	10687	2199	30607	1812
2001	92188	40584	15270	12444	2826	36334	1986
2002	101973	41516	19683	15330	4353	40774	2195
2003	103185	46117	19858	13708	6150	37210	2211

2-20 融水县生产总值构成(1978～2003年)

(按当年价格计算)

单位：%

年　份	生产总值	第一产业	第二产业	工业	建筑业	第三产业
1978	100.00	53.63	31.85	30.38	1.47	14.52
1979	100.00	54.43	31.55	30.24	1.31	14.02
1980	100.00	55.86	30.07	29.18	0.89	14.06
1981	100.00	59.14	25.66	25.15	0.51	15.21
1982	100.00	54.97	29.91	27.35	2.57	15.12
1983	100.00	55.03	28.65	27.25	1.40	16.31
1984	100.00	61.67	22.47	21.35	1.12	15.86
1985	100.00	56.37	19.41	17.71	1.70	24.22
1986	100.00	53.33	18.43	17.15	1.28	28.24
1987	100.00	46.35	31.61	29.70	1.91	22.04
1988	100.00	40.15	22.83	19.50	3.33	37.02
1989	100.00	42.82	21.62	19.09	2.53	35.56
1990	100.00	51.42	19.50	17.48	2.02	29.09
1991	100.00	49.04	20.68	18.84	1.84	30.29
1992	100.00	43.72	25.78	23.00	2.78	30.50
1993	100.00	45.47	26.43	22.54	3.90	28.10
1994	100.00	44.21	31.35	24.39	6.96	24.44
1995	100.00	46.97	29.22	22.54	6.69	23.80
1996	100.00	50.17	29.32	25.35	3.97	20.51
1997	100.00	52.02	23.30	20.19	3.11	24.68
1998	100.00	51.02	18.72	16.00	2.73	30.25
1999	100.00	49.38	19.66	13.87	5.79	30.96
2000	100.00	48.08	15.38	12.76	2.63	36.54
2001	100.00	44.02	16.56	13.50	3.07	39.41
2002	100.00	40.71	19.30	15.03	4.27	39.99
2003	100.00	44.69	19.25	13.28	5.96	36.06

2-21 融水县生产总值指数(1978～2003年)

(按可比价格计算，以上年为100)　　　　单位：%

年份	生产总值	第一产业	第二产业	工业	建筑业	第三产业	人均生产总值（元/人）
1978	101.92	105.70	91.77	90.93	105.76	114.54	99.90
1979	94.99	92.35	100.75	101.75	86.62	98.11	93.13
1980	122.27	108.92	152.98	157.41	79.67	129.70	120.17
1981	104.45	115.65	76.77	77.49	53.06	119.15	102.61
1982	103.83	93.47	135.74	127.88	511.54	99.84	101.79
1983	101.60	102.38	95.79	99.06	56.77	109.68	99.88
1984	98.16	106.72	70.82	70.53	76.82	114.03	96.55
1985	113.18	90.62	134.10	131.20	189.66	163.04	110.88
1986	102.12	104.41	86.38	87.13	76.36	111.25	99.78
1987	103.06	101.05	137.90	136.16	164.29	83.77	100.79
1988	114.87	98.02	98.31	91.93	178.26	165.98	112.86
1989	105.11	121.11	96.24	100.53	68.50	91.98	103.65
1990	104.27	111.35	98.44	97.53	107.07	97.19	103.09
1991	105.99	102.52	112.36	113.73	100.57	107.86	105.00
1992	116.54	105.48	143.99	143.01	153.55	115.97	115.67
1993	107.23	111.65	107.66	103.12	148.94	100.11	106.66
1994	109.20	104.49	137.19	129.60	185.03	91.13	108.61
1995	115.74	106.41	129.08	130.64	122.22	115.26	115.30
1996	92.91	103.79	91.64	99.27	55.67	75.26	92.68
1997	97.02	104.32	76.06	76.13	75.48	119.02	96.77
1998	83.73	82.08	70.02	70.26	68.04	104.08	83.59
1999	108.89	106.50	111.45	95.98	246.88	110.91	108.57
2000	101.71	103.00	65.80	70.60	49.45	129.28	100.93
2001	111.73	107.89	111.94	109.54	123.56	116.69	111.25
2002	111.11	105.49	124.06	117.61	151.86	112.72	111.03
2003	102.20	102.70	96.00	87.40	124.81	105.12	101.71

2-22 三江县生产总值(1978～2003年)

(按当年价格计算)

单位：万元

年　份	生产总值	第一产业	第二产业	工业	建筑业	第三产业	人均生产总值（元/人）
1978	4451	3290	398	383	15	763	171
1979	4810	3393	436	418	18	981	181
1980	5579	3687	653	509	144	1239	206
1981	5770	3765	597	488	109	1408	210
1982	6093	4114	635	489	146	1344	217
1983	6360	4099	733	617	116	1528	223
1984	8803	6130	863	670	193	1810	305
1985	8409	5192	1141	945	196	2076	287
1986	10576	6907	1155	958	197	2514	354
1987	13810	8159	2399	1996	403	3252	456
1988	16189	9201	1762	1091	671	5226	526
1989	16530	9994	1688	1244	444	4848	529
1990	17072	9701	1844	1410	434	5527	538
1991	20277	11050	2602	1366	1236	6625	633
1992	26541	13466	4309	2298	2011	8766	821
1993	29956	13477	5884	3247	2637	10595	917
1994	38968	18557	5872	3329	2543	14539	1180
1995	50854	21604	9786	6647	3139	19464	1529
1996	51811	22269	12396	5874	6522	17146	1552
1997	54560	23044	9516	3843	5673	22000	1628
1998	54609	22671	10835	4400	6435	21103	1619
1999	58171	22914	12571	6337	6234	22686	1720
2000	61694	23953	13131	6666	6465	24610	1813
2001	68315	25595	14010	7248	6762	28710	1994
2002	71733	25148	15897	7406	8491	30688	2085
2003	67721	27459	14035	9161	4874	26227	1957

2-23 三江县生产总值构成(1978～2003年)

(按当年价格计算)　　单位：%

年　份	生产总值	第一产业	第二产业	工业	建筑业	第三产业
1978	100.00	73.92	8.94	8.60	0.34	17.14
1979	100.00	70.54	9.06	8.69	0.37	20.40
1980	100.00	66.09	11.70	9.12	2.58	22.21
1981	100.00	65.25	10.35	8.46	1.89	24.40
1982	100.00	67.52	10.42	8.03	2.40	22.06
1983	100.00	64.45	11.53	9.70	1.82	24.02
1984	100.00	69.64	9.80	7.61	2.19	20.56
1985	100.00	61.74	13.57	11.24	2.33	24.69
1986	100.00	65.31	10.92	9.06	1.86	23.77
1987	100.00	59.08	17.37	14.45	2.92	23.55
1988	100.00	56.84	10.88	6.74	4.14	32.28
1989	100.00	60.46	10.21	7.53	2.69	29.33
1990	100.00	56.82	10.80	8.26	2.54	32.38
1991	100.00	54.50	12.83	6.74	6.10	32.67
1992	100.00	50.73	16.29	8.66	7.58	33.03
1993	100.00	44.99	19.64	10.84	8.80	35.37
1994	100.00	47.62	15.07	8.54	6.53	37.31
1995	100.00	39.65	21.20	13.37	6.17	39.15
1996	100.00	41.21	24.65	11.70	12.59	34.14
1997	100.00	39.99	18.12	7.32	10.40	41.89
1998	100.00	41.52	19.84	8.05	11.78	38.64
1999	100.00	39.39	21.61	10.89	10.72	39.00
2000	100.00	38.83	21.28	10.80	10.48	39.89
2001	100.00	37.47	20.51	10.61	9.90	42.02
2002	100.00	35.06	22.16	10.32	11.84	42.78
2003	100.00	40.50	20.70	13.53	7.20	38.80

2-24 三江县生产总值指数（1978～2003年）

（按可比价格计算，以上年为100） 单位：%

年 份	生产总值	第一产业	第二产业	工业	建筑业	第三产业	人均生产总值（元/人）
1978	129.63	136.52	81.13	81.84	66.67	125.51	126.85
1979	120.61	120.42	101.12	100.85	110.81	127.96	118.36
1980	94.42	83.68	167.61	118.42	1307.32	121.35	92.94
1981	103.97	102.70	88.14	99.64	63.99	113.39	102.20
1982	105.56	108.64	116.26	115.97	117.20	94.31	103.46
1983	102.04	99.68	92.60	96.54	79.60	112.60	100.51
1984	119.33	117.67	150.06	146.06	166.56	115.15	117.65
1985	84.40	75.16	89.60	86.96	98.50	108.27	83.37
1986	122.19	130.50	112.84	120.08	90.86	108.98	119.95
1987	124.34	109.91	217.77	226.12	184.28	128.21	122.72
1988	94.16	93.89	69.10	53.54	145.73	108.20	92.74
1989	99.74	106.26	90.19	105.44	61.90	91.83	98.19
1990	104.49	98.65	113.47	119.07	96.34	113.16	102.92
1991	110.89	105.82	135.94	89.65	312.04	112.25	109.64
1992	120.71	109.30	143.30	147.05	139.26	130.28	119.57
1993	104.11	92.29	138.48	153.38	121.30	104.95	103.03
1994	98.11	99.34	82.00	89.65	70.80	106.26	97.06
1995	117.03	101.04	153.54	156.53	148.05	118.42	116.15
1996	98.86	100.23	118.25	92.14	169.32	85.93	98.57
1997	100.49	98.63	75.37	68.36	82.85	123.29	100.13
1998	101.33	94.64	111.90	111.93	111.86	102.10	100.57
1999	107.30	101.71	111.73	124.18	100.80	86.87	107.00
2000	106.54	124.03	94.45	92.25	96.93	99.66	105.96
2001	108.94	107.16	100.58	100.59	100.57	115.13	108.22
2002	106.80	100.30	116.10	108.70	123.80	108.40	106.37
2003	96.40	98.60	71.20	69.30	74.70	113.50	95.79

2-25 地区生产总值

（2003年，按当年价格计算）

单位：万元

指标名称	全市	市区	柳江县	柳城县
地区生产总值	**3266706**	**2192196**	**328263**	**211930**
第一产业	**449162**	**44363**	**109051**	**91620**
农业	294004	22380	90234	68434
林业	30673	3391	3067	2152
畜牧业	103058	13707	12585	15976
渔业	17239	4732	2058	3854
农林牧渔服务业	4188	153	1107	1204
第二产业	**1610681**	**1258729**	**138100**	**63445**
工业	1360483	1075235	119406	53737
采矿业	40815	30735	2386	997
制造业	1273412	1020596	115177	50598
电力、燃气及水的生产和供应业	46256	23904	1843	2142
建筑业	250198	183494	18694	9708
第三产业	**1206863**	**889104**	**81112**	**56865**
交通运输、仓储及邮政业	235096	163156	18478	7257
交通运输和仓储业	229107	158451	18185	7110
邮政业	5989	4705	293	147
信息传输、计算机服务和软件业	94735	72691	5628	3587
批发和零售业	254984	220582	9600	5745
住宿和餐饮业	58900	45210	2653	2598
金融保险业	134652	103629	8028	5344
银行业	115791	90424	6580	4602
证券业	2062	2042	10	0
保险业	11703	9273	664	441
其他金融活动	5096	1890	774	301
房地产业	82944	35922	11699	9371
租赁和商业服务业	26263	22473	854	583
科学研究、技术服务和地质勘查业	12524	9655	2040	175
水利、环境和公共设施管理业	12551	10720	648	263
居民服务和其他服务业	47086	45299	633	406
教育	100812	64436	8989	7532
卫生、社会保障和社会福利业	51288	38192	2895	2441
文化、体育和娱乐业	20678	19169	214	275
公共管理和社会组织	74350	37970	8753	11288
国际组织				

2-25 续表　　(2003年,按当年价格计算)　　单位：万元

指 标 名 称	鹿寨县	融安县	融水苗族自治县	三江侗族自治县
地区生产总值	**248782**	**114629**	**103185**	**67721**
第一产业	**89222**	**41330**	**46117**	**27459**
农业	48666	24526	26804	12960
林业	5678	4540	9390	2455
畜牧业	32362	10234	7452	10742
渔业	2217	1578	1780	1020
农林牧渔服务业	299	452	691	282
第二产业	**91060**	**25454**	**19858**	**14035**
工业	71758	17478	13708	9161
采矿业	1460	3716	1008	513
制造业	67030	6978	7812	5221
电力、燃气及水的生产和供应业	3268	6784	4888	3427
建筑业	19302	7976	6150	4874
第三产业	**68500**	**47845**	**37210**	**26227**
交通运输、仓储及邮政业	20307	16838	5019	4041
交通运输和仓储业	19990	16676	4781	3914
邮政业	317	162	238	127
信息传输、计算机服务和软件业	4940	3230	2793	1866
批发和零售业	5577	3599	6335	3546
住宿和餐饮业	1783	2417	2093	2146
金融保险业	8028	3858	3166	2599
银行业	6580	3149	2331	2125
证券业	10	0		
保险业	664	328	219	114
其他金融活动	774	381	616	360
房地产业	11809	7197	4534	2412
租赁和商业服务业	850	454	785	264
科学研究、技术服务和地质勘查业	173	306	106	69
水利、环境和公共设施管理业	263	406	114	137
居民服务和其他服务业	176	308	221	43
教育	6120	4041	5593	4101
卫生、社会保障和社会福利业	2871	1451	1942	1496
文化、体育和娱乐业	343	413	131	133
公共管理和社会组织	5260	3327	4378	3374
国际组织				

2-26 地区生产总值指数

(2003年,按可比价格计算，以上年为100) 单位：万元

指 标 名 称	全市	市区	柳江县	柳城县
地区生产总值	**111.88**	**113.69**	**117.03**	**103.58**
第一产业	**104.55**	**109.23**	**102.60**	**104.53**
农业	101.06	104.97	100.06	102.56
林业	109.71	125.44	124.67	113.06
畜牧业	114.83	132.89	117.62	115.18
渔业	108.13	125.92	105.13	101.20
农林牧渔服务业	100.16	114.99	103.88	84.70
第二产业	**117.15**	**117.89**	**138.81**	**97.93**
工业	112.38	112.45	132.47	97.00
采矿业	108.75	108.82	137.00	89.78
制造业	112.62	112.69	133.00	96.24
电力、燃气及水的生产和供应业	109.17	109.24	101.00	124.69
建筑业	157.62	171.65	214.00	104.56
第三产业	**108.65**	**108.55**	**107.48**	**109.38**
交通运输、仓储及邮政业	108.95	109.75	102.58	90.04
交通运输和仓储业	109.02	109.83	102.90	89.50
邮政业	106.65	107.42	88.00	120.60
信息传输、计算机服务和软件业	116.34	117.72	106.00	111.40
批发和零售业	113.49	114.06	102.90	110.44
住宿和餐饮业	101.00	100.12	114.60	102.16
金融保险业	104.33	101.69	115.54	112.59
银行业	104.59	102.42	114.43	114.20
证券业	141.41	140.04		
保险业	104.00	101.71	143.29	97.30
其他金融活动	90.36	62.10	105.40	
房地产业	114.25	124.67	111.97	92.36
租赁和商业服务业	123.83	126.54	99.05	151.60
科学研究、技术服务和地质勘查业	116.72	115.98	114.33	345.30
水利、环境和公共设施管理业	122.38	126.89	103.33	82.50
居民服务和其他服务业	93.86	93.29	111.53	127.40
教育	98.45	97.06	107.88	113.82
卫生、社会保障和社会福利业	112.49	112.13	113.00	147.51
文化、体育和娱乐业	94.44	94.43	111.90	73.40
公共管理和社会组织	107.16	100.81	107.04	134.01
国际组织				

2-26 续表 (2003年，按可比价格计算，以上年为100) 单位：万元

指 标 名 称	鹿寨县	融安县	融水苗族自治县	三江侗族自治县
地区生产总值	**110.97**	**104.18**	**102.20**	**96.40**
第一产业	**106.50**	**102.97**	**102.70**	**98.60**
农业	100.61	96.05	99.50	95.60
林业	108.15	121.15	105.90	101.50
畜牧业	114.39	116.64	113.80	100.00
渔业	113.55	104.53	94.70	105.90
农林牧渔服务业	101.63	110.39	120.30	
第二产业	**119.78**	**90.74**	**96.00**	**71.20**
工业	117.01	85.90	87.40	69.30
采矿业	88.88	58.89	65.50	58.41
制造业	114.84	85.58	86.40	57.60
电力、燃气及水的生产和供应业	350.26	147.21	94.00	104.77
建筑业	131.70	103.52	124.80	74.70
第三产业	**107.03**	**115.15**	**105.10**	**113.50**
交通运输、仓储及邮政业	109.77	120.86	107.20	113.00
交通运输和仓储业	110.00	121.10	106.50	112.90
邮政业	99.50	106.50	119.60	114.60
信息传输、计算机服务和软件业	107.50	124.20	129.10	105.00
批发和零售业	116.30	107.93	116.00	112.10
住宿和餐饮业	99.10	115.20	88.10	105.60
金融保险业	110.69	108.50	113.80	138.90
银行业	110.90	108.90	113.50	120.20
证券业				
保险业	106.80	107.10	117.20	110.30
其他金融活动	110.90	106.44	113.50	
房地产业	103.20	125.20	124.30	104.30
租赁和商业服务业	105.60	103.51	106.30	119.90
科学研究、技术服务和地质勘查业	103.40	118.51	117.90	127.40
水利、环境和公共设施管理业	105.87	110.06	102.80	102.70
居民服务和其他服务业	102.80	102.80	106.30	104.00
教育	99.70	104.51	75.80	111.40
卫生、社会保障和社会福利业	100.70	106.29	108.40	114.20
文化、体育和娱乐业	103.00	85.41	105.10	113.80
公共管理和社会组织	106.60	107.95	102.60	119.10
国际组织				

人口、劳动力和职工工资 3

3-1 全市主要年份人口

年 份	总户数（户）	总人口（人）			非农业人口（人）	人口自然增长率（‰）
			男	女		
1978	494294	2478204	1277507	1200697	570585	18.59
1979	495459	2537035	1305261	1231774	612294	17.96
1980	504659	2586011	1329037	1256974	631201	14.64
1981	521981	2642070	1357922	1284148	664800	16.21
1982	531989	2711927	1399773	1312154	683976	16.57
1983	544594	2731664	1415520	1316144	698805	12.85
1984	554665	2767088	1434223	1332865	716665	15.94
1985	571667	2817837	1461505	1356332	750361	13.82
1986	602464	2874774	1494876	1379898	773525	13.86
1987	615642	2931723	1525777	1405946	808283	11.58
1988	645569	2982013	1552143	1429870	829822	10.79
1989	653351	3028806	1577955	1450851	853529	8.72
1990	674946	3064722	1599423	1465299	868278	8.24
1991	692034	3094887	1617713	1477174	882906	6.24
1992	713560	3144936	1643990	1500946	927936	8.05
1993	736142	3180584	1661032	1519552	960606	6.30
1994	754359	3218792	1677649	1541143	1003600	5.20
1995	771141	3260963	1701450	1559513	1045867	3.83
1996	791922	3291752	1720103	1571649	1071774	3.41
1997	822744	3320431	1737633	1582798	1094676	7.18
1998	843132	3366624	1758035	1608589	1109992	5.14
1999	864445	3384545	1765846	1618699	1141903	5.07
2000	891155	3436504	1795871	1640633	1131612	10.18
2001	914766	3462274	1809539	1652735	1173022	6.20
2002	930808	3485142	1817380	1667762	1194950	5.56
2003	950449	3512560	1832133	1680427	1212576	7.21

3-2 柳江县主要年份人口

年 份	总户数（户）	总人口（人）	男	女	#非农业人口（人）	人口自然增长率（‰）
1978	70878	387134	195834	191300	17934	19.48
1979	69922	391077	196940	194137	18897	18.27
1980	70935	396879	201182	195697	20714	14.58
1981	76955	405272	206425	198847	26599	17.22
1982	73606	412579	211450	202129	28208	18.40
1983	74511	420455	215823	204632	29497	16.32
1984	76182	430732	221580	209152	31554	20.55
1985	79251	438498	225692	212806	34788	16.67
1986	81544	445937	229921	216016	37086	14.55
1987	84246	453761	234649	219112	39609	10.88
1988	95274	456907	236205	220702	39966	8.33
1989	90089	460584	238074	222510	40662	8.14
1990	93031	465750	241641	224109	42546	6.76
1991	93513	470739	244228	226511	43951	8.53
1992	96397	480014	249540	230474	50661	13.24
1993	100213	483996	250934	233062	52474	7.29
1994	104021	489292	254444	234848	55317	6.43
1995	106271	492031	255783	236248	57552	3.98
1996	108942	494413	255271	239142	58114	3.33
1997	113439	496370	257827	238543	59697	3.46
1998	116849	509449	263588	245861	61855	3.47
1999	124077	514264	268189	246075	70070	4.08
2000	129473	522652	274186	248466	73176	5.03
2001	143944	528541	274852	253689	75748	5.22
2002	146918	529230	275814	253416	77135	5.70
2003	150399	531307	277020	254287	78694	7.85

3-3 柳城县主要年份人口

年 份	总户数（户）	总人口（人）	男	女	#非农业人口（人）	人口自然增长率（‰）
1978	63533	331721	169159	162562	32706	18.64
1979	61692	334289	170171	164118	33798	17.16
1980	61569	340652	172904	167748	35140	15.42
1981	61021	346380	177178	169202	48125	15.80
1982	65643	352838	180984	171854	49054	14.91
1983	69052	345154	177750	167404	47924	14.22
1984	65915	348880	180244	168636	48498	18.87
1985	71382	351766	181516	170250	49115	13.68
1986	74371	358476	184882	173594	50246	12.89
1987	76366	361319	187106	174213	51143	11.47
1988	77897	362183	187971	174212	49924	7.45
1989	81084	365606	190085	175521	51313	8.37
1990	77670	368446	192432	176014	52615	6.93
1991	79131	372324	194480	177844	54084	7.79
1992	80054	372248	193964	178284	53169	8.58
1993	81531	373511	194186	179325	53054	6.35
1994	82597	373924	194375	179549	50814	4.45
1995	83600	375428	195226	180202	55703	4.25
1996	86727	374900	195401	179499	53713	5.59
1997	92134	382555	198691	183864	55868	4.53
1998	92922	402139	204675	197464	58137	6.70
1999	99214	403535	206027	197508	59195	8.03
2000	101837	406074	207718	198356	59814	17.16
2001	104949	406673	208563	198110	60866	12.74
2002	106515	406380	207877	198503	61126	9.46
2003	109497	406793	208066	198727	61356	9.51

3-4 鹿寨县主要年份人口

年份	总户数（户）	总人口（人）	男	女	#非农业人口（人）	人口自然增长率（‰）
1978	80293	386811	200961	185850	44875	20.32
1979	77191	391432	202050	189382	45960	21.07
1980	79339	397893	205076	192817	49584	20.79
1981	80417	400984	205111	195873	49618	20.53
1982	78571	417531	217864	199667	50605	21.72
1983	75020	416944	219733	197211	48488	12.96
1984	73600	404438	214372	190066	49311	17.12
1985	75316	405379	214915	190404	50239	11.24
1986	76368	412085	220805	191280	51187	12.78
1987	80146	417046	223508	193898	57846	10.46
1988	82017	425320	227221	198099	59618	16.48
1989	84501	427875	228781	199094	60372	6.68
1990	85870	433312	230644	202668	60671	10.34
1991	88343	437006	234170	202836	61411	5.95
1992	90538	439042	235527	203515	64055	7.54
1993	92106	441019	235661	205358	66490	6.83
1994	95749	442714	236085	206629	69256	6.04
1995	101023	453557	242392	211159	75018	3.79
1996	104730	458573	245630	212943	81185	2.21
1997	110736	457928	246312	211616	81206	2.88
1998	115392	462099	248252	213847	83755	3.05
1999	117916	463205	248350	214855	87769	3.53
2000	122460	473096	254020	219076	89984	9.92
2001	126459	475618	256032	219586	92391	4.34
2002	126989	476836	256330	220506	92234	4.71
2003	129208	482112	259046	223066	92154	11.45

3-5 融安县主要年份人口

年份	总户数（户）	总人口（人）	男	女	#非农业人口（人）	人口自然增长率（‰）
1978	53235	253359	130128	123231	28276	18.14
1979	53327	257149	131956	125193	29811	17.40
1980	53486	260625	133516	127109	30314	13.28
1981	52191	265469	136014	129455	31192	13.94
1982	53537	268589	138643	129946	31527	13.60
1983	53817	271869	140295	131574	31662	12.50
1984	53871	275864	143018	132846	32377	16.03
1985	56967	280438	145562	134876	34457	14.66
1986	59084	285377	148838	136539	35490	15.44
1987	60386	289139	150429	138710	36272	12.42
1988	64055	294640	153447	141193	37369	9.14
1989	61106	300355	157453	142902	37781	10.49
1990	66984	299967	158427	141540	38471	6.20
1991	68371	301263	159177	142086	38679	4.88
1992	71053	303239	160617	142622	40170	7.60
1993	74152	307196	162645	144551	42311	7.60
1994	75731	309024	162107	146917	43369	6.14
1995	76690	311412	163881	147531	45482	5.15
1996	79064	314712	164945	149767	47808	3.19
1997	80970	316370	167560	148810	48984	4.32
1998	80905	317732	168366	149366	49466	3.28
1999	81828	319195	167973	151222	49993	3.07
2000	78009	321751	169728	152023	50923	4.44
2001	83105	319074	169550	149524	51879	4.96
2002	83526	318434	169388	149046	51937	4.27
2003	86044	318273	167956	150317	52129	5.30

3-6 融水县主要年份人口

年 份	总户数（户）	总人口（人）	男	女	#非农业人口（人）	人口自然增长率（‰）
1978	66696	357850	180202	177648	29520	21.28
1979	66558	364508	183903	180605	32509	20.16
1980	68312	370480	187269	183211	33536	14.62
1981	71684	377689	191052	186637	33767	16.80
1982	73262	385460	195522	189938	34339	17.95
1983	73778	390880	197464	193416	34568	13.05
1984	74577	398424	201090	197334	35353	10.25
1985	74933	407267	206420	200847	38321	16.76
1986	79419	417287	211818	205469	40353	18.89
1987	80960	425904	216293	209611	41567	17.18
1988	83836	432276	220212	212064	40555	12.33
1989	86780	438030	223307	214723	41290	9.18
1990	88333	442213	226054	216159	42063	7.74
1991	91439	446319	228875	217444	42697	4.59
1992	93058	448911	229827	219084	44318	6.57
1993	94618	451077	230995	220082	46785	6.12
1994	96857	453793	231988	221805	48285	6.18
1995	97370	454574	232445	222129	49393	5.25
1996	99912	456040	234255	221785	51750	3.86
1997	101198	456942	235960	220982	51788	4.95
1998	101572	457571	236672	220899	51444	4.59
1999	101283	459649	237499	222150	52270	5.14
2000	105232	464605	241941	222664	52317	6.16
2001	104765	463655	241239	222416	52219	5.37
2002	106690	465307	240801	224506	53412	4.67
2003	108135	468071	243305	224766	54939	5.81

3-7 三江县主要年份人口

年 份	总户数（户）	总人口（人）	男	女	#非农业人口（人）	人口自然增长率（‰）
1978	52226	263392	133365	130027	17130	22.15
1979	53713	267961	135678	132283	17705	19.40
1980	52964	272639	138143	134496	18160	16.86
1981	53640	277688	142425	135263	18404	16.62
1982	54097	283164	144692	138472	18724	17.26
1983	54610	286815	146742	140073	18634	13.03
1984	55932	290817	148474	142343	18586	14.84
1985	56319	296003	151721	144282	20303	14.71
1986	57806	300735	154449	146292	20361	13.08
1987	60110	304916	156656	148260	20818	12.35
1988	62317	310051	158786	151265	21920	10.78
1989	63372	314477	162092	152385	22323	11.67
1990	64120	318273	164318	153955	22592	9.49
1991	66535	321936	166243	155693	22678	9.52
1992	67729	324795	167435	157360	23505	11.05
1993	71561	328526	169789	158737	24091	8.80
1994	72367	331882	170977	160905	25763	6.91
1995	72974	333396	172756	160640	26908	4.31
1996	73096	334215	174513	159702	27479	3.55
1997	76024	336246	176086	160160	27814	5.07
1998	77886	338255	176520	161735	27580	3.84
1999	78299	338425	176990	161435	27506	3.88
2000	79313	342234	178745	163489	27629	5.54
2001	79659	342873	179079	163794	28101	5.94
2002	80432	345114	178979	166135	28591	6.16
2003	81204	347082	180165	166917	29782	8.35

3-8 人口数

(2003年)

指标名称	单位	全市	市区	柳江县	柳城县
总户数	**户**	**951049**	**286562**	**150399**	**109497**
总人口数	**人**	**3512560**	**958922**	**531307**	**406793**
男性人口	人	1832133	496575	277020	208066
女性人口	人	1680427	462347	254287	198727
农业人口	人	2299984	115400	452613	345437
非农业人口	人	1212576	843522	78694	61356
年平均人口	人	3498851	951382	530268	406586
出生人数	人	38693	8276	5258	5602
出生率	‰	11.06	8.70	9.92	13.78
死亡人数	人	13464	3856	1096	1734
死亡率	‰	3.85	4.05	2.07	4.26
自然增长人数	人	25229	4420	4162	3868
自然增长率	‰	7.21	4.65	7.85	9.51
迁入人数	人	50524	29598	3913	3249
迁出人数	人	47045	19890	5953	4670
机械增长人数	人	3479	9708	-2040	-1421
机械增长率	‰	0.99	10.20	-3.85	-3.49

3-8续表

指 标 名 称	单位	鹿寨县	融安县	融水苗族自治县	三江侗族自治县
总户数	**户**	**129208**	**86044**	**108135**	**81204**
总人口数	**人**	**482112**	**318273**	**468071**	**347082**
男性人口	人	259046	167956	243305	180165
女性人口	人	223066	150317	224766	166917
农业人口	人	389958	266144	413132	317300
非农业人口	人	92154	52129	54939	29782
年平均人口	人	479474	318353	466689	346098
出生人数	人	6884	2739	5230	4704
出生率	‰	14.36	8.60	11.21	13.59
死亡人数	人	1393	1053	2520	1812
死亡率	‰	2.91	3.31	5.40	5.24
自然增长人数	人	5491	1686	2710	2892
自然增长率	‰	11.45	5.30	5.81	8.36
迁入人数	人	7649	1978	2721	1416
迁出人数	人	8520	3250	2673	2089
机械增长人数	人	-871	-1272	48	-673
机械增长率	‰	-1.82	-4.00	0.10	-1.94

3-9 全市主要年份在岗职工人数及构成

年份	在岗职工人数（人）				构成（%）		
		国有经济单位	城镇集体单位	其他经济单位	国有经济单位	城镇集体单位	其他经济单位
1978	267619	212315	55304		79.33	20.67	
1979	289044	225804	63240		78.12	21.88	
1980	313672	235680	77992		75.14	24.86	
1981	331495	246574	84921		74.38	25.62	
1982	349497	262077	87420		74.99	25.01	
1983	357909	268365	89544		74.98	25.02	
1984	348921	246061	102860		70.52	29.48	
1985	377713	280316	97397		74.21	25.79	
1986	389621	301160	88461		77.30	22.70	
1987	407703	314082	93621		77.04	22.96	
1988	424035	328988	95047		77.59	22.41	
1989	429211	336363	92848		78.37	21.63	
1990	443656	353491	89230	935	79.68	20.11	0.21
1991	461845	371307	92607	1931	80.40	20.05	0.42
1992	474336	379743	93498	1095	80.06	19.71	0.23
1993	480896	374255	91150	15491	77.82	18.95	3.22
1994	499042	378025	103629	17388	75.75	20.77	3.48
1995	489419	373291	90890	25238	76.27	18.57	5.16
1996	486118	373174	86997	25947	76.77	17.90	5.34
1997	482477	369585	83424	29468	76.60	17.29	6.11
1998	421203	286250	63670	71283	67.96	15.12	16.92
1999	382571	256221	42227	84123	66.97	11.04	21.99
2000	362555	237062	35877	89616	65.39	9.90	24.72
2001	353213	234082	28203	90928	66.27	7.98	25.74
2002	332615	212410	27766	92439	63.86	8.35	27.79
2003	322311	197891	27103	97317	61.40	8.41	30.19

3-10 全市主要年份在岗职工工资总额及平均工资

年份	在岗职工工资总额（万元）	国有经济单位	城镇集体单位	其他经济单位	在岗职工平均工资（元）	国有经济单位	城镇集体单位	其他经济单位
1978	14965	12029	2936		572	580	542	
1979	17354	13883	3471		620	639	553	
1980	22138	17215	4923		712	739	632	
1981	23416	18148	5268		720	756	619	
1982	25852	20088	5764		753	782	666	
1983	27380	21162	6218		775	803	694	
1984	33660	25217	8443		975	1030	842	
1985	41965	32681	9284		1139	1194	982	
1986	50742	40773	9969		1336	1390	1154	
1987	58407	47285	11122		1487	1561	1239	
1988	73037	59648	13289		1772	1863	1445	
1989	77291	63389	13902		1831	1905	1556	
1990	91923	77202	14570	151	2089	2223	1587	1742
1991	105935	87919	17627	390	2357	2456	1966	2212
1992	127932	106979	20688	264	2771	2896	2272	2168
1993	172096	138969	25662	7465	3694	3823	2951	4840
1994	233302	182377	41290	9634	4718	4881	4022	5660
1995	260342	204767	38844	16731	5376	5537	4312	6866
1996	272049	216806	37824	17419	5636	5857	4321	6955
1997	282719	224610	38426	19682	5913	6120	4628	7016
1998	285650	184499	35667	65484	6729	6414	5572	8993
1999	289319	184963	25910	78446	7505	7176	5920	9339
2000	333058	203073	24306	105679	9145	8496	6924	11729
2001	378864	243134	23058	112669	10670	10388	8041	12203
2002	415024	264359	24271	126394	12446	12399	8643	13713
2003	449929	276929	27019	145981	13832	13802	10023	14944

3-11 柳江县主要年份在岗职工人数及构成

年份	在岗职工人数（人）				构成（%）		
		国有经济单位	城镇集体单位	其他经济单位	国有经济单位	城镇集体单位	其他经济单位
1978	16640	15736	904		94.57	5.43	
1979	17142	15683	1459		91.49	8.51	
1980	17163	15648	1515		91.17	8.83	
1981	17362	15922	1440		91.71	8.29	
1982	17485	16124	1361		92.22	7.78	
1983	17420	16155	1265		92.74	7.26	
1984	17165	15245	1920		88.81	11.19	
1985	17582	15715	1867		89.38	10.62	
1986	17403	15611	1792		89.70	10.30	
1987	17874	15934	1940		89.15	10.85	
1988	18769	16546	2223		88.16	11.84	
1989	19218	17252	1966		89.77	10.23	
1990	21479	19508	1971		90.82	9.18	
1991	22553	20503	2050		90.91	9.09	
1992	22943	20993	1950		91.50	8.50	
1993	22939	21203	1736		92.43	7.57	
1994	23890	21971	1919		91.97	8.03	
1995	25503	23344	2159		91.53	8.47	
1996	25195	23213	1982		92.13	7.87	
1997	24782	22973	1809		92.70	7.30	
1998	23824	22550	1043	231	94.65	4.38	0.97
1999	23080	21758	1010	312	94.27	4.38	1.35
2000	22997	21908	651	438	95.26	2.83	1.91
2001	26593	25478	692	423	95.80	2.60	1.60
2002	22812	19409	1534	1869	85.00	6.70	8.30
2003	24407	18367	1589	4451	75.20	6.50	18.30

3-12 柳江县主要年份在岗职工工资总额及平均工资

年份	在岗职工工资总额（万元）	国有经济单位	城镇集体单位	其他经济单位	在岗职工平均工资（元）	国有经济单位	城镇集体单位	其他经济单位
1978	763	719	44		458	457	487	
1979	872	806	66		515	521	452	
1980	1008	940	68		597	612	446	
1981	1092	1005	87		651	654	616	
1982	1166	1076	90		685	667	679	
1983	1214	1127	87		707	711	659	
1984	1295	1152	143		788	793	747	
1985	1524	1367	157		868	871	830	
1986	1827	1652	175		1072	1075	1052	
1987	2241	2012	229		1307	1316	1248	
1988	2930	2597	333		1603	1607	1578	
1989	3207	2878	329		1678	1685	1396	
1990	3907	3571	336		1865	1880	1724	
1991	4729	4361	368		2177	2209	1853	
1992	5572	5160	412		2480	2513	2129	
1993	7061	6594	467		3274	3330	2547	
1994	10147	9565	582		4274	4381	3054	
1995	11868	11008	860		4719	4788	3982	
1996	12757	11882	875		5134	5183	4540	
1997	13240	12513	727		5355	5456	4061	
1998	14041	13339	578	125	5987	6024	5372	5279
1999	14928	14365	418	145	6615	6663	5915	4823
2000	17136	16308	509	319	7502	7492	7998	7257
2001	23326	22486	527	313	8897	8958	7588	7424
2002	24713	31497	1043	2173	11311	11581	6778	12444
2003	28313	21676	1496	5141	11694	11785	9423	12151

3-13 柳城县主要年份在岗职工人数及构成

年份	在岗职工人数（人）				构　　成（%）		
		国有经济单位	城镇集体单位	其他经济单位	国有经济单位	城镇集体单位	其他经济单位
1978	20459	18059	2400		88.27	11.73	
1979	20400	18300	2100		89.71	10.29	
1980	22200	20100	2100		90.54	9.46	
1981	20943	18828	2115		89.90	10.10	
1982	21470	19364	2106		90.19	9.81	
1983	21705	19610	2095		90.35	9.65	
1984	18782	16382	2400		87.22	12.78	
1985	18899	16858	2041		89.20	10.80	
1986	19288	16988	2300		88.08	11.92	
1987	20240	18234	2006		90.09	9.91	
1988	20610	18289	2321		88.74	11.26	
1989	21198	18980	2218		89.54	10.46	
1990	21991	19791	2200		90.00	10.00	
1991	23593	21288	2305		90.23	9.77	
1992	24149	21761	2388		90.11	9.89	
1993	23600	21300	2300		90.25	9.75	
1994	22644	21184	1460		93.55	6.45	
1995	23556	22023	1533		93.49	6.51	
1996	24704	22480	2224		91.00	9.00	
1997	23833	22279	1554		93.48	6.52	
1998	22838	18537	1150	3151	81.17	5.04	13.80
1999	22608	18628	1168	2812	82.40	5.17	12.44
2000	21061	16291	823	3947	77.35	3.91	18.74
2001	19369	15352	934	3083	79.26	4.82	15.92
2002	18480	14148	761	3571	76.56	4.12	19.32
2003	19858	14841	764	4253	74.73	3.85	21.42

3-14 柳城县主要年份在岗职工工资总额及平均工资

年份	在岗职工工资总额（万元）	国有经济单位	城镇集体单位	其他经济单位	在岗职工平均工资（元）	国有经济单位	城镇集体单位	其他经济单位
1978	935	833	102		461	453	543	
1979	1063	963	100		527	526	537	
1980	1329	1229	100		561	572	456	
1981	1437	1309	128		696	705	616	
1982	1481	1355	126		730	726	776	
1983	1517	1400	118		714	729	572	
1984	1542	1385	157		819	856	594	
1985	1685	1547	138		927	960	673	
1986	2267	2077	190		1194	1242	840	
1987	2745	2552	193		1427	1482	958	
1988	3352	3079	273		1657	1713	1210	
1989	3392	3103	289		1604	1637	1318	
1990	4062	3727	335		1894	1933	1549	
1991	4801	4476	325		2046	2100	1515	
1992	5459	5065	394		2297	2339	1865	
1993	6582	6166	416		2887	2979	1981	
1994	8631	8221	410		3909	3978	2895	
1995	10583	10024	559		4599	4671	3607	
1996	13388	12280	1108		5491	5560	4820	
1997	13618	12824	794		5886	5981	4665	
1998	12547	9732	461	2354	5673	5303	4109	8902
1999	13780	10664	474	2642	6245	5758	3907	11336
2000	14474	10459	402	3613	6919	6335	4649	10197
2001	17463	13213	575	3675	9064	8598	5821	12621
2002	18742	14375	520	3847	10753	10597	6971	12338
2003	21299	16558	624	4117	11245	11190	8282	12144

3-15 鹿寨县主要年份在岗职工人数及构成

年份	在岗职工人数（人）				构成（%）		
		国有经济单位	城镇集体单位	其他经济单位	国有经济单位	城镇集体单位	其他经济单位
1978	22667	20793	1874		91.73	8.27	
1979	22835	20814	2021		91.15	8.85	
1980	23074	20955	2119		90.82	9.18	
1981	23704	21463	2241		90.55	9.45	
1982	25124	22494	2630		89.53	10.47	
1983	24425	21507	2918		88.05	11.95	
1984	22572	19378	3194		85.85	14.15	
1985	23355	20228	3127		86.61	13.39	
1986	24490	21301	3189		86.98	13.02	
1987	25202	22049	3153		87.49	12.51	
1988	24985	21978	3007		87.96	12.04	
1989	25331	22004	3327		86.87	13.13	
1990	25577	22359	3218		87.42	12.58	
1991	26907	23372	3535		86.86	13.14	
1992	28497	24586	3911		86.28	13.72	
1993	28583	24673	3910		86.32	13.68	
1994	28340	25008	3332		88.24	11.76	
1995	28835	25872	2963		89.72	10.28	
1996	28295	25863	2432		91.40	8.60	
1997	27488	25140	2348		91.46	8.54	
1998	27444	25478	1966		92.84	7.16	
1999	27056	24207	1845	1004	89.47	6.82	3.71
2000	26993	21877	1734	3382	81.10	6.42	12.53
2001	25665	19560	1577	4528	76.21	6.14	17.64
2002	23935	19265	1404	3266	80.49	5.87	13.65
2003	23089	18408	1249	3432	79.73	5.41	14.86

3-16 鹿寨县主要年份在岗职工工资总额及平均工资

年 份	在岗职工工资总额（万元）	国有经济单位	城镇集体单位	其他经济单位	在岗职工平均工资（元）	国有经济单位	城镇集体单位	其他经济单位
1978	1159	1067	92		527	531	485	
1979	1343	1251	92		590	601	473	
1980	1563	1480	83		695	725	398	
1981	1663	1549	114		727	750	511	
1982	1882	1746	136		766	794	529	
1983	1787	1632	155		774	804	555	
1984	1996	1788	208		870	903	666	
1985	2203	2004	199		968	1025	618	
1986	2918	2625	293		1249	1299	926	
1987	3404	3083	321		1416	1462	1091	
1988	4108	3735	273		1677	1739	1235	
1989	4533	4044	489		1835	1873	1571	
1990	5119	4637	482		2038	2102	1573	
1991	5869	5288	581		2181	2335	1785	
1992	7636	6831	805		2680	2975	2313	
1993	9647	8712	935		3375	3807	2517	
1994	12129	11154	975		4525	4686	3250	
1995	13484	12488	996		4850	5005	3494	
1996	13977	13115	862		4970	5141	3303	
1997	13922	13006	915		5202	5334	3849	
1998	15412	14622	790		5634	5759	4019	
1999	16490	15019	864	607	6080	6178	4717	6190
2000	18648	14780	925	2943	6990	6843	5382	8751
2001	21225	16428	919	3878	8238	8441	5907	8169
2002	25192	21146	880	3166	10477	10808	6273	9967
2003	26401	22154	819	3428	11348	11903	6529	10086

3-17 融安县主要年份在岗职工人数及构成

年份	在岗职工人数（人）				构成（%）		
		国有经济单位	城镇集体单位	其他经济单位	国有经济单位	城镇集体单位	其他经济单位
1978	14800	11700	3100		79.05	20.95	
1979	13900	10700	3200		76.98	23.02	
1980	13800	10800	3000		78.26	21.74	
1981	14071	10984	3087		78.06	21.94	
1982	14428	11400	3028		79.01	20.99	
1983	14447	11661	2786		80.72	19.28	
1984	14449	10752	3697		74.41	25.59	
1985	14121	10521	3600		74.51	25.49	
1986	13949	10495	3454		75.24	24.76	
1987	14620	11205	3415		76.64	23.36	
1988	14869	11644	3225		78.31	21.69	
1989	13593	10333	3260		76.02	23.98	
1990	16304	13357	2947		81.92	18.08	
1991	16859	13720	3139		81.38	18.62	
1992	16520	13534	2986		81.92	18.08	
1993	17174	13769	3180	225	80.17	18.52	1.31
1994	17537	14003	3248	286	79.85	18.52	1.63
1995	17162	13903	2983	276	81.01	17.38	1.61
1996	16856	14198	2307	351	84.23	13.69	2.08
1997	16434	13994	2193	247	85.15	13.34	1.50
1998	14521	12552	1519	450	86.44	10.46	3.10
1999	13804	12853	784	167	93.11	5.68	1.21
2000	14550	13517	698	335	92.90	4.80	2.30
2001	14637	13596	626	415	92.89	4.28	2.84
2002	13315	11948	600	767	89.73	4.51	5.76
2003	12981	11314	581	1086	87.16	4.47	8.37

3-18 融安县主要年份在岗职工工资总额及平均工资

年份	在岗职工工资总额（万元）	国有经济单位	城镇集体单位	其他经济单位	在岗职工平均工资（元）	国有经济单位	城镇集体单位	其他经济单位
1978	756	604	155		507	511	500	
1979	798	643	152		594	628	475	
1980	932	764	168		704	727	560	
1981	983	825	158		708	767	506	
1982	1027	867	161		712	760	533	
1983	1066	932	133		751	799	490	
1984	1322	1105	217		917	1028	613	
1985	1495	1273	222		1078	1210	670	
1986	1667	1403	264		1211	1336	809	
1987	1892	1600	292		1325	1473	854	
1988	2315	1977	338		1584	1736	1048	
1989	2764	2348	416		1838	1994	1276	
1990	3337	2883	455		2103	2231	1543	
1991	3642	3133	509		2178	2307	1621	
1992	4123	3577	547		2505	2654	1831	
1993	5031	4361	635	35	2956	3205	1987	1606
1994	7016	5580	1363	72	3991	3976	4181	2546
1995	7837	6144	1598	95	4692	4497	5779	3475
1996	7473	6221	1120	132	4489	4416	5001	4138
1997	8076	6941	1010	125	4842	4877	4502	6230
1998	7473	6694	585	193	5167	5350	3853	4407
1999	7924	7443	398	82	5938	6000	5147	4958
2000	10146	9564	448	134	7081	7240	5234	5099
2001	12141	11438	523	179	8400	8544	8156	4221
2002	12626	11687	490	449	9456	9763	8145	5760
2003	14007	12908	469	630	10714	11299	8158	5868

3-19 融水县主要年份在岗职工人数及构成

年份	在岗职工人数（人）	国有经济单位	城镇集体单位	其他经济单位	构成（%） 国有经济单位	城镇集体单位	其他经济单位
1978	12418	10541	1877		84.88	15.12	
1979	12989	10529	2460		81.06	18.94	
1980	13003	10692	2311		82.23	17.77	
1981	13253	11054	2199		83.41	16.59	
1982	13458	11077	2381		82.31	17.69	
1983	13175	11186	1989		84.90	15.10	
1984	12938	10354	2584		80.03	19.97	
1985	15011	12173	2838		81.09	18.91	
1986	16581	13563	3018		81.80	18.20	
1987	17796	14544	3252		81.73	18.27	
1988	18901	15355	3546		81.24	18.76	
1989	20670	16650	4020		80.55	19.45	
1990	20567	17122	3445		83.25	16.75	
1991	20984	17416	3568		83.00	17.00	
1992	22465	18488	3977		82.30	17.70	
1993	23120	19000	3951	169	82.18	17.09	0.73
1994	25775	21694	3394	687	84.17	13.17	2.67
1995	25537	21257	3728	552	83.24	14.60	2.16
1996	24895	21615	2962	318	86.82	11.90	1.28
1997	24013	21065	2770	178	87.72	11.54	0.74
1998	20195	17911	2197	87	88.69	10.88	0.43
1999	18376	16467	1828	81	89.61	9.95	0.44
2000	17581	14882	2286	413	84.65	13.00	2.35
2001	16711	14584	1756	371	87.27	10.51	2.22
2002	14731	13547	814	370	91.96	5.53	2.51
2003	13714	12469	600	645	90.92	4.38	4.70

3-20 融水县主要年份在岗职工工资总额及平均工资

年　份	在岗职工工资总额（万元）	国有经济单位	城镇集体单位	其他经济单位	在岗职工平均工资（元）	国有经济单位	城镇集体单位	其他经济单位
1978	709	612	97		558	573	480	
1979	748	626	122		603	612	561	
1980	972	856	116		645	669	513	
1981	928	805	123		705	733	564	
1982	980	840	140		737	761	617	
1983	1035	909	126		789	819	624	
1984	1333	1118	215		1022	1088	778	
1985	1614	1366	248		1111	1160	903	
1986	2055	1799	256		1266	1333	935	
1987	2480	2150	330		1434	1511	1075	
1988	3473	3030	443		1881	1997	1347	
1989	3897	3293	604		1949	2023	1624	
1990	4322	3885	437		2182	2349	1338	
1991	4895	4254	641		2419	2503	1977	
1992	5977	5194	783		2751	2895	2069	
1993	7870	6816	1017	37	3545	3727	2690	2782
1994	10187	8973	1034	180	4198	4391	3192	3041
1995	11400	9819	1350	231	4634	4773	3968	3678
1996	10595	9231	1241	123	4308	4357	3992	4128
1997	10069	8755	1269	45	4162	4145	4383	2542
1998	9025	8090	898	37	4372	4452	3772	4253
1999	9473	8701	730	42	5094	5219	3961	5185
2000	10377	9282	925	170	5981	6239	4367	4802
2001	13891	12905	848	138	8289	8844	4722	3720
2002	15198	14504	551	143	10465	10873	6786	3854
2003	14239	13381	515	343	10505	10832	9257	5318

3-21 三江县主要年份在岗职工人数及构成

年份	在岗职工人数（人）				构成（%）		
		国有经济单位	城镇集体单位	其他经济单位	国有经济单位	城镇集体单位	其他经济单位
1978	7903	6903	1000		87.35	12.65	
1979	7802	6802	1000		87.18	12.82	
1980	8175	6912	1263		84.55	15.45	
1981	7967	7062	905		88.64	11.36	
1982	8465	7151	1314		84.48	15.52	
1983	8265	7264	1001		87.89	12.11	
1984	8055	6504	1551		80.74	19.26	
1985	8921	7492	1429		83.98	16.02	
1986	9042	7910	1132		87.48	12.52	
1987	10068	8585	1483		85.27	14.73	
1988	10352	8527	1825		82.37	17.63	
1989	10080	8579	1501		85.11	14.89	
1990	10110	8703	1407		86.08	13.92	
1991	10327	8920	1407		86.38	13.62	
1992	10855	9598	1257		88.42	11.58	
1993	10996	9717	1279		88.37	11.63	
1994	11048	9784	1264		88.56	11.44	
1995	11113	9939	1174		89.44	10.56	
1996	11152	10305	637	210	92.40	5.71	1.89
1997	11532	10164	1186	182	88.14	10.28	1.58
1998	10660	9278	1032	350	87.04	9.68	3.28
1999	10747	8834	1574	339	82.20	14.65	3.15
2000	10053	8771	922	360	87.25	9.17	3.58
2001	10050	8870	879	301	88.26	8.75	2.99
2002	9231	7997	893	341	86.63	9.67	3.70
2003	8518	7734	662	122	90.80	7.77	1.43

3-22 三江县主要年份在岗职工工资总额及平均工资

年 份	在岗职工工资总额（万元）	国有经济单位	城镇集体单位	其他经济单位	在岗职工平均工资（元）	国有经济单位	城镇集体单位	其他经济单位
1978	428	378	50		538	530	613	
1979	456	402	54		594	603	544	
1980	530	469	61		657	690	482	
1981	539	490	49		693	713	536	
1982	599	539	60		715	761	464	
1983	631	563	68		763	775	674	
1984	896	781	115		1107	1210	702	
1985	875	779	96		1007	1071	732	
1986	1053	970	83		1166	1224	748	
1987	1305	1105	200		1350	1339	1409	
1988	1560	1317	243		1547	1559	1486	
1989	1696	1474	222		1721	1750	1548	
1990	2071	1820	251		2062	2094	1853	
1991	2440	2172	268		2407	2472	1981	
1992	2760	2490	270		2565	2633	2072	
1993	3937	3630	307		3339	3428	2604	
1994	4576	4288	288		4235	4432	2549	
1995	4925	4485	440		4462	4515	3985	
1996	4835	4505	291	39	4348	4377	4701	1857
1997	5059	4378	490	191	4389	4310	4135	10494
1998	5147	4500	432	215	4838	4859	4181	6242
1999	5811	4953	646	212	5486	5707	4104	6239
2000	6433	5750	444	239	6446	6610	4811	6657
2001	8483	7689	533	261	8413	8651	6046	8318
2002	9022	8245	554	223	9687	10205	6198	6531
2003	8753	8234	397	122	10308	10696	5973	9473

3-23 全市单位从业人员人数

（2003年）

单位：人

指标名称	单位数（个）	单位从业人员年末人数	# 女性	在岗职工	#专业技术人员	其他从业人员	离开单位仍保留关系的职工	在岗职工年平均人数
总　计	4952	347119	128342	322311	98576	24808	34750	325285
按企业、事业、机关分组								
企业	1399	251667	85382	230951	45661	20716	33637	234398
事业	2646	72017	35319	68638	49542	3379	911	68465
机关	907	23435	7641	22722	3373	713	202	22422
按经济类型分组								
国有经济单位	4114	206844	79895	197891	74184	8953	19338	200642
集体经济单位	410	39506	8992	27103	4706	12403	4185	26958
其他经济单位	428	100769	39455	97317	19686	3452	11227	97685
按国民经济行业分组								
农、林、牧、渔业	280	10477	3896	9792	2420	685	874	9874
采矿业	18	13194	4467	13103	2941	91	189	13100
制造业	376	133675	46994	131598	20511	2077	19667	133112
电力、燃气及水的生产和供应业	30	6404	1898	6401	1633	3	699	6566
建筑业	65	29247	4607	24970	4641	4277	3032	25755
交通运输、仓储及邮政业	121	21048	4097	12623	2387	8425	1345	12190
信息传输、计算机服务和软件业	77	4145	1615	3864	1320	281	383	3853
批发和零售业	370	15346	7929	14773	3964	573	5329	15389
住宿和餐饮业	32	3398	1965	3163	498	235	473	3478
金融业	155	9224	4749	7436	4868	1788	597	7726
房地产业	101	2889	1071	2499	874	390	124	2596
租赁和商务服务业	107	4954	2057	3530	1246	1424	581	3602
科学研究、技术服务和地质勘查业	143	4662	1367	4379	2475	283	404	4441
水利、环境和公共设施管理业	103	5463	2479	4400	973	1063	164	4447
居民服务和其他服务	11	1484	460	577	70	907	88	609
教育	1036	38183	19841	37379	32642	804	116	37154
卫生、社会保障和社会福利业	419	13191	8264	12568	9624	623	218	12442
文化、体育和娱乐业	116	2462	991	2215	1204	247	249	2224
公共管理和社会组织	1392	27673	9595	27041	4285	632	218	26727
国有单位合计	4114	206844	79895	197891	74184	8953	19338	200642
按隶属关系分组								
中央	129	18336	6255	16795	6327	1541	2442	17145
省、自治区、直辖市	189	40855	15409	39375	11424	1480	3843	40641
地区	731	80547	29518	77373	21388	3174	9474	78737
县及县以下	3051	65169	27722	62859	34657	2310	3417	62670
其他	14	1937	991	1489	388	448	162	1449
按企业、事业、机关分组								
企业	584	112178	37456	107276	21770	4902	18262	110492
#地方	467	82964	30876	80026	15999	2938	15661	82977
事业	2623	71231	34798	67893	49041	3338	874	67728
#地方	2611	70059	34412	66735	48465	3324	874	66523
机关	907	23435	7641	22722	3373	713	202	22422
#地方	893	22548	7361	21846	3005	702	199	21548

3-23 续表1

单位：人

指标名称	单位数（个）	单位从业人员年末人数	#女性	在岗职工	#专业技术人员	其他从业人员	离开单位仍保留关系的职工	在岗职工年平均人数
按国民经济行业分组								
农、林、牧、渔业	277	9482	3488	8797	2278	685	841	8889
农业	15	3443	1447	3076	168	367	72	3106
林业	26	3997	1511	3682	886	315	715	3717
畜牧业	2	74	21	74	36		2	74
农、林、牧、渔服务业	234	1968	509	1965	1188	3	52	1992
采矿业	16	2784	1008	2707	554	77	85	2789
制造业	111	59545	17904	58376	8329	1169	10315	60077
电力、燃气及水的生产和供应业	25	4348	1223	4345	1160	3	420	4349
建筑业	34	13906	3137	13125	3049	781	2135	13462
交通运输、仓储及邮政业	82	5787	1635	5239	1520	548	691	5389
道路运输业	44	1828	547	1798	716	30	159	1819
城市公共交通业	1	63	8	44	1	19		44
水上运输业	9	1013	149	1013	322		240	1076
仓储业	17	1334	426	1112	373	222	163	1192
邮政业	7	1285	492	1242	103	43	125	1228
信息传输、计算机服务和软件业	55	1268	439	1202	499	66	194	1190
电信和其他信息传输服务业	51	1195	410	1134	443	61	141	1122
计算机服务业	2	20	8	20	14		45	18
软件业	2	53	21	48	42	5	8	50
批发和零售业	182	7146	3752	7072	1829	74	2309	7410
批发业	160	3638	1462	3578	1151	60	1661	3705
零售业	22	3508	2290	3494	678	14	648	3705
住宿和餐饮业	21	2753	1578	2651	388	102	386	2889
住宿业	18	2411	1420	2309	285	102	244	2565
餐饮业	3	342	158	342	103		142	324
金融、保险业	71	6516	3295	4931	3013	1585	510	5242
银行业	43	5585	2738	4509	2719	1076	496	4822
证券业	1	43	18	43	20			41
保险业	27	888	539	379	274	509	14	379
房地产业	72	1898	648	1605	590	293	43	1611
房地产开发经营	17	463	177	425	236	38	12	425
物业管理	15	1085	324	852	147	233	21	861
房地产中介服务	2	119	57	119	83		3	117
租赁和商务服务业	87	1852	652	1824	646	28	77	1826
商务服务业	87	1852	652	1824	646	28	77	1826
科学研究、技术服务和地质勘查业	133	4097	1185	3879	2269	218	372	3962
研究与试验发展	18	458	170	435	333	23	5	446
专业技术服务业	55	1649	446	1464	1063	185	4	1434
科技交流和推广服务业	53	563	191	553	319	10	6	597
地质勘查业	7	1427	378	1427	554		357	1485
水利、环境和公共设施管理业	102	5432	2464	4369	967	1063	164	4416
水利管理业	49	686	180	686	259		2	678

3-23 续表2

单位：人

指标名称	单位数（个）	单位从业人员年末人数	#女性	在岗职工	#专业技术人员	其他从业人员	离开单位仍保留关系的职工	在岗职工年平均人数
环境管理业	24	3295	1625	2249	240	1046	102	2256
公共设施管理业	29	1451	659	1434	468	17	60	1482
居民服务和其他服务业	5	116	39	103	31	13		103
居民服务业	5	116	39	103	31	13		103
教育	1032	37958	19661	37168	32502	790	116	36947
初等教育	821	21036	11080	20685	18442	351	54	20571
中等教育	166	13657	6899	13371	11654	286	56	13303
高等教育	4	2077	798	1958	1612	119		1918
卫生、社会保障和社会福利业	407	12679	7890	12090	9238	589	215	11967
卫生	371	12104	7557	11579	9035	525	215	11476
社会保障业	18	195	92	195	129			187
社会福利业	18	380	241	316	74	64		304
文艺、体育和娱乐业	113	2411	967	2166	1185	245	247	2170
新闻出版社	5	625	193	404	137	221	4	408
广播、电视、电影和音像业	24	805	334	788	390	17	228	790
文化艺术业	78	897	408	893	642	4	5	891
体育	4	69	27	69	9		6	69
娱乐业	2	15	5	12	7	3	4	12
公共管理和社会组织	1289	26866	8930	26242	4137	624	218	25954
城镇集体单位合计	410	39506	8992	27103	4706	12403	4185	26958
按企业、事业、机关分组								
企业	390	38778	8510	26416	4205	12362	4148	26279
事业	20	728	482	687	501	41	37	679
按国民经济行业分组								
制造业	126	11007	4982	10706	1353	301	1627	11058
建筑业	22	11040	871	7714	643	3326	301	8100
交通运输、仓储及邮政业	6	10059	76	2337	72	7722	145	1342
道路运输业	2	61	7	46	18	15	114	46
水上运输业	1	185	10	160	8	25		165
仓储业	1	20	7	20	20		5	20
信息传输、计算机服务和软件业	1	2	1	2	1		8	2
软件业	1	2	1	2	1		8	2
批发和零售业	128	3103	1313	3022	572	81	1735	3162
批发业	96	2350	915	2299	492	51	1235	2397
零售业	32	753	398	723	80	30	500	765
住宿和餐饮业	4	78	57	78	7		11	86
住宿业	4	78	57	78	7		11	86
金融	80	1502	605	1490	1169	12	86	1471
银行业	77	1428	568	1416	1125	12	86	1399

3-23 续表3 单位：人

指标名称	单位数（个）	单位从业人员年末人数	#女性	在岗职工	#专业技术人员	其他从业人员	离开单位仍保留关系的职工	在岗职工年平均人数
证券业	2	46	22	46	22			46
房地产业	9	146	54	116	85	30	70	116
房地产开发经营	8	142	52	112	81	30	24	112
物业管理	1	4	2	4	4		46	4
租赁和商务服务业	12	808	319	800	246	8	199	790
租赁	1	5	4	5	3			5
商务服务业	11	803	315	795	243	8	199	785
科学研究、技术服务和地质勘查业	2	17	6	15	12	2		15
科技交流和推广服务业	2	17	6	15	12	2		15
居民服务和其他服务业	4	1057	206	170	21	887		167
居民服务业	3	1053	202	166	21	887		163
其他服务业	1	4	4	4				4
教育	3	164	127	164	104			161
中等教育	2	111	74	111	104			110
卫生、社会保障和社会福利业	11	479	351	445	386	34	3	442
卫生	11	479	351	445	386	34	3	442
公共管理和社会组织	2	44	24	44	35			46
其他单位合计	428	100769	39455	97317	19686	3452	11227	97685
按登记注册类型分组								
内资	392	93199	37205	89828	18334	3371	10570	90553
股份合作	48	3861	1625	3835	1147	26	934	4033
联营	10	3794	1390	3642	271	152	265	2506
#国有联营	2	150	49	150	35			153
集体联营	1	98	18	8	5	90		8
有限责任公司	169	65004	26204	62234	12400	2770	6242	63511
#国有独资	66	30791	10361	30349	6782	442	3410	30847
股份有限公司	59	19096	7065	18681	4214	415	3053	18858
其他	106	1444	921	1436	302	8	76	1645
港、澳、台商投资	28	1591	754	1549	378	42	319	1567
外商投资	8	5979	1496	5940	974	39	338	5565
按企业、事业分组								
企业	425	100711	39416	97259	19686	3452	11227	97627
事业	3	58	39	58				58

3-23 续表4 单位：人

指 标 名 称	单位数（个）	单位从业人员年末人数	# 女 性	在岗职工	#专业技术人员	其他从业人员	离开单位仍保留关系的职工	在岗职工年平均人数
按国民经济行业分组								
农、林、牧、渔业	3	995	408	995	142		33	985
采矿业	2	10410	3459	10396	2387	14	104	10311
制造业	139	63123	24108	62516	10829	607	7725	61977
电力、燃气及水的生产和供应业	5	2056	675	2056	473		279	2217
建筑业	9	4301	599	4131	949	170	596	4193
交通运输、仓储和邮政业	33	5202	2386	5047	795	155	509	5459
道路运输业	2	2338	1086	2338	476		8	2818
城市公共交通业	1	2655	1247	2500	258	155	202	2430
水上运输业	1	86	2	86	15		52	88
仓储业	29	123	51	123	46		247	123
信息传输、计算机服务和软件业	21	2875	1175	2660	820	215	181	2661
电信和其他信息传输服务业	20	2845	1163	2630	816	215	179	2631
软件业	1	30	12	30	4		2	30
批发和零售业	60	5097	2864	4679	1563	418	1285	4817
批发业	38	2417	1092	2174	1075	243	601	2198
零售业	22	2680	1772	2505	488	175	684	2619
住宿和餐饮业	7	567	330	434	103	133	76	503
住宿业	4	531	310	398	91	133	76	388
餐饮业	3	36	20	36	12			115
金融业	4	1206	849	1015	686	191	1	1013
银行业	1	966	723	902	601	64		901
证券业	1	51	15	40	25	11		40
保险业	2	189	111	73	60	116	1	72
房地产业	20	845	369	778	199	67	11	869
房地产开发经营	19	772	330	705	184	67	11	662
物业管理	1	73	39	73	15			207
租赁和商务服务业	8	2294	1086	906	354	1388	305	986
商务服务业	8	2294	1086	906	354	1388	305	986
科学研究、技术服务和地质勘查业	8	548	176	485	194	63	32	464
专业技术服务业	7	525	171	462	172	63	32	441
科技交流和推广服务业	1	23	5	23	22			23
水利、环境和共公设施管理业	1	31	15	31	6			31
公共设施管理业	1	31	15	31	6			31
居民服务和其他服务业	2	311	215	304	18	7	88	339
居民服务业	2	311	215	304	18	7	88	339
教育	1	61	53	47	36	14		46
卫生、社会保障和社会福利业	1	33	23	33				33
卫生	1	33	23	33				33
文化、体育和娱乐业	3	51	24	49	19	2	2	54
公共管理和社会组织	101	763	641	755	113	8		727

注：另附柳铁在市资料：在岗职工年末人数361487人。

3-24 市区单位从业人员人数

(2003年)

单位：人

指标名称	单位数（个）	单位从业人员年末人数	# 女性	在岗职工	#专业技术人员	其他从业人员	离开单位仍保留关系的职工	在岗职工平均人数
总计	1471	241199	85913	219744	56808	21455	26116	223748
按企业、事业、机关分组								
企业	754	201147	65933	182804	35469	18343	25593	187082
事业	477	30197	16162	27603	19355	2594	431	27519
机关	240	9855	3818	9337	1984	518	92	9147
按经济类型分组								
国有经济单位	964	120590	44954	114758	36025	5832	14157	117365
集体经济单位	202	33963	6942	21658	2940	12305	2688	21566
其他经济单位	305	86646	34017	83328	17843	3318	9271	84817
按国民经济行业分组								
农、林、牧、渔业	22	3323	1392	2961	653	362	48	2974
采矿业	1	10385	3446	10371	2387	14	98	10286
制造业	261	105280	35796	104309	15601	971	16658	106912
电力、燃气及水的生产和供应业	4	3301	972	3301	887		455	3461
建筑业	56	28311	4482	24034	4342	4277	2897	24927
交通运输、仓储及邮政业	47	18904	3411	10537	1909	8367	925	10084
信息传输、计算机服务和软件业	21	3308	1266	3092	1127	216	249	3097
批发和零售业	126	11045	6212	10622	3076	423	2539	11111
住宿和餐饮业	19	2939	1694	2704	459	235	353	3021
金融业	27	6338	3487	5139	3072	1199	370	5339
房地产业	48	1969	759	1607	609	362	88	1700
租赁和商务服务业	45	4078	1758	2661	967	1417	529	2734
科学研究、技术服务和地质勘查业	58	3557	1041	3276	1828	281	232	3303
水利、环境和公共设施管理业	36	3862	1799	2808	609	1054	160	2865
居民服务和其他服务	8	1449	450	542	56	907	88	574
教育	140	12565	7682	12229	10734	336	56	12098
卫生、社会保障和社会福利业	47	7185	4601	6840	5489	345	179	6802
文化、体育和娱乐业	41	1926	764	1679	914	247	104	1689
公共管理和社会组织	464	11474	4901	11032	2089	442	88	10771
国有单位合计	964	120590	44954	114758	36025	5832	14157	117365
按隶属关系分组								
中央	49	14181	4571	13368	4962	813	2027	13596
省、自治区、直辖市	106	23396	8584	22575	7475	821	2586	23446
地区	659	74885	27361	72284	20483	2601	9230	73752
县及县以下	138	6257	3483	5108	2729	1149	152	5185
其他	12	1871	955	1423	376	448	162	1386
按企业、事业、机关分组								
企业	263	81050	25331	78307	15020	2743	13639	81180
#地方	214	55257	20185	53772	10292	1485	11450	56499
事业	461	29685	15805	27114	19021	2571	426	27038
#地方	453	28817	15551	26249	18638	2568	426	26127
机关	240	9855	3818	9337	1984	518	92	9147
#地方	236	9464	3692	8946	1757	518	92	8757

指标名称	单位数（个）	单位从业人员年末人数	#女性	在岗职工	#专业技术人员	其他从业人员	离开单位仍保留关系的职工	在岗职工年平均人数
按国民经济行业分组								
农、林、牧、渔业	19	2328	984	1966	511	362	15	1989
农业	4	1021	408	662	82	359	14	677
林业	3	1099	513	1096	279	3	1	1107
畜牧业	1	48	11	48	31			48
农、林、牧、渔服务业	11	160	52	160	119			157
制造业	68	45664	12212	45516	5312	148	8700	47157
电力、燃气及水的生产和供应业	2	1480	395	1480	463		176	1481
建筑业	32	13721	3123	12940	2969	781	2067	13277
交通运输、仓储及邮政业	38	3958	1066	3468	1124	490	526	3605
道路运输业	22	897	289	882	450	15	90	947
城市公共交通业	1	63	8	44	1	19		44
水上运输业	3	975	142	975	317		235	1038
仓储业	9	1022	354	800	286	222	149	813
邮政业	1	752	263	752	70		48	748
信息传输、计算机服务和软件业	5	629	204	627	338	2	68	616
电信和其他信息传输服务业	3	569	177	569	288		68	558
计算机服务业	1	14	7	14	9			12
软件业	1	46	20	44	41	2		46
批发和零售业	56	4883	2903	4853	1209	30	1027	5165
批发业	44	1644	767	1628	575	16	505	1736
零售业	12	3239	2136	3225	634	14	522	3429
住宿和餐饮业	13	2407	1368	2305	361	102	344	2543
住宿业	12	2154	1254	2052	263	102	216	2308
餐饮业	1	253	114	253	98		128	235
金融、保险业	20	4687	2398	3684	2065	1003	352	3890
银行业	7	4372	2240	3405	1876	967	341	3612
证券业	1	43	18	43	20			41
保险业	12	272	140	236	169	36	11	237
房地产业	22	1022	350	742	349	280	30	747
房地产开发经营	7	248	100	220	142	28	8	221
物业管理	11	581	170	348	91	233	17	357
房地产中介服务	1	96	47	96	72			94
租赁和商务服务业	30	1106	419	1079	394	27	68	1082
商务服务业	30	1106	419	1079	394	27	68	1082
科学研究、技术服务和地质勘查业	48	2992	859	2776	1622	216	200	2824
研究与试验发展	15	369	144	346	244	23	3	356
专业技术服务业	22	1312	353	1129	902	183	2	1109
科技交流和推广服务业	7	147	52	137	87	10	1	139
地质勘查业	4	1164	310	1164	389		194	1220
水利、环境和公共设施管理业	35	3831	1784	2777	603	1054	160	2834
水利管理业	6	240	62	240	141		1	234

指标名称	单位数(个)	单位从业人员年末人数	#女性	在岗职工	#专业技术人员	其他从业人员	离开单位仍保留关系的职工	在岗职工年平均人数
环境管理业	12	2524	1239	1478	173	1046	102	1482
公共设施管理业	17	1067	483	1059	289	8	57	1118
居民服务和其他服务业	2	81	29	68	17	13		68
居民服务业	2	81	29	68	17	13		68
教育	137	12409	7547	12087	10657	322	56	11960
初等教育	49	2619	2206	2594	2534	25	2	2550
中等教育	64	6963	3961	6819	6052	144	49	6773
高等教育	4	2077	798	1958	1612	119		1918
卫生、社会保障和社会福利业	37	6824	4330	6501	5180	323	176	6466
卫生	27	6430	4088	6171	5077	259	176	6149
社会保障业	2	72	38	72	45			72
社会福利业	8	322	204	258	58	64		245
文艺、体育和娱乐业	39	1901	747	1656	910	245	104	1663
新闻出版社	3	581	176	360	132	221	4	362
广播、电视、电影和音像业	12	651	283	634	342	17	89	641
文化艺术业	18	585	256	581	420	4	1	579
体育	4	69	27	69	9		6	69
娱乐业	2	15	5	12	7	3	4	12
公共管理和社会组织	361	10667	4236	10233	1941	434	88	9998
城镇集体单位合计	202	33963	6942	21658	2940	12305	2688	21566
按企业、事业、机关分组								
企业	188	33476	6601	21194	2606	12282	2683	21110
事业	14	487	341	464	334	23	5	456
按国民经济行业分组								
制造业	100	9222	4278	8938	1055	284	1499	9318
建筑业	16	10302	767	6976	435	3326	234	7470
交通运输、仓储及邮政业	6	10059	76	2337	72	7722	145	1342
道路运输业	2	61	7	46	18	15	114	46
水上运输业	1	185	10	160	8	25		165
仓储业	1	20	7	20	20		5	20
信息传输、计算机服务和软件业	1	2	1	2	1		8	2
软件业	1	2	1	2	1		8	2
批发和零售业	37	1413	586	1373	350	40	561	1423
批发业	27	1132	456	1122	287	10	429	1160
零售业	10	281	130	251	63	30	132	263
住宿和餐饮业	3	71	52	71	5		7	71
住宿业	3	71	52	71	5		7	71
金融	4	458	248	453	321	5	17	449
银行业	1	384	211	379	277	5	17	377

指标名称	单位数（个）	单位从业人员年末人数	#女性	在岗职工	#专业技术人员	其他从业人员	离开单位仍保留关系的职工	在岗职工年平均人数
证券业	2	46	22	46	22			46
房地产业	7	108	42	93	64	15	47	93
房地产开发经营	6	104	40	89	60	15	1	89
物业管理	1	4	2	4	4		46	4
租赁和商务服务业	8	754	303	752	219	2	167	742
租赁	1	5	4	5	3			5
商务服务业	7	749	299	747	216	2	167	737
科学研究、技术服务和地质勘查业	2	17	6	15	12	2		15
科技交流和推广服务业	2	17	6	15	12	2		15
居民服务和其他服务业	4	1057	206	170	21	887		167
居民服务业	3	1053	202	166	21	887		163
其他服务业	1	4	4	4				4
教育	2	95	82	95	41			92
中等教育	1	42	29	42	41			41
卫生、社会保障和社会福利业	10	361	271	339	309	22	3	336
卫生	10	361	271	339	309	22	3	336
公共管理和社会组织	2	44	24	44	35			46
其他单位合计	305	86646	34017	83328	17843	3318	9271	84817
按登记注册类型分组								
内资	277	79973	32203	76727	16544	3246	8631	78477
股份合作	28	2798	1316	2779	913	19	686	2982
联营	8	3687	1371	3535	269	152	265	2399
#国有联营	1	120	30	120	33			123
集体联营	1	98	18	8	5	90		8
有限责任公司	102	56108	22711	53392	11158	2716	4758	54972
#国有独资	30	27995	9415	27557	6270	438	2519	28080
股份有限公司	35	15974	5907	15623	3920	351	2846	16517
其他	104	1406	898	1398	284	8	76	1607
港、澳、台商投资	23	1338	630	1303	358	35	313	1331
外商投资	5	5335	1184	5298	941	37	327	5009
按企业、事业分组								
企业	303	86621	34001	83303	17843	3318	9271	84792
事业	2	25	16	25				25

3-24 续表4

单位：人

指标名称	单位数（个）	单位从业人员年末人数	# 女 性	在岗职工	#专业技术人员	其他从业人员	离开单位仍保留关系的职工	在岗职工年平均人数
按国民经济行业分组								
农、林、牧、渔业	3	995	408	995	142		33	985
采矿业	1	10385	3446	10371	2387	14	98	10286
制造业	93	50394	19306	49855	9234	539	6459	50437
电力、燃气及水的生产和供应业	2	1821	577	1821	424		279	1980
建筑业	8	4288	592	4118	938	170	596	4180
交通运输、仓储和邮政业	3	4887	2269	4732	713	155	254	5137
道路运输业	1	2146	1020	2146	440			2619
城市公共交通业	1	2655	1247	2500	258	155	202	2430
水上运输业	1	86	2	86	15		52	88
信息传输、计算机服务和软件业	15	2677	1061	2463	788	214	173	2479
电信和其他信息传输服务业	15	2677	1061	2463	788	214	173	2479
批发和零售业	33	4749	2723	4396	1517	353	951	4523
批发业	19	2238	1031	2025	1057	213	381	2037
零售业	14	2511	1692	2371	460	140	570	2486
住宿和餐饮业	3	461	274	328	93	133	2	407
住宿业	2	454	270	321	91	133	2	321
餐饮业	1	7	4	7	2			86
金融业	3	1193	841	1002	686	191	1	1000
银行业	1	966	723	902	601	64		901
证券业	1	51	15	40	25	11		40
保险业	1	176	103	60	60	116	1	59
房地产业	19	839	367	772	196	67	11	860
房地产开发经营	18	766	328	699	181	67	11	653
物业管理	1	73	39	73	15			207
租赁和商务服务业	7	2218	1036	830	354	1388	294	910
商务服务业	7	2218	1036	830	354	1388	294	910
科学研究、技术服务和地质勘查业	8	548	176	485	194	63	32	464
专业技术服务业	7	525	171	462	172	63	32	441
科技交流和推广服务业	1	23	5	23	22			23
水利、环境和共公设施管理业	1	31	15	31	6			31
公共设施管理业	1	31	15	31	6			31
居民服务和其他服务业	2	311	215	304	18	7	88	339
居民服务业	2	311	215	304	18	7	88	339
教育	1	61	53	47	36	14		46
文化、体育和娱乐业	2	25	17	23	4	2		26
公共管理和社会组织	101	763	641	755	113	8		727

注：另附柳铁在市资料：在岗职工年末人数 258920 人。

3-25 柳江县单位从业人员人数

（2003年）　　单位：人

指标名称	单位数（个）	单位从业人员年末人数	# 女性	在岗职工	#专业技术人员	其他从业人员	离开单位仍保留关系的职工	在岗职工年平均人数
总　计	513	25369	11819	24407	10151	962	1447	24212
按企业、事业、机关分组								
企业	119	13791	5859	13028	2998	763	1271	12859
事业	328	8970	5036	8849	6907	121	150	8835
机关	66	2608	924	2530	246	78	26	2518
按经济类型分组								
国有经济单位	433	19243	9521	18367	9107	876	781	18393
集体经济单位	56	1630	509	1589	525	41	328	1588
其他经济单位	24	4496	1789	4451	519	45	338	4231
按国民经济行业分组								
农、林、牧、渔业	14	405	142	403	99	2	39	400
采矿业	1	25	13	25			6	25
制造业	37	10626	4651	10020	2303	606	627	9815
电力、燃气及水的生产和供应业	3	524	99	524	92		29	522
建筑业	1	160	48	160	8			160
交通运输、仓储及邮政业	3	135	74	129	19	6	31	125
信息传输、计算机服务和软件业	2	99	63	99	45		10	99
批发和零售业	42	876	364	866	218	10	435	886
住宿和餐饮业	4	147	84	147	7		74	137
金融业	30	584	290	452	328	132	29	484
房地产业	6	618	198	603	113	15		605
租赁和商务服务业	23	283	90	282	152	1	1	282
科学研究、技术服务和地质勘查业	6	299	88	299	182		127	301
水利、环境和公共设施管理业	6	402	211	402	53			389
居民服务和其他服务	2	22	7	22	8			22
教育	136	5924	3480	5810	5099	114	1	5821
卫生、社会保障和社会福利业	20	1017	698	1014	762	3	1	996
文化、体育和娱乐业	1	25	8	25			11	25
公共管理和社会组织	176	3198	1211	3125	663	73	26	3118
国有单位合计	433	19243	9521	18367	9107	876	781	18393
按隶属关系分组								
中央	13	1030	453	896	278	134	119	920
省、自治区、直辖市	10	4792	2293	4239	1464	553	470	4275
地区	3	377	179	338	48	39	60	375
县及县以下	407	13044	6596	12894	7317	150	132	12823
其他								
按企业、事业、机关分组								
企业	42	7782	3635	7105	2029	677	606	7157
#地方	32	6909	3237	6358	1758	551	487	6386
事业	325	8853	4962	8732	6832	121	149	8718
#地方	325	8853	4962	8732	6832	121	149	8718
机关	66	2608	924	2530	246	78	26	2518
#地方	63	2451	869	2381	239	70	26	2369

3-25 续表1 单位：人

指标名称	单位数（个）	单位从业人员年末人数	#女性	在岗职工	#专业技术人员	其他从业人员	离开单位仍保留关系的职工	在岗职工平均人数
按国民经济行业分组								
农、林、牧、渔业	14	405	142	403	99	2	39	400
林业	6	310	106	310	48		34	307
农、林、牧、渔服务业	8	95	36	93	51	2	5	93
制造业	11	5441	2763	4896	1565	545	484	4921
电力、燃气及水的生产和供应	3	524	99	524	92		29	522
交通运输、仓储及邮政业	2	132	73	126	18	6	31	122
道路运输业	1	37	16	31	11	6	21	31
邮政业	1	95	57	95	7		10	91
信息传输、计算机服务和软件	1	64	35	64	35		7	64
电信和其他信息传输服务业	1	64	35	64	35		7	64
批发和零售业	21	601	248	601	182		16	602
批发业	17	470	166	470	164		15	470
零售业	4	131	82	131	18		1	132
住宿和餐饮业	1	45	28	45				45
餐饮业	1	45	28	45				45
金融、保险业	8	396	226	264	180	132	9	296
银行业	5	216	128	206	143	10	9	239
保险业	3	180	98	58	37	122		57
房地产业	5	582	188	582	92			584
房地产开发经营	3	98	43	98	40			100
物业管理	2	484	145	484	52			484
租赁和商务服务业	22	268	84	267	140	1		267
商务服务业	22	268	84	267	140	1		267
科学研究、技术服务和地质勘查业	6	299	88	299	182		127	301
专业技术服务业	5	56	23	56	28			56
地质勘查业	1	243	65	243	154		127	245
水利、环境和公共设施管理业	6	402	211	402	53			389
水利管理业	3	155	44	155	29			154
环境管理业	1	160	114	160	8			150
公共设施管理业	2	87	53	87	16			85
居民服务和其他服务业	2	22	7	22	8			22
居民服务业	2	22	7	22	8			22
教育	135	5855	3435	5741	5036	114	1	5752
初等教育	104	3552	2213	3498	3095	54		3502
中等教育	27	2229	1179	2169	1886	60	1	2177
卫生、社会保障和社会福利业	19	984	675	981	762	3	1	963
卫生	18	977	672	974	757	3	1	956
社会保障业	1	7	3	7	5			7
文艺、体育和娱乐业	1	25	8	25			11	25
广播、电视、电影和音像业	1	25	8	25			11	25
公共管理和社会组织	176	3198	1211	3125	663	73	26	3118

单位：人

指标名称	单位数（个）	单位从业人员年末人数	#女性	在岗职工	#专业技术人员	其他从业人员	离开单位仍保留关系的职工	在岗职工年平均人数
城镇集体单位合计	56	1630	509	1589	525	41	328	1588
按企业、事业、机关分组								
企业	54	1546	458	1505	450	41	327	1504
事业	2	84	51	84	75			84
按国民经济行业分组								
制造业	12	943	244	927	238	16	3	908
建筑业	1	160	48	160	8			160
批发和零售业	19	232	100	222	35	10	304	240
批发业	18	215	87	205	32	10	290	223
零售业	1	17	13	17	3		14	17
金融	21	175	56	175	148		20	175
银行业	21	175	56	175	148		20	175
房地产业	1	36	10	21	21	15		21
房地产开发经营	1	36	10	21	21	15		21
租赁和商务服务业	1	15	6	15	12		1	15
商务服务业	1	15	6	15	12		1	15
教育	1	69	45	69	63			69
中等教育	1	69	45	69	63			69
其他单位合计	24	4496	1789	4451	519	45	338	4231
按登记注册类型分组								
内资	21	3893	1499	3850	476	43	335	3716
股份合作	9	785	231	781	163	4	117	785
有限责任公司	10	3070	1244	3031	306	39	218	2893
#国有独资	4	818	311	816	90	2	179	731
股份有限公司	1	13	8	13				13
其他	1	25	16	25	7			25
港、澳、台商投资	1	35	28	35	10		3	35
外商投资	2	568	262	566	33	2		480
按企业、事业分组								
企业	23	4463	1766	4418	519	45	338	4198
事业	1	33	23	33				33
按国民经济行业分组								
采矿业	1	25	13	25			6	25
制造业	14	4242	1644	4197	500	45	140	3986
交通运输、仓储和邮政业	1	3	1	3	1			3
仓储业	1	3	1	3	1			3
信息传输、计算机服务和软件业	1	35	28	35	10		3	35
电信和其他信息传输服务业	1	35	28	35	10		3	35
批发和零售业	2	43	16	43	1		115	44
批发业	2	43	16	43	1		115	44
住宿和餐饮业	3	102	56	102	7		74	92
住宿业	2	77	40	77			74	67
餐饮业	1	25	16	25	7			25
金融业	1	13	8	13				13
保险业	1	13	8	13				13
卫生、社会保障和社会福利业	1	33	23	33				33
卫生	1	33	23	33				33

3-26 柳城县单位从业人员人数

(2003年)

单位：人

指标名称	单位数（个）	单位从业人员年末人数	# 女性	在岗职工	#专业技术人员	其他从业人员	离开单位仍保留关系的职工	在岗职工年平均人数
总计	685	19896	7977	19858	7076	38	1397	18941
按企业、事业、机关分组								
企业	140	9843	3554	9815	1335	28	1374	8787
事业	373	8178	3934	8175	5710	3	15	8302
机关	172	1875	489	1868	31	7	8	1852
按经济类型分组								
国有经济单位	599	14876	6357	14841	6307	35	302	14797
集体经济单位	34	764	233	764	224		135	754
其他经济单位	52	4256	1387	4253	545	3	960	3390
按国民经济行业分组								
农、林、牧、渔业	64	2878	1208	2870	228	8	68	2914
采矿业								
制造业	15	5181	1701	5177	624	4	665	4081
电力、燃气及水的生产和供应业	3	494	181	494	110		19	498
建筑业	1	258	12	258	43			194
交通运输、仓储及邮政业	31	268	110	268	66		272	269
信息传输、计算机服务和软件业	18	126	40	126	34		7	126
批发和零售业	37	607	247	606	80	1	292	673
住宿和餐饮业	1	4		4	3			4
金融业	37	396	167	381	306	15	37	425
房地产业	3	57	23	57	31			57
租赁和商务服务业	18	152	62	152	36			152
科学研究、技术服务和地质勘查业	25	240	72	240	133		1	280
水利、环境和公共设施管理业	27	244	100	244	35			236
居民服务和其他服务								
教育	145	4756	2475	4755	4425	1		4772
卫生、社会保障和社会福利业	42	1141	683	1139	689	2	2	1112
文化、体育和娱乐业	12	117	52	117	51		19	118
公共管理和社会组织	206	2977	844	2970	182	7	15	3030
国有单位合计	599	14876	6357	14841	6307	35	302	14797
按隶属关系分组								
中央	25	407	154	392	191	15	62	448
省、自治区、直辖市	28	1251	372	1251	137			1332
地区	20	2887	1186	2878	181	9	105	2804
县及县以下	526	10331	4645	10320	5798	11	135	10213
其他								
按企业、事业、机关分组								
企业	54	4823	1934	4798	566	25	279	4643
#地方	31	4447	1787	4437	398	10	217	4226
事业	373	8178	3934	8175	5710	3	15	8302
#地方	373	8178	3934	8175	5710	3	15	8302
机关	172	1875	489	1868	31	7	8	1852
#地方	170	1844	482	1837	8	7	8	1821

指标名称	单位数（个）	单位从业人员年末人数	#女性	在岗职工	#专业技术人员	其他从业人员	离开单位仍保留关系的职工	在岗职工年平均人数
按国民经济行业分组								
农、林、牧、渔业	64	2878	1208	2870	228	8	68	2914
农业	10	2403	1035	2395	82	8	58	2410
林业	1	185	80	185	15		10	184
农、林、牧、渔服务业	53	290	93	290	131			320
制造业	8	1186	422	1185	142	1	72	955
电力、燃气及水的生产和供应业	3	494	181	494	110		19	498
交通运输、仓储及邮政业	3	148	60	148	21		25	149
道路运输业	2	91	33	91	16		8	92
邮政业	1	57	27	57	5		17	57
信息传输、计算机服务和软件业	18	126	40	126	34		7	126
电信和其他信息传输服务业	18	126	40	126	34		7	126
批发和零售业	5	114	37	113	16	1	42	123
批发业	4	84	21	83	12	1	42	93
零售业	1	30	16	30	4			30
金融、保险业	20	246	98	231	174	15	32	275
银行业	17	218	87	214	160	4	31	258
保险业	3	28	11	17	14	11	1	17
房地产业	3	57	23	57	31			57
房地产开发经营	1	17	6	17	9			17
租赁和商务服务业	18	152	62	152	36			152
商务服务业	18	152	62	152	36			152
科学研究、技术服务和地质勘查业	25	240	72	240	133		1	280
研究与试验发展	1	39	14	39	39			40
专业技术服务业	7	89	16	89	29			77
科技交流和推广服务业	17	112	42	112	65		1	163
水利、环境和公共设施管理业	27	244	100	244	35			236
水利管理业	25	128	36	128	27			127
环境管理业	1	93	55	93	8			86
公共设施管理业	1	23	9	23				23
教育	145	4756	2475	4755	4425	1		4772
初等教育	120	3007	1591	3007	2860			3023
中等教育	23	1696	845	1695	1531	1		1696
卫生、社会保障和社会福利业	42	1141	683	1139	689	2	2	1112
卫生	35	1082	647	1080	652	2	2	1054
社会保障业	5	48	27	48	36			46
社会福利业	2	11	9	11	1			12
文艺、体育和娱乐业	12	117	52	117	51		19	118
新闻出版社	1	14	5	14	5			15
广播、电视、电影和音像业	1	34	11	34	3		15	34
文化艺术业	10	69	36	69	43		4	69
公共管理和社会组织	206	2977	844	2970	182	7	15	3030

3-26 续表2 单位：人

指标名称	单位数（个）	单位从业人员年末人数	#女性	在岗职工	#专业技术人员	其他从业人员	离开单位仍保留关系的职工	在岗职工年平均人数
城镇集体单位合计	34	764	233	764	224		135	754
按企业、事业、机关分组								
企业	34	764	233	764	224		135	754
事业								
按国民经济行业分组								
制造业								
建筑业	1	258	12	258	43			194
批发和零售业	16	356	152	356	49		130	410
批发业	16	356	152	356	49		130	410
零售业								
金融	17	150	69	150	132		5	150
银行业	17	150	69	150	132		5	150
证券业								
其他单位合计	52	4256	1387	4253	545	3	960	3390
按登记注册类型分组								
内资	52	4256	1387	4253	545	3	960	3390
股份合作	5	162	47	162	46		78	164
有限责任公司	31	1604	516	1601	297	3	728	1456
#国有独资	30	1324	352	1322	232	2	698	1197
股份有限公司	16	2490	824	2490	202		154	1770
按企业、事业分组								
企业	52	4256	1387	4253	545	3	960	3390
事业								
按国民经济行业分组								
采矿业								
制造业	7	3995	1279	3992	482	3	593	3126
电力、燃气及水的生产和供应业								
建筑业								
交通运输、仓储和邮政业	28	120	50	120	45		593	3126
仓储业	28	120	50	120	45		593	3126
信息传输、计算机服务和软件业								
电信和其他信息传输服务业								
软件业								
批发和零售业	16	137	58	137	15		120	140
批发业	12	77	22	77	2		42	82
零售业	4	60	36	60	13		78	58
住宿和餐饮业	1	4		4	3			4
住宿业								
餐饮业	1	4		4	3			4

3-27 鹿寨县单位从业人员人数

(2003年)

单位：人

指标名称	单位数（个）	单位从业人员年末人数	# 女性	在岗职工	#专业技术人员	其他从业人员	离开单位仍保留关系的职工	在岗职工年平均人数
总计	555	23496	9795	23089	7727	407	2592	23266
按企业、事业、机关分组								
企业	116	13181	5195	12778	2790	403	2494	13042
事业	339	6438	3306	6435	4563	3	56	6404
机关	100	3877	1294	3876	374	1	42	3820
按经济类型分组								
国有经济单位	497	18803	7790	18408	6805	395	1800	18612
集体经济单位	37	1249	635	1249	350		314	1255
其他经济单位	21	3444	1370	3432	572	12	478	3399
按国民经济行业分组								
农、林、牧、渔业	32	1153	427	1153	402		458	1174
采矿业	1	89	33	89	11		50	87
制造业	31	9149	3587	9136	1748	13	1356	9316
电力、燃气及水的生产和供应业	4	518	192	518	109		67	516
建筑业	2	161	31	161	84		1	162
交通运输、仓储及邮政业	4	416	157	382	71	34	23	391
信息传输、计算机服务和软件业	3	154	61	106	19	48	24	106
批发和零售业	55	1109	423	1108	218	1	472	1145
住宿和餐饮业	1	77	39	77	6		9	77
金融业	22	793	382	496	393	297	30	515
房地产业	6	98	32	88	50	10	3	88
租赁和商务服务业	1	49	18	49			1	49
科学研究、技术服务和地质勘查业	8	62	16	61	36	1		63
水利、环境和公共设施管理业	5	163	99	163	26		3	182
居民服务和其他服务	1	13	3	13	6			13
教育	167	3903	2190	3903	3349			3882
卫生、社会保障和社会福利业	25	894	602	892	627	2	12	866
文化、体育和娱乐业	10	135	57	135	68		35	133
公共管理和社会组织	177	4560	1446	4559	504	1	48	4501
国有单位合计	497	18803	7790	18408	6805	395	1800	18612
按隶属关系分组								
中央	13	971	440	593	242	378	65	625
省、自治区、直辖市	13	8046	3018	8046	1680		687	8177
地区	32	779	296	768	218	11	5	763
县及县以下	439	9007	4036	9001	4665	6	1043	9047
其他								
按企业、事业、机关分组								
企业	58	8488	3190	8097	1868	391	1702	8388
#地方	48	7655	2801	7642	1651	13	1640	7901
事业	339	6438	3306	6435	4563	3	56	6404
#地方	338	6431	3306	6428	4563	3	56	6397
机关	100	3877	1294	3876	374	1	42	3820
#地方	98	3746	1243	3745	349	1	39	3689

单位：人

指标名称	单位数（个）	单位从业人员年末人数	#女性	在岗职工	#专业技术人员	其他从业人员	离开单位仍保留关系的职工	在岗职工平均人数
按国民经济行业分组								
农、林、牧、渔业	32	1153	427	1153	402		458	1174
农业	1	19	4	19	4			19
林业	2	791	318	791	186		428	813
畜牧业	1	26	10	26	5		2	26
农、林、牧、渔服务业	28	317	95	317	207		28	316
采矿业	1	89	33	89	11		50	87
制造业	11	5744	2060	5741	1231	3	874	5978
电力、燃气及水的生产和供应业	2	296	97	296	72		67	293
建筑业	1	65	10	65	30			65
交通运输、仓储及邮政业	3	224	91	190	35	34	15	192
道路运输业	1	69	31	69	16		5	69
仓储业	1	19	10	19	8		1	19
邮政业	1	136	50	102	11	34	9	104
信息传输、计算机服务和软件业	2	109	31	62	17	47	21	62
电信和其他信息传输服务业	2	109	31	62	17	47	21	62
批发和零售业	37	617	239	617	129		176	636
批发业	35	545	201	545	118		76	558
零售业	2	72	38	72	11		100	78
住宿和餐饮业	1	77	39	77	6		9	77
住宿业	1	77	39	77	6		9	77
金融、保险业	8	558	302	261	209	297	28	280
银行业	5	313	130	237	188	76	26	256
保险业	3	245	172	24	21	221	2	24
房地产业	5	92	30	82	47	10	3	79
房地产开发经营	3	60	16	50	29	10		47
房地产中介服务	1	23	10	23	11		3	23
租赁和商务服务业	1	49	18	49			1	49
商务服务业	1	49	18	49			1	49
科学研究、技术服务和地质勘查业	8	62	16	61	36	1		63
专业技术服务业	7	59	14	58	33	1		60
科技交流和推广服务业	1	3	2	3	3			3
水利、环境和公共设施管理业	5	163	99	163	26		3	182
水利管理业								
环境管理业	1	111	83	111	8			131
公共设施管理业	4	52	16	52	18		3	51
居民服务和其他服务业	1	13	3	13	6			13
居民服务业	1	13	3	13	6			13
教育	167	3903	2190	3903	3349			3882
初等教育	161	3740	2094	3740	3217			3719
中等教育	2	80	39	80	70			80
卫生、社会保障和社会福利业	25	894	602	892	627	2	12	866

 单位：人

指 标 名 称	单位数（个）	单位从业人员年末人数	# 女 性	在岗职工	#专业技术人员	其他从业人员	离开单位仍保留关系的职工	在岗职工年平均人数
卫生	18	858	583	856	627	2	12	830
社会保障业	2	15	3	15				15
社会福利业	5	21	16	21				21
文艺、体育和娱乐业	10	135	57	135	68		35	133
新闻出版社	1	30	12	30				31
广播、电视、电影和音像业	4	56	22	56	19		35	53
文化艺术业	5	49	23	49	49			49
公共管理和社会组织	177	4560	1446	4559	504	1	48	4501
城镇集体单位合计	37	1249	635	1249	350		314	1255
按企业、事业、机关分组								
企业	37	1249	635	1249	350		314	1255
事业								
按国民经济行业分组								
制造业	7	451	357	451	33		108	438
建筑业	1	96	21	96	54		1	97
批发和零售业	15	467	177	467	79		203	485
批发业	14	382	142	382	65		203	370
零售业	1	85	35	85	14			115
金融	14	235	80	235	184		2	235
银行业	14	235	80	235	184		2	235
证券业								
其他单位合计	21	3444	1370	3432	572	12	478	3399
按登记注册类型分组								
内资	20	3399	1340	3388	570	11	475	3355
股份合作	3	60	13	57	16	3	50	46
有限责任公司	16	3147	1261	3139	518	8	417	3110
#国有独资	1	628	276	628	175		12	811
股份有限公司	1	192	66	192	36		8	199
港、澳、台商投资	1	45	30	44	2	1	3	44
按企业、事业分组								
企业	21	3444	1370	3432	572	12	478	3399
事业								
按国民经济行业分组								
制造业	13	2954	1170	2944	484	10	374	2900
电力、燃气及水的生产和供应业	2	222	95	222	37			223
交通运输、仓储和邮政业	1	192	66	192	36		8	199
道路运输业	1	192	66	192	36		8	199
信息传输、计算机服务和软件业	1	45	30	44	2	1	3	44
电信和其他信息传输服务业	1	45	30	44	2	1	3	44
批发和零售业	3	25	7	24	10	1	93	24
批发业	2	11	3	10	5	1	59	10
零售业	1	14	4	14	5		34	14
房地产业	1	6	2	6	3			9
房地产开发经营	1	6	2	6	3			9

3-28 融安县单位从业人员人数

（2003年）

单位：人

指标名称	单位数（个）	单位从业人员年末人数	# 女性	在岗职工	#专业技术人员	其他从业人员	离开单位仍保留关系的职工	在岗职工年平均人数
总　　计	733	13409	5340	12981	5589	428	1054	13073
按企业、事业、机关分组								
企业	120	5822	2322	5683	1288	139	934	5790
事业	528	6050	2684	5784	4240	266	103	5778
机关	85	1537	334	1514	61	23	17	1505
按经济类型分组								
国有经济单位	681	11718	4572	11314	5237	404	712	11424
集体经济单位	42	595	192	581	228	14	189	575
其他经济单位	10	1096	576	1086	124	10	153	1074
按国民经济行业分组								
农、林、牧、渔业	8	327	68	325	67	2	25	325
采矿业	14	2534	948	2509	531	25	6	2587
制造业	14	1362	649	1350	143	12	267	1414
电力、燃气及水的生产和供应业	7	406	154	406	97		21	407
建筑业	1	3	2	3				3
交通运输、仓储及邮政业	10	254	82	254	59		15	247
信息传输、计算机服务和软件业	7	176	73	173	30	3	60	158
批发和零售业	45	576	194	569	147	7	427	556
住宿和餐饮业	2	109	69	109	15		19	109
金融业	22	447	199	352	287	95	46	350
房地产业	17	63	30	63	17		5	63
租赁和商务服务业	7	116	34	110	31	6	17	110
科学研究、技术服务和地质勘查业	31	339	110	339	202		8	329
水利、环境和公共设施管理业	19	435	149	426	179	9	1	417
居民服务和其他服务								
教育	186	3400	1527	3330	2882	70	50	3354
卫生、社会保障和社会福利业	213	1102	625	926	724	176	10	918
文化、体育和娱乐业	23	102	44	102	60		54	102
公共管理和社会组织	107	1658	383	1635	118	23	23	1624
国有单位合计	681	11718	4572	11314	5237	404	712	11424
按隶属关系分组								
中央	10	537	229	451	102	86	42	448
省、自治区、直辖市	17	2749	1001	2723	600	26	28	2800
地区	3	165	66	152	96	13	19	155
县及县以下	650	8215	3246	7936	4427	279	623	7972
其他	1	52	30	52	12			49
按企业、事业、机关分组								
企业	70	4159	1564	4038	951	121	607	4163
#地方	61	3691	1335	3653	871	38	565	3783
事业	526	6022	2674	5762	4225	260	88	5756
#地方	526	6022	2674	5762	4225	260	88	5756
机关	85	1537	334	1514	61	23	17	1505
#地方	83	1416	304	1396	27	20	17	1388

3-28 续表1 单位：人

指标名称	单位数（个）	单位从业人员年末人数	# 女性	在岗职工	#专业技术人员	其他从业人员	离开单位仍保留关系的职工	在岗职工年平均人数
按国民经济行业分组								
农、林、牧、渔业	8	327	68	325	67	2	25	325
林业	6	275	51	273	61	2	22	273
农、林、牧、渔服务业	2	52	17	52	6		3	52
采矿业	14	2534	948	2509	531	25	6	2587
制造业	4	163	35	162	21	1	99	223
电力、燃气及水的生产和供应业	7	406	154	406	97		21	407
交通运输、仓储及邮政业	10	254	82	254	59		15	247
道路运输业	1	67	16	67	8			67
水上运输业	5	28	5	28	5		5	28
仓储业	1	53	20	53	37			54
邮政业	1	91	38	91	4		10	83
信息传输、计算机服务和软件业	4	94	40	91	16	3	58	91
电信和其他信息传输服务业	2	81	38	81	10		5	81
计算机服务业	1	6	1	6	5		45	6
软件业	1	7	1	4	1	3	8	4
批发和零售业	26	356	134	349	91	7	276	336
批发业	25	341	127	334	84	7	276	321
零售业	1	15	7	15	7			15
住宿和餐饮业	2	109	69	109	15		19	109
住宿业	1	65	53	65	10		5	65
餐饮业	1	44	16	44	5		14	44
金融、保险业	5	288	150	200	142	88	40	204
银行业	3	191	73	180	128	11	40	184
保险业	2	97	77	20	14	77		20
房地产业	17	63	30	63	17		5	63
房地产开发经营	1	16	6	16	4			16
物业管理	2	20	9	20	4		4	20
租赁和商务服务业	5	88	24	88	16		2	88
商务服务业	5	88	24	88	16		2	88
科学研究、技术服务和地质勘查业	31	339	110	339	202		8	329
研究与试验发展	1	10	6	10	10		2	10
专业技术服务业	4	31	11	31	28		2	31
科技交流和推广服务业	26	298	93	298	164		4	288
水利、环境和公共设施管理业	19	435	149	426	179	9	1	417
水利管理业	14	126	35	126	33		1	126
环境管理业	3	159	57	159	17			159
公共设施管理业	2	150	57	141	129	9		132
教育	186	3400	1527	3330	2882	70	50	3354
初等教育	177	2916	1343	2846	2579	70	44	2875
中等教育	4	396	120	396	236		6	392
卫生、社会保障和社会福利业	213	1102	625	926	724	176	10	918
卫生	207	1063	612	887	698	176	10	879

指标名称	单位数（个）	单位从业人员年末人数	#女性	在岗职工	#专业技术人员	其他从业人员	离开单位仍保留关系的职工	在岗职工年平均人数
社会保障业	4	22	8	22	20			22
社会福利业	2	17	5	17	6			17
文艺、体育和娱乐业	23	102	44	102	60		54	102
广播、电视、电影和音像业	5	26	7	26	15		54	26
文化艺术业	18	76	37	76	45			76
公共管理和社会组织	107	1658	383	1635	118	23	23	1624
城镇集体单位合计	42	595	192	581	228	14	189	575
按企业、事业、机关分组								
企业	40	567	182	559	213	8	174	553
事业	2	28	10	22	15	6	15	22
按国民经济行业分组								
制造业	3	185	71	184	12	1	17	184
建筑业	1	3	2	3				3
批发和零售业	19	220	60	220	56		151	220
批发业	19	220	60	220	56		151	220
零售业								
金融	17	159	49	152	145	7	6	146
银行业	17	159	49	152	145	7	6	146
证券业								
租赁和商务服务业	2	28	10	22	15	6	15	22
商务服务业	2	28	10	22	15	6	15	22
其他单位合计	10	1096	576	1086	124	10	153	1074
按登记注册类型分组								
内资	7	923	510	919	116	4	153	917
股份合作	1	30	12	30	4		2	30
联营	1	30	19	30	2			30
#国有联营	1	30	19	30	2			30
有限责任公司	4	615	306	611	85	4	111	612
股份有限公司	1	248	173	248	25		40	245
港、澳、台商投资	3	173	66	167	8	6		157
按企业、事业分组								
企业	10	1096	576	1086	124	10	153	1074
事业								
按国民经济行业分组								
采矿业								
制造业	7	1014	543	1004	110	10	151	1007
信息传输、计算机服务和软件业	3	82	33	82	14		2	67
电信和其他信息传输服务业	2	52	21	52	10			37
软件业	1	30	12	30	4		2	30

3-29 融水苗族自治县单位从业人员人数

（2003年）

单位：人

指标名称	单位数（个）	单位从业人员年末人数	# 女性	在岗职工	#专业技术人员	其他从业人员	离开单位仍保留关系的职工	在岗职工年平均人数
总计	412	14910	4782	13714	6359	1196	1152	13554
按企业、事业、机关分组								
企业	84	5476	1696	4561	1131	915	1045	4455
事业	232	7464	2666	7245	4937	219	99	7199
机关	96	1970	420	1908	291	62	8	1900
按经济类型分组								
国有经济单位	393	13618	4351	12469	6057	1149	822	12353
集体经济单位	11	612	195	600	258	12	307	556
其他经济单位	8	680	236	645	44	35	23	645
按国民经济行业分组								
农、林、牧、渔业	68	1592	451	1281	557	311	216	1287
采矿业	1	161	27	109	12	52	29	115
制造业	13	1881	576	1410	75	471	82	1373
电力、燃气及水的生产和供应业	4	738	199	735	241	3	80	724
建筑业	2	296	13	296	108		68	251
交通运输、仓储及邮政业	11	640	160	633	188	7	57	588
信息传输、计算机服务和软件业	23	158	70	158	25		24	158
批发和零售业	32	343	103	308	80	35	418	312
住宿和餐饮业	4	57	35	57	6		10	65
金融业	6	408	149	364	247	44	61	357
房地产业	3	25	11	25	13		23	25
租赁和商务服务业	8	191	72	191	10		27	190
科学研究、技术服务和地质勘查业	10	142	32	141	71	1	36	141
水利、环境和公共设施管理业	6	256	89	256	28			256
居民服务和其他服务								
教育	50	4636	1604	4467	3449	169	8	4462
卫生、社会保障和社会福利业	50	1178	698	1137	826	41	2	1131
文化、体育和娱乐业	5	78	37	78	57		2	80
公共管理和社会组织	116	2130	456	2068	366	62	9	2039
国有单位合计	393	13618	4351	12469	6057	1149	822	12353
按隶属关系分组								
中央	10	736	239	692	273	44	90	703
省、自治区、直辖市	9	366	103	287	46	79	72	292
地区	8	1262	378	769	271	493	42	701
县及县以下	365	11240	3625	10707	5467	533	618	10643
其他	1	14	6	14				14
按企业、事业、机关分组								
企业	67	4313	1345	3433	906	880	731	3371
#地方	57	3654	1126	2818	656	836	641	2746
事业	230	7335	2586	7128	4860	207	83	7082
#地方	229	7244	2560	7037	4837	207	83	6990
机关	96	1970	420	1908	291	62	8	1900
#地方	96	1970	420	1908	291	62	8	1900

3-29 续表1

单位：人

指标名称	单位数（个）	单位从业人员年末人数	#女性	在岗职工	#专业技术人员	其他从业人员	离开单位仍保留关系的职工	在岗职工年平均人数
按国民经济行业分组								
农、林、牧、渔业	68	1592	451	1281	557	311	216	1287
林业	6	1012	342	702	239	310	200	708
农、林、牧、渔服务业	62	580	109	579	318	1	16	579
采矿业	1	161	27	109	12	52	29	115
制造业	7	1344	412	873	56	471	74	837
电力、燃气及水的生产和供应业	4	738	199	735	241	3	80	724
建筑业	1	120	4	120	50		68	120
交通运输、仓储及邮政业	11	640	160	633	188	7	57	588
道路运输业	7	431	95	424	159	7	30	378
水上运输业	1	10	2	10				10
仓储业	2	103	28	103	23		13	104
邮政业	1	96	35	96	6		14	96
信息传输、计算机服务和软件业	23	158	70	158	25		24	158
电信和其他信息传输服务业	23	158	70	158	25		24	158
批发和零售业	27	211	54	211	70		174	214
批发业	25	190	43	190	66		149	193
零售业	2	21	11	21	4		25	21
住宿和餐饮业	3	50	30	50	4		6	50
住宿业	3	50	30	50	4		6	50
金融、保险业	5	201	84	157	126	44	39	159
银行业	3	154	47	147	116	7	39	149
保险业	2	47	37	10	10	37		10
房地产业	2	23	9	23	13			23
房地产开发经营	1	16	4	16	6			16
租赁和商务服务业	6	104	22	104	10			103
商务服务业	6	104	22	104	10			103
科学研究、技术服务和地质勘查业	10	142	32	141	71	1	36	141
研究与试验发展	1	40	6	40	40			40
专业技术服务业	7	83	22	82	24	1		82
科技交流和推广服务业	1	3	2	3				3
地质勘查业	1	16	2	16	7		36	16
水利、环境和公共设施管理业	6	256	89	256	28			256
水利管理业								
环境管理业	5	237	76	237	24			237
公共设施管理业	1	19	13	19	4			19
教育	50	4636	1604	4467	3449	169	8	4462
初等教育	20	3202	1082	3091	2402	111	8	3095
中等教育	27	1368	466	1310	997	58		1300
卫生、社会保障和社会福利业	49	1060	618	1031	749	29	2	1025
卫生	46	1036	605	1007	731	29	2	1007
社会保障业	2	15	6	15	9			9

单位：人

指 标 名 称	单位数（个）	单位从业人员年末人数	# 女 性	在岗职工	#专业技术人员	其他从业人员	离开单位仍保留关系的职工	在岗职工年平均人数
社会福利业	1	9	7	9	9			9
文艺、体育和娱乐业	4	52	30	52	42			52
文化艺术业	4	52	30	52	42			52
公共管理和社会组织	116	2130	456	2068	366	62	9	2039
城镇集体单位合计	11	612	195	600	258	12	307	556
按企业、事业、机关分组								
企业	9	483	115	483	181		291	439
事业	2	129	80	117	77	12	16	117
按国民经济行业分组								
制造业	2	24	3	24				26
建筑业	1	176	9	176	58			131
批发和零售业	3	67	31	67			242	67
批发业	1	7	4	7			32	7
零售业	2	60	27	60			210	60
住宿和餐饮业	1	7	5	7	2		4	15
住宿业	1	7	5	7	2		4	15
金融	1	207	65	207	121		22	198
银行业	1	207	65	207	121		22	198
房地产业	1	2	2	2			23	2
房地产开发经营	1	2	2	2			23	2
租赁和商务服务业	1	11		11			16	11
商务服务业	1	11		11			16	11
卫生、社会保障和社会福利业	1	118	80	106	77	12		106
卫生	1	118	80	106	77	12		106
公共管理和社会组织								
其他单位合计	8	680	236	645	44	35	23	645
按登记注册类型分组								
内资	7	604	186	569	44	35	12	569
股份合作	1	15	1	15	5		1	15
联营	1	77		77				77
有限责任公司	3	394	121	394	30		10	396
#国有独资	1	26	7	26	15		2	28
股份有限公司	2	118	64	83	9	35	1	81
外商投资	1	76	50	76			11	76
按企业、事业分组								
企业	8	680	236	645	44	35	23	645
事业								
按国民经济行业分组								
制造业	4	513	161	513	19		8	510
批发和零售业	2	65	18	30	10	35	2	31
零售业	2	65	18	30	10	35	2	31
租赁和商务服务业	1	76	50	76			11	76
商务服务业	1	76	50	76			11	76
文化、体育和娱乐业	1	26	7	26	15		2	28
广播、电视、电影和音像业	1	26	7	26	15		2	28

3-30 三江侗族自治县单位从业人员人数

(2003年)

单位：人

指 标 名 称	单位数（个）	单位从业人员年末人数	# 女 性	在岗职工	#专业技术人员	其他从业人员	离开单位仍保留关系的职工	在岗职工年平均人数
总 计	583	8840	2716	8518	4866	322	992	8491
按企业、事业、机关分组								
企业	66	2407	823	2282	650	125	926	2383
事业	369	4720	1531	4547	3830	173	57	4428
机关	148	1713	362	1689	386	24	9	1680
按经济类型分组								
国有经济单位	547	7996	2350	7734	4646	262	764	7698
集体经济单位	28	693	286	662	181	31	224	664
其他经济单位	8	151	80	122	39	29	4	129
按国民经济行业分组								
农、林、牧、渔业	72	799	208	799	414		20	800
制造业	5	196	34	196	17		12	201
电力、燃气及水的生产和供应业	5	423	101	423	97		28	438
建筑业	2	58	19	58	56		66	58
交通运输、仓储及邮政业	15	431	103	420	75	11	22	486
信息传输、计算机服务和软件业	3	124	42	110	40	14	9	109
批发和零售业	33	790	386	694	145	96	746	706
住宿和餐饮业	1	65	44	65	2		8	65
金融业	11	258	75	252	235	6	24	256
房地产业	18	59	18	56	41	3	5	58
租赁和商务服务业	5	85	23	85	50		6	85
科学研究、技术服务和地质勘查业	5	23	8	23	23			24
水利、环境和公共设施管理业	4	101	32	101	43			102
教育	212	2999	883	2885	2704	114	1	2765
卫生、社会保障和社会福利业	22	674	357	620	507	54	12	617
文化、体育和娱乐业	24	79	29	79	54		24	77
公共管理和社会组织	146	1676	354	1652	363	24	9	1644
国有单位合计	547	7996	2350	7734	4646	262	764	7698
按隶属关系分组								
中央	9	474	169	403	279	71	37	405
省、自治区、直辖市	6	255	38	254	22	1		319
地区	6	192	52	184	91	8	13	187
县及县以下	526	7075	2091	6893	4254	182	714	6787
其他								
按企业、事业、机关分组								
企业	30	1563	457	1498	430	65	698	1590
#地方	24	1351	405	1346	373	5	661	1436
事业	369	4720	1531	4547	3830	173	57	4428
#地方	367	4514	1425	4352	3660	162	57	4233
机关	148	1713	362	1689	386	24	9	1680
#地方	147	1657	351	1633	334	24	9	1624

3-30 续表1　　　　单位：人

指标名称	单位数（个）	单位从业人员年末人数	# 女性	在岗职工	#专业技术人员	其他从业人员	离开单位仍保留关系的职工	在岗职工年平均人数
按国民经济行业分组								
农、林、牧、渔业	72	799	208	799	414		20	800
林业	2	325	101	325	58		20	325
农、林、牧、渔服务业	70	474	107	474	356			475
制造业	2	3		3	2		12	6
电力、燃气及水的生产和供应业	4	410	98	410	85		28	424
交通运输、仓储及邮政业	15	431	103	420	75	11	22	486
道路运输业	10	236	67	234	56	2	5	235
仓储业	4	137	14	137	19			202
邮政业	1	58	22	49		9	17	49
信息传输、计算机服务和软件业	2	88	19	74	34	14	9	73
电信和其他信息传输服务业	2	88	19	74	34	14	9	73
批发和零售业	10	364	137	328	132	36	598	334
批发业	10	364	137	328	132	36	598	334
住宿和餐饮业	1	65	44	65	2		8	65
住宿业	1	65	44	65	2		8	65
金融、保险业	5	140	37	134	117	6	10	138
银行业	3	121	33	120	108	1	10	124
保险业	2	19	4	14	9	5		14
房地产业	18	59	18	56	41	3	5	58
房地产开发经营	1	8	2	8	6		4	8
租赁和商务服务业	5	85	23	85	50		6	85
商务服务业	5	85	23	85	50		6	85
科学研究、技术服务和地质勘查业	4	23	8	23	23			23
专业技术服务业	3	19	7	19	19			19
地质勘查业	1	4	1	4	4			4
水利、环境和公共设施管理业	4	101	32	101	43			102
水利管理业	1	37	3	37	29			37
环境管理业	1	11	1	11	2			11
公共设施管理业	2	53	28	53	12			54
教育	212	2999	883	2885	2704	114	1	2765
初等教育	190	2000	551	1909	1755	91		1807
中等教育	19	925	289	902	882	23		885
卫生、社会保障和社会福利业	22	674	357	620	507	54	12	617
卫生	20	658	350	604	493	54	12	601
社会保障业	2	16	7	16	14			16
文艺、体育和娱乐业	24	79	29	79	54		24	77
广播、电视、电影和音像业	1	13	3	13	11		24	11
文化艺术业	23	66	26	66	43			66
公共管理和社会组织	146	1676	354	1652	363	24	9	1644

3-30 续表2

单位：人

指标名称	单位数（个）	单位从业人员年末人数	#女性	在岗职工	#专业技术人员	其他从业人员	离开单位仍保留关系的职工	在岗职工年平均人数
城镇集体单位合计	28	693	286	662	181	31	224	664
按企业、事业、机关分组								
企业	28	693	286	662	181	31	224	664
事业								
按国民经济行业分组								
制造业	2	182	29	182	15			184
建筑业	1	45	12	45	45		66	45
批发和零售业	19	348	207	317	3	31	144	317
批发业	1	38	14	7	3	31		7
零售业	18	310	193	310			144	310
金融	6	118	38	118	118		14	118
银行业	6	118	38	118	118		14	118
其他单位合计	8	151	80	122	39	29	4	129
按登记注册类型分组								
内资	8	151	80	122	39	29	4	129
股份合作	1	11	5	11				11
有限责任公司	3	66	45	66	6			72
股份有限公司	3	61	23	32	22	29	4	33
其他	1	13	7	13	11			13
按企业、事业分组								
企业	8	151	80	122	39	29	4	129
事业								
按国民经济行业分组								
采矿业								
制造业	1	11	5	11				11
电力、燃气及水的生产和供应业	1	13	3	13	12			14
建筑业	1	13	7	13	11			13
信息传输、计算机服务和软件业	1	36	23	36	6			36
电信和其他信息传输服务业	1	36	23	36	6			36
批发和零售业	4	78	42	49	10	29	4	55
批发业	3	48	20	19	10	29	4	25
零售业	1	30	22	30				30

3-31 全市单位从业人员劳动报酬

（2003年）　　单位：千元

指 标 名 称	单位从业人员劳动报酬	在岗职工工资总额	其他人员劳动报酬	离开单位仍保留关系的职工生活费	单位从业人员平均劳动报酬（元）	在岗职工年平均工资（元）
总　计	4650630	4499286	151344	168286	13334	13832
按企业、事业、机关分组						
企业	3338461	3212667	125794	163201	13147	13706
事业	947782	927240	20542	3873	13224	13543
机关	364387	359379	5008	1212	15729	16028
按经济类型分组						
国有经济单位	2831920	2769288	62632	95449	13532	13802
集体经济单位	335620	270193	65427	9162	8748	10023
其他经济单位	1483090	1459805	23285	63675	14665	14944
按国民经济行业分组						
农、林、牧、渔业	70412	68671	1741	1625	6634	6934
采矿业	190432	189716	716	1003	14430	14482
制造业	1915073	1900160	14913	114296	14192	14275
电力、燃气及水的生产和供应业	161250	161240	10	6380	24547	24557
建筑业	315042	273564	41478	7208	10272	10622
交通运输、仓储及邮政业	170940	156744	14196	4679	8988	12865
信息传输、计算机服务和软件业	86558	84432	2126	3002	20883	21913
批发和零售业	153038	147823	5215	12044	9626	9606
住宿和餐饮业	32280	31106	1174	1767	8682	8944
金融业	182133	159360	22773	6084	19210	20626
房地产业	34035	30733	3302	512	11214	11839
租赁和商务服务业	45051	43402	1649	3251	8937	12049
科学研究、技术服务和地质勘查业	71247	68052	3195	2257	15072	15324
水利、环境和公共设施管理业	62863	56060	6803	887	11534	12606
居民服务和其他服务	21904	6674	15230	325	15117	10959
教育	484789	478582	6207	510	12763	12881
卫生、社会保障和社会福利业	195904	193314	2590	451	15117	15537
文化、体育和娱乐业	39542	36079	3463	680	15887	16223
公共管理和社会组织	418137	413574	4563	1325	15257	15474
国有单位合计	2831920	2769288	62632	95449	13532	13802
按隶属关系分组						
中央	358780	342122	16658	21026	19188	19955
省、自治区、直辖市	515988	507789	8199	14510	12256	12495
地区	1196745	1179140	17605	51024	14645	14976
县及县以下	718591	706920	11671	8263	11077	11280
其他	41816	33317	8499	626	22078	22993
按企业、事业、机关分组						
企业	1528975	1491666	37309	90452	13271	13500
#地方	1158756	1146387	12369	68862	13515	13816
事业	938558	918243	20315	3785	13238	13558
#地方	925770	905511	20259	3785	13286	13612
机关	364387	359379	5008	1212	15729	16028
#地方	346798	341951	4847	1150	15576	15869

3-31 续表1 单位：千元

指标名称	单位从业人员劳动报酬	在岗职工工资总额	其他人员劳动报酬	离开单位仍保留关系的职工生活费	单位从业人员平均劳动报酬（元）	在岗职工年平均工资（元）
按国民经济行业分组						
农、林、牧、渔业	65352	63611	1741	1547	6810	7156
农业	14170	13065	1105	161	4064	4206
林业	27719	27101	618	1297	6859	7291
畜牧业	680	680		9	9189	9189
农、林、牧、渔服务业	22783	22765	18	80	11420	11428
采矿业	36747	36217	530	468	12795	12986
制造业	846951	842261	4690	59025	13880	14020
电力、燃气及水的生产和供应业	104333	104323	10	4272	23974	23988
建筑业	139053	135852	3201	4968	9815	10092
交通运输、仓储及邮政业	64562	62166	2396	3197	10847	11536
道路运输业	21893	21620	273	754	11590	11886
城市公共交通业	600	439	161		9524	9977
水上运输业	10046	10046		281	9336	9336
仓储业	13820	13077	743	1098	9921	10971
邮政业	16950	16632	318	1064	13378	13544
信息传输、计算机服务和软件业	32377	31841	536	1613	25778	26757
电信和其他信息传输服务业	31209	30710	499	1434	26381	27371
计算机服务业	296	296		155	16444	16444
软件业	872	835	37	24	15855	16700
批发和零售业	72252	71721	531	6524	9652	9679
批发业	36878	36400	478	3879	9777	9825
零售业	35374	35321	53	2645	9525	9533
住宿和餐饮业	27328	26923	405	1762	9152	9319
住宿业	24122	23717	405	1194	9062	9246
餐饮业	3206	3206		568	9895	9895
金融、保险业	147775	126440	21335	5227	21716	24121
银行业	132941	116131	16810	4932	22651	24084
证券业	974	974			23756	23756
保险业	13860	9335	4525	295	15486	24631
房地产业	22207	20449	1758	356	11608	12693
房地产开发经营	7018	6815	203	63	15125	16035
物业管理	9768	8313	1455	277	8864	9655
房地产中介服务	2377	2377		5	20316	20316
租赁和商务服务业	23900	23527	373	456	12781	12884
商务服务业	23900	23527	373	456	12781	12884
科学研究、技术服务和地质勘查业	60678	58557	2121	2181	14454	14780
研究与试验发展	7596	7425	171	34	16196	16648
专业技术服务业	29987	28185	1802	14	18476	19655
科技交流和推广服务业	7957	7809	148	89	12813	13080
地质勘查业	15138	15138		2044	10194	10194
水利、环境和公共设施管理业	62457	55654	6803	887	11526	12603
水利管理业	8553	8553		57	12615	12615

指 标 名 称	单位从业人员劳动报酬	在岗职工工资总额	其他人员劳动报酬	离开单位仍保留关系的职工生活费	单位从业人员平均劳动报酬（元）	在岗职工年平均工资（元）
环境管理业	35221	28504	6717	576	10864	12635
公共设施管理业	18683	18597	86	254	12464	12549
居民服务和其他服务业	2257	2081	176		19973	20204
居民服务业	2257	2081	176		19973	20204
教育	482154	476468	5686	510	12768	12896
初等教育	230880	228787	2093	341	11025	11122
中等教育	200720	198190	2530	117	14763	14898
高等教育	32747	31863	884		16084	16613
卫生、社会保障和社会福利业	190244	187864	2380	451	15276	15699
卫生	182637	180596	2041	451	15333	15737
社会保障业	2610	2610			13957	13957
社会福利业	4997	4658	339		14037	15322
文艺、体育和娱乐业	39318	35855	3463	680	16160	16523
新闻出版社	15771	12567	3204	8	25073	30801
广播、电视、电影和音像业	9204	9063	141	592	11377	11472
文化艺术业	12960	12924	36	45	14480	14505
体育	1188	1119	69	35	13976	16217
娱乐业	195	182	13		13000	15167
公共管理和社会组织	411975	407478	4497	1325	15474	15700
城镇集体单位合计	335620	270193	65427	9162	8748	10023
按企业、事业、机关分组						
企业	326937	261737	65200	9074	8683	9960
事业	8683	8456	227	88	12127	12454
按国民经济行业分组						
制造业	103307	100635	2672	4803	9148	9101
建筑业	127751	90904	36847	592	10483	11223
交通运输、仓储及邮政业	21815	11645	10170	251	2926	8677
道路运输业	343	281	62	71	5623	6109
水上运输业	2553	2374	179		14027	14388
仓储业	134	134			6700	6700
信息传输、计算机服务和软件业	12	12			6000	6000
软件业	12	12			6000	6000
批发和零售业	26001	25673	328	2271	8037	8119
批发业	20202	19989	213	1757	8252	8339
零售业	5799	5684	115	514	7368	7430
住宿和餐饮业	549	549		5	6384	6384
住宿业	549	549		5	6384	6384
金融	21492	21441	51	842	14522	14576
银行业	19709	19658	51	842	13998	14051

单位：千元

指标名称	单位从业人员劳动报酬	在岗职工工资总额	其他人员劳动报酬	离开单位仍保留关系的职工生活费	单位从业人员平均劳动报酬（元）	在岗职工年平均工资（元）
证券业	1168	1168			25391	25391
房地产业	1616	1509	107	19	11068	13009
房地产开发经营	1581	1474	107	15	11134	13161
物业管理	35	35		4	8750	8750
租赁和商务服务业	7923	7906	17	379	9941	10008
租赁	32	32			6400	6400
商务服务业	7891	7874	17	379	9963	10031
科学研究、技术服务和地质勘查业	176	169	7		10353	11267
科技交流和推广服务业	176	169	7		10353	11267
居民服务和其他服务业	16903	1885	15018		17091	11287
居民服务业	16844	1826	15018		17101	11202
其他服务业	59	59			14750	14750
教育	1744	1744			10832	10832
中等教育	1351	1351			12282	12282
卫生、社会保障和社会福利业	5505	5295	210		11663	11980
卫生	5505	5295	210		11663	11980
公共管理和社会组织	826	826			17957	17957
其他单位合计	1483090	1459805	23285	63675	14665	14944
按登记注册类型分组						
内资	1306210	1285552	20658	57076	13909	14197
股份合作	32783	32458	325	2337	8033	8048
联营	72235	71006	1229	2975	27403	28334
#国有联营	1689	1689			11039	11039
集体联营	929	126	803		11759	15750
有限责任公司	927009	911064	15945	31336	13987	14345
#国有独资	485816	481256	4560	18905	15528	15601
股份有限公司	258062	254969	3093	20009	13397	13520
其他	16121	16055	66	419	9735	9760
港、澳、台商投资	19369	18163	1206	1001	12038	11591
外商投资	157511	156090	1421	5598	28072	28049
按企业、事业分组						
企业	1482549	1459264	23285	63675	14668	14947
事业	541	541			9328	9328

 单位：千元

指 标 名 称	单位从业人员劳动报酬			离开单位仍保留关系的职工生活费	单位从业人员平均劳动报酬（元）	在岗职工年平均工资（元）
		在岗职工工资总额	其他人员劳动报酬			
按国民经济行业分组						
农、林、牧、渔业	5060	5060		78	5137	5137
采矿业	153685	153499	186	535	14885	14887
制造业	964815	957264	7551	50468	15405	15445
电力、燃气及水的生产和供应业	56917	56917		2108	25673	25673
建筑业	48238	46808	1430	1648	11174	11163
交通运输、仓储和邮政业	84563	82933	1630	1231	15023	15192
道路运输业	36424	36424		30	12925	12925
城市公共交通业	46800	45170	1630	999	18000	18588
水上运输业	727	727		70	8261	8261
仓储业	612	612		132	4976	4976
信息传输、计算机服务和软件业	54169	52579	1590	1389	18763	19759
电信和其他信息传输服务业	53836	52246	1590	1386	18844	19858
软件业	333	333		3	11100	11100
批发和零售业	54785	50429	4356	3249	10582	10469
批发业	23917	20712	3205	1315	9982	9423
零售业	30868	29717	1151	1934	11100	11347
住宿和餐饮业	4403	3634	769		6816	7225
住宿业	3333	2564	769		6277	6608
餐饮业	1070	1070			9304	9304
金融业	12866	11479	1387	15	10758	11332
银行业	8391	8148	243		8695	9043
证券业	1485	1322	163		29118	33050
保险业	2990	2009	981	15	16611	27903
房地产业	10212	8775	1437	137	10463	10098
房地产开发经营	7763	6326	1437	137	10095	9556
物业管理	2449	2449			11831	11831
租赁和商务服务业	13228	11969	1259	2416	5572	12139
商务服务业	13228	11969	1259	2416	5572	12139
科学研究、技术服务和地质勘查业	10393	9326	1067	76	20299	20099
专业技术服务业	10195	9128	1067	76	20849	20698
科技交流和推广服务业	198	198			8609	8609
水利、环境和公共设施管理业	406	406			13097	13097
公共设施管理业	406	406			13097	13097
居民服务和其他服务业	2744	2708	36	325	7908	7988
居民服务业	2744	2708	36	325	7908	7988
教育	891	370	521		14850	8043
卫生、社会保障和社会福利业	155	155			4697	4697
卫生	155	155			4697	4697
文化、体育和娱乐业	224	224			4000	4148
公共管理和社会组织	5336	5270	66		7230	7249

另附柳铁资料：在岗职工工资总额 515712 万元。

3-32 市区单位从业人员劳动报酬

（2003年）

单位：千元

指标名称	单位从业人员劳动报酬	在岗职工工资总额	其他人员劳动报酬	离开单位仍保留关系的职工生活费	单位从业人员平均劳动报酬（元）	在岗职工年平均工资（元）
总计	3502582	3369167	133415	144026	14350	15058
按企业、事业、机关分组						
企业	2830997	2718872	112125	142178	13848	14533
事业	492286	474722	17564	1558	16418	17251
机关	179299	175573	3726	290	18551	19195
按经济类型分组						
国有经济单位	1867129	1820189	46940	78488	15171	15509
集体经济单位	292077	226986	65091	7331	8882	10525
其他经济单位	1343376	1321992	21384	58207	15244	15586
按国民经济行业分组						
农、林、牧、渔业	20918	19820	1098	125	6246	6664
采矿业	153559	153373	186	516	14909	14911
制造业	1626355	1616788	9567	105194	15077	15123
电力、燃气及水的生产和供应业	117077	117077		4595	33828	33828
建筑业	308751	267273	41478	7202	10346	10722
交通运输、仓储及邮政业	149100	135463	13637	3550	8861	13433
信息传输、计算机服务和软件业	74832	73242	1590	2084	22513	23649
批发和零售业	118515	114176	4339	8290	10330	10276
住宿和餐饮业	29089	27964	1125	1593	8948	9257
金融业	140815	123224	17591	3727	21654	23080
房地产业	26951	23718	3233	441	12767	13952
租赁和商务服务业	34753	33120	1633	3127	8342	12114
科学研究、技术服务和地质勘查业	57117	53925	3192	1375	15923	16326
水利、环境和公共设施管理业	47156	40408	6748	795	12220	14104
居民服务和其他服务	21334	6104	15230	325	15088	10634
教育	218441	214252	4189	126	17550	17710
卫生、社会保障和社会福利业	122050	120232	1818	234	17118	17676
文化、体育和娱乐业	34420	30966	3454	424	17633	18334
公共管理和社会组织	201349	198042	3307	303	17952	18387
国有单位合计	1867129	1820189	46940	78488	15171	15509
按隶属关系分组						
中央	295221	285027	10194	17086	20496	20964
省、自治区、直辖市	290424	285420	5004	9840	11974	12174
地区	1148670	1133055	15615	50259	15053	15363
县及县以下	91748	84120	7628	677	14619	16224
其他	41066	32567	8499	626	22428	23497
按企业、事业、机关分组						
企业	1201986	1176142	25844	76653	14322	14488
#地方	882854	875699	7155	58941	15222	15499
事业	485844	468474	17370	1545	16480	17327
#地方	476535	459169	17366	1545	16682	17575
机关	179299	175573	3726	290	18551	19195
#地方	171453	167727	3726	290	18485	19153

指标名称	单位从业人员劳动报酬	在岗职工工资总额	其他人员劳动报酬	离开单位仍保留关系的职工生活费	单位从业人员平均劳动报酬（元）	在岗职工年平均工资（元）
按国民经济行业分组						
农、林、牧、渔业	15858	14760	1098	47	6708	7421
农业	4290	3211	1079	47	4090	4743
林业	8217	8198	19		7403	7406
畜牧业	503	503			10479	10479
农、林、牧、渔服务业	2848	2848			18140	18140
制造业	700358	699380	978	54988	14802	14831
电力、燃气及水的生产和供应业	62140	62140		2487	41958	41958
建筑业	137184	133983	3201	4968	9811	10091
交通运输、仓储及邮政业	45181	43344	1837	2230	11120	12023
道路运输业	13442	13410	32	541	14135	14161
城市公共交通业	600	439	161		9524	9977
水上运输业	9537	9537		271	9188	9188
仓储业	11165	10422	743	1017	11011	12819
邮政业	9433	9433		401	12611	12611
信息传输、计算机服务和软件业	22744	22736	8	746	36803	36909
电信和其他信息传输服务业	21695	21695		746	38880	38880
计算机服务业	243	243			20250	20250
软件业	806	798	8		16792	17348
批发和零售业	50730	50600	130	3969	9761	9797
批发业	18212	18135	77	1472	10354	10446
零售业	32518	32465	53	2497	9458	9468
住宿和餐饮业	24968	24563	405	1588	9458	9659
住宿业	22383	21978	405	1041	9307	9523
餐饮业	2585	2585		547	11000	11000
金融、保险业	118891	102703	16188	3577	24433	26402
银行业	110304	94502	15802	3334	24232	26163
证券业	974	974			23756	23756
保险业	7613	7227	386	243	27886	30494
房地产业	15504	13812	1692	300	14965	18490
房地产开发经营	4145	3987	158	48	16580	18041
物业管理	7644	6189	1455	245	12783	17336
房地产中介服务	2061	2061			21926	21926
租赁和商务服务业	14629	14267	362	407	13004	13186
商务服务业	14629	14267	362	407	13004	13186
科学研究、技术服务和地质勘查业	46548	44430	2118	1299	15222	15733
研究与试验发展	6277	6106	171	28	16562	17152
专业技术服务业	26252	24453	1799	8	20256	22050
科技交流和推广服务业	2986	2838	148	38	18319	20417
地质勘查业	11033	11033		1225	9043	9043
水利、环境和公共设施管理业	46750	40002	6748	795	12213	14115
水利管理业	4752	4752			20308	20308

单位：千元

指标名称	单位从业人员劳动报酬	在岗职工工资总额	其他人员劳动报酬	离开单位仍保留关系的职工生活费	单位从业人员平均劳动报酬（元）	在岗职工年平均工资（元）
环境管理业	28476	21759	6717	576	11538	14682
公共设施管理业	13522	13491	31	219	12009	12067
居民服务和其他服务业	1687	1511	176		21628	22221
居民服务业	1687	1511	176		21628	22221
教育	216634	212966	3668	126	17620	17807
初等教育	45765	45140	625	11	17773	17702
中等教育	125556	123576	1980	63	18118	18245
高等教育	32747	31863	884		16084	16613
卫生、社会保障和社会福利业	117856	116220	1636	234	17403	17974
卫生	112255	110958	1297	234	17532	18045
社会保障业	1204	1204			16722	16722
社会福利业	4397	4058	339		14805	16563
文艺、体育和娱乐业	34280	30826	3454	424	17817	18536
新闻出版社	15179	11975	3204	8	26036	33080
广播、电视、电影和音像业	7888	7756	132	381	11988	12100
文化艺术业	9830	9794	36		16861	16915
体育	1188	1119	69	35	13976	16217
娱乐业	195	182	13		13000	15167
公共管理和社会组织	195187	191946	3241	303	18710	19198
城镇集体单位合计	292077	226986	65091	7331	8882	10525
按企业、事业、机关分组						
企业	286050	221153	64897	7318	8827	10476
事业	6027	5833	194	13	12582	12792
按国民经济行业分组						
制造业	89897	87358	2539	4739	9427	9375
建筑业	123424	86577	36847	586	10680	11590
交通运输、仓储及邮政业	21815	11645	10170	251	2926	8677
道路运输业	343	281	62	71	5623	6109
水上运输业	2553	2374	179		14027	14388
仓储业	134	134			6700	6700
信息传输、计算机服务和软件业	12	12			6000	6000
软件业	12	12			6000	6000
批发和零售业	15433	15237	196	1307	10607	10708
批发业	12648	12567	81	1177	10810	10834
零售业	2785	2670	115	130	9772	10152
住宿和餐饮业	505	505		5	7113	7113
住宿业	505	505		5	7113	7113
金融	9204	9188	16	135	20273	20463
银行业	7421	7405	16	135	19427	19642

单位：千元

指标名称	单位从业人员劳动报酬	在岗职工工资总额	其他人员劳动报酬	离开单位仍保留关系的职工生活费	单位从业人员平均劳动报酬（元）	在岗职工年平均工资（元）
证券业	1168	1168			25391	25391
房地产业	1366	1262	104	4	12648	13570
房地产开发经营	1331	1227	104		12798	13787
物业管理	35	35		4	8750	8750
租赁和商务服务业	7406	7394	12	304	9968	9965
租赁	32	32			6400	6400
商务服务业	7374	7362	12	304	9992	9989
科学研究、技术服务和地质勘查业	176	169	7		10353	11267
科技交流和推广服务业	176	169	7		10353	11267
居民服务和其他服务业	16903	1885	15018		17091	11287
居民服务业	16844	1826	15018		17101	11202
其他服务业	59	59			14750	14750
教育	916	916			9957	9957
中等教育	523	523			12756	12756
卫生、社会保障和社会福利业	4194	4012	182		11715	11940
卫生	4194	4012	182		11715	11940
公共管理和社会组织	826	826			17957	17957
其他单位合计	1343376	1321992	21384	58207	15244	15586
按登记注册类型分组						
内资	1172980	1154097	18883	51656	14356	14706
股份合作	19593	19398	195	2050	6507	6505
联营	71580	70351	1229	2975	28304	29325
#国有联营	1434	1434			11659	11659
集体联营	929	126	803		11759	15750
有限责任公司	843582	828942	14640	27467	14623	15079
#国有独资	458788	455108	3680	16772	16089	16208
股份有限公司	222419	219666	2753	18745	13191	13299
其他	15806	15740	66	419	9769	9795
港、澳、台商投资	17270	16125	1145	953	12643	12115
外商投资	153126	151770	1356	5598	30304	30299
按企业、事业分组						
企业	1342961	1321577	21384	58207	15244	15586
事业	415	415			16600	16600

3-32 续表4 单位：千元

指 标 名 称	单位从业人员劳动报酬			离开单位仍保留关系的职工生活费	单位从业人员平均劳动报酬(元)	在岗职工年平均工资（元）
		在岗职工工资总额	其他人员劳动报酬			
按国民经济行业分组						
农、林、牧、渔业	5060	5060		78	5137	5137
采矿业	153559	153373	186	516	14909	14911
制造业	836100	830050	6050	45467	16388	16457
电力、燃气及水的生产和供应业	54937	54937		2108	27746	27746
建筑业	48143	46713	1430	1648	11186	11175
交通运输、仓储和邮政业	82104	80474	1630	1069	15471	15666
道路运输业	34577	34577			13202	13202
城市公共交通业	46800	45170	1630	999	18000	18588
水上运输业	727	727		70	8261	8261
信息传输、计算机服务和软件业	52076	50494	1582	1338	19259	20369
电信和其他信息传输服务业	52076	50494	1582	1338	19259	20369
批发和零售业	52352	48339	4013	3014	10859	10687
批发业	22686	19678	3008	1214	10288	9660
零售业	29666	28661	1005	1800	11340	11529
住宿和餐饮业	3616	2896	720		6696	7115
住宿业	2804	2084	720		6176	6492
餐饮业	812	812			9442	9442
金融业	12720	11333	1387	15	10752	11333
银行业	8391	8148	243		8695	9043
证券业	1485	1322	163		29118	33050
保险业	2844	1863	981	15	17030	31576
房地产业	10081	8644	1437	137	10425	10051
房地产开发经营	7632	6195	1437	137	10042	9487
物业管理	2449	2449			11831	11831
租赁和商务服务业	12718	11459	1259	2416	5534	12592
商务服务业	12718	11459	1259	2416	5534	12592
科学研究、技术服务和地质勘查业	10393	9326	1067	76	20299	20099
专业技术服务业	10195	9128	1067	76	20849	20698
科技交流和推广服务业	198	198			8609	8609
水利、环境和共公设施管理业	406	406			13097	13097
公共设施管理业	406	406			13097	13097
居民服务和其他服务业	2744	2708	36	325	7908	7988
居民服务业	2744	2708	36	325	7908	7988
教育	891	370	521		14850	8043
文化、体育和娱乐业	140	140			5000	5385
公共管理和社会组织	5336	5270	66		7230	7249

另附柳铁资料：在岗职工工资总额 402700 万元。

3-33 柳江县单位从业人员劳动报酬

（2003年） 单位：千元

指标名称	单位从业人员劳动报酬	在岗职工工资总额	其他人员劳动报酬	离开单位仍保留关系的职工生活费	单位从业人员平均劳动报酬（元）	在岗职工年平均工资（元）
总　计	288953	283131	5822	4364	11481	11694
按企业、事业、机关分组						
企业	149888	145268	4620	3397	11001	11297
事业	103560	103010	550	824	11566	11659
机关	35505	34853	652	143	13719	13842
按经济类型分组						
国有经济单位	221046	216758	4288	3242	11483	11785
集体经济单位	15136	14964	172	333	9292	9423
其他经济单位	52771	51409	1362	789	12307	12151
按国民经济行业分组						
农、林、牧、渔业	3595	3586	9	118	8921	8965
采矿业	126	126		19	5040	5040
制造业	121457	117767	3690	2306	11664	11999
电力、燃气及水的生产和供应业	8283	8283		288	15868	15868
建筑业	520	520			3250	3250
交通运输、仓储及邮政业	1411	1387	24	144	10771	11096
信息传输、计算机服务和软件业	1584	1584		59	16000	16000
批发和零售业	7029	6982	47	251	7845	7880
住宿和餐饮业	1027	978	49		6986	7139
金融业	6606	5773	833	270	10724	11928
房地产业	3417	3414	3		5511	5643
租赁和商务服务业	4168	4157	11	8	14728	14741
科学研究、技术服务和地质勘查业	4300	4300		689	14286	14286
水利、环境和公共设施管理业	4528	4528		61	11640	11640
居民服务和其他服务	238	238			10818	10818
教育	64450	63949	501	4	10863	10986
卫生、社会保障和社会福利业	14203	14176	27	4	14217	14233
文化、体育和娱乐业	306	306			12240	12240
公共管理和社会组织	41705	41077	628	143	13102	13174
国有单位合计	221046	216758	4288	3242	11483	11785
按隶属关系分组						
中央	12506	11655	851	883	11865	12668
省、自治区、直辖市	59828	57340	2488	1622	12428	13413
地区	3903	3736	167	34	9520	9963
县及县以下	144809	144027	782	703	11163	11232
其他						
按企业、事业、机关分组						
企业	83144	80058	3086	2283	10625	11186
#地方	72360	70078	2282	1400	10445	10974
事业	102397	101847	550	816	11587	11682
#地方	102397	101847	550	816	11587	11682
机关	35505	34853	652	143	13719	13842
#地方	33783	33178	605	143	13897	14005

3-33　续表1　　单位：千元

指标名称	单位从业人员劳动报酬	在岗职工工资总额	其他人员劳动报酬	离开单位仍保留关系的职工生活费	单位从业人员平均劳动报酬（元）	在岗职工年平均工资（元）
按国民经济行业分组						
农、林、牧、渔业	3595	3586	9	118	8921	8965
林业	2194	2191	3	114	7123	7137
农、林、牧、渔服务业	1401	1395	6	4	14747	15000
制造业	61413	59158	2255	1581	11256	12022
电力、燃气及水的生产和供应业	8283	8283		288	15868	15868
交通运输、仓储及邮政业	1387	1363	24	144	10836	11172
道路运输业	211	187	24	60	5703	6032
邮政业	1176	1176		84	12923	12923
信息传输、计算机服务和软件业	1114	1114		35	17406	17406
电信和其他信息传输服务业	1114	1114		35	17406	17406
批发和零售业	4747	4747		95	7885	7885
批发业	3922	3922		93	8345	8345
零售业	825	825		2	6250	6250
住宿和餐饮业	278	278			6178	6178
餐饮业	278	278			6178	6178
金融、保险业	4320	3487	833	80	10093	11780
银行业	2945	2895	50	80	11827	12113
保险业	1375	592	783		7682	10386
房地产业	3174	3174			5435	5435
房地产开发经营	1314	1314			13140	13140
物业管理	1860	1860			3843	3843
租赁和商务服务业	3988	3977	11		14881	14895
商务服务业	3988	3977	11		14881	14895
科学研究、技术服务和地质勘查业	4300	4300		689	14286	14286
专业技术服务业	538	538			9607	9607
地质勘查业	3762	3762		689	15355	15355
水利、环境和公共设施管理业	4528	4528		61	11640	11640
水利管理业	1497	1497		51	9721	9721
环境管理业	1901	1901			12673	12673
公共设施管理业	1130	1130		10	13294	13294
居民服务和其他服务业	238	238			10818	10818
居民服务业	238	238			10818	10818
教育	63622	63121	501	4	10850	10974
初等教育	37873	37610	263		10650	10740
中等教育	24779	24541	238	4	11087	11273
卫生、社会保障和社会福利业	14048	14021	27	4	14542	14560
卫生	13931	13904	27	4	14527	14544
社会保障业	117	117			16714	16714
文艺、体育和娱乐业	306	306			12240	12240
广播、电视、电影和音像业	306	306			12240	12240
公共管理和社会组织	41705	41077	628	143	13102	13174

指标名称	单位从业人员劳动报酬	在岗职工工资总额	其他人员劳动报酬	离开单位仍保留关系的职工生活费	单位从业人员平均劳动报酬（元）	在岗职工年平均工资（元）
城镇集体单位合计	15136	14964	172	333	9292	9423
按企业、事业、机关分组						
企业	14128	13956	172	325	9144	9279
事业	1008	1008		8	12000	12000
按国民经济行业分组						
制造业	9299	9177	122	11	10064	10107
建筑业	520	520			3250	3250
批发和零售业	1926	1879	47	124	7704	7829
批发业	1807	1760	47	73	7755	7892
零售业	119	119		51	7000	7000
金融	2140	2140		190	12229	12229
银行业	2140	2140		190	12229	12229
房地产业	243	240	3		6750	11429
房地产开发经营	243	240	3		6750	11429
租赁和商务服务业	180	180		8	12000	12000
商务服务业	180	180		8	12000	12000
教育	828	828			12000	12000
中等教育	828	828			12000	12000
其他单位合计	52771	51409	1362	789	12307	12151
按登记注册类型分组						
内资	48426	47129	1297	765	12842	12683
股份合作	10934	10815	119	158	13650	13777
有限责任公司	37126	35948	1178	607	12662	12426
#国有独资	8806	7930	876	444	12014	10848
股份有限公司	146	146			11231	11231
其他	220	220			8800	8800
港、澳、台商投资	470	470		24	13429	13429
外商投资	3875	3810	65		8039	7938
按企业、事业分组						
企业	52616	51254	1362	789	12366	12209
事业	155	155			4697	4697
按国民经济行业分组						
采矿业	126	126		19	5040	5040
制造业	50745	49432	1313	714	12582	12401
交通运输、仓储和邮政业	24	24			8000	8000
仓储业	24	24			8000	8000
信息传输、计算机服务和软件业	470	470		24	13429	13429
电信和其他信息传输服务业	470	470		24	13429	13429
批发和零售业	356	356		32	8091	8091
批发业	356	356		32	8091	8091
住宿和餐饮业	749	700	49		7343	7609
住宿业	529	480	49		6870	7164
餐饮业	220	220			8800	8800
金融业	146	146			11231	11231
保险业	146	146			11231	11231
卫生、社会保障和社会福利业	155	155			4697	4697
卫生	155	155			4697	4697

3-34 柳城县单位从业人员劳动报酬

（2003年）

单位：千元

指 标 名 称	单位从业人员劳动报酬	在岗职工工资总额	其他人员劳动报酬	离开单位仍保留关系的职工生活费	单位从业人员平均劳动报酬（元）	在岗职工年平均工资（元）
总 计	213249	212992	257	4063	11237	11245
按企业、事业、机关分组						
企业	85385	85196	189	3849	9687	9696
事业	101167	101130	37	122	12181	12181
机关	26697	26666	31	92	14361	14398
按经济类型分组						
国有经济单位	165807	165579	228	1213	11180	11190
集体经济单位	6245	6245		35	8282	8282
其他经济单位	41197	41168	29	2815	12142	12144
按国民经济行业分组						
农、林、牧、渔业	15106	15080	26	130	5168	5175
采矿业						
制造业	49616	49577	39	2705	12146	12148
电力、燃气及水的生产和供应业	8389	8389		146	16845	16845
建筑业	1920	1920			9897	9897
交通运输、仓储及邮政业	1969	1969		276	7320	7320
信息传输、计算机服务和软件业	1551	1551		89	12310	12310
批发和零售业	4792	4774	18	131	7110	7094
住宿和餐饮业	38	38			9500	9500
金融业	6543	6437	106	381	14938	15146
房地产业	1025	1025			17982	17982
租赁和商务服务业	1720	1720			11316	11316
科学研究、技术服务和地质勘查业	3619	3619		19	12925	12925
水利、环境和公共设施管理业	2256	2256			9559	9559
居民服务和其他服务						
教育	54715	54713	2		11463	11465
卫生、社会保障和社会福利业	14905	14870	35		13380	13372
文化、体育和娱乐业	1164	1164		45	9864	9864
公共管理和社会组织	43921	43890	31	141	14462	14485
国有单位合计	165807	165579	228	1213	11180	11190
按隶属关系分组						
中央	6888	6782	106	655	14941	15138
省、自治区、直辖市	19598	19598			14713	14713
地区	14081	14045	36	205	5004	5009
县及县以下	125240	125154	86	353	12250	12254
其他						
按企业、事业、机关分组						
企业	37943	37783	160	999	8130	8138
#地方	31691	31637	54	344	7480	7486
事业	101167	101130	37	122	12181	12181
#地方	101167	101130	37	122	12181	12181
机关	26697	26666	31	92	14361	14398
#地方	26061	26030	31	92	14257	14294

3-34 续表1

单位：千元

指 标 名 称	单位从业人员劳动报酬	在岗职工工资总额	其他人员劳动报酬	离开单位仍保留关系的职工生活费	单位从业人员平均劳动报酬（元）	在岗职工年平均工资（元）
按国民经济行业分组						
农、林、牧、渔业	15106	15080	26	130	5168	5175
农业	9688	9662	26	114	4005	4009
林业	1881	1881		16	10223	10223
农、林、牧、渔服务业	3537	3537			11053	11053
制造业	9904	9894	10	42	10360	10360
电力、燃气及水的生产和供应业	8389	8389		146	16845	16845
交通运输、仓储及邮政业	1381	1381		144	9268	9268
道路运输业	808	808		11	8783	8783
邮政业	573	573		133	10053	10053
信息传输、计算机服务和软件业	1551	1551		89	12310	12310
电信和其他信息传输服务业	1551	1551		89	12310	12310
批发和零售业	1257	1239	18	111	10137	10073
批发业	849	831	18	111	9032	8935
零售业	408	408			13600	13600
金融、保险业	4894	4788	106	346	16993	17411
银行业	4549	4518	31	329	17496	17512
保险业	345	270	75	17	12321	15882
房地产业	1025	1025			17982	17982
房地产开发经营	322	322			18941	18941
租赁和商务服务业	1720	1720			11316	11316
商务服务业	1720	1720			11316	11316
科学研究、技术服务和地质勘查业	3619	3619		19	12925	12925
研究与试验发展	633	633			15825	15825
专业技术服务业	902	902			11714	11714
科技交流和推广服务业	2084	2084		19	12785	12785
水利、环境和公共设施管理业	2256	2256			9559	9559
水利管理业	1060	1060			8346	8346
环境管理业	925	925			10756	10756
公共设施管理业	271	271			11783	11783
教育	54715	54713	2		11463	11465
初等教育	32832	32832			10861	10861
中等教育	21150	21148	2		12463	12469
卫生、社会保障和社会福利业	14905	14870	35		13380	13372
卫生	14217	14182	35		13463	13455
社会保障业	577	577			12543	12543
社会福利业	111	111			9250	9250
文艺、体育和娱乐业	1164	1164		45	9864	9864
新闻出版社	152	152			10133	10133
广播、电视、电影和音像业	195	195			5735	5735
文化艺术业	817	817		45	11841	11841
公共管理和社会组织	43921	43890	31	141	14462	14485

单位：千元

指 标 名 称	单位从业人员劳动报酬	在岗职工工资总额	其他人员劳动报酬	离开单位仍保留关系的职工生活费	单位从业人员平均劳动报酬（元）	在岗职工年平均工资（元）
城镇集体单位合计	6245	6245		35	8282	8282
按企业、事业、机关分组						
企业	6245	6245		35	8282	8282
事业						
按国民经济行业分组						
制造业						
建筑业	1920	1920			9897	9897
批发和零售业	2676	2676			6527	6527
批发业	2676	2676			6527	6527
零售业						
金融	1649	1649		35	10993	10993
银行业	1649	1649		35	10993	10993
其他单位合计	41197	41168	29	2815	12142	12144
按登记注册类型分组						
内资	41197	41168	29	2815	12142	12144
股份合作	1529	1529			9323	9323
有限责任公司	8390	8361	29	1724	5751	5742
#国有独资	6463	6459	4	1616	5390	5396
股份有限公司	31278	31278		1091	17671	17671
其他						
港、澳、台商投资						
外商投资						
按企业、事业分组						
企业	41197	41168	29	2815	12142	12144
事业						
按国民经济行业分组						
农、林、牧、渔业						
采矿业						
制造业	39712	39683	29	2663	12692	12694
交通运输、仓储和邮政业	588	588		132	4900	4900
仓储业	588	588		132	4900	4900
批发和零售业	859	859		20	6136	6136
批发业	344	344		14	4195	4195
零售业	515	515		6	8879	8879
住宿和餐饮业	38	38			9500	9500
住宿业						
餐饮业	38	38			9500	9500

3-35 鹿寨县单位从业人员劳动报酬

（2003年）

单位：千元

指标名称	单位从业人员劳动报酬	在岗职工工资总额	其他人员劳动报酬	离开单位仍保留关系的职工生活费	单位从业人员平均劳动报酬（元）	在岗职工年平均工资（元）
总计	267597	264012	3585	6316	11305	11348
按企业、事业、机关分组						
企业	141285	137727	3558	5651	10510	10560
事业	67783	67768	15	238	10580	10582
机关	58529	58517	12	427	15318	15319
按经济类型分组						
国有经济单位	225023	221536	3487	4751	11840	11903
集体经济单位	8194	8194		75	6529	6529
其他经济单位	34380	34282	98	1490	10082	10086
按国民经济行业分组						
农、林、牧、渔业	10486	10486		788	8932	8932
采矿业	723	723		320	8310	8310
制造业	98352	98252	100	2998	10544	10547
电力、燃气及水的生产和供应业	8056	8056		449	15612	15612
建筑业	1594	1594			9840	9840
交通运输、仓储及邮政业	4139	3936	203	103	9808	10066
信息传输、计算机服务和软件业	2772	2341	431	249	18000	22085
批发和零售业	8371	8368	3	400	7305	7308
住宿和餐饮业	577	577		66	7494	7494
金融业	10349	7573	2776	379	12714	14705
房地产业	1254	1209	45	5	12796	13739
租赁和商务服务业	779	779		16	15898	15898
科学研究、技术服务和地质勘查业	862	860	2		13469	13651
水利、环境和公共设施管理业	1632	1632		25	8967	8967
居民服务和其他服务	332	332			25538	25538
教育	39265	39265			10115	10115
卫生、社会保障和社会福利业	11955	11942	13	76	13773	13790
文化、体育和娱乐业	1381	1381			10383	10383
公共管理和社会组织	64718	64706	12	442	14375	14376
国有单位合计	225023	221536	3487	4751	11840	11903
按隶属关系分组						
中央	16257	12855	3402	746	16225	20568
省、自治区、直辖市	102964	102964		2628	12592	12592
地区	10212	10155	57	58	13194	13309
县及县以下	95590	95562	28	1319	10559	10563
其他						
按企业、事业、机关分组						
企业	98711	95251	3460	4086	11245	11356
#地方	85716	85658	58	3402	10831	10841
事业	67783	67768	15	238	10580	10582
#地方	67676	67661	15	238	10574	10577
机关	58529	58517	12	427	15318	15319
#地方	55374	55362	12	365	15007	15007

指标名称	单位从业人员劳动报酬	在岗职工工资总额	其他人员劳动报酬	离开单位仍保留关系的职工生活费	单位从业人员平均劳动报酬（元）	在岗职工年平均工资（元）
按国民经济行业分组						
农、林、牧、渔业	10486	10486		788	8932	8932
农业	192	192			10105	10105
林业	7048	7048		740	8669	8669
畜牧业	177	177		9	6808	6808
农、林、牧、渔服务业	3069	3069		39	9712	9712
采矿业	723	723		320	8310	8310
制造业	65969	65956	13	1703	11030	11033
电力、燃气及水的生产和供应业	6348	6348		449	21666	21666
建筑业	814	814			12523	12523
交通运输、仓储及邮政业	2292	2089	203	73	10278	10880
道路运输业	243	243			3522	3522
仓储业	100	100		8	5263	5263
邮政业	1949	1746	203	65	14437	16788
信息传输、计算机服务和软件业	2283	1860	423	225	20945	30000
电信和其他信息传输服务业	2283	1860	423	225	20945	30000
批发和零售业	5615	5615		204	8829	8829
批发业	4891	4891		115	8765	8765
零售业	724	724		89	9282	9282
住宿和餐饮业	577	577		66	7494	7494
住宿业	577	577		66	7494	7494
金融、保险业	7869	5093	2776	359	13591	18189
银行业	5534	4671	863	324	16669	18246
保险业	2335	422	1913	35	9453	17583
房地产业	1123	1078	45	5	12618	13646
房地产开发经营	757	712	45		13281	15149
房地产中介服务	316	316		5	13739	13739
租赁和商务服务业	779	779		16	15898	15898
商务服务业	779	779		16	15898	15898
科学研究、技术服务和地质勘查业	862	860	2		13469	13651
专业技术服务业	819	817	2		13426	13617
科技交流和推广服务业	43	43			14333	14333
水利、环境和公共设施管理业	1632	1632		25	8967	8967
水利管理业						
环境管理业	1007	1007			7687	7687
公共设施管理业	625	625		25	12255	12255
居民服务和其他服务业	332	332			25538	25538
居民服务业	332	332			25538	25538
教育	39265	39265			10115	10115
初等教育	36970	36970			9941	9941
中等教育	1326	1326			16575	16575
卫生、社会保障和社会福利业	11955	11942	13	76	13773	13790
卫生	11526	11513	13	76	13853	13871
社会保障业	193	193			12867	12867
社会福利业	236	236			11238	11238

指标名称	单位从业人员劳动报酬	在岗职工工资总额	其他人员劳动报酬	离开单位仍保留关系的职工生活费	单位从业人员平均劳动报酬(元)	在岗职工年平均工资（元）
文艺、体育和娱乐业	1381	1381			10383	10383
新闻出版社	440	440			14194	14194
广播、电视、电影和音像业	531	531			10019	10019
文化艺术业	410	410			8367	8367
公共管理和社会组织	64718	64706	12	442	14375	14376
城镇集体单位合计	8194	8194		75	6529	6529
按企业、事业、机关分组						
企业	8194	8194		75	6529	6529
事业						
按国民经济行业分组						
制造业	2344	2344		1	5352	5352
建筑业	780	780			8041	8041
批发和零售业	2590	2590		54	5340	5340
批发业	1543	1543		54	4170	4170
零售业	1047	1047			9104	9104
金融	2480	2480		20	10553	10553
银行业	2480	2480		20	10553	10553
证券业						
其他单位合计	34380	34282	98	1490	10082	10086
按登记注册类型分组						
内资	33891	33801	90	1466	10072	10075
股份合作	211	200	11	126	4306	4348
有限责任公司	31833	31754	79	1310	10213	10210
#国有独资	11675	11675		73	14396	14396
股份有限公司	1847	1847		30	9281	9281
港、澳、台商投资	489	481	8	24	10867	10932
外商投资						
按企业、事业分组						
企业	34380	34282	98	1490	10082	10086
事业						
按国民经济行业分组						
采矿业						
制造业	30039	29952	87	1294	10326	10328
电力、燃气及水的生产和供应业	1708	1708			7659	7659
交通运输、仓储和邮政业	1847	1847		30	9281	9281
道路运输业	1847	1847		30	9281	9281
信息传输、计算机服务和软件业	489	481	8	24	10867	10932
电信和其他信息传输服务业	489	481	8	24	10867	10932
批发和零售业	166	163	3	142	6640	6792
批发业	95	92	3	34	8636	9200
零售业	71	71		108	5071	5071
房地产业	131	131			14556	14556
房地产开发经营	131	131			14556	14556

3-36 融安县单位从业人员劳动报酬

（2003年）

单位：千元

指 标 名 称	单位从业人员劳动报酬	在岗职工工资总额	其他人员劳动报酬	离开单位仍保留关系的职工生活费	单位从业人员平均劳动报酬（元）	在岗职工年平均工资（元）
总　计	141983	140068	1915	4356	10570	10714
按企业、事业、机关分组						
企业	67187	66149	1038	3633	11319	11425
事业	55116	54448	668	628	9259	9423
机关	19680	19471	209	95	12746	12938
按经济类型分组						
国有经济单位	130867	129075	1792	3388	11124	11299
集体经济单位	4742	4691	51	645	8092	8158
其他经济单位	6374	6302	72	323	5886	5868
按国民经济行业分组						
农、林、牧、渔业	2068	2052	16	93	6324	6314
采矿业	34690	34563	127	30	13215	13360
制造业	8004	7918	86	495	5617	5600
电力、燃气及水的生产和供应业	6049	6049		156	14862	14862
建筑业	50	50			16667	16667
交通运输、仓储及邮政业	3428	3428		97	13879	13879
信息传输、计算机服务和软件业	2145	2116	29	188	13323	13392
批发和零售业	5288	5256	32	1910	9426	9453
住宿和餐饮业	823	823		55	7550	7550
金融业	7616	6842	774	489	17231	19549
房地产业	657	657		35	10429	10429
租赁和商务服务业	1075	1070	5	43	9267	9727
科学研究、技术服务和地质勘查业	3393	3393		44	10313	10313
水利、环境和公共设施管理业	4221	4166	55	6	9908	9990
居民服务和其他服务						
教育	30901	30535	366	370	9041	9104
卫生、社会保障和社会福利业	10004	9786	218	62	9915	10660
文化、体育和娱乐业	871	871		162	8539	8539
公共管理和社会组织	20700	20493	207	121	12447	12619
国有单位合计	130867	129075	1792	3388	11124	11299
按隶属关系分组						
中央	9880	9034	846	349	18029	20165
省、自治区、直辖市	36942	36809	133	109	13012	13146
地区	3670	3619	51	179	21845	23348
县及县以下	79715	78953	762	2751	9769	9904
其他	660	660			13469	13469
按企业、事业、机关分组						
企业	56268	55348	920	2696	13101	13295
#地方	49064	48876	188	2347	12797	12920
事业	54919	54256	663	597	9269	9426
#地方	54919	54256	663	597	9269	9426
机关	19680	19471	209	95	12746	12938
#地方	16344	16249	95	95	11608	11707

单位：千元

指 标 名 称	单位从业人员劳动报酬	在岗职工工资总额	其他人员劳动报酬	离开单位仍保留关系的职工生活费	单位从业人员平均劳动报酬（元）	在岗职工年平均工资（元）
按国民经济行业分组						
农、林、牧、渔业	2068	2052	16	93	6324	6314
林业	1695	1679	16	79	6164	6150
农、林、牧、渔服务业	373	373		14	7173	7173
采矿业	34690	34563	127	30	13215	13360
制造业	1385	1382	3	123	6183	6197
电力、燃气及水的生产和供应业	6049	6049		156	14862	14862
交通运输、仓储及邮政业	3428	3428		97	13879	13879
道路运输业	460	460			6866	6866
水上运输业	365	365		10	13036	13036
仓储业	970	970			17963	17963
邮政业	1384	1384		87	16675	16675
信息传输、计算机服务和软件业	1431	1402	29	185	15223	15407
电信和其他信息传输服务业	1312	1312		6	16198	16198
计算机服务业	53	53		155	8833	8833
软件业	66	37	29	24	9429	9250
批发和零售业	3923	3891	32	1457	11504	11580
批发业	3563	3531	32	1457	10929	11000
零售业	360	360			24000	24000
住宿和餐饮业	823	823		55	7550	7550
住宿业	480	480		34	7385	7385
餐饮业	343	343		21	7795	7795
金融、保险业	5445	4706	739	380	18647	23069
银行业	4309	4273	36	380	22097	23223
保险业	1136	433	703		11711	21650
房地产业	657	657		35	10429	10429
房地产开发经营	169	169			10563	10563
物业管理	264	264		32	13200	13200
租赁和商务服务业	878	878		12	9977	9977
商务服务业	878	878		12	9977	9977
科学研究、技术服务和地质勘查业	3393	3393		44	10313	10313
研究与试验发展	104	104		6	10400	10400
专业技术服务业	470	470		6	15161	15161
科技交流和推广服务业	2819	2819		32	9788	9788
水利、环境和公共设施管理业	4221	4166	55	6	9908	9990
水利管理业	857	857		6	6802	6802
环境管理业	883	883			5553	5553
公共设施管理业	2481	2426	55		17596	18379
教育	30901	30535	366	370	9041	9104
初等教育	26089	25723	366	320	8877	8947
中等教育	3952	3952		50	10082	10082
卫生、社会保障和社会福利业	10004	9786	218	62	9915	10660

单位：千元

指标名称	单位从业人员劳动报酬	在岗职工工资总额	其他人员劳动报酬	离开单位仍保留关系的职工生活费	单位从业人员平均劳动报酬（元）	在岗职工年平均工资（元）
卫生	9600	9382	218	62	9897	10673
社会保障业	233	233			10591	10591
社会福利业	171	171			10059	10059
文艺、体育和娱乐业	871	871		162	8539	8539
广播、电视、电影和音像业	196	196		162	7538	7538
文化艺术业	675	675			8882	8882
公共管理和社会组织	20700	20493	207	121	12447	12619
城镇集体单位合计	4742	4691	51	645	8092	8158
按企业、事业、机关分组						
企业	4545	4499	46	614	8145	8136
事业	197	192	5	31	7036	8727
按国民经济行业分组						
制造业	959	948	11	52	5184	5152
建筑业	50	50			16667	16667
批发和零售业	1365	1365		453	6205	6205
批发业	1365	1365		453	6205	6205
零售业						
金融	2171	2136	35	109	14473	14630
银行业	2171	2136	35	109	14473	14630
租赁和商务服务业	197	192	5	31	7036	8727
商务服务业	197	192	5	31	7036	8727
其他单位合计	6374	6302	72	323	5886	5868
按登记注册类型分组						
内资	5234	5215	19	323	5689	5687
股份合作	333	333		3	11100	11100
联营	255	255			8500	8500
#国有联营	255	255			8500	8500
有限责任公司	3529	3510	19	200	5738	5735
股份有限公司	1117	1117		120	4559	4559
港、澳、台商投资	1140	1087	53		6994	6924
外商投资						
按企业、事业分组						
企业	6374	6302	72	323	5886	5868
事业						
按国民经济行业分组						
采矿业						
制造业	5660	5588	72	320	5571	5549
信息传输、计算机服务和软件业	714	714		3	10657	10657
电信和其他信息传输服务业	381	381			10297	10297
软件业	333	333		3	11100	11100

3-37 融水苗族自治县单位从业人员劳动报酬

(2003年)

单位：千元

指标名称	单位从业人员劳动报酬	在岗职工工资总额	其他人员劳动报酬	离开单位仍保留关系的职工生活费	单位从业人员平均劳动报酬（元）	在岗职工年平均工资（元）
总计	146698	142388	4310	3349	10036	10505
按企业、事业、机关分组						
企业	44493	41098	3395	2925	8589	9225
事业	76916	76271	645	312	10326	10595
机关	25289	25019	270	112	12721	13168
按经济类型分组						
国有经济单位	137947	133811	4136	2972	10313	10832
集体经济单位	5175	5147	28	347	9176	9257
其他经济单位	3576	3430	146	30	5282	5318
按国民经济行业分组						
农、林、牧、渔业	10958	10366	592	264	6823	8054
采矿业	1334	931	403	118	8338	8096
制造业	10555	9124	1431	587	6515	6645
电力、燃气及水的生产和供应业	9883	9873	10	545	13594	13637
建筑业	1895	1895			7550	7550
交通运输、仓储及邮政业	6591	6380	211	353	10203	10850
信息传输、计算机服务和软件业	2290	2290		246	14494	14494
批发和零售业	3913	3767	146	364	11375	12074
住宿和餐饮业	263	263		8	4046	4046
金融业	5442	4797	645	551	13404	13437
房地产业	353	353		15	14120	14120
租赁和商务服务业	1678	1678		36	8832	8832
科学研究、技术服务和地质勘查业	1590	1589	1	130	11197	11270
水利、环境和公共设施管理业	2093	2093			8176	8176
居民服务和其他服务						
教育	45378	44979	399	10	9799	10080
卫生、社会保障和社会福利业	15030	14828	202		12857	13111
文化、体育和娱乐业	600	600			7500	7500
公共管理和社会组织	26852	26582	270	122	12542	13037
国有单位合计	137947	133811	4136	2972	10313	10832
按隶属关系分组						
中央	11053	10408	645	891	14698	14805
省、自治区、直辖市	3929	3359	570	311	10794	11503
地区	12524	10882	1642	193	11962	15524
县及县以下	110351	109072	1279	1577	9854	10248
其他	90	90			6429	6429
按企业、事业、机关分组						
企业	37193	33944	3249	2584	9152	10069
#地方	26969	24365	2604	1693	7955	8873
事业	75465	74848	617	276	10304	10569
#地方	74546	73929	617	276	10308	10576
机关	25289	25019	270	112	12721	13168
#地方	25289	25019	270	112	12721	13168

单位：千元

指 标 名 称	单位从业人员劳动报酬	在岗职工工资总额	其他人员劳动报酬	离开单位仍保留关系的职工生活费	单位从业人员平均劳动报酬（元）	在岗职工年平均工资（元）
按国民经济行业分组						
农、林、牧、渔业	10958	10366	592	264	6823	8054
林业	4987	4407	580	241	4861	6225
农、林、牧、渔服务业	5971	5959	12	23	10295	10292
采矿业	1334	931	403	118	8338	8096
制造业	7894	6463	1431	577	7282	7722
电力、燃气及水的生产和供应业	9883	9873	10	545	13594	13637
建筑业	1055	1055			8792	8792
交通运输、仓储及邮政业	6591	6380	211	353	10203	10850
道路运输业	3916	3705	211	142	8982	9802
水上运输业	144	144			14400	14400
仓储业	1033	1033		73	9933	9933
邮政业	1498	1498		138	15604	15604
信息传输、计算机服务和软件业	2290	2290		246	14494	14494
电信和其他信息传输服务业	2290	2290		246	14494	14494
批发和零售业	3114	3114		251	14551	14551
批发业	2575	2575		194	13342	13342
零售业	539	539		57	25667	25667
住宿和餐饮业	219	219		8	4380	4380
住宿业	219	219		8	4380	4380
金融、保险业	3087	2442	645	348	14841	15358
银行业	2222	2200	22	348	14244	14765
保险业	865	242	623		16635	24200
房地产业	346	346			15043	15043
房地产开发经营	251	251			15688	15688
租赁和商务服务业	1028	1028			9981	9981
商务服务业	1028	1028			9981	9981
科学研究、技术服务和地质勘查业	1590	1589	1	130	11197	11270
研究与试验发展	582	582			14550	14550
专业技术服务业	714	713	1		8602	8695
科技交流和推广服务业	20	20			6667	6667
地质勘查业	274	274		130	17125	17125
水利、环境和公共设施管理业	2093	2093			8176	8176
水利管理业						
环境管理业	1900	1900			8017	8017
公共设施管理业	193	193			10158	10158
教育	45378	44979	399	10	9799	10080
初等教育	30093	29848	245	10	9381	9644
中等教育	14475	14321	154		10675	11016
卫生、社会保障和社会福利业	13719	13545	174		13004	13215
卫生	13522	13348	174		13040	13255
社会保障业	115	115			12778	12778

指标名称	单位从业人员劳动报酬	在岗职工工资总额	其他人员劳动报酬	离开单位仍保留关系的职工生活费	单位从业人员平均劳动报酬（元）	在岗职工年平均工资（元）
社会福利业	82	82			9111	9111
文艺、体育和娱乐业	516	516			9923	9923
文化艺术业	516	516			9923	9923
公共管理和社会组织	26852	26582	270	122	12542	13037
城镇集体单位合计	5175	5147	28	347	9176	9257
按企业、事业、机关分组						
企业	3724	3724		311	8483	8483
事业	1451	1423	28	36	11608	12162
按国民经济行业分组						
制造业	150	150			5769	5769
建筑业	840	840			6412	6412
批发和零售业	328	328		93	4896	4896
批发业	40	40			5714	5714
零售业	288	288		93	4800	4800
住宿和餐饮业	44	44			2933	2933
住宿业	44	44			2933	2933
金融	2355	2355		203	11894	11894
银行业	2355	2355		203	11894	11894
房地产业	7	7		15	3500	3500
房地产开发经营	7	7		15	3500	3500
租赁和商务服务业	140	140		36	12727	12727
商务服务业	140	140		36	12727	12727
卫生、社会保障和社会福利业	1311	1283	28		11500	12104
卫生	1311	1283	28		11500	12104
公共管理和社会组织						
其他单位合计	3576	3430	146	30	5282	5318
按登记注册类型分组						
内资	3066	2920	146	30	5101	5132
股份合作	135	135			9000	9000
联营	400	400			5195	5195
有限责任公司	1951	1951		10	4927	4927
#国有独资	84	84			3000	3000
股份有限公司	580	434	146	20	5133	5358
外商投资	510	510			6711	6711
按企业、事业分组						
企业	3576	3430	146	30	5282	5318
事业						
按国民经济行业分组						
制造业	2511	2511		10	4924	4924
批发和零售业	471	325	146	20	7476	10484
零售业	471	325	146	20	7476	10484
租赁和商务服务业	510	510			6711	6711
商务服务业	510	510			6711	6711
文化、体育和娱乐业	84	84			3000	3000
广播、电视、电影和音像业	84	84			3000	3000

3-38 三江侗族自治县单位从业人员劳动报酬

（2003年）

单位：千元

指标名称	单位从业人员劳动报酬	在岗职工工资总额	其他人员劳动报酬	离开单位仍保留关系的职工生活费	单位从业人员平均劳动报酬（元）	在岗职工年平均工资（元）
总　计	89568	87528	2040	1812	10140	10308
按企业、事业、机关分组						
企业	19197	18328	869	1568	7651	7691
事业	50983	49920	1063	191	11028	11274
机关	19388	19280	108	53	11398	11476
按经济类型分组						
国有经济单位	84101	82340	1761	1395	10539	10696
集体经济单位	4051	3966	85	396	5829	5973
其他经济单位	1416	1222	194	21	8962	9473
按国民经济行业分组						
农、林、牧、渔业	7281	7281		107	9101	9101
采矿业						
制造业	734	734		11	3652	3652
电力、燃气及水的生产和供应业	3513	3513		201	8021	8021
建筑业	312	312		6	5379	5379
交通运输、仓储及邮政业	4302	4181	121	156	8673	8603
信息传输、计算机服务和软件业	1384	1308	76	87	11252	12000
批发和零售业	5130	4500	630	698	6381	6374
住宿和餐饮业	463	463		45	7123	7123
金融业	4762	4714	48	287	18176	18414
房地产业	378	357	21	16	6197	6155
租赁和商务服务业	878	878		21	10329	10329
科学研究、技术服务和地质勘查业	366	366			15250	15250
水利、环境和公共设施管理业	977	977			9578	9578
居民服务和其他服务						
教育	31639	30889	750		10910	11171
卫生、社会保障和社会福利业	7757	7480	277	75	11578	12123
文化、体育和娱乐业	800	791	9	49	10127	10273
公共管理和社会组织	18892	18784	108	53	11347	11426
国有单位合计	84101	82340	1761	1395	10539	10696
按隶属关系分组						
中央	6975	6361	614	416	14623	15706
省、自治区、直辖市	2303	2299	4		7197	7207
地区	3685	3648	37	96	18897	19508
县及县以下	71138	70032	1106	883	10180	10319
其他						
按企业、事业、机关分组						
企业	13730	13140	590	1151	8291	8264
#地方	10102	10074	28	735	7010	7015

指标名称	单位从业人员劳动报酬	在岗职工工资总额	其他人员劳动报酬	离开单位仍保留关系的职工生活费	单位从业人员平均劳动报酬(元)	在岗职工年平均工资（元）
事业	50983	49920	1063	191	11028	11274
#地方	48530	47519	1011	191	10987	11226
机关	19388	19280	108	53	11398	11476
#地方	18494	18386	108	53	11243	11321
按国民经济行业分组						
农、林、牧、渔业	7281	7281		107	9101	9101
林业	1697	1697		107	5222	5222
农、林、牧、渔服务业	5584	5584			11756	11756
制造业	28	28		11	4667	4667
电力、燃气及水的生产和供应业	3241	3241		201	7644	7644
交通运输、仓储及邮政业	4302	4181	121	156	8673	8603
道路运输业	2813	2807	6		11869	11945
仓储业	552	552			2733	2733
邮政业	937	822	115	156	16439	16776
信息传输、计算机服务和软件业	964	888	76	87	11080	12164
电信和其他信息传输服务业	964	888	76	87	11080	12164
批发和零售业	2866	2515	351	437	7704	7530
批发业	2866	2515	351	437	7704	7530
住宿和餐饮业	463	463		45	7123	7123
住宿业	463	463		45	7123	7123
金融、保险业	3269	3221	48	137	22701	23341
银行业	3078	3072	6	137	24624	24774
保险业	191	149	42		10053	10643
房地产业	378	357	21	16	6197	6155
房地产开发经营	60	60		15	7500	7500
租赁和商务服务业	878	878		21	10329	10329
商务服务业	878	878		21	10329	10329
科学研究、技术服务和地质勘查业	361	361			15250	15250
专业技术服务业	292	292			15368	15368
地质勘查业	69	69			17250	17250
水利、环境和公共设施管理业	977	977			9578	9578
水利管理业	387	387			10459	10459
环境管理业	129	129			11727	11727
公共设施管理业	461	461			8537	8537
教育	31639	30889	750		10910	11171
初等教育	21258	20664	594		11066	11436
中等教育	9482	9326	156		10466	10538

指标名称	单位从业人员劳动报酬	在岗职工工资总额	其他人员劳动报酬	离开单位仍保留关系的职工生活费	单位从业人员平均劳动报酬（元）	在岗职工年平均工资（元）
卫生、社会保障和社会福利业	7757	7480	277	75	11578	12123
卫生	7586	7309	277	75	11599	12161
社会保障业	171	171			10688	10688
文艺、体育和娱乐业	800	791	9	49	10127	10273
广播、电视、电影和音像业	88	79	9	49	6769	7182
文化艺术业	712	712			10788	10788
公共管理和社会组织	18892	18784	108	53	11347	11426
城镇集体单位合计	4051	3966	85	396	5829	5973
按企业、事业、机关分组						
企业	4051	3966	85	396	5829	5973
事业						
按国民经济行业分组						
制造业	658	658			3576	3576
建筑业	217	217		6	4822	4822
批发和零售业	1683	1598	85	240	4836	5041
批发业	123	38	85		3237	5429
零售业	1560	1560		240	5032	5032
金融	1493	1493		150	12653	12653
银行业	1493	1493		150	12653	12653
其他单位合计	1416	1222	194	21	8962	9473
按登记注册类型分组						
内资	1416	1222	194	21	8962	9473
股份合作	48	48			4364	4364
有限责任公司	598	598		18	8306	8306
股份有限公司	675	481	194	3	10887	14576
其他	95	95			7308	7308
按企业、事业分组						
企业	1416	1222	194	21	8962	9473
事业						
按国民经济行业分组						
采矿业						
制造业	48	48			4364	4364
电力、燃气及水的生产和供应业	272	272			19429	19429
建筑业	95	95			7308	7308
信息传输、计算机服务和软件业	420	420			11667	11667
电信和其他信息传输服务业	420	420			11667	11667
批发和零售业	581	387	194	21	6917	7036
批发业	436	242	194	21	8074	9680
零售业	145	145			4833	4833

3-39 全市职工人数变动情况

（2003年）

单位：人

指标名称	本年增加人数							
	合计	从农村招收	从城镇招收	录用的复员转业军人	录用的大、中专、技校毕业生	调入	#由外省、自治区、直辖市调入	其他
总　计	17679	3926	2968	316	4047	3379	54	3043
按经济类型分组								
国有经济单位	8836	876	799	208	2499	2530	24	1924
城镇集体经济单位	1403	470	265	9	206	256	9	197
其他经济类型单位	7440	2580	1904	99	1342	593	21	922
按国民经济行业分组								
农、林、牧、渔业	302	108	25	11	37	101	1	20
采矿业	611	223	146	15	77	16	1	134
制造业	7861	2879	1665	78	1327	681	22	1231
电力、燃气及水的生产和供应业	196		9	9	22	60	1	96
建筑业	835	171	96	2	300	150	1	116
交通运输、仓储和邮政业	796	172	236	15	265	49		59
信息传输、计算机服务和软件业	279	3	9	1	118	21	1	127
批发和零售业	726	199	272	9	124	105	3	17
住宿和餐饮业	388	57	90	32	52	6		151
金融业	790		66	4	112	35	6	573
房地产业	122	5	27	5	40	22		23
租赁和商务服务业	235	1	50	5	36	87		56
科学研究、技术服务和地质勘查业	309	4	51	4	104	100	6	46
水利、环境和公共设施管理业	236	56	48	11	48	68		5
居民和其他服务业	17		1	3	3	2		8
教育	1546	12	5	7	804	658	4	60
卫生、社会保障和社会福利业	861	6	32	19	347	343	2	114
文化、体育和娱乐业	60		11	4	11	24		10
公共管理和社会组织	1509	30	129	82	220	851	6	197

3-39 续表

指标名称	本年减少人数							
	合计	离休退休退职	开除除名辞退	终止解除合同	离开单位保留劳动关系的职工	调出	#由外省、自治区、直辖市调入	其他
总计	31824	6855	1205	11268	4745	4241	73	3510
按经济类型分组								
国有经济单位	15358	4192	442	3650	2396	2593	33	2085
城镇集体经济单位	3454	484	89	1579	683	383	1	236
其他经济类型单位	13012	2179	674	6039	1666	1265	39	1189
按国民经济行业分组								
农、林、牧、渔业	665	335	2	87	2	160	1	79
采矿业	758	214	50	235	26	175	1	58
制造业	17033	3194	741	7081	3097	1059	31	1861
电力、燃气及水的生产和供应业	225	63	26	38	30	39	1	29
建筑业	1572	462	16	370	219	178	1	327
交通运输、仓储和邮政业	1593	339	43	564	74	560	1	13
信息传输、计算机服务和软件业	412	46	2	35	27	16	4	286
批发和零售业	2885	519	180	969	897	116	5	204
住宿和餐饮业	1146	100	11	751	122	17	2	145
金融业	925	24	2	503	60	131	6	205
房地产业	294	29	7	119	96	39	2	4
租赁和商务服务业	550	187	4	260	8	85		6
科学研究、技术服务和地质勘查业	477	191	10	65	38	155	5	18
水利、环境和公共设施管理业	235	94	12	23	22	30	2	54
居民和其他服务业	93	23		64		6		
教育	1402	620	71	13	5	621	1	72
卫生、社会保障和社会福利业	412	173	17	18	8	162	6	34
文化、体育和娱乐业	83	36	3	19	2	18		5
公共管理和社会组织	1064	206	8	54	12	674	4	110

3-40 市区职工人数变动情况

（2003年） 单位：人

指标名称	本年增加人数							
	合计	从农村招收	从城镇招收	录用的复员转业军人	录用的大、中专、技校毕业生	调入	#由外省、自治区、直辖市调入	其他
总计	11218	1475	2412	220	2727	2005	41	2379
按经济类型分组								
国有经济单位	5421	444	625	144	1575	1309	22	1324
城镇集体经济单位	1086	351	179	5	122	247	8	182
其他经济类型单位	4711	680	1608	71	1030	449	11	873
按国民经济行业分组								
农、林、牧、渔业	184	106		1	27	50	1	
采矿业	516	157	146	15	53	16	1	129
制造业	4175	626	1262	41	859	491	14	896
电力、燃气及水的生产和供应业	111		1	4	12	27	1	67
建筑业	748	111	71	2	299	150	1	115
交通运输、仓储和邮政业	745	172	220	13	243	49		48
信息传输、计算机服务和软件业	241		9	1	88	16	1	127
批发和零售业	653	194	247	6	108	90	1	8
住宿和餐饮业	387	57	90	32	52	5		151
金融业	755		64	4	95	26	4	566
房地产业	112	5	27	4	37	19		20
租赁和商务服务业	214	1	45	3	33	78		54
科学研究、技术服务和地质勘查业	219	4	32	3	82	63	6	35
水利、环境和公共设施管理业	147	28	40	8	20	48		3
居民和其他服务业	14		1	3	1	1		8
教育	692	1	1	5	424	242	4	19
卫生、社会保障和社会福利业	479		12	10	204	201	2	52
文化、体育和娱乐业	44		10	3	8	19		4
公共管理和社会组织	751	13	120	62	82	414	5	60

3-40 续表

指标名称	本年减少人数							
	合计	离休退休退职	开除除名辞退	终止解除合同	离开单位保留劳动关系的职工	调出	#由外省、自治区、直辖市调入	其他
总计	24207	5087	881	9111	3744	2620	56	2764
按经济类型分组								
国有经济单位	10761	2982	356	3003	1792	1071	26	1557
城镇集体经济单位	2903	358	28	1485	476	344		212
其他经济类型单位	10543	1747	497	4623	1476	1205	30	995
按国民经济行业分组								
农、林、牧、渔业	127	87	2	5		27		6
采矿业	501	171	46	194	4	28	1	58
制造业	13329	2557	501	5507	2577	803	24	1384
电力、燃气及水的生产和供应业	139	40	21	35		18	1	25
建筑业	1543	446	16	363	219	178	1	321
交通运输、仓储和邮政业	1414	286	40	452	66	558	1	12
信息传输、计算机服务和软件业	389	43	2	22	26	11	4	285
批发和零售业	2276	412	168	865	559	76	2	196
住宿和餐饮业	1129	92	11	745	120	16	2	145
金融业	737	10	2	425	19	109	6	172
房地产业	212	24	7	71	85	21	2	4
租赁和商务服务业	537	186	4	260	6	76		5
科学研究、技术服务和地质勘查业	317	126	10	65	38	65	4	13
水利、环境和公共设施管理业	196	76	8	18	20	22		52
居民和其他服务业	93	23		64		6		
教育	534	267	23	6	1	201	1	36
卫生、社会保障和社会福利业	203	117	12	5		50	4	19
文化、体育和娱乐业	60	32	2	7	2	13		4
公共管理和社会组织	471	92	6	2	2	342	3	27

3-41 柳江县职工人数变动情况

(2003年)

单位：人

指标名称	本年增加人数							
	合计	从农村招收	从城镇招收	录用的复员转业军人	录用的大、中专、技校毕业生	调入	#由外省、自治区、直辖市调入	其他
总计	1752	532	152	28	421	379	9	240
按经济类型分组								
国有经济单位	780	20	54	14	189	267	1	236
城镇集体经济单位	161	49	27	3	74	7		1
其他经济类型单位	811	463	71	11	158	105	8	3
按国民经济行业分组								
农、林、牧、渔业	47		22		8	4		13
采矿业								
制造业	1238	511	112	15	291	127	8	182
电力、燃气及水的生产和供应业	11					2		9
建筑业								
交通运输、仓储和邮政业	7		7					
信息传输、计算机服务和软件业								
批发和零售业	26	1		1	11	5		8
住宿和餐饮业								
金融业	8				6	2	1	
房地产业	3			1				2
租赁和商务服务业	6			1	1	3		1
科学研究、技术服务和地质勘查业	5				2	2		1
水利、环境和公共设施管理业	35	18	7	1		9		
居民和其他服务业	3				2	1		
教育	205				32	162		11
卫生、社会保障和社会福利业	79	2	2	5	28	29		13
文化、体育和娱乐业								
公共管理和社会组织	79		2	4	40	33		

3-41 续表

指标名称	本年减少人数 合计	离休退休退职	开除除名辞退	终止解除合同	离开单位保留劳动关系的职工	调出	#由外省、自治区、直辖市调入	其他
总计	1415	507	87	362	68	360	6	31
按经济类型分组								
国有经济单位	709	221	17	121	6	314		30
城镇集体经济单位	144	43	50	17	4	30		
其他经济类型单位	562	243	20	224	58	16	6	1
按国民经济行业分组								
农、林、牧、渔业	23	17			1	5		
采矿业								
制造业	934	308	73	317	62	168	6	6
电力、燃气及水的生产和供应业	4	1				3		
建筑业								
交通运输、仓储和邮政业	5	2			3			
信息传输、计算机服务和软件业								
批发和零售业	24	17				6		1
住宿和餐饮业	2	2						
金融业	40	2		37		1		
房地产业	4					4		
租赁和商务服务业	7					6		1
科学研究、技术服务和地质勘查业	63	53				6		4
水利、环境和公共设施管理业	12	10		1		1		
居民和其他服务业								
教育	201	61	13	4		108		15
卫生、社会保障和社会福利业	37	11		3	1	21		1
文化、体育和娱乐业	1	1						
公共管理和社会组织	58	22	1		1	31		3

3-42 柳城县职工人数变动情况

（2003年）　　　　单位：人

指标名称	本年增加人数							
	合计	从农村招收	从城镇招收	录用的复员转业军人	录用的大、中专、技校毕业生	调入	#由外省、自治区、直辖市调入	其他
总计	2622	1470	264	12	247	361	1	268
按经济类型分组								
国有经济单位	1024	157	57	7	215	353		235
城镇集体经济单位	76	41	30	1	2	2	1	
其他经济类型单位	1522	1272	177	4	30	6		33
按国民经济行业分组								
农、林、牧、渔业	29	2	2			25		
采矿业								
制造业	1833	1420	197	3	52	30		131
电力、燃气及水的生产和供应业	6				4	1		1
建筑业	62	41	20		1			
交通运输、仓储和邮政业	2			2				
信息传输、计算机服务和软件业	2					2		
批发和零售业	11		9	1		1		
住宿和餐饮业								
金融业	6		1		2	3	1	
房地产业	6				2	3		1
租赁和商务服务业	3			1		2		
科学研究、技术服务和地质勘查业	52		19		6	18		9
水利、环境和公共设施管理业	16	6		1	2	6		1
居民和其他服务业								
教育	233				140	88		5
卫生、社会保障和社会福利业	100	1	14		18	60		7
文化、体育和娱乐业	3		1			2		
公共管理和社会组织	258		1	4	20	120		113

3-42 续表

指 标 名 称	本年减少人数							
	合 计	离休退休退职	开除除名辞退	终止解除合同	离开单位保留劳动关系的职工	调 出	#由外省、自治区、直辖市调入	其 他
总 计	2039	408	7	791	19	463	5	351
按经济类型分组								
国有经济单位	1085	285	5	32	14	442	4	307
城镇集体经济单位	42	34		2		4		2
其他经济类型单位	912	89	2	757	5	17	1	42
按国民经济行业分组								
农、林、牧、渔业	283	111			1	112	1	59
采矿业								
制造业	1074	78	2	757	1	16	1	220
电力、燃气及水的生产和供应业	10	3			2	5		
建筑业	6	6						
交通运输、仓储和邮政业	11	10				1		
信息传输、计算机服务和软件业	4	2				1		1
批发和零售业	63	35		16	4	5		3
住宿和餐饮业								
金融业	45	3		11				31
房地产业	11	1				10		
租赁和商务服务业	3					3		
科学研究、技术服务和地质勘查业	77	9				67		1
水利、环境和公共设施管理业	8	5				2	2	1
居民和其他服务业								
教育	215	102	2			102		9
卫生、社会保障和社会福利业	65	15	3	7	2	38		
文化、体育和娱乐业	5	1				4		
公共管理和社会组织	159	27			9	97	1	26

3-43 鹿寨县职工人数变动情况

（2003年）

单位：人

指 标 名 称	本年增加人数 合 计	从农村招收	从城镇招收	录用的复员转业军人	录用的大、中专、技校毕业生	调 入	#由外省、自治区、直辖市调入	其 他
总 计	808	225	57	28	221	203	1	74
按经济类型分组								
国有经济单位	573	153	29	20	139	172	1	60
城镇集体经济单位	29	1	24		3			1
其他经济类型单位	206	71	4	8	79	31		13
按国民经济行业分组								
农、林、牧、渔业	17		1	2		9		5
采矿业								
制造业	415	212	47	14	98	28		16
电力、燃气及水的生产和供应业	32			2	2	28		
建筑业	1							1
交通运输、仓储和邮政业	19				12			7
信息传输、计算机服务和软件业	3	3						
批发和零售业	17	4	6		2	4		1
住宿和餐饮业								
金融业	4				4			
房地产业	1				1			
租赁和商务服务业	2		2					
科学研究、技术服务和地质勘查业	3				1	2		
水利、环境和公共设施管理业	2					2		
居民和其他服务业								
教育	113	5		2	53	53		
卫生、社会保障和社会福利业	68		1	2	26	10		29
文化、体育和娱乐业	7			1				6
公共管理和社会组织	104	1		5	22	67	1	9

3-43 续表

指标名称	本年减少人数							
	合计	离休退休退职	开除除名辞退	终止解除合同	离开单位保留劳动关系的职工	调出	#由外省、自治区、直辖市调入	其他
总　　计	2201	442	113	594	741	220	1	91
按经济类型分组								
国有经济单位	1209	315	17	190	422	210	1	55
城镇集体经济单位	252	33	11	6	193	2		7
其他经济类型单位	740	94	85	398	126	8		29
按国民经济行业分组								
农、林、牧、渔业	56	27		15		5		9
采矿业	6	6						
制造业	1310	234	95	475	390	65		51
电力、燃气及水的生产和供应业	2			1		1		
建筑业	8	3		5				
交通运输、仓储和邮政业	28	16		7	5			
信息传输、计算机服务和软件业	3			3				
批发和零售业	434	34	12	48	332	5		3
住宿和餐饮业	3	2				1		
金融业	32	5		17		8		2
房地产业	11				11			
租赁和商务服务业								
科学研究、技术服务和地质勘查业	6					6		
水利、环境和公共设施管理业	2				2			
居民和其他服务业								
教育	148	76	4	3		61		4
卫生、社会保障和社会福利业	30	13	1		1	13	1	2
文化、体育和娱乐业	4	1	1	2				
公共管理和社会组织	118	25		18		55		20

3-44 融安县职工人数变动情况

(2003年) 单位：人

指标名称	本年增加人数							
	合计	从农村招收	从城镇招收	录用的复员转业军人	录用的大、中专、技校毕业生	调入	#由外省、自治区、直辖市调入	其他
总计	535	118	66	8	186	136		21
按经济类型分组								
国有经济单位	368	20	27	3	168	136		14
城镇集体经济单位	20	9			4			7
其他经济类型单位	147	89	39	5	14			
按国民经济行业分组								
农、林、牧、渔业	1				1			
采矿业	41	19			22			
制造业	167	98	39	5	14	5		6
电力、燃气及水的生产和供应业	13		7		4	2		
建筑业								
交通运输、仓储和邮政业	10		9		1			
信息传输、计算机服务和软件业	1					1		
批发和零售业	7		5		2			
住宿和餐饮业								
金融业	15		1		4	3		7
房地产业								
租赁和商务服务业	2					2		
科学研究、技术服务和地质勘查业	24				13	11		
水利、环境和公共设施管理业	30		1		26	3		
居民和其他服务业								
教育	70		4		24	42		
卫生、社会保障和社会福利业	61	1		1	41	17		1
文化、体育和娱乐业								
公共管理和社会组织	93			2	34	50		7

3-44 续表

指标名称	本年减少人数							
	合计	离休退休退职	开除除名辞退	终止解除合同	离开单位保留劳动关系的职工	调出	#由外省、自治区、直辖市调入	其他
总　计	819	146	76	99	17	276		205
按经济类型分组								
国有经济单位	609	140	6	98	16	275		74
城镇集体经济单位	16	5		1		1		9
其他经济类型单位	194	1	70		1			122
按国民经济行业分组								
农、林、牧、渔业	7	6						1
采矿业	213	27	4	38		144		
制造业	274	4	70					200
电力、燃气及水的生产和供应业	8	4		2		1		1
建筑业								
交通运输、仓储和邮政业	4	3	1					
信息传输、计算机服务和软件业	16	1		10	1	4		
批发和零售业	40	14		19		6		1
住宿和餐饮业								
金融业	26	4		6	10	6		
房地产业								
租赁和商务服务业	3	1			2			
科学研究、技术服务和地质勘查业	6	1				5		
水利、环境和公共设施管理业	4	2				2		
居民和其他服务业								
教育	105	55			4	44		2
卫生、社会保障和社会福利业	23	7				16		
文化、体育和娱乐业								
公共管理和社会组织	90	17	1	24		48		

3-45 融水苗族自治县职工人数变动情况

（2003年）　　　　单位：人

指标名称	本年增加人数							
	合计	从农村招收	从城镇招收	录用的复员转业军人	录用的大、中专、技校毕业生	调入	#由外省、自治区、直辖市调入	其他
总　计	379	104	24	18	60	115	2	58
按经济类型分组								
国有经济单位	336	80	14	18	59	113		52
城镇集体经济单位	31	19	5		1			6
其他经济类型单位	12	5	5			2	2	
按国民经济行业分组								
农、林、牧、渔业	19			8	1	10		
采矿业	54	47			2			5
制造业	33	12	8		13			
电力、燃气及水的生产和供应业	19		1	3				15
建筑业	24	19	5					
交通运输、仓储和邮政业	4				4			
信息传输、计算机服务和软件业								
批发和零售业	10		5			5	2	
住宿和餐饮业	1					1		
金融业	2				1	1		
房地产业								
租赁和商务服务业	2					1		1
科学研究、技术服务和地质勘查业	5			1		3		1
水利、环境和公共设施管理业	6	4		1				1
居民和其他服务业								
教育	73	6			15	32		20
卫生、社会保障和社会福利业	42		2	1	21	7		11
文化、体育和娱乐业	3				3			
公共管理和社会组织	82	16	3	4		55		4

3-45 续表

指标名称	本年减少人数							
	合计	离休退休退职	开除除名辞退	终止解除合同	离开单位保留劳动关系的职工	调出	#由外省、自治区、直辖市调入	其他
总计	574	126	5	155	123	103	3	62
按经济类型分组								
国有经济单位	456	113	5	76	113	93	1	56
城镇集体经济单位	94	9		68	10	1		6
其他经济类型单位	24	4		11		9	2	
按国民经济行业分组								
农、林、牧、渔业	124	45		67		9		3
采矿业	38	10		3	22	3		
制造业	86	12			67	7		
电力、燃气及水的生产和供应业	10	8						2
建筑业	13	5		2				6
交通运输、仓储和邮政业	4	4						
信息传输、计算机服务和软件业								
批发和零售业	23			10	2	11	2	
住宿和餐饮业	10	2		6	2			
金融业	38			3	30	5		
房地产业	52	3		48		1		
租赁和商务服务业								
科学研究、技术服务和地质勘查业	6	1				5	1	
水利、环境和公共设施管理业	9	1	4	1		2		1
居民和其他服务业								
教育	51	17	1			29		4
卫生、社会保障和社会福利业	24	8				4		12
文化、体育和娱乐业	11	1		10				
公共管理和社会组织	75	9		5		27		34

3-46　三江侗族自治县职工人数变动情况

（2003年）

单位：人

指 标 名 称	本年增加人数							
	合 计	从农村招 收	从城镇招 收	录用的复员转业军人	录用的大、中专、技校毕业生	调 入	#由外省、自治区、直辖市调入	其 他
总　计	396	2	7	2	185	180		20
按经济类型分组								
国有经济单位	365	2	7	2	154	180		20
城镇集体经济单位								
其他经济类型单位	31				31			
按国民经济行业分组								
农、林、牧、渔业	5					3		2
采矿业								
制造业								
电力、燃气及水的生产和供应业	4							4
建筑业								
交通运输、仓储和邮政业	9				5			4
信息传输、计算机服务和软件业	32				30	2		
批发和零售业	2			1	1			
住宿和餐饮业								
金融业								
房地产业								
租赁和商务服务业	6		3		2	1		
科学研究、技术服务和地质勘查业	1					1		
水利、环境和公共设施管理业								
居民和其他服务业								
教育	160				116	39		5
卫生、社会保障和社会福利业	32	2	1		9	19		1
文化、体育和娱乐业	3					3		
公共管理和社会组织	142		3	1	22	112		4

3-46 续表

指标名称	本年减少人数							
	合计	离休退休退职	开除除名辞退	终止解除合同	离开单位保留劳动关系的职工	调出	#由外省、自治区、直辖市调入	其他
总计	569	139	36	156	33	199	2	6
按经济类型分组								
国有经济单位	529	136	36	130	33	188	1	6
城镇集体经济单位	3	2				1	1	
其他经济类型单位	37	1		26		10		
按国民经济行业分组								
农、林、牧、渔业	45	42				2		1
采矿业								
制造业	26	1		25				
电力、燃气及水的生产和供应业	52	7	5		28	11		1
建筑业	2	2						
交通运输、仓储和邮政业	127	18	2	105		1		1
信息传输、计算机服务和软件业								
批发和零售业	25	7		11		7	1	
住宿和餐饮业	2	2						
金融业	7			4	1	2		
房地产业	4	1				3		
租赁和商务服务业								
科学研究、技术服务和地质勘查业	2	1				1		
水利、环境和公共设施管理业	4			3		1		
居民和其他服务业								
教育	148	42	28			76		2
卫生、社会保障和社会福利业	30	2	1	3	4	20	1	
文化、体育和娱乐业	2					1		1
公共管理和社会组织	93	14		5		74		

农　业　4

4-1 全市主要年份农林牧渔业总产值

单位：万元

年 份	农 林 牧 渔 业 总 产 值 （当 年 价）				
	合 计	农业	林 业	畜牧业	渔 业
1978	38770	27280	4787	6362	341
1979	41145	29027	5897	5932	289
1980	44076	31857	5267	6654	299
1981	48068	35080	4844	7170	300
1982	52065	38695	5581	7303	306
1983	56906	41558	5331	9606	410
1984	61959	40265	10430	10502	762
1985	73579	45971	11916	14438	1254
1986	76600	47953	11652	15649	1346
1987	98817	57171	12043	19864	9739
1988	116102	69243	14648	29565	2646
1989	139821	86944	14430	35222	3225
1990	172786	113748	17514	37887	3637
1991	188737	122367	21198	40513	4659
1992	209517	132733	24727	47240	4817
1993	254820	163810	28126	56539	6345
1994	369075	252413	30295	76241	10126
1995	472398	324245	30152	103384	14617
1996	504564	342415	29962	114434	17753
1997	536408	362650	26719	125937	21102
1998	565874	380078	23307	134825	27664
1999	582354	389712	26451	138053	28137
2000	611960	390813	27827	163395	29925
2001	650740	417625	29494	172239	31381
2002	683385	435369	32665	181020	34330
2003	727944	428184	42073	221150	27539

4-2 全市主要年份农林牧渔业总产值发展速度

（按可比价计算，上年＝100）　　单位：%

年 份	合 计	农 业	林 业	畜牧业	渔 业
1978	100.00	100.00	100.00	100.00	100.00
1979	111.34	106.11	158.76	102.94	59.96
1980	99.96	108.13	74.94	99.30	151.79
1981	119.10	117.63	146.21	95.74	115.39
1982	107.99	108.31	111.09	111.97	103.55
1983	106.44	102.71	88.29	129.79	93.38
1984	93.04	88.40	127.79	104.34	170.47
1985	104.29	100.54	100.77	110.71	141.11
1986	104.89	106.27	93.24	106.10	117.63
1987	111.18	110.11	110.45	111.30	118.18
1988	95.80	93.04	96.35	106.05	93.93
1989	112.84	115.22	111.04	110.50	111.46
1990	128.40	115.71	105.69	118.99	140.57
1991	107.77	106.99	115.37	106.56	113.54
1992	110.15	109.48	112.65	111.68	104.40
1993	104.04	103.76	108.93	103.18	119.39
1994	103.77	103.31	100.76	106.19	116.15
1995	113.91	117.73	91.96	115.95	132.97
1996	104.35	104.33	93.45	108.48	119.55
1997	111.79	112.01	86.35	120.17	133.81
1998	106.05	104.90	91.20	110.89	127.04
1999	103.24	107.48	109.21	90.92	103.26
2000	105.53	101.23	105.32	117.13	110.99
2001	109.91	109.76	111.78	110.68	105.36
2002	111.66	110.23	121.44	114.93	105.39
2003	105.85	101.03	109.71	114.83	108.13

4-3 全市主要年份农民人均纯收入及主要农产品产量

年 份	农民人均纯收入（元）	粮食产量（吨）	甘蔗产量（吨）	水果产量（吨）	猪牛羊肉产量（吨）	水产品产量（吨）
1978	82	598500	245700	8125	19548	1576
1979	91	637415	292200	13257	18547	1235
1980	81	629287	308325	10949	14963	1973
1981	103	671535	408806	15160	15650	1963
1982	159	761499	580600	14034	20231	2189
1983	254	757870	535800	10675	24913	2921
1984	270	634956	415700	13423	24445	3653
1985	316	594735	598630	14991	26509	4330
1986	352	613998	854157	18869	31591	5360
1987	392	723514	989188	26624	33056	6168
1988	453	608574	1120176	16562	41007	5617
1989	518	744962	1004926	29628	42050	6305
1990	586	814574	1233591	38730	49037	7583
1991	694	795806	1852104	40244	56315	9294
1992	783	861726	1783957	58499	62143	10094
1993	890	858754	1814118	65641	66931	11225
1994	1120	785888	2050099	72222	74604	13156
1995	1440	925767	2677518	81002	82892	18245
1996	1701	887814	3066106	76967	89861	19077
1997	2035	933188	3592046	105517	108966	27045
1998	2155	966843	4012577	97362	120146	34716
1999	2183	967115	3845856	151620	119189	35252
2000	1658	966877	4036285	119515	128696	38867
2001	1797	935312	5130940	169609	159830	40798
2002	1954	874775	6505783	176884	161420	43130
2003	2082	798890	6291567	195657	173741	46603

注:根据国家统计局、区统计局的规定，农民人均纯收入的历史资料统计口径有调整，使用时请注意。

4-4 柳江县主要年份农林牧渔业总产值

单位：万元

年份	农林牧渔业总产值（当年价）				
	合计	农业	林业	畜牧业	渔业
1978	7963	6324	105	1501	33
1979	8084	6890	94	1053	47
1980	9550	7566	55	1910	20
1981	11569	9139	130	2275	25
1982	9852	8309	102	1421	20
1983	11227	8834	226	2120	47
1984	12194	8886	351	2858	99
1985	15137	11279	540	3133	185
1986	16729	12241	842	3360	286
1987	19932	15146	387	4047	352
1988	28542	21673	451	5941	477
1989	30969	23475	277	6771	446
1990	34597	26403	563	7119	512
1991	35571	26860	762	7285	664
1992	40111	30620	646	8173	672
1993	49800	38970	1041	8915	874
1994	80267	62908	2849	12973	1537
1995	102642	83657	1076	16040	1869
1996	109899	89555	1143	16943	2258
1997	116166	91921	799	20947	2499
1998	116362	89966	1356	21413	3627
1999	121219	89734	1416	26038	4031
2000	131747	94344	1147	32588	3668
2001	142626	101759	2289	33938	4640
2002	151270	106652	2941	36394	5283
2003	173663	118881	3629	43643	5093

4-5 柳江县主要年份农林牧渔业总产值发展速度

（按可比价计算，上年＝100）

单位：%

年 份	合 计	农 业	林 业	畜牧业	渔 业
1978	100.00	100.00	100.00	100.00	100.00
1979	101.90	97.29	173.85	112.74	120.00
1980	104.63	103.59	47.76	114.55	100.00
1981	105.72	119.91	144.26	64.19	98.48
1982	112.71	113.02	79.35	115.49	76.92
1983	106.46	102.77	221.56	115.79	174.00
1984	97.79	92.50	149.66	112.79	174.71
1985	103.89	102.30	156.28	97.15	186.18
1986	100.75	97.20	111.98	109.30	131.45
1987	106.84	113.02	38.69	105.52	122.31
1988	94.45	90.55	120.20	106.04	94.51
1989	112.24	116.21	55.23	108.32	93.26
1990	114.28	113.26	149.13	115.93	109.48
1991	102.15	101.26	135.79	101.36	115.95
1992	114.60	119.94	82.14	101.73	97.25
1993	107.95	109.48	155.32	94.96	145.45
1994	99.62	92.22	262.16	107.50	110.00
1995	114.52	123.56	34.54	108.09	121.59
1996	111.11	113.16	90.72	101.13	138.11
1997	115.98	114.43	75.32	125.99	128.20
1998	106.37	102.22	189.24	113.19	145.92
1999	107.33	102.84	107.42	124.94	110.73
2000	110.34	107.00	80.97	124.68	108.24
2001	114.26	116.23	167.11	106.60	107.38
2002	107.02	106.30	111.46	109.12	105.65
2003	105.03	100.06	124.65	117.61	105.14

4-6 柳江县主要年份农民人均纯收入及主要农产品产量

年份	农民人均纯收入（元）	粮食产量（吨）	甘蔗产量（吨）	水果产量（吨）	猪牛羊肉产量（吨）	水产品产量（吨）
1978	104	121742	77099	2377	5048	150
1979	116	121808	84292	3229	5038	149
1980	181	123576	76769	3814	3115	182
1981	251	151300	93147	4897	4222	179
1982	294	171420	137641	3210	5181	141
1983	312	180650	122875	3802	5429	234
1984	269	148205	103593	4260	6271	412
1985	324	138579	116742	3866	5460	769
1986	343	132956	177785	4588	7525	1020
1987	420	162233	237931	4136	5978	1257
1988	573	131635	325603	3369	6665	1192
1989	629	164445	327496	2954	7491	1116
1990	814	181951	350707	3524	8428	1220
1991	756	162086	523008	4614	9970	1207
1992	883	196769	534779	6638	9913	1301
1993	940	202103	542997	7558	9923	1748
1994	1082	151931	587644	7379	10840	1921
1995	1556	205721	781020	9940	12420	2336
1996	1612	206308	971217	8263	12848	3226
1997	1670	210827	1161985	11943	15575	4137
1998	1730	217541	1271128	12079	18355	6258
1999	1792	220879	1216649	13064	22014	6880
2000	1853	217620	1385629	12913	26706	7237
2001	2061	195323	1819068	18581	30191	7808
2002	2267	182121	2115167	21046	32771	8070
2003	2414	165573	1909240	35840	36255	8579

4-7 柳城县主要年份农林牧渔业总产值

单位：万元

年 份	农林牧渔业总产值（当年价）				
	合 计	农业	林 业	畜牧业	渔 业
1978	5085	4343	182	555	5
1979	5161	4569	138	443	11
1980	5253	4853	59	332	9
1981	6601	5592	254	744	11
1982	9666	8643	161	838	24
1983	10130	8758	216	1106	50
1984	9445	7847	205	1392	1
1985	10971	8631	156	2070	114
1986	12625	9771	185	2477	192
1987	15486	11653	263	3343	227
1988	19094	12683	334	5740	337
1989	26330	19083	393	6399	455
1990	33915	24588	593	8070	664
1991	38348	28141	630	8771	806
1992	42488	30921	872	9810	885
1993	56035	43640	1361	10032	1002
1994	79039	63809	1432	11957	1841
1995	97593	73567	1312	20253	2461
1996	111298	84090	1349	22679	3180
1997	123054	94833	1494	23172	3555
1998	140536	103933	2110	28543	5950
1999	137530	100977	1562	28688	6303
2000	146653	105070	1626	33053	6904
2001	156458	111069	2068	35878	7443
2002	166671	118943	3044	35848	8836
2003	160147	109924	3042	38664	5888

4-8 柳城县主要年份农林牧渔业总产值发展速度

（按可比价计算，上年＝100）　　单位：%

年 份	合 计	农 业	林 业	畜牧业	渔 业
1978					
1979	112.74	117.40	84.57	88.68	217.65
1980	106.16	111.52	33.78	78.46	227.03
1981	130.86	120.96	450.00	222.94	35.71
1982	105.01	110.84	45.33	80.79	156.67
1983	114.05	110.28	146.08	143.66	221.28
1984	89.01	84.27	90.83	124.37	128.85
1985	102.74	101.81	91.63	107.30	145.52
1986	119.21	118.57	109.14	120.52	169.23
1987	110.08	105.87	151.48	126.85	106.97
1988	101.19	96.70	126.02	115.82	112.75
1989	113.05	112.49	95.48	117.45	114.07
1990	113.10	113.53	119.86	111.08	110.35
1991	109.59	111.17	74.18	108.36	113.97
1992	112.84	112.60	142.40	111.39	109.46
1993	107.24	107.37	167.24	98.17	134.88
1994	112.25	115.46	109.44	101.20	103.68
1995	106.52	107.19	66.18	109.56	127.92
1996	108.31	109.41	89.87	106.49	102.50
1997	110.72	109.80	105.78	111.13	146.60
1998	111.67	109.13	149.03	112.40	155.89
1999	104.36	103.37	63.43	110.98	118.33
2000	107.68	106.28	117.06	111.58	112.00
2001	107.85	105.98	128.56	113.33	107.69
2002	116.31	119.06	119.21	108.48	106.45
2003	105.29	102.56	113.07	115.18	101.21

4-9 柳城县主要年份农民人均纯收入及主要农产品产量

年 份	农民人均纯收入（元）	粮食产量（吨）	甘蔗产量（吨）	水果产量（吨）	猪牛羊肉产量（吨）	水产品产量（吨）
1978	70	94851	90244	1849	2055	340
1979	76	104200	110958	2051	1980	255
1980	77	103876	116065	2309	1118	216
1981	113	132370	136728	2118	863	200
1982	136	153159	193801	2783	1343	263
1983	227	150034	182788	1313	1223	381
1984	315	110275	163368	3352	5387	738
1985	381	95561	257119	2950	4433	625
1986	426	108133	374547	5203	5037	821
1987	479	126518	394617	6409	6153	858
1988	527	104864	425883	2950	8183	39
1989	667	131145	388049	8951	8125	642
1990	643	144208	491515	8517	8822	1216
1991	754	147022	673735	8994	9914	1386
1992	687	155979	761026	15083	11544	1516
1993	846	163370	824765	18788	13005	2045
1994	1165	163924	929213	19291	15371	2097
1995	1450	170109	1064981	21034	17333	2708
1996	1550	165065	1225491	21346	19256	2780
1997	1657	176751	1409744	27266	23905	4076
1998	1772	183833	1571553	19127	26765	6550
1999	1895	188343	1504466	30933	22264	7725
2000	2027	191201	1708102	24491	24804	8461
2001	2230	190691	2036025	29615	27878	9100
2002	2432	182393	2611715	29733	29763	9686
2003	2580	165329	2596340	34460	32517	9830

4-10 鹿寨县主要年份农林牧渔业总产值

单位：万元

年份	农林牧渔业总产值（当年价）				
	合计	农业	林业	畜牧业	渔业
1978	5197	4293	239	567	98
1979	5928	4658	475	788	7
1980	6291	5577	16	681	17
1981	10125	8997	364	703	61
1982	10390	9153	275	929	33
1983	11072	9730	156	1167	19
1984	9591	8227	198	1084	82
1985	12697	9779	541	2234	143
1986	14566	11346	479	2592	149
1987	17541	13344	996	3043	158
1988	20846	14750	872	4836	388
1989	25975	17770	1876	5920	409
1990	29780	22153	1257	5926	444
1991	34579	26804	1101	6226	448
1992	35117	25964	1850	6780	523
1993	42913	29149	2034	10914	816
1994	67336	44851	2529	18805	1151
1995	89177	62006	3369	22174	1628
1996	97131	64911	4035	25891	2294
1997	98334	63252	3004	29029	3049
1998	101706	64303	3220	30771	3412
1999	114703	76761	4284	30286	3372
2000	120861	72828	5140	39358	3535
2001	128170	79105	5927	39541	3597
2002	136845	84187	7231	41706	3721
2003	141540	78658	6789	52162	3367

4-11 鹿寨县主要年份农林牧渔业总产值发展速度

（按可比价计算，上年=100）　　单位：%

年 份	合 计	农 业	林 业	畜牧业	渔 业
1978	93.42	103.37	38.06	116.64	50.50
1979	114.82	111.54	198.84	138.98	7.10
1980	103.84	122.26	3.35	86.42	245.83
1981	160.81	152.58	2284.78	103.22	357.63
1982	103.32	108.99	75.55	132.00	54.03
1983	106.22	93.28	56.05	122.00	57.89
1984	70.84	72.88	104.49	100.52	219.70
1985	118.69	110.08	259.57	117.67	173.79
1986	101.15	104.17	77.55	102.08	100.00
1987	118.82	114.89	139.42	131.62	120.63
1988	92.63	86.64	117.55	105.77	107.89
1989	112.98	108.18	195.05	105.31	105.18
1990	107.11	119.00	41.41	109.58	106.09
1991	111.63	118.66	85.63	104.76	121.04
1992	103.31	100.48	163.43	108.31	89.62
1993	100.49	98.82	91.06	127.00	121.16
1994	102.92	96.67	133.63	113.88	119.13
1995	128.55	128.42	97.58	135.07	142.76
1996	108.24	102.22	91.40	122.74	141.69
1997	118.32	111.03	76.73	135.02	151.08
1998	113.80	107.08	106.79	125.09	111.88
1999	95.65	123.71	127.11	55.97	92.70
2000	104.93	95.69	125.26	129.84	104.96
2001	106.47	104.17	120.65	110.16	101.73
2002	109.03	106.11	127.85	112.96	103.25
2003	105.92	100.61	108.14	114.38	113.53

4-12 鹿寨县主要年份农民人均纯收入及主要农产品产量

年 份	农民人均纯收入（元）	粮食产量（吨）	甘蔗产量（吨）	水果产量（吨）	猪牛羊肉产量（吨）	水产品产量（吨）
1978	80	134565	58717	486	4760	323
1979	93	153515	72609	998	3722	111
1980	94	158610	85294	142	1974	291
1981	133	152875	143857	1483	3063	465
1982	226	180540	193239	2008	2852	288
1983	343	173260	152328	779	4506	348
1984	295	130530	88045	1371	3501	365
1985	409	126015	164045	2073	4890	509
1986	444	137335	220275	306	5883	610
1987	447	162506	278164	5391	6705	1031
1988	527	129401	276405	2709	7445	777
1989	673	159281	201156	4768	7576	817
1990	675	176299	263973	7269	9866	889
1991	827	178149	421969	7956	13230	988
1992	890	181598	383096	10417	14464	935
1993	1050	179836	287909	12730	15695	1166
1994	1269	160236	345513	15813	17004	1391
1995	1631	195745	525632	17067	21411	1984
1996	1853	191684	543864	20055	23772	2811
1997	2070	201004	683017	24841	31045	4588
1998	2205	205785	822591	26994	36107	5098
1999	2316	204324	770519	54400	32619	4383
2000	1780	200432	622309	41956	32197	4776
2001	1952	191623	713382	55267	35797	4848
2002	2155	181117	916785	60166	39140	4998
2003	2306	166789	944642	60026	41320	5810

4-13 融安县主要年份农林牧渔业总产值

单位：万元

年 份	农林牧渔业总产值（当年价）				
	合 计	农业	林 业	畜牧业	渔 业
1978	5109	3681	315	1081	32
1979	6039	3844	1078	1078	39
1980	5582	3814	685	1046	37
1981	5730	3193	857	961	44
1982	6377	4279	963	914	41
1983	6547	4581	791	1109	66
1984	7214	4395	1204	1553	62
1985	7611	4265	1593	1675	78
1986	7661	4290	1407	1836	128
1987	8488	4930	1491	1908	159
1988	10144	4730	1812	3021	581
1989	11369	5471	2014	3200	684
1990	19908	12014	3726	3664	504
1991	21140	12371	4477	3765	527
1992	23905	13135	5388	4806	576
1993	26078	14951	5756	4740	631
1994	34498	22313	5507	5912	766
1995	40875	26776	5329	7408	1362
1996	38852	23528	6812	7245	1267
1997	43596	26824	6057	8942	1773
1998	47101	30172	3852	10105	2972
1999	49657	31922	3602	11220	2913
2000	49631	31736	4345	11302	2248
2001	52272	33564	4472	11923	2313
2002	54527	35366	4169	12612	2380
2003	62378	34017	5592	19645	2137

4-14 融安县主要年份农林牧渔业总产值发展速度

（按可比价计算，上年=100） 单位：%

年 份	合 计	农 业	林 业	畜牧业	渔 业
1978	100.00	100.00	100.00	100.00	100.00
1979	115.36	115.33	115.31	115.44	116.47
1980	95.94	95.92	95.93	95.96	96.97
1981	102.15	96.78	147.66	74.71	113.54
1982	107.66	107.64	107.73	107.69	106.42
1983	98.81	94.08	86.34	149.76	93.97
1984	103.80	103.75	103.82	103.83	106.41
1985	104.31	95.93	123.21	107.34	132.35
1986	100.22	103.11	86.06	108.36	157.78
1987	113.06	112.59	122.18	103.42	123.94
1988	93.77	92.15	90.69	100.85	112.50
1989	110.78	119.72	98.35	100.59	113.13
1990	110.43	111.66	105.04	112.53	110.71
1991	109.56	106.31	126.92	102.20	103.55
1992	112.17	105.77	119.22	125.53	102.51
1993	97.10	103.10	103.75	69.84	116.04
1994	100.69	100.50	88.96	120.01	122.07
1995	108.80	115.32	88.94	112.99	111.79
1996	97.62	88.00	132.22	95.00	93.11
1997	106.28	112.23	80.23	120.00	144.86
1998	97.31	100.38	67.13	113.00	125.65
1999	105.88	106.93	93.31	111.86	99.92
2000	105.72	99.71	138.19	104.55	103.49
2001	108.47	109.44	107.51	107.13	111.88
2002	109.75	114.64	94.69	108.59	103.52
2003	105.44	96.05	121.17	116.64	104.50

4-15 融安县主要年份农民人均纯收入及主要农产品产量

年 份	农民人均纯收入（元）	粮食产量（吨）	甘蔗产量（吨）	水果产量（吨）	猪牛羊肉产量（吨）	水产品产量（吨）
1978	94	82928	3688	1122	2007	95
1979	100	87130	6721	1988	2401	140
1980	75	82345	5452	1562	2330	140
1981	90	77575	4633	2667	1959	76
1982	110	87725	4272	2632	2093	179
1983	316	88176	2624	3120	3129	227
1984	311	85821	4709	2398	2941	457
1985	313	79435	8933	3000	3469	351
1986	319	80377	10480	3209	3609	582
1987	332	97069	6690	4005	3663	721
1988	412	88095	5512	3114	3643	806
1989	466	102491	5269	3356	3711	911
1990	670	109473	7617	6552	4877	1013
1991	713	112836	24881	6314	4977	1056
1992	779	116259	18325	7313	6276	1108
1993	838	109493	12000	7308	6457	1253
1994	1094	109716	17495	7647	7246	1500
1995	1352	121575	33125	8035	7560	1696
1996	1435	104622	30029	6781	6856	968
1997	1776	115177	43884	8379	8523	2556
1998	1927	115819	36494	9931	8793	3061
1999	2083	111852	51906	13640	10282	3100
2000	1407	115871	53621	11402	11549	3110
2001	1589	111928	103529	17954	12636	3400
2002	1717	104160	191788	19110	13835	3380
2003	1859	89784	161790	19103	14624	3518

4-16 融水县主要年份农林牧渔业总产值

单位：万元

年份	农林牧渔业总产值（当年价）				
	合计	农业	林业	畜牧业	渔业
1978	5509	3471	1267	716	55
1979	5857	3690	1347	761	59
1980	6821	4297	1569	887	68
1981	6707	4234	1568	874	31
1982	7798	4194	2165	1403	36
1983	9032	4391	2726	1861	54
1984	12361	4401	5920	1979	61
1985	12525	4256	5780	2356	133
1986	12607	4625	5450	2361	171
1987	12632	4998	4769	2667	198
1988	12783	4747	5226	2647	163
1989	17151	8533	4551	3846	221
1990	23862	12186	7152	4138	386
1991	25594	11979	8669	4572	374
1992	27800	12795	9860	4754	391
1993	33236	13756	12069	6747	664
1994	44172	24595	10523	7795	1259
1995	62740	35802	12532	12724	1682
1996	59303	33908	9751	13131	2513
1997	64698	38618	8766	13865	3449
1998	63095	39660	7114	12372	3949
1999	65674	39168	9951	12439	4116
2000	66020	36835	10300	13965	4920
2001	66532	37484	9103	15591	4354
2002	68060	38475	9064	16135	4386
2003	75809	37259	13894	20502	2646

4-17 融水县主要年份农林牧渔业总产值发展速度

（按可比价计算，上年=100）　　单位：%

年 份	合 计	农 业	林 业	畜牧业	渔 业
1978	101.94	101.51	114.78	90.72	105.26
1979	106.32	106.35	106.32	106.20	105.00
1980	116.47	116.45	116.46	116.64	114.29
1981	118.28	111.11	152.40	109.14	91.67
1982	107.70	95.94	136.77	112.39	95.45
1983	104.54	100.65	97.08	136.63	100.00
1984	106.49	90.96	141.51	98.58	142.86
1985	95.51	95.68	80.67	125.23	210.00
1986	96.88	106.98	92.18	81.37	119.05
1987	105.43	110.27	95.90	106.02	116.00
1988	98.03	94.96	105.29	98.04	81.61
1989	119.01	133.89	99.22	108.87	108.45
1990	289.34	84.45	162.07	101.94	177.07
1991	104.12	97.66	112.08	104.83	100.54
1992	106.63	105.03	109.69	102.29	105.39
1993	108.61	96.94	115.66	123.12	112.02
1994	104.79	125.16	87.79	101.52	118.49
1995	118.90	127.89	109.83	112.94	133.53
1996	91.10	93.97	77.72	103.34	152.53
1997	110.48	119.16	86.52	119.43	138.22
1998	96.81	103.55	90.48	81.20	120.05
1999	106.87	101.42	125.87	103.42	102.05
2000	100.08	94.64	101.67	112.62	113.30
2001	107.75	109.66	101.82	114.40	93.24
2002	104.59	109.00	98.10	101.33	100.58
2003	104.26	99.20	105.87	113.79	94.74

4-18 融水县主要年份农民人均纯收入及主要农产品产量

年 份	农民人均纯收入（元）	粮食产量（吨）	甘蔗产量（吨）	水果产量（吨）	猪牛羊肉产量（吨）	水产品产量（吨）
1978	83	85100	4381	924	1661	200
1979	86	87675	5082	1335	1888	80
1980	71	85530	8193	277	2088	249
1981	80	88605	9702	853	1772	237
1982	172	89130	13828	987	2796	169
1983	206	80235	13956	648	2643	412
1984	279	79630	11667	617	2529	295
1985	245	69250	15331	514	3512	511
1986	255	76877	11840	854	3453	612
1987	287	88304	9046	770	3766	707
1988	376	70884	14106	792	5742	581
1989	441	94310	25688	844	5420	910
1990	404	103957	29038	869	5577	912
1991	579	101533	52057	1198	6112	1709
1992	586	111669	57892	1595	7144	3317
1993	536	105993	31053	1848	8328	1508
1994	782	109321	96397	2987	9423	2021
1995	1122	125736	182030	6002	9995	3395
1996	1198	120974	165880	4649	10863	2476
1997	1318	127480	148532	12330	11935	3517
1998	1460	133035	130667	13529	10929	4407
1999	1546	131034	114166	17200	12845	4203
2000	1085	130679	104650	14281	12962	4920
2001	1241	132309	215946	22537	15308	4500
2002	1380	121576	296059	25787	16223	4520
2003	1487	118361	325650	25392	17813	4759

4-19 三江县主要年份农林牧渔业总产值

单位：万元

年 份	农林牧渔业总产值（当年价）				
	合 计	农业	林 业	畜牧业	渔 业
1978	7665	3952	2664	950	99
1979	7890	4071	2741	977	101
1980	8111	4181	2818	1009	104
1981	4704	2425	1634	585	60
1982	5100	2470	1854	687	89
1983	5104	2916	1096	992	100
1984	7454	3357	2417	1430	250
1985	8081	2900	3094	1694	393
1986	8650	3354	3068	1876	352
1987	10241	3560	4063	2183	435
1988	11755	4136	4816	2482	320
1989	13241	5078	4795	2963	405
1990	12813	5422	3524	3391	476
1991	14951	5450	4910	4070	521
1992	17752	7691	5404	4115	542
1993	19265	8643	5097	4953	572
1994	26718	13310	6269	6182	957
1995	29031	15632	5442	6947	1010
1996	30782	16813	5405	7496	1068
1997	31771	17080	5130	8361	1200
1998	34960	18795	3710	11055	1400
1999	35102	19414	4149	10059	1480
2000	36744	18629	3723	12592	1800
2001	39378	20464	4150	13020	1744
2002	39752	19753	2727	15432	1840
2003	43167	18565	4377	18192	1417

4-20 三江县主要年份农林牧渔业总产值发展速度

（按可比价计算，上年＝100）　　　单位：%

年 份	合 计	农 业	林 业	畜牧业	渔 业
1978	100.00	100.00	100.00	100.00	100.00
1979	120.53	91.23	226.54	64.36	117.54
1980	82.10	93.45	71.86	72.69	231.34
1981	103.84	90.92	115.28	126.58	100.00
1982	107.79	102.46	109.76	117.30	150.32
1983	100.12	118.64	76.08	139.30	59.23
1984	114.93	102.32	130.32	111.13	249.28
1985	96.21	89.16	94.67	120.74	106.69
1986	104.99	111.88	96.29	110.50	89.92
1987	110.17	103.75	130.95	85.25	108.18
1988	92.08	100.68	80.44	106.58	61.34
1989	114.36	105.50	122.53	118.60	127.85
1990	98.33	109.01	75.89	106.87	116.79
1991	107.88	101.28	119.81	102.28	109.48
1992	104.48	104.74	106.13	100.42	104.19
1993	101.51	101.55	96.08	113.03	105.36
1994	100.06	100.83	98.40	101.42	100.25
1995	102.59	108.13	91.64	109.99	105.58
1996	101.51	104.50	93.12	107.34	105.77
1997	97.04	101.55	83.27	104.25	112.27
1998	96.92	100.92	76.82	107.86	117.00
1999	106.48	101.08	106.95	98.25	105.53
2000	104.08	99.53	92.42	120.67	121.64
2001	114.23	116.72	119.23	107.14	112.94
2002	98.19	96.58	70.94	118.35	109.80
2003	98.91	95.37	101.53	99.95	105.88

4-21 三江县主要年份农民人均纯收入及主要农产品产量

年 份	农民人均纯收入（元）	粮食产量（吨）	甘蔗产量（吨）	水果产量（吨）	猪牛羊肉产量（吨）	水产品产量（吨）
1978	97	65119	139	115	1951	139
1979	123	68310	71	239	1925	77
1980	93	63600	127	325	1571	412
1981	81	57060	139	660	1756	249
1982	191	64670	71	549	2090	631
1983	209	62190	127	477	2035	710
1984	272	60305	186	410	1974	884
1985	286	65495	227	208	2938	848
1986	299	56855	111	573	3380	801
1987	349	64069	146	766	3278	870
1988	391	63943	55	502	4695	587
1989	436	70187	102	812	4706	676
1990	406	73829	56	1791	5001	793
1991	552	71206	17	2228	5605	868
1992	583	72910	22	2215	5955	904
1993	773	69540	30	2412	6402	954
1994	889	67975	29	2533	6630	957
1995	1092	75457	22	2622	5797	1010
1996	1204	72315	13	2515	7374	1068
1997	1408	69463	33	2665	7954	1200
1998	1456	76428	30	2345	8534	1400
1999	1549	75627	25	2605	9385	1480
2000	1188	76449	74	2061	10985	1800
2001	1356	78779	59	7519	11846	2030
2002	1368	71571	30	5155	14551	2230
2003	1450	63533	89	4730	14616	2360

4-22 农村基本情况及从业人员构成

(2003年)

指 标 名 称	单位	全市	市区	柳江县	柳城县
农村基层组织					
乡镇个数	个	98	10	13	14
#镇个数	个	45	7	11	9
村民委员会	个	938	68	127	122
村民小组	个	13239	712	1357	1393
农村社会基础设施					
通汽车村数	个	816	68	127	122
通电话村数	个	756	68	95	112
自来水受益村数	个	592	43	90	65
乡(镇)村户数	**万户**	**58.19**	**3.12**	**12.37**	**9.59**
乡(镇)村人口数	**万人**	**241.05**	**11.08**	**49.54**	**37.54**
乡(镇)村劳动力	**万人**	**142.14**	**6.68**	**26.87**	**21.37**
乡(镇)村从业人员	**万人**	**132.37**	**6.62**	**25.55**	**19.93**
#女性	万人	62.05	3.36	12.22	9.34
农林牧渔业从业人员	万人	95.47	4.54	18.14	15.35
工业从业人员	万人	4.89	0.17	1.66	0.25
建筑业从业人员	万人	2.96	0.15	0.69	0.6
交通运输、邮电通讯及仓储业从业人员	万人	1.96	0.22	0.42	0.47
批发.零售贸易业.餐饮业从业人员	万人	4.51	0.31	1.17	0.61
其他从业人员	万人	22.58	1.23	3.47	2.65
#外出从业人员	万人	19.5	0.69	3.15	2.23

4-22 续表

(2003年)

指 标 名 称	单位	鹿寨县	融安县	融水苗族自治县	三江侗族自治县
农村基层组织					
乡镇个数	个	11	14	20	16
#镇个数	个	5	6	4	3
村民委员会	个	121	140	198	162
村民小组	个	2348	2139	3133	2157
农村社会基础设施					
通汽车村数	个	121	130	133	115
通电话村数	个	117	129	109	126
自来水受益村数	个	26	96	131	141
乡(镇)村户数	**万户**	**9.65**	**6.93**	**9.34**	**7.19**
乡(镇)村人口数	**万人**	**39.91**	**28.11**	**42.3**	**32.57**
乡(镇)村劳动力	**万人**	**24.06**	**16.93**	**26.24**	**19.99**
乡(镇)村从业人员	**万人**	**22.52**	**15.81**	**24.3**	**17.64**
#女性	万人	10.42	7.07	11.37	8.27
农林牧渔业从业人员	万人	15.37	11.96	18.59	11.52
工业从业人员	万人	0.5	0.33	0.47	1.51
建筑业从业人员	万人	0.51	0.48	0.25	0.28
交通运输、邮电通讯及仓储业从业人员	万人	0.32	0.24	0.16	0.13
批发.零售贸易业.餐饮业从业人员	万人	1.16	0.32	0.57	0.37
其他从业人员	万人	4.66	2.48	4.26	3.83
#外出从业人员	万人	4.13	1.9	4.08	3.32

4-23 农林牧渔业总产值

（2003年） 单位：万元

指标名称	全市		市区		柳江县		柳城县	
	1990年不变价	2003年现行价	1990年不变价	2003年现行价	1990年不变价	2003年现行价	1990年不变价	2003年现行价
农林牧渔业总产值	**459556**	**727944**	**43270**	**71240**	**100600**	**173663**	**105037**	**160147**
农业产值	**258683**	**428184**	**17467**	**30880**	**65553**	**118881**	**73200**	**109924**
种植业	251244	409933	17426	30780	64678	116741	69362	100534
主产品产值	233528	385198	16507	29537	59346	109631	63220	92298
粮食作物合计	44500	92822	1642	3419	9321	19454	9169	18947
经济作物合计	100339	126171	5470	6665	28108	36461	40621	49474
蔬菜.瓜类.食用菌	47465	119441	7024	16873	15597	45016	6532	15115
茶.桑.果	35400	37969	2314	2490	5012	6985	5675	6767
其他种植业	5824	8795	57	90	1308	1715	1223	1995
副产品产值	17716	24735	919	1243	5332	7110	6142	8236
粮食作物副产品	2742	5847	107	216	605	1173	615	1285
经济作物副产品	14974	18888	812	1027	4727	5937	5527	6951
其他农业	7439	18251	41	100	875	2140	3838	9390
采集野生植物	7439	18251	41	100	875	2140	3838	9390
农民家庭兼营商品性工业	2038	2190	53	53	869	869	15	15
林业产值	**40844**	**42073**	**3774**	**4750**	**3236**	**3629**	**2543**	**3042**
营林	3669	6452	225	470	484	792	330	528
林产品	4867	7301	805	1425	305	474	193	407
村及村以下竹木采伐	23205	19193	1050	1158	1507	1420	1591	1677
牧业产值	**132101**	**221150**	**16915**	**28342**	**25861**	**43643**	**22638**	**38664**
牲畜饲养	14430	17965	379	499	3621	4884	1697	2041
牛的饲养	13450	14438	344	370	3243	3481	1614	1733
羊的饲养	939	3485	35	129	378	1403	83	308
猪的饲养	75587	142281	7820	14720	15251	28708	14805	27868
禽类的饲养	29374	42318	7621	10044	5451	8030	3751	5501
活的畜禽产品	2346	5138	832	2784	206	313	555	967
其他动物及产品	10364	13448	263	295	1332	1708	1830	2287
渔业产值	**18978**	**27539**	**4837**	**6991**	**3557**	**5093**	**4027**	**5888**

4-23 续表

（2003年）

单位：万元

指标名称	鹿寨县		融安县		融水苗族自治县		三江侗族自治县	
	1990年不变价	2003年现行价	1990年不变价	2003年现行价	1990年不变价	2003年现行价	1990年不变价	2003年现行价
农林牧渔业总产值	**89986**	**141540**	**39072**	**62378**	**55200**	**75809**	**26391**	**43167**
农业产值	**49358**	**78658**	**19339**	**34017**	**24792**	**37259**	**8974**	**18565**
种植业	49358	78658	18722	32500	24282	35998	7416	14722
主产品产值	46419	74449	17908	31160	22941	33901	7187	14222
粮食作物合计	9328	19130	4966	10293	6484	13834	3590	7745
经济作物合计	14956	18440	5170	7348	5437	6850	577	933
蔬菜.瓜类.食用菌	9761	21317	3884	10130	3234	7444	1433	3546
茶.桑.果	10241	12293	3395	2635	7365	5073	1398	1726
其他种植业	2133	3269	493	754	421	700	189	272
副产品产值	2939	4209	814	1340	1341	2097	229	500
粮食作物副产品	581	1211	284	669	372	869	178	424
经济作物副产品	2358	2998	530	671	969	1228	51	76
其他农业			617	1517	510	1261	1558	3843
采集野生植物			617	1517	510	1261	1558	3843
农民家庭兼营商品性工业			593	593	508	660		
林业产值	**6126**	**6789**	**5787**	**5592**	**14795**	**13894**	**4583**	**4377**
营林	603	1131	505	849	1017	1837	505	845
林产品	666	1127	815	1101	1526	2008	557	759
村及村以下竹木采伐	1993	1659	3925	3097	10425	8218	2714	1964
牧业产值	**31664**	**52162**	**11458**	**19645**	**12320**	**20502**	**11245**	**18192**
牲畜饲养	3739	4641	1181	1536	1830	2078	1983	2286
牛的饲养	3501	3758	1038	1114	1787	1918	1923	2064
羊的饲养	238	883	102	380	43	160	60	222
猪的饲养	17773	33455	6377	12004	7607	14319	5954	11207
禽类的饲养	4394	6477	3098	5069	2119	2985	2940	4212
活的畜禽产品	186	286	85	114	175	258	307	416
其他动物及产品	5572	7303	717	922	589	862	61	71
渔业产值	**2274**	**3367**	**1508**	**2137**	**1802**	**2646**	**973**	**1417**

4-24 农林牧渔业增加值

（2003年，按当年价格计算）　　单位：万元

指标名称	合计	农业	# 种植业	林业	牧业	渔业
全　市						
农林牧渔业总产值	**727944**	**428184**	**409933**	**42073**	**221150**	**27539**
农林牧渔业中间消耗	**278782**	**134180**	**131858**	**11400**	**118092**	**10300**
物质消耗	260688	127101	124989	8510	115192	9885
用种量	42378	35914	35914	495	3802	2167
饲料.饲草	116374	6403	6403		104180	5791
肥料	65207	63017	63017	2190		
燃料	9787	4985	4873	911	3745	146
农药	7499	7365	7365	134		
农用塑料薄膜	673	673	673			
电	4187	3801	3624	101	217	68
其他	10355	2002	1842	4506	2136	1711
生产服务支出	13284	7079	6869	2890	2900	415
农林牧渔业增加值	**449162**	**294004**	**278075**	**30673**	**103058**	**17239**
市　区						
农林牧渔业总产值	**71240**	**30880**	**30780**	**4750**	**28342**	**6991**
农林牧渔业中间消耗	**26876**	**8501**	**8441**	**1357**	**14635**	**2259**
物质消耗	24806	7696	7636	1080	13928	2102
用种量	2017	1183	1183	53	273	508
饲料.饲草	14216	97	97		13012	1107
肥料	5491	5163	5163	328		
燃料	423	261	261	17	116	29
农药	496	468	468	28		
农用塑料薄膜	31	31	31			
电	669	378	368	67	160	64
其他	1038			543	101	394
生产服务支出	1946	805	805	277	707	157
农林牧渔业增加值	**44364**	**22379**	**22339**	**3393**	**13707**	**4732**

4-24续表1 单位：万元

指 标 名 称	合 计	农 业	# 种植业	林 业	牧 业	渔 业
柳江县						
农林牧渔业总产值	**173663**	**118881**	**116741**	**3629**	**43643**	**5093**
农林牧渔业中间消耗	**64612**	**28647**	**28322**	**562**	**31058**	**3035**
物质消耗	61109	26963	26652	441	30744	2961
用种量	12100	11047	11047	18	594	441
饲料. 饲草	32059	1066	1066		28857	2136
肥料	9969	9814	9814	155		
燃料	1798	1327	1315	69	365	37
农药	2333	2288	2288	45		
农用塑料薄膜	146	146	146			
电	624	593	561		28	3
其他	1271	101	54	128	700	342
生产服务支出	2193	1684	1670	121	314	74
农林牧渔业增加值	**109051**	**90234**	**88419**	**3067**	**12585**	**2058**
柳城县						
农林牧渔业总产值	**160147**	**109924**	**100534**	**3042**	**38664**	**5888**
农林牧渔业中间消耗	**68527**	**41490**	**41020**	**890**	**22688**	**2034**
物质消耗	64666	39444	38974	887	22359	1976
用种量	7605	6790	6790	70	251	494
饲料. 饲草	22454	1788	1788		19591	1075
肥料	25815	25064	25064	751		
燃料	2043	1022	1022	1	1000	20
农药	2729	2720	2720	9		
农用塑料薄膜	187	187	187			
电	384	376	376		8	
其他	2267	692	692	56	1132	387
生产服务支出	2436	2046	2046	3	329	58
农林牧渔业增加值	**91620**	**68434**	**59514**	**2152**	**15976**	**3854**

单位：万元

指标名称	合计	农业	#种植业	林业	牧业	渔业
鹿寨县						
农林牧渔业总产值	**141540**	**78658**	**78658**	**6789**	**52162**	**3367**
农林牧渔业中间消耗	**52319**	**29993**	**29978**	**1111**	**19800**	**1150**
物质消耗	50605	28986	28981	1070	19491	1058
用种量	13714	11991	11991	297	1124	302
饲料. 饲草	19643	1537	1537		17590	516
肥料	12145	11613	11613	532		
燃料	1285	582	582	103	595	5
农药	906	888	888	18		
农用塑料薄膜	192	192	192			
电	1807	1807	1807			
其他	527	140	135	100	52	235
生产服务支出	1449	1007	997	41	309	92
农林牧渔业增加值	**89221**	**48665**	**48680**	**5678**	**32362**	**2217**
融安县						
农林牧渔业总产值	**62378**	**34017**	**32500**	**5592**	**19645**	**2137**
农林牧渔业中间消耗	**21048**	**9491**	**9375**	**1052**	**9411**	**559**
物质消耗	19004	8736	8636	906	8813	549
用种量	3041	1951	1951	38	924	128
饲料. 饲草	8305	799	799		7226	280
肥料	3969	3931	3931	38		
燃料	873	261	254		612	
农药	617	607	607	10		
农用塑料薄膜	36	36	36			
电	253	253	249			
其他	1666	722	709	803		141
生产服务支出	1509	755	739	146	598	10
农林牧渔业增加值	**41330**	**24526**	**23125**	**4540**	**10234**	**1578**

4-24续表3

单位：万元

指 标 名 称	合 计	农 业	# 种植业	林 业	牧 业	渔 业
融水苗族自治县						
农林牧渔业总产值	**75809**	**37259**	**35998**	**13894**	**20502**	**2646**
农林牧渔业中间消耗	**29692**	**10455**	**10429**	**4504**	**13050**	**866**
物质消耗	27110	10268	10242	3170	12815	857
用种量	2408	2091	2091	16	127	174
饲料. 饲草	13825	745	745		12530	550
肥料	6134	5883	5883	251		
燃料	1748	1062	1062	641	31	14
农药	271	271	271			
农用塑料薄膜	27	27	27			
电	25	23	23		2	
其他	2415	27	27	2219	50	119
生产服务支出	1765	187	187	1334	235	9
农林牧渔业增加值	**46117**	**26804**	**25569**	**9390**	**7452**	**1780**
三江侗族自治县						
农林牧渔业总产值	**43167**	**18565**	**14722**	**4377**	**18192**	**1417**
农林牧渔业中间消耗	**15708**	**5603**	**4293**	**1924**	**7450**	**397**
物质消耗	13388	5008	3868	956	7042	382
用种量	1493	861	861	3	509	120
饲料. 饲草	5872	371	371		5374	127
肥料	1684	1549	1549	135		
燃料	1617	470	377	80	1026	41
农药	147	123	123	24		
农用塑料薄膜	54	54	54			
电	425	371	240	34	19	1
其他	1171	320	225	657	101	93
生产服务支出	1986	595	425	968	408	15
农林牧渔业增加值	**27459**	**12962**	**10429**	**2453**	**10742**	**1020**

4-25 耕地增减变动情况

（2003年）

单位：公顷

指标名称	全市	市区	柳江县	柳城县
年初实有耕地积	**228581**	**10241**	**54126**	**44814**
水田	108434	3052	21453	19676
旱地	120147	7189	32673	25138
当年新增加的耕地面积	**3730**	**133**	**97**	**533**
新开荒	2822		51	10
其他	587	132	46	296
当年减少的耕地面积	**9157**	**456**	**1757**	**1088**
#国家基建占地	1018	322	161	130
退耕还林、还牧	6647	96	1442	666
改渔塘	38	8		7
改果园	654	25	40	228
乡(镇)村集体基建占地	127	1	4	15
农民个人建房占地	60		24	13
因灾废弃及撩荒	342	1		22
年末实有耕地面积	**223154**	**9918**	**52466**	**44259**
水田	107109	3025	21372	19444
旱地	116045	6893	31094	24815

4-25 续表

（2003年）

单位：公顷

指 标 名 称	鹿寨县	融安县	融水苗族自治县	三江侗族自治县
年初实有耕地积	**46825**	**25976**	**32036**	**14563**
水 田	23371	16359	15445	9078
旱 地	23454	9617	16591	5485
当年新增加的耕地面积	**428**	**433**	**1179**	**927**
新 开 荒	378	406	1085	892
其 他	1	27	61	24
当年减少的耕地面积	**1045**	**1000**	**1683**	**2128**
# 国家基建占地	261	11	53	80
退耕还林、还牧	496	666	1385	1896
改 渔 塘	1	4	8	10
改 果 园	170	135	37	19
乡(镇)村集体基建占地	10	26	59	12
农民个人建房占地		6	9	8
因灾废弃及撩荒	104	79	87	49
年末实有耕地面积	**46208**	**25409**	**31532**	**13362**
水 田	23164	16107	15278	8719
旱 地	23044	9302	16254	4643

4-26 农作物播种面积和产量

(2003年)

指 标 名 称	单位	全市	市区	柳江县	柳城县
农作物总播种面积	**公顷**	**412773**	**23091**	**91846**	**95935**
粮食播种面积	**公顷**	**181987**	**6469**	**37705**	**37469**
公顷产量	公斤/公顷	4390	4563	4391	4412
产　量	吨	798890	29521	165573	165329
夏收播种面积	公顷	95697	3648	21476	21288
公顷产量	公斤/公顷	4612	4538	4553	5011
产　量	吨	441369	16556	97778	106678
秋收播种面积	公顷	85960	2821	16226	16166
公顷产量	公斤/公顷	4155	4596	4178	3626
产　量	吨	357147	12965	67790	58612
稻谷播种面积	公顷	133957	4678	25159	27977
公顷产量	公斤/公顷	5156	5309	5490	4982
产　量	吨	690719	24836	138118	139394
早稻播种面积	公顷	68035	2546	13751	15254
公顷产量	公斤/公顷	5527	5360	5685	5844
产　量	吨	376026	13647	78175	89141
中稻播种面积	公顷	17263	18	19	545
公顷产量	公斤/公顷	5565	5500	6211	5481
产　量	吨	96073	99	118	2987
晚稻播种面积	公顷	48366	2114	11389	12178
公顷产量	公斤/公顷	4504	5246	5253	3881
产　量	吨	217846	11090	59825	47266
玉米播种面积	公顷	22235	1020	6095	4688
公顷产量	公斤/公顷	2723	2949	2957	3290
产　量	吨	60551	3008	18022	15425
高粱播种面积	公顷	3			2
公顷产量	公斤/公顷	1333			1500
产　量	吨	4			3
豆类播种面积	公顷	12251	420	4202	2417
公顷产量	公斤/公顷	1470	1905	1460	1699
产　量	吨	18004	800	6136	4107
大豆播种面积	公顷	10921	418	3970	2416
公顷产量	公斤/公顷	1473	1909	1386	1700
产　量	吨	16089	798	5503	4106
绿豆播种面积	公顷	169	2	123	
公顷产量	公斤/公顷	1095	1000	1098	
产　量	吨	185	2	135	
红薯播种面积	公顷	12447	351	2127	2375
公顷产量	公斤/公顷	2256	2499	1472	2685
产　量	吨	28080	877	3130	6377
经济作物播种面积	**公顷**	**119923**	**6031**	**32260**	**39187**
油料作物播种面积	公顷	18568	1018	2257	5643
公顷产量	公斤/公顷	1467	2287	1683	1660

4-26 续表 (2003年)

指标名称	单位	鹿寨县	融安县	融水苗族自治县	三江侗族自治县
农作物总播种面积	**公顷**	**82949**	**40710**	**50432**	**27810**
粮食播种面积	**公顷**	**38673**	**20778**	**25735**	**15158**
公顷产量	公斤/公顷	4313	4321	4599	4191
产　量	吨	166789	89784	118361	63533
夏收播种面积	公顷	24116	10707	9885	4577
公顷产量	公斤/公顷	4533	4538	4500	3924
产　量	吨	109321	48592	44484	17960
秋收播种面积	公顷	14557	10070	15850	10270
公顷产量	公斤/公顷	3948	4090	4661	4406
产　量	吨	57468	41190	73877	45245
稻谷播种面积	公顷	28144	17200	19268	11531
公顷产量	公斤/公顷	5130	4763	5373	5077
产　量	吨	144379	81917	103528	58547
早稻播种面积	公顷	16938	9272	7391	2883
公顷产量	公斤/公顷	5539	4903	5395	5520
产　量	吨	93815	45460	39873	15915
中稻播种面积	公顷		4689	6382	5610
公顷产量	公斤/公顷		4586	6308	5545
产　量	吨		21504	40255	31110
晚稻播种面积	公顷	11206	3195	5262	3022
公顷产量	公斤/公顷	4512	4644	4333	3793
产　量	吨	50564	14838	22802	11461
玉米播种面积	公顷	5237	1507	2766	922
公顷产量	公斤/公顷	2583	2238	2176	1275
产　量	吨	13528	3372	6020	1176
高粱播种面积	公顷			1	
公顷产量	公斤/公顷			1000	
产　量	吨			1	
豆类播种面积	公顷	3284	487	421	1020
公顷产量	公斤/公顷	1360	1542	1563	1065
产　量	吨	4466	751	658	1086
大豆播种面积	公顷	3158	487	193	279
公顷产量	公斤/公顷	1367	1542	1565	1115
产　量	吨	4318	751	302	311
绿豆播种面积	公顷	14		4	26
公顷产量	公斤/公顷	857		2250	1038
产　量	吨	12		9	27
红薯播种面积	公顷	2008	1583	2818	1185
公顷产量	公斤/公顷	2199	2364	2641	1769
产　量	吨	4416	3742	7442	2096
经济作物播种面积	**公顷**	**22280**	**5731**	**11816**	**2618**
油料作物播种面积	公顷	3957	1445	3230	1018
公顷产量	公斤/公顷	1493	1220	922	1084

4-26续表2

指 标 名 称	单位	全市	市区	柳江县	柳城县
产 量	吨	27245	2328	3799	9366
#花生播种面积	公顷	10235	1006	2023	2907
公顷产量	公斤/公顷	1897	2308	1801	2210
产 量	吨	19411	2322	3643	6424
芝麻播种面积	公顷	324	12	7	149
公顷产量	公斤/公顷	775	500	857	1027
产 量	吨	251	6	6	153
麻类播种面积	公顷	276			145
公顷产量	公斤/公顷	1764			1572
产 量	吨	487			228
#黄红麻播种面积	公顷	276			145
公顷产量	公斤/公顷	1764			1572
产 量	吨	487			228
甘蔗播种面积	公顷	86690	4868	28563	31517
公顷产量	公斤/公顷	72575	72682	66843	82379
产 量	吨	6291567	353816	1909240	2596340
糖蔗播种面积	公顷	84773	4857	27245	31304
公顷产量	公斤/公顷	72152	72672	65352	82318
产 量	吨	6116516	352968	1780516	2576884
果蔗播种面积	公顷	1917	11	1318	213
公顷产量	公斤/公顷	91315	77091	97666	91343
产 量	吨	175051	848	128724	19456
烟叶播种面积	公顷	339		12	17
公顷产量	公斤/公顷	758		833	1412
产 量	吨	257		10	24
晒烟播种面积	公顷	317		12	17
公顷产量	公斤/公顷	744		833	1412
产 量	吨	236		10	24
烤烟播种面积	公顷	22			
公顷产量	公斤/公顷	955			
产 量	吨	21			
药材播种面积	公顷	3159	21	24	1224
木薯播种面积	公顷	8128	76	455	260
公顷产量	公斤/公顷	3623	10842	3719	18446
产 量	吨	29445	824	1692	4796
其他农作物播种面积	**公顷**	**110863**	**10591**	**21881**	**19279**
蔬菜播种面积	公顷	81501	9692	20572	10730
产 量	吨	1394943	199946	477132	158669
果用瓜（西瓜、香瓜）	公顷	2390	161	101	307
产 量	吨	53919	3821	1599	8818
青饲料	公顷	19516	583	658	7099
绿肥	公顷	5756	147	189	896
马蹄	公顷	626		3	105
其他	公顷	301			

4-26续表3

指标名称	单位	鹿寨县	融安县	融水苗族自治县	三江侗族自治县
产　量	吨	5907	1763	2978	1104
#花生播种面积	公顷	2769	329	678	523
公顷产量	公斤/公顷	1630	1669	1687	1560
产　量	吨	4513	549	1144	816
芝麻播种面积	公顷	144	6		6
公顷产量	公斤/公顷	514	1500		500
产　量	吨	74	9		3
麻类播种面积	公顷	121		9	1
公顷产量	公斤/公顷	2025		1444	1000
产　量	吨	245		13	1
#黄红麻播种面积	公顷	121		9	1
公顷产量	公斤/公顷	2025		1444	1000
产　量	吨	245		13	1
甘蔗播种面积	公顷	13345	3008	5384	5
公顷产量	公斤/公顷	70786	53787	60485	17800
产　量	吨	944642	161790	325650	89
糖蔗播种面积	公顷	13190	2835	5342	
公顷产量	公斤/公顷	70842	52933	60218	
产　量	吨	934400	150065	321683	
果蔗播种面积	公顷	155	173	42	5
公顷产量	公斤/公顷	66077	67775	94452	17800
产　量	吨	10242	11725	3967	89
烟叶播种面积	公顷	7	41	192	70
公顷产量	公斤/公顷	1429	585	651	914
产　量	吨	10	24	125	64
晒烟播种面积	公顷	7	40	192	49
公顷产量	公斤/公顷	1429	575	651	898
产　量	吨	10	23	125	44
烤烟播种面积	公顷		1		21
公顷产量	公斤/公顷		1000		952
产　量	吨		1		20
药材播种面积	公顷	1514	216	117	43
木薯播种面积	公顷	2545	1008	2451	1333
公顷产量	公斤/公顷	3606	3231	2486	2704
产　量	吨	9177	3257	6094	3605
其他农作物播种面积	**公顷**	**21996**	**14201**	**12881**	**10034**
蔬菜播种面积	公顷	17666	9121	8023	5697
产　量	吨	311482	115748	88049	43917
果用瓜（西瓜、香瓜）	公顷	1346	57	145	273
产　量	吨	30707	1719	3784	3471
青饲料	公顷	2404	3465	3649	1658
绿肥	公顷	96	1374	1005	2049
马蹄	公顷	412	100	6	
其他	公顷				301

4-27 茶叶和水果生产情况

（2003年）

指标名称	单位	全市	市区	柳江县	柳城县
茶叶合计	**吨**	**1723**			**762**
绿毛茶	吨	1686			762
水果合计	**吨**	**195657**	**16106**	**35840**	**34460**
蕉类	吨	3187	416	1623	74
#香 蕉	吨	692			
柚 子	吨	27671	619	545	697
#沙田柚	吨	24214	561	540	398
柑 桔	吨	53650	10646	1099	14417
橙	吨	5719	454	357	1758
梨	吨	3286	107	352	317
菠 萝	吨				
龙 眼	吨	2094	86	881	701
荔 枝	吨	378	2	11	264
芒 果	吨	21	21		
枣 子(按鲜枣计算)	吨	660	83	7	209
柿 子(按鲜柿计算)	吨	21697	1086	5672	7021
葡 萄	吨	8406	800	5380	1186
其他水果	吨	61525	1617	19467	5041
茶 园	**公顷**	**4335**			**475**
#当年采摘面积	公顷	2561			475
果 园	**公顷**	**25191**	**2498**	**2642**	**4565**
#香 蕉 园	公顷	51	10		
柑桔橙园	公顷	6916	793	236	2300
梨 园	公顷	422	28	47	51
荔 枝 园	公顷	100	11	2	55
菠 萝 园	公顷				
龙 眼 园	公顷	1300	399	292	277
芒 果 园	公顷	24	24		
葡 萄 园	公顷	597	85	307	76

4-27 续表 （2003年）

指 标 名 称	单位	鹿寨县	融安县	融水苗族自治县	三江侗族自治县
茶叶合计	**吨**	**253**	**13**	**176**	**519**
绿毛茶	吨	252	11	176	485
水果合计	**吨**	**60026**	**19103**	**25392**	**4730**
蕉 类	吨	873	86	115	
#香 蕉	吨	692			
柚 子	吨	5895	3889	14648	1378
#沙田柚	吨	4295	3889	13476	1055
柑 桔	吨	19543	2709	3571	1665
橙	吨	2148	370	339	293
梨	吨	1715	264	283	248
菠 萝	吨				
龙 眼	吨	426			
荔 枝	吨	101			
芒 果	吨				
枣 子(按鲜枣计算)	吨	101	30	176	54
柿 子(按鲜柿计算)	吨	5463	903	1216	336
葡 萄	吨	552	160	270	58
其他水果	吨	20838	9877	4159	526
茶 园	**公顷**	**457**	**54**	**1220**	**2129**
#当年采摘面积	公顷	393	50	677	966
果 园	**公顷**	**9194**	**3100**	**1993**	**1199**
#香 蕉 园	公顷	41			
柑桔橙园	公顷	1836	631	338	782
梨 园	公顷	182	72	7	35
荔 枝 园	公顷	32			
菠 萝 园	公顷				
龙 眼 园	公顷	332			
芒 果 园	公顷				
葡 萄 园	公顷	58	28	26	17

4-28 林业生产情况

(2003年)

指 标 名 称	单位	全市	市区	柳江县	柳城县
营林情况					
当年造林面积	公顷	19436	420	3775	2382
人工造林(年末成活率85%以上)	公顷	19436	420	3775	2382
按主要的林种用途分					
用 材 林	公顷	7797	65	2908	1140
#速生丰产林	公顷	5340		2763	1118
经 济 林	公顷	6073	66	534	908
防 护 林	公顷	5566	289	333	334
当年迹地更新面积	公顷	3911	347	194	221
#人工更新面积	公顷	3881	339	172	221
封山育林面积	公顷	154560	13590	59913	27838
#本年新封面积	公顷	14483	13050	333	
当年四旁零星植树(按实际成活株数)	万株	426	243	9	63
林木种籽采集量	吨	1			
育苗面积	公顷	312	45	8	38
#新育	公顷	303	37	8	38
当年苗木产量	万株	11498	435	668	
当年幼林抚育作业面积	公顷	36739	4924	3864	
成林抚育(实际)面积(包括间伐)	公顷	13184	737	308	94
林产品产量(包括农户自用)					
油桐籽(籽:油=4:1)	吨	958		80	43
油茶籽(籽:油=5:1))	吨	11693	292	683	409
松 脂	吨	5851	1297	98	1318
竹笋干(鲜笋按1/3折干)	吨	2108	894	243	
板 栗	吨	1610	25	63	1
八 角	吨	956			
桂 皮	吨				
桂 油	吨				
安叶油	吨				
村及村以下竹木采伐量					
木 材	立方米	409858	9012	13857	7608
篙 竹	万根	1285.73	305.1	297	354.75
大杂竹	万根	527.9	14.3	114	296.12
小杂竹	吨	31235	9375	3848	4533

(2003年)

指 标 名 称	单位	鹿寨县	融安县	融水苗族自治县	三江侗族自治县
营林情况					
当年造林面积	公顷	3257	2924	3209	3469
人工造林(年末成活率85%以上)	公顷	3257	2924	3209	3469
按主要的林种用途分					
用 材 林	公顷	1340	895		1449
#速生丰产林	公顷	1340	119		
经 济 林	公顷	1464	1117	153	1831
防 护 林	公顷	453	912	3056	189
当年迹地更新面积	公顷	1100	368	1380	301
#人工更新面积	公顷	1100	368	1380	301
封山育林面积	公顷	2015	45641	4371	1192
#本年新封面积	公顷			1100	
当年四旁零星植树(按实际成活株数)	万株	1	17	27	66
林木种籽采集量	吨			1	
育苗面积	公顷	35	75	75	36
#新育	公顷	35	75	74	36
当年苗木产量	万株	3611	2399	1255	3130
当年幼林抚育作业面积	公顷	9644	3968	11305	3034
成林抚育(实际)面积(包括间伐)	公顷	331	1447	9639	628
林产品产量(包括农户自用)					
油桐籽(籽:油=4:1)	吨	71	76	569	119
油茶籽(籽:油=5:1))	吨	2124	2015	2571	3599
松 脂	吨	2078	1050	10	
竹笋干(鲜笋按1/3折干)	吨	91	22	851	7
板 栗	吨	219	1019	174	109
八 角	吨		127	829	
桂 皮	吨				
桂 油	吨				
安叶油	吨				
村及村以下竹木采伐量					
木 材	立方米	30575	70667	222184	55955
篙 竹	万根	196.83	57.1	74.95	
大杂竹	万根	32.32	52.16	19	
小杂竹	吨	4531	4021	4764	163

4-29 主要牲畜年末存栏情况

(2003年)

指标名称	单位	全市	市区	柳江县	柳城县
大牲畜总头数	头	625775	17487	125581	105512
#从事农事劳役的	头	402260	6213	89194	78788
牛	头	612482	17468	121722	104534
#黄牛	头	286985	1620	51544	11243
水牛	头	322506	13140	70134	93079
良种及改良种乳牛	头	2991	2708	44	212
马	匹	13293	19	3859	978
猪	头	1279155	104723	233751	225366
山羊	只	261366	4850	94274	17656
家禽	万只	939.21	146.26	178.61	93.43
鸡	万只	577.12	78.68	120.54	63.02
鸭	万只	349.74	67.44	57.7	29.58
鹅	万只	12.35	0.14	0.37	0.83
兔	万只	13.94	0.45	1.25	1.18

4-30 主要牲畜全年出栏情况

(2003年)

指标名称	单位	全市	市区	柳江县	柳城县
当年出栏的肉用牛	头	162640	4184	38484	17785
当年出栏的肉猪	头	2096232	214801	418658	406374
当年出栏的肉用羊	只	198728	7378	79994	17588
当年出栏的家禽	万只	2436.85	657.41	438.02	280.53
鸡	万只	1324.52	280.89	247.5	165.07
鸭	万只	1087.84	376.35	188.46	112.83
鹅	万只	24.49	0.17	2.06	2.63
当年出栏的兔	万只	26.35	2.36	4.55	3.5

4-29 续表

(2003年)

指 标 名 称	单 位	鹿寨县	融安县	融水苗族自治县	三江侗族自治县
大牲畜总头数	头	100038	43569	148562	85026
#从事农事劳役的	头	69244	30713	94975	33133
牛	头	97545	39313	147141	84759
#黄牛	头	19833	17324	112346	73075
水牛	头	77705	21989	34775	11684
良种及改良种乳牛	头	7		20	
马	匹	2493	4256	1421	267
猪	头	253122	100416	231671	130106
山羊	只	71696	46595	15995	10300
家禽	万只	156.93	146.43	141.38	76.17
鸡	万只	98.97	106.79	69.15	39.97
鸭	万只	55.19	38.32	69.69	31.82
鹅	万只	2.77	1.32	2.54	4.38
兔	万只	3.49	3.25	2.42	1.9

4-30 续表

(2003年)

指 标 名 称	单位	鹿寨县	融安县	融水苗族自治县	三江侗族自治县
当年出栏的肉用牛	头	36890	13001	25187	27109
当年出栏的肉猪	头	482503	175054	223728	175114
当年出栏的肉用羊	只	50351	21653	9111	12653
当年出栏的家禽	万只	333.17	292.66	199.44	235.62
鸡	万只	189.59	229.18	93.98	118.31
鸭	万只	134.42	61.64	102.09	112.05
鹅	万只	9.16	1.84	3.37	5.26
当年出栏的兔	万只	4.31	4.49	5.17	1.97

4-31 牧业主要产品产量

(2003年) 单位：吨

指 标 名 称	全市	市区	柳江县	柳城县
肉类总产量	**210472**	**25832**	**43025**	**37231**
#牛肉产量	15164	388	3656	1820
猪肉产量	155619	16100	31399	30480
羊肉产量	2958	108	1200	217
禽肉产量	35346	9010	6571	4526
鸡肉产量	18232	3391	3713	2475
鸭肉产量	16500	5614	2827	1972
鹅肉产量	614	5	31	79
兔肉产量	476	50	91	54
奶类产量	8027	6828	145	834
#牛奶产量	8027	6828	145	834
蜂蜜产量	123	1	3	
禽蛋产量	3767	746	425	1066
蚕茧产量	9572	52	1217	1668
#桑蚕茧	9572	52	1217	1668

4-31续表 (2003年) 单位：吨

指 标 名 称	鹿寨县	融安县	融水苗族自治县	三江侗族自治县
肉类总产量	**46992**	**18633**	**20534**	**18225**
#牛肉产量	3947	1170	2015	2168
猪肉产量	36592	13129	15661	12258
羊肉产量	781	325	137	190
禽肉产量	5326	3811	2568	3534
鸡肉产量	2839	2865	1174	1775
鸭肉产量	2237	894	1276	1680
鹅肉产量	250	52	118	79
兔肉产量	95	78	78	30
奶类产量	144		76	
#牛奶产量	144		76	
蜂蜜产量	93	14	12	
禽蛋产量	382	184	297	667
蚕茧产量	5486	596	553	
#桑蚕茧	5486	596	553	

4-33 续表　　　　　　　　　　　　　　　　　　(2003年)

指　标　名　称	单 位	鹿寨县	融安县	融水苗族自治县	三江侗族自治县
农业机械总动力合计	**千瓦**	**274925**	**85900**	**99710**	**67129**
柴油发动机动力	千瓦	244905	73890	81561	49830
汽油发动机动力	千瓦	1669		59	
电动机动力	千瓦	28050	11902	15807	17109
其他机械动力	千瓦	301	108	2283	190
主要农业机械与设备					
大中型拖拉机	台	1522	550	671	335
	千瓦	31746	9748	11862	5873
小型拖拉机	台	2702	927	984	265
	千瓦	27829	9359	10006	2678
大中型拖拉机配套农具	部	392		12	
小型拖拉机配套农具	部	9385	1955	1887	2414
农用排灌电动机	台	1018	311	198	503
	千瓦	9803	1849	1384	2095
农用排灌柴油机	台	13876	1234	1528	306
	千瓦	43169	6183	5086	1697
联合收割机	台	23	11	3	2
	千瓦	345	297	51	31
自走式机动割晒机	台				
	千瓦				
机动脱粒机	台	16791	150	208	
	千瓦	40797	638	8008	
农用载重汽车	辆	304	90	61	72
	千瓦	24287	8862	5840	5829
农用运输车	辆	266	344	165	287
	千瓦	6105	7997	6321	9168
渔用机动船	艘	546	207	19	54
	千瓦	3044	678	99	309
农用水泵	台	14411	1460	1987	1136
喷灌机械	套				
附:当年机耕地面积	公顷	28444	3927	3584	2432

4-34 农村水电、化肥用量及灌溉情况

(2003年)

指标名称	单位	全市	市区	柳江县	柳城县
水电建设					
乡(镇)办水电站个数	个	8		1	1
装机容量	千瓦	9015		600	765
发电量	千瓦小时	7070081		200000	81
村和村民小组办水电站个数	个	13			
装机容量	千瓦	1328			
发电量	千瓦小时	3731800			
农村用电量	**万千瓦小时**	**23698.48**	**2643.28**	**7522**	**3313**
农用化肥施用量					
按实物量计算	吨	436399	31998	83421	120600
氮肥	吨	136842	7634	24376	36453
磷肥	吨	96786	6281	17638	28524
钾肥	吨	70758	4245	13508	28795
复合肥	吨	132013	13838	27899	26828
按折纯法计算	吨	131100	9213	28547	38632
氮肥	吨	35834	1865	8770	9849
磷肥	吨	13333	826	2820	3719
钾肥	吨	34018	1646	6754	14335
复合肥	吨	47915	4876	10203	10729
农用塑料薄膜使用量	**吨**	**1170**	**34**	**194**	**241**
#地膜使用量	吨	929	23	166	208
地膜覆盖面积	公顷	16669	231	3764	3038
农用柴油使用量	**吨**	**11635**	**1224**	**5227**	**1534**
农药使用量(按实物量计算)	**吨**	**5961**	**240**	**2273**	**1602**
灌溉情况					
有效灌溉面积	公顷	97354	4614	18790	18610
#实灌面积	公顷	83705	3825	18590	14270
旱涝保收面积	公顷	76952	3112	14620	15700
机电排灌面积	公顷	20059	1969	4650	4110
机电井	眼	88	83		5

4-34 续表 (2003年)

指 标 名 称	单 位	鹿寨县	融安县	融水苗族自治县	三江侗族自治县
水电建设					
乡(镇)办水电站个数	个		1	5	
装机容量	千瓦		110	7540	
发 电 量	千瓦小时		350000	6520000	
村和村民小组办水电站个数	个	6	1	6	
装机容量	千瓦	28	110	1190	
发 电 量	千瓦小时	21800	200000	3510000	
农村用电量	**万千瓦小时**	**3012.18**	**2085.02**	**1825**	**3298**
农用化肥施用量					
按实物量计算	吨	116570	31273	41178	11359
氮 肥	吨	42449	10272	11260	4398
磷 肥	吨	24780	6841	10883	1839
钾 肥	吨	13352	5154	5235	469
复合肥	吨	35989	9006	13800	4653
按折纯法计算	吨	31013	9113	10606	3976
氮 肥	吨	8918	2157	2252	2023
磷 肥	吨	3223	1163	1306	276
钾 肥	吨	6275	2371	2356	281
复合肥	吨	12597	3422	4692	1396
农用塑料薄膜使用量	**吨**	**383**	**158**	**110**	**50**
#地膜使用量	吨	316	82	84	50
地膜覆盖面积	公顷	6590	437	1479	1130
农用柴油使用量	**吨**	**1563**	**1188**	**270**	**629**
农药使用量(按实物量计算)	**吨**	**1133**	**357**	**226**	**130**
灌溉情况					
有效灌溉面积	公顷	18060	14480	13690	9110
#实灌面积	公顷	13600	12010	13340	8070
旱涝保收面积	公顷	13700	11330	11090	7400
机电排灌面积	公顷	5600	1880	1520	330
机电井	眼				

工　业　5

5-1　全市主要年份工业总产值

（按当年价格计算）　　　　单位：万元

年　份	全部工业总产值	轻工业	重工业
1978	136997	57425	79572
1979	152033	67452	84581
1980	168701	84910	83791
1981	187464	109746	77718
1982	209010	123163	85847
1983	226472	129560	96912
1984	262851	141747	121104
1985	355692	163387	192305
1986	412518	180653	231865
1987	516286	231564	284722
1988	664057	319364	344693
1989	792060	369577	422483
1990	824869	390534	434335
1991	956670	414707	541963
1992	1273284	491927	781357
1993	2003126	615306	1387820
1994	2554145	788154	1765991
1995(旧口径)	3069320	1096126	1973194
1995(新口径)	2665127	931714	1733413
1996	2570572	923732	1646840
1997	2750692	964328	1786364
1998	2892219	963388	1928831
1999	3002125	965195	2036930
2000	3283229	1010347	2272882
2001	3683987	1076703	2607284
2002	4178409	1160373	3018036
2003	5006187	1168493	3837694

5-2　全市主要年份工业总产值发展速度

（按可比价计算，上年=100）　　单位：%

年　份	全部工业总产值	轻工业	重工业
1978	114.74	115.41	114.24
1979	111.67	119.86	105.54
1980	115.29	134.19	99.20
1981	110.40	123.00	95.89
1982	113.08	114.89	110.44
1983	110.08	108.53	112.43
1984	111.76	108.63	116.33
1985	127.85	113.97	146.86
1986	110.28	106.62	114.16
1987	118.37	120.11	116.63
1988	115.05	118.35	111.67
1989	104.72	104.68	104.76
1990	103.97	106.06	101.71
1991	111.73	103.80	119.44
1992	126.96	119.61	133.17
1993	130.24	115.67	141.30
1994	119.90	112.31	124.62
1995(旧口径)	118.79	122.21	116.88
1996	98.86	97.60	99.58
1997	107.08	105.35	108.04
1998	108.69	101.69	112.48
1999	108.06	107.07	108.55
2000	110.14	100.59	114.75
2001	113.30	103.36	117.52
2002	119.86	112.98	122.42
2003	118.14	104.67	122.78

5-3 柳江县主要年份工业总产值

（按当年价格计算）　　　　单位：万元

年　份	全部工业总产值	轻工业	重工业
1978	2611	1850	761
1979	3020	1912	1108
1980	3197	2273	924
1981	3596	2171	1425
1982	4206	2865	1341
1983	5023	3353	1670
1984	4756	3170	1586
1985	6226	3255	2971
1986	8246	4698	3548
1987	13340	7675	5665
1988	17213	9161	8052
1989	18647	12001	6646
1990	23357	15812	7545
1991	29929	20244	9685
1992	45531	31287	14244
1993	61192	37713	23479
1994	100249	50417	49832
1995(旧口径)			
1995(新口径)	141226	62240	78986
1996	133205	66541	66664
1997	160791	86898	73893
1998	180251	107199	73052
1999	190032	96054	93978
2000	203800	109697	94103
2001	224774	103174	121600
2002	302250	121092	181158
2003	386416	140965	245451

5-4 柳江县主要年份工业总产值发展速度

(按可比价计算,上年=100) 单位：%

年 份	全部工业总产值	轻工业	重工业
1978	128.37	127.18	131.81
1979	125.83	117.66	148.70
1980	99.70	109.04	79.01
1981	110.64	96.38	154.24
1982	119.42	131.44	96.46
1983	120.10	117.36	127.25
1984	92.72	93.18	91.62
1985	114.87	93.88	166.12
1986	123.92	134.84	108.82
1987	153.19	162.80	136.81
1988	109.98	101.55	127.14
1989	95.35	102.92	83.04
1990	119.82	123.23	112.95
1991	134.45	133.78	136.24
1992	171.83	183.74	140.82
1993	106.17	97.44	135.79
1994	135.53	96.35	231.01
1995(旧口径)	151.70	113.15	190.89
1996	95.31	114.00	84.04
1997	119.10	134.41	106.58
1998	112.68	129.08	95.78
1999	123.79	116.63	133.73
2000	101.93	101.65	102.26
2001	104.54	83.09	130.38
2002	148.27	134.70	158.68
2003	131.72	126.16	135.34

5-5 柳城县主要年份工业总产值

（按当年价格计算） 单位：万元

年 份	全部工业总产值	轻工业	重工业
1978	4347	2674	1673
1979	4598	3431	1167
1980	5769	4102	1667
1981	6454	4194	2260
1982	7317	4347	2970
1983	7922	4631	3291
1984	6969	3090	3879
1985	8917	4483	4434
1986	12950	7468	5482
1987	15495	8984	6511
1988	21210	11989	9221
1989	26201	14863	11338
1990	28520	14740	13780
1991	34162	18971	15191
1992	39734	23346	16388
1993	59828	31589	28239
1994	87949	45036	42913
1995（旧口径）	142425	78725	63700
1995（新口径）	125155	69688	55467
1996	132326	78779	53547
1997	150364	93226	57138
1998	152941	98586	54355
1999	134362	80634	53728
2000	136923	83268	53655
2001	170863	102002	68861
2002	183556	120039	63517
2003	167068	106126	60942

5-6 柳城县主要年份工业总产值发展速度

(按可比价计算,上年=100)　　单位：%

年　份	全部工业总产值	轻工业	重工业
1978	102.49	101.51	104.11
1979	103.22	125.23	68.04
1980	127.26	125.48	132.48
1981	105.54	99.79	121.56
1982	115.38	106.21	134.23
1983	106.47	105.32	108.35
1984	81.94	61.25	114.68
1985	129.30	143.70	117.12
1986	142.30	168.74	114.88
1987	114.54	117.11	110.63
1988	113.18	117.93	105.53
1989	104.92	103.99	106.59
1990	96.88	87.77	112.89
1991	113.71	119.91	105.93
1992	129.04	139.93	113.59
1993	130.06	113.40	159.18
1994	123.42	110.10	140.00
1995(旧口径)	131.84	135.66	128.10
1996	106.11	119.30	92.47
1997	113.06	120.36	103.33
1998	113.66	115.64	110.58
1999	100.76	102.28	98.28
2000	94.81	93.35	97.27
2001	116.40	110.03	126.72
2002	120.71	136.44	98.55
2003	98.07	98.55	97.14

5-7 鹿寨县主要年份工业总产值

（按当年价格计算）　　单位：万元

年　份	全部工业总产值	轻工业	重工业
1978	7197	2985	4212
1979	7891	3039	4852
1980	6996	3506	3490
1981	8760	3852	4908
1982	9182	4948	4234
1983	9986	5309	4677
1984	11396	5135	6261
1985	15421	6049	9372
1986	22395	8302	14093
1987	27936	10673	17263
1988	29435	13266	16169
1989	36487	17719	18768
1990	35789	17674	18115
1991	43112	22061	21051
1992	55811	27645	28166
1993	85763	39245	46518
1994	111119	57076	54043
1995（旧口径）	160938	90518	70420
1995（新口径）	140060	74026	66034
1996	166601	88685	77916
1997	180201	95956	84245
1998	185890	112080	73810
1999	176014	120398	55616
2000	186993	124706	62287
2001	215132	123668	91464
2002	238380	134461	103919
2003	242663	134882	107781

5-8 鹿寨县主要年份工业总产值发展速度

（按可比价计算，上年=100）　　单位：%

年　份	全部工业总产值	轻工业	重工业
1978	135.59	124.38	144.84
1979	98.49	91.42	103.49
1980	89.15	116.01	72.33
1981	123.44	114.47	132.45
1982	99.13	121.41	81.62
1983	100.67	99.32	102.25
1984	107.62	91.20	126.26
1985	129.57	112.79	143.32
1986	129.74	122.62	134.33
1987	117.46	121.05	115.35
1988	94.56	111.55	84.05
1989	102.86	110.84	96.32
1990	101.43	111.59	91.84
1991	117.77	126.09	109.65
1992	124.26	121.39	127.48
1993	125.17	120.13	130.54
1994	123.56	126.71	120.46
1995(旧口径)	127.70	149.36	105.29
1996	125.49	111.96	145.02
1997	102.13	119.18	83.13
1998	103.42	110.32	92.39
1999	108.08	117.83	89.51
2000	107.85	101.63	123.47
2001	117.55	97.76	158.45
2002	118.10	121.64	113.60
2003	113.26	116.24	109.21

5-9 融安县主要年份工业总产值

(按当年价格计算)　　单位：万元

年　份	全部工业总产值	轻工业	重工业
1978	3445	1012	2433
1979	3906	1121	2785
1980	3746	1301	2445
1981	3700	1086	2614
1982	4000	1518	2482
1983	4100	1378	2722
1984	4400	1280	3120
1985	5358	1685	3673
1986	5955	1367	4588
1987	8356	1612	6744
1988	7487	2710	4777
1989	10485	3072	7413
1990	12327	3106	9221
1991	12894	4130	8764
1992	15264	6613	8651
1993	23964	11703	12261
1994	36103	18707	17396
1995(旧口径)	45427	17782	27645
1995(新口径)	40701	15837	24864
1996	45190	10048	35142
1997	44591	10670	33921
1998	35264	5863	29401
1999	40566	5032	35534
2000	54872	4064	50808
2001	64101	4044	60057
2002	62154	7533	54621
2003	54663	6558	48105

5-10 融安县主要年份工业总产值发展速度

(按可比价计算,上年=100)　　　　单位：%

年 份	全部工业总产值	轻工业	重工业
1978	112.34	98.28	119.44
1979	107.61	105.16	108.62
1980	100.58	121.67	92.10
1981	90.09	79.00	95.99
1982	103.47	116.85	96.84
1983	95.22	92.68	96.74
1984	102.74	90.40	109.81
1985	124.66	141.70	116.61
1986	102.29	88.64	110.12
1987	109.97	108.45	110.67
1988	104.52	149.34	84.24
1989	106.03	94.82	115.02
1990	109.08	96.67	117.29
1991	84.40	103.01	78.30
1992	114.87	137.31	105.19
1993	179.27	243.19	143.31
1994	123.86	131.41	116.66
1995(旧口径)	110.88	83.36	140.46
1996	108.83	62.19	138.54
1997	97.83	105.29	95.70
1998	78.70	54.68	86.26
1999	123.89	104.76	127.71
2000	127.26	84.01	134.33
2001	111.92	98.76	113.27
2002	106.34	181.96	99.59
2003	95.54	98.86	95.00

5-11　融水县主要年份工业总产值

（按当年价格计算）　　　　单位：万元

年　份	全部工业总产值	轻工业	重工业
1978	5195	1297	3898
1979	5557	1142	4415
1980	5089	931	4158
1981	5506	1241	4265
1982	5056	1126	3930
1983	5028	1225	3803
1984	6678	1410	5268
1985	5671	1248	4423
1986	6574	1265	5309
1987	10041	2014	8027
1988	8611	2849	5762
1989	10328	3018	7310
1990	10578	3785	6793
1991	13017	4463	8554
1992	19056	6645	12411
1993	29500	10023	19477
1994	48705	19376	29329
1995（旧口径）	60908	21009	39899
1995（新口径）	53845	17802	36043
1996	52619	19587	33032
1997	41267	17948	23319
1998	31248	13390	17858
1999	28937	11813	17124
2000	29313	9642	19671
2001	33829	12643	21186
2002	36001	16457	19544
2003	31283	19200	12083

5-12 融水县主要年份工业总产值发展速度

(按可比价计算,上年=100)　　单位：%

年份	全部工业总产值	轻工业	重工业
1978	87.85	106.73	82.97
1979	106.94	88.06	113.22
1980	112.30	100.00	115.48
1981	88.04	102.05	84.90
1982	105.98	104.57	106.40
1983	94.88	103.78	92.34
1984	95.29	82.57	99.38
1985	108.55	134.11	101.71
1986	102.96	103.63	102.72
1987	127.35	138.65	123.33
1988	98.69	130.70	85.88
1989	104.73	104.51	104.85
1990	107.26	110.36	105.38
1991	120.13	126.72	116.27
1992	133.32	134.03	132.87
1993	121.19	145.78	105.37
1994	171.19	154.61	185.95
1995(旧口径)	110.09	96.26	120.32
1996	100.81	109.17	95.84
1997	73.78	81.04	68.87
1998	79.82	100.88	63.04
1999	97.37	71.11	130.85
2000	102.44	78.94	118.72
2001	105.62	127.23	95.66
2002	117.71	153.19	95.97
2003	99.32	132.58	66.78

5-13 三江县主要年份工业总产值

(按当年价格计算)　　　　单位：万元

年 份	全部工业总产值	轻工业	重工业
1978	1684	565	1119
1979	1675	265	1410
1980	1234	291	943
1981	1873	965	908
1982	2007	1008	999
1983	2395	1189	1206
1984	2392	975	1417
1985	2943	729	2214
1986	3024	964	2060
1987	4160	1405	2755
1988	3025	2082	944
1989	3658	2396	1262
1990	4786	3242	1544
1991	4696	3600	1096
1992	7783	5694	2089
1993	16681	12899	3782
1994	18349	12053	6296
1995(旧口径)	29631	15801	13830
1995(新口径)	29079	15839	13240
1996	25730	13323	12407
1997	27643	14351	13292
1998	23258	13028	10230
1999	26483	14560	11923
2000	28401	17670	10731
2001	27222	15684	11538
2002	27653	17679	9974
2003	20543	7897	12646

5-14 三江县主要年份工业总产值发展速度

(按可比价计算，上年=100) 单位：%

年 份	全部工业总产值	轻工业	重工业
1978	92.70	75.15	109.62
1979	91.55	106.53	81.65
1980	106.57	126.82	89.09
1981	85.93	84.14	88.13
1982	118.13	115.15	121.29
1983	92.44	91.37	93.51
1984	121.45	99.68	142.90
1985	85.87	102.09	74.72
1986	123.61	147.48	101.18
1987	149.11	136.67	166.13
1988	66.03	100.16	27.59
1989	122.15	119.00	135.03
1990	139.40	138.68	141.98
1991	95.47	111.85	58.93
1992	149.02	140.77	183.91
1993	226.11	236.29	193.11
1994	96.25	79.18	163.91
1995(旧口径)	129.96	110.10	167.98
1996	88.95	85.98	92.63
1997	111.67	108.33	115.52
1998	87.57	91.50	83.33
1999	125.83	121.04	131.52
2000	107.93	128.69	85.29
2001	95.00	85.80	110.16
2002	101.43	118.41	79.67
2003	81.16	54.40	132.16

5-15　全部工业企业单位数

（2003年）　　单位：个

指标名称	全市	市区	柳江县	柳城县
总　　计	**22901**	**5702**	**4293**	**2586**
轻工业	16631	3683	3058	2125
重工业	6270	2019	1235	461
按统计口径分组				
国有及年销售收入500万元以上非国有工业	421	281	54	18
总计中：国有控股企业	163	102	14	8
总计中：农村工业	39	23	14	2
总计中：轻工业	125	73	19	7
重工业	296	208	35	11
总计中：大型企业	11	11		
中型企业	67	44	9	4
小型企业	343	226	45	14
按登记注册类型分组				
国有企业	110	62	10	5
集体企业	56	43	9	1
股份合作企业	18	16	1	1
联营企业	2	1	1	
有限责任公司	64	41	6	3
股份有限公司	11	10		1
私营企业	134	86	24	7
港澳台商投资企业	15	14	1	
外商投资企业	11	8	2	
按经济组织类型分组				
独资企业	192	123	25	6
国有企业	110	62	10	5
集体企业	56	43	9	1
私营独资企业	19	12	5	
港澳台商独资经营企业	4	4		
外资企业	3	2	1	

单位:个

指 标 名 称	鹿寨县	融安县	融水苗族自治县	三江侗族自治县
总 计	**2488**	**826**	**2347**	**4659**
轻工业	1544	129	2020	4072
重工业	944	697	327	587
按统计口径分组				
国有及年销售收入500万元以上非国有工业	35	15	11	7
总计中：国有控股企业	17	8	10	4
总计中：农村工业				
总计中：轻工业	15	3	7	1
重工业	20	12	4	6
总计中：大型企业				
中型企业	7	1	2	
小型企业	28	14	9	7
按登记注册类型分组				
国有企业	12	8	9	4
集体企业	1	2		
股份合作企业				
联营企业				
有限责任公司	10	2	1	1
股份有限公司				
私营企业	12	2	1	2
港澳台商投资企业				
外商投资企业		1		
按经济组织类型分组				
独资企业	15	10	9	4
国有企业	12	8	9	4
集体企业	1	2		
私营独资企业	2			
港澳台商独资经营企业				
外资企业				

单位:个

指 标 名 称	全 市	市 区	柳江县	柳城县
合作、合伙企业	28	21	4	1
股份合作企业	18	16	1	1
集体联营企业	1		1	
国有与集体联营企业	1	1		
私营合伙企业	4	2	1	
港或澳、台资合作经营企业	1	1		
中外合作经营企业	3	1	1	
股份有限公司	14	13		1
股份有限公司（内资）	11	10		1
私营股份有限公司	3	3		
有限责任公司	187	124	25	10
国有独资公司	11	9		1
私营有限责任公司	108	69	18	7
港澳台合资经营企业	10	9	1	
中外合资经营企业	5	5		
其他有限责任公司	53	32	6	2
年销售收入500万元以下非国有工业	22480	5421	4239	2568
#轻工业	16506	3610	3039	2118
重工业	5974	1811	1200	450
#集体企业	419	301	33	30
股份合作企业	98	90	2	1
私营企业	1103	487	205	42
联营企业	12	5	1	2
个体经营	20748	4479	3982	2491
外商及港澳台商投资企业	18	14		
其他企业	82	45	16	2
#农村工业	16855	412	4239	2528

单位:个

指标名称	鹿寨县	融安县	融水苗族自治县	三江侗族自治县
合作、合伙企业	1	1		
股份合作企业				
集体联营企业				
国有与集体联营企业				
私营合伙企业	1			
港澳台资合作经营企业				
中外合作经营企业		1		
股份有限公司				
股份有限公司（内资）				
私营股份有限公司				
有限责任公司	19	4	2	3
国有独资公司	1			
私营有限责任公司	9	2	1	2
港澳台合资经营企业				
中外合资经营企业				
其他有限责任公司	9	2	1	1
年销售收入500万元以下非国有工业	2453	811	2336	4652
#轻工业	1529	126	2013	4071
重工业	924	685	323	581
#集体企业	10	15	18	12
股份合作企业	2	2	1	
私营企业	196	31	132	10
联营企业			4	
个体经营	2243	756	2169	4628
外商及港澳台商投资企业	1	2	1	
其他企业	1	5	11	2
#农村工业	2453	553	2129	4541

5-16 全部工业总产值

(2003年、按当年价格计算)　　单位:万元

指 标 名 称	全 市	市 区	柳江县	柳城县
总 计	**5006187**	**4103551**	**386416**	**167068**
轻工业	1168493	752865	140965	106126
重工业	3837694	3350686	245451	60942
按统计口径分组				
国有及年销售收入500万元以上非国有工业	4265218	3688502	270749	93744
总计中：国有控股企业	3419856	3097781	92115	71035
总计中：农村工业	212071	100284	110731	1056
总计中：轻工业	759080	525442	78387	70390
重工业	3506138	3163060	192362	23354
总计中：大型企业	2181862	2181862		
中型企业	1443136	1066631	162877	73713
小型企业	640220	440009	107872	20031
按登记注册类型分组				
国有企业	1324199	1229855	21869	6148
集体企业	134708	120590	11184	500
股份合作企业	52503	28500	22872	1131
联营企业	104725	103752	973	
有限责任公司	990944	783860	78781	19714
股份有限公司	486576	439715		46861
私营企业	374416	276024	51621	19390
港澳台商投资企业	137028	88796	48232	
外商投资企业	660119	617410	35217	
按经济组织类型分组				
独资企业	1535856	1414908	40757	6648
国有企业	1324199	1229855	21869	6148
集体企业	134708	120590	11184	500
私营独资企业	36611	28077	3752	
港澳台商独资经营企业	6057	6057		
外资企业	34281	30329	3952	

5-16续表1　　单位:万元

指标名称	鹿寨县	融安县	融水苗族自治县	三江侗族自治县
总　计	**242663**	**54663**	**31283**	**20543**
轻工业	134882	6558	19200	7897
重工业	107781	48105	12083	12646
按统计口径分组				
国有及年销售收入500万元以上非国有工业	154122	32196	19189	6716
总计中：国有控股企业	120755	17920	18321	1929
总计中：农村工业				
总计中：轻工业	70816	2677	11220	148
重工业	83306	29519	7969	6568
总计中：大型企业				
中型企业	112569	15239	12107	
小型企业	41553	16957	7082	6716
按登记注册类型分组				
国有企业	38579	17920	7899	1929
集体企业	1062	1372		
股份合作企业				
联营企业				
有限责任公司	91986	3366	10422	2815
股份有限公司				
私营企业	22495	2046	868	1972
港澳台商投资企业				
外商投资企业		7492		
按经济组织类型分组				
独资企业	44423	19292	7899	1929
国有企业	38579	17920	7899	1929
集体企业	1062	1372		
私营独资企业	4782			
港澳台商独资经营企业				
外资企业				

5-16续表2

单位:万元

指标名称	全市	市区	柳江县	柳城县
合作、合伙企业	211087	142169	55765	1131
股份合作企业	52503	28500	22872	1131
集体联营企业	973		973	
国有与集体联营企业	103752	103752		
私营合伙企业	6878	1693	655	
港或澳、台资合作经营企业	544	544		
中外合作经营企业	46437	7680	31265	
股份有限公司	520478	473617		46861
股份有限公司（内资）	486576	439715		46861
私营股份有限公司	33902	33902		
有限责任公司	1997797	1657808	174227	39104
国有独资公司	516822	484543		3514
私营有限责任公司	297025	212352	47214	19390
港澳台合资经营企业	130427	82195	48232	
中外合资经营企业	579401	579401		
其他有限责任公司	474122	299317	78781	16200
年销售收入500万元以下非国有工业	740969	415049	115667	73324
#轻工业	409413	227423	62578	35736
重工业	331556	187626	53089	37588
#集体企业	81003	58220	6080	12190
股份合作企业	15973	14574	262	202
私营企业	189562	121165	36460	2605
联营企业	1736	426	490	522
个体经营	394504	183233	68475	49274
外商及港澳台商投资企业	2963	1842		
其他企业	55228	35589	3900	8531
#农村工业	313203	33845	114382	57872

单位:万元

指标名称	鹿寨县	融安县	融水苗族自治县	三江侗族自治县
合作、合伙企业	4530	7492		
股份合作企业				
集体联营企业				
国有与集体联营企业				
私营合伙企业	4530			
港澳台资合作经营企业				
中外合作经营企业		7492		
股份有限公司				
股份有限公司（内资）				
私营股份有限公司				
有限责任公司	105169	5412	11290	4787
国有独资公司	28765			
私营有限责任公司	13183	2046	868	1972
港澳台合资经营企业				
中外合资经营企业				
其他有限责任公司	63221	3366	10422	2815
年销售收入500万元以下非国有工业	88541	22467	12094	13827
#轻工业	64066	3881	7980	7749
重工业	24475	18586	4114	6078
#集体企业	1370	2365	459	319
股份合作企业	282	280	373	
私营企业	19567	1519	7030	1216
联营企业			298	
个体经营	61588	16581	3268	12085
外商及港澳台商投资企业	275	646	200	
其他企业	5459	1076	466	207
#农村工业	83202	12049	4993	6860

5-17 主要工业产品产量

(2003年)

产品名称	单位	全市	市区	柳江县	柳城县
原煤	吨	18900			
铁矿石原矿量	吨	141274			
铁矿石成品矿	吨	128431			
锰矿石成品矿	吨	13614			
铜精矿含铜量	吨	300			
铅精矿含铅量	吨	1845			
锌精矿含锌量	吨	13054			
锡精矿含锡量	吨	949			
金矿含金量(包括精矿	块矿	5			
硫铁矿（折含S 35%）	吨	4500			
木材	立方米	370424	48555		4800
竹材	根	2216435			
大米	吨	179308	3128		40968
小麦粉	万吨	3	3		
配混合饲料	吨	248273	180958	38837	22540
食用植物油	吨	10451	522	576	650
机制糖	吨	769834		296629	297866
糖果	吨	319	42		277
糕点	吨	562	562		
饼干	吨	627	627		
酱油	吨	2097	2097		
冷冻饮品	吨	1423	1423		
发酵酒精	吨	17938		8953	5892
饮料酒	吨	31271	14210	109	2752
白酒	吨	16952			2752
啤酒	吨	14194	14194		
软饮料	吨	16420	16290	130	
碳酸饮料	吨	1368	1368		
瓶(罐)装饮用水	吨	13291	13291		
液体乳	吨	8533	8533		
精制茶	吨	764			764
卷烟	箱	509000	509000		
纱	吨	43841	43841		
布	万米	1673	1667		
印染布	万米	152	152		
绒线（毛线）	吨	70	70		
丝	吨	665			246
针棉织品折用纱线量	吨	1406	1406		
服装	万件	707	645	15	3

5-17续表1

产品名称	单位	全市	市区	柳江县	柳城县
梭织服装	万件	174	115	15	
针织服装	万件	530	527		3
羽绒服装	万件	3	3		
布鞋	万双	22	22		
轻革	平方米	490029	490029		
皮鞋	万双	6	6		
锯材	立方米	44795	23595		
人造板	立方米	58296	38414		
胶合板	立方米	36114	20760		
纤维板	立方米	15379	12431		
刨花板	立方米	5223	5223		
生产用木制品	千元	15248	1472		10378
生活用木制品	千元	21339	1345		8916
家具	件	328587	55183		24626
纸浆	吨	52418			
机制纸	吨	172256	48545	11570	8094
机制纸板	吨	572	572		
纸制品	吨	18919	18335	29	555
单色印刷品	万令	132	131		
多色印刷品	万对开色令	133	127	6	
本册	万本	202	164	38	
玩具	千元	209	209		
焦炭	吨	994446	994446		
硫酸（折100%）	吨	709864	274024		
浓硝酸（折100%）	吨	45328	45328		
盐酸（含量31%以上）	吨	43314	43314		
氢氧化钠（烧碱）（折100%）	吨	55994	36059		
碳酸钠（纯碱）	吨	21272	21272		
三聚磷酸钠	吨	22730			22730
碳化钙（电石）（折 300升/千克）	吨	6131	208		
黄磷	吨	5201			5201
商品液氯	吨	17356	17356		
合成氨	吨	229163	182799		
农用氮、磷、钾化学肥料总	吨	246076	70733		5647
氮肥（折含N 100%）	吨	104185	70733		
尿素	吨	56067	56067		
磷肥（折合P205 100%）	吨	141891			5647
磷酸铵肥	吨	191286			
精甲醇	吨	22840	22840		
甲醛	吨	31143	31143		
油漆	吨	6145	6145		

产品名称	单位	全市	市区	柳江县	柳城县
建筑涂料	吨	106	106		
颜料	吨	33427	29780		3647
塑料树脂及共聚物	吨	7129	7129		
塑料助剂	吨	253	253		
炭黑	吨	1532			
粘合剂	吨	1054	1054		
炸药	吨	17140	17140		
雷管	万支	2709	2709		
饲料添加剂	吨	1865			
肥皂	吨	4460	4460		
合成洗涤剂	吨	8161	8134		
香精	吨	23	23		
牙膏（自然支）	万支	73145	73145		
火柴	件	11316			
中成药	吨	12506	7616	1111	2004
化学纤维	吨	4291	4291		
输送带	平方米	183000	183000		
三角带	万A米	61	61		
橡胶胶管	万标米	69	69		
塑料制品	吨	22100	21668	8	420
水泥	万吨	355	238	28	23
水泥排水管	吨	13607	13607		
水泥压力管	吨	224	224		
水泥预制构件	立方米	281566	281566		
石棉水泥瓦	平方米	599278	599278		
砖（折标准砖）	万块	73364	27363	480	24741
瓦	万片	4165			
大理石板材	平方米	28770		27000	
日用玻璃制品	吨	34543	34543		
墙地砖	万平方米	106	106		
日用陶瓷	万件	66	50		
耐火材料制品	吨	19792	1242		18550
磨具	吨	40	40		
生铁	吨	2183547	2171899		
钢	吨	2051459	2051459		
普通碳素钢	吨	1015156	1015156		
普通低合金钢	吨	982047	982047		
其它优质钢	吨	54256	54256		
成品钢材	吨	2154425	2135774		
十种有色金属	吨	247886	223240	6656	4660
铅	吨	12664	12664		

5-17续表3

产品名称	单位	全市	市区	柳江县	柳城县
锌	吨	205358	182307	6656	4660
锡	吨	13143	13143		
锑	吨	13595	13595		
铝	吨	3125	1531		
白银	千克	42372	42372		
铝材	吨				
金属结构制品	吨	7652	7652		
铸铁管	吨	9087	9087		
模具	套	310	310		
金属制包装物品	吨	147	147		
金属制气体贮藏罐	吨	215	215		
建筑用金属品	吨	1250	1250		
搪瓷制品	吨	268	93		175
工业锅炉	蒸发量吨	552	552		
内燃机	万千瓦	690	690		
电站水轮机	千瓦	11486	11486		
金属切削机床	台	161	161		
数控机床	台	20	20		
起重设备	吨	2386	2386		
输送机械	米	1368	1368		
给料机械	台	1	1		
泵	台	66301	66301		
风机	台	40	40		
气体压缩机	台	5021	5021		
标准紧固件	吨	1271	1271		
工业链条	吨	599	599		
铸件	吨	64557	55402		9155
锻件	吨	6316	264	6032	
矿山设备	吨	812	812		
工矿配件	吨	30127	24574	5553	
塑料加工设备	吨	5268	5268		
制药工业专用设备	吨	6	6		
粮食加工机械	台	208	208		
针织机械设备	吨	208	208		
造纸机械	台	79	79		
小型拖拉机	台	679	141	538	
水工机械	吨	53	53		
农业运输机械	辆	415	415		
铲土运输机械	台	13048	12812	236	
混凝土机械	台	68	68		
大气污染防治设备	吨	179	179		

5-17续表4

产 品 名 称	单 位	全 市	市 区	柳江县	柳城县
汽车	辆	208455	208455		
载货汽车	辆	52142	52142		
公路客车	辆	139720	139720		
轿车	辆	450	450		
改装汽车	辆	13995	12913	1082	
民用钢质船舶	综合吨	9583	43		9540
民用钢质船舶	度完工量吨	9582	42		9540
发电设备	千瓦	12164	12164		
水轮发电机组	千瓦	12164	12164		
交流电动机	千瓦	64256	64256		
变压器	千伏安	4022947	4022947		
互感器	台	1766	1766		
高压断路器	台	1312	1312		
高压开关板	面	800	800		
低压开关板	面	2398	2398		
电力电缆	公里	15	15		
电线	公里	527	527		
钢芯铝绞线	吨	603	603		
蓄电池	千伏安时	707	707		
冷冻箱	台	20197	20197		
家用电风扇	台	162064	162064		
电焊机	台	74	74		
电子元件	万只	7516	7516		
录放音机	部	90300	90300		
自动化仪表及系统	台(套)	68271	68271		
电工仪器仪表	台	205894	205894		
台秤	台	4867	4867		
地上衡	台	46	46		
钟	只	76220	76220		
工艺美术制品	千元	3606	3606		
发电量	万千瓦小时	406459	284947	8813	15390
火电	万千瓦小时	311964	284947	8295	8603
水电	万千瓦小时	94495		518	6787
供电量	万千瓦小时	772487	693766	17008	11956
供热量	万百万千焦	2	2		
煤气	万立方米	442734	442734		
自来水生产量	万吨	13530	11503	313	468

5-17续表5

产 品 名 称	单 位	鹿寨县	融安县	融水苗族自治县	三江侗族自治县
原煤	吨			18900	
铁矿石原矿量	吨	89283	50611	1380	
铁矿石成品矿	吨	81166	46010	1255	
锰矿石成品矿	吨	13614			
铜精矿含铜量	吨			300	
铅精矿含铅量	吨		1845		
锌精矿含锌量	吨		12708	346	
锡精矿含锡量	吨			949	
金矿含金量(包括精矿	块矿			5	
硫铁矿（折含S 35%）	吨		4500		
木材	立方米	56128	71169	172772	17000
竹材	根		1067050	1149385	
大米	吨		72755	23907	38550
小麦粉	万吨				
配混合饲料	吨	5938			
食用植物油	吨		3050	1453	4200
机制糖	吨	131306		44033	
发酵酒精	吨	3093			
饮料酒	吨		1580	2320	10300
白酒	吨		1580	2320	10300
布	万米				6
丝	吨	287	132		
服装	万件	3	6		35
梭织服装	万件	3	6		35
锯材	立方米				21200
人造板	立方米	6769	11533		1580
胶合板	立方米	3821	11533		
纤维板	立方米	2948			
生产用木制品	千元		3398		
生活用木制品	千元		5780	1168	4130
家具	件	255	211945	27258	9320
纸浆	吨	52418			
机制纸	吨	103947			100
硫酸（折１００%）	吨	375114	60726		

5-17续表6

产品名称	单位	鹿寨县	融安县	融水苗族自治县	三江侗族自治县
氢氧化钠（烧碱）（折1 0	吨	19935			
碳化钙（电石）（折 300升	吨	5923			
合成氨	吨	46364			
农用氮、磷、钾化学肥料总	吨	169696			
氮肥（折含N 100%）	吨	33452			
尿素	吨				
磷肥（折合P205 100%）	吨	136244			
磷酸铵肥	吨	191286			
炭黑	吨	1532			
饲料添加剂	吨	1865			
合成洗涤剂	吨				27
火柴	件			11316	
中成药	吨	834	942		
塑料制品	吨			4	
水泥	万吨	43	7	16	
砖（折标准砖）	万块		10060		10720
瓦	万片		1125		3040
大理石板材	平方米			1770	
日用陶瓷	万件			16	
生铁	吨	11648			
成品钢材	吨	18651			
十种有色金属	吨	7211	4524		1594
锌	吨	7211	4524		
铝	吨				1594
锻件	吨	20			
发电量	万千瓦小时	13996	25748	46117	11448
火电	万千瓦小时	9347	772		
水电	万千瓦小时	4649	24976	46117	11448
供电量	万千瓦小时	20398	10582	9866	8911
供热量	万百万千焦				
煤气	万立方米				
自来水生产量	万吨	463	314	345	124

5-18 全市规模以上工业企业主要财务状况

（2003年） 单位:万元

指标名称	单位数（个）	#亏损企业	工业总产值（不变价）	工业总产值（当年价）	工业销售产值（当年价）	工业增加值（当年价）
总计	421	152	4110785	4265218	4241720	1150317
按登记注册类型分组						
内资企业	395	144	3078128	3468071	3450774	959561
国有企业	110	48	969450	1324199	1302466	443271
中央企业	17	6	333888	450621	447397	185103
地方企业	93	42	635562	873579	855069	258168
集体企业	56	20	123195	134708	144691	22209
股份合作企业	18	8	50973	52503	50339	10986
联营企业	2	1	142140	104725	104452	23124
集体联营企业	1	1	973	973	813	211
有限责任公司	64	20	941114	990944	974920	247131
#国有独资公司	11	4	502241	516821	508605	96446
股份有限公司	11	5	492709	486576	474782	113221
私营企业	134	42	358546	374416	399125	99619
港、澳、台商投资企业	15	5	129478	137028	138918	51128
外商投资企业	11	3	903179	660119	652027	139628
按经济组织类型分组						
独资企业	192	72	1181159	1535856	1522330	485548
#国有企业	110	48	969450	1324199	1302466	443271
集体企业	56	20	123195	134708	144691	22209
合作、合伙企业	28	9	251709	211087	207993	53738
股份有限公司	14	5	528812	520478	507492	121260
有限责任公司	187	66	2149105	1997797	2003904	489771
总计中：亏损企业	152	152	390160	397700	435354	72258
国有控股企业	163	64	3251562	3419856	3368571	933017
农村工业	39	12	216761	212071	210173	64632
总计中：轻工业	125	52	699765	759080	760836	298025
重工业	296	100	3411020	3506138	3480884	852292
总计中：大型工业	11	2	2099438	2181862	2161764	485694
中型工业	67	14	1379436	1443136	1420699	492588
小型工业	343	136	631911	640219	659256	172036

5-18续表

单位:万元

指标名称	单位数(个)	#亏损企业	工业总产值(不变价)	工业总产值(当年价)	工业销售产值(当年价)	工业增加值(当年价)
按工业行业大类分						
黑色金属矿采选业	5	2	1708	3248	3376	892
有色金属矿采选业	2	1	101089	115751	118547	26708
非金属矿采选业	2		3671	6222	6164	3611
农副食品加工业	29	12	232187	209539	214557	62911
食品制造业	6	3	2625	2866	2846	828
饮料制造业	4	3	5704	6658	6457	1863
烟草制品业	1		132179	179234	179146	119763
纺织业	15	8	74473	93608	90787	23921
纺织服装、鞋、帽制造业	4	3	1796	2298	2295	412
皮革、毛皮、羽毛(绒)及其制品业	1	1	1751	1376	1674	185
木材加工及木、竹、藤、棕、草制品业	5	1	14062	13536	13706	2599
家具制造业	4		3227	3227	3146	1583
造纸及纸制品业	14	6	72055	74975	75042	19503
印刷业和记录媒介的复制	10	6	7785	7795	7830	2682
文教体育用品制造业	1	1	547	547	547	114
石油加工、炼焦及核燃料加工业	1	1	144	405	405	59
化学原料及化学制品制造业	29	6	213408	235772	261569	71726
医药制造业	10	2	76460	72922	71369	23667
化学纤维制造业	1		9275	4392	4437	533
橡胶制品业	4	1	4212	3480	3528	816
塑料制品业	10	5	20463	18287	18685	5003
非金属矿物制品业	27	10	84166	99053	97721	28095
黑色金属冶炼及压延加工业	7	3	308786	605392	606217	186707
有色金属冶炼及压延加工业	27	15	142139	142632	155232	22266
金属制品业	9	3	23554	19761	20212	5641
通用设备制造业	39	17	150102	155264	152271	37664
专用设备制造业	26	11	382988	356317	335064	73621
交通运输设备制造业	86	16	1925549	1636719	1597192	311410
电气机械及器材制造业	13	8	54097	46209	43973	14246
通信设备、计算机及其他电子设备制造业	1	1	1172	1172	754	928
仪器仪表及文化、办公用机械制造业	1	1	1477	1351	1763	44
电力、热力的生产和供应业	18	2	54095	132409	132409	90840
燃气生产和供应业	1		789	1122	1122	1073
水的生产和供应业	8	3	3052	11679	11679	8402

5-18续表1

单位:万元

指标名称	资产合计	流动资产小计	#存货	#产成品	流动资产年平均余额	长期投资	固定资产小计
总计	5784454	2698007	801975	337413	2529485	342085	2476636
按登记注册类型分组							
内资企业	5200852	2316027	734788	304188	2225699	340102	2293917
国有企业	2067329	854224	288054	81111	825726	49545	1113486
中央企业	732896	268059	122890	10976	278615	17183	443414
地方企业	1334433	586165	165164	70135	547111	32362	670073
集体企业	221603	118568	39527	21805	124366	9716	78131
股份合作企业	46893	22619	8490	4389	20487	1106	17389
联营企业	75988	55686	28735	24364	48419	47	16890
集体联营企业	1757	1210	996	653	1478		491
有限责任公司	1721418	662984	156858	63424	626690	195597	751519
#国有独资公司	925381	356807	82103	26659	334606	173269	330421
股份有限公司	582659	294355	110836	60788	287597	59107	199810
私营企业	484963	307592	102290	48308	292413	24984	116692
港、澳、台商投资企业	102611	70841	13194	4668	69884	792	30309
外商投资企业	480991	311140	53992	28557	233902	1190	152411
按经济组织类型分组							
独资企业	2365103	1005583	339185	105911	981678	59269	1228289
#国有企业	2067329	854224	288054	81111	825726	49545	1113486
集体企业	221603	118568	39527	21805	124366	9716	78131
合作、合伙企业	193891	114230	42711	29788	102672	1153	68624
股份有限公司	633665	328817	117790	64799	321609	66480	206633
有限责任公司	2591795	1249377	302290	136915	1123526	215183	973091
总计中:亏损企业	1053537	474791	174420	88882	489882	54231	451811
国有控股企业	4588564	2011838	590022	236957	1870280	280128	2112733
农村工业	251998	162931	31998	13652	153120	16067	54422
总计中:轻工业	1101599	457028	164960	46691	461148	50371	522161
重工业	4682855	2240980	637015	290721	2068337	291714	1954475
总计中:大型工业	2167775	1148473	326484	156277	1019319	90138	882690
中型工业	2645104	1052081	312255	103753	1042535	209083	1221562
小型工业	971575	497453	163237	77383	467630	42864	372385

单位:万元

指标名称	资产合计	流动资产小计	#存货	#产成品	流动资产年平均余额	长期投资	固定资产小计
按工业行业大类分							
黑色金属矿采选业	9117	2623	712	471	2544	44	5517
有色金属矿采选业	293109	96954	28475	8480	92415	13021	175449
非金属矿采选业	87048	6365	796	117	7562	31591	14603
农副食品加工业	237810	85894	13877	5082	99026	18795	110958
食品制造业	8035	3003	676	189	2998		3227
饮料制造业	9771	3786	2862	1429	4095	1336	4509
烟草制品业	216786	104213	67900	884	106919	9402	100398
纺织业	145718	80782	28784	15742	73569	5976	50238
纺织服装、鞋、帽制造业	1420	1070	480	268	942		341
皮革、毛皮、羽毛(绒)及其制品业	5073	3208	9	1	3369	107	1141
木材加工及木、竹、藤、棕、草制品业	33512	10153	4291	2581	10206	8055	14751
家具制造业	4235	1670	454	120	1452	650	942
造纸及纸制品业	212138	53963	20067	7434	52346	7642	146254
印刷业和记录媒介的复制	18180	9960	3492	901	9471	2223	5699
文教体育用品制造业	356	202	63		325		153
石油加工、炼焦及核燃料加工业	176	160	34		170		9
化学原料及化学制品制造业	458362	145306	34418	15419	131617	4963	292942
医药制造业	77689	45061	11950	4957	43604	2247	21747
化学纤维制造业	30523	4241	3094	2652	8182		9537
橡胶制品业	7074	3024	1444	1194	3312	213	2781
塑料制品业	26881	14537	6898	2920	14496	833	11437
非金属矿物制品业	151833	64194	19616	7564	60187	754	82398
黑色金属冶炼及压延加工业	767535	335124	80103	19260	316225	7616	412165
有色金属冶炼及压延加工业	266136	143840	40413	21520	154644	19043	84037
金属制品业	39303	25843	5388	1399	23407	4055	6084
通用设备制造业	363095	199585	49736	20151	188754	73235	74209
专用设备制造业	344883	210222	124657	67269	207439	37214	74537
交通运输设备制造业	1192141	831866	220819	117024	705491	38826	281213
电气机械及器材制造业	90861	62887	19777	8824	60384	2284	24886
通信设备、计算机及其他电子设备制造业	3831	1437	363	313	1484	72	1768
仪器仪表及文化、办公用机械制造业	7828	4762	2125	764	5361	86	2122
电力、热力的生产和供应业	605513	128826	7521	2481	125093	50352	410687
燃气生产和供应业	11299	5803	222		5559	702	4381
水的生产和供应业	57184	7447	462	5	6838	750	45519

5-18续表2

单位:万元

指标名称	固定资产原价	# 生产经营用	累计折旧	# 本年折旧	固定资产净值年平均余额	无形资产
总计	3298607	2740260	1152192	215130	2079760	197290
按登记注册类型分组						
内资企业	3009918	2467162	1042010	198133	1913983	184451
国有企业	1359399	1032888	409830	62055	867873	17609
中央企业	538485	414518	152373	25342	337604	3931
地方企业	820914	618370	257457	36713	530269	13678
集体企业	122433	114107	48464	9026	71159	6193
股份合作企业	24624	21020	8146	1255	13913	5225
联营企业	21176	20832	8242	802	13169	3366
集体联营企业	601	515	123	23	447	56
有限责任公司	1033211	863861	359207	98945	691467	97002
#国有独资公司	454386	317889	173010	62536	294813	56511
股份有限公司	283221	274910	143405	13833	145346	23083
私营企业	165855	139544	64716	12216	111057	31974
港、澳、台商投资企业	51462	50762	22231	2742	28359	488
外商投资企业	237227	222335	87951	14254	137418	12351
按经济组织类型分组						
独资企业	1529293	1181171	469539	73088	972931	29680
#国有企业	1359399	1032888	409830	62055	867873	17609
集体企业	122433	114107	48464	9026	71159	6193
合作、合伙企业	90386	85742	27677	5101	59993	9117
股份有限公司	294343	286033	148649	14501	151097	24089
有限责任公司	1384584	1187313	506328	122441	895739	134404
总计中：亏损企业	636304	574328	219128	41522	423809	49688
国有控股企业	2785180	2294492	960031	179812	1754479	131895
农村工业	75508	70486	23495	5542	45833	7047
总计中：轻工业	621558	462908	201454	35537	406176	46771
重工业	2677049	2277352	950739	179593	1673584	150519
总计中：大型工业	1171205	880135	419230	99660	716181	26012
中型工业	1606687	1403973	553898	84975	1021662	129903
小型工业	520715	456152	179065	30495	341917	41375

5-18续表2.1

单位:万元

指 标 名 称	固定资产原价	# 生产经营用	累计折旧	# 本年折旧	固定资产净值年平均余额	无形资产
按工业行业大类分						
黑色金属矿采选业	6874	5876	1259	89	5300	904
有色金属矿采选业	219260	88315	78795	50660	143731	1148
非金属矿采选业	28493	28470	15072	1051	14177	34448
农副食品加工业	159734	154927	58506	10775	101765	20827
食品制造业	4469	3341	1240	114	3214	
饮料制造业	7902	7444	3920	435	4334	48
烟草制品业	105296	4476	24423	6055	57291	2774
纺织业	71753	51767	24132	4807	51937	6392
纺织服装、鞋、帽制造业	401	386	60	14	337	
皮革、毛皮、羽毛(绒)及其制品业	2667	2667	1526	823	2388	617
木材加工及木、竹、藤、棕、草制品业	20098	17916	5965	467	12047	128
家具制造业	1138	948	375	64	655	938
造纸及纸制品业	136453	114124	34743	4620	102185	3997
印刷业和记录媒介的复制	9375	7567	3778	1744	5583	2
文教体育用品制造业	231	228	95	2	69	
石油加工、炼焦及核燃料加工业	81	76	72	3	10	
化学原料及化学制品制造业	350856	327721	90389	18708	261241	11424
医药制造业	19042	16934	8217	1189	11374	7912
化学纤维制造业	10591	10341	5160		5436	
橡胶制品业	6070	6070	3306	242	2564	1039
塑料制品业	21042	20490	9959	459	6441	43
非金属矿物制品业	139979	136782	60124	6242	78303	1948
黑色金属冶炼及压延加工业	498205	361938	134910	23609	333843	6839
有色金属冶炼及压延加工业	138392	123576	66068	9946	67867	7850
金属制品业	10394	9430	4243	1645	6049	197
通用设备制造业	125736	118855	57871	7267	77981	14881
专用设备制造业	118504	97898	51603	7719	68486	20047
交通运输设备制造业	425465	391271	174218	22707	245477	34204
电气机械及器材制造业	37238	31957	13285	1102	24611	300
通信设备、计算机及其他电子设备制造业	1933	457	279	50	1605	554
仪器仪表及文化、办公用机械制造业	4044	2934	1958	49	1483	858
电力、热力的生产和供应业	550824	531459	191258	28741	338769	14132
燃气生产和供应业	7834	6868	3735	41	4404	344
水的生产和供应业	58233	56748	21649	3694	38807	2497

5-18续表3 单位:万元

指标名称	负债合计	流动负债	长期负债	所有者权益合计	实收资本	国家资本	集体资本
总计	3747306	2800332	942403	2037148	1234995	964388	39627
按登记注册类型分组							
内资企业	3370660	2442077	924013	1830192	1085206	909246	39627
国有企业	1288453	873244	413795	778876	420912	418494	
中央企业	564432	290472	273960	168464	111465	111465	
地方企业	724021	582772	139835	610412	309447	307029	
集体企业	197302	156181	41120	24301	27449	288	18209
股份合作企业	30823	30397	427	16069	10508	222	2101
联营企业	43897	43897		32091	25209	12449	12260
集体联营企业	1320	1320		437	500		
有限责任公司	1116178	752576	362440	605241	428171	396135	5249
#国有独资公司	543933	424942	117839	381448	249124	248487	15
股份有限公司	330657	262960	66735	252002	112580	80758	
私营企业	363351	322823	39497	121612	60377	901	1808
港、澳、台商投资企业	50028	49578	450	52583	26494	14728	
外商投资企业	326617	308677	17940	154373	123295	40414	
按经济组织类型分组							
独资企业	1532091	1071757	458915	833012	467865	418782	18209
#国有企业	1288453	873244	413795	778876	420912	418494	
集体企业	197302	156181	41120	24301	27449	288	18209
合作、合伙企业	103138	90167	12970	90753	52116	12999	14361
股份有限公司	360305	292608	66735	273360	121225	80758	
有限责任公司	1751772	1345800	403784	840023	593790	451850	7057
总计中:亏损企业	958307	669804	286795	95230	244321	146634	17538
国有控股企业	2856159	2034619	818005	1732405	1031659	958787	13892
农村工业	152222	132638	19584	99776	35719		5692
总计中:轻工业	727066	573161	152662	374533	213211	174922	7629
重工业	3020240	2227171	789741	1662615	1021785	789466	31998
总计中:大型工业	1299192	1135836	162394	868583	420085	361746	18700
中型工业	1745126	1087552	656052	899978	561643	503283	5122
小型工业	702987	576945	123957	268588	253267	99359	15805

5-18续表3.1 单位:万元

指标名称	负债合计			所有者权益合计	实收资本		
		流动负债	长期负债			国家资本	集体资本
按工业行业大类分							
黑色金属矿采选业	3132	2740	392	5985	2284	2119	
有色金属矿采选业	262536	181883	80652	30573	25340	25340	
非金属矿采选业	389	347	42	86659	96801	96770	
农副食品加工业	154708	142532	12169	83102	51090	42726	1160
食品制造业	6399	4683	1716	1636	2468	1712	
饮料制造业	5760	5530	230	4012	2393	610	
烟草制品业	125353	114353	11000	91434	57747	57747	
纺织业	122375	96541	25834	23343	14180	9310	243
纺织服装、鞋、帽制造业	504	504		916	917	29	
皮革、毛皮、羽毛(绒)及其制品业	5643	5094	550	-570	100		
木材加工及木、竹、藤、棕、草制品业	24827	24101	725	8685	8517	8467	
家具制造业	2955	2865	90	1281	806	138	
造纸及纸制品业	135573	82295	52289	76565	28884	25533	1548
印刷业和记录媒介的复制	15243	13444	1799	2937	3176	2509	
文教体育用品制造业	199	199		156	360	360	
石油加工、炼焦及核燃料加工业	14	14		162	50	50	
化学原料及化学制品制造业	302162	112053	189907	156201	118942	92826	929
医药制造业	53125	45092	8033	24564	11629	3139	1617
化学纤维制造业	26608	1700	24908	3915	249	249	
橡胶制品业	9392	9230	162	-2318	332	112	20
塑料制品业	25383	14633	10750	1498	5725	1101	809
非金属矿物制品业	68084	46697	20791	83750	60834	47895	3352
黑色金属冶炼及压延加工业	311955	284496	27460	455579	202459	202129	110
有色金属冶炼及压延加工业	237610	202680	33667	28526	31765	8609	9723
金属制品业	27394	26858	536	11909	4937	2210	2136
通用设备制造业	214191	197514	16677	148904	126775	81244	620
专用设备制造业	204693	182109	22584	140191	62655	41364	706
交通运输设备制造业	832429	788546	43352	359713	196100	123496	13847
电气机械及器材制造业	81474	76032	5442	9387	11325	824	2807
通信设备、计算机及其他电子设备制造业	1447	1125	321	2384	2200		
仪器仪表及文化、办公用机械制造业	7206	6972	234	622	170		
电力、热力的生产和供应业	454427	113135	340555	151087	72366	54646	
燃气生产和供应业	1796	1796		9502	7350	7053	
水的生产和供应业	22323	12542	9539	34861	24070	24070	

指标名称	法人资本	个人资本	港澳台资本	外商资本	产品销售收入	产品销售成本	产品销售费用
总计	85125	74810	9825	61221	4345664	3465176	179832
按登记注册类型分组							
内资企业	59565	74550	2219		3573698	2834278	126011
国有企业	2247	171			1423549	1057362	24039
中央企业					448101	321171	14211
地方企业	2247	171			975448	736192	9829
集体企业	2416	6537			141497	135485	3155
股份合作企业	2192	5993			49103	44425	1240
联营企业	500				88031	75531	125
集体联营企业	500				813	684	49
有限责任公司	18596	5972	2219		1016707	821877	49881
#国有独资公司		622			535245	442852	16792
股份有限公司	7172	24651			476375	381852	29706
私营企业	26441	31227			378437	317745	17864
港、澳、台商投资企业	1722	260	7606	2179	117180	100024	4636
外商投资企业	23839			59042	654786	530875	49185
按经济组织类型分组							
独资企业	6303	8415	358	15798	1639018	1255227	31177
#国有企业	2247	171			1423549	1057362	24039
集体企业	2416	6537			141497	135485	3155
合作、合伙企业	10770	6490	233	7264	192651	165072	2182
股份有限公司	7530	32937			508517	406824	31742
有限责任公司	60521	26970	9234	38158	2005478	1638053	114732
总计中：亏损企业	38758	18790	4755	17846	416862	397212	15449
国有控股企业	7246	24507	7117	20110	3485562	2732548	143822
农村工业	13422	15030	403	1171	215431	180648	5280
总计中：轻工业	14381	11001	2767	2511	743548	529889	53630
重工业	70744	63809	7058	58709	3602116	2935287	126202
总计中：大型工业		19964		19675	2193299	1750207	78259
中型工业	24262	21488	3938	3551	1503362	1158324	75937
小型工业	60863	33359	5887	37995	649003	556644	25636

单位:万元

指标名称	法人资本	个人资本	港澳台资本	外商资本	产品销售收入	产品销售成本	产品销售费用
按工业行业大类分							
黑色金属矿采选业		164			3602	2894	112
有色金属矿采选业					118829	93868	2436
非金属矿采选业	31				6164	3684	68
农副食品加工业	4538	2665			208354	177308	4230
食品制造业		756			2729	2081	290
饮料制造业		40		1743	6209	5602	236
烟草制品业					179146	76732	8922
纺织业	2631	1309	688		88259	81194	771
纺织服装、鞋、帽制造业	394	495			2272	2116	50
皮革、毛皮、羽毛(绒)及其制品业		100			1770	1815	
木材加工及木、竹、藤、棕、草制品业		50			13854	12363	872
家具制造业	518	10	140		3647	2767	271
造纸及纸制品业	245	1122		436	74927	64438	2663
印刷业和记录媒介的复制	590	77			7754	6275	154
文教体育用品制造业					543	494	64
石油加工、炼焦及核燃料加工业					405	363	
化学原料及化学制品制造业	1567	11475	2227	9918	219890	195624	8291
医药制造业	4869	2004			79410	33127	31389
化学纤维制造业					4437	3960	53
橡胶制品业		200			3113	2705	155
塑料制品业	1942	966	907		17936	16052	411
非金属矿物制品业	5220	3326	1040		98923	73868	12008
黑色金属冶炼及压延加工业		220			654021	464499	1573
有色金属冶炼及压延加工业	4773	8494		166	162180	153056	3499
金属制品业	518	73			19983	15850	1096
通用设备制造业	18217	4467	3630	18597	171947	142716	3898
专用设备制造业	2736	15047	423	2380	336012	262865	23417
交通运输设备制造业	17774	17991	771	22221	1645381	1402860	67590
电气机械及器材制造业	6456	1238			41919	35108	2230
通信设备、计算机及其他电子设备制造业		2200			755	245	95
仪器仪表及文化、办公用机械制造业		170			1733	1548	143
电力、热力的生产和供应业	11810	150		5760	153355	114002	2247
燃气生产和供应业	297				4536	4496	135
水的生产和供应业					11670	8605	465

5-18续表5

单位:万元

指　标　名　称	产品销售税金及附加	其他业务利润	管　理费　用	#税　金	#财　产保险费	#劳动待业保险费
总　　计	104993	34312	366353	9055	6726	28036
按登记注册类型分组						
内资企业	92295	26988	316545	8357	6540	27678
国有企业	76501	9467	145092	2384	4779	11548
中央企业	69800	4531	27429	349	216	5081
地方企业	6701	4937	117663	2035	4563	6467
集体企业	495	1847	8447	318	59	356
股份合作企业	136	1075	2730	111	51	120
联营企业	295	1061	8249	128	3	2017
集体联营企业	3		72	4	3	
有限责任公司	11398	10401	87536	3520	1048	6954
#国有独资公司	8097	7005	52475	2331	334	3233
股份有限公司	1859	1161	35221	864	344	3491
私营企业	1611	1977	29271	1033	257	3193
港、澳、台商投资企业	14	821	3534	96	64	240
外商投资企业	12683	6502	46274	602	121	118
按经济组织类型分组						
独资企业	77103	11426	157478	2728	4859	11958
#国有企业	76501	9467	145092	2384	4779	11548
集体企业	495	1847	8447	318	59	356
合作、合伙企业	488	3304	12370	258	69	2150
股份有限公司	1961	2092	38636	962	352	3547
有限责任公司	25440	17490	157870	5106	1446	10382
总计中：亏损企业	1179	6978	53342	1805	618	4593
国有控股企业	101967	26103	302193	7101	6177	23567
农村工业	510	4105	8878	285	87	397
总计中：轻工业	71714	915	48643	1403	1173	5407
重工业	33279	33397	317710	7651	5553	22629
总计中：大型工业	27147	13660	191681	4150	4506	9850
中型工业	75463	14874	121344	3073	1536	13524
小型工业	2382	5777	53327	1832	684	4662

5-18续表5.1 单位:万元

指标名称	产品销售税金及附加	其他业务利润	管理费用	#税金	#财产保险费	#劳动待业保险费
按工业行业大类分						
黑色金属矿采选业	58	18	351	8		34
有色金属矿采选业	897	3072	19746	1250	57	532
非金属矿采选业	543	814	3817	109	24	398
农副食品加工业	1043	-903	10175	319	322	1008
食品制造业	17	38	391	11	3	81
饮料制造业	388	6	616	3	4	17
烟草制品业	68340	166	9460	207	96	2204
纺织业	385	267	6263	230	62	696
纺织服装、鞋、帽制造业	9	3	125	1	6	3
皮革、毛皮、羽毛(绒)及其制品业	6	412	281			33
木材加工及木、竹、藤、棕、草制品业	79	367	1748	58	3	372
家具制造业	14	4	306	15	16	14
造纸及纸制品业	331	221	4249	176	161	127
印刷业和记录媒介的复制	39	22	1195	59	23	168
文教体育用品制造业	6	4	65	1		1
石油加工、炼焦及核燃料加工业	1		44		1	
化学原料及化学制品制造业	557	902	14215	604	317	1363
医药制造业	886	7	9488	96	372	635
化学纤维制造业	13	5	310	34		105
橡胶制品业	18	35	369	3	1	62
塑料制品业	39	1024	1601	46	29	205
非金属矿物制品业	588	817	8325	415	170	375
黑色金属冶炼及压延加工业	5582	1955	79715	1051	4123	2062
有色金属冶炼及压延加工业	434	1927	10555	526	79	267
金属制品业	126	596	1156	22	16	128
通用设备制造业	670	3293	23942	719	199	1545
专用设备制造业	1061	1448	26160	513	99	3917
交通运输设备制造业	20524	15237	109800	1820	360	8615
电气机械及器材制造业	262	749	4736	84	27	629
通信设备、计算机及其他电子设备制造业	8	20	459	7		3
仪器仪表及文化、办公用机械制造业	7	25	378	20	16	82
电力、热力的生产和供应业	1982	1574	12966	501	93	2257
燃气生产和供应业	14	43	255	26		
水的生产和供应业	68	146	3091	122	49	102

5-18续表6 单位:万元

指标名称	财务费用	#利息支出	营业利润	利润总额	亏损企业亏损额	利税总额
总计	74409	64801	270413	200909	80876	547459
按登记注册类型分组						
内资企业	69994	61423	242825	170134	74562	460454
国有企业	19538	19423	198963	97801	14953	274833
中央企业	4739	4905	15556	18341	406	122795
地方企业	14798	14518	183406	79460	14547	152038
集体企业	3751	3562	-7410	-5508	10975	-138
股份合作企业	604	589	756	97	1128	1528
联营企业	269	224	4624	4453	61	7765
集体联营企业	65	64	-60	-61	61	-15
有限责任公司	33522	25470	15006	40512	26579	104512
#国有独资公司	10715	10788	3748	26761	2484	55631
股份有限公司	7037	7071	22242	21359	14742	43612
私营企业	5274	5083	8646	11420	6124	28342
港、澳、台商投资企业	842	829	8951	9712	2152	14068
外商投资企业	3573	2549	18637	21063	4162	72937
按经济组织类型分组						
独资企业	24641	24298	193991	95033	26238	279902
#国有企业	19538	19423	198963	97801	14953	274833
集体企业	3751	3562	-7410	-5508	10975	-138
合作、合伙企业	1810	1733	13810	12990	1189	22341
股份有限公司	7122	7201	24056	25467	14742	48755
有限责任公司	40836	31568	38556	67418	38707	196461
总计中:亏损企业	26967	16215	-72672	-80876	80876	-65306
国有控股企业	55162	48677	257918	184504	45259	492615
#农村工业	1629	1464	21203	25655	2981	35919
总计中:轻工业	16378	15988	25302	29173	8544	153659
重工业	58031	48813	245111	171736	72332	393799
总计中:大型工业	22613	24222	223752	134687	9381	283190
中型工业	35818	28072	45717	63499	39476	233139
小型工业	15977	12507	944	2723	32019	31129

单位:万元

指标名称	财务费用	#利息支出	营业利润	利润总额	亏损企业亏损额	利税总额
按工业行业大类分						
黑色金属矿采选业	85	80	95	116	80	421
有色金属矿采选业	8213	8213	-6102	-1961	2354	4517
非金属矿采选业	-4	-6	-1328	195		1283
农副食品加工业	5147	5096	9996	9916	975	22265
食品制造业	83	83	-23	-37	44	158
饮料制造业	76	75	-675	-61	426	588
烟草制品业	2749	2749	13109	12700		100436
纺织业	2876	2849	-2985	-3170	3586	1629
纺织服装、鞋、帽制造业	5	5	-31	-6	8	101
皮革、毛皮、羽毛(绒)及其制品业	183		-104	-32	32	36
木材加工及木、竹、藤、棕、草制品业	345	346	-1124	-868	1268	-41
家具制造业	20	20	197	284		478
造纸及纸制品业	2294	2216	1206	1512	837	5920
印刷业和记录媒介的复制	634	626	-523	-527	606	-77
文教体育用品制造业	9	10	-92	-92	92	-28
石油加工、炼焦及核燃料加工业			-2	-2	2	10
化学原料及化学制品制造业	11972	4482	-8745	-8601	21206	-145
医药制造业	943	953	3617	3847	526	13652
化学纤维制造业	114	114	-8			144
橡胶制品业	159	160	-203	-155	395	36
塑料制品业	733	740	-764	-783	1086	-162
非金属矿物制品业	2294	2286	2953	3111	1387	10815
黑色金属冶炼及压延加工业	9531	9407	183744	83445	629	142487
有色金属冶炼及压延加工业	6001	5963	-10306	-7942	14940	-2565
金属制品业	533	501	1979	1940	173	3283
通用设备制造业	5266	2590	-6848	-2802	18991	5770
专用设备制造业	3224	2979	20835	26018	4019	38841
交通运输设备制造业	3063	4388	56706	62684	2855	149433
电气机械及器材制造业	1280	1281	-1335	-1603	3079	310
通信设备、计算机及其他电子设备制造业	21	21	-52	-13	13	89
仪器仪表及文化、办公用机械制造业	163	163	-480	-503	503	-447
电力、热力的生产和供应业	5653	5727	18588	22230	616	45192
燃气生产和供应业	-24	-24	86	58		218
水的生产和供应业	768	709	-965	2009	150	2812

5-18续表7 单位:万元

指标名称	本年应付工资总额	本年应付福利费总额	本年应交增值税	进项税额	销项税额	全部从业人员年平均数(人)
总计	250027	35532	241557	556240	781254	159240
按登记注册类型分组						
内资企业	227528	32531	198025	456183	638675	149309
国有企业	87564	12290	100531	147415	243945	52092
中央企业	22474	3370	34654	45606	76832	13529
地方企业	65091	8920	65878	101809	167113	38563
集体企业	8145	1726	4875	17044	21240	8170
股份合作企业	2141	369	1295	6094	7599	2602
联营企业	7022	984	3016	13289	15258	3029
集体联营企业	88	11	43	96	138	69
有限责任公司	70901	8338	52603	163852	210411	42746
#国有独资公司	40399	3460	20773	114849	132002	21039
股份有限公司	25615	5547	20394	65440	83501	14139
私营企业	26139	3276	15311	43049	56721	26531
港、澳、台商投资企业	3695	337	4342	15644	18909	3596
外商投资企业	18804	2665	39191	84413	123671	6335
按经济组织类型分组						
独资企业	100844	14278	107765	174063	276754	64281
#国有企业	87564	12290	100531	147415	243945	52092
集体企业	8145	1726	4875	17044	21240	8170
合作、合伙企业	10536	1521	8863	24620	32626	6484
股份有限公司	27910	5862	21326	70156	89142	15250
有限责任公司	110737	13871	103603	287402	382733	73225
总计中：亏损企业	35765	6573	14391	49673	61081	40252
国有控股企业	199998	28155	206144	457119	649894	110070
农村工业	8408	1435	9755	27506	36835	7303
总计中：轻工业	38419	6629	52772	69131	118230	36300
重工业	211608	28903	188785	487109	663025	122940
总计中：大型工业	126192	16931	121356	307937	422093	57481
中型工业	79179	12576	94177	174133	261159	53859
小型工业	44656	6025	26024	74170	98002	47900

5-18续表7.1 单位:万元

指标名称	本年应付工资总额	本年应付福利费总额	本年应交增值税	进项税额	销项税额	全部从业人员年平均数(人)
按工业行业大类分						
黑色金属矿采选业	196	35	247	187	410	326
有色金属矿采选业	17809	362	5581	45668	47917	15381
非金属矿采选业	1557	201	545	165	688	872
农副食品加工业	10155	2826	11306	19212	28340	8074
食品制造业	368	50	178	205	329	521
饮料制造业	647	74	260	827	1031	1059
烟草制品业	835	117	19396	11924	31283	1460
纺织业	8971	1070	4414	11580	15020	10856
纺织服装、鞋、帽制造业	212	11	98	285	248	575
皮革、毛皮、羽毛(绒)及其制品业	222	7	62	46	108	277
木材加工及木、竹、藤、棕、草制品业	1016	188	749	1728	2462	934
家具制造业	426	65	179	281	371	653
造纸及纸制品业	4305	671	4078	8218	12121	3993
印刷业和记录媒介的复制	1152	161	411	767	1157	1207
文教体育用品制造业	76	8	58	38	93	84
石油加工、炼焦及核燃料加工业	21	3	11	65	75	17
化学原料及化学制品制造业	11211	1273	7900	22804	30683	9886
医药制造业	6160	961	8919	5289	14209	3043
化学纤维制造业	310	43	131	757	626	418
橡胶制品业	357	47	174	359	532	468
塑料制品业	1773	186	582	2044	2637	1736
非金属矿物制品业	7166	768	7116	8710	15537	7000
黑色金属冶炼及压延加工业	45809	6407	53460	62128	115688	16383
有色金属冶炼及压延加工业	9300	2923	4943	20699	23784	9347
金属制品业	1449	220	1217	2463	3668	1214
通用设备制造业	14139	2041	7902	34673	41817	8450
专用设备制造业	19126	2560	11763	48043	58332	11179
交通运输设备制造业	62080	9267	66225	232754	298766	32288
电气机械及器材制造业	3821	456	1651	5687	7338	3393
通信设备、计算机及其他电子设备制造业	246	34	94	38	128	117
仪器仪表及文化、办公用机械制造业	217	25	49	221	263	258
电力、热力的生产和供应业	15942	2062	20980	7864	24269	6100
燃气生产和供应业	507	71	147	465	612	338
水的生产和供应业	2448	340	735	47	716	1333

5-19 市区规模以上工业企业主要财务状况

（2003年） 单位:万元

指 标 名 称	单位数(个)	#亏损企业	工业总产值(不变价)	工业总产值(当年价)	工业销售产值(当年价)	工业增加值(当年价)
总 计	281	106	3517473	3688502	3638450	970795
按登记注册类型分组						
内资企业	259	98	2589133	2982295	2940102	814047
国有企业	62	32	891341	1229855	1208894	411368
中央企业	14	4	329281	443975	440619	181063
地方企业	48	28	562060	785879	768275	230305
集体企业	43	16	110763	120590	130520	18172
股份合作企业	16	7	27100	28500	28007	7407
联营企业	1		141167	103752	103639	22913
有限责任公司	41	12	712521	783860	771858	186093
#国有独资公司	9	3	469593	484543	478583	88804
股份有限公司	10	5	433894	439715	419937	96126
私营企业	86	26	272349	276024	277247	71967
港、澳、台商投资企业	14	5	74846	88796	88473	34590
外商投资企业	8	3	853494	617411	609875	122158
按经济组织类型分组						
独资企业	123	51	1077897	1414908	1402531	445647
#国有企业	62	32	891341	1229855	1208894	411368
集体企业	43	16	110763	120590	130520	18172
合作、合伙企业	21	7	176295	142170	141478	32609
股份有限公司	13	5	469997	473617	452647	104166
有限责任公司	124	43	1793284	1657808	1641794	388373
总计中：亏损企业	106	106	296803	299271	315406	57468
国有控股企业	102	45	2909092	3097781	3043468	831362
农村工业	23	5	97719	100284	96097	24565
总计中：轻工业	73	36	431276	525442	524839	220780
重工业	208	70	3086198	3163060	3113611	750015
总计中：大型工业	11	2	2099438	2181862	2161764	485694
中型工业	44	11	964699	1066631	1039946	380408
小型工业	226	93	453336	440008	436740	104694

5-19续表

单位:万元

指标名称	单位数(个)	#亏损企业	工业总产值(不变价)	工业总产值(当年价)	工业销售产值(当年价)	工业增加值(当年价)
按工业行业大类分						
黑色金属矿采选业	1	1	445	735	885	216
有色金属矿采选业	1		86700	100511	103457	26708
非金属矿采选业	2		3671	6222	6164	3611
农副食品加工业	13	8	26030	41030	41633	3279
食品制造业	6	3	2625	2866	2846	828
饮料制造业	3	2	4931	5885	5935	1651
烟草制品业	1		132179	179234	179146	119763
纺织业	9	7	62289	80975	78763	20059
纺织服装、鞋、帽制造业	3	2	1129	1626	1623	187
皮革、毛皮、羽毛(绒)及其制品业	1	1	1751	1376	1674	185
木材加工及木、竹、藤、棕、草制品业	3	1	13558	13076	13234	2505
家具制造业	2		2034	2034	2027	1215
造纸及纸制品业	6	2	36025	40122	40235	11199
印刷业和记录媒介的复制	8	5	7500	7450	7484	2592
文教体育用品制造业	1	1	547	547	547	114
石油加工、炼焦及核燃料加工业	1	1	144	405	405	59
化学原料及化学制品制造业	18	3	142826	159523	160138	54981
医药制造业	5	1	66977	64170	63717	20996
化学纤维制造业	1		9275	4392	4437	533
橡胶制品业	4	1	4212	3480	3528	816
塑料制品业	7	4	17812	15637	15738	4287
非金属矿物制品业	13	3	66769	77581	76695	20889
黑色金属冶炼及压延加工业	5	2	303702	600094	601108	185956
有色金属冶炼及压延加工业	15	8	124524	124878	138416	19088
金属制品业	7	2	21189	16820	17034	5081
通用设备制造业	36	17	125333	131529	127752	32257
专用设备制造业	24	10	381278	354608	333289	73322
交通运输设备制造业	65	11	1766883	1485360	1446607	263669
电气机械及器材制造业	12	7	54073	46179	43782	14378
通信设备、计算机及其他电子设备制造业	1	1	1172	1172	754	928
仪器仪表及文化、办公用机械制造业	1	1	1477	1351	1763	44
电力、热力的生产和供应业	4	1	44917	106398	106398	70877
燃气生产和供应业	1		789	1122	1122	1073
水的生产和供应业	1		2710	10115	10115	7452

5-19续表1

单位:万元

指标名称	资产合计	流动资产小计	#存货	#产成品	流动资产年平均余额	长期投资	固定资产小计
总计	4818965	2354545	722057	308734	2195734	304229	1943269
按登记注册类型分组							
内资企业	4314696	2016674	661203	275954	1934646	302607	1794417
国有企业	1888292	783606	269400	74512	758321	43039	1017053
中央企业	718764	263115	120627	10960	274650	16538	434870
地方企业	1169528	520491	148773	63552	483671	26500	582183
集体企业	202836	109505	36671	20531	115643	9701	68842
股份合作企业	32756	16295	5659	3300	15243	979	13448
联营企业	74231	54476	27739	23710	46941	47	16399
有限责任公司	1213074	549919	129497	51773	509354	180698	405911
#国有独资公司	840375	336488	78357	26426	315559	166508	275023
股份有限公司	519830	270043	108790	60205	260343	43334	177135
私营企业	383677	232831	83447	41923	228801	24810	95629
港、澳、台商投资企业	83718	54201	10856	4534	53991	432	28558
外商投资企业	420551	283671	49999	28246	207096	1190	120293
按经济组织类型分组							
独资企业	2160068	920678	315794	97443	900910	52739	1120780
#国有企业	1888292	783606	269400	74512	758321	43039	1017053
集体企业	202836	109505	36671	20531	115643	9701	68842
合作、合伙企业	115852	78642	35059	27605	69049	1026	30841
股份有限公司	570836	304506	115744	64216	294355	50707	183958
有限责任公司	1972209	1050719	255460	119471	931420	199757	607690
总计中：亏损企业	725599	390398	141314	73378	408861	51310	227543
国有控股企业	3916717	1833449	548957	222101	1683872	248968	1685840
农村工业	165929	91971	23167	12044	88792	15600	41855
总计中：轻工业	760924	343185	142019	39561	339751	25686	346533
重工业	4058041	2011360	580039	269173	1855983	278543	1596736
总计中：大型工业	2167775	1148473	326484	156277	1019319	90138	882690
中型工业	1995971	845579	266975	86669	831994	180485	843418
小型工业	655220	360493	128599	65788	344420	33606	217161

5-19续表1.1

单位:万元

指标名称	资产合计	流动资产小计	#存货	#产成品	流动资产年平均余额	长期投资	固定资产小计
按工业行业大类分							
黑色金属矿采选业	795	365	203	126	329	44	386
有色金属矿采选业	269150	79880	22508	4304	75735	12966	168865
非金属矿采选业	87048	6365	796	117	7562	31591	14603
农副食品加工业	24362	14694	5360	2093	14174	897	5654
食品制造业	8035	3003	676	189	2998		3227
饮料制造业	7899	2603	1059	804	2911	1336	3821
烟草制品业	216786	104213	67900	884	106919	9402	100398
纺织业	131987	71183	23577	14449	66730	5908	47202
纺织服装、鞋、帽制造业	888	761	446	265	629		118
皮革、毛皮、羽毛(绒)及其制品业	5073	3208	9	1	3369	107	1141
木材加工及木、竹、藤、棕、草制品业	31927	9961	4242	2559	10017	8055	13389
家具制造业	3102	1224	206	13	1187	650	424
造纸及纸制品业	129022	35189	17342	6426	35137	924	91203
印刷业和记录媒介的复制	17322	9962	3457	885	9444	2223	4839
文教体育用品制造业	356	202	63		325		153
石油加工、炼焦及核燃料加工业	176	160	34		170		9
化学原料及化学制品制造业	200866	100047	16857	8234	85050	1381	95536
医药制造业	62815	36569	7986	4099	36567	2247	18352
化学纤维制造业	30523	4241	3094	2652	8182		9537
橡胶制品业	7074	3024	1444	1194	3312	213	2781
塑料制品业	24535	12784	6427	2842	12812	833	10887
非金属矿物制品业	104745	52257	16247	6634	51500	722	49577
黑色金属冶炼及压延加工业	759610	330582	79487	18868	311284	6477	410020
有色金属冶炼及压延加工业	234422	127881	35359	18610	138365	19043	68995
金属制品业	31746	21842	3071	1357	20146	3435	3157
通用设备制造业	351032	190485	45817	19407	181270	73235	71673
专用设备制造业	342230	209374	124115	67103	206704	37214	73633
交通运输设备制造业	1078376	742917	204784	112277	624875	38214	262439
电气机械及器材制造业	90005	62378	19645	8785	60060	2284	24538
通信设备、计算机及其他电子设备制造业	3831	1437	363	313	1484	72	1768
仪器仪表及文化、办公用机械制造业	7828	4762	2125	764	5361	86	2122
电力、热力的生产和供应业	493644	98589	6846	2481	99446	43221	338121
燃气生产和供应业	11299	5803	222		5559	702	4381
水的生产和供应业	50458	6600	289		6120	749	40320

5-19续表2

单位:万元

指　标　名　称	固定资产原　价	# 生产经营用	累　计折　旧	# 本年折旧	固定资产净值年平均余额	无形及递延资产小计
总　　计	2619552	2108340	971961	179108	1574945	155295
按登记注册类型分组						
内资企业	2375434	1878549	873603	165174	1441255	143237
国有企业	1210750	904803	352288	54546	776209	16461
中央企业	517423	393747	139786	24647	329196	3931
地方企业	693327	511056	212503	29899	447013	12529
集体企业	109428	102401	44257	8422	62085	5813
股份合作企业	18796	17018	6053	1074	10098	1760
联营企业	20574	20318	8119	778	12721	3310
有限责任公司	633427	483435	279581	77337	372845	65123
#国有独资公司	392657	256557	163950	60540	241509	54212
股份有限公司	243516	235205	126375	11985	114859	23013
私营企业	138943	115370	56929	11032	92438	27759
港、澳、台商投资企业	49076	48879	21586	2657	27570	346
外商投资企业	195042	180912	76772	11277	106121	11712
按经济组织类型分组						
独资企业	1365290	1039446	407143	64839	870639	27940
#国有企业	1210750	904803	352288	54546	776209	16461
集体企业	109428	102401	44257	8422	62085	5813
合作、合伙企业	40605	38569	14420	1924	23819	5069
股份有限公司	254639	246328	131619	12652	120611	24019
有限责任公司	959019	783996	418780	99693	559877	98267
总计中：亏损企业	357019	312964	160507	25445	197835	36777
国有控股企业	2230873	1769013	814600	150222	1339223	102777
农村工业	54414	51583	14487	4060	34949	5265
总计中：轻工业	392062	239571	134000	22759	243419	23108
重工业	2227491	1868769	837962	156349	1331526	132187
总计中：大型工业	1171205	880135	419230	99660	716181	26012
中型工业	1122531	948255	433005	59425	651916	97686
小型工业	325817	279950	119727	20024	206848	31596

5-19续表2.1

单位:万元

指标名称	固定资产原价	# 生产经营用	累计折旧	# 本年折旧	固定资产净值年平均余额	无形及递延资产小计
按工业行业大类分						
黑色金属矿采选业	477	361	91	17	392	
有色金属矿采选业	206539	78774	72081	49860	137197	1148
非金属矿采选业	28493	28470	15072	1051	14177	34448
农副食品加工业	10622	9757	5303	480	5852	2876
食品制造业	4469	3341	1240	114	3214	
饮料制造业	6831	6595	3537	367	3623	47
烟草制品业	105296	4476	24423	6055	57291	2774
纺织业	68411	48622	23789	4692	49055	5489
纺织服装、鞋、帽制造业	160	160	43	9	114	
皮革、毛皮、羽毛(绒)及其制品业	2667	2667	1526	823	2388	617
木材加工及木、竹、藤、棕、草制品业	18531	17242	5589	446	10707	128
家具制造业	687	585	263	51	395	769
造纸及纸制品业	74806	52492	25687	2797	48408	1691
印刷业和记录媒介的复制	8270	6478	3475	1725	4739	2
文教体育用品制造业	231	228	95	2	69	
石油加工、炼焦及核燃料加工业	81	76	72	3	10	
化学原料及化学制品制造业	113764	100106	49126	5619	60459	2018
医药制造业	15201	13838	6850	1038	8737	5625
化学纤维制造业	10591	10341	5160		5436	
橡胶制品业	6070	6070	3306	242	2564	1039
塑料制品业	20344	19837	9808	430	5891	
非金属矿物制品业	97042	96274	49201	4671	45447	1947
黑色金属冶炼及压延加工业	494919	358652	133769	23574	332542	6739
有色金属冶炼及压延加工业	118185	110207	60705	9054	52688	7614
金属制品业	5866	5176	2641	1504	3255	187
通用设备制造业	122075	115323	56745	7077	75533	14699
专用设备制造业	117359	97111	51284	7681	67659	19177
交通运输设备制造业	395141	365120	161042	20592	229599	29290
电气机械及器材制造业	36760	31902	13154	1097	24260	300
通信设备、计算机及其他电子设备制造业	1933	457	279	50	1605	554
仪器仪表及文化、办公用机械制造业	4044	2934	1958	49	1483	858
电力、热力的生产和供应业	464634	457248	161483	24458	281742	12464
燃气生产和供应业	7834	6868	3735	41	4404	344
水的生产和供应业	51221	50550	19429	3439	34014	2452

5-19续表3 单位:万元

指标名称	负债合计	流动负债	长期负债	所有者权益合计	实收资本	国家资本	集体资本
总计	3108449	2429800	676849	1710516	994144	784085	34105
按登记注册类型分组							
内资企业	2760764	2089761	669202	1553932	859934	728943	34105
国有企业	1195847	812238	383605	692445	360812	360516	
中央企业	554826	286268	268558	163938	108971	108971	
地方企业	641021	525970	115047	528507	251842	251545	
集体企业	185062	147058	38003	17774	22895	288	14691
股份合作企业	20697	20657	40	12059	9759	222	1928
联营企业	42577	42577		31654	24709	12449	12260
有限责任公司	735383	586450	148771	477691	299456	284816	3419
#国有独资公司	488372	393299	94911	352002	234137	234122	15
股份有限公司	290158	222721	66475	229672	101575	69752	
私营企业	291039	258059	32309	92638	40728	901	1808
港、澳、台商投资企业	40005	39555	450	43713	26091	14728	
外商投资企业	307680	300484	7197	112871	108119	40414	
按经济组织类型分组							
独资企业	1422861	997244	425607	737207	401234	360803	14691
#国有企业	1195847	812238	383605	692445	360812	360516	
集体企业	185062	147058	38003	17774	22895	288	14691
合作、合伙企业	70480	70440	40	45372	35601	12999	14188
股份有限公司	319806	252369	66475	251030	110219	69752	
有限责任公司	1295302	1109747	184727	676907	447090	340531	5227
总计中：亏损企业	690785	583382	106135	34813	146625	60570	14605
国有控股企业	2397089	1802528	593432	1519628	846602	779062	13892
农村工业	112839	93968	18871	53090	20570		3485
总计中：轻工业	505580	393394	112019	255344	143729	119394	6619
重工业	2602869	2036405	564829	1455172	850415	664691	27487
总计中：大型工业	1299192	1135836	162394	868583	420085	361746	18700
中型工业	1293046	844652	448231	702925	411160	367933	4695
小型工业	516211	449312	66223	139008	162900	54406	10711

5-19续表3.1 单位:万元

指标名称	负债合计	流动负债	长期负债	所有者权益合计	实收资本	国家资本	集体资本
按工业行业大类分							
黑色金属矿采选业	349	349		446	419	419	
有色金属矿采选业	244525	168475	76049	24625	23452	23452	
非金属矿采选业	389	347	42	86659	96801	96770	
农副食品加工业	15942	15286	656	8420	5423	2752	300
食品制造业	6399	4683	1716	1636	2468	1712	
饮料制造业	4758	4708	50	3141	1943	160	
烟草制品业	125353	114353	11000	91434	57747	57747	
纺织业	113521	88363	25158	18467	11004	9282	243
纺织服装、鞋、帽制造业	417	417		471	524	29	
皮革、毛皮、羽毛(绒)及其制品业	5643	5094	550	-570	100		
木材加工及木、竹、藤、棕、草制品业	24375	23649	725	7552	7384	7334	
家具制造业	2440	2350	90	662	440		
造纸及纸制品业	80284	52227	28057	48738	14706	12772	1398
印刷业和记录媒介的复制	14061	12531	1530	3261	2928	2261	
文教体育用品制造业	199	199		156	360	360	
石油加工、炼焦及核燃料加工业	14	14		162	50	50	
化学原料及化学制品制造业	92067	68144	23724	108799	38577	15358	502
医药制造业	43396	36542	6854	19419	8924	3139	1617
化学纤维制造业	26608	1700	24908	3915	249	249	
橡胶制品业	9392	9230	162	-2318	332	112	20
塑料制品业	23644	12894	10750	891	5091	1101	809
非金属矿物制品业	54452	37675	16774	50293	34788	26360	1122
黑色金属冶炼及压延加工业	302249	279734	22515	457361	199386	199256	110
有色金属冶炼及压延加工业	212737	179278	32196	21685	26402	8153	9168
金属制品业	23385	23153	232	8361	3141	522	2136
通用设备制造业	207858	191181	16677	143175	125202	79880	620
专用设备制造业	202891	180917	21974	139339	62433	41291	706
交通运输设备制造业	772063	729813	42079	306313	179699	122559	12548
电气机械及器材制造业	80817	75376	5442	9188	11180	679	2807
通信设备、计算机及其他电子设备制造业	1447	1125	321	2384	2200		
仪器仪表及文化、办公用机械制造业	7206	6972	234	622	170		
电力、热力的生产和供应业	389017	89736	299281	104627	40473	40473	
燃气生产和供应业	1796	1796		9502	7350	7053	
水的生产和供应业	18754	11489	7103	31703	22800	22800	

单位:万元

指标名称	法人资本	个人资本	港澳台资本	外商资本	产品销售收入	产品销售成本	产品销售费用
总计	48531	63879	9422	54123	3743939	2947343	166613
按登记注册类型分组							
内资企业	31048	63619	2219		3064571	2391450	114860
国有企业	297				1310938	963575	20477
中央企业					441157	316159	14095
地方企业	297				869781	647416	6382
集体企业	1635	6282			127218	122912	2806
股份合作企业	2192	5417			26770	23757	1000
联营企业					87218	74848	76
有限责任公司	5605	3397	2219		808955	640341	45702
#国有独资公司					504328	416865	15941
股份有限公司	7172	24651			428287	340622	28867
私营企业	14147	23872			275185	225396	15933
港、澳、台商投资企业	1722	260	7203	2179	66735	57587	2986
外商投资企业	15761			51945	612633	498307	48766
按经济组织类型分组							
独资企业	2739	7011	358	15632	1500406	1137970	27060
#国有企业	297				1310938	963575	20477
集体企业	1635	6282			127218	122912	2806
合作、合伙企业	2192	5657	233	333	126670	110258	1635
股份有限公司	7530	32937			460429	365594	30902
有限责任公司	36069	18274	8831	38158	1656434	1333522	107015
总计中：亏损企业	31386	17464	4755	17846	312496	294733	11806
国有控股企业	4276	22144	7117	20110	3146390	2438796	136050
农村工业	2702	14383			95899	80546	3018
总计中：轻工业	7126	5313	2767	2511	513930	338079	49177
重工业	41404	58566	6655	51612	3230009	2609264	117436
总计中：大型工业		19964		19675	2193299	1750207	78259
中型工业	13380	18835	3938	2380	1116255	820148	69075
小型工业	35151	25080	5484	32069	434385	376988	19279

5-19续表4.1 单位:万元

指标名称	法人资本	个人资本	港澳台资本	外商资本	产品销售收入	产品销售成本	产品销售费用
按工业行业大类分							
黑色金属矿采选业					885	764	106
有色金属矿采选业					102496	78886	2043
非金属矿采选业	31				6164	3684	68
农副食品加工业	1671	700			41975	39198	1607
食品制造业		756			2729	2081	290
饮料制造业		40		1743	5716	5231	114
烟草制品业					179146	76732	8922
纺织业	379	413	688		76652	70550	689
纺织服装、鞋、帽制造业		495			1598	1493	46
皮革、毛皮、羽毛(绒)及其制品业		100			1770	1815	
木材加工及木、竹、藤、棕、草制品业		50			13387	11935	862
家具制造业	300		140		2538	1882	239
造纸及纸制品业		100		436	39563	34018	1902
印刷业和记录媒介的复制	590	77			7366	5968	139
文教体育用品制造业					543	494	64
石油加工、炼焦及核燃料加工业					405	363	
化学原料及化学制品制造业	1189	9384	2227	9918	144313	118469	5865
医药制造业	3648	520			71735	27835	30638
化学纤维制造业					4437	3960	53
橡胶制品业		200			3113	2705	155
塑料制品业	1693	582	907		15067	13271	397
非金属矿物制品业	2973	3293	1040		76882	55114	11701
黑色金属冶炼及压延加工业		20			649199	459907	1546
有色金属冶炼及压延加工业	1589	7492			140466	133624	3082
金属制品业	410	73			16540	13004	926
通用设备制造业	18057	4417	3630	18597	147308	120564	3808
专用设备制造业	2698	14934	423	2380	334279	261438	23343
交通运输设备制造业	6550	16625	368	21050	1489365	1270808	64786
电气机械及器材制造业	6456	1238			41728	34899	2222
通信设备、计算机及其他电子设备制造业		2200			755	245	95
仪器仪表及文化、办公用机械制造业		170			1733	1548	143
电力、热力的生产和供应业					109435	82878	166
燃气生产和供应业	297				4536	4496	135
水的生产和供应业					10115	7487	461

5-19续表5

单位:万元

指标名称	产品销售税金及附加	其他业务利润	管理费用	#税金	#财产保险费	#劳动待业保险费
总　计	102700	31961	328277	7660	5881	24883
按登记注册类型分组						
内资企业	90003	25924	279928	6978	5725	24561
国有企业	75939	7981	131207	2080	4490	9965
中央企业	69759	4513	26517	344	200	4882
地方企业	6180	3468	104689	1736	4290	5083
集体企业	430	1802	7149	311	56	345
股份合作企业	80	1002	1663	62	32	84
联营企业	292	1061	8177	124		2017
有限责任公司	10549	10383	75532	2924	701	6411
#国有独资公司	7938	6863	51162	2259	212	3204
股份有限公司	1496	2014	32300	826	229	2803
私营企业	1217	1682	23900	652	218	2936
港、澳、台商投资企业	14	721	3311	96	47	209
外商投资企业	12683	5316	45039	586	109	113
按经济组织类型分组						
独资企业	76454	9895	141950	2407	4563	10359
#国有企业	75939	7981	131207	2080	4490	9965
集体企业	430	1802	7149	311	56	345
合作、合伙企业	415	2040	10007	191	34	2113
股份有限公司	1598	2945	35716	924	237	2858
有限责任公司	24233	17081	140605	4137	1048	9553
总计中：亏损企业	937	5958	41450	1190	340	3978
国有控股企业	100294	25041	275566	6226	5442	20946
农村工业	307	2673	5447	225	55	184
总计中：轻工业	70434	1745	35919	991	721	4317
重工业	32267	30216	292358	6669	5161	20566
总计中：大型工业	27147	13660	191681	4150	4506	9850
中型工业	73901	12437	96830	2313	994	11304
小型工业	1652	5864	39766	1196	381	3730

单位:万元

指标名称	产品销售税金及附加	其他业务利润	管理费用	#税金	#财产保险费	#劳动待业保险费
按工业行业大类分						
黑色金属矿采选业	7	11	43			1
有色金属矿采选业	855	2156	16557	1247		292
非金属矿采选业	543	814	3817	109	24	398
农副食品加工业	30	178	1341	45	11	35
食品制造业	17	38	391	11	3	81
饮料制造业	377	6	519	2	4	17
烟草制品业	68340	166	9460	207	96	2204
纺织业	364	231	5903	215	53	696
纺织服装、鞋、帽制造业	5	3	81		6	3
皮革、毛皮、羽毛(绒)及其制品业	6	412	281			33
木材加工及木、竹、藤、棕、草制品业	69	367	1669	33	3	372
家具制造业	11		190	15	16	14
造纸及纸制品业	157	49	2574	106	40	108
印刷业和记录媒介的复制	37	22	1120	55	22	164
文教体育用品制造业	6	4	65	1		1
石油加工、炼焦及核燃料加工业	1		44		1	
化学原料及化学制品制造业	479	178	8159	286	279	834
医药制造业	862	7	8578	63	365	593
化学纤维制造业	13	5	310	34		105
橡胶制品业	18	35	369	3	1	62
塑料制品业	34	1024	1526	45	27	205
非金属矿物制品业	431	812	6132	87	5	302
黑色金属冶炼及压延加工业	5550	1810	79291	1047	4123	1992
有色金属冶炼及压延加工业	387	2453	9776	511	77	254
金属制品业	114	572	646	21	13	57
通用设备制造业	609	3124	23216	684	196	1528
专用设备制造业	1057	1446	25986	505	99	3916
交通运输设备制造业	20217	13584	104215	1691	301	8251
电气机械及器材制造业	260	745	4712	84	27	623
通信设备、计算机及其他电子设备制造业	8	20	459	7		3
仪器仪表及文化、办公用机械制造业	7	25	378	20	16	82
电力、热力的生产和供应业	1758	1516	7536	386	27	1611
燃气生产和供应业	14	43	255	26		
水的生产和供应业	60	109	2682	113	48	49

5-19续表6 单位:万元

指标名称	财务费用	#利息支出	营业利润	利润总额	亏损企业亏损额	利税总额
总计	52162	50396	259550	190027	53388	501914
按登记注册类型分组						
内资企业	48680	47942	246421	173720	47074	435340
国有企业	17610	17514	198819	98632	10460	268269
中央企业	4734	4900	14347	17127	310	120973
地方企业	12876	12614	184472	81506	10150	147296
集体企业	3554	3366	-7409	-5590	10645	-999
股份合作企业	324	311	663	-5	1070	930
联营企业	204	161	4683	4514		7779
有限责任公司	16785	16462	22941	49500	4814	101829
#国有独资公司	9167	9247	2548	25231	2363	52181
股份有限公司	5979	6013	21418	18781	14742	37403
私营企业	4225	4116	5306	7887	5344	20128
港、澳、台商投资企业	839	827	2717	3477	2152	5949
外商投资企业	2642	1628	10411	12829	4162	60626
按经济组织类型分组						
独资企业	22394	22086	193727	95622	21413	272067
#国有企业	17610	17514	198819	98632	10460	268269
集体企业	3554	3366	-7409	-5590	10645	-999
合作、合伙企业	563	485	5567	4758	1070	9343
股份有限公司	6064	6144	23232	22890	14742	42546
有限责任公司	23141	21682	37024	66757	16164	177958
总计中:亏损企业	14590	11578	-45839	-53388	53388	-41551
国有控股企业	36917	38176	265290	192022	20474	478965
农村工业	1523	1381	6278	11146	2529	14042
总计中:轻工业	9232	8924	13006	16823	7209	125969
重工业	42930	41472	246543	173204	46179	375945
总计中:大型工业	22613	24222	223752	134687	9381	283190
中型工业	18252	18251	44286	62082	17061	208671
小型工业	11297	7923	-8488	-6742	26946	10053

指　标　名　称	财务费用	#利息支出	营业利润	利润总额	亏损企业亏损额	利税总额
按工业行业大类分						
黑色金属矿采选业			-24	-21	21	51
有色金属矿采选业	7867	7867	-3483	393		5745
非金属矿采选业	-4	-6	-1328	195		1283
农副食品加工业	558	555	-847	-459	615	45
食品制造业	83	83	-23	-37	44	158
饮料制造业	53	53	-571	73	293	684
烟草制品业	2749	2749	13109	12700		100436
纺织业	2596	2586	-3220	-3403	3581	872
纺织服装、鞋、帽制造业	6	5	-28	-3	5	47
皮革、毛皮、羽毛(绒)及其制品业	183		-104	-32	32	36
木材加工及木、竹、藤、棕、草制品业	340	341	-1121	-871	1268	-85
家具制造业	18	19	199	210		334
造纸及纸制品业	739	668	224	245	431	2482
印刷业和记录媒介的复制	375	366	-252	-257	335	161
文教体育用品制造业	9	10	-92	-92	92	-28
石油加工、炼焦及核燃料加工业			-2	-2	2	10
化学原料及化学制品制造业	1133	1333	10693	10990	886	17768
医药制造业	680	693	3150	2972	518	12453
化学纤维制造业	114	114	-8			144
橡胶制品业	159	160	-203	-155	395	36
塑料制品业	714	720	-734	-756	1050	-213
非金属矿物制品业	1825	1825	2868	2933	857	8659
黑色金属冶炼及压延加工业	9493	9368	183702	83862	181	142507
有色金属冶炼及压延加工业	5402	5385	-9131	-6832	13300	-1970
金属制品业	519	488	2064	2020	90	3229
通用设备制造业	5224	2551	-8583	-4806	18991	3017
专用设备制造业	3130	2886	20866	26059	3977	38835
交通运输设备制造业	2441	3796	40324	46695	2742	124961
电气机械及器材制造业	1280	1281	-1287	-1553	3030	326
通信设备、计算机及其他电子设备制造业	21	21	-52	-13	13	89
仪器仪表及文化、办公用机械制造业	163	163	-480	-503	503	-447
电力、热力的生产和供应业	3719	3798	14901	18285	138	37244
燃气生产和供应业	-24	-24	86	58		218
水的生产和供应业	599	544	-1065	2131		2828

5-19续表7

单位:万元

指标名称	本年应付工资总额	本年应付福利费总额	本年应交增值税	进项税额	销项税额	全部从业人员年平均数(人)
总　计	215953	29881	209187	492683	688814	125545
按登记注册类型分组						
内资企业	194854	26998	171617	402750	562018	116324
国有企业	75642	10809	93697	138288	228640	39136
中央企业	21118	3163	34087	45129	76225	12796
地方企业	54523	7646	59611	93159	152415	26340
集体企业	7120	1615	4161	15760	19307	6851
股份合作企业	1688	308	855	2653	3718	2000
联营企业	6934	974	2973	13194	15120	2960
有限责任公司	60572	6398	41780	141467	179482	33827
#国有独资公司	38918	3182	19012	111725	127396	20245
股份有限公司	22479	4292	17126	60136	74956	12592
私营企业	20420	2602	11024	31253	40794	18958
港、澳、台商投资企业	3342	318	2458	8565	9946	3421
外商投资企业	17757	2566	35113	81368	116850	5800
按经济组织类型分组						
独资企业	87165	12657	99991	162174	258115	48581
#国有企业	75642	10809	93697	138288	228640	39136
集体企业	7120	1615	4161	15760	19307	6851
合作、合伙企业	8950	1333	4170	17793	21106	5275
股份有限公司	24774	4607	18058	64851	80597	13703
有限责任公司	95063	11285	86968	247865	328996	57986
总计中：亏损企业	27700	5584	10901	39927	47997	29421
国有控股企业	176504	23827	186650	422972	598868	88758
农村工业	5208	983	2589	13711	15872	4697
总计中：轻工业	24930	3319	38713	43722	81187	23753
重工业	191023	26563	170475	448962	607627	101792
总计中：大型工业	126192	16931	121356	307937	422093	57481
中型工业	58701	8574	72688	132374	200058	36305
小型工业	31060	4377	15143	52372	66663	31759

单位:万元

指标名称	本年应付工资总额	本年应付福利费总额	本年应交增值税	进项税额	销项税额	全部从业人员年平均数(人)
按工业行业大类分						
黑色金属矿采选业	52	7	66	67	122	47
有色金属矿采选业	16283	149	4497	44258	45422	12775
非金属矿采选业	1557	201	545	165	688	872
农副食品加工业	1176	174	473	1057	1066	1323
食品制造业	368	50	178	205	329	521
饮料制造业	591	67	235	711	947	949
烟草制品业	835	117	19396	11924	31283	1460
纺织业	7911	1047	3911	9785	13017	8997
纺织服装、鞋、帽制造业	130	11	45	223	133	255
皮革、毛皮、羽毛(绒)及其制品业	222	7	62	46	108	277
木材加工及木、竹、藤、棕、草制品业	907	188	717	1697	2406	787
家具制造业	270	47	112	281	315	346
造纸及纸制品业	2716	389	2080	4574	6754	2801
印刷业和记录媒介的复制	1077	152	381	738	1101	1086
文教体育用品制造业	76	8	58	38	93	84
石油加工、炼焦及核燃料加工业	21	3	11	65	75	17
化学原料及化学制品制造业	6246	946	6299	17111	23412	4881
医药制造业	5251	715	8620	4298	12912	1804
化学纤维制造业	310	43	131	757	626	418
橡胶制品业	357	47	174	359	532	468
塑料制品业	1555	154	509	1630	2149	1397
非金属矿物制品业	5705	685	5295	7067	12075	3513
黑色金属冶炼及压延加工业	45555	6374	53094	61420	114614	15694
有色金属冶炼及压延加工业	8418	2856	4476	18473	21453	8057
金属制品业	859	118	1096	2012	3106	836
通用设备制造业	13399	1943	7214	31190	37615	8000
专用设备制造业	18883	2519	11719	47792	58037	10943
交通运输设备制造业	57277	8549	58049	213459	271318	28510
电气机械及器材制造业	3777	450	1620	5685	7306	3353
通信设备、计算机及其他电子设备制造业	246	34	94	38	128	117
仪器仪表及文化、办公用机械制造业	217	25	49	221	263	258
电力、热力的生产和供应业	11245	1461	17201	4875	18163	3474
燃气生产和供应业	507	71	147	465	612	338
水的生产和供应业	1955	273	637		637	887

5-20 各县规模以上工业主要经济指标

(2003年) 单位:万元

指标名称	柳江县	柳城县	鹿寨县	融安县	融水苗族自治县	三江侗族自治县
企业单位数(个)	54	18	35	15	11	7
#亏损企业	22	8	8	3	1	4
工业总产值(不变价格)	287997	109325	150874	23680	17703	3733
工业总产值(当年价格)	270749	93744	154122	32196	19189	6716
#新产品产值	31340		2			
工业销售产值(当年价格)	269178	124598	154344	31397	17211	6542
#出口交货值	3305	131	13690			
工业中间投入合计	202278	69849	116308	26429	10891	3809
工业增加值(当年价)	82704	29813	45215	8755	9831	3205
资产合计	253880	131768	400442	83568	47305	48525
流动资产小计	142096	63302	77498	28654	11304	20608
#应收账款净额	54738	7161	13691	3108	2076	4867
存货	32118	11961	21776	10418	2669	977
产成品	8254	3190	9353	7107	671	103
流动资产年平均余额	142836	56285	77996	28795	11203	16637
固定资产小计	89325	48014	288958	52634	34222	20214
固定资产原价	126465	70579	352547	67681	49593	12188
#生产经营用	115709	65121	340978	57950	41337	10826
累计折旧	48125	24227	68210	18541	16310	4818
#本年折旧	8286	3914	17344	3781	2069	628
固定资产净值年平均余额	72660	54108	292627	50284	27610	7525
负债合计	138286	80868	300941	57081	26048	35633
流动负债合计	128044	71768	99950	35935	16926	17910
长期负债合计	9802	9100	199998	20319	8614	17723
所有者权益合计	115594	50901	99501	26487	21257	12892
产品销售收入	280856	94329	159478	35285	18490	13287
产品销售成本	237093	80464	145911	28739	14452	11174
产品销售费用	4765	2776	3677	552	1019	430
产品销售税金及附加	810	584	689	92	89	29
管理费用	14805	5503	11143	4579	1187	859
财务费用	3465	2219	13402	1927	391	843
利润总额	21260	4327	-14587	-1625	1614	-106
亏损企业亏损总额	1748	572	20747	3586	22	812
利税总额	36302	10829	-6496	1454	3235	220
本年应交增值税	14233	5917	7401	2987	1533	297
本年销项税	47373	16308	19664	5300	2674	1122
本年应付福利费总额	2309	1776	917	359	222	69
本年应付工资总额	11760	6646	9942	2878	2190	658
全部从业人员平均人数(人)	10019	5104	11070	4412	2361	729

5-21　各县规模以上工业企业数分行业情况

（2003年）

单位：个

指 标 名 称	柳江县	柳城县	鹿寨县	融安县	融水苗族自治县	三江侗族自治县
按工业行业大类分						
黑色金属矿采选业			2	2		
有色金属矿采选业				1		
非金属矿采选业						
农副食品加工业	8	2	5		1	
食品制造业						
饮料制造业	1					
烟草制品业						
纺织业	1	1	3	1		
纺织服装、鞋、帽制造业	1					
皮革、毛皮、羽毛(绒)及其制品业						
木材加工及木、竹、藤、棕、草制品业			1		1	
家具制造业			1		1	
造纸及纸制品业	3	1	4			
印刷业和记录媒介的复制	1				1	
文教体育用品制造业						
石油加工、炼焦及核燃料加工业						
化学原料及化学制品制造业	3	3	4		1	
医药制造业	1	2	1	1		
化学纤维制造业						
橡胶制品业						
塑料制品业	2		1			
非金属矿物制品业	5	2	3	2	2	
黑色金属冶炼及压延加工业			2			
有色金属冶炼及压延加工业	1	2	3	3		3
金属制品业	2					
通用设备制造业	2	1				
专用设备制造业	1			1		
交通运输设备制造业	20		1			
电气机械及器材制造业		1				
通信设备、计算机及其他电子设备制造业						
仪器仪表及文化、办公用机械制造业						
电力、热力的生产和供应业	1	2	3	3	2	3
燃气生产和供应业						
水的生产和供应业	1	1	1	1	2	1

5-22 各县规模以上工业总产值分行业情况

(2003年)

单位:万元

指 标 名 称	柳江县	柳城县	鹿寨县	融安县	融水苗族自治县	三江侗族自治县
按工业行业大类分						
黑色金属矿采选业			2273	240		
有色金属矿采选业				15240		
非金属矿采选业						
农副食品加工业	66882	61373	29832		10422	
食品制造业						
饮料制造业	773					
烟草制品业						
纺织业	904	4160	5881	1688		
纺织服装、鞋、帽制造业	671					
皮革、毛皮、羽毛(绒)及其制品业						
木材加工及木、竹、藤、棕、草制品业			350		111	
家具制造业			1009		185	
造纸及纸制品业	1 865	556	32432			
印刷业和记录媒介的复制	286				60	
文教体育用品制造业						
石油加工、炼焦及核燃料加工业						
化学原料及化学制品制造业	4 588	13182	58423		57	
医药制造业	2 700	3931	1260	861		
化学纤维制造业						
橡胶制品业						
塑料制品业	1 990		660			
非金属矿物制品业	5 987	4077	7269	1107	3032	
黑色金属冶炼及压延加工业			5298			
有色金属冶炼及压延加工业	3 952	2308	5050	3402		3043
金属制品业	2 941					
通用设备制造业	22 780	955				
专用设备制造业	1 658			52		
交通运输设备制造业	150 607		752			
电气机械及器材制造业		30				
通信设备、计算机及其他电子设备制造业						
仪器仪表及文化、办公用机械制造业						
电力、热力的生产和供应业	2 037	2802	3231	9479	4937	3526
燃气生产和供应业						
水的生产和供应业	130	369	402	128	386	148

5-23 全市规模以下工业企业经济情况

(2003年)

指 标 名 称	企业单位个数（个）	工业总产值（当年价）（万元）	上交税金（万元）	年末从业人员（人）
总　　计	**22480**	**740969**	**19854**	**103501**
在总计中：市　区	**5421**	**415049**	**10520**	**34992**
柳江县	**4239**	**115667**	**1414**	**12862**
柳城县	**2568**	**73324**	**3213**	**11060**
鹿寨县	**2453**	**88541**	**1671**	**19351**
融安县	**811**	**22467**	**1413**	**8379**
融水县	**2336**	**12094**	**1168**	**5186**
三江县	**4652**	**13827**	**455**	**11671**
在总计中：轻工业	16506	409413	10766	64408
重工业	5974	331556	9088	39093
在总计中：集体企业	419	81003	5892	13004
股份合作企业	98	15973	839	2780
私营企业	1103	189562	6480	28888
联营企业	12	1736	97	341
个体工业	20748	394504	6021	55343
外商及港澳台商投资企业	18	2963	182	915
其他企业	82	55228	343	2230
在总计中：农村工业	16855	313203	9072	64716

运输、邮电 6

6-1 全市主要年份邮电情况

年　份	邮电业务总量（万元）	年末电话用户 (含移动、固定电话、小灵通)（户）
1978	316	4991
1979	345	5382
1980	387	5432
1981	461	6045
1982	494	6095
1983	567	6437
1984	565	6082
1985	680	6749
1986	682	7448
1987	829	8599
1988	1123	9716
1989	1246	24087
1990	2465	28693
1991	3293	32592
1992	4691	45157
1993	8282	63913
1994	14549	89032
1995	23885	130465
1996	34003	162950
1997	47027	214439
1998	63833	271622
1999	84033	354026
2000	107828	573818
2001	121988	809204
2002	126124	1046077
2003	173428	1264142

注：邮电业务总量1978和1980年为1970年不变价，1985－1989年为1980年不变价，1990年—2003年为1990年不变价。

6-2 柳江县主要年份邮电情况

年　份	邮电业务总量（万元）	年末电话用户（含移动、固定电话、小灵通）（户）
1978	15	541
1979	16	536
1980	18	555
1981	19	522
1982	18	518
1983	20	526
1984	23	516
1985	27	517
1986	29	547
1987	34	458
1988	43	674
1989	48	827
1990	110	1287
1991	157	1343
1992	211	1810
1993	285	2292
1994	460	2744
1995	923	5521
1996	1480	6680
1997	2490	10165
1998	3470	14055
1999	4056	17780
2000	5591	29736
2001	7001	38895
2002	7801	75712
2003	14994	112766

注：邮电业务总量1978和1980年为1970年不变价，1985－1989年为1980年不变价，1990年—2003年为1990年不变价。

6-3 柳城县主要年份邮电情况

年 份	邮电业务总量（万元）	年末电话用户（含移动、固定电话、小灵通）（户）
1978	27	127
1979	28	134
1980	28	147
1981	34	561
1982	33	559
1983	33	562
1984	34	558
1985	36	546
1986	86	540
1987	44	521
1988	53	614
1989	58	1055
1990	62	1075
1991	125	1337
1992	178	1746
1993	267	2451
1994	357	2445
1995	555	4522
1996	730	5934
1997	1315	7198
1998	1791	9447
1999	1554	11916
2000	2324	21903
2001	3609	32757
2002	4190	59015
2003	8204	76534

注：邮电业务总量1978和1980年为1970年不变价，1985－1989年为1980年不变价，1990年—2003年为1990年不变价。

6-4 鹿寨县主要年份邮电情况

年 份	邮电业务总量（万元）	年末电话用户（含移动、固定电话、小灵通）（户）
1978	34	762
1979	37	1033
1980	39	904
1981	52	1017
1982	51	970
1983	53	1010
1984	58	1031
1985	65	1110
1986	68	1142
1987	78	1134
1988	91	1146
1989	99	1313
1990	210	1440
1991	260	1652
1992	320	2080
1993	418	2237
1994	682	3149
1995	1054	5985
1996	1243	8015
1997	1892	10790
1998	2576	14120
1999	2872	20465
2000	5172	34698
2001	5761	47999
2002	5385	64107
2003	11252	100512

注：邮电业务总量1978和1980年为1970年不变价，1985－1989年为1980年不变价，1990年—2003年为1990年不变价。

6-5 融安县主要年份邮电情况

年 份	邮电业务总量 （万元）	年末电话用户 (含移动、固定电话、小灵通) （户）
1978	24	668
1979	25	638
1980	27	669
1981	36	660
1982	36	614
1983	39	651
1984	42	686
1985	47	535
1986	46	719
1987	50	765
1988	59	836
1989	64	854
1990	115	824
1991	131	770
1992	170	1047
1993	226	1395
1994	286	1663
1995	382	2840
1996	636	4241
1997	949	5113
1998	1384	6778
1999	1737	11070
2000	1795	20682
2001	2845	29495
2002	3612	47491
2003	6873	59872

注：邮电业务总量1978和1980年为1970年不变价，1985－1989年为1980年不变价，1990年—2003年为1990年不变价。

6-6 融水县县主要年份邮电情况

年 份	邮电业务总量（万元）	年末电话用户（含移动、固定电话、小灵通）（户）
1978	17	799
1979	19	799
1980	18	825
1981	20	851
1982	27	873
1983	34	872
1984	40	830
1985	42	853
1986	46	913
1987	50	988
1988	59	1003
1989	56	1025
1990	62	987
1991	130	1168
1992	154	1307
1993	215	2023
1994	280	2838
1995	434	3609
1996	635	4918
1997	941	5911
1998	1287	7089
1999	2036	8687
2000	2045	13698
2001	3194	16433
2002	3238	35493
2003	5543	48468

注：邮电业务总量1978和1980年为1970年不变价，1985－1989年为1980年不变价，1990年—2003年为1990年不变价。

6-7　三江县主要年份邮电情况

年　份	邮电业务总量（万元）	年末电话用户（含移动、固定电话、小灵通）（户）
1978	18	457
1979	18	503
1980	19	530
1981	19	540
1982	21	548
1983	23	574
1984	28	583
1985	34	620
1986	32	604
1987	37	630
1988	45	669
1989	44	754
1990	46	740
1991	92	787
1992	103	1082
1993	138	1380
1994	181	1487
1995	259	2272
1996	391	2862
1997	576	3526
1998	801	4801
1999	923	5946
2000	1257	10400
2001	1452	14731
2002	1458	11241
2003	3989	36391

注：邮电业务总量1978和1980年为1970年不变价，1985－1989年为1980年不变价，1990年—2003年为1990年不变价。

6-8 全市民用车辆拥有量

(2003年)　　单位：辆

指标名称	总计	#私人
合计	**399804**	**346243**
汽车	**50643**	**24449**
#载客汽车	33235	18744
#大型	1775	150
中型	1447	515
小型	15308	7928
微型	14705	10151
轿车	10340	5717
载货汽车	16106	5649
#重型	3723	625
中型	4090	1197
轻型	4362	1571
微型	3931	2256
#普通载货	9879	3149
其他汽车	1302	56
摩托车	**328675**	**321732**
#普通	322829	315939
轻便	5846	5793
农用运输车	**1723**	
#三轮	417	
四轮	1306	
拖拉机	**17685**	
#大型	6470	
小型	11215	
挂车	**582**	**62**
其他类型车	**496**	

6-9 全社会交通运输情况

(2003年)

指　标　名　称	计量单位	全市	市辖区	柳江县	柳城县
铁路客运量	万人	352.34	251.19	15.26	8.74
铁路货运量	万吨	674.99	428.81	28.25	13.40
境内铁路里程	公里	389	50	92	32
民用汽车拥有量	辆	50643			
#私人汽车拥有量	辆	24449			
公路客运量	万人	3654	2549	280	197
公路货运量	万吨	3141	1353	222	532
公路里程	公里	3488	191	555	525
#境内等级公路里程	公里	3093	179	555	481
#境内高速公路里程	公里	192	19	72	27
内河港口货物吞吐量	万吨	62	54		
水运客运量	万人	106	7	22	21
水运货运量	万吨	140	70	25	22
民用航空货邮运量	吨	290		290	
民用航空客运量	人	34461		34461	

6-9 续表

指　标　名　称	计量单位	鹿寨县	融安县	融水苗族自治县	三江侗族自治县
铁路客运量	万人	17.67	21.40	10.07	28.02
铁路货运量	万吨	98.04	45.85	19.04	41.60
境内铁路里程	公里	60	37	39	79
民用汽车拥有量	辆				
#私人汽车拥有量	辆				
公路客运量	万人	173	175	137	143
公路货运量	万吨	201	797	26	10
公路里程	公里	806	421	620	369
#境内等级公路里程	公里	727	263	605	282
#境内高速公路里程	公里	74			
内河港口货物吞吐量	万吨	3			4
水运客运量	万人	2	20	16	18
水运货运量	万吨	3	8	7	4
民用航空货邮运量	吨				
民用航空客运量	人				

6-10 全市独立核算交通运输企业财务状况

单位：万元

指 标 名 称	总 计	按专业类型分	
		公路运输	水上运输
企业单位数(个)	16	10	6
#亏损企业(个)	9	5	4
资本金合计	9082	6742	2340
流动资产合计	20148	15337	4811
#存货	1515	1170	345
长期投资	11221	10981	240
固定资产合计	41920	27850	14069
固定资产原价合计	54191	39881	14310
#生产经营用	39117	25670	13447
累计折旧	19872	16761	3111
#本年折旧	3592	3212	380
无形及递延资产合计	11007	10958	49
#无形资产	10506	10506	
资产合计	84298	65128	19170
流动负债合计	41082	27600	13482
长期负债合计	12383	12212	171
负债合计	59796	46103	13693
所有者权益合计	24502	19025	5477
#股本	2635	2552	83
营运业务收入	33474	30433	3041
营运业务成本	22804	20051	2753
营运费用	1138	921	217
营运税金及附加	1105	1028	77
营运业务利润	8280	8294	-14
管理费用	8548	7818	729
#税金	355	280	75
财产保险费	307	277	30
劳动、待业保险金	807	684	123
财务费用	904	884	20
#利息支出	823	807	17
营业利润	405	1152	-747
利润总额	518	1251	-760
应交所得税	313	313	
应付利润	95	95	
本年应付工资总额	5433	4668	765
本年应付福利费总额	6250	5314	936

6-11 邮政、电信业务情况

(2003年)

指 标 名 称	单位	全 市	市 区	柳江县	柳城县
年末邮政局（所）数	处	164	62	15	19
邮电业务总量	万元	173428	122573	14994	8204
#邮政业务总量	万元	12216	8639	776	437
电信业务总量	万元	161212	113934	14218	7767
邮电业务收入	万元	121912	87855	9087	5563
#邮政业务收入	万元	8935	6264	608	305
电信业务收入	万元	112977	81591	8479	5258
本地电话用户（含小灵通）	户	626391	407182	49337	39759
#固定电话用户	户	558350	381414	33390	33818
年末移动电话用户	户	637751	421877	63429	36775
国际互联网用户	户	234338	219451	3512	3039

6-11 续表 (2003年)

指 标 名 称	单位	鹿寨县	融安县	融水苗族自治县	三江侗族自治县
年末邮政局（所）数	处	16	14	21	17
邮电业务总量	万元	11252	6873	5543	3989
#邮政业务总量	万元	904	494	610	356
电信业务总量	万元	10348	6379	4933	3633
邮电业务收入	万元	7669	4848	4072	2818
#邮政业务收入	万元	657	345	493	263
电信业务收入	万元	7012	4503	3579	2555
本地电话用户（含小灵通）	户	51068	29823	26347	22875
#固定电话用户	户	43240	25213	21436	19839
年末移动电话用户	户	49444	30049	22121	14056
国际互联网用户	户	2658	3218	1633	827

固定资产投资 7

7-1 全市主要年份固定资产投资情况

单位：万元

年份	全社会固定资产投资额	#基本建设投资额	#更新改造投资额
1978	12288	12288	
1979	9556	9556	
1980	17302	17128	174
1981	13269	8750	3847
1982	16801	8639	6939
1983	18064	7862	8326
1984	29890	17856	8556
1985	48756	25805	15511
1986	53719	22593	23029
1987	86652	18727	55352
1988	97575	25954	52584
1989	76326	24146	37583
1990	65881	22720	31807
1991	107140	24383	62453
1992	156432	55214	80440
1993	353403	122472	111009
1994	457769	171241	163182
1995	386777	121826	125983
1996	405356	134864	138198
1997	413562	141445	130638
1998	461678	194313	144040
1999	454624	175936	130420
2000	448313	185795	92727
2001	507723	160431	144268
2002	757782	249577	226928
2003	1093675	411050	306719

7-2 柳江县主要年份固定资产投资情况

单位：万元

年　份	全社会固定资产投资额	#基本建设投资额	#更新改造投资额
1978	856	856	
1979	367	367	
1980	375	312	63
1981	289	217	72
1982	869	488	214
1983	988	541	435
1984	719	537	128
1985	1642	978	102
1986	2183	1029	233
1987	3786	697	450
1988	9671	7166	1774
1989	4572	1206	1138
1990	5025	953	645
1991	5164	1633	1386
1992	6982	2765	1135
1993	13794	7913	1259
1994	32959	5388	3846
1995	28624	6059	2584
1996	26897	4944	8087
1997	23520	5509	4769
1998	26355	7313	1124
1999	22154	4111	370
2000	23795	9142	135
2001	24690	5743	1897
2002	35019	7502	14990
2003	60810	30626	12362

7-3 柳城县主要年份固定资产投资情况

单位：万元

年 份	全社会固定资产投资额	#基本建设投资额	#更新改造投资额
1978	1420	1420	
1979	1226	1226	
1980	1180	1180	
1981	1222	1222	
1982	1342	1342	
1983	1141	799	334
1984	817	720	93
1985	1140	660	130
1986	877	441	436
1987	1543	437	1106
1988	2936	1649	1287
1989	3061	1323	723
1990	2137	1807	330
1991	3873	571	3302
1992	4762	4103	164
1993	12897	7832	1782
1994	14144	10011	2680
1995	19041	9930	4317
1996	19774	6353	8342
1997	23825	5729	6336
1998	16011	6600	1535
1999	15974	3788	800
2000	23331	6002	2844
2001	20901	6563	290
2002	38830	19682	1635
2003	43166	30409	1223

7-4 鹿寨县主要年份固定资产投资情况

单位：万元

年　份	全社会固定资产投资额	#基本建设投资额	#更新改造投资额
1978	743	743	
1979	824	813	
1980	1114	1013	96
1981	1079	584	489
1982	1689	618	1014
1983	876	197	513
1984	1668	552	605
1985	3298	592	298
1986	1563	382	800
1987	4049	565	1851
1988	5559	471	1988
1989	5106	841	1006
1990	5522	344	2550
1991	11825	2511	3191
1992	12100	4043	4430
1993	25998	6702	5362
1994	36598	13810	7033
1995	43673	15796	8359
1996	47460	22241	3341
1997	54698	45399	771
1998	92000	82420	360
1999	64704	34237	5120
2000	72033	36624	2512
2001	61938	30362	7882
2002	63743	23589	2634
2003	80636	38111	8673

7-5 融安县主要年份固定资产投资情况

单位：万元

年 份	全社会固定资产投资额	#基本建设投资额	#更新改造投资额
1978	120	120	
1979	187	187	
1980	151	143	8
1981	254	154	97
1982	460	190	89
1983	655	166	108
1984	1365	360	390
1985	1464	544	352
1986	1542	462	562
1987	2020	399	889
1988	2405	554	622
1989	2461	596	781
1990	1899	206	555
1991	2483	481	991
1992	4906	2915	1074
1993	8312	4438	1515
1994	13765	7125	2347
1995	16824	8498	1696
1996	18146	8639	535
1997	23182	11042	1239
1998	23997	12864	2159
1999	17357	11071	334
2000	30520	14956	2853
2001	31468	13055	3744
2002	31849	13711	3679
2003	27529	9475	1097

7-6 融水县主要年份固定资产投资情况

单位：万元

年　份	全社会固定资产投资额	#基本建设投资额	#更新改造投资额
1978	427	427	
1979	398	398	
1980	354	354	
1981	210	210	
1982	696	696	
1983	490	490	
1984	858	858	
1985	827	827	
1986	804	804	
1987	1677	1677	
1988	4824	4824	
1989	3409	3409	
1990	2139	1939	
1991	2700	1215	514
1992	5621	2106	1630
1993	9470	5115	2412
1994	15491	3716	7280
1995	16237	3532	9000
1996	8916	3630	1100
1997	8765	2655	851
1998	9452	2157	67
1999	22392	3368	67
2000	12209	9071	0
2001	13458	7459	837
2002	20727	8846	4614
2003	24310	13678	2080

7-7 三江县主要年份固定资产投资情况

单位：万元

年 份	全社会固定资产投资额	#基本建设投资额	#更新改造投资额
1978	365	365	
1979	252	246	
1980	322	299	7
1981	446	186	247
1982	405	352	31
1983	392	251	34
1984	530	199	50
1985	400	271	129
1986	656	452	30
1987	932	371	150
1988	1708	1169	108
1989	1506	1261	50
1990	1759	1543	50
1991	1446	1194	#REF!
1992	1443	886	242
1993	2562	688	#REF!
1994	4290	2657	798
1995	3936	902	280
1996	6662	1631	#REF!
1997	5907	1757	675
1998	11984	4113	330
1999	13995	1340	190
2000	15051	7638	61
2001	16205	8021	624
2002	21878	14750	446
2003	26120	14883	1116

7-8 全市固定资产投资完成情况

（2003年）　　单位：万元

指 标 名 称	总计	基本建设	更新改造	其他投资	城镇集体	私营个体
本年完成投资	737781	411050	306719	2875	4290	12847
#住宅	22634	20566	40	40	1496	492
投资额按构成分						
建筑工程	310146	210986	90615	368	3162	5015
安装工程	50085	15590	33625	60	195	615
设备工器具购置	195409	25000	163366	1163	674	5206
其他费用	182141	159474	19113	1284	259	2011
#土地购置费	22087	19824	1244		150	869
更新改造本年完成投资用途						
增产	175695		175169		38	488
节约能源	9609		9604			5
其他节约	2966		2966			
增加品种	29516		29083			433
提高产品质量	39850		39805			45
三废治理	3523		3523			
其他	46619		46569		50	
本年新增固定资产	481226	199855	266478	2389	3681	8823
本年施工房屋面积(平方米)	1330221	922543	311087	4230	45955	46406
#住宅	481131	437399	600	1000	29914	12218
本年竣工房屋面积(平方米)	767062	510168	194827	2800	31292	27975
#住宅	308330	283597	600	1000	17673	5460
本年竣工房屋价值	64294	42479	16861	90	2249	2615
#住宅	18577	16929	40	40	1296	272
施工项目个数(个)	666	435	150	8	22	51
#本年新开工	440	279	95	8	16	42
本年投产项目个数	333	209	80	4	13	27
本年资金来源合计	802872	420803	359981	2898	4813	14377
上年末结余资金	135505	67924	66597		284	700
本年资金来源小计	667367	352879	293384	2898	4529	13677
国家预算内资金	37749	33022	3577	1082	68	
国内贷款	165626	123343	40240	170	472	1401
利用外资	5909	3319	2590			
#外商直接投资	2493		2493			
自筹资金	408091	152801	241955	1462	1794	10079
中央各部门自筹	2520	2520				
省自筹	17524	16363	1131			30
市自筹	58484	58041	425		18	
县自筹	15330	14246	431	182		471
企事业单位自有资金	314233	61631	239968	1280	1776	9578
其他资金来源	49992	40394	5022	184	2195	2197
#集资	21070	18475	100		2195	300
本年各项应付款合计	106526	67985	36399	1338	130	674

单位：万元

指标名称	国有经济合计	基本建设	更新改造	其他投资	国有合计	基本建设
本年完成投资	585919	341749	242575	1595	364998	151106
#住宅	15388	15348	40		14753	14753
投资额按构成分						
建筑工程	256895	174572	82220	103	179742	101576
安装工程	40734	10793	29941		37473	10793
设备工器具购置	129200	11991	116851	358	108538	8525
其他费用	159090	144393	13563	1134	39245	30212
#土地购置费	15695	15495	200		15195	15195
更新改造本年完成投资用途						
增产	146147		146147		126099	
节约能源	9464		9464		8364	
其他节约	2955		2955		2908	
增加品种	19087		19087		16951	
提高产品质量	33016		33016		32666	
三废治理	3273		3273		1923	
其他	28633		28633		23386	
本年新增固定资产	378401	178482	198710	1209	341155	149249
本年施工房屋面积(平方米)	1007090	729787	275873	1430	963893	718731
#住宅	329911	329311	600		318255	318255
本年竣工房屋面积(平方米)	583283	397847	185436		570777	386791
#住宅	229844	229244	600		218188	218188
本年竣工房屋价值	51591	35335	16256		50786	34740
#住宅	14019	13979	40		13384	13384
施工项目个数(个)	483	370	108	5	444	350
#本年新开工	297	227	65	5	272	215
本年投产项目个数(个)	238	176	60	2	225	173
本年资金来源合计	582066	336240	244208	1618	394107	178259
上年末结余资金	77853	65298	12555		41998	38341
本年资金来源小计	504213	270942	231653	1618	352109	139918
国家预算内资金	35139	32962	1095	1082	32639	30462
国内贷款	127567	98850	28547	170	55467	32550
利用外资	237	237			237	237
#外商直接投资						
自筹资金	316716	114645	201889	182	240307	53516
中央各部门自筹	2520	2520			2520	2520
省自筹	17494	16363	1131		12944	11863
市自筹	58466	58041	425		10837	10412
县自筹	14493	13880	431	182	14493	13880
企事业单位自有资金	223743	23841	199902		199513	14841
其他资金来源	24554	24248	122	184	23459	23153
#集资	14942	14942			14347	14347
本年各项应付款合计	84618	62496	22004	118	36986	15308

7-8 续表2

单位：万元

指标名称	更新改造	其他投资	国有独资合计	基本建设	更新改造
本年完成投资	212297	1595	209069	178791	30278
#住宅			635	595	40
投资额按构成分					
建筑工程	78063	103	73500	69343	4157
安装工程	26680		3261		3261
设备工器具购置	99655	358	17196		17196
其他费用	7899	1134	115112	109448	5664
#土地购置费			500	300	200
更新改造本年完成投资用途					
增产	126099		20048		20048
节约能源	8364		1100		1100
其他节约	2908		47		47
增加品种	16951		2136		2136
提高产品质量	32666		350		350
三废治理	1923		1350		1350
其他	23386		5247		5247
本年新增固定资产	190697	1209	37246	29233	8013
本年施工房屋面积(平方米)	243732	1430	43197	11056	32141
#住宅			11656	11056	600
本年竣工房屋面积(平方米)	183986		12506	11056	1450
#住宅			11656	11056	600
本年竣工房屋价值	16046		805	595	210
#住宅			635	595	40
施工项目个数(个)	89	5	37	18	19
#本年新开工	52	5	23	10	13
本年投产项目个数(个)	50	2	13	3	10
本年资金来源合计	214230	1618	175959	145981	29978
上年末结余资金	3657		35855	26957	8898
本年资金来源小计	210573	1618	140104	119024	21080
国家预算内资金	1095	1082	2500	2500	
国内贷款	22747	170	72100	66300	5800
利用外资					
#外商直接投资					
自筹资金	186609	182	64409	49129	15280
中央各部门自筹					
省自筹	1081		50		50
市自筹	425		40129	40129	
县自筹	431	182			
企事业单位自有资金	184672		24230	9000	15230
其他资金来源	122	184	1095	1095	
#集资			595	595	
本年各项应付款合计	21560	118	47632	47188	444

7-8 续表3

单位：万元

指标名称	国有联营合计	基本建设	集体	股份合作	集体联营	私营	个体户
本年完成投资	11852	11852	3007	883	400	10316	2051
#住宅			1336	160		492	
投资额按构成分							
建筑工程	3653	3653	2077	705	380	3172	1823
安装工程			165	10	20	611	4
设备工器具购置	3466	3466	515	159		5029	117
其他费用	4733	4733	250	9		1504	107
#土地购置费			150			802	67
更新改造本年完成投资用途							
增产			38			488	
节约能源						5	
其他节约							
增加品种						433	
提高产品质量						45	
三废治理							
其他				50			
本年新增固定资产			2443	838	400	7593	750
本年施工房屋面积（平方米）			38577	7378		41576	4830
#住宅			22536	7378		12218	
本年竣工房屋面积（平方米）			28672	2620		23295	4680
#住宅			15053	2620		5460	
本年竣工房屋价值			2134	115		1956	659
#住宅			1181	115		272	
施工项目个数（个）	2	2	15	5	2	44	4
#本年新开工	2	2	10	4	2	35	4
本年投产项目个数（个）			9	2	2	25	2
本年资金来源合计	12000	12000	3435	978	400	11806	2051
上年末结余资金			70	214		700	
本年资金来源小计	12000	12000	3365	764	400	11106	2051
国家预算内资金			68				
国内贷款			72	300	100	1401	
利用外资							
#外商直接投资							
自筹资金	12000	12000	1644	150		9123	956
中央各部门自筹							
省自筹	4500	4500				30	
市自筹	7500	7500	18				
县自筹						165	306
企事业单位自有资金			1626	150		8928	650
其他资金来源			1581	314	300	582	1095
#集资			1581	314	300	300	
本年各项应付款合计			100	30		450	124

单位：万元

指标名称	个人合伙	地方项目合计	基本建设	更新改造	其他投资	城镇集体	私营个体
本年完成投资	480	673265	388988	264265	2875	4290	12847
#住宅		21661	19593	40	40	1496	492
投资额按构成分							
建筑工程	20	282507	196749	77213	368	3162	5015
安装工程		45202	13581	30751	60	195	615
设备工器具购置	60	171989	20440	144506	1163	674	5206
其他费用	400	173567	158218	11795	1284	259	2011
#土地购置费		22087	19824	1244		150	869
更新改造本年完成投资用途							
增产		170285		169759		38	488
节约能源		9558		9553			5
其他节约		2966		2966			
增加品种		27335		26902			433
提高产品质量		9725		9680			45
三废治理		3523		3523			
其他		41932		41882		50	
本年新增固定资产	480	418154	141320	261941	2389	3681	8823
本年施工房屋面积（平方米）		1249960	852250	301119	4230	45955	46406
#住宅		452779	409047	600	1000	29914	12218
本年竣工房屋面积（平方米）		723478	476552	184859	2800	31292	27975
#住宅		291890	267157	600	1000	17673	5460
本年竣工房屋价值		59816	38759	16103	90	2249	2615
#住宅		17415	15767	40	40	1296	272
施工项目个数（个）	3	616	410	125	8	22	51
#本年新开工	3	418	272	80	8	16	42
本年投产项目个数（个）		309	197	68	4	13	27
本年资金来源合计	520	735603	396260	317255	2898	4813	14377
上年末结余资金		133080	66099	65997		284	700
本年资金来源小计	520	602523	330161	251258	2898	4529	13677
国家预算内资金		31192	26655	3387	1082	68	
国内贷款		148460	114177	32240	170	472	1401
利用外资		5909	3319	2590			
#外商直接投资		2493		2493			
自筹资金		367996	146642	208019	1462	1794	10079
中央各部门自筹		2500	2500				
省自筹		13281	12887	364			30
市自筹		58484	58041	425		18	
县自筹		14865	14206	6	182		471
企事业单位自有资金		278866	59008	207224	1280	1776	9578
其他资金来源	520	48966	39368	5022	184	2195	2197
#集资		20044	17449	100		2195	300
本年各项应付款合计	100	104662	66121	36399	1338	130	674

7-8 续表5 单位：万元

指 标 名 称	招商引资项 目	基本建设	更新改造	其他投资	私营个体	国有经济控 股	绝对控股
本年完成投资	55442	41883	13039	120	400	737781	640533
#住宅	140	140				22634	18196
投资额按构成分							
建筑工程	24322	23791	336	15	180	310146	267662
安装工程	4358	2806	1552			50085	43737
设备工器具购置	16356	5241	11010	105		195409	162136
其他费用	10406	10045	141		220	182141	166998
#土地购置费	2300	2100			200	22087	18254
更新改造本年完成投资用途							
增产	13039		13039			175695	158527
节约能源						9609	9604
其他节约						2966	2966
增加品种						29516	28734
提高产品质量						39850	34913
三废治理						3523	3429
其他						46619	45560
本年新增固定资产	42114	6047	35947	120		481226	410932
本年施工房屋面积（平方米）	21491	19800	1691			1330221	1076564
#住宅	3400	3400				481131	388201
本年竣工房屋面积（平方米）	1691		1691			767062	620432
#住宅						308330	264149
本年竣工房屋价值	100		100			64294	53524
#住宅						18577	15726
施工项目个数（个）	13	9	2	1	1	666	523
#本年新开工	9	6	1	1	1	440	325
本年投产项目个数（个）	2		1	1		333	257
本年资金来源合计	77500	66183	10797	120	400	802872	687016
上年末结余资金	3903	3903				135505	131306
本年资金来源小计	73597	62280	10797	120	400	667367	555710
国家预算内资金	3700	3700				37749	37681
国内贷款	13033	13000	33			165626	138180
利用外资	5909	3319	2590			5909	237
#外商直接投资	2493		2493			2493	
自筹资金	40052	31358	8174	120	400	408091	348132
中央各部门自筹						2520	2520
省自筹						17524	17494
市自筹						58484	58466
县自筹						15330	14493
企事业单位自有资金	40052	31358	8174	120	400	314233	255159
其他资金来源	10903	10903				49992	31480
#集资						21070	17318
本年各项应付款合计	4521	2159	2242	120		106526	96843

7-9 市区固定资产投资完成情况

（2003年）　　　　单位：万元

指 标 名 称	总计	基本建设	更新改造	其他投资	城镇集体	私营个体
本年完成投资	555988	273868	280168		1104	848
#住宅	9710	9292			418	
投资额按构成分						
建筑工程	207407	124324	81499		1064	520
安装工程	38448	7020	31386		30	12
设备工器具购置	158309	7878	150223			208
其他费用	151824	134646	17060		10	108
#土地购置费	8465	7965	500			
更新改造本年完成投资用途						
增产	158568		158530		38	
节约能源	8261		8261			
其他节约	2908		2908			
增加品种	29167		28734			433
提高产品质量	34625		34625			
三废治理	2355		2355			
其他	44755		44755			
本年新增固定资产	392475	138887	252421		1105	62
本年施工房屋面积(平方米)	781602	497011	266320		18271	
#住宅	242939	234890			8049	
本年竣工房屋面积(平方米)	473030	275096	183321		14613	
#住宅	164389	157576			6813	
本年竣工房屋价值	44856	27705	16046		1105	
#住宅	10527	10069			458	
施工项目个数(个)	250	128	112		6	4
#本年新开工	137	67	65		4	1
本年投产项目个数	111	53	54		4	
本年资金来源合计	594613	258906	332329		1473	1905
上年末结余资金	123360	62655	60705			
本年资金来源小计	471253	196251	271624		1473	1905
国家预算内资金	22730	19643	3087			
国内贷款	121848	89466	32310		72	
利用外资	2827	237	2590			
#外商直接投资	2493		2493			
自筹资金	308430	74547	231287		691	1905
中央各部门自筹						
省自筹	9233	8416	817			
市自筹	56374	56356			18	
县自筹	35	35				
企事业单位自有资金	242788	9740	230470		673	1905
其他资金来源	15418	12358	2350		710	
#集资	9618	8808	100		710	
本年各项应付款合计	82715	49617	33098			

7-10　各县固定资产投资完成情况

（2003年）　　单位：万元

指　标　名　称	柳江县	柳城县	鹿寨县	融安县	融水苗族自治县	三江侗族自治县
本年完成投资	45890	34039	54064	11912	17780	18108
#住宅	2557	1629	6016	1361	1151	210
投资额按构成分						
建筑工程	31960	20102	22868	9938	7959	9912
安装工程	2247	2198	3369	900	1209	1714
设备工器具购置	4519	6980	18168	932	4537	1964
其他费用	7164	4759	9659	142	4075	4518
#土地购置费	2781	740	7497	6	1000	1598
更新改造本年完成投资用途						
增产	11623	250	4668		300	286
节约能源	124	18	1016		100	90
其他节约			58			
增加品种			220	129		
提高产品质量	301	950	1134	968	1622	250
三废治理		25	1085		58	
其他	314	80	980			490
本年新增固定资产	13376	16046	28046	8108	22104	1071
本年施工房屋面积(平方米)	222000	73600	147200	40900	45300	19500
#住宅	62500	36100	86900	34500	15700	2600
本年竣工房屋面积(平方米)	119900	37900	99400	22100	14700	
#住宅	35000	21000	61700	16800	9400	
本年竣工房屋价值	8828	2665	5764	1320	861	
#住宅	1731	1321	3384	971	643	
施工项目个数(个)	62	92	139	37	38	48
#本年新开工	41	49	124	26	28	35
本年投产项目个数	33	65	80	19	19	6
本年资金来源合计	49827	48909	54660	14525	24741	15597
上年末结余资金	3378	797	4388	181	380	3021
本年资金来源小计	46449	48112	50272	14344	24361	12576
国家预算内资金	4628	2842	3437	444	1117	2551
国内贷款	15867	8300	8179	4178	4369	2885
利用外资		3082				
#外商直接投资						
自筹资金	19274	20534	30886	8118	15000	5849
中央各部门自筹						2520
省自筹	574	1422		2944	1770	1581
市自筹	449	348	520	728	50	15
县自筹	396	4374	7827	1400	764	534
企事业单位自有资金	17855	14390	22539	3046	12416	1199
其他资金来源	6680	13354	7770	1604	3875	1291
#集资	3106	2654	3896	1310	336	150
本年各项应付款合计	705	1084	4715		13418	3889

7-11 固定资产投资额按国民经济行业分

(2003年)

单位：万元

指标名称	全市	市区	柳江县	柳城县	鹿寨县	融安县	融水苗族自治县	三江侗族自治县
合　计	737781	555988	45890	34039	54064	11912	17780	18108
农、林、牧、渔业	15530	462	2907	3260	3978	963	1853	2107
采矿业	5294	4944			350			
制造业	328605	280420	16501	4799	21955	1414	3230	286
#制糖	7616		3874	1497	916		1329	
电力、煤气及水的生产和供应业	90071	27636	17106	17438	11046	4146	6534	6165
建筑业	1447	962	195		110	180		
交通运输、仓储及邮政业	33708	14401	2448	1999	1662	2249	4093	6856
信息传输、计算机服务和软件业	4627	3346			1216	45		20
批发和零售业	7621	1966	159	666	3230	782	176	642
住宿和餐饮业	3415	1740	650		225		800	
金融业	130		130					
房地产业	450					210		240
租赁和商务服务业	146					146		
水利、环境和公共设施管理业	214969	199875	2509	4916	6576	530	50	513
科学研究、技术服务和地质勘查业	349	258	91					
居民服务和其他服务业	50				50			
教育	13762	10600	1339	108	765	338	235	377
卫生、社会保障和社会福利业	4172	2631	300	171	426	90	212	342
文化、体育和娱乐业	1768	1217	424		127			
广播、电视、电影和音像业	1461	1217	244					
公共管理和社会组织	11667	5530	1131	682	2348	819	597	560

注：不含房地产开发投资。

7-12　全市房地产开发投资情况

（2003年）　　　　单位：万元

指　标　名　称	总　计	国有经济			国有控股	集体经济	私人个体	招商引资
			国　有	国有独资				
本年完成投资	278999	25447	18940	6507	43159	8957	173147	16577
#商品房建设投资额	270883	25129	18622	6507	42345	7657	167172	16395
土地开发投资额	7180	270	270		766	1300	5114	182
按构成分：								
建筑工程	191100	21360	14953	6407	33979	6338	113470	7557
安装工程	1462	145	145		244	60	259	20
设备工器具购置	2093	85	85		756	170	365	120
其他费用	84344	3857	3757	100	8180	2389	59053	8880
#旧建筑物购置费	4685	1257	1257		1447	140	848	190
土地购置费	66327	2492	2392	100	6030	1842	49741	8218
按工程用途分：								
住宅	201884	21461	16261	5200	32709	7537	130557	3462
#别墅、高档公寓	2249							
经济适用房	2587	1617	1617		1617		688	
办公楼	2645	217	217		267		2378	
商业营业用房	58182	1982	1161	821	7548	195	35962	10543
其他	16288	1787	1301	486	2635	1225	4250	2572
本年新增固定资产	75622	17179	13097	4082	18128	4835	36681	
本年完成开发土地面积(平方米)	246629	9000	9000		50552	86000	110077	40626
待开发土地面积(平方米)	398248	301327	301327		309945	46000		8618
本年购置土地面积(平方米)	1138156	48539	44039	4500	138473	92745	704406	61882
本年土地成交价款	71069	2448	2348	100	6875	1042	52462	9100
本年资金来源合计	461173	48416	38175	10241	80873	14025	277990	19927
上年末结余资金	50598	7365	4858	2507	8694	2767	33520	
本年资金来源小计	410575	41051	33317	7734	72179	11258	244470	19927
国内贷款	78258	2655	2655		8565	950	47153	3250
利用外资	3600							3600
#外商直接投资	3600							3600
自筹资金	113635	14065	13665	400	18465	7133	70096	10207
#自有资金	47313	2280	2280		6680	5523	23794	7407
其他资金来源	215082	24331	16997	7334	45149	3175	127221	2870
#集资	2038	130	130		130		1908	
定金及预收款	205957	23699	16761	6938	44517	3175	118998	2600
本年各项应付款合计	23866	2993	2620	373	3439		20024	260
#工程款	19277	2019	1646	373	2321		16836	252
设备、器材款	428				2		426	2
竣工房屋住宅套数合计（套）	8477	2262	1578	684	2350	539	3576	
#别墅、高档公寓套数（套）								
经济适应房套数（套）	522	473	473		473			
拆迁还建竣工房屋面积(平方米)	2055						2055	
公益性建筑竣工面积(平方米)	382				382			
年末从业人员数（人）	4266	716	519	197	1075	194	2429	92
年末从业人员劳动者报酬	4626	719	482	237	1145	267	2383	133
实收资本合计	138775	21470	15220	6250	33478	7870	60398	5900
#国家资本	835							

指　标　名　称	总 计	国有经济	国　有	国有独资	国有控股	集体经济	私人个体	招商引资
年末资产负债情况								
资产总计	779778	145870	106358	39512	190092	27562	402499	16638
固定资产累计折旧	5366	1466	669	797	1733	748	1688	45
#本年折旧	1241	206	159	47	277	261	572	43
负债总计	635784	126818	95801	31017	167520	16711	324445	11796
所有者权益合计	143994	19052	10557	8495	22572	10851	78054	4842
损益情况								
经营收入总计	139927	38749	27244	11505	44555	7944	62090	
土地转让收入	4298	3527	1365	2162	3527			
商品房屋销售收入	134415	34884	25541	9343	40389	7884	61678	
#销售给个人	133372	34424	25081	9343	39824	7824	61269	
商品住宅销售给收入	124679	33463	24120	9343	37471	7884	55072	
#销售给个人	124560	33433	24090	9343	37412	7824	55072	
房屋出租收入	698	211	211		212	27	356	
其他收入	516	127	127		427	33	56	
经营成本	113384	30611	21539	9072	36002	6685	50168	
销售费用	3756	472	301	171	704	146	2393	27
经营税金及附加	9723	2280	1654	626	2646	603	4778	
其他业务利润	1504	681	594	87	576	20	890	
管理费用及财务费用	13107	3087	2386	701	3600	793	7391	307
投资收益及营业外收入	139	77	32	45	77	-1	54	
营业外支出	1498	48	43	5	1187	6	209	
利润总额	102	3009	1947	1062	1069	-270	-1905	-334
经济适用房减免税费	102	102	102		102			
施工房屋面积(平方米)	3691644	476995	369411	107584	780973	151324	1952213	85000
住宅	3034782	435858	348319	87539	663935	148472	1629234	29470
#别墅、高档公寓	24581							
经济适用房	126530	90914	90914		90914		11384	
办公楼	22545	1253	1253		4758		17787	
商业营业用房	492132	25611	14652	10959	91560	2852	240124	45530
其他	142185	14273	5187	9086	20720		65068	10000
本年新开工房屋面积(平方米)	1948415	227106	204237	22869	390117	99598	1178523	85000
住宅	1568034	203950	191954	11996	326796	96746	955980	29470
#别墅、高档公寓	16575							
经济适用房	67790	51789	51789		51789		11384	
办公楼	18387	1253	1253		4758		13629	
商业营业用房	262137	14836	5843	8993	45431	2852	157514	45530
其他	99857	7067	5187	1880	13132		51400	10000
竣工房屋面积(平方米)	1034508	219857	156808	63049	234130	73065	473767	
住宅	954423	211386	155043	56343	222923	73065	421997	
#别墅、高档公寓								
经济适用房	43882	39125	39125		39125			
办公楼	4000						4000	
商业营业用房	57798	1765	1765		4119		38464	
其他	18287	6706		6706	7088		9306	

7-12 续表2

单位：万元

指标名称	总计	国有经济	国有	国有独资	国有控股	集体经济	私人个体	招商引资
竣工房屋价值	66500	13394	9312	4082	14339	4835	32277	
住宅	60393	12833	9186	3647	13597	4835	27980	
#别墅、高档公寓								
经济适用房	2056	1726	1726		1726			
办公楼	315						315	
商业营业用房	4333	126	126		282		3251	
其他	1459	435		435	460		731	
商品房实际销售面积(平方米)	972061	216652	146507	70145	234473	81396	417829	
#销售给个人	966812	213915	145902	68013	229955	80898	417596	
1. 住宅	924550	208539	142928	65611	222155	81396	394864	
#别墅、高档公寓	1960						1960	
经济适用房	43785	42580	42580		42580		647	
2. 办公楼	1320	556	556		556		764	
3. 商业营业用房	38364	2732	2732		6937		19254	
4. 其他	7827	4825	291	4534	4825		2947	
商品房预售面积(平方米)	1143088	103133	97363	5770	274746	33179	715605	28600
#销售给个人								
1. 住宅	1071578	100491	97363	3128	253978	33179	678535	18800
#别墅、高档公寓	8298							
经济适用房	46438	42746	42746		42746		2465	
2. 办公楼								
3. 商业营业用房	68580	2642		2642	20768		34140	9800
4. 其他	2930						2930	
商品房出租面积(平方米)	30795	15890	15890		20208	2400	6267	
1. 住宅	3846	1755	1755		3846			
#别墅、高档公寓								
经济适用房								
2. 办公楼	3156	955	955		955		2201	
3. 商业营业用房	22195	13170	13170		14554	2400	3321	
4. 其他	1598	10	10		853		745	
商品房空置面积(平方米)	161493	33261	33261		37211	16894	51220	
1. 住宅	91195	28207	28207		31595	14120	15755	
#别墅、高档公寓	3148						1008	
经济适用房	1647	559	559		559		124	
2. 办公楼	7872	4030	4030		4030		3842	
3. 商业营业用房	53369	774	774		1336	2733	27319	
4. 其他	9057	250	250		250	41	4304	
商品房实际销售额	157776	28855	19016	9839	32315	10907	73044	
#销售给个人	155877	28279	18798	9481	30887	10845	72635	
1. 住宅	132516	25965	17481	8484	27647	10907	59833	
#别墅、高档公寓	320						320	
经济适用房	5151	4962	4962		4962		115	
2. 办公楼	472	164	164		164		308	
3. 商业营业用房	22028	1294	1294		3072		11581	
4. 其他	2760	1432	77	1355	1432		1322	

7-13 全市城镇和工矿区私人建房

指 标 名 称	城镇、工矿区个数(个)	2003年 本年竣工房屋建筑面积(平方米)		本年竣工房屋价值(万元)		建房户数(户)
		合 计	其中:住宅	合 计	其中:住宅	
总计	39	1508359	1486901	59320	57938	8987
其中:农业户建房		683233	664533	28091	26750	5425
1.市	1	357909	357909	14316	14316	1922
其中:农业户建房		43958	43958	1758	1758	275
2.县城	6	252013	250413	8316	8265	1268
其中:农业户建房		54449	54149	1581	1572	347
3.镇	31	837886	818028	35524	34193	5569
其中:农业户建房		584826	566426	24752	23420	4803
4.工矿区	1	60551	60551	1164	1164	228
其中:农业户建房						

7-14　建筑业企业生产情况

（2003年）

指 标 名 称	企业个数(个)	一、建筑业合同情况（万元）			二、承包工程完成情况（万元）			
		签订的合同额	上年结转合同额	本年新签合同额	直接从建设单位承揽工程完成的产值	自行完成施工产值	分包出去的工程产值	从建设单位以外承揽工程完成的产值
总　计	69	664391	224365	440026	426827	419102	7725	3581
# 一级以上企业	7	438907	151066	287841	261708	255757	5951	258
国有及国有控股	26	504477	169400	335077	315945	308220	7725	535
按登记注册类型分组								
内资企业	69	664391	224365	440026	426827	419102	7725	3581
国有企业	21	454256	152597	301659	281808	274083	7725	277
集体企业	22	50739	20820	29919	36708	36708		
股份合作企业	3	30503	11121	19382	20382	20382		
联营企业								
有限责任公司	13	100711	22451	78260	70241	70241		3304
国有独资公司	1	28933	11101	17832	21944	21944		20
其他有限责任公司	12	71778	11350	60428	48297	48297		3284
股份有限公司	4	3333	411	2922	1940	1940		
私营企业	6	24849	16965	7884	15748	15748		
私人有限责任公司	5	24502	16937	7565	15411	15411		
私人股份有限公司	1	347	28	319	337	337		
按经济组织类型分组								
独资企业	43	504995	173417	331578	318516	310791	7725	277
国有企业	21	454256	152597	301659	281808	274083	7725	277
集体企业	22	50739	20820	29919	36708	36708		
合作合伙企业	3	30503	11121	19382	20382	20382		
股份合作企业	3	30503	11121	19382	20382	20382		
股份有限公司	5	3680	439	3241	2277	2277		
股份有限公司（内资）	4	3333	411	2922	1940	1940		
私人股份有限公司	1	347	28	319	337	337		
有限责任公司	18	125213	39388	85825	85652	85652		3304
私人有限责任公司	5	24502	16937	7565	15411	15411		
其他有限责任公司	12	71778	11350	60428	48297	48297		3284
按国民经济行业分组								
房屋和土木工程建筑	52	617474	214416	403058	393054	385329	7725	3343
房屋工程建筑	42	528029	183035	344994	331173	325222	5951	20
土木工程建筑	10	89445	31381	58064	61881	60107	1774	3323
铁路公路隧道桥梁工程建筑	5	51325	23906	27419	31173	29399	1774	3046
水利和港口工程建筑	2	2494	479	2015	1956	1956		
#工矿工程建筑	1	11530	4533	6997	7750	7750		277
架线和管道工程建筑	2	24096	2463	21633	21002	21002		
建筑安装业	7	43440	9458	33982	30750	30750		238
装修装饰业	4	1723	125	1598	1402	1402		
其他建筑业	6	1754	366	1388	1621	1621		
按隶属关节分组								
中央	1	78433	36200	42233	54750	49625	5125	
地方	68	585958	188165	397793	372077	369477	2600	3581

7-14续表1

指标名称	三、建筑业总产值（万元）				按构成分的建筑业总产值			四、竣工产值（万元）
	合计	#当年新开工完成的产值	#装饰装修产值	#在外省完成的产值	建筑工程产值	安装工程产值	其他产值	
总　计	422683	196914	14652	34201	347717	60298	14668	284931
# 一级以上企业	256015	116738	10177	31448	215501	30524	9990	160624
国有及国有控股	308755	146358	11743	31544	260304	37313	11138	198299
按登记注册类型分组								
内资企业	422683	196914	14652	34201	347717	60298	14668	284931
国有企业	274360	126712	10613	31456	233152	30815	10393	178348
集体企业	36708	16182	2261		31427	3335	1946	26023
股份合作企业	20382	4133			20280	102		13491
联营企业								
有限责任公司	73545	45310	713	2745	46840	25303	1402	53126
国有独资公司	21964	11267	713		21964			12423
其他有限责任公司	51581	34043		2745	24876	25303	1402	40703
股份有限公司	1940	411	417		1169	743	28	779
私营企业	15748	4166	648		14849		899	13164
私人有限责任公司	15411	4166	648		14849		562	12827
私人股份有限公司	337						337	337
按经济组织类型分组								
独资企业	311068	142894	12874	31456	264579	34150	12339	204371
国有企业	274360	126712	10613	31456	233152	30815	10393	178348
集体企业	36708	16182	2261		31427	3335	1946	26023
合作合伙企业	20382	4133			20280	102		13491
股份合作企业	20382	4133			20280	102		13491
股份有限公司	2277	411	417		1169	743	365	1116
股份有限公司（内资）	1940	411	417		1169	743	28	779
私人股份有限公司	337						337	337
有限责任公司	88956	49476	1361	2745	61689	25303	1964	65953
私人有限责任公司	15411	4166	648		14849		562	12827
其他有限责任公司	51581	34043		2745	24876	25303	1402	40703
按国民经济行业分组								
房屋和土木工程建筑	388672	172815	13587	34113	336934	38872	12866	260201
房屋工程建筑	325242	148337	13557	31360	284763	28075	12404	211409
土木工程建筑	63430	24478	30	2753	52171	10797	462	48792
铁路公路隧道桥梁工程建筑	32445	3637		2657	29399	2584	462	19276
水利和港口工程建筑	1956	1197			1956			1359
工矿工程建筑	8027	5968	30	96	7484	543		7155
架线和管道工程建筑	21002	13676			13332	7670		21002
建筑安装业	30988	22832		88	10116	19997	875	22589
装修装饰业	1402	338	1065		667		735	690
其他建筑业	1621	929				1429	192	1451
按隶属关节分组								
中央	49625	24049		30207	21394	19734	8497	15978
地方	373058	172865	14652	3994	326323	40564	6171	268953

7-14续表2

指标名称	五、工程个数（个）					六、房屋建筑施工面积（万平方米）			
	单位工程	#本年新开工	#实际投标承包	#本年新开工	单位工程竣工个数	合计	本年新开工面积	实行投标承包面积	#本年新开工
总计	4626	3252	1906	1097	3206	683	327.3	565.52	287.88
# 一级以上企业	1313	695	1179	692	654	407	176.76	375.19	176.71
国有及国有控股	1798	960	1408	827	958	468	212.22	427.64	209.49
按登记注册类型分组									
内资企业	4626	3252	1906	1097	3206	683	327.3	565.52	287.88
国有企业	1368	703	1124	609	729	400	187.19	372.65	184.46
集体企业	481	273	238	125	253	84	48.75	50.38	24.63
股份合作企业	155	73	54	35	91	61	31.49	31.49	25.36
联营企业									
有限责任公司	2547	2163	448	312	2086	90	39.7	68.21	38.26
国有独资公司	137	69	135	69	57	59	21.65	51.6	21.65
其他有限责任公司	2410	2094	313	243	2029	31	18.05	16.61	16.61
股份有限公司	24	14	7	5	11	8	6.74	4.24	3.74
私营企业	51	26	35	11	36	41	13.46	38.57	11.47
私人有限责任公司	51	26	35	11	36	41	13.46	38.57	11.47
私人股份有限公司									
按经济组织类型分组									
独资企业	1849	976	1362	734	982	484	235.93	423.01	209.07
国有企业	1368	703	1124	609	729	400	187.19	372.65	184.46
集体企业	481	273	238	125	253	84	48.75	50.38	24.63
合作合伙企业	155	73	54	35	91	61	31.49	31.49	25.36
股份合作企业	155	73	54	35	91	61	31.49	31.49	25.36
股份有限公司	24	14	7	5	11	8	6.74	4.24	3.74
股份有限公司（内资）	24	14	7	5	11	8	6.74	4.24	3.74
私人股份有限公司									
有限责任公司	2598	2189	483	323	2122	130	53.15	106.78	49.73
私人有限责任公司	51	26	35	11	36	41	13.46	38.57	11.47
其他有限责任公司	2410	2094	313	243	2029	31	18.05	16.61	16.61
按国民经济行业分组									
房屋和土木工程建筑	3913	2699	1735	928	2647	665	316.52	561.55	283.97
房屋工程建筑	2002	1004	1489	783	1022	655	308.02	550.56	275.48
土木工程建筑	1911	1695	246	145	1625	11	8.49	10.99	8.49
铁路公路隧道桥梁工程建筑	128	91	27	19	81				
水利和港口工程建筑	31	19	31	19	25	1	0.64	0.83	0.64
#工矿工程建筑	56	42	53	42	31	10	7.85	10.16	7.85
架线和管道工程建筑	1696	1543	135	65	1488				
建筑安装业	560	475	171	169	435	12	5.81	3.96	3.91
装修装饰业									
其他建筑业	153	78			124	6	4.99		
按隶属关系分组									
中央	104	41	41	41	37	17	1.67	1.67	1.67
地方	4522	3211	1865	1056	3169	667	325.63	563.85	286.21

7-14续表3

指标名称	七、年末自有机械设备				八、劳动人员情况（万人）			八、补充资料	
	净值（万元）	总台数（台）	总功率（万千瓦）	#施工机械总功率	计算劳动生产率的平均人数	期末从业人数	#工程技术人员	企业总产值（万元）	企业营业额（万元）
总计	28590	15717	19.25	15.52	4.82	4.71	0.67	440581	440894
#一级以上企业	12379	4591	6.21	4.08	2.76	2.9	0.31	267541	267629
国有及国有控股	16969	7121	11.47	8.1	3.5	3.55	0.41	324099	324187
按登记注册类型分组									
内资企业	28590	15717	19.25	15.52	4.82	4.71	0.67	440581	440894
国有企业	16673	6702	11.13	7.89	2.99	3.02	0.32	287033	287033
集体企业	4801	4793	3.19	2.9	0.67	0.5	0.12	37447	37447
股份合作企业	574	517	0.45	0.39	0.15	0.16	0.03	21654	21654
联营企业									
有限责任公司	5119	2017	2.96	2.82	0.71	0.72	0.14	76759	77072
国有独资公司	207	62	0.13	0.13	0.31	0.31	0.06	24261	24261
其他有限责任公司	4912	1955	2.83	2.69	0.4	0.41	0.08	52498	52811
股份有限公司	220	150	0.07	0.07	0.03	0.03		1940	1940
私营企业	1203	1538	1.44	1.44	0.28	0.28	0.02	15748	15748
私人有限责任公司	1203	1538	1.44	1.44	0.27	0.28	0.02	15411	15411
私人股份有限公司								337	337
按经济组织类型分组									
独资企业	21474	11495	14.31	10.78	3.66	3.53	0.44	324480	324480
国有企业	16673	6702	11.13	7.89	2.99	3.02	0.32	287033	287033
集体企业	4801	4793	3.19	2.9	0.67	0.5	0.12	37447	37447
合作合伙企业	574	517	0.45	0.39	0.15	0.16	0.03	21654	21654
股份合作企业	574	517	0.45	0.39	0.15	0.16	0.03	21654	21654
股份有限公司	220	150	0.07	0.07	0.04	0.04		2277	2277
股份有限公司（内资）	220	150	0.07	0.07	0.03	0.03		1940	1940
私人股份有限公司								337	337
有限责任公司	6322	3555	4.41	4.27	0.97	0.99	0.16	92170	92483
私人有限责任公司	1203	1538	1.44	1.44	0.27	0.28	0.02	15411	15411
其他有限责任公司	4912	1955	2.83	2.69	0.4	0.41	0.08	52498	52811
按国民经济行业分组									
房屋和土木工程建筑	27301	14355	17.89	14.44	4.46	4.32	0.58	406183	406408
房屋工程建筑	17314	11872	11.48	9.17	3.96	3.81	0.51	335404	335404
土木工程建筑	9987	2483	6.41	5.27	0.51	0.51	0.07	70779	71004
铁路公路隧道桥梁工程建筑	5881	1063	3.07	2.15	0.29	0.31	0.04	39012	39237
水利和港口工程建筑	947	32	0.14	0.14	0.06	0.06		1956	1956
#工矿工程建筑	443	529	1.39	1.19	0.08	0.06	0.01	8415	8415
架线和管道工程建筑	2716	859	1.8	1.8	0.08	0.08	0.02	21396	21396
建筑安装业	1194	1145	1.24	0.97	0.31	0.33	0.04	31375	31463
装修装饰业	34	127	0.04	0.04	0.02	0.01		1402	1402
其他建筑业	61	90	0.06	0.06	0.05	0.04	0.01	1621	1621
按隶属关节分组									
中央	4237	1468	1.28	1.28	0.4	0.37	0.06	50680	50680
地方	24353	14249	17.97	14.25	4.42	4.34	0.61	389901	390214

7-15 建筑业企业财务状况

（2003年）

指标名称	年末资产负债（万元）							
	流动资产		长期投资	固定资产	固定资产		累计折旧	#本年折旧
	合计	#存货			原价合计	#生产经营用		
总计	377788	99970	21551	97928	119097	86673	31958	4434
# 一级以上企业	213304	30713	2691	53297	67403	47027	16729	2547
国有及国有控股	285330	58729	5038	67436	88578	62118	24591	3145
按登记注册类型分组								
内资企业	377788	99970	21551	97928	119097	86673	31958	4434
国有企业	252004	54775	4930	62995	82376	58378	21889	2915
集体企业	41823	15848	4514	18035	13509	9089	2715	399
股份合作企业	19355	14264	617	2276	3063	3063	787	130
联营企业								
有限责任公司	60092	12874	11490	11371	16224	12985	5794	767
国有独资公司	11851	2991	2	2797	4208	2453	1649	172
其他有限责任公司	48241	9883	11488	8574	12016	10532	4145	595
股份有限公司	840	95		856	1163	400	406	47
私营企业	3674	2114		2395	2762	2758	367	176
私人有限责任公司	3239	2094		2197	2560	2560	363	173
私人股份有限公司	435	20		198	202	198	4	3
按经济组织类型分组								
独资企业	293827	70623	9444	81030	95885	67467	24604	3314
国有企业	252004	54775	4930	62995	82376	58378	21889	2915
集体企业	41823	15848	4514	18035	13509	9089	2715	399
合作合伙企业	19355	14264	617	2276	3063	3063	787	130
股份合作企业	19355	14264	617	2276	3063	3063	787	130
股份有限公司	1275	115		1054	1365	598	410	50
股份有限公司（内资）	840	95		856	1163	400	406	47
私人股份有限公司	435	20		198	202	198	4	3
有限责任公司	63331	14968	11490	13568	18784	15545	6157	940
私人有限责任公司	3239	2094		2197	2560	2560	363	173
其他有限责任公司	48241	9883	11488	8574	12016	10532	4145	595
按国民经济行业分组								
房屋和土木工程建筑	333045	93142	20345	90445	108571	77584	28113	4074
房屋工程建筑	274603	71473	8682	77974	87308	58166	19157	3003
土木工程建筑	58442	21669	11663	12471	21263	19418	8956	1071
铁路公路隧道桥梁工程建筑	40574	15859	146	7219	12870	11192	5814	704
水利和港口工程建筑	1785	580		1018	1307	1307	289	62
#工矿工程建筑	2890	1580	251	620	1563	1396	944	58
架线和管道工程建筑	13193	3650	11266	3614	5523	5523	1909	247
建筑安装业	41673	5730	1206	6604	9588	8248	3687	308
装修装饰业	1253	317		450	548	544	98	41
其他建筑业	1817	781		429	390	297	60	11
按隶属关系分组								
中央	19934	951		8809	11022	6007	2213	848
地方	357854	99019	21551	89119	108075	80666	29745	3586

7-15续表1

指标名称	年末资产负债（万元）							
	在建工程	无形及递延资产小计	#无形资产	其他资产	资产合计	流动负债小计	长期负债小计	负债合计
总计	10823	11875	10619	2030	511172	372455	4610	377065
#一级以上企业	2623	861	543	473	270626	224742	1884	226626
国有及国有控股	3449	3259	2560	529	361592	287596	4573	292169
按登记注册类型分组								
内资企业	10823	11875	10619	2030	511172	372455	4610	377065
国有企业	2508	3245	2559	471	323645	252039	4428	256467
集体企业	7275	7374	6856	220	71966	42886	1	42887
股份合作企业		422	422		22670	17430	36	17466
联营企业								
有限责任公司	941	819	782	1333	85105	57789	145	57934
国有独资公司	238	13			14663	15449		15449
其他有限责任公司	703	806	782	1333	70442	42340	145	42485
股份有限公司	99				1696	228		228
私营企业		15		6	6090	2083		2083
私人有限责任公司		11		6	5453	2057		2057
私人股份有限公司		4			637	26		26
按经济组织类型分组								
独资企业	9783	10619	9415	691	395611	294925	4429	299354
国有企业	2508	3245	2559	471	323645	252039	4428	256467
集体企业	7275	7374	6856	220	71966	42886	1	42887
合作合伙企业		422	422		22670	17430	36	17466
股份合作企业		422	422		22670	17430	36	17466
股份有限公司	99	4			2333	254		254
股份有限公司（内资）	99				1696	228		228
私人股份有限公司		4			637	26		26
有限责任公司	941	830	782	1339	90558	59846	145	59991
私人有限责任公司		11		6	5453	2057		2057
其他有限责任公司	703	806	782	1333	70442	42340	145	42485
按国民经济行业分组								
房屋和土木工程建筑	10021	11724	10472	1966	457525	335290	2292	337582
房屋工程建筑	9857	9184	7986	635	371078	281541	1190	282731
土木工程建筑	164	2540	2486	1331	86447	53749	1102	54851
铁路公路隧道桥梁工程建筑	163	799	799		48738	35256	607	35863
水利和港口工程建筑					2803	1500	5	1505
#工矿工程建筑	1	1083	1053	56	4900	4080	490	4570
架线和管道工程建筑		658	634	1275	30006	12913		12913
建筑安装业	703	146	146	58	49687	35968	2318	38286
装修装饰业		4		6	1713	606		606
其他建筑业	99	1	1		2247	591		591
按隶属关系分组								
中央					28743	28126		28126
地方	10823	11875	10619	2030	482429	344329	4610	348939

7-15续表2

指标名称	年末资产负债（万元）						损益及分配（万元）	
	所有者权益合计	实收资本					工程结算收入	工程结算成本
			国家资本	集集资本	法人资本	个人资本		
总　计	134107	104410	33736	11693	40776	18205	517905	475096
#一级以上企业	44000	35820	17313		18507		363864	340756
国有及国有控股	69423	58911	33736		24926	249	424098	394358
按登记注册类型分组								
内资企业	134107	104410	33736	11693	40776	18205	517905	475096
国有企业	67178	51071	28293		22778		389002	361536
集体企业	29079	18285		10340	7945		28198	25201
股份合作企业	5204	4357		1253	396	2708	17572	16392
联营企业								
有限责任公司	27171	25786	5363	100	8166	12157	68505	58342
国有独资公司	-786	5103	5103				17419	15845
其他有限责任公司	27957	20683	260	100	8166	12157	51086	42497
股份有限公司	1468	1157	80		769	308	1615	1429
私营企业	4007	3754			722	3032	13013	12196
私人有限责任公司	3396	3154			182	2972	12577	11921
私人股份有限公司	611	600			540	60	436	275
按经济组织类型分组								
独资企业	96257	69356	28293	10340	30723		417200	386737
国有企业	67178	51071	28293		22778		389002	361536
集体企业	29079	18285		10340	7945		28198	25201
合作合伙企业	5204	4357		1253	396	2708	17572	16392
股份合作企业	5204	4357		1253	396	2708	17572	16392
股份有限公司	2079	1757	80		1309	368	2051	1704
股份有限公司（内资）	1468	1157	80		769	308	1615	1429
私人股份有限公司	611	600			540	60	436	275
有限责任公司	30567	28940	5363	100	8348	15129	81082	70263
私人有限责任公司	3396	3154			182	2972	12577	11921
其他有限责任公司	27957	20683	260	100	8166	12157	51086	42497
按国民经济行业分组								
房屋和土木工程建筑	119943	90956	31479	11253	32402	15822	474198	435763
房屋工程建筑	88347	68572	20523	11253	29376	7420	415911	388133
土木工程建筑	31596	22384	10956		3026	8402	58287	47630
铁路公路隧道桥梁工程建筑	12875	8937	7884		946	107	27718	24070
水利和港口工程建筑	1298	1052	1052				1540	1318
#工矿工程建筑	330	2020	2020				8027	7436
架线和管道工程建筑	17093	10375			2080	8295	21002	14806
建筑安装业	11401	11053	1917	440	7370	1326	41319	37490
装修装饰业	1107	902	80		722	100	1205	970
其他建筑业	1656	1499	260		282	957	1183	873
按隶属关系分组								
中央	617	6689	6689				49631	44356
地方	133490	97721	27047	11693	40776	18205	468274	430740

7-15续表3

指标名称	损益及分配（万元）							
	工程结算税金及附加	工程结算利润	其他业务收入	其他业务利润	管理费用	税金	财产保险费	劳动待业保险费
总计	16701	26108	17248	2895	25565	681	109	6429
#一级以上企业	11784	11324	16091	2199	14893	364	38	4588
国有及国有控股	13107	16633	16512	2368	19142	472	84	5450
按登记注册类型分组								
内资企业	16701	26108	17248	2895	25565	681	109	6429
国有企业	12023	15443	15058	1825	16284	402	78	4954
集体企业	1228	1769	208	119	1648	104	6	214
股份合作企业	711	469	63	23	473	12		20
联营企业								
有限责任公司	2154	8009	1889	917	6685	114	24	1228
国有独资公司	549	1025	938	512	1604	19	2	173
其他有限责任公司	1605	6984	951	405	5081	95	22	1055
股份有限公司	50	136	27	10	105	38	1	2
私营企业	535	282	3	1	370	11		11
私人有限责任公司	424	232			331	7		11
私人股份有限公司	111	50	3	1	39	4		
按经济组织类型分组								
独资企业	13251	17212	15266	1944	17932	506	84	5168
国有企业	12023	15443	15058	1825	16284	402	78	4954
集体企业	1228	1769	208	119	1648	104	6	214
合作合伙企业	711	469	63	23	473	12		20
股份合作企业	711	469	63	23	473	12		20
股份有限公司	161	186	30	11	144	42	1	2
股份有限公司（内资）	50	136	27	10	105	38	1	2
私人股份有限公司	111	50	3	1	39	4		
有限责任公司	2578	8241	1889	917	7016	121	24	1239
私人有限责任公司	424	232			331	7		11
其他有限责任公司	1605	6984	951	405	5081	95	22	1055
按国民经济行业分组								
房屋和土木工程建筑	15616	22819	16645	2797	21764	577	66	5930
房屋工程建筑	13872	13906	12453	2040	15979	386	53	4672
土木工程建筑	1744	8913	4192	757	5785	191	13	1258
铁路公路隧道桥梁工程建筑	743	2905	3792	454	2807	130		382
水利和港口工程建筑	81	141	6	5	100	7		21
#工矿工程建筑	272	319		-30	249	18	2	170
架线和管道工程建筑	648	5548	394	328	2629	36	11	685
建筑安装业	918	2911	573	87	3530	62	42	494
装修装饰业	134	101	3	1	69	4	1	1
其他建筑业	33	277	27	10	202	38		4
按隶属关系分组								
中央	1635	3640	2412	112	3330	39		931
地方	15066	22468	14836	2783	22235	642	109	5498

7-15续表4

指标名称	损益及分配（万元）						建筑业增加值（万元）	亏损企业个数（个）
	财务费用	利息支出	营业利润	利润总额	应交所得税	应付利润		
总计	1011	898	2427	6558	1458	1516	89041	21
#一级以上企业	515	537	-1885	390	176	124	57827	3
国有及国有控股	750	626	-891	1255	496	280	70016	7
按登记注册类型分组								
内资企业	1011	898	2427	6558	1458	1516	89041	21
国有企业	727	592	257	1270	463	223	62536	5
集体企业	181	176	59	-38	174	231	5203	6
股份合作企业	11	19	8	8	5		1951	2
联营企业								
有限责任公司	88	109	2153	5262	805	1050	15312	5
国有独资公司	-3	12	-64	-62			4888	1
其他有限责任公司	91	97	2217	5324	805	1050	10424	4
股份有限公司	2		39	39	3	7	549	
私营企业	2	2	-89	17	8	5	3490	3
私人有限责任公司	2	2	-101	9	4	5	3330	3
私人股份有限公司			12	8	4		160	
按经济组织类型分组								
独资企业	908	768	316	1232	637	454	67739	11
国有企业	727	592	257	1270	463	223	62536	5
集体企业	181	176	59	-38	174	231	5203	6
合作合伙企业	11	19	8	8	5		1951	2
股份合作企业	11	19	8	8	5		1951	2
股份有限公司	2		51	47	7	7	709	
股份有限公司（内资）	2		39	39	3	7	549	
私人股份有限公司			12	8	4		160	
有限责任公司	90	111	2052	5271	809	1055	18642	8
私人有限责任公司	2	2	-101	9	4	5	3330	3
其他有限责任公司	91	97	2217	5324	805	1050	10424	4
按国民经济行业分组								
房屋和土木工程建筑	880	879	2972	5964	1106	1256	82406	14
房屋工程建筑	571	586	-604	555	397	360	68259	13
土木工程建筑	309	293	3576	5409	709	896	14147	1
铁路公路隧道桥梁工程建筑	126	116	426	291	96		5466	
水利和港口工程建筑	5	5	41	47	16	8	774	
#工矿工程建筑	90	90	-50	-50			2155	1
架线和管道工程建筑	88	82	3159	5121	597	888	5752	
建筑安装业	130	18	-662	481	313	202	5794	3
装修装饰业	4	4	29	26	9	6	288	1
其他建筑业	-3	-3	88	87	30	52	553	3
按隶属关系分组								
中央	123	122	299	306			9361	
地方	888	776	2128	6252	1458	1516	79680	21

7-15续表5

指标名称	工资福利费（万元）				年末拖欠工程款（万元）	#竣工拖欠	本年从业人员劳动报酬（万元）	年末离退休人员数（万人）
	本年应付工资总额	#主营业务总额	本年应付福利费总额	#主营业务费总额				
总　计	58513	53697	5116	4672	54991	27523	64728	1.52
#一级以上企业	38951	37190	3593	3239	40995	16686	45407	1.25
国有及国有控股	47527	44724	4400	4009	46253	21388	53495	1.41
按登记注册类型分组								
内资企业	58513	53697	5116	4672	54991	27523	64728	1.52
国有企业	41298	38731	3612	3254	36454	19263	46820	1.24
集体企业	3257	2872	356	327	1648	1405	3116	0.11
股份合作企业	2402	1032	38	38	30	30	2402	
联营企业								
有限责任公司	8333	7893	1060	1003	13774	4828	9193	0.17
国有独资公司	3779	3543	529	496	7719	558	4420	0.1
其他有限责任公司	4554	4350	531	507	6055	4270	4773	0.07
股份有限公司	326	326	47	47	384	374	341	
私营企业	2897	2843	3	3	2701	1623	2856	
私人有限责任公司	2868	2814	2	2	2701	1623	2827	
私人股份有限公司	29	29	1	1			29	
按经济组织类型分组								
独资企业	44555	41603	3968	3581	38102	20668	49936	1.35
国有企业	41298	38731	3612	3254	36454	19263	46820	1.24
集体企业	3257	2872	356	327	1648	1405	3116	0.11
合作合伙企业	2402	1032	38	38	30	30	2402	
股份合作企业	2402	1032	38	38	30	30	2402	
股份有限公司	355	355	48	48	384	374	370	
股份有限公司（内资）	326	326	47	47	384	374	341	
私人股份有限公司	29	29	1	1			29	
有限责任公司	11201	10707	1062	1005	16475	6451	12020	0.17
私人有限责任公司	2868	2814	2	2	2701	1623	2827	
其他有限责任公司	4554	4350	531	507	6055	4270	4773	0.07
按国民经济行业分组								
房屋和土木工程建筑	53783	49108	4559	4129	52145	25200	60247	1.45
房屋工程建筑	47087	43575	3699	3355	41524	18148	53485	1.33
土木工程建筑	6696	5533	860	774	10621	7052	6762	0.11
铁路公路隧道桥梁工程建筑	3768	2700	454	381	7898	5146	3368	0.04
水利和港口工程建筑	496	496	66	66	210	88	533	
#工矿工程建筑	1575	1480	220	207	1199	891	1575	0.07
架线和管道工程建筑	857	857	120	120	1314	927	1286	
建筑安装业	4239	4152	536	522	2776	2263	4239	0.07
装修装饰业	76	76	3	3			91	
其他建筑业	415	361	18	18	70	60	151	
按隶属关节分组								
中央	5246	4758	1051	851			8495	0.42
地方	53267	48939	4065	3821	54991	27523	56233	1.1

7-16 建筑业企业房屋建筑工程生产情况

2003年

指 标 名 称	本 年 实 际	
	竣工面积(平方米)	造价(万元)
房屋建筑竣工面积	2733297	186727
按主要用途分:		
1、厂房、仓库	242586	32904
2、住宅	1915233	107478
3、办公用房	194316	21603
4、批发和零售用房	109417	5248
5、住宿和餐饮用房	6408	162
6、居民服务业用房	8534	514
7、教育用房	165884	10998
8、文化、体育和娱乐用房	36528	2713
9、卫生医疗用房	22578	2287
10、科研用房		
11、其他用房	31813	2820

城市公用事业、环境保护 8

8-1 城市设施水平

(2003年)

指标名称	计量单位	全市	大城市	小城市
城市人口密度	人/平方公里	1290	1457	983
人均日生活用水量	升	325.67	361.58	196.49
燃气普及率	%	71.5	77.47	55.28
用水普及率	%	91.34	97.78	73.85
每万人拥有公共交通车辆	标台	6.44	8.66	0.43
人均拥有道路面积	平方米	7.75	8.04	6.97
路网密度	公里/平方公里	0.86	1.03	0.55
排水管道密度	公里/平方公里	5.02	4.92	5.27
污水处理率	%	53.89	57.9	19.59
#污水处理厂集中处理率	%	2.57	2.57	
人均公共绿地面积	平方米	4.82	6.02	1.57
建成区绿地率	%	18.8	23.87	5.62
建成区绿化覆盖率	%	22.34	28.13	7.29
生活垃圾无害化处理率	%	69.47	1000	
粪便处理率	%	97.22	100	
水冲公厕比率	%	97.88	100	87.76

8-2 人口和城市建设用地

(2003年)

指标名称	计量单位	全市	大城市	小城市
城市总户数	万户	39.67	28.66	11.01
城市人口	万人	131.18	95.89	35.29
#非农业人口	万人	104.26	84.35	19.89
城市面积	平方公里	1017.23	658.31	358.92
#建城区面积	平方公里	136.64	98.65	37.99
城市建设用地面积	平方公里	136.64	98.65	37.99
#居住用地	平方公里	36.41	20.53	15.88
公共设施用地	平方公里	17.18	10.7	6.48
工业用地	平方公里	39.9	33.78	6.12
仓储用地	平方公里	4.59	3.12	1.47
对外交通用地	平方公里	5.27	3.93	1.34
道路广场用地	平方公里	9.18	5.44	3.74
市政公用设施用地	平方公里	5.88	4.98	0.9
绿地	平方公里	7.99	6.41	1.58
特殊用地	平方公里	10.24	9.76	0.48
本年征用土地面积	平方公里	4.94	4.88	0.06
#耕地	平方公里	3.42	3.4	0.02

8-3 城市燃气供应

(2003年)

指标名称	计量单位	全市	大城市	小城市
人工煤气				
生产能力	万立方米/日	9.6	9.6	
储气能力	万立方米	7.4	7.4	
供气管道长度	公里	211	211	
自制气量	万立方米	3456	3456	
外购气量	万立方米	1345	1345	
供气总量	万立方米	3554	3554	
#家庭用量	万立方米	3151	3151	
用气户数	户	49653	49653	
#家庭用户	户	49430	49430	
用气人口	万人	19.1	19.1	
液化石油气				
储气能力	吨	4670.9	4210	460.9
外购气量	吨	38384.3	32815	5569.3
供气总量	吨	40476	31957	8519
#家庭用量	吨	39582	31855	7727
用气户数	户	204739	152077	52662
#家庭用户	户	202184	151055	51129
用气人口	万人	74.7	55.19	19.51
液化石油气汽车加气站	座	2		2

8-4 城市公共汽车、出租汽车

(2003年)

指标名称	计量单位	全市	大城市	小城市
公共汽车				
运营车辆	辆	707	687	20
公共汽车	辆	707	687	20
#小公共汽车	辆	52	32	20
标准运营车辆	标台	845	830	15
运营线路网长度	公里	320	285	35
客运总量	万人次	19805	18685	120
公共汽车	万人次	19805	18685	120
#小公共汽车	万人次			
营运收入	万元			
从业人员	人			
出租汽车				
出租汽车数量	辆			
从业人数	人			

8-5 城市供水和节约用水

(2003年)

指标名称	计量单位	全市	大城市	小城市
供　　水				
综合生产能力	万立方米/日	191.21	160.29	30.92
#地下水	万立方米/日	14.91	10.79	4.12
供水管道长度	公里	1819.23	1516.8	302.4
供水总量	万立方米	43571	39199	4372
#生产营运用水	万立方米	27125	24865	2260
公共服务用水	万立方米	2102	1898	204
居民家庭用水	万立方米	12141	10476	1665
消防及其他用水	万立方米	2203	1960	243
售水量	万立方米	12298	10411	1667
免费供水量	万立方米	6158	4251	1907
用水户数	户	127002	56228	70774
#家庭用户	户	116874	52586	64288
用水人口	万人	119.82	93.76	26.06
节约用水				
计划用水户	户	434	434	
#工业用水量	户	173	173	
计划用水量	万立方米	36526	36526	
#工业用水量	万立方米	18322	18322	
实际用水量	万立方米	87184	87184	
#工业用水量	万立方米	65046	65046	
新水用水量	万立方米	33768	33768	
#工业用水量	万立方米	18322	18322	
重复利用量	万立方米	53416	53416	
#工业用水量	万立方米	46724	46724	
节约用水量	万立方米	2758	2758	

8-6 市政设施和园林绿化

(2003年)

指 标 名 称	计量单位	全市	大城市	小城市
市政设施				
道路长度	公里	874.91	675.77	199.14
道路面积	万平方米	1016.6	770.5	246.1
#人行道面积	万平方米	220.1	151	69.1
桥梁数	座	74	51	23
#立交桥	座	6	3	3
路灯盏数	盏	42836	30271	12565
排水管道长度	公里	685.31	484.94	200.37
#污水管道	公里	23.08	3.58	19.5
污水排放量	万立方米	35023.14	31359	3664.14
污水处理厂				
1.座数	座	1	1	
2.处理能力	万吨/日	10	10	
3.处理量	万吨	900	900	
其他污水处理设施				
1.处理能力	万立方米	79.75	69.72	10.03
2.处理量	万立方米	17975.12	17257.36	717.76
污水处理总量	万立方米	18875.12	18157.36	717.76
污水再生利用总量	万立方米	614		614
防洪堤长度	公里	21.6	16.58	5.02
#五十年一遇	公里	18.76	16.58	2.18
园林绿化				
绿化覆盖面积	公顷	3991.2	3419.7	571.5
#建成区	公顷	3052.3	2775.4	276.9
园林绿地面积	公顷	3374.9	2966.4	408.5
#建成区	公顷	2568.5	2354.9	213.6
公共绿地面积	公顷	632.13	576.78	55.35
公园个数	个	21	17	4
公园面积	公顷	426.73	395.13	31.6
游人量	人	222.4	215	7.4
园林经营收入	万元	3007	3000	7

8-7 市容环境卫生

(2003年)

指 标 名 称	计量单位	全市		
			大城市	小城市
道路清扫保洁面积	万平方米	948.5	732	216.5
#机械化	万平方米	267	267	
生活垃圾清运量	万吨	48	33	15
生活垃圾无害化处理厂(场)数	座	2	2	
#卫生填埋	座	2	2	
生活垃圾无害化处理能力	吨/日	650	650	
#卫生填埋	吨/日	600	600	
堆肥	吨/日	50	50	
生活垃圾无害化处理量	万吨	33	33	
#卫生填埋	万吨	30.7	30.7	
堆肥	万吨	2.3	2.3	
生活垃圾简易化处理能力	吨/日	142		142
生活垃圾简易化处理量	万吨	6.33		6.33
粪便清运量	万吨	3.6	3.5	0.1
粪便无害化处理量	万吨	3.5	3.5	
公厕数	座	283	234	49
#水冲	座	277	234	43
市容环卫专用车辆总数	台	209	167	42
环卫收入	万元	2004	1762	242
从业人数	人	3663	2968	695

8-8 工业污染排放及处理利用

（2003年）

指标名称	计量单位	本年实际	指标名称	计量单位	本年实际
一、企业基本情况			（10）氨氮	吨	5800
1.汇总工业企业数	个	193	三、工业废气		
2.工业总产值（现价）	万元	3426921	1.煤炭消费总量	万吨	676
3.企业专职环保人员数	人	576	#燃料煤消费量	万吨	382
4.“三废”综合利用产品产值	万元	23394	原料煤消费量	万吨	293
5.工业锅炉数	台/蒸吨	201/2660.5	2.燃料油消费量（不含车船用）	万吨	1.08
#烟尘排放达标的	台/蒸吨	164/2468.5	#重油	万吨	0.51
二氧化硫排放达标的	台/蒸吨	135/1861.0	柴油	万吨	0.55
6.工业炉窑数	座	422	3.工业废气排放总量	万标立方米	13708063
#烟尘排放达标的	座	261	#燃料燃烧过程中排放量	万标立方米	6606588
二氧化硫排放达标的	座	230	生产工艺过程中排放量	万标立方米	7101475
二、工业废水			4.废气治理设施数	套	727
1.工业用水总量	万吨	188688	#脱硫设施数	套	65
#新鲜水量	万吨	65042	5.废气治理设施处理能力	万标立方米/时	1560
重复用水量	万吨	123646	#脱硫设施脱硫能力	吨/时	11
2.工业重复用水率	%	65.53	6.废气治理设施设备运行费用	万元	10708
3.废水治理设施数	套	295	7.二氧化硫去除量	吨	165854
4.废水治理设施处理能力	万吨/日	279	#燃料燃烧过程中去除的	吨	7606
5.废水治理设施设备运行费用	万元	13987	生产工艺过程中去除的	吨	158249
6.工业废水排放量	万吨	27237	#当年新增设施去除量	吨	72
7.工业废水排放达标量	万吨	21447	8.二氧化硫排放量	吨	88018
8.工业废水排放达标率	%	78.74	#燃料燃烧过程中排放的	吨	68065
9.工业废水中污染物去除量			生产工艺过程中排放的	吨	19952
（1）挥发酚	吨	348	9.烟尘去除量	吨	653294
（2）氰化物	吨	296	10.烟尘排放量	吨	51837
（3）化学需氧量	吨	40293	#排放达标量	吨	29915
（4）石油类	吨	136	11.工业粉尘去除量	吨	1203694
（5）氨氮	吨	795	12.工业粉尘排放量	吨	46657
10.工业废水中污染物排放量			#排放达标量	吨	29931
（1）汞	吨	1.37	四、工业固体废物		
（2）镉	吨	9.77	1.工业固体废物产生量	万吨	967.09
（3）六价铬	吨	0.04	2.工业固体废物综合利用量	万吨	736.21
（4）铅	吨	31.8	3.工业固体废物综合利用率	%	76.12
（5）砷	吨	3.7	4.工业固体废物贮存量	万吨	135.64
（6）挥发酚	吨	10.37	#危险废物贮存量	吨	188.50
（7）氰化物	吨	16.54	5.工业固体废物处置量	万吨	84.97
（8）化学需氧量	吨	79804	6.工业固体废物排放量	万吨	11.04
（9）石油类	吨	658	#危险废物排放量	吨	

8-9 工业污染治理项目建设

（2003年）

指　标　名　称	计量单位	本年实际
1、汇总工业企业数	个	27
2、本年施工项目总数	个	42
#废水治理项目	个	17
废气治理项目	个	16
固体废物治理项目	个	4
污染搬迁治理项目	个	2
其他物治理项目	个	
3、施工项目本年完成投资额	万元	5509
#废水治理项目	万元	3169
废气治理项目	万元	904
固体废物治理项目	万元	696
污染搬迁治理项目	万元	630
其他物治理项目	万元	110
4、施工项目本年投资来源合计	万元	5509
#国家预算内资金	万元	580
环保补助资金	万元	
环保贷款	万元	
其他资金	万元	4238
#企业自筹	万元	4203
5、本年竣工项目数	个	36
#废水治理项目	个	15
废气治理项目	个	13
固体废物治理项目	个	4
污染搬迁治理项目	个	1
其他物治理项目	个	3
6、本年竣工项目新增设计处理能力		
#治理废水	吨/日	45078
治理废气	万标立方米/时	33
治理固体废物	吨/日	80044

能源购进、消费与库存 9

9-1 工业企业主要能源购进、消费与库存

(2003年)

指标名称	单位	购进量合计	消费量合计	工业生产消费	非工业生产消费	年末库存
全市						
原煤	吨	4000011	3854233	3846597	7636	243924
洗精煤	吨	1368718	1464197	1463564	633	30188
焦炭	吨	215861	1160947	1160915	32	49257
焦炉煤气	万立方米	1360	37719	37239	480	
高炉煤气	万立方米		420425	420425		
其他煤气	万立方米		3272	3272		
汽油	吨	7897	7837	6058	1779	249
煤油	吨	468	424	416	8	70
柴油	吨	21215	21343	19938	1405	1069
燃料油	吨	4657	4374	4374		1416
液化石油气	吨	10119	255	255		872
其他石油制品	吨	3779	2862	2862		942
电力	万千瓦时	382901	445835	432382	13453	
其他燃料	吨标准煤		645091	645091		
能源合计	吨标准煤	5905477	8429081	8361300	67781	1106575
市区						
原煤	吨	3397269	3258711	3256163	2548	186006
洗精煤	吨	1359231	1454419	1454383	36	27941
焦炭	吨	132741	1093659	1093627	32	29157
焦炉煤气	万立方米	1360	37719	37239	480	
高炉煤气	万立方米		420425	420425		
其他煤气	万立方米		3272	3272		
汽油	吨	6766	6692	5566	1126	221
煤油	吨	463	419	411	8	70
柴油	吨	17635	17872	16772	1100	778
燃料油	吨	2282	2108	2108		1056
液化石油气	吨	10119	255	255		872
其他石油制品	吨	908	915	915		12
电力	万千瓦时	310912	343063	331250	11813	
其他燃料	吨标准煤					
能源合计	吨标准煤	5088004	6864161	6808402	55759	1041716
柳江县						
原煤	吨	84054	83775	80224	3551	9440
焦炭	吨	19	19	19		
汽油	吨	583	593	239	354	5
煤油	吨	5	5	5		
柴油	吨	666	680	528	152	15
燃料油	吨	760	720	720		41
其他石油制品	吨	12	15	15		3
电力	万千瓦时	6833	15057	14804	253	
其他燃料	吨标准煤		135806	135806		
能源合计	吨标准煤	90691	259504	255206	4298	6835

指标名称	单位	购进量合计	消费量合计	工业生产消费	非工业生产消费	年末库存
柳城县						
原煤	吨	64179	64009	63818	191	5490
焦炭	吨	12608	12608	12608		
汽油	吨	150	151	28	123	1
柴油	吨	672	665	619	46	69
燃料油	吨	305	302	302		3
电力	万千瓦时	11251	20116	19949	167	
其他燃料	吨标准煤		447468	447468		
能源合计	吨标准煤	104231	587352	586293	1059	3957
鹿寨县						
原煤	吨	392598	383799	382555	1244	34668
焦炭	吨	70493	54661	54661		20100
汽油	吨	127	139	82	57	4
柴油	吨	1411	1301	1236	65	185
燃料油	吨	1310	1244	1244		316
电力	万千瓦时	38236	51930	51022	908	
其他燃料	吨标准煤		61817	61817		
能源合计	吨标准煤	501206	596387	591829	4558	44687
融安县						
原煤	吨	41280	42713	42658	55	6485
洗精煤	吨	3101	3155	3155		78
汽油	吨	126	117	87	30	14
柴油	吨	716	710	696	14	18
电力	万千瓦时	5676	5676	5364	312	
能源合计	吨标准煤	56436	57485	56121	1364	4749
融水苗族自治县						
原煤	吨	20574	21179	21179		1825
洗精煤	吨	5171	5562	5562		2015
汽油	吨	115	115	56	59	4
柴油	吨	110	110	87	23	4
电力	万千瓦时	3807	3807	3807		
能源合计	吨标准煤	35059	35843	35723	120	3130
三江侗族自治县						
原煤	吨	57	47		47	10
洗精煤	吨	1215	1061	464	597	154
汽油	吨	30	30		30	
柴油	吨	5	5		5	
其他石油制品	吨	2859	1932	1932		927
电力	万千瓦时	6186	6186	6186		
能源合计	吨标准煤	29850	28349	27726	623	1501

9-2 全市工业企业主要能源按行业消费量

(2003年)

指 标 名 称	本年消费							
	原煤（吨）	洗精煤（吨）	焦炭（吨）	焦炉煤气（亿立方米）	高炉煤气（亿立方米）	其他煤气（亿立方米）	汽油（吨）	煤油（吨）
总 计	3854233	1464197	1160947	37719	420425	3272	7837	424
按工业行业大类分列								
一、采矿业								
黑色金属矿采选业	65		17526				9	
有色金属矿采选业	32393	95769	18627				353	2895
非金属矿采选业	4520							91
二、制造业								
食品加工业	20490						388	
食品制造业	1147						81	
饮料制造业	6406							
纺织业	14607						101	18
服装及其他纤维制品制造业	37						25	
皮革、毛皮、羽绒及其制品业	1100						1	
木材加工及竹、藤、棕、草制品业	15696						32	
造纸及纸制品业	276083						94	4
化学原料及化学制品制造业	642622		48572				1578	250
医药制造业	11803						35	
化学纤维制造业	493						10	
橡胶制品业	1997						42	
塑料制品业							48	2
非金属矿物制品业	506622	5562	108				295	4
黑色金属冶炼及压延加工业	366456	1357464	1048700	37719	420425	3272	413	
有色金属冶炼及压延加工业	302 087	4608	17739				217	3
金属制品业	5						66	5
普通机械制造业	16294		8078				944	39
专用设备制造业	32663		720				269	72
交通运输设备制造业	11968		807				2250	19
电气机械及器材制造业		794	70				81	
电子及通信设备制造业								
三、电力、燃气及水的生产和供应业								
电力、热力的生产和供应业	1571824						319	1
煤气生产和供应业							26	
自来水的生产和供应业							42	

9-2 续表

(2003年)

指 标 名 称	本年消费					
	柴油 (吨)	燃料油 (吨)	液化石油 气(吨)	其它石油 制品（吨）	电 力 (万千瓦时)	其他燃料 (吨标准煤)
总　　计	21343	4374	255	2862	445835	645091
按工业行业大类分列						
一、采矿业						
黑色金属矿采选业	45				484	
有色金属矿采选业	2895				39557	
非金属矿采选业	91				6	
二、制造业						
食品加工业	525		4		24244	645091
食品制造业	57				440	
饮料制造业	70				590	
纺织业	40				11781	
服装及其他纤维制品制造业	4				35	
皮革、毛皮、羽绒及其制品业					8	
木材加工及竹、藤、棕、草制品业	51				1745	
造纸及纸制品业	230	647	211	36	21823	
化学原料及化学制品制造业	1383	1244			82400	
医药制造业	542	1189			2010	
化学纤维制造业	7				1157	
橡胶制品业	4				299	
塑料制品业	63				2013	
非金属矿物制品业	2952				36459	
黑色金属冶炼及压延加工业	2877				93942	
有色金属冶炼及压延加工业	1628	573	1	1932	48510	
金属制品业	30			3	1023	
普通机械制造业	1243	57			9927	
专用设备制造业	1454		39		17527	
交通运输设备制造业	3861	664		891	19480	
电气机械及器材制造业	148				873	
电子及通信设备制造业					6	
三、电力、燃气及水的生产和供应业						
电力、热力的生产和供应业	648				22730	
煤气生产和供应业	33				78	
自来水的生产和供应业	122				4093	

9-3　市区工业企业主要能源按行业消费量

(2003年)

指 标 名 称	本年消费 原煤(吨)	洗精煤(吨)	焦炭(吨)	焦炉煤气(亿立方米)	高炉煤气(亿立方米)	其他煤气(亿立方米)	汽油(吨)	煤油(吨)
总　　计	3258711	1454419	1093659	37719	420425	3272	6692	419
按工业行业大类分列								
一、采矿业								
黑色金属矿采选业	65						2	
有色金属矿采选业	5793	95769	18627				251	
非金属矿采选业	4520							
二、制造业								
食品加工业	3718						119	
食品制造业	1147						81	
饮料制造业	6406							
纺织业	5939						93	18
服装及其他纤维制品制造业							5	
皮革、毛皮、羽绒及其制品业	1100						1	
木材加工及竹、藤、棕、草制品业	12683						30	
造纸及纸制品业	150036						76	4
化学原料及化学制品制造业	424182		276				1516	250
医药制造业	3782						20	
化学纤维制造业	493						10	
橡胶制品业	1997						42	
塑料制品业							43	2
非金属矿物制品业	340659		108				246	4
黑色金属冶炼及压延加工业	365764	1357464	1048700	37719	420425	3272	413	
有色金属冶炼及压延加工业	281611	392	16542				187	3
金属制品业	5						41	5
普通机械制造业	15811		7828				755	35
专用设备制造业	32663		720				260	72
交通运输设备制造业	11658		788				2103	18
电气机械及器材制造业		794	70				81	
电子及通信设备制造业								
三、电力、燃气及水的生产和供应业								
电力、热力的生产和供应业	1571824						168	1
煤气生产和供应业							26	
自来水的生产和供应业							33	

9-3 续表

(2003年)

指 标 名 称	本 年 消 费					
	柴油(吨)	燃料油(吨)	液化石油气(吨)	其它石油制品(吨)	电 力(万千瓦时)	其他燃料(吨标准煤)
总 计	17872	2108	255	915	343063	
按工业行业大类分列						
一、采矿业						
黑色金属矿采选业	5				43	
有色金属矿采选业	2289				35007	
非金属矿采选业	91				6	
二、制造业						
食品加工业	49		4		1298	
食品制造业	57				440	
饮料制造业					572	
纺织业	38				11194	
服装及其他纤维制品制造业					26	
皮革、毛皮、羽绒及其制品业					8	
木材加工及竹、藤、棕、草制品业	46				1395	
造纸及纸制品业	168	647	211	36	12503	
化学原料及化学制品制造业	410				45621	
医药制造业	523	1189			512	
化学纤维制造业	7				1157	
橡胶制品业	4				299	
塑料制品业	60				1559	
非金属矿物制品业	2570				27694	
黑色金属冶炼及压延加工业	2877				87676	
有色金属冶炼及压延加工业	1230	271	1		40800	
金属制品业	25			3	776	
普通机械制造业	1123				9607	
专用设备制造业	1445		39		17476	
交通运输设备制造业	3608	1		876	17830	
电气机械及器材制造业	148				873	
电子及通信设备制造业					6	
三、电力、燃气及水的生产和供应业						
电力、热力的生产和供应业	605				22662	
煤气生产和供应业	33				78	
自来水的生产和供应业	121				3373	

商业、外贸、旅游、物价 10

10-1 全市主要年份社会消费品零售总额

单位：万元

年　份	社会消费品零售总额	# 批发零售业	# 餐饮业
1978	36274	32415	1764
1979	39336	34928	2046
1980	47510	40169	2454
1981	54486	44300	2082
1982	60413	47521	2526
1983	66094	52179	2882
1984	72961	58147	3095
1985	94315	72613	3697
1986	109598	89735	4250
1987	125419	102979	5035
1988	169700	142423	6526
1989	182484	148946	7885
1990	188437	155599	8887
1991	216640	178586	9813
1992	265371	209040	14360
1993	397465	249502	19798
1994	483788	302998	38620
1995	604843	355860	64191
1996	630594	377591	76223
1997	726460	433181	104045
1998	744542	455710	93626
1999	774262	506856	106437
2000	811515	542822	101317
2001	945718	621146	115821
2002	1028609	655853	125322
2003（旧口径）	1142784	753659	135213
2003（新口径）	908985	746621	126860

10-2 柳江县主要年份社会消费品零售总额

单位：万元

年 份	社会消费品零售总额	# 批发零售业	# 餐饮业
1978	2761	2307	104
1979	3201	2491	107
1980	3864	2812	120
1981	4335	3108	126
1982	4627	3352	213
1983	5086	3768	222
1984	6063	4080	214
1985	7933	5019	269
1986	8567	5577	296
1987	8949	6106	350
1988	12800	9153	428
1989	16234	11758	378
1990	16800	11415	548
1991	19083	13397	702
1992	23386	15270	997
1993	22623	11708	1277
1994	35165	21729	1372
1995	35906	18601	2380
1996	38274	18267	2814
1997	42330	19617	3093
1998	47910	19171	3103
1999	53732	23551	3267
2000	58928	24925	3140
2001	66018	27891	4047
2002	72620	33201	5419
2003（旧口径）	80679	37272	6228
2003（新口径）	44734	39548	4422

10-3 柳城县主要年份社会消费品零售总额

单位：万元

年 份	社会消费品零售总额	# 批发零售业	# 餐饮业
1978	3597	2798	79
1979	3295	3072	95
1980	4262	4262	114
1981	5695	5695	137
1982	6069	4067	164
1983	7010	4466	198
1984	7130	4904	150
1985	8703	5723	342
1986	11307	6876	426
1987	12108	7679	452
1988	14847	8913	565
1989	16068	10643	522
1990	16996	10979	547
1991	18721	11758	553
1992	22786	13684	740
1993	22637	11714	917
1994	34580	19807	2303
1995	38338	13208	2763
1996	43766	14502	12946
1997	51866	24773	2809
1998	40652	19020	4930
1999	51072	23237	5188
2000	54426	25885	5939
2001	54792	25387	6142
2002	58119	30273	6880
2003（旧口径）	62140	31629	7107
2003（新口径）	39016	31670	6163

10-4 鹿寨县主要年份社会消费品零售总额

单位：万元

年　份	社会消费品零售总额	# 批发零售业	# 餐饮业
1978	3231	2750	210
1979	3605	3150	232
1980	4155	3620	240
1981	4633	4150	262
1982	5940	5120	425
1983	5866	5462	314
1984	6114	5648	348
1985	9672	8712	434
1986	9491	8504	456
1987	10920	10539	460
1988	14828	13190	544
1989	15602	13250	556
1990	15173	12928	588
1991	15929	12904	647
1992	18665	12269	899
1993	21596	13483	1115
1994	24510	17267	1059
1995	29375	18797	2707
1996	33308	22941	1992
1997	35149	24841	954
1998	35646	23089	2742
1999	38539	23910	5683
2000	40909	25171	6825
2001	45796	29364	7576
2002	51064	32614	7150
2003（旧口径）	57362	37241	8050
2003（新口径）	44024	34724	8700

10-5 融安县主要年份社会消费品零售总额

单位：万元

年份	社会消费品零售总额	# 批发零售业	# 餐饮业
1978	2242	2107	135
1979	2176	2024	126
1980	2491	2323	146
1981	2887	2714	165
1982	3193	2851	161
1983	3634	3387	247
1984	3889	3016	295
1985	6459	5124	219
1986	6747	5730	202
1987	7292	6134	203
1988	9030	7375	268
1989	9721	7610	644
1990	8240	6533	514
1991	9555	8189	636
1992	13084	9299	680
1993	15390	10938	990
1994	20728	15406	1985
1995	25491	19192	1563
1996	23181	16349	1270
1997	23147	16275	2093
1998	24037	18231	1508
1999	25366	19904	1367
2000	27003	21108	2068
2001	29678	23390	2029
2002	33661	26568	2949
2003（旧口径）	36536	28865	3404
2003（新口径）	32981	29428	3553

10-6 融水县主要年份社会消费品零售总额

单位：万元

年　份	社会消费品零售总额	# 批发零售业	# 餐饮业
1978	2854	2567	121
1979	3013	2702	133
1980	3432	3124	159
1981	4248	3721	187
1982	4629	4049	165
1983	4983	4229	260
1984	5998	4538	280
1985	9744	7356	426
1986	10197	8139	503
1987	10985	8504	662
1988	14191	11174	926
1989	14304	10670	970
1990	14428	10798	949
1991	16380	12355	1134
1992	17710	12562	1258
1993	20178	12662	1268
1994	28822	18606	4200
1995	37207	24925	5708
1996	38471	24607	6738
1997	38565	23863	7008
1998	35314	23418	6515
1999	35901	24324	4512
2000	36001	23952	4379
2001	37851	24647	4527
2002	40389	25777	5312
2003（旧口径）	42851	28012	5795
2003（新口径）	40024	35290	4734

10-7 三江县主要年份会消费品零售总额

单位：万元

年　份	社会消费品零售总额	# 批发零售业	# 餐饮业
1978	1938	1960	80
1979	2171	2213	86
1980	2667	2583	77
1981	2748	2453	63
1982	2858	2630	62
1983	3199	2820	62
1984	3389	2901	60
1985	3918	3408	138
1986	5926	4641	175
1987	6839	4694	198
1988	11614	10837	126
1989	10030	8607	278
1990	11727	10386	204
1991	10769	7595	255
1992	13058	9279	325
1993	13568	11044	455
1994	16442	11826	834
1995	15988	11505	1607
1996	15145	11590	1551
1997	16006	9436	4247
1998	16029	11369	1811
1999	16052	11418	2004
2000	17033	12475	1904
2001	22284	15826	3425
2002	25002	17834	4161
2003（旧口径）	30274	21567	5074
2003（新口径）	31779	28010	3753

10-8 社会消费品零售总额

(2003年) 单位：万元

指 标 名 称	全 市	市 区	柳江县	柳城县	鹿寨县	融安县	融水县	三江县
社会消费品零售总额	**908985**	**676427**	**44734**	**39016**	**44024**	**32981**	**40024**	**31779**
按销售地区分								
市的零售额	676427	676427						
县的零售额	125161		21783	18630	23160	24304	21230	16054
县以下的零售额	107397		22951	20386	20864	8677	18794	15725
按经济类型分								
国有经济	75370	46790	5363	5590	3063	3825	5323	5416
集体经济	60551	51790	908	2193	1988	1490	646	1536
私营经济	123111	108746	1400	367	12180	418		
个体经济	518169	339485	36762	30768	26193	26079	34055	24827
联营经济								
股份制经济	129868	128300	301	98		1169		
外商投资经济	1182	1182						
港澳台投资经济	134	134						
其他经济	600				600			
按行业分								
批发零售贸易业	746621	547951	39548	31670	34724	29428	35290	28010
限额以上	235715	222317	3954	945	3121	2535	2843	
限额以下及个体	510906	325634	35594	30725	31603	26893	32447	28010
#个体	406092	255588	32974	24605	19033	22921	29630	21341
餐饮业	126860	95535	4422	6163	8700	3553	4734	3753
限额以上	14113	13896	217	6163				
限额以下及个体	112747	81639	4205		8700	3553	4734	3753
#个体	97497	69396	3788	6163	7160	3047	4425	3518
其他行业	35504	32941	764	1183	600			16

10-9 全市限额以上批发、零售贸易业商品购进额

（2003年）

单位：万元

指标名称	法人单位(个)	产业活动单位(个)	从业人员(人)	购进总额	#进口
总计	**73**	**85**	**13864**	**741242.6**	**16.4**
市区	**63**	**68**	**13096**	**658374.0**	**16.4**
柳江县	**7**	**8**	**419**	**47695.8**	
柳城县	**3**	**3**	**127**	**11005.8**	
鹿寨县		**2**	**2**	**10389.0**	
融安县		**2**	**107**	**6778.0**	
融水县		**2**	**113**	**7000.0**	
三江县					
一、批发业	**46**	**56**	**5363**	**547349.7**	
#国有及国有控股	16	25	2814	373421.1	
1.按登记注册类型分组					
内资企业	45	55	5344	537606.3	
国有企业	15	20	1644	123453.9	
集体企业	9	9	670	50498.3	
股份合作企业	2	2	268	20204.3	
联营企业					
有限责任公司	11	13	1521	200357.6	
股份有限公司	5	8	1038	133276.1	
私营企业	3	3	203	9816.1	
港、澳、台商投资企业	1	1	19	9743.4	
2.按国民经济行业分组					
农畜产品批发业	2	2	349	7009.2	
食品、饮料、烟草批发业	8	12	1301	68545.1	
#烟草制品批发业	3	6	618	57583.9	
药品及医疗器械批发业	4	4	869	69240.6	
矿产品、建材及化工产品批发业	17	22	1754	316004.6	
煤炭及制品批发业	2	2	20	3177.9	
石油及制品批发业	3	5	801	120974.8	
金属及金属矿批发业	3	5	475	135851.7	
建材批发业		1	56	3887.7	
化肥批发业	8	8	370	50843.3	
机械设备、五金交电及电子产品批发业	12	13	765	68422.8	
汽车、摩托车及零配件批发业	2	2	222	19248.4	
家用电器收批发业	3	4	115	18360.8	
其他批发业	3	3	325	18107.4	

单位：万元

指标名称	法人单位(个)	产业活动单位(个)	从业人员(人)	购进总额	#进口
二、零售业	**27**	**29**	**8501**	**193892.9**	**16.4**
#国有及国有控股	12	14	5514	120978.6	16.4
1.按登记注册类型分组					
内资企业	27	29	8501	193892.9	16.4
国有企业	10	11	2878	46033.4	
集体企业	2	2	37	4651.6	
有限责任公司	5	5	1234	18440.6	
股份有限公司	3	4	3656	116559.3	16.4
私营企业	7	7	696	8208.0	
2.按国民经济行业分组					
综合零售业	8	8	4365	132255.6	16.4
百货零售业	1	1	1050	39947.0	16.4
超级市场零售业	6	6	3229	92234.5	
食品、饮料及烟草制品专门零售业	1	1	208	164.0	
文化、体育及日用品器材专门零售业	4	4	338	8000.7	
图书零售业	4	4	338	8000.7	
医疗及医疗器材专门零售业	3	3	1517	23883.2	
药品零售业	3	3	1517	23883.2	
汽车、摩托车、燃料及零配件零售业	3	5	1474	16447.1	
汽车零售业	3	3	1386	9519.1	
机动车燃料零售业		2	88	6928.0	
家用电器及电子产品专门零售业	6	6	470	7035.2	
家用电器零售业	3	3	282	4547.8	
计算机、软件及辅助设备零售业	2	2	123	1400.7	
通讯设备零售业	1	1	65	1086.7	
五金、家具及室内装修材料专门零售业	1	1	22	319.3	
无店铺及其他零售业	1	1	107	5787.8	

10-10 全市限额以上批发、零售贸易业商品销售、库存总额

（2003年）

单位：万元

指标名称	销售总额合计	批发	#出口	零售	年末库存总额
总计	**808895.9**	**572028.6**	**47952.1**	**236867.3**	**60734.9**
市区	720350.2	497708.5	47952.1	222641.7	56737.5
柳江县	50812.1	46995.4		3816.7	1341.3
柳城县	11929.8	10795.3		1134.5	1639.2
鹿寨县	10792.0	7902.0		2890.0	504.0
融安县	6985.0	4450.0		2535.0	234.0
融水县	8026.8	4177.4		3849.4	278.9
三江县					
一、批发业	**589951.5**	**535130.8**	**43353.0**	**54820.7**	**33724.2**
#国有及国有控股	399624.2	386609.7	43353.0	13014.5	17215.9
1.按登记注册类型分组					
内资企业	581122.1	526301.4	43353.0	54820.7	33706.9
国有企业	149879.1	149105.8	225.8	773.3	8202.4
集体企业	52366.0	51580.0		786.0	2563.2
股份合作企业	19875.8	15131.0		4744.8	2229.7
联营企业					
有限责任公司	201917.2	165949.5	39371.2	35967.7	9358.8
股份有限公司	147355.8	134998.0	3756.0	12357.8	9244.4
私营企业	9728.2	9537.1		191.1	2108.4
港、澳、台商投资企业	8829.4	9537.1		191.1	2108.4
2.按国民经济行业分组					
农畜产品批发业	7171.3	6385.3		786.0	657.0
食品、饮料、烟草批发业	78139.4	77933.4		206.0	4482.1
#烟草制品批发业	65369.1	65363.7		5.4	2626.4
药品及医疗器械批发业	70066.0	30712.0		39354.0	8966.4
矿产品、建材及化工产品批发业	335732.2	321817.1	43127.2	13915.1	9422.4
煤炭及制品批发业	3283.8	3283.8			80.8
石油及制品批发业	138172.6	124346.9		13825.7	6026.4
金属及金属矿批发业	136220.0	136220.0	39371.2		214.2
建材批发业	3756.0	3756.0	3756.0		131.7
化肥批发业	52970.6	52881.2		89.4	2902.4
机械设备、五金交电及电子产品批发业	66319.9	65877.7	225.8	442.2	10020.6
汽车、摩托车及零配件批发业	17847.2	17710.2		137.0	1486.3
家用电器收批发业	17944.6	17862.5		82.1	868.3
其他批发业	32522.7	32405.3		117.4	175.7

单位：万元

指标名称	销售总额合计	批发	#出口	零售	年末库存总额
二、零售业	**218944.4**	**36897.8**	**4599.1**	**182046.6**	**27010.7**
#国有及国有控股	135684.6	20046.0	4599.1	115638.6	15192.5
1.按登记注册类型分组					
内资企业	218944.4	36897.8	4599.1	182046.6	27010.7
国有企业	56018.1	11756.6		44261.5	7904.2
集体企业	4732.0	311.7		4420.3	98.1
有限责任公司	20758.9			20758.9	2860.9
股份有限公司	122934.8	21905.3	4599.1	101029.5	14515.9
私营企业	14500.6	2924.2		11576.4	1631.6
2.按国民经济行业分组					
综合零售业	139237.9	21313.0	4599.1	117924.9	16771.1
百货零售业	39055.3	3154.8	1050.9	35900.5	3815.0
超级市场零售业	99288.9	17556.5	3548.2	81732.4	12884.1
食品、饮料及烟草制品专门零售业	615.4			615.4	109.7
文化、体育及日用品器材专门零售业	7838.1	561.0		7277.1	2355.3
图书零售业	7838.1	561.0		7277.1	2355.3
医疗及医疗器材专门零售业	28825.2	9918.4		18906.8	5076.2
药品零售业	28825.2	9918.4		18906.8	5076.2
汽车、摩托车、燃料及零配件零售业	22594.5	1869.5		20725.0	1095.4
汽车零售业	14846.5	500.5		14346.0	942.5
机动车燃料零售业	7748.0	1369.0		6379.0	152.9
家用电器及电子产品专门零售业	13301.9	2924.2		10377.7	1539.3
计算机、软件及辅助设备零售业	1445.1	40.9		1404.2	127.3
家用电器零售业	10784.6	2883.3		7901.3	1397.5
通讯设备零售业	1072.2			1072.2	14.5
五金、家具及室内装修材料专门零售业	331.3	311.7		19.6	11.8
无店铺及其他零售业	6200.1			6200.1	51.9

10-11 全市、市区限额以上批发、零售贸易业商品销售类值

（2003年）

单位：万元

指标名称	全市			市区		
	合计	批发	零售	合计	批发	零售
合计	**800890.8**	**564936.8**	**235954.0**	**712781.7**	**490460.8**	**222320.9**
食品、饮料、烟酒类	119686.1	77614.2	42071.9	94070.5	52965.1	41105.4
#肉禽蛋类	4548.8	166.5	4382.3	4490.4	166.5	4323.9
其他食品类	35774.0	11400.4	24373.6	35165.2	11400.4	23764.8
饮料类	5477.4	142.3	5335.1	5351.7	142.3	5209.4
烟酒类	73885.9	65905.0	7980.9	49063.2	41255.9	7807.3
服装鞋帽、针、纺织品类	24212.0	835.7	23376.3	24141.7	835.7	23306.0
#服装类	13471.3	472.5	12998.8	13426.3	472.5	12953.8
鞋帽类	5981.5	57.1	5924.4	5980.1	57.1	5923.0
针、纺织类	4759.2	306.1	4453.1	4735.3	306.1	4429.2
化妆品类	3573.7	2.1	3571.6	3531.6	2.1	3529.5
金银珠宝类	6177.9		6177.9	6177.9		6177.9
日用品类	17402.6	431.0	16971.6	17164.4	431.0	16733.4
#洗涤用品类	5466.8	227.8	5239.0	5340.4	227.8	5112.6
儿童玩具类	279.1		279.1	270.0		270.0
五金、电料类	3666.6	3322.7	343.9	3666.6	3322.7	343.9
体育、娱乐用品类	1901.0		1901.0	1872.8		1872.8
书报杂志类	7634.7	511.3	7123.4	5375.7	511.3	4864.4
电子出版物及音像制品类	229.9		229.9	229.9		229.9
家用电器和音响器材类	57701.9	20476.6	37225.3	57646.6	20476.6	37170.0
中西药品类	95663.3	38466.7	57196.6	95663.3	38466.7	57196.6
#西药类	65624.1	21642.9	43981.2	65624.1	21642.9	43981.2
中草药及中成药	29978.6	16771.9	13206.7	29978.6	16771.9	13206.7
文化办公用品类	4560.4	402.3	4158.1	4560.4	402.3	4158.1
家俱类	28.0	5.8	22.2	28.0	5.8	22.2
通讯器材类	2206.1	567.3	1638.8	2206.1	567.3	1638.8
煤炭及制品类	6293.5	6293.5		6293.5	6293.5	
木材及制品类	40.5	40.5		40.5	40.5	
石油及制品类	151361.9	130610.2	20751.7	131232.2	120452.9	10779.3
化工材料及制品类	66078.2	66076.9	1.3	26408.6	26407.3	1.3
#化肥类	47355.6	47355.6		15352.2	15352.2	
金属材料类	137188.7	136294.4	894.3	137188.7	136294.4	894.3
建筑及装潢材料类	4212.8	4162.0	50.8	4212.8	4162.0	50.8
机电产品及设备类	72984.8	61926.3	11058.5	72984.8	61926.3	11058.5
#农机类	5129.8	5129.8		5129.8	5129.8	
汽车类	28275.5	19286.9	8988.6	28275.5	19286.9	8988.6
种子饲料类	156.4	156.4		156.4	156.4	
棉麻土畜类	3294.3	3492.3		3492.3	3492.3	
其它类	14437.5	13248.6	1188.9	14436.4	13248.6	1187.8

10-12 全市、市区限额以上批发零售贸易业商品销售数量

（2003年）

指标名称	计量单位	全市			市区		
		合计	批发	零售	合计	批发	零售
粮食	吨	1956		1956	1945		1945
食用植物油	吨	2431		2431	2380		2380
食糖	吨	30315	30240	75	30313	30240	73
卷烟	万支	442857	439672	3185	218547	215401	3146
酒	吨	793	66	727	778	66	712
#白酒	吨	226	66	160	224	66	158
啤酒	吨	395		395	388		388
布	百米	110		110	110		110
各种服装	百件	11077	50	11027	9909	50	9859
其中:童装	百件	1791		1791	1651		1651
鞋	百双	4933	74	4859	4834	74	4760
照相机	台	4974		4974	4974		4974
#数码相机	台	845		845	845		845
彩色电视机	台	178748	132019	46729	178748	132019	46729
组合音响	台	410		410	410		410
摄像机	台	371		371	371		371
影碟机	台	21540	636	20904	21540	636	20904
家用电冰箱	台	33311	9676	23635	33311	9676	23635
家用洗衣机	台	31802	6742	25060	31802	6742	25060
房间空调器	台	62770	27591	35179	62770	27591	35179
微波炉	台	17379	1	17378	17372	1	17371
微型计算机	台	8075	571	7504	8075	571	7504
普通电话机	部	8924		8927	8924		8924
移动电话机	部	36492	7102	29390	36492	7102	29390
化学肥料	吨	491244	491244		174521	174521	
化学农药	吨	4091	4091		89	89	
煤炭	吨	261601	261601		261601	261601	
木材	立方米	599	599		599	599	
汽油	吨	135457	118422	17035	118012	108931	9081
煤油	吨	1175	799	376	1015	790	225
柴油	吨	244232	223425	20807	212017	208363	3654
钢材	吨	12395	12395		12395	12395	
水泥	吨	172535	172535		172535	712535	
汽车	辆	3828	2458	1370	3828	2458	1370
#轿车	辆	699	425	274	699	425	274
摩托车	辆	6001	2062	3939	6001	2062	3939
拖拉机	台	687	687		687	687	

10-13 全市限额以上批发、零售贸易企业财务状况

(2003年)

单位：万元

指标名称	单位数（个）	#亏损企业	年末资产负债			
			流动资产小计	#存货	长期投资	固定资产小计
批发、零售贸易企业总计	**73**	**31**	**188883.4**	**57272.6**	**8302.8**	**118874.3**
市　区	**63**	**31**	**178823.1**	**53897.8**	**8184.8**	**116958.6**
柳江县	**7**		**5886.4**	**1243.7**	**18.0**	**1067.7**
柳城县	**3**		**4173.9**	**2131.1**	**100.0**	**848.0**
鹿寨县						
融安县						
融水县						
三江县						
批发企业	**46**	**20**	**103376.9**	**29118.1**	**5649.6**	**47434.5**
#国有及国有控股	16	7	48759.1	11520.1	3265.9	26625.2
1.按登记注册类型分组						
内资企业	45	20	102506.4	29081.9	5649.6	47412.3
国有企业	15	7	30912.1	6701.8	1932.2	8905.9
集体企业	9	4	19381.0	2951.1	376.7	4298.3
股份合作企业	2	1	7679.7	1928.8		5271.6
有限责任公司	11	5	19134.7	7181.9	388.0	7036.4
股份有限公司	5	1	20472.0	8255.8	1333.7	18906.2
私营企业	3	2	4926.9	2062.5	1619.0	2993.9
港、澳、台商投资企业	1		870.5	36.2		22.2
2.按国民经济行业分组						
农畜产品批发业	2	1	5611.4	433.5	230.7	2666.7
食品、饮料、烟草批发业	8	3	22623.6	2380.5	2040.4	7491.4
#烟草制品批发业	3		11959.0	1304.0	706.7	2244.5
药品及医疗器械批发业	4	2	22780.3	7438.3	20.0	5236.7
矿产品、建材及化工产品批发业	17	6	30486.5	8866.7	870.7	23905.3
煤炭及制品批发业	2	1	926.1	80.8		48.3
石油及制品批发业	3	1	11094.0	5027.5		18042.9
金属及金属矿批发业	3	1	2634.5	273.0	427.0	563.0
建材批发业						
化肥批发业	8	2	14988.0	3418.5	433.7	3892.8
机械设备、五交及电子产品批发业	12	7	19441.1	9796.8	2487.8	5467.1
汽车、摩托车及零配件批发业	2	1	4416.1	1282.6	60.5	1586.9
家用电器收批发业	3	2	1286.2	243.4		50.4
其他批发业	3	1	2434.0	202.3		2667.3

10-13 续表1　　　　单位：万元

指标名称	单位数（个）	# 亏损企业	年末资产负债 流动资产小计	# 存货	长期投资	固定资产小计
零售企业	**27**	**11**	**85506.5**	**28154.5**	**2653.2**	**71439.8**
#国有及国有控股	12	1	59743.4	17645.9	1735.3	61801.7
按登记注册类型分组						
内资企业	27	11	85506.5	28154.5	2653.2	71439.8
国有企业	10	1	20899.9	7452.0	410.6	16480.3
集体企业	2	1	651.4	96.2		17.2
有限责任公司	5	4	4057.9	2579.7		1075.1
股份有限公司	3		50596	16371.3	2083.6	53499.2
私营企业	7	5	9301.0	1655.3	159.0	368.0
按国民经济行业分组						
综合零售业	8	2	54122.1	18503.2	2222.6	54893.2
百货零售业	1		12828.4	7259.0	1254.2	32371.3
超级市场零售业	6	2	40672.7	11115.6	968.4	22154.6
食品、饮料及烟草制品专门零售业	1	1	1965.8	109.7	22.0	4134.9
文化、体育及日用品器材专门零售业	4		4134.3	2278.6	0.4	4140.0
图书零售业	4		4134.3	2278.6	0.4	4140.0
医疗及医疗器材专门零售业	3	2	10937.3	4795.7	20.0	4223.3
#药品零售业	3	2	10937.3	4795.7	20.0	4223.3
汽车、摩托车、燃料及零配件零售业	3		3923.9	885.8	268.2	2740.7
# 汽车零售业	3		3923.9	885.8	268.2	2740.7
家用电器及电子产品专门零售业	6	5	9302.4	1519.7	20.0	290.7
家用电器零售业	3	3	8087.0	1377.8		110.9
计算机、软件及辅助设备零售业	2	1	908.3	127.4	20.0	177.6
通讯设备零售业	1	1	307.1	14.5		2.2
五金、家具及室内装修材料零售业	1	1	82.5	9.9		17.9
无店铺及其他零售业	1		1038.2	51.9	100.0	1002.1
按业态分组						
百货商店	2		38843.5	10193.9	1324.7	45321.4
超级市场	6	2	16099.3	8485.2	1166.1	9472.7
专业(专卖)商店	14	6	26679.9	9077.9	120.4	11692.4
其他	5	3	3883.8	397.5	42.0	4953.3

10-13 续表2

单位：万元

指标名称	年末资产负债				
	固定资产原价	累计折旧	# 本年折旧	资产合计	负债合计
批发、零售贸易企业总计	**130510.5**	**33049.2**	**6314.8**	**323966.7**	**229398.4**
市　区	**127642.2**	**31802.4**	**5989.3**	**311824.3**	**220777.8**
柳江县	**1638.9**	**865.4**	**206.2**	**6989.9**	**5052.2**
柳城县	**1229.4**	**381.4**	**119.3**	**5152.5**	**3568.4**
鹿寨县					
融安县					
融水县					
三江县					
批发企业	**60412.0**	**19066.2**	**2915.6**	**167439.8**	**116186.8**
#国有及国有控股	39232.0	13323.2	2131.3	80593.5	47351.6
1.按登记注册类型分组					
内资企业	60355.0	19031.4	2910.7	166544.7	115291.7
国有企业	12378.7	4008.5	649.1	14621.7	25769.9
集体企业	4400.8	1635.2	220.0	24283.3	23192.5
股份合作企业	4629.7	844.8	132.3	14515.9	10680.6
有限责任公司	8968.8	2404.5	298.8	33817.7	25234.0
股份有限公司	28475.7	9792.1	1551.2	42774.5	24982.3
私营企业	1501.3	346.3	59.1	9531.6	5432.4
港、澳、台商投资企业	57.0	34.8	4.9	895.1	895.1
2.按国民经济行业分组					
农畜产品批发业	2278.4	520.8	98.1	8684.3	8671.5
食品、饮料、烟草批发业	11688.6	4713.9	781.5	35469.8	26419.1
#烟草制品批发业	3583.5	1605.3	403.8	14968.5	6674.7
药品及医疗器械批发业	5458.2	1708.2	168.8	33103.1	28790.4
矿产品、建材及化工产品批发业	34075.4	10249.0	1708.2	58496.4	31060.1
煤炭及制品批发业	52.5	13.1	5.4	966.2	854.9
石油及制品批发业	26069.4	8026.5	1452.0	31905.2	10626.7
金属及金属矿批发业	887.8	325.2	41.0	3957.0	2334.9
建材批发业					
化肥批发业	5127.7	1304.5	140.6	19367.2	16494.1
机械设备、五交及电子产品批发业	4543.7	1313.9	108.9	26584.7	17112.5
汽车、摩托车及零配件批发业	1785.6	218.7		6212.4	4058.5
家用电器收批发业	128.2	77.8	11.8	1360.4	1465.4
其他批发业	2367.7	560.4	50.1	5101.5	4133.2

10-13 续表3 单位：万元

指标名称	年末资产负债				
	固定资产原价	累计折旧	# 本年折旧	资产合计	负债合计
零售企业	**70098.5**	**13983.0**	**3399.2**	**156526.9**	**113211.6**
#国有及国有控股	58623.3	11639.9	2575.8	116489.5	87323.1
按登记注册类型分组					
内资企业	70098.5	13983.0	3399.2	156526.9	113211.6
国有企业	18644.3	4432.7	1379.6	37841.3	23787.8
集体企业	45.1	27.9	1.0	669.3	554.3
有限责任公司	1687.0	611.9	268.1	5564.5	5648.0
股份有限公司	49233.6	8710.4	1738.9	102578.2	5648.0
私营企业	488.5	200.1	11.6	9873.6	2461.1
按国民经济行业分组					
综合零售业	51264.7	9395.4	2009.9	107730.1	85140.9
百货零售业	27796.0	4755.1	749.4	37388.0	27137.5
超级市场零售业	22971.0	4502.0	1260.5	69353.8	57432.0
食品、饮料及烟草制品专门零售业	5220.0	1085.1	176.4	6137.4	4523.5
文化、体育及日用品器材专门零售业	2358.0	478.8	30.9	8507.3	4154.5
图书零售业	2358.0	478.8	30.9	8507.3	4154.5
医疗及医疗器材专门零售业	4994.0	770.7	100.6	15612.2	12903.8
#药品零售业	4994.0	770.7	100.6	15612.2	12903.8
汽车、摩托车、燃料及零配件零售业	3885.4	1144.7	977.3	6701.2	3347.3
# 汽车零售业	3885.4	1144.7	977.3	6701.2	3347.3
家用电器及电子产品专门零售业	439.6	188.5	5.9	9600.4	1989.8
家用电器零售业	151.5	40.6	3.1	8197.9	1247.1
计算机、软件及辅助设备零售业	279.9	141.9	0.7	1076.5	373.2
通讯设备零售业	8.2	6.0	2.1	326.0	369.5
五金、家具及室内装修材料零售业	40.2	25.3		98.0	104.3
无店铺及其他零售业	1896.6	894.5	98.2	2140.3	1047.5
按业态分组					
百货商店	39979.0	7207.2	1196.2	78648.2	63535.3
超级市场	11087.6	2081.3	828.8	29834.1	22427.5
专业(专卖)商店	12731.5	3270.5	1184.6	39140.9	21196.4
其他	6300.4	1424.0	189.6	8903.7	6052.4

单位：万元

指 标 名 称	所有者权益合计	#实收资本	损益及分配		
			商品销售收入净额	商品销售成本	经营费用
批发、零售贸易企业总计	**94568.3**	**55350.6**	**565576.7**	**507321.9**	**26526.9**
市 区	**91046.5**	**54250.0**	**512589.9**	**457798.8**	**25215.0**
柳江县	**1937.7**	**451.6**	**41984.5**	**39672.2**	**910.8**
柳城县	**1584.1**	**649.0**	**11002.3**	**9850.9**	**404.1**
鹿寨县					
融安县					
融水县					
三江县					
批发企业	**51253.0**	**35637.5**	**377546.8**	**3446066.2**	**12925.2**
#国有及国有控股	33241.9	25344.5	211717.2	189266.4	7769.4
1.按登记注册类型分组					
内资企业	51253.0	35637.5	368034.5	336268.9	12351.0
国有企业	15851.8	6151.5	109586.3	100195.9	3156.4
集体企业	1090.8	3435.4	46581.9	45081.9	694.0
股份合作企业	3835.3	1013.7	20925.0	18846.5	969.0
有限责任公司	8583.7	3259.9	68875.0	64247.5	2434.6
股份有限公司	17792.2	20059.0	113159.5	99645.8	4834.2
私营企业	4099.2	1718.0	8906.8	8251.3	262.8
港、澳、台商投资企业			9512.3	8337.3	574.2
2.按国民经济行业分组					
农畜产品批发业	12.8	1180.2	2418.3	2344.4	65.0
食品、饮料、烟草批发业	9050.7	5114.9	55640.4	47553.5	2500.5
#烟草制品批发业	8293.8	1197.8	44438.1	37678.1	1673.3
药品及医疗器械批发业	4312.7	1362.3	68120.4	63003.5	2236.2
矿产品、建材及化工产品批发业	27436.3	21135.7	171692.3	156175.2	6116.9
煤炭及制品批发业	111.3	100.0	2979.3	2817.1	112.8
石油及制品批发业	21278.5	16381.6	107075.3	94259.1	4811.4
金属及金属矿批发业	1662.1	1580.9	8094.8	7387.8	316.8
建材批发业					
化肥批发业	2873.1	2315.9	52302.1	50502.7	852.1
机械设备、五交及电子产品批发业	9472.2	5299.8	61079.8	57405.4	1777.9
汽车、摩托车及零配件批发业	2153.9	992.2	15273.8	14843.1	212.2
家用电器收批发业	-105.0	50.0	15974.1	14537.9	917.1
其他批发业	968.3	1544.6	18595.6	18124.2	228.7

单位：万元

指标名称	所有者权益合计	#实收资本	损益及分配 商品销售收入净额	商品销售成本	经营费用
零售企业	**43315.3**	**19713.1**	**188029.9**	**162715.7**	**13601.7**
#国有及国有控股	29166.4	12755.8	113371.7	95388.3	8697.1
按登记注册类型分组					
内资企业	43315.3	19713.1	188029.9	162715.7	13601.7
国有企业	14053.5	6160.9	49195.8	40367.5	4983.1
集体企业	115.0	256.5	4683.6	4566.0	59.1
有限责任公司	-83.5	1231.5	18289.7	15937.3	1800.8
股份有限公司	21817.8	9959.9	101278.9	87950.2	6085.0
私营企业	7412.5	2104.3	14581.9	13894.7	673.7
按国民经济行业分组					
综合零售业	22589.2	10937.9	118573.6	103406.1	7394.8
百货零售业	10250.5	1928.8	32649.5	27711.3	1862.0
超级市场零售业	11921.8	8699.1	85406.1	75198.5	5512.8
食品、饮料及烟草制品专门零售业	1613.9	641.7	615.3	39.5	84.9
文化、体育及日用品器材专门零售业	4352.8	1246.6	6639.6	4777.3	1100.4
图书零售业	4352.8	1246.6	6639.6	4777.3	1100.4
医疗及医疗器材专门零售业	2708.4	1478.7	29195.9	25494.3	1900.8
#药品零售业	2708.4	1478.7	29195.9	25494.3	1900.8
汽车、摩托车、燃料及零配件零售业	3353.9	2643.5	13118.2	9943.1	2216.5
# 汽车零售业	3353.9	2643.5	13118.2	9943.1	2216.5
家用电器及电子产品专门零售业	7610.6	1959.7	13404.1	13015.4	528.8
家用电器零售业	6950.8	1487.7	10873.1	10660.4	223.7
计算机、软件及辅助设备零售业	703.3	438.5	1458.8	1377.5	98.4
通讯设备零售业	-43.5	33.5	1072.2	977.5	206.7
五金、家具及室内装修材料零售业	-6.3	151.5	283.1	260.4	36.5
无店铺及其他零售业	1092.8	653.5	6200.1	5779.6	339.0
按业态分组					
百货商店	15112.9	6594.9	64175.9	55020.8	3714.0
超级市场	7406.6	4347.3	56600.9	50320.3	3789.9
专业(专卖)商店	17944.5	7201.9	64699.7	55676.6	5811.4
其他	2851.3	1569.0	2553.4	1698.0	286.4

单位：万元

指标名称	损益及分配					
	商品销售税金及附加	商品销售利润	主营业务利润	其他业务利润	管理费用	# 税金
批发、零售贸易企业总计	**1097.1**	**30630.8**	**30801.4**	**3578.8**	**23999.4**	**668.5**
市　区	**1073.7**	**28505.4**	**28676.0**	**3452.6**	**23011.3**	**626.7**
柳江县	**12.8**	**1388.7**	**1388.7**	**86.8**	**586.4**	**19.6**
柳城县	**10.6**	**736.7**	**736.7**	**39.4**	**401.7**	**22.2**
鹿寨县						
融安县						
融水县						
三江县						
批发企业	**516.4**	**19499.0**	**19658.8**	**1450.3**	**12682.1**	**198.2**
#国有及国有控股	368.4	14313.0	14332.1	-112.6	8204.6	118.4
1.按登记注册类型分组						
内资企业	516.4	18898.2	19058.0	1446.9	12682.1	198.2
国有企业	170.4	6063.6	6082.7	586.5	5943.1	62.3
集体企业	8.0	798.0	798.0	150.0	775.4	35.3
股份合作企业	20.9	1088.6	1088.6	440.9	777.7	8.1
有限责任公司	104.8	2088.1	2228.8	879.8	2535.3	26.3
股份有限公司	200.1	8479.4	8479.4	-615.1	2357.7	56.5
私营企业	12.2	380.5	380.5	4.8	292.9	9.7
港、澳、台商投资企业		600.8	600.8	3.4		
2.按国民经济行业分组						
农畜产品批发业	3.9	5.0	5.0	115.6	184.8	5.9
食品、饮料、烟草批发业	177.8	5408.6	5408.6	1043.1	3042.7	48.6
#烟草制品批发业	120.1	4966.6	4966.6	7.6	1755.1	20.4
药品及医疗器械批发业	61.6	2819.1	2819.1	141.2	2183.1	14.6
矿产品、建材及化工产品批发业	232.0	9168.2	9308.9	-186.2	3085.9	85.7
煤炭及制品批发业	2.5	46.9	46.9	289.1	75.6	
石油及制品批发业	198.9	7805.9	7805.9	-802.9	1787.3	45.7
金属及金属矿批发业	20.3	369.9	369.9		342.4	4.6
建材批发业						
化肥批发业	9.1	938.2	1078.9	121.3	699.5	26.9
机械设备、五交及电子产品批发业	39.1	1857.4	1876.5	319.3	3940.1	38.0
汽车、摩托车及零配件批发业	8.5	210.0	210.0	101.8	2966.9	6.9
家用电器收批发业	18.5	500.6	500.6	9.3	35.7	
其他批发业	2.0	240.7	240.7	17.3	245.5	5.4

指 标 名 称	损 益 及 分 配					
	商品销售税金及附加	商品销售利润	主营业务利润	其他业务利润	管理费用	# 税金
零售企业	**580.7**	**11131.8**	**11142.6**	**2128.5**	**11317.3**	**470.3**
#国有及国有控股	497.9	8788.4	8799.2	957.1	7858.0	382.6
按登记注册类型分组						
内资企业	580.7	11131.8	11142.6	2128.5	11317.3	470.3
国有企业	264.0	3581.2	3581.2	173.3	3681.2	104.7
集体企业	2.8	55.7	55.7	9.5	134.1	5.5
有限责任公司	25.9	525.7	525.7	232.4	890.2	5.3
股份有限公司	25.9	6969.1	6979.9	1422.3	5875.0	326.1
私营企业	274.6	0.1	0.1	291.0	736.8	28.7
按国民经济行业分组						
综合零售业	294.4	7478.3	7489.1	1799.7	6649.0	356.5
百货零售业	132.0	2944.2	2944.2	635.9	2627.5	112.0
超级市场零售业	161.5	4533.3	4544.1	1120.9	3982.3	242.4
食品、饮料及烟草制品专门零售业	31.3	459.6	459.6		568.5	50.3
文化、体育及日用品器材专门零售业	19.9	742.0	742.0	53.2	991.0	27.3
体育用品零售业						
图书零售业	19.9	742.0	742.0	53.2	991.0	27.3
医疗及医疗器材专门零售业	50.2	1750.6	1750.6	57.4	2026.5	28.6
#药品零售业	50.2	1750.6	1750.6	57.4	2026.5	28.6
汽车、摩托车、燃料及零配件零售业	161.4	797.2	797.2	23.8	604.7	1.4
# 汽车零售业	161.4	797.2	797.2	23.8	604.7	1.4
家用电器及电子产品专门零售业	9.7	-149.8	-149.8	184.9	324.8	0.7
家用电器零售业	0.8	-11.8	-11.8		132.6	0.7
计算机、软件及辅助设备零售业	8.7	-25.8	-25.8	184.9	181.9	
五金、家具及室内装修材料零售业	1.5	-15.3	-15.3	9.5	86.5	5.5
无店铺及其他零售业	12.3	69.2	69.2		66.3	
按业态分组						
百货商店	233.9	5207.2	5218.0	783.8	4176.8	277.9
超级市场	66.3	2424.4	2424.4	979.2	2507.3	77.9
专业(专卖)商店	239.1	2972.6	2972.6	124.6	3661.7	54.0
其他	41.4	527.6	527.6	240.9	971.5	60.5

10-13 续表8

单位：万元

指标名称	损益及分配						
	#财产保险费	#劳动、待业保险费	财务费用	#利息支出	营业利润	补贴收入	利润总额
批发、零售贸易企业总计	**283.4**	**2494.1**	**3570.3**	**3214.0**	**25794.2**	**373.4**	**10665.9**
市 区	**266.1**	**2398.2**	**3326.5**	**2968.4**	**24944.3**	**373.4**	**9796.7**
柳江县	**9.9**	**39.3**	**147.7**	**149.0**	**564.7**		**622.8**
柳城县	**7.4**	**56.6**	**96.1**	**96.6**	**285.2**		**246.4**
鹿寨县							
融安县							
融水县							
三江县							
批发企业	**143.7**	**1334.1**	**1690.4**	**1448.0**	**24146.9**	**219.3**	**8711.2**
#国有及国有控股	57.4	707.4	601.8	573.3	23799.0	219.3	8256.7
1.按登记注册类型分组							
内资企业	143.7	1334.1	1690.9	1448.0	24116.8	219.3	8681.1
国有企业	28.6	515.7	130.4	97.6	18890.6	219.3	3251.0
集体企业	13.1	168.6	379.9	380.2	34.6		25.1
股份合作企业	14.1	134.3	263.1	152.3	188.8		199.1
有限责任公司	59.1	319.4	393.5	291.8	12.4		15.0
股份有限公司	59.1	319.4	393.5	291.8	12.4		15.0
私营企业	28.8	191.9	522.7	525.0	92.1		90.5
港、澳、台商投资企业			-0.5		30.1		30.1
2.按国民经济行业分组							
农畜产品批发业	4.2	97.8	126.9	126.9	44.7		-3.1
食品、饮料、烟草批发业	44.4	544.1	638.5	639.6	2770.5	217.0	3045.9
#烟草制品批发业	22.5	356.9	-48.7	-44.8	3267.7	217.0	3282.8
药品及医疗器械批发业	44.2	321.3	380.5	272.7	96.7		91.7
矿产品、建材及化工产品批发业	43.3	218.0	407.6	388.0	5225.7		5374.0
煤炭及制品批发业		1.1	12.3	14.7	18.5		6.0
石油及制品批发业	24.7	74.1	-31.9	-29.2	5247.7		5246.5
金属及金属矿批发业		47.1	13.2	16.4	13.8		2.2
建材批发业							
化肥批发业	16.9	65.6	385.2	382.6	-54.3		121.6
机械设备、五交及电子产品批发业	6.3	124.2	99.9	-16.2	16034.0	2.3	194.3
汽车、摩托车及零配件批发业		35.1	7.3	4.4	15812.7		76.0
家用电器收批发业	1.9	3.1	2.0	-97.7	-5.0		-99.4
其他批发业	1.3	28.7	37.0	37.0	-24.7		8.4

单位：万元

指标名称	损益及分配						
	# 财产保险费	#劳动、待业保险费	财务费用	# 利息支出	营业利润	补贴收入	利润总额
零售企业	**139.7**	**1160.0**	**1879.9**	**1766.0**	**1647.3**	**154.1**	**1954.7**
#国有及国有控股	132.4	1009.7	1576.1	1480.5	1895.5	154.1	2311.9
按登记注册类型分组							
内资企业	139.7	1160.0	1879.9	1766.0	1647.3	154.1	1954.7
国有企业	9.7	211.0	346.6	346.8	1301.4		369.4
集体企业	0.3	4.3	0.1	0.3	-69.0		-69.0
有限责任公司		28.9	23.1	19.2	-155.1		-200.6
股份有限公司	122.7	893.0	1545.8	1444.6	980.0	154.1	2283.0
私营企业	7.0	22.8	-35.7	-44.8	-410.0		-428.1
按国民经济行业分组							
综合零售业	122.7	912.5	1556.6	1448.6	1081.9	154.1	154.1
百货零售业	65.2	610.4	798.1	732.1	153.1	154.1	2375.5
超级市场零售业	57.5	296.2	752.9	711.0	929.9		868.6
食品、饮料及烟草制品专门零售业	3.9	81.7	126.1	126.1	-232.6		-176.1
文化、体育及日用品器材专门零售业	2.1	71.6	-0.7	-1.7	-195.2		382.3
图书零售业	2.1	71.6	-0.7	-1.7	-195.2		382.3
医疗及医疗器材专门零售业		-28.4	193.0	193.2	1160.5		-438.7
#药品零售业		-28.4	193.0	193.2	1160.5		-438.7
汽车、摩托车、燃料及零配件零售业	3.7	109.5	46.4	47.5	170.0		167.3
# 汽车零售业	3.7	109.5	46.4	47.5	170.0		167.3
家用电器及电子产品专门零售业	7.0	9.2	-44.2	-49.8	-245.2		-263.5
家用电器零售业	7.0	1.1	-41.0	-46.4	-103.0		-103.5
计算机、软件及辅助设备零售业		8.1	-3.2	-3.4	-19.7		-37.5
通讯设备零售业					-122.5		-122.5
五金、家具及室内装修材料零售业	0.3	2.0	0.4	0.3	-92.7		-92.7
无店铺及其他零售业		1.9	2.3	1.8	0.6		0.6
按业态分组							
百货商店	122.7	798.7	1229.5	1133.8	594.1	154.1	1942.5
超级市场	3.7	110.1	370.8	356.8	525.6		465.5
专业(专卖)商店	9.1	136.3	150.3	146.5	857.5		-158.4
其他	4.2	114.9	129.3	128.9	-329.9		-294.9

单位：万元

指标名称	工资福利费及增值税				
	本年应付工资总额	本年应付福利费总额	本年应交增值税	本年进项税额	本年销项税额
批发、零售贸易企业总计	**9320.0**	**2601.1**	**6307.2**	**67875.4**	**79286.8**
市　区	**8923.7**	**2506.7**	**6006.9**	**65923.2**	**77039.9**
柳江县	**264.9**	**71.5**	**167.6**	**1171.0**	**1334.4**
柳城县	**131.4**	**22.9**	**132.7**	**781.2**	**912.5**
鹿寨县					
融安县					
融水县					
三江县					
批发企业	**2797.9**	**1411.1**	**3621.3**	**41590.6**	**50639.1**
#国有及国有控股	1055.4	1089.3	2740.0	26046.0	33494.9
1.按登记注册类型分组					
内资企业	2658.2	1399.6	3539.3	40171.3	49137.2
国有企业	762.5	1045.6	576.3	9189.4	14489.2
集体企业	438.1	70.3	35.6	626.1	663.3
股份合作企业	162.3	22.9	213.4	3015.3	3208.1
有限责任公司	822.9	196.0	488.8	8950.7	10270.3
股份有限公司	334.9	45.6	2165.8	16884.2	19031.2
私营企业	137.5	19.2	59.4	1505.6	1475.1
港、澳、台商投资企业	139.7	11.5	82.0	1419.3	1501.9
2.按国民经济行业分组					
农畜产品批发业	184.7	21.3	15.5	490.8	506.3
食品、饮料、烟草批发业	648.8	1078.7	407.3	4076.3	9051.9
#烟草制品批发业	121.8	1007.4	363.3	2549.6	7554.6
药品及医疗器械批发业	450.2	78.8	534.4	11062.6	11574.2
矿产品、建材及化工产品批发业	553.8	160.1	2338.6	17462.4	20589.7
煤炭及制品批发业	109.0	15.2	98.2	815.2	859.3
石油及制品批发业	6.9	67.1	2131.4	15215.3	18179.9
金属及金属矿批发业	190.2	17.0	95.4	1236.6	1345.8
建材批发业					
化肥批发业	231.0	58.5	2.1	27.6	25.5
机械设备、五交及电子产品批发业	790.6	95.1	325.5	8498.5	8917.0
汽车、摩托车及零配件批发业	73.7	10.3	-5.6	2494.3	2596.6
家用电器收批发业	210.8	17.6	168.7	2425.4	2594.7
其他批发业	169.8	-22.9			

10-13 续表11

单位：万元

指 标 名 称	工资福利费及增值税				
	本年应付工资总额	本年应付福利费总额	本年应交增值税	本年进项税额	本年销项税额
零售企业	**6522.1**	**1190.0**	**2685.9**	**26284.8**	**28647.7**
#国有及国有控股	4413.9	948.1	1934.3	15352.6	17232.4
按登记注册类型分组					
内资企业	6522.1	1190.0	2685.9	26284.8	28647.7
国有企业	2055.5	610.7	568.3	5997.3	7134.1
集体企业	20.9	3.1	15.7	91.4	106.2
有限责任公司	900.7	83.0	257.8	2556.2	2707.8
股份有限公司	3157.5	449.3	1772.5	15261.4	16275.5
私营企业					
按国民经济行业分组					
综合零售业	3740.4	512.6	1960.7	17959.1	19132.5
百货零售业	1393.3	195.0	800.9	4589.1	5222.2
超级市场零售业	2315.0	313.6	1149.1	13277.9	13818.3
食品、饮料及烟草制品专门零售业	155.6	21.4		3.3	5.0
文化、体育及日用品器材专门零售业	677.9	97.7	200.1	676.0	881.9
图书零售业	677.9	97.7	200.1	676.0	881.9
医疗及医疗器材专门零售业	1495.0	166.0	347.1	4105.0	4407.8
#药品零售业	1495.0	166.0	347.1	4105.0	4407.8
汽车、摩托车、燃料及零配件零售业	89.3	333.8	15.8	474.3	996.8
# 汽车零售业	89.3	333.8	15.8	474.3	996.8
家用电器及电子产品专门零售业	245.1	42.0	43.4	2329.1	2366.9
家用电器零售业	98.9	22.7	12.9	1830.5	1848.6
计算机、软件及辅助设备零售业	87.9	11.5	24.7	239.0	252.9
通讯设备零售业	58.3	7.8	5.8	259.6	265.4
五金、家具及室内装修材料零售业	6.6	0.8	5.5	45.9	51.4
无店铺及其他零售业	112.2	15.7	113.3	692.1	805.4
按业态分组					
百货商店	2358.4	337.4	1366.0	9355.3	10098.3
超级市场	1349.9	211.9	589.6	8523.7	9404.8
专业(专卖)商店	2513.4	599.7	673.0	8133.4	8834.8
其他	300.4	41.0	57.3	272.4	309.8

10-14 全市餐饮业销售情况

(2003年)

单位：万元

指标名称	法人企业（个）	产业活动单位（个）	从业人员（人）	营业总收入	# 商品零售额
总　计				**115783.3**	**115341.7**
#限额以上	**6**	**24**	**4216**	**14653.1**	**14478.8**
市　区	**5**	**23**	**4163**	**14437.1**	**14262.8**
柳江县	**1**	**1**	**53**	**216.0**	**216.0**
柳城县					
鹿寨县					
融安县					
融水县					
三江县					
按登记注册类型分组					
内资企业	6	23	4121	13323.3	13149.0
国有企业	1	5	859	4067.4	4060.8
集体企业		4	605	1454.8	1287.1
股份合作企业	2	2	156	516.4	516.4
有限责任公司		5	1547	3889.3	3889.3
股份有限公司	2	3	302	1242.9	1242.9
私营企业	1	4	652	2152.5	2152.5
港、澳、台商投资企业					
外商投资企业		1	95	1329.8	1329.8
按国民经济行业分组					
正餐服务业	6	23	4121	13323.3	13149.0
快餐服务业					
其他		1	95	1329.8	1329.8
#限额以下				**101130.2**	**100862.9**
市　区				**73913.5**	**73893.5**
柳江县				**6067.8**	**6067.8**
柳城县				**6095.0**	**6095.0**
鹿寨县				**8050.0**	**8050.0**
融安县				**3404.0**	**3404.0**
融水县				**3564.3**	**3477.7**
三江县				**4480.6**	**4319.9**

10-15 全市限额以上餐饮企业财务状况

（2003年）　　　　单位：万元

指标名称	企业数（个）	#亏损企业（个）	年末资产负债 流动资产小计	#存货
总　计	**6**	**3**	**1943.5**	**185.1**
#国有及国有控股	1	1	142.7	16.0
市　区	**5**	**2**	**1921.5**	**182.8**
柳江县	**1**	**1**	**22.0**	**2.3**
柳城县				
鹿寨县				
融安县				
融水县				
三江县				
按登记注册类型分组				
内资企业	6	3	1943.5	185.1
国有企业	1	1	142.7	16.0
股份合作公司	2	1	322.6	92.1
股份有限公司	2	1	87.7	14.4
私营企业	1		1390.5	62.6
按国民经济行业分组				
正餐	6	3	1943.5	185.1

10-15 续表1

指标名称	年末资产负债 固定资产小计	固定资产原价	累计折旧	#本年折旧
总　计	**3949.7**	**4789.2**	**1338.2**	**95.6**
#国有及国有控股				
市　区	**3682.0**	**4346.4**	**1163.1**	**81.3**
柳江县	**267.7**	**442.8**	**175.1**	**14.3**
柳城县				
鹿寨县				
融安县				
融水县				
三江县				
按登记注册类型分组				
内资企业	3949.7	4789.2	1338.2	95.6
国有企业				
股份合作公司	861.7	1060.6	264.0	23.2
股份有限公司	714.0	801.5	323.0	55.5
私营企业	2374.0	2927.1	751.2	16.9
按国民经济行业分组				
正餐	3949.7	4789.2	1338.2	95.6

10-15 续表2

单位：万元

指标名称	损益及分配				
	长期投资	资产合计	负债合计	所有者权益	#实收资本
总　计	**5.3**	**6556.2**	**5309.0**	**1247.2**	**1224.7**
#国有及国有控股		142.7	139.8	2.9	2.9
市　区	**5.3**	**6266.5**	**5238.9**	**1027.6**	**1139.4**
柳江县		**289.7**	**70.1**	**219.6**	**85.3**
柳城县					
鹿寨县					
融安县					
融水县					
三江县					
按登记注册类型分组					
内资企业	5.3	6556.2	5309.0	1247.2	1224.7
国有企业		142.7	139.8	2.9	2.9
股份合作公司	0.3	1370.8	536.8	834.0	605.9
股份有限公司		805.0	906.5	-101.5	
私营企业	5.0	4237.7	3725.9	511.8	615.9
按国民经济行业分组					
正餐	5.3	6556.2	5309.0	1247.2	1224.7

10-15 续表3

指标名称	损益及分配			
	营灶收入	营业成本	营业费用	营业税金及附加
总　计	**4065.3**	**2105.8**	**1225.8**	**144.5**
#国有及国有控股	651.7	360.5	250.9	29.8
市　区	**3846.1**	**1995.3**	**1145.3**	**134.4**
柳江县	**219.2**	**110.5**	**80.5**	**10.5**
柳城县				
鹿寨县				
融安县				
融水县				
三江县				
按登记注册类型分组				
内资企业	4065.3	2105.8	1225.8	144.5
国有企业	651.7	360.5	250.9	29.8
股份合作公司	519.6	290.7	151.2	17.7
股份有限公司	1120.8	589.0	338.0	48.1
私营企业	1773.2	865.6	485.7	48.9
按国民经济行业分组				
正餐	4065.3	2105.8	1225.8	144.5

10-16 全市住宿业经营情况

(2003年)

指标名称	单位数(个)	客房数(间)	床位总数(张)	年接待旅客住宿人数(人天)	#接待境外旅客人数(人天)
总计	**683**	**13690**	**26954**	**3068424**	**26082**
按经济类型分					
国有单位	50	1896	4150	405071	3071
集体单位	61	2033	3798	479817	1032
股份合作单位	4	161	322	23841	
有限责任单位	17	805	1663	246521	826
股份有限单位	3	340	620	45610	30
私营单位	9	333	565	93220	6
个体旅馆业	539	8122	15836	1774344	21117
按单位类型分组					
宾馆或饭店	48	2664	5429	706064	4107
旅馆	568	9027	17467	1998484	21125
招待所	61	1825	3655	337282	50
疗养院	1	44	70	3100	
培训中心或会议中心	2	115	308	23154	800
其他	3	15	25	340	

10-16 续表

指标名称	营业收入(万元)	营业税金及附加(万元)	利润总额(万元)	固定资产原价(万元)	年末从业人员(人)
总计	**9650**	**1569.1**	**1323.5**	**35304.1**	**4890**
按经济类型分					
国有单位	2662.3	1024.3	-119.5	8374.8	824
集体单位	1636	136.8	129	5329.1	1135
股份合作单位	582.4	11.3	23	757	47
有限责任单位	1061.7	45.3			
股份有限单位	246	2.6	115.9	3614.7	376
私营单位	370.7	18.3	19	1050	52
个体旅馆业	3090.9	330.5	44.8	1375.2	136
按单位类型分组			1111.3	14803.3	2320
宾馆或饭店	4662.1	1102.7	38.3	13922.8	1474
旅馆	3704.4	379.1	1186.8	17453.1	2671
招待所	1052.2	68.7	84	3532.6	636
疗养院	32		-9		15
培训中心或会议中心	195	18.6	22.8	349.6	82
其他	4.3		0.6	46	12

10-17　全市外国和港澳台地区在华直接投资

(2003年)

指　标　名　称	新签协议		客商实际投资(万美元)			期末实有企业(个)		
	合同个数(个)	客商投资(万美元)	合　计	现　金	其他		#建成投产开业	#本期新增企业
合　　计	**18**	**2610**	**5596**	**5596**		**155**	**104**	
按投资方式分								
中外合资经营企业	9	1447	1516	1516		88	59	
中外合作经营企业	1	362	960	960		14	9	
外资企业	8	801	3120	3120		52	35	
按国民经济行业分								
农、林、牧、渔业						1	1	
采掘业								
制造业	11	1531	2099	2099		105	68	
电力、煤气及水的生产和供应业								
建筑业			960	960		3	2	
地质勘查业、水利管理业								
交通运输、仓储及邮电通讯业								
批发零售贸易、餐饮业						5	5	
房地产业	4	458	2505	2505		18	9	
社会服务业						5	3	
卫生、体育和社会福利业	2	259	26	26		5	4	
教育.文化艺术及广播电影电视业			6	6				
科学研究和综合技术服务业						13	12	
其他行业	1	362						
按投资国别、地区分								
亚洲	9	1596	5021	5021				
#香港								
澳门								
台湾								
日本								
新加坡								
韩国								
泰国								
欧洲								
#比利时								
英国								
德国								
法国								
意大利								
拉丁美洲	3	537	176	176				
北美洲	3	315	399	399				
#加拿大								
美国								
大洋洲	3	162						
#澳大利亚								
新西兰								

10-18 国际旅游收入

(2003年) 单位：万元

指标名称	合计	饭店、宾馆	指标名称	合计	饭店、宾馆
合　计	**574.50**	**405.71**	长途交通费	22.95	
商品性收入	131.70	94.54	铁道	6.25	
商品销售收入	37.24	7.54	公路	14.33	
饮食销售收入	94.46	87.00	市内交通费	0.27	
劳务性收入	442.80	311.17	邮政电讯费	10.23	7.62
旅行社旅游业务费收入	36.97		文化娱乐费	29.38	3.75
宿费	317.83	293.12	其他	25.17	6.68

10-19 接待过夜旅游人数

(2003年) 单位：人

指标名称	人数	人天数	指标名称	人数	人天数
国际旅游人数合计	**12973**	**27638**	马来西亚	181	382
港澳同胞	3841	5378	美国	819	1911
台湾同胞	2016	4983	加拿大	238	586
华　侨	101	203	英国	465	1135
外国人	7015	17074	法国	615	1068
#日本	1046	2471	德国	387	986
韩国	347	1147	意大利	176	339
新加坡	143	311	荷兰	558	1079
泰国	123	221	澳大利亚	269	583
越南	316	520	新西兰	67	133
印度尼西亚	44	82	其他		

10-20 居民消费价格总指数

（2003年、以上年为100）

单位 %

指标名称	指数
居民消费价格总指数	**100.6**
食品	**102.9**
粮食	108.8
淀粉及薯类	94.8
干豆类及豆制品	106.2
油脂类	109.2
肉禽及其制品	103.4
蛋类	93.8
水产品类	103.5
菜类	107.1
鲜菜	
干菜及其制品	
调味品	99.8
糖类	106.0
食糖	
糖果	
茶及饮料	96.4
茶叶	
饮料	
干鲜瓜果类	101.5
鲜果	
干（坚）果及瓜果制品	
糕点饼干面包	101.8
奶及奶制品	98.0
在外用膳食品	99.4
主食	
炒菜	
地方小吃	
其它食品及食品加工服务	98.0
烟酒及用品	**100.1**
烟草	98.0
酒	102.7
吸烟饮酒用品	101.1
衣着类	**103.6**
服装	99.7
男式服装	
女式服装	
儿童服装	
衣着材料	90.7
鞋袜帽	100.5
鞋类	
袜子	
帽子	
衣着加工服务	94.1
家庭设备用品及维修服务	**92.4**
耐用消费品	89.6
家具	
家庭设备	
室内装饰品	106.2
床上用品	98.7
家庭日用杂品	95.7
家庭服装及加工维修服务	91.2
医疗保健和个人用品	**105.0**
医疗保健	106.4
医疗器具及用品	
中药材及中成药	
西药	
保健器具及用品	
医疗保健服务	
个人用品及服务	101.7
交通和通讯	**93.9**
交通	98.3
交通工具	
车用燃料及零配件	
车辆使用及维修	
市区公共交通	
城市间交通	
通信	89.9
通信工具	
通信服务	
娱乐教育文化用品及服务	**98.9**
娱乐用耐用消费品及服务	82.6
教育	107.5
教材及参考书	
学杂托幼费	
文化娱乐用品	102.3
文化娱乐	
书报杂志	
文娱费	
旅游及外出	100.2
居住	**102.3**
建房及装修材料	97.7
租房	100.0
自有住房	98.3
水、电、燃料	107.6

服务业及行政事业单位 11

11-1 全市服务业财务状况（行政单位）

（2003年）

单位：万元

指标名称	单位数（个）	从业人员数（人）	本年收入合计		本年经费支出					
				事业收入	合计	人员支出				
						合计	基本工资	津贴	奖金	福利费
总计	1129	20564	126687.6	8700.1	100216.6	43236.8	16510.6	13453.9	5100.1	1709.3
按国民经济行业分组										
商务服务业	1	13	73.3		73.3	16.9	5.9	6.4	1.2	0.1
专业技术服务业	1	8	30.4	12.5	30.4	13.0	6.0	0.1	0.5	
环境管理业	2	51	261.3		217.1	172.8	42.8	40.1	15.4	1.1
教育	1	44	122.2	35.0	61.7	51.3	35.7	7.1	3.1	1.5
卫生	1	6	16.5		14.9	11.5	5.0	2.8	2.0	0.6
社会福利业	1	11	16.5	2.4	14.9	13.0	8.2	3.7	0.9	0.2
中国共产党机关	92	908	6109.0	20.5	6095.8	2027.1	800.0	701.7	249.5	12.9
国家机构	1003	19265	118435.7	8541.7	92267.4	40340.4	15349.8	12545.4	4783.2	1685.7
人民政协和民主党派	10	91	390.9		337.1	172.7	97.8	41.9	13.8	1.9
群众团体社会团体和宗教组织	17	167	1231.8	88.1	1104.0	418.2	159.5	104.6	30.5	5.4

单位：万元

指标名称	本年经费支出									
			个人和家庭补助			日常公用支出				
	社会保险	其他		医疗费	助学金		劳务费	取暖费	差旅费	会议费
总　计	1395.7	5067.2	9495.4	409.8	103.6	36652.4	652.0	285.7	1564.5	1163.7
按国民经济行业分组										
商务服务业	1.7	1.6	0.6			7.4	0.1		0.7	
专业技术服务业	0.5	5.9	5.6	0.7		11.8	0.3	0.1	0.6	
环境管理业	9.5	63.9	10.7	1.4	0.5	27.2		1.0	0.2	0.3
教育	2.5	1.4	2.7			4.0		0.3		
卫生		1.1				3.4			0.6	0.1
社会福利业						1.9			0.1	0.8
中国共产党机关	125.4	137.6	567.2	6.2		2909.4	15.3	5.1	173.1	118.3
国家机构	1215	4761.3	8760.5	391.8	103.1	33026.2	631.6	267.7	1364.8	993.6
人民政协和民主党派	13.5	3.8	41.9			114.6	0.3	8.4	11.8	27.7
群众团体社会团体和宗教组织	27.6	90.6	106.2	9.7		546.5	4.4	3.0	12.6	23

11-1续表2

单位：万元

指 标 名 称	固定资产购建和大修理支出	税金及附加	预算外支出	#人员支出	专用基金支出	#人员支出	专项资金支出	#人员支出	年末固定资产原值	累计折旧
总 计	10716.5	83.5	7796.3	1342.7	679.0	62.2	18581.0	911.9	161745.5	1289.3
按国民经济行业分组										
商务服务业	48.4						179.1	5.7	25.9	
专业技术服务业									36.6	
环境管理业	6.4						45.0	34.2	158.4	
教育	3.7		35.4	22.5					102.1	
卫生			4.3	2.0					17.0	
社会福利业		0.2	1.4							
中国共产党机关	592.1	11.6					11.7		4272.0	9.3
国家机构	10030.0	68.8	7711.4	1316.2	679.0	62.2	18196.1	872.0	156047.3	1266.1
人民政协和民主党派	7.9						4.8		375.2	4.9
群众团体社会团体和宗教组织	28.0	2.9	43.8	2.0			144.3		710.9	9.0

11-2 全市服务业财务状况（事业单位）

（2003年）

单位：万元

指标名称	单位数（个）	从业人员数（人）	本年收入合计	事业收入	本年经费支出					
					合计	人员支出				
						合计	基本工资	津贴	奖金	福利费
总　计	2050	60166	272190	146878.5	251243.6	108462.7	48078.7	22607.7	9739.2	3170.1
按国民经济行业分组										
广播电视卫星传输服务业	37	206	729.9	331.5	769.3	299.8	176.3	64.8	16.4	1.8
商务服务业	69	1000	15050.5	13645.3	6205.5	3108.9	962.1	385.1	172.2	837.1
研究与试验发展	13	356	2337.1	1027.6	2354.2	784.7	355.2	218.3	68.5	35.3
专业技术服务业	44	1287	5443.6	2598.8	5133.5	2511.2	946.7	541.6	172.1	81.3
科技交流和推广服务业	38	422	9857.0	342.1	1680.5	1029.8	638.0	159.2	85.1	17.0
地质勘查业	1	243	2235.0		2221.8	728.4	354.3	58.9	4.5	21.4
水利管理业	37	558	1122.8	265.5	948.4	686.4	282.5	159.0	57.5	44.3
环境管理业	13	1910	6810.4	1466.5	5821.9	4083.6	1320.3	753.1	427.3	161.4
公共设施管理业	26	1407	6791.3	2610.0	6259.3	3864.4	1116.3	349.4	257.7	110.3
居民服务业	5	149	2077.7	1961.4	1422.7	452.6	88.4	74.5	145.8	36.2
其他服务业	1	7	36.6		32.7	27.7	8.0	4.9	2.1	0.7
教育	1214	36547	98783.4	32776.1	89800.7	56954.6	28794.6	13075.9	3525.3	1049.6
卫生	247	11421	95696.9	83869.9	110533.4	25306.3	9486.9	4582.0	4231.7	509.9
社会保障业	18	331	3398.8	353.6	1466.6	547.2	204.2	150.5	64.3	1.9
社会福利业	16	198	1242.0	85.5	1353.8	487.4	166.9	135.6	63.5	6.7
新闻出版业	2	44	258.5	76.9	250.0	67.8	29.3	7.8	1.5	1.6
广播、电视、电影和音像业	7	526	5558.9	2762.3	4913.3	1295.8	379.8	282.8	88.3	106.1
文化艺术业	58	901	3143.0	721.5	2651.8	1668.7	871.5	416.2	87.9	17
体育	5	65	298.0	22.3	295.0	144.9	68.4	33.1	14.3	5.7
娱乐业	1	7	127.2	113.9	153.7	23.1	5.6	3.7	2.8	1.2
国家机构	189	2477	10665.1	1459	6467.2	4117.3	1729.6	1070.6	223.8	89.6
群众团体社会团体和宗教组织	9	104	526.6	388.8	508.6	272.2	94.0	81.0	26.8	33.9

11-2续表1 单位：万元

指标名称	本年经费支出									
			个人和家庭补助			日常公用支出				
	社会保险	其他		医疗费	助学金		劳务费	取暖费	差旅费	会议费
总　　计	7504.2	17362.9	21700.0	853.8	1409.1	88904.7	4377.9	312.8	1960.4	585.3
按国民经济行业分组										
广播电视卫星传输服务业	13.2	27.4	39.4		0.1	342.0	12.3	3.1	5.3	1.3
商务服务业	316.4	436.2	633.4	15.8	27.9	1523.2	144.7	12.2	42.4	31.3
研究与试验发展	62.0	45.5	238.4			1085.3	282.0	0.1	100.5	2.6
专业技术服务业	226.0	543.4	324.2	17.3	0.3	1897.5	309.9	8.7	287.8	16.6
科技交流和推广服务业	83.6	46.9	113.6	3.2		438.7	6.2	0.4	9.9	1.0
地质勘查业	74.3	215.0	1215.6			269.4		1.4	4.1	0.5
水利管理业	82.7	60.4	93.2	3.8	6.5	149.0	12.2	5.2	23.8	6.9
环境管理业	243.7	1177.5	394.7	14.9	5.3	934.7	7.6	24.8	46.0	12.2
公共设施管理业	239.3	1791.4	625.6	33.3	2.4	1317.1	89.4	5.9	75.0	12.5
居民服务业	25.3	82.4	81.4	11.3	1.6	674.0	11.0	4.5	24.0	38.4
其他服务业	2.5	9.5	2.9			2.1		0.1	0.9	0.9
教育	3516.8	6992.7	11531.3	441.4	1354.4	15792.3	893.0	91.3	791.4	169.9
卫生	1370.2	5125.9	4726.4	122.7	5.1	57641.6	1754.0	130.0	303.1	182.4
社会保障业	41.8	84.5	83.7	30.2		648.0	6.2	1.6	19.0	5.3
社会福利业	72.8	41.9	411.0	3.0		373.4	0.7	1.8	8.7	6.1
新闻出版业	5.5	22.1	26.0			156.2	23.8	0.4	3.8	1.5
广播、电视、电影和音像业	111.5	327.4	141.2	15.0		3142.7	673.4	2.1	89.6	30.0
文化艺术业	99.6	176.6	345.4	19.5	1.3	542.0	27.2	7.6	19.9	9.3
体育	15.5	7.9	43.1	0.7		84.4	1.6	0.8	0.4	
娱乐业	3.9	5.9	0.6			130.0	0.1		1.2	0.8
国家机构	873.9	129.8	618.7	121.5	4.0	1536.7	101.5	7.1	92.2	44.1
群众团体社会团体和宗教组织	24.1	12.4	10.4	0.3		224.5	21.1	3.9	11.5	11.8

11-2续表2

单位：万元

指 标 名 称	固定资产购建和大修理支出	税金及附加	预算外支出	#人员支出	专用基金支出	#人员支出	专项资金支出	#人员支出	年末固定资产原值	累计折旧
总　　计	32151	1348.0	32156.3	10914.6	3969.5	513.1	7850.0	951.9	308099	4919.8
按国民经济行业分组										
广播电视卫星传输服务业	88.0	6.5	377.7	9.9	0.4		16.9	1.8	1275.1	19.9
商务服务业	940.1	223.1	658.6	314.1	410.5	51.4	184.4	37.1	10322.1	475.4
研究与试验发展	245.8	34.2	213.7		19.9		112.1		1745.6	4.5
专业技术服务业	400.7	63.0	797.3	319.9	27.4	18.8	194.7	2.2	4789.8	8.6
科技交流和推广服务业	98.4	17.3	10.4	6.6	2.3		276.3	0.5	1513.0	1.5
地质勘查业	8.4								576.8	225.6
水利管理业	19.8	15.7	55.8	11.0	31.7	31.4	355.2	39.0	4938.5	98.8
环境管理业	383.9	23.7	379.4	236.5			61.3	6.0	6151.5	0.7
公共设施管理业	452.3	312.3	974.8	396.1	10.0	8.6	696.6	173.6	9121.6	1331.5
居民服务业	214.7	2.9	145.7	38.9	118.3	0.3	73.3		2636.2	11.2
其他服务业		0.1							5.6	
教育	5522.3	297.3	22501.9	6882.6	561.8	78.1	3314.8	636.8	144684.4	2107.8
卫生	22859	216.6	4884.0	2514.0	2178.6	148.6	481.0	15.8	82932.4	260.9
社会保障业	187.8	4.7	147.8	50.4	180.0		178.1	21.1	2749.9	56.6
社会福利业	82.0	0.1	104.5	63.8			31.0	2.0	1196.8	
新闻出版业		3.5	87.6	1.8	3.4				100.0	
广播、电视、电影和音像业	333.6	23.0	254.2		22.0	9.6	492.0		13211.0	
文化艺术业	95.7	72.1	46.3	16.7	2.0		526.0	4.7	4860.5	142.9
体育	22.6	10.3			3.4	3.4	21.0		558.8	
娱乐业									193.6	51.1
国家机构	194.4	15.3	492.2	37.9	387.0	155.4	828.8	11.3	8880.7	112.0
群众团体社会团体和宗教组织	1.5	6.5	24.5	14.6	10.8	7.5	6.5		5655.2	10.7

11-3 全市服务企业和企业化管理的事业单位财务状况

（2003年）

单位：万元

指标名称	单位数(个)	从业人员数(人)	资产总计								
			合计	流动资产合计	存货	长期投资合计	固定资产合计	固定资产原值	生产经营	累计折旧	本年折旧
总　计	57	2278	37646.3	11859.8	1261.7	2286.8	19144	23684.2	4301.6	5903.1	382.2
按国民经济行业分组											
软件业	1	2	24.5	20.5	11.7		4.0	5.6		1.6	
商务服务业	20	1027	24078	8429.7	961.8	2118.8	9837.0	12528.6	637.9	3100.6	257.1
专业技术服务业	5	247	1275.9	772.2	190.3	17.0	271.0	911.9	820.1	640.8	44.9
科技交流和推广服务业	1	5	101.6	43.1		58.5					
居民服务业	6	98	1296.6	643.8	27.0	13.2	564.6	326.5	205.7	84.0	6.4
其他服务业	2	304	441.2	318.1	49.4	5.0	118.1	233.5		116.9	
教育	1	60	397.8	77.7			260.7	430.8	430.8	170.1	22.9
广播、电视、电影和音像业	16	476	8974.1	1108.8	21.3	5.0	7610.1	8550.5	2004.9	1570.9	47.4
娱乐业	4	43	595.5	127.3	0.2	52.2	415.7	603.1	202.3	187.4	3.5
群众团体社会团体和宗教组织	1	16	461.5	318.6		17.1	62.8	93.7		30.9	

11-3续表1 单位：万元

指标名称	无形及递延资产合计	无形资产	负债合计	流动负债合计	长期负债合计	合计	实收资本	国家资本	集体资本	法人资本	个人资本
总　计	3351.9	2520.4	15146.4	12493.7	2785.1	22871.7	12029.9	3259.0	2632.0	2230.5	218.0
按国民经济行业分组											
软件业			19.5	19.5		5.1	30.1				
商务服务业	2785.4	2270.8	9728.1	7775.5	1952.5	14540.4	5195.0	512.0	2365.7	2230.5	59.4
专业技术服务业	215.5	208.8	1438.6	1375.9	27.7	-162.8	2257.5	52.6			50.0
科技交流和推广服务业			91.1	43.1	48.0	10.5	20.0				
居民服务业	75.0		810.4	651.1	159.3	486.2	295.8	102.8			100.0
其他服务业			325.3	325.3		115.9	157.7	156.0	1.7		
教育	59.4	40.8	18.1	18.1		379.7	389.6				
广播、电视、电影和音像业	216.6		2088.2	1807.2	448.4	7067	2511.2	2403.5			
娱乐业			219.8	219.8		375.5	1118.8	32.1	215.0		4.0
群众、社会团体和宗教组织			407.3	258.1	149.2	54.2	54.2		49.6		4.6

单位：万元

指标名称	外商资本	主营业务收入	主营业务成本	营业费用	主营业务税金及附加	主营业务利润	管理费用	税金	财产保险费	劳动、待业保险费	工会经费
总　计	1029.5	21824	16331	842.6	621.8	3261.4	4369.9	53.9	5.0	643.6	35.3
按国民经济行业分组											
软件业		3.6	1.6		0.2	1.8	4.1			0.3	
商务服务业	-227.8	16557	12753	296.2	327.1	2688.4	2811.5	4.5	4.3	414.7	20.4
专业技术服务业		3033.5	2385.4	40.6	164.3	443.1	646.7	2.9		76.9	5.9
科技交流和推广服务业		24.5			1.3		37.2	2.5			
居民服务业		644.7	456.0	94.9	41.1	52.7	119.1	9.1		30.2	1.3
其他服务业		772.5	563.0	9.8	43.1		186.5			10.2	4.9
教育	389.6	182.6	31.6	87.5		63.5	59.5		0.2	6.4	
广播、电视、电影和音像业		492.4	129.4	264.1	30.8	-24.8	428.9	34.7		78.6	2.9
娱乐业	867.7	113.2	11.4	49.6	14.0	36.7	37.2				
群众、社会团体和宗教组织							39.2	0.1	0.5	26.3	

11-3续表3 单位：万元

指标名称	其他支付给个人部分	财务费用	利息支出	营业利润	利润总额（亏损为-）	应交所得税	转作奖金的利润	应付利润	本年应发工资总额	本年应发福利总额
总计	111.0	168.2	96.9	342.6	317.9	290.7		77.8	2333.8	254.9
按国民经济行业分组										
软件业					-2.3				1.2	
商务服务业	75.4	130.1	61.8	792.9	572.2	262.7		77.8	967.2	130.7
专业技术服务业	7.6	-3.2		-189.7	-24.4	17.3			516.4	50.4
科技交流和推广服务业		-0.2		-13.8	-13.8					
居民服务业	1.9	-0.9		-75	-15.4	3.4			73.5	10.2
其他服务业				-25.4	-25.8	0.1			249.9	34.2
教育	5.3	-0.6	-0.6	4.6	4.6				89.1	12.5
广播、电视、电影和音像业	20.8	15.3	8.0	-86.7	-178.2	7.2			387.6	17.0
娱乐业		-0.2		0.8	0.9				15.1	
群众、社会团体和宗教组织		27.8	27.7	-65.2					33.8	

财政、金融、保险 12

12-1 财政收入

（2003年） 单位：万元

指标名称	全市	市区	柳江县	柳城县
财政总收入	**581884**	**474116**	**32034**	**32471**
中央财政收入	310576	275270	14623	5844
地方财政收入	271308	198846	17411	26627
增值税	67075	53268	3915	1694
营业税	57867	34238	2165	1556
企业所得税	9502	5918	1289	76
个人所得税	9760	6461	505	388
资源税	825	439	34	44
固定资产投资方向调节税	1			
城市维护建设税	27384	21561	500	378
房产税	10008	3645	429	191
印花税	2089	1100	41	35
城镇土地使用税	5694	4746	473	59
土地增值税	2897	2692		
车船使用和牌照税	548		56	45
屠宰税	268		18	24
农业税	4178		1001	887
农业特产税	10585		2591	3389
耕地占用税	439	6	2	120
契税	9016	7551	315	345
国有资产经营收益	17936	183	1418	15610
国有企业计划亏损补贴	-48			-33
行政性收费收入	6567	4688	396	315
罚没收入	9993	5665	850	764
专项收入	15043	11250	599	409
其他收入	3682	818	814	331

12-1 续表

(2003年)

单位：万元

指 标 名 称	鹿寨县	融安县	融水苗族自治县	三江侗族自治县
财政总收入	**20039**	**10018**	**8338**	**4868**
中央财政收入	6569	3759	3296	1215
地方财政收入	13470	6259	5042	3653
增值税	1785	1072	868	285
营业税	2783	1510	1059	686
企业所得税	412	105	158	90
个人所得税	362	255	303	149
资源税	126	62	8	23
固定资产投资方向调节税		1		
城市维护建设税	382	173	149	58
房产税	417	148	109	51
印花税	23	6	3	11
城镇土地使用税	240	98	51	27
土地增值税	49	7	79	70
车船使用和牌照税	36	13	4	2
屠宰税	48	19	15	7
农业税	903	478	419	244
农业特产税	1943	545	1270	242
耕地占用税	124	36	4	73
契税	208	210	77	93
国有资产经营收益	711			14
国有企业计划亏损补贴				-15
行政性收费收入	612	262	70	222
罚没收入	1095	767	245	584
专项收入	623	275	150	60
其他收入	588	217	6	677

12-2 财政支出

（2003年）

单位：万元

指标名称	全市	市区	柳江县	柳城县
地方财政支出	**383657**	**243184**	**28498**	**35046**
基本建设支出	30171	13338	768	3745
企业挖潜改造资金	28078	16389		10000
科技三项费用	3587	3058	331	100
流动资金	129	129		
农业支出	10401	5493	1491	1098
林业支出	5660	1513	388	304
水利和气象支出	3816	1774	318	433
工业交通等部门事业费	1464	1127	107	68
流通部门事业费	406	229	37	6
文体广播事业费	9080	5346	1162	782
教育支出	54333	23292	7702	5437
科学支出	974	874	43	19
医疗卫生支出	16610	10075	1577	1293
其他部门的事业费	15188	9787	1239	1308
抚恤和社会福利救济	11649	6860	825	860
行政事业单位离退休支出	27355	10830	3212	3135
社会保障补助支出	20325	15567	325	819
国防支出	1137	968	34	30
行政管理费	37236	21172	4040	2978
外交外事支出	1021	1021		
武装警察部队支出	627	439		85
公检法司支出	24091	17264	1691	1106
城市维护费	44004	40824	1862	3
政策性补贴支出	1568	1500		21
支援不发达地区支出	1344	1167	35	51
债务利息收入	63			
专项支出	15370	13356	448	414
其他支出	17970	10889	866	951

12-2 续表

(2003年)

单位：万元

指 标 名 称	鹿寨县	融安县	融水苗族自治县	三江侗族自治县
地方财政支出	**21466**	**16795**	**21690**	**16978**
基本建设支出	772	9875	590	1083
企业挖潜改造资金	941	57	418	273
科技三项费用	88	7	3	
流动资金				
农业支出	860	556	560	343
林业支出	263	391	1424	1377
水利和气象支出	429	363	287	212
工业交通等部门事业费	11	8	118	25
流通部门事业费	2		103	29
文体广播事业费	418	389	507	476
教育支出	4431	4033	5213	4225
科学支出	8	4	14	12
医疗卫生支出	883	924	963	895
其他部门的事业费	659	658	729	808
抚恤和社会福利救济	727	771	961	645
行政事业单位离退休支出	2585	2355	3139	2099
社会保障补助支出	887	539	1775	413
国防支出	46	27	9	23
行政管理费	2557	1917	2332	2240
外交外事支出				
武装警察部队支出	53	35		15
公检法司支出	1232	936	1019	843
城市维护费	336	350	535	94
政策性补贴支出	36		11	
支援不发达地区支出	8	53	8	22
债务利息收入		24		39
专项支出	539	479	103	31
其他支出	2695	944	869	756

12-3 银行现金收入

（2003年）

单位：万元

指标名称	全市	市区	柳江县	柳城县
合计	**1195347**	**958101**	**74868**	**33550**
商品销售收入	106635	86048	5920	2979
服务业收入	42554	28921	4399	2244
税款收入	5535	2987	708	248
城乡个体经营收入	34686	30184	958	757
储蓄存款收入	873526	705125	55955	23723
其他金融机构收入	3277	3131		96
居民归还贷款收入	17545	3997	3681	1605
汇兑收入	4525	3689	407	161
有价证券收入	2153	2056	27	30
其他收入	104911	91963	2813	1707
#兑换外币收入	792	792		

12-3　续表　　（2003年）　　单位：万元

指 标 名 称	鹿寨县	融安县	融水苗族自治县	三江侗族自治县
合　计	**61301**	**29039**	**13593**	**24895**
商品销售收入	8130	889	1156	1513
服务业收入	3341	1553	598	1498
税款收入	725	238	133	496
城乡个体经营收入	1187	880	87	633
储蓄存款收入	38881	20929	10518	18395
其他金融机构收入	50			
居民归还贷款收入	4605	1625	758	1274
汇兑收入	161	55		52
有价证券收入		40		
其他收入	4221	2830	343	1034
#兑换外币收入				

12-4 银行现金支出

（2003年）

单位：万元

指标名称	全市	市区	柳江县	柳城县
合计	**1210461**	**958436**	**77999**	**37467**
工资性支出	89413	71661	5862	3181
国家工资及奖金支出	43438	35014	2402	1604
国家对个人其他支出	26546	20679	2673	939
部队存款支出	3964	3575	64	103
其他单位工资性支出	15465	12393	723	535
农副产品采购支出	20967	13834	2743	1469
工矿及其他产品采购支出	21529	16224	961	1072
行政企事业管理费支出	40321	27566	3110	1636
城乡个体经营支出	36280	28026	3276	1052
储蓄存款支出	880632	699225	58476	25271
其他金融机构支出	3609	2435		1104
居民提取贷款支出	7259	1818	1178	529
汇兑支出	3615	2278	522	244
有价证券支出	445	385	38	1
其他支出	106391	94984	1833	1908
#兑换外币支出	109	109		
投放（+）回笼（-）	**15114**	**335**	**3131**	**3917**

12-4 续表

(2003年)

单位：万元

指 标 名 称	鹿寨县	融安县	融水苗族自治县	三江侗族自治县
合 计	**64889**	**30636**	**14934**	**26100**
工资性支出	5022	1460	683	1544
国家工资及奖金支出	2524	851	341	702
国家对个人其他支出	1318	385	120	432
部队存款支出	172		50	
其他单位工资性支出	1008	224	172	410
农副产品采购支出	1090	325	414	1092
工矿及其他产品采购支出	1530	747	449	546
行政企事业管理费支出	4599	606	1238	1566
城乡个体经营支出	1464	1439	100	923
储蓄存款支出	43660	23463	11142	19395
其他金融机构支出	70			
居民提取贷款支出	2800	248	416	270
汇兑支出	333	96	42	100
有价证券支出	21			
其他支出	4300	2252	450	664
#兑换外币支出				
投放（+）回笼（-）	**3588**	**1597**	**1341**	**1205**

12-5 全社会金融机构存款余额

（2003年）

单位：万元

指标名称	全市	市区	柳江县	柳城县
合计	**4336768**	**3525564**	**205625**	**140876**
企业存款	1466242	1351440	28119	24296
活期存款	1027436	927797	21986	20002
定期存款	438806	423643	6133	4294
财政存款	25465	19704	1024	1323
机关团体存款	148923	118062	8474	6494
城乡居民储蓄存款	2577804	1963589	154312	101096
活期储蓄	1156887	849886	79865	49956
定期储蓄	1420917	1113703	74447	51140
农业存款	62826	24071	10747	6589
委托存款	-1774	-1906		
其他存款	57414	50604	2949	1078

12-5 续表

(2003年)

单位：万元

指 标 名 称	鹿寨县	融安县	融水苗族自治县	三江侗族自治县
合 计	**199554**	**101077**	**99389**	**64683**
企业存款	29517	11915	8855	12100
活期存款	25751	11467	8780	11653
定期存款	3766	448	75	447
财政存款	1474	431	1187	322
机关团体存款	5934	3829	4063	2067
城乡居民储蓄存款	155641	79654	76901	46611
活期储蓄	72462	37959	40856	25903
定期储蓄	83179	41695	36045	20708
农业存款	4864	5008	8109	3438
委托存款				
其他存款	2124	240	274	145

12-6 全社会金融机构贷款余额

（2003年）

单位：万元

指标名称	全市	市区	柳江县	柳城县
合计	**2743011**	**2266554**	**107036**	**89207**
短期贷款	1498753	1210674	74907	60329
工业贷款	714994	645659	11654	25079
商业贷款	222539	170327	13530	10757
#农副产品贷款	84917	49734	10347	5568
建筑业贷款	47570	47570		
农业贷款	138192	29472	35089	16462
乡镇企业贷款	20821	3911	8677	174
三资企业贷款	13869	13408		
私营企业及个体贷款	5917	4106	571	754
其他短期贷款	334851	296221	5386	7103
#个人短期消费贷款	4403	4184	170	11
中期流动资金贷款	118944	90434	2410	2910
中长期贷款	874398	715874	28673	25790
基本建设贷款	298420	258830	6197	20800
技术改造贷款	84680	78829	1800	
其他中长期贷款	491298	378215	20676	4990
#个人中长期消费贷款	336148	294442	15139	2550
票据融资	246507	245163	1046	178
#贴现	246507	245163	1046	178
各项垫款	4409	4409		

12-6 续表 （2003年） 单位：万元

指 标 名 称	鹿寨县	融安县	融水苗族自治县	三江侗族自治县
合　计	**110496**	**63218**	**53917**	**52583**
短期贷款	71471	36670	23750	20952
工业贷款	23171	9242	186	3
商业贷款	11499	6539	5891	3996
#农副产品贷款	5252	5554	5066	3396
建筑业贷款				
农业贷款	21892	15786	10944	8547
乡镇企业贷款	275	3262	2907	1615
三资企业贷款	392	69		
私营企业及个体贷款	370	76	30	10
其他短期贷款	13872	1696	3792	6781
#个人短期消费贷款	12		15	11
中期流动资金贷款	15190	3080	1540	3380
中长期贷款	23715	23468	28627	28251
基本建设贷款	6450	1221	3914	1008
技术改造贷款	3550		500	1
其他中长期贷款	13715	22247	24213	27242
#个人中长期消费贷款	7827	7268	5565	3357
票据融资	120			
#贴现	120			
各项垫款				

12-7 保险业务(国内业务)情况

（2003年） 单位：万元

指标名称	全市	市区	柳江县	柳城县
保费收入	**82521**	**68118**	**4201**	**1953**
财产保险	28734	22609	2060	1145
人身保险	53787	45509	2141	808
赔款、给付	**19050**	**14229**	**1829**	**799**
财产保险	11992	9163	1037	566
人身保险	7058	5066	792	233

12-7 续表 （2003年） 单位：万元

指标名称	鹿寨县	融安县	融水苗族自治县	三江侗族自治县
保费收入	**4050**	**1711**	**1785**	**703**
财产保险	1355	617	664	284
人身保险	2695	1094	1121	419
赔款、给付	**1173**	**357**	**510**	**153**
财产保险	629	197	298	102
人身保险	544	160	212	51

文化、教育、卫生、体育、科技 13

13-1 文化事业基本情况

（2003年）

指 标 名 称	单 位	全 市	市 区	柳江县	柳城县
艺术表演团体	个	9	4		1
演出场次	场	844	445		118
观众人数	万人次	62.5	38.9		8
艺术表演场所	个	4	4		
文化馆	个	5		1	1
群众艺术馆	个	1	1		
公共图书馆	个	10	4	1	1
图书总藏量	千册、件	1078.54	680.72	100.49	87.76
#古籍	千册	53.7	50.3		
图书	千册	746.73	465.82	70.82	67.75

13-1 续表 （2003年）

指标名称	单位	鹿寨县	融安县	融水苗族自治县	三江侗族自治县
艺术表演团体	个	1	1	1	1
演出场次	场	60	54	64	103
观众人数	万人次	4.8	2.2	6	2.6
艺术表演场所	个				
文化馆	个		1	1	1
群众艺术馆	个				
公共图书馆	个	1	1	1	1
公共图书总藏量	千册、件	75.17	50.96	12.72	70.72
#古籍	千册	0.4			3
图书	千册	46.2	35.81	5.43	54.9

13-2 教育事业基本情况

（2003年）

指标名称	单位	全市	市区	柳江县	柳城县
学校数					
普通高校	所	6	6		
普通中等专业学校	所	12	12		
普通中学	所	238	77	37	25
农、职业中学	所	14	8	1	1
小学	所	1205	216	178	131
在校学生数					
普通高校	人	27686	27686		
普通中等专业学校	人	21825	21825		
普通中学	人	204939	72019	33755	21067
农、职业中学	人	7980	6893	49	69
小学	人	315028	95457	52315	32369
专任教师数					
普通高校	人	1832	1832		
普通中等专业学校	人	1002	1002		
普通中学	人	10768	4165	1596	1232
农、职业中学	人	644	495	11	14
小学	人	16326	5316	2448	1806
成人高等教育在校学生数	**人**	**24033**	**22023**	**232**	**427**

13-2 续表

（2003年）

指 标 名 称	单位	鹿寨县	融安县	融水苗族自治县	三江侗族自治县
学校数					
普通高校	所				
普通中等专业学校	所				
普通中学	所	30	20	28	21
农、职业中学	所	1	1	1	1
小学	所	143	143	206	188
在校学生数					
普通高校	人				
普通中等专业学校	人				
普通中学	人	23431	18793	20167	15707
农、职业中学	人	249	90	518	112
小学	人	34266	24678	41938	34005
专任教师数					
普通高校	人				
普通中等专业学校	人				
普通中学	人	1192	977	861	745
农、职业中学	人	34	24	33	32
小学	人	1796	1415	2191	1354
成人高等教育在校学生数	**人**			**814**	**537**

13-3 普通大中专学校一览表

（2003年）

单位：人

指标名称	毕业生数	招生数	在校学生数	专任教师数
普通高等学校				
总　计	**4507**	**10442**	**26786**	**1832**
广西工学院	1597	3524	10406	570
柳州师范高等专科学校	780	1459	3814	235
柳州职业技术学院	745	1714	3688	403
广西生态工程职业技术学院	196	1285	2128	291
柳州医学高等专科学样	1135	1894	5659	157
柳州运输职业技术学院	54	566	1091	176
普通中等专业学校				
总　计	**5212**	**6697**	**17689**	**1002**
广西商业学校	405	895	2135	100
柳州地区民族师范学校	257	443	1107	115
广西工艺美术学校	295	198	688	51
柳州市交通学校	709	1480	2609	79
柳州地区卫生学校	235	479	2052	63
广西柳州财经学校	425	241	777	96
柳州机电工程学校	340	292	824	41
广西柳州畜牧兽医学校	1357	582	2058	79
柳州师范学校	236	1054	2098	177
柳州市卫生学校	685	888	2807	135
柳州民族中等专业学校	184	50	241	41
柳州地区艺术中等职业学校	84	95	293	25

13-4 大中型工业企业技术开发成果

2003年

指 标 名 称	计量单位	全 市
专利申请数	件	91
科技项目数	项	607
#研究与试验发展项目	项	208

13-5 大中型工业企业技术开发机构、人员情况

2003年

指 标 名 称	计量单位	全 市
大中型工业企业数	个	78
#有科技活动企业数	个	44
企业技术开发机构数	个	36
工程技术人员	人	12128
从事科技活动的人员合计	人	5293
#有高中级职称或大学本科以上学历人员	人	3872
科技活动机构中的人员	人	2391
#有高中级职称或大学本科以上学历人员	人	1654

13-6 大中型工业企业技术开发经费总额

2003年

指 标 名 称	计量单位	全 市
科技活动经费筹集总额	万元	116731
#企业自筹	万元	104720
银行贷款	万元	9961
政府拨款	万元	1980
其 他	万元	60

13-7　卫生事业基本情况

（2003年）

指标名称	单位	全市	市区	柳江县	柳城县
卫生机构数	**个**	**1940**	**641**	**276**	**170**
#医院	个	83	56	3	6
门诊部(所)	个	742	498	67	25
病床位数	**张**	**10907**	**7746**	**475**	**627**
#医院病床位数	张	9278	7412	299	397
卫生工作人员	**人**	**18617**	**11573**	**1317**	**1094**
#卫生技术人员	人	15178	9206	1136	912
#执业医师	人	5055	3586	307	191
执业助理医师	人	791	372	75	53
注册护士	人	5207	3661	316	258
药剂人员	人	940	626	52	49
检验人员	人	642	438	51	35
其他	人	1082	602	86	68
乡村医生和卫生员	人	1611	74	249	255

13-7 续表

(2003年)

指标名称	单位	鹿寨县	融安县	融水苗族自治县	三江侗族自治县
卫生机构数	**个**	**216**	**190**	**247**	**200**
#医院	个	9	4	3	2
门诊部(所)	个	75	31	28	18
病床位数	**张**	**535**	**596**	**518**	**410**
#医院病床位数	张	368	310	262	230
卫生工作人员	**人**	**1318**	**1186**	**1285**	**844**
#卫生技术人员	人	1096	985	1079	764
#执业医师	人	216	245	298	212
执业助理医师	人	120	85	51	35
注册护士	人	261	305	270	136
药剂人员	人	85	50	52	26
检验人员	人	30	37	37	14
其他	人	172	93	37	24
乡村医生和卫生员	人	212	170	334	317

13-8 卫生机构、床位、人员情况

（2003年）

指标名称	全市				市区			
	机构数（个）	床位数（张）	卫生工作人员（人）	#技术人员	机构数（个）	床位数（张）	卫生工作人员（人）	#技术人员
总计	**1940**	**10907**	**18617**	**15178**	**641**	**7746**	**11573**	**9206**
医院	83	9278	11743	9137	56	7412	8986	6996
乡卫生院	94	1223	1819	1505	10	225	254	224
门诊部、所	234		828	828	193		715	715
专科疾病防治所、站	7	60	95	68				
疾病预防控制中心	9		570	426	3		277	204
卫生监督所	2		162	130	2		162	130
医学科研机构	1		9	5	1		9	5
采供血机构	2	18	133	70	1		114	59
妇幼保健院	9	327	626	529	2	109	293	253
其他卫生机构	9		41	29	4		6	3
个体开业人员	463		629	629	261		353	353

13-8 续表1

（2003年）

指标名称	柳江县				柳城县			
	机构数（个）	床位数（张）	卫生工作人员（人）	#技术人员	机构数（个）	床位数（张）	卫生工作人员（人）	#技术人员
总计	**276**	**475**	**1317**	**1136**	**170**	**627**	**1094**	**912**
医院	3	299	484	377	6	397	455	341
乡卫生院	12	146	277	234	13	176	231	192
门诊部、所	10		29	29	7		14	14
专科疾病防治所、站	1		16	11	1		8	5
疾病预防控制中心	1		75	64	1		47	33
卫生监督所								
医学科研机构								
采供血机构								
妇幼保健院	1	30	77	62	2	53	63	51
其他卫生机构								
个体开业人员	56		99	99	18		21	21

（2003年）

指标名称	鹿寨县				融安县			
	机构数（个）	床位数（张）	卫生工作人员（人）	#技术人员	机构数（个）	床位数（张）	卫生工作人员（人）	#技术人员
总　计	**216**	**535**	**1318**	**1096**	**190**	**596**	**1186**	**985**
医　院	9	368	623	482	4	310	520	417
乡卫生院	11	127	285	233	13	163	255	197
门诊部、所	6		23	23	5		8	8
专科疾病防治所、站	1		5	4	1	60	33	25
疾病预防控制中心	1		54	36	1		40	30
卫生监督所								
医学科研机构								
采供血机构					1	18	19	11
妇幼保健院	1	40	44	34	1	45	76	68
其他卫生机构					4		30	24
个体开业人员	69		72	72	26		26	26

13-8 续表3

（2003年）

指标名称	融水苗族自治县				三江侗族自治县			
	机构数（个）	床位数（张）	卫生工作人员（人）	#技术人员	机构数（个）	床位数（张）	卫生工作人员（人）	#技术人员
总　计	**247**	**518**	**1285**	**1079**	**200**	**410**	**844**	**764**
医　院	3	262	407	303	2	230	268	221
乡卫生院	20	226	348	281	15	160	169	144
门诊部、所	8		24	24	5		15	15
专科疾病防治所、站	2		28	18	1		5	5
疾病预防控制中心	1		48	35	1		29	24
卫生监督所								
医学科研机构								
采供血机构								
妇幼保健院	1	30	47	38	1	20	26	23
其他卫生机构	1		5	2				
个体开业人员	20		43	43	13		15	15

13-9 体育事业基本情况

(2003年)

指标名称	单位	全市	市区	柳江县	柳城县
公共体育场	个	7	4	2	
体育馆	个	1		1	
练习馆(房)	个	20	16		
足球场	个	23	12		2
运动场（大、小）	个	115	57	10	25
有固定看台灯光球场	个	41	7	11	5
蓝球场	个	1420	556	113	184
排球场	个	202	131	18	3
游泳场	个	26	22	1	
当年发展等级运动员	人	84	84		
#二级运动员	人	84	84		
当年发展等级裁判员	人	276	203		
#一级裁判员	人				
二级裁判员	人	156	156		
三级裁判员	人	120	47		

13-9 续表

(2003年)

指 标 名 称	单 位	鹿寨县	融安县	融水苗族自治县	三江侗族自治县
公共体育场	个			1	
体育馆	个				
练习馆(房)	个	1		2	1
足球场	个	6		3	
运动场（大、小）	个	11	9	1	2
有固定看台灯光球场	个	10		6	2
蓝球场	个	198	100	126	143
排球场	个	45	3	1	1
游泳场	个	2			1
当年发展等级运动员	人				
#二级运动员	人				
当年发展等级裁判员	人				73
#一级裁判员	人				
二级裁判员	人				
三级裁判员	人				73

人民生活 14

14-1 城市居民家庭基本情况

(2003年)

指标名称	计量单位	合计	指标名称	计量单位	合计
调查户数	**户/月**	200.00	14.家用电脑	台/百户	24.08
总体户数	**万户/月**	29.55	15.组合音响	套/百户	38.25
可支配收入(新算法)	**元/月**	697.56	16.摄像机	架/百户	3.50
可支配收入(旧算法)	**元/月**	749.37	17.照相机	架/百户	52.54
服务性消费支出	**元/月**	128.16	18.钢琴	架/百户	**3.21**
旅游人次	**次/百人月**	2.32	19.其他中高档乐器	件/百户	7.83
旅游花费	**元/百人月**	2691.40	20.微波炉	台/百户	37.33
主要消费品拥有量			21.空调器	台/百户	61.50
1.成套家具	套/百户	117.29	22.取暖器	台/百户	26.21
2.摩托车	辆/百户	47.42	23.电炊具	台/百户	**125.08**
3.自行车	辆/百户	**141.67**	24.淋浴热水器	台/百户	88.71
4.助力车	辆/百户	4.13	25.排油烟机	台/百户	32.21
5.家用汽车	辆/百户	1.50	26.消毒碗柜	台/百户	19.63
6.洗衣机	台/百户	89.00	27.洗碗机	台/百户	0.92
7.电风扇	台/百户	270.67	28.饮水机	台/百户	15.00
8.电冰箱	台/百户	89.96	29.吸尘器	台/百户	5.00
9.冰柜	台/百户	3.00	30.健身器材	套/百户	4.50
10.彩色电视机	台/百户	133.75	31.普通电话	部/百户	92.58
11.影碟机	台/百户	**72.88**	32.移动电话	部/百户	69.71
12.录音机	台/百户	**33.33**	33.传真机	部/百户	0.00
13.录放相机	台/百户	14.00			

14-2 城市居民现金收支情况

(2003年)

指标名称	计量单位	合计	指标名称	计量单位	合计
一.期初手存现金	**元/人月**	**627.24**	(一)消费支出	元/人月	502.71
二.家庭收入	**元/人月**	**761.54**	其中:服务性消费支出	元/人月	128.16
其中:可支配收入	元/人月	697.56	1.食品	元/人月	204.99
(一)工薪收入	元/人月	516.11	2.衣着	元/人月	37.93
1.工资及补贴收入	元/人月	509.57	3.家庭设备用品及服务	元/人月	30.65
2.其他劳动收入	元/人月	6.54	4.医疗保健	元/人月	30.09
(二)经营净收入	元/人月	17.77	5.交通和通信	元/人月	53.78
(三)财产性收入	元/人月	30.28	6.教育文化娱乐服务	元/人月	72.73
1.利息收入	元/人月	0.17	7.居住	元/人月	52.89
2.股息与红利收入	元/人月	18.37	8.杂项商品和服务	元/人月	19.57
3.保险收益	元/人月	6.18	(二)购房与建房支出	元/人月	11.01
4.其他投资收入	元/人月	0.00	1.购房	元/人月	11.01
5.出租房屋收入	元/人月	4.83	2.建房	元/人月	0.00
6.知识产权收入	元/人月	0.00	(三)转移性支出	元/人月	65.24
7.其他财产性收入	元/人月	0.71	1.交纳的个人收入税	元/人月	6.04
(四)转移性收入	元/人月	197.39	2.捐款支出	元/人月	27.84
1.养老金及离退休金	元/人月	153.73	3.购买彩票	元/人月	1.88
2.社会救济收入	元/人月	0.42	4.赡养支出	元/人月	26.33
3.辞退金	元/人月	0.07	其中:在外就学子女费用	元/人月	14.43
4.赔偿收入	元/人月	0.00	5.各种非储蓄性保险支出	元/人月	1.57
5.保险收入	元/人月	3.84	其中:车辆保险支出	元/人月	0.08
其中:失业保险金	元/人月	3.05	6.其他转移性支出	元/人月	1.58
6.赡养收入	元/人月	9.61	(四)财产性支出	元/人月	0.31
7.捐赠收入	元/人月	11.06	1.非生产性利息支出	元/人月	0.27
8.亲友搭伙费	元/人月	6.41	2.其他	元/人月	0.03
9.提取住房公积金	元/人月	5.95	(五)社会保障支出	元/人月	51.71
10.记账补贴	元/人月	6.22	1.个人交纳的养老金	元/人月	21.52
11.其他转移性收入	元/人月	0.06	2.个人交纳的住房公积金	元/人月	20.59
三.出售财务收入	**元/人月**	0.09	3.个人交纳的医疗基金	元/人月	6.34
1.出售住房收入	元/人月	0.00	4.个人交纳的失业基金	元/人月	2.40
2.出售其他物品收入	元/人月	0.09	5.其他社会保障基金	元/人月	0.87
四.借贷收入	**元/人月**	102.98	**六.借贷支出**	**元/人月**	**179.52**
1.提取储蓄存款	元/人月	84.25	1.存入储蓄款	元/人月	159.14
2.借入款	元/人月	6.33	2.借出款	元/人月	0.20
3.收回借出款	元/人月	1.01	3.归还借款	元/人月	1.60
4.收回储蓄保险本	元/人月	0.14	4.储蓄性保险支出	元/人月	8.63
5.兑售有价证券	元/人月	0.27	5.购买有价证券	元/人月	0.34
6.收回投资本金	元/人月	0.41	6.其他投资支出	元/人月	5.59
7.住房贷款	元/人月	9.72	7.归还住房贷款	元/人月	2.48
8.汽车贷款	元/人月	0.00	8.归还汽车贷款	元/人月	0
9.教育贷款	元/人月	0.00	9.归还教育贷款	元/人月	0
10.其它贷款	元/人月	0.76	10.归还其它贷款	元/人月	0
11.其他借贷收入	元/人月	0.08	11.其他借贷支出	元/人月	1.53
五.家庭总支出	**元/人月**	631	**七.期末手存现金**	**元/人月**	**681.35**

14-3 城市居民消费支出情况

(2003年)

指标名称	计量单位	合计
一.食品	**元/月**	**204.99**
(一)粮油类	**元 /人月**	**25.32**
1.粮食	元/千克	
数量	千克/人月	6.16
金额	元/人月	14.68
(1)大米	元/千克	
数量	千克/人月	4.12
金额	元/人月	9.00
(2)面粉	元/千克	
数量	千克/人月	0.09
金额	元/人月	0.24
(3)其他粮食	元/千克	
数量	千克/人月	0.53
金额	元/人月	1.17
(4)粮食制品	元/千克	
数量	千克/人月	1.42
金额	元/人月	4.27
2.淀粉及薯类	元/千克	
数量	千克/人月	0.54
金额	元/人月	1.03
3.干豆类及豆制品	元/千克	3.64
4.油脂类	元/千克	
数量	千克/人月	0.61
金额	元/人月	5.96
(1)食用植物油	元/千克	
数量	千克/人月	0.60
金额	元/人月	5.93
(2)食用动物油	元/千克	
数量	千克/人月	0.00
金额	元/人月	0.03
(二)肉禽蛋水产品类	**/人月**	**81.74**
1.肉类	元/千克	
数量	千克/人月	3.50
金额	元/人月	42.52
2.禽类	元/千克	
数量	千克/人月	1.59
金额	元/人月	22.2
3.蛋类	元/千克	
数量	千克/人月	0.61
金额	元/人月	3.97
4.水产品	千克/人月	13.06
(三)蔬菜类	**元/人月**	**19.57**
1.鲜菜	元/千克	
数量	千克/人月	9.8
金额	元/人月	17.12
2.干菜	元/千克	
数量	千克/人月	0.05
金额	元/人月	1.11
3.菜制品	元/人月	1.34
(四)调味品	**元/人月**	**2.11**
(五)糖烟酒饮料类	**元/人月**	**13.15**
1.糖类	元/人月	2.11
2.烟草类	元/人月	4.95
3.酒类	元/千克	
数量	千克/人月	0.39
金额	元/人月	3.79
4.饮料	元/人月	2.29
(六)干鲜瓜果类	**元/人月**	**15.6**
1.鲜果	元/千克	
数量	千克/人月	3.37
金额	元/人月	10.42
2.鲜瓜	元/千克	
数量	千克/人月	1.28
金额	元/人月	2.06
3.干果	元/千克	
数量	千克/人月	0.06
金额	元/人月	0.52
4.瓜果制品	元/千克	
数量	千克/人月	0.02
金额	元/人月	**0.27**

14-3 续表

指标名称	计量单位	合计	指标名称	计量单位	合计
5.坚果及果仁	元/千克		(一)医疗器械	元/人月	0
数量	千克/人月	0.32	(二)保健器具	元/人月	0.12
金额	元/人月	2.32	(三)药用费	元/人月	20.12
(七)糕点、奶及奶制品	**元/人月**	**12.54**	(四)滋补保健品	元/人月	1.57
1.糕点	元/千克		(五)医疗费	元/人月	8.12
数量	千克/人月	0.24	(六)其他	元/人月	0.16
金额	元/人月	3.69	**五.交通和通讯**	**元/人月**	**53.87**
2.奶及奶制品	元/人月	8.84	(一)交通	元/人月	29.6
(八)其他食品	**元/人月**	**4.52**	1.家庭交通工具	元/人月	9.72
其中:半成品	元/人月	0.58	2.车辆燃料及零配件	元/人月	3.3
(九)饮食服务	**元/人月**	**30.45**	3.交通工具服务支出	元/人月	5.83
1.食品加工服务费	元/人月	0.22	4.交通费	元/人月	10.75
2.在外饮食	元/人月	30.45	(二)通信	元/人月	24.27
二.衣着	**元/人月**	**37.93**	1.通信工具	元/人月	6.59
(一)服装	元/件		2.通信服务	元/人月	17.68
数量	件/人月	0.63	**六.教育文化娱乐服务**	**元/人月**	**72.73**
金额	元/人月	26.14	(一)文化娱乐用品	元/人月	21.3
(二)衣着材料	元/人月	1.13	(二)文化娱乐服务	元/人月	19.35
(三)鞋类	元/件		(三)教育	元/人月	32.08
数量	件/人月	0.20	**七.居住**	**元/人月**	**52.89**
金额	元/人月	9.02	(一)住房	元/人月	15.72
(四)其他衣着用品	元/人月	1.00	(二)水电燃料及其他	元/人月	35.24
(五)衣着加工服务费	元/人月	0.64	(三)居住服务费	元/人月	1.93
三.家庭设备用品及服务	**元/人月**	**30.65**	**八.杂项商品和服务**	**元/人月**	**19.57**
(一)耐用消费品	元/人月	16.39	(一)杂项商品	元/人月	11.55
1.家具	元/人月	3.08	1.金银珠宝饰品	元/人月	2.13
2.家庭设备	元/人月	13.32	2.手表	元/只	
(二)室内装饰品	元/人月	0.62	数量	只/人月	0
(三)床上用品	元/人月	4.23	金额	元/人月	0.16
(四)家庭日杂用品	元/人月	7.81	3.理发美容用具	元/人月	0.1
(五)家具材料	元/人月	0.01	4.化妆品	元/人月	3.74
(六)家庭服务	元/人月	1.59	5.其他杂品	元/人月	5.42
四.医疗保健	**元/人月**	**30.09**	(二)服务	元/人月	8.02

14-4 城市居民家庭居住情况

(2003年)

指 标 名 称	计量单位	合 计	指 标 名 称	计量单位	合 计
家庭人口	**人/户**	**3.05**	**卫生设备**		100.00
现住房总建筑面积	**平方米/人**	**23.18**	无卫生设备	%	2.21
现住房总使用面积	**平方米/人**	**17.99**	有浴室厕所	%	92.79
房屋产权		**100.00**	有厕所无浴室	%	1.00
租赁公房	%	10.38	公用卫生设备	%	4.00
租赁私房	%	0.50	**取暖设备**		**100.00**
原有私房	%	9.00	无取暖设备	%	57.79
房改私房	%	74.63	空调设备	%	22.00
商品房	%	5.50	暖气	%	0.00
其他	%	0.00	其它	%	20.21
住宅建筑式样		**100.00**	**炊用燃料使用情况**		**100.00**
单栋住宅	%	3.50	管道煤汽	%	29.00
四居室	%	4.00	液化石油汽	%	67.50
三居室	%	20	煤	%	2.50
二居室	%	56.50	其它	%	1.00
-居室	%	9.63	**通讯设备使用情况**		
普通楼房	%	5.38	无电话	%	3.29
普通平房及其它	%	1.00	有电话	%	96.71
装修状况		**100.00**	固定电话	部/百户	92.58
有装修	%	72.33	移动电话	部/百户	69.71
未装修	%	27.67	使用互联网	条/百户	1.95
用水情况		**100.00**	**除了现有住房外，其他房屋**		
独用自来水	%	96.50	出租，偶尔居住，其他用途	套/户	0.06
公用自来水	%	3.50	使用面积	平方米/户	0.81

14-5 城市人口就业情况

(2003年)

指 标 名 称	计量单位	合 计	指 标 名 称	计量单位	合 计
家庭类型(世代层次)(合计)	**%**	**100.00**	(2)城镇集体经济单位职工人数	人/户	0.09
1.单身户	%	0.00	(3)其他各种经济类型单位职工	人/户	0.02
2.一对夫妇	%	16.46	(4)城镇个体经营者人数	人/户	0.16
3.两代单亲	%	2.71	(5)城镇个体被雇人员数	人/户	0.11
4.两代人一个小孩	%	60.46	(6)离退休再就业人员数	人/户	0.07
5.两代人两个小孩	%	3.58	(7)其他就业人员数	人/户	0.10
6.两代人多个小孩	%	0.50	2.离退休人数	人/户	0.62
7.与父母	%	2.00	3.其他有收入者人数	人/户	0.08
8.三代人	%	12.75	(二)无收入者人数	人/户	0.93
9.其他	%	1.54	**二.期末家庭人口数**	**人/户**	**3.03**
一.家庭人口数	**人/户**	**3.05**	**三.非家庭人口在家用餐人数**	**人次/户**	**6.62**
(一)有收入者人数	人/户	2.12	**四.家庭人口在外用餐人数**	**人次/户**	**23.96**
1.就业人数	人/户	1.42	**五.负担系数**	**人/就业者**	**2.14**
(1)国有经济单位职工人数	人/户	0.87	**六.家庭折算人口**	**人/户**	**2.80**

14-6 农村居民家庭基本情况

(2003年)

指标名称	计量单位	合计
一、调查户数	**户**	**860.00**
(一)住户所在地势		
1.平原	户	10.00
2.丘陵	户	410.00
3.山区	户	440.00
(二)通公路的户数	户	840.00
(三)通电话的户数	户	750.00
(四)通电的户数	户	860.00
(五)能接收电视节目的户数	户	770.00
二、家庭常住人口	**人**	**3748.00**
三、家庭劳动力人数	**人**	**2680.00**
四、期末生产性固定资产原值	**元/人**	**802.29**
其中:1.农业	元/人	622.40
2.工业	元/人	5.26
五、土地经营情况		
(一)耕地面积	亩/人	130.97
(二)山地面积	亩/人	32.93
(三)园地面积	亩/人	4.80
(四)牧草地面积	亩/人	2.66
(五)养殖水面面积	亩/人	4.27
六、居住情况		
(一)住房面积	平方米/人	25.36
(二)住房价值	元/平方米	218.89
(三)住房类型		
1.楼房	平方米/人	12.60
2.砖瓦平房	平方米/人	5.59
3.其他	平方米/人	7.17
(四)住房结构		
1.钢筋混凝土结构	平方米/人	13.03
2.砖木结构	平方米/人	9.55
3.其他	平方米/人	2.77
七、期内新建(购)住房情况		
(一)新建(购)住房面积	平方米/人	1.15
(二)新建(购)住房价值	元/平方米	274.65
(三)新建(购)住房类型		
1.楼房	平方米/人	1.00
2.砖瓦平房	平方米/人	0.15
3.其他	平方米/人	
(四)新建(购)住房结构		
1.钢筋混邶土结构	平方米/人	0.94
2.砖木结构	平方米/人	0.20
3.其他	平方米/人	
八、居住条件		
(一)住房有卫生设备的住户	户	662.00
(二)生活用电数量	度/户	251.25
(三)使用安全饮用水的住户	户	370.00
(四)住房有取暖设备的住户	户	26.00
(五)燃料使用情况		
其中:1.使用液化气的住户	户	202.00
2.使用煤炭的住户	户	
3.使用柴草的住户	户	594.00
九、主要耐用消费品拥有情况		
(一)洗衣机	台/百户	10.23
(二)电冰箱	台/百户	11.40
(三)空调机	台/百户	1.51
(四)热水器	台/百户	10.70
(五)摩托车	辆/百户	23.95
(六)生活用汽车	辆/百户	8.14
(七)电话机	部/百户	31.63
(八)移动电话	部/百户	17.91
(九)彩色电视机	台/百户	74.19
(十)黑白电视机	台/百户	33.84
(十一)摄象机	台/百户	1.86
(十二)照相机	台/百户	3.37

14-7　农村居民家庭现金收入与支出

(2003年)　　　　单位：元/人

指标名称	金额	指标名称	金额
一、期内现金收入	**2386.59**	① 农业支出	457.19
（一）工资性收入	**419.58**	② 林业支出	8.72
1．在非企业组织中劳动得到收入	77	③ 牧业支出	242.41
2．在本乡地域内劳动得到收入	168.54	④ 渔业支出	4.91
3. 外出从业得到收入	174.05	（2）第二产业生产费用支出	15.38
（二）家庭经营收入	**1839.02**	① 工业支出	13.21
1．第一产业现金收入	1540.87	② 建筑业支出	2.17
（1）农业现金收入	976.92	（3）第三产业生产费用支出	116.3
（2）林业现金收入	69.8	①交通.运输.邮电业	29.68
（3）牧业现金收入	472.4	②批零贸易业.饮食业	54.24
（4）渔业现金收入	21.76	③社会服务业	5.05
2. 第二产业现金收入	50.05	④文教卫生业	1.16
（1）工业收入	31.4	⑤其他行业	26.16
（2）建筑业收入	18.64	2. 购置生产性固定资产支出	96.98
3. 第三产业现金收入	248.1	**（二）税费支出**	**16.96**
(1)出售其他产品收入	0.44	**（三）生活消费支出**	**1226.77**
(2)第三产业服务性现金收入	247.66	其中:服务性支出	465.23
①交通.运输.邮电业收入	92.2	1．食品	467.98
②批零贸易业.饮食业收入	100.94	2．衣着	54.73
③社会服务业收入	10.19	3．居住	244.71
④文教卫生业收入	0.3	4．家庭设备、用品及服务	62.84
⑤其他行业收入	44.03	5. 交通和通讯	110.34
（三）财产性收入	**33.45**	6. 文教教育.娱乐用品及服务	171.68
（四）转移性收入	**94.54**	7. 医疗保健	76.88
二、非收入现金所得	**521.42**	8．其他商品和服务	37.6
三、期内现金支出	**2260.77**	**（四）财产性支出**	**6.12**
（一）生产费用支出	**942.32**	**（五）转移性支出**	**68.6**
1．家庭经营费用支出	844.92	**四、非消费性支出**	**362.86**
（1）第一产业生产费用支出	713.24	**五、农民人均纯收入**	**2082**

企业排序情况一览表　15

15-1 大中型工业企业一览表

(2003年)　　单位：万元

企 业 名 称	从业人员平均人数	资产合计	工业总产值（当年价）	产品销售收入
大型企业（11 家）	**57481**	**2167775**	**2181862**	**2193299**
广西柳州钢铁（集团）公司	15301	752667	593156	640566
上汽通用五菱汽车股份有限公司	4146	315158	554770	548114
东风柳州汽车有限公司	2876	204842	335580	336830
广西柳工机械股份有限公司	2539	170232	278209	257962
柳州五菱汽车联合发展有限公司	2960	74231	103752	87218
柳州华锡集团有限责任公司	12775	269150	100511	102496
柳州化工股份有限公司	2202	91241	50153	48980
柳州立宇集团有限责任公司	4284	67623	46244	43396
柳州机车车辆厂	5296	74221	44922	43732
柳州市龙城化工总厂	2103	79069	42071	53097
柳州锌品股份有限公司	2999	69342	32495	30908
中型企业（67 家）	53859	2645104	1443136	1503362
广西柳发股份有限公司	1063	50854	1842	4282
柳州发电有限责任公司	1103	100528	71395	71395
广西壮族自治区柳州卷烟厂	1460	216786	179234	179146
广西柳州威奇化工有限责任公司	739	7289	7520	8827
柳州化学纤维厂	418	30523	4392	4437
柳州市开元塑料机械有限公司	772	28545	3543	4300
柳锌劳动服务公司	510	17445	9199	6031
柳州木材防腐厂	319	17576	9634	10078
柳州市钢圈厂	558	13731	10585	12705
广西柳州市天一塑料制品有限责任公司	413	4190	3894	3604
柳州华侨化纤纺织有限公司	1738	23134	15042	15489
广西柳州特种变压器有限责任公司	506	22900	16305	16017
柳州欧维姆机械有限责任公司	792	25106	17299	20406
柳州供电局	1101	302622	26002	26002
柳州化学工业集团有限公司	1191	64241	8940	11821
柳州长虹机器制造公司	2046	30389	8434	8979
柳州有色冶炼股份有限公司	1291	33026	13328	19017
柳州励志铸造有限责任公司	495	17468	6062	6830
国营西江造船厂	1153	36402	3476	5480
柳州佳力电工有限责任公司	922	25368	12928	9771
柳州东风化工有限责任公司	1085	27177	12326	11903
广西花红药业有限责任公司	380	21380	12968	15580
柳州特种汽车厂	523	34053	167218	162147
柳州五菱汽车有限责任公司（本部）	831	150027	21697	33744
柳州柳工铸造有限公司	527	12885	12739	13501

15-1续表

企业名称	从业人员平均人数	资产合计	工业总产值（当年价）	产品销售收入
广西壮族自治区柳江造纸厂	2012	105601	25770	27118
柳州市自来水有限责任公司	887	50458	10115	10115
柳州五菱汽车有限责任公司柳州机械厂	1806	107939	122231	152388
柳州柳工机械附件制造有限公司	394	9948	10105	11816
柳州达美实业有限责任公司	380	24451	7753	7753
柳州市环东金属材料有限公司	374	10060	9586	11868
柳州市汽车齿轮总厂	390	26232	6214	5932
柳州市日星纺织有限公司	532	5284	6138	3934
柳州市煤气公司	338	11299	1122	4536
柳州大昌新型建材有限公司	375	7750	404	3971
柳州环宇压缩机有限公司	1081	26249	672	6849
柳州海威姆建筑机械有限公司	517	16643	870	9741
柳州桂康日用化学品有限公司	478	25260	5242	32049
柳州柳二空机械股份有限公司	743	22217	637	7966
广西金嗓子有限责任公司	767	26165	4287	49164
广西鱼峰水泥股份有限公司	1428	72245	4984	52585
柳州银纺有限责任公司	612	4702	787	7140
广西方盛实业股份有限公司	703	43456	2751	24565
广西鱼峰集团水泥有限责任公司（本部）	552	86370	526	5272
柳州市汽车改制厂	458	12831	2287	21195
广西凤糖柳江制糖有限责任公司	404	15577	1179	12770
柳江县供电总公司	441	4391	204	7199
广西壮族自治区露塘糖厂	642	9648	1341	13787
柳州柳工小型装载机有限公司	361	11423	2228	23146
柳州市柳新汽车冲压件有限公司	348	30627	3127	30835
柳州天海电器有限公司	450	4963	557	4789
广西农垦糖业集团柳兴制糖有限公司	881	54695	3412	32927
柳州乘龙专用车有限公司	445	22907	1953	25062
柳州市柳城鹏鑫源茧丝绸有限公司	620	6972	416	3041
柳城县广正大磷化工有限责任公司	478	5080	818	8300
广西凤糖生化股份有限公司	1547	62829	4686	48088
广西凤糖六塘制糖有限责任公司	601	15528	1451	14077
广西壮族自治区鹿寨化肥总厂	2057	23589	2009	16765
广西国发林业造纸有限责任公司	725	78322	2876	29597
广西鹿寨化肥有限责任公司	1533	198759	3125	32990
广西桂中糖厂	323	6914	608	6303
广西桂柳化工有限责任公司	426	13031	611	8700
柳州凤山糖业集团雒容制糖有限责任公司	515	9105	958	9561
柳州凤山糖业集团鹿寨制糖有限责任公司	543	12693	1069	10234
泗顶铅锌矿	2606	23959	1524	16332
融水苗族自治县电业总公司	363	8156	168	3360
柳州凤山糖业集团和睦制糖有限责任公司	787	17135	1405	8052

15-2 工业总产值超亿元的企业

2003年

企业名称	工业总产值（现价、万元）	按总产值从大到小排列
广西柳州钢铁（集团）公司	593156	1
上汽通用五菱汽车股份有限公司	554770	2
东风柳州汽车有限公司	335580	3
广西柳工机械股份有限公司	278209	4
广西壮族自治区柳州卷烟厂	179234	5
柳州特种汽车厂	167218	6
柳州五菱汽车有限责任公司柳州机械厂	122231	7
柳州五菱汽车联合发展有限公司	103752	8
柳州华锡集团有限责任公司	100511	9
柳州发电有限责任公司	71395	10
柳州桂康日用化学品有限公司	52417	11
柳州化工股份有限公司	50153	12
广西鱼峰水泥股份有限公司	49836	13
柳州绰丰柳机内燃机有限公司	48232	14
广西风糖生化股份有限公司	46861	15
柳州立宇集团有限责任公司	46244	16
柳州机车车辆厂	44922	17
广西金嗓子有限责任公司	42870	18
柳州市龙城化工总厂	42071	19
广西农垦糖业集团柳兴制糖有限公司	34121	20
柳州锌品股份有限公司	32495	21
柳州市柳新汽车冲压件有限公司	31265	22
广西鹿寨化肥有限责任公司	31250	23
广西国发林业造纸有限责任公司	28764	24
广西方盛实业股份有限公司	27510	25
柳州供电局	26002	26

15-2续表

企业名称	工业总产值（现价、万元）	按总产值从大到小排列
广西壮族自治区柳江造纸厂	25770	27
柳州市汽车改制厂	22872	28
柳州柳工小型装载机有限公司	22285	29
柳州五菱汽车有限责任公司（本部）	21697	30
广西壮族自治区鹿寨化肥总厂	20094	31
柳州乘龙专用车有限公司	19529	32
柳州欧维姆机械有限责任公司	17299	33
广西柳州特种变压器有限责任公司	16305	34
利达（柳州）化工有限公司	15781	35
泗顶铅锌矿	15240	36
柳州华侨化纤纺织有限公司	15042	37
柳州富达机械有限公司	14548	38
广西凤糖六塘制糖有限责任公司	14513	39
广西壮族自治区露塘糖厂	13408	40
柳州有色冶炼股份有限公司	13328	41
广西花红药业有限责任公司	12968	42
柳州佳力电工有限责任公司	12928	43
柳州柳工铸造有限公司	12739	44
柳州东风化工有限责任公司	12326	45
广西凤糖柳江制糖有限责任公司	11790	46
柳州市八菱柴油机配件厂	11158	47
柳州凤山糖业集团鹿寨制糖有限责任公司	10695	48
柳州市柳新饲料有限责任公司	10591	49
柳州市钢圈厂	10585	50
柳州凤山糖业集团和睦制糖有限责任公司	10422	51
柳州市自来水有限责任公司	10115	52
柳州柳工机械附件制造有限公司	10105	53

15-3 产品销售收入超亿元的企业

2003年

企 业 名 称	产品销售收入（万元）	按总产值从大到小排列
广西柳州钢铁（集团）公司	640566	1
上汽通用五菱汽车股份有限公司	548114	2
东风柳州汽车有限公司	336830	3
广西柳工机械股份有限公司	257962	4
广西壮族自治区柳州卷烟厂	179146	5
柳州特种汽车厂	162147	6
柳州五菱汽车有限责任公司柳州机械厂	152388	7
柳州华锡集团有限责任公司	102496	8
柳州五菱汽车联合发展有限公司	87218	9
柳州发电有限责任公司	71395	10
柳州市龙城化工总厂	53097	11
广西鱼峰水泥股份有限公司	52585	12
柳州绰丰柳机内燃机有限公司	50446	13
广西金嗓子有限责任公司	49164	14
柳州化工股份有限公司	48980	15
广西凤糖生化股份有限公司	48088	16
柳州机车车辆厂	43732	17
柳州立宇集团有限责任公司	43396	18
柳州五菱汽车有限责任公司（本部）	33744	19
广西鹿寨化肥有限责任公司	32990	20
广西农垦糖业集团柳兴制糖有限公司	32927	21
柳州桂康日用化学品有限公司	32049	22
柳州锌品股份有限公司	30908	23
柳州市柳新汽车冲压件有限公司	30835	24
广西国发林业造纸有限责任公司	29597	25

15-3续表

企 业 名 称	产品销售收入（万元）	按总产值 从大到小排列
广西壮族自治区柳江造纸厂	27118	26
柳州供电局	26002	27
柳州乘龙专用车有限公司	25062	28
广西方盛实业股份有限公司	24565	29
柳州柳工小型装载机有限公司	23146	30
柳州市汽车改制厂	21195	31
柳州欧维姆机械有限责任公司	20406	32
柳州有色冶炼股份有限公司	19017	33
广西壮族自治区鹿寨化肥总厂	16765	34
泗顶铅锌矿	16332	35
利达（柳州）化工有限公司	16053	36
广西柳州特种变压器有限责任公司	16017	37
广西花红药业有限责任公司	15580	38
柳州华侨化纤纺织有限公司	15489	39
广西凤糖六塘制糖有限责任公司	14077	40
广西壮族自治区露塘糖厂	13787	41
柳州柳工铸造有限公司	13501	42
广西凤糖柳江制糖有限责任公司	12770	43
柳州市钢圈厂	12705	44
柳州富达机械有限公司	12449	45
柳州东风化工有限责任公司	11903	46
柳州市环东金属材料有限公司	11868	47
柳州化学工业集团有限公司	11821	48
柳州柳工机械附件制造有限公司	11816	49
柳州市八菱柴油机配件厂	10914	50
柳州市柳新饲料有限责任公司	10564	51
柳州凤山糖业集团鹿寨制糖有限责任公司	10234	52
柳州市自来水有限责任公司	10115	53
柳州木材防腐厂	10078	54

15-4 工业利税总额、利润总额前30名的企业

2003年

企业名称	按利税总额从大到小排列	企业名称	按利润总额从大到小排列
广西柳州钢铁（集团）公司	1	广西柳州钢铁（集团）公司	1
广西壮族自治区柳州卷烟厂	2	广西柳工机械股份有限公司	2
上汽通用五菱汽车股份有限公司	3	柳州发电有限责任公司	3
广西柳工机械股份有限公司	4	上汽通用五菱汽车股份有限公司	4
东风柳州汽车有限公司	5	广西壮族自治区柳州卷烟厂	5
柳州发电有限责任公司	6	柳州五菱汽车有限责任公司（本部）	6
柳州五菱汽车有限责任公司（本部）	7	东风柳州汽车有限公司	7
柳州五菱汽车有限责任公司柳州机械厂	8	柳州五菱汽车有限责任公司柳州机械厂	8
柳州市柳新汽车冲压件有限公司	9	柳州市柳新汽车冲压件有限公司	9
柳州供电局	10	柳州绰丰柳机内燃机有限公司	10
广西金嗓子有限责任公司	11	柳州化工股份有限公司	11
柳州绰丰柳机内燃机有限公司	12	柳州五菱汽车联合发展有限公司	12
柳州五菱汽车联合发展有限公司	13	柳州特种汽车厂	13
柳州化工股份有限公司	14	广西方盛实业股份有限公司	14
柳州特种汽车厂	15	柳州桂康日用化学品有限公司	15
广西鱼峰水泥股份有限公司	16	柳州化学工业集团有限公司	16
广西凤糖生化股份有限公司	17	广西农垦糖业集团柳兴制糖有限公司	17
柳州华锡集团有限责任公司	18	柳州市环东锑业化工有限责任公司	18
广西农垦糖业集团柳兴制糖有限公司	19	广西凤糖生化股份有限公司	19
广西方盛实业股份有限公司	20	柳州市环东金属材料有限公司	20
柳州桂康日用化学品有限公司	21	柳州欧维姆机械有限责任公司	21
广西花红药业有限责任公司	22	广西鱼峰水泥股份有限公司	22
柳州乘龙专用车有限公司	23	柳州市自来水有限责任公司	23
柳州化学工业集团有限公司	24	柳州柳工小型装载机有限公司	24
广西国发林业造纸有限责任公司	25	柳州乘龙专用车有限公司	25
柳州欧维姆机械有限责任公司	26	广西花红药业有限责任公司	26
柳州立宇集团有限责任公司	27	柳州市八菱柴油机配件厂	27
柳州机车车辆厂	28	柳州达美实业有限责任公司	28
柳州市环东锑业化工有限责任公司	29	广西国发林业造纸有限责任公司	29
广西融江美亚水电有限公司	30	广西融江美亚水电有限公司	30

15-5 资质等级二级以上建筑企业一览表

(2003年)　　单位：万元

企业名称	建筑业总产值	企业名称	建筑业总产值
资质等级一级（7家）		柳州永源电力建设有限公司	5696
广西建工集团第三建筑工程有限责任公司	46444	广西凌鹏消防工程有限公司	460
广西建工集团第五建筑工程有限责任公司	71364	柳州欧维姆工程有限公司	3046
柳州市市政工程有限责任公司	18531	广西天鹤建设工程有限公司	15306
有色金属第十一冶金建设公司	49625	柳州市桂海建筑工程有限责任公司	14599
柳州市建筑工程集团有限责任公司	21964	广西矿业建设公司	8027
广西建工集团第二建筑安装工程有限责任公司	11119	柳州市第二建筑工程公司	3700
广西冶金建设公司	36968	柳州市商业建筑装璜工程公司	7335
资质等级二级（16家）		柳州市建科建筑工程公司	12945
柳州市众鑫建筑有限公司	5569	柳州市政设施维护管理处	7025
柳州市自来水管道设备安装工程有限公司	8081	柳州兴钢建筑安装工程处	9504
柳州市第三建筑工程公司	3448	鹿寨县第二建筑工程公司	4593
柳州地区建筑工程总公司	5468		

15-6　限额以上批发零售贸易、餐饮企业一览表

（2003年）　　单位：万元

企业名称	商品销售收入	企业名称	商品销售收入
批发贸易企业（68家）		柳州市工联燃料有限责任公司	6174
柳州华锡集团有限责任公司	126067	惠州TCL电器销售有限公司柳州经营部	6044
中国石油化工股份有限公司广西柳州石油分公司	117226	柳州地区机电设备总公司	5968
广西佳用商贸股份有限公司	43268	柳州市中柳物资贸易有限公司	5236
柳州市烟草公司	39898	广西农业机械供应柳州公司	5111
柳州市百货股份有限公司	39055	柳州市新华书店	5000
柳州医药有限责任公司	38858	柳州铁路材料总厂	4483
柳州工贸大厦股份有限公司	36882	柳州亚飞汽车连锁店	4401
柳州市医药总公司	26006	柳州燕兴公司	4204
柳州药材批发站	17999	广西华电经贸有限公司	3996
广西机电设备有限公司	17710	广西鱼峰水泥股份有限公司销售进出口公司	3756
柳州市金属回收管理总公司	15612	柳州市城郊供销合作社	3679
柳州天天见商贸有限责任公司	15565	柳州地区土产公司	3492
柳州市物资回收公司	10685	柳州地区农业生产资料公司	3375
柳州市医药工业供销总公司	10519	广西盐业公司柳州分公司	2791
康佳集团股份有限公司柳州分公司	8829	柳州晟能电力物资供销有限责任公司	2788
柳州市盛君空调电器设备有限公司	8407	重庆商社(集团)有限公司柳州交电分公司	2700
柳州市农业生产资料有限责任公司	7988	柳州博康医药有限公司	2690
广西金蜂星电讯设备有限公司柳州分公司	7651	柳州地区农业生产资料集团有限公司	2654
柳州柳工机械配件有限公司	7260	柳州市中糖股份有限公司	2584
柳州市机电设备有限责任公司	7030	四川大西洋焊接材料股份有限公司柳州分公司	2508
柳州五菱新事业发展有限责任公司	6242	广西福生堂物品有限公司	2496
柳州市物资回收贸易公司	6226	新余钢铁集团有限责任公司柳州经销处	2236
柳州铁路局燃气公司	6200	柳州市石油物资经营公司	1877

注：批发贸易企业年销售收入在2000万元以上；零售贸易企业年销售收入在500万元以上；餐饮企业年销售收入在200万元以上。

15-6续表

企业名称	商品销售收入	企业名称	商品销售收入
柳州市大紫东机电有限责任公司	1794	柳州饭店	1649
广西石油化学工业供销总公司柳州公司	1329	柳州市柳饮饮食有限责任公司	1613
柳州市联桥软件有限责任公司	1269	柳州市南疆宾馆	1431
柳州市福客多经贸有限公司	1267	波特曼餐饮(柳州)有限公司	1330
柳州市荟力工贸实业有限公司	1126	柳州丽晶大厦有限责任公司丽晶大酒店	1120
柳州市新世纪蜂星电讯设备有限责任公司	1072	柳州京都宾馆有限责任公司	1085
柳州中百华联超市有限公司	1042	柳州宾馆	819
柳州银荔供销总公司	926	柳州市桂飘香酒店有限责任公司	771
柳州市日用杂品总公司	894	柳州市中交大厦	710
柳州铁路储运公司	728	柳州迎宾馆	652
柳州地区新华书店	624	柳州市泽丰娱乐有限责任公司	641
柳州市蔬菜副食品公司	615	柳州市中山大厦宾馆	369
柳州重商新世纪家电有限公司	584	毛家饭店	307
柳州市中天环保科技有限责任公司	496	柳州市馨苑桂林仔饮业有限公司	301
柳州市进出口贸易公司	398	柳州市第二饮食公司	300
柳州市银夏冷气工程有限责任公司	371	柳州市杉桥桂林仔饮业有限公司	273
柳州市第二五金交电化工公司	331	柳州市众鑫大酒店	230
柳州市喜来乐医药连锁有限责任公司	324	柳州南天大厦	223
柳州市中食食品有限责任公司	305	柳州市捌捌海鲜大酒楼	158
广西天浩信息工程有限公司	176	柳州市天龙大酒店	145
柳州市物资贸易中心有限公司	137	广西方盛实业股份有限公司屏山宾馆	123
餐饮企业（23家）		柳州民族宾馆	113

注：批发贸易企业年销售收入在2000万元以上；零售贸易企业年销售收入在500万元以上；餐饮企业年销售收入在200万元以上。

15-7　批发零售贸易业销售总额、利税总额前30名的企业

2003年

企业名称	按销售总额从大到小排列	企业名称	按利税总额从大到小排列
柳州华锡集团有限责任公司	1	中国石油化工股份有限公司广西柳州石油分公司	1
中国石油化工股份有限公司广西柳州石油分公司	2	柳州市烟草公司	2
广西佳用商贸股份有限公司	3	柳州工贸大厦股份有限公司	3
柳州市烟草公司	4	广西佳用商贸股份有限公司	4
柳州市百货股份有限公司	5	柳州天天见商贸有限责任公司	5
柳州医药有限责任公司	6	柳州柳工机械配件有限公司	6
柳州工贸大厦股份有限公司	7	柳州医药有限责任公司	7
柳州市医药总公司	8	柳州市医药总公司	8
柳州药材批发站	9	柳州市新华书店	9
广西机电设备有限公司	10	柳州市石油物资经营公司	10
柳州市金属回收管理总公司	11	柳州五菱新事业发展有限责任公司	11
柳州天天见商贸有限责任公司	12	柳州地区新华书店	12
柳州市物资回收公司	13	柳州市中食食品有限责任公司	13
柳州市医药工业供销总公司	14	柳州药材批发站	14
康佳集团股份有限公司柳州分公司	15	广西华电经贸有限公司	15
柳州市盛君空调电器设备有限公司	16	柳州铁路局燃气公司	16
柳州市农业生产资料有限责任公司	17	康佳集团股份有限公司柳州分公司	17
广西金蜂星电讯设备有限公司柳州分公司	18	柳州市医药工业供销总公司	18
柳州柳工机械配件有限公司	19	柳州铁路材料总厂	19
柳州市机电设备有限责任公司	20	广西机电设备有限公司	20
柳州五菱新事业发展有限责任公司	21	柳州燕兴公司	21
柳州市物资回收贸易公司	22	惠州TCL电器销售有限公司柳州经营部	22
柳州铁路局燃气公司	23	柳州博康医药有限公司	23
柳州市工联燃料有限责任公司	24	柳州亚飞汽车连锁店	24
惠州TCL电器销售有限公司柳州经营部	25	柳州市中天环保科技有限责任公司	25
柳州地区机电设备总公司	26	柳州地区土产公司	26
柳州市中柳物资贸易有限公司	27	柳州市荟力工贸实业有限公司	27
广西农业机械供应柳州公司	28	柳州铁路储运公司	28
柳州市新华书店	29	柳州市物资回收公司	29
柳州铁路材料总厂	30	柳州市日用杂品总公司	30

附　录

主要统计指标解释

市 是指经国家批准成立“市”建制的城市。

按城市市区非农业人口规模分：

① 超大城市：200 万人以上；

② 特大城市：100 至 200 万人口；

③ 大城市：50 至 100 万人口；

④ 中等城市：20 至 50 万人口；

⑤ 小城市：20 万以下人口。

镇 是指经省、自治区、直辖市批准的镇。1963 年以前为常住人口在 2000 人以上，非农业人口占 50%以上的。1964 年起改为常住人口在 3000 人以上，非农业人口占 70%以上，或常住人口在 2500 人以上，不满 3000 人，非农业人口占 85%以上的。1984 年后又调整为：凡县级地方国家机关所在地；或总人口在 20000 人以下的乡，乡政府驻地非农业人口超过 2000 人的；或总人口在 20000 人以上的乡，乡政府驻地非农业人口占全乡人口 10%以上；或少数民族地区、人口稀少的边远地区、山区和小型工矿区、小港口、风景旅游、边境口岸等地，非农业人口虽不足 2000 人，都可建镇。

平均每年增长速度 在我国计算平均增长速度有两种方法，一种是习惯上经常使用的“水平法”，又称几何平均法，是以间隔期最后一年的水平同基期水平对比来计算平均每年增长(或下降)速度。另一种是“累计法”，又称代数平均法或方程法，是以间隔期内各年水平的总和同基期水平对比来计算平均每年增长(或下降)速度。

在一般正常情况下，两种方法计算的平均每年增长速度比较接近，但在经济发展不平衡，出现大起大落时，两种方法计算的结果差别较大。

从业人员 指从事一定社会劳动并取得劳动报酬或经营收入的人员。包括：

（1） 全部职工

（2） 再就业的离退休人员

（3） 私营业主

（4） 个体户主

（5） 私营和个人从业人员

（6） 乡镇企业从业人员

（7） 农村从业人员

（8） 其他从业人员（包括民办教师、宗教职业者、现役军人等）

经济活动人口 指在 16 岁以上，有劳动能力，参加或要求参加社会经济活动的人口。包括：从业人员和失业人员

城镇私营和个体从业人员 城镇私营从业人员指在工商管理部门注册登记，其经营地址设在县城关镇（含城关镇）以上的私营企业从业人员。包括：私营企业投资者和雇工。城镇个体从业人员指在工商管理部门注册登记，并持有城镇户口或在城镇长期居住，经批准从事个体工商经营的从业人员。包括：个体经营者和在个体工商户劳动的家庭帮工和雇工。

城镇登记失业人员及失业率 指有非农业户口，在一定的劳动年龄内，有劳动能力，无业而要求就业，并在当地就业服务机构进行求职登记的人员。城镇登记失业率，指城镇登记失业人数同城镇从业人数与城镇登记失业人数之和的比。计算公式为：

$$\text{城镇登记失业率}=\frac{\text{城镇登记失业人数}}{\text{城镇从业人数}+\text{城镇登记失业人数}}\times 100\%$$

进出口总额 海关进出口总额指实际进出我国国境的货物总金额。包括对外贸易实际进出口货物，来料加工装配进出口货物，国家间、联合国及国际组织无偿援助物资和赠送品，华侨、港澳台同胞和外籍华人捐赠品，租赁期满归承租人所有的租赁货物，进料加工进出口货物，边境地方贸易及边境地区小额贸易进出口货物（边民互市贸易除外），中外合资经营企业、中外合作经营企业、外商独资经营企业进出口货物和公用物品，到、离岸价格在规定限额以上的进出口货样和广告品（无商业价值、无使用价值和免费提供出口的除外），从保税仓库提取在中国境内销售的进口货物，以及其他进出口货物。我国规定出口货物按离岸价格统计，进口货物按到岸价格统计。

利用外资 指我国各级政府、部门、企业和其他经济组织通过对外借款，吸收外商直接投资以及用其他方式筹措的境外现汇、设备、技术等。

地区生产总值 是按市场价格计算的地区生产总值的简称。它是一个国家(地区)所有常住单位在一定时期内生产活动的最终成果。地区生产总值有三种表现形态，即价值形态、收入形态和产品形态。从价值形态看，它是所有常住单位在一定时期内所生产的全部货物和服务价值超过同期投入的全部非固定资产货物和服务价值的差额，即所有常住单位的增加值之和；从收入形态看，它是所有常住单位在一定时期内所创造并分配给常住单位和非常住单位的初次分配收入之和；从产品形态看，它是最终使用的货物和服务减去

进口货物和服务。在实际核算中，地区生产总值的三种表现形态表现为三种计算方法，即生产法、收入法和支出法。三种方法分别从不同的方面反映地区生产总值及其构成。

增加值 是指常住单位生产过程创造的新增价值和固定资产的转移价值。它可以按生产法计算，也可以按收入法计算，按生产法计算，它等于总产出减去中间投入；按收入法计算，它等于劳动者报酬、生产税净额、固定资产折旧和营业盈余之和。

常住单位 一经济单位在我国的经济领土范围内具有经济利益中心，则称之为我国的常住经济单位。

可比价格 指在不同时期的价值指标对比时，扣除了价格变动的因素，以确切反映物量的变化。按可比价格计算有两种方法：一种是直接用产品产量乘某一年的不变价格计算；另一种是用价格指数换算。

当年价格 指报告期的实际价格，如工厂的出厂价格，农产品的收购价格，商业的零售价格等。按当年价格计算，是指一些以货币表现的物量指标，如工农业总产值、地区生产总值等，按照当年的实际价格来计算总量，使用当年计算的数字，是为了使国民经济各项指标互相衔接，便于考察当年社会经济效益，便于对生产和流通、生产和分配、生产和消费进行经济核算和综合平衡。

三次产业：根据社会生产活动历史发展的顺序对产业结构的划分，产品直接取自自然界的部门称为第一产业，对初级产品进行再加工的部门称为第二产业。为生产和消费提供各种服务的部门称为第三产业。它是世界上通用的产业结构分类，但各国的划分不尽一致。我国的三次产业划分是：

第一产业：农业（包括种植业、林业、牧业和渔业，不包括村及村以下工业、村及村以下工业应划入工业）。

第二产业：工业（包括采掘工业、制造业、自来水、电力、蒸汽、热水、煤气等）和建筑业（包括建筑安装企业和自营建设单位，以及为建筑业安装工程服务的地质勘探和勘察设计等）。

第三产业：除上述第一、第二产业以外的其他各业。由于第三产业包括的行业多、范围广，根据我国的实际情况，第三产业可分为两大部门：一是流通部门，二是服务部门。

支出法地区生产总值 指一个国家（或地区）所有常住单位在一定时期内用于最终消费、资本形成总额，以及货物和服务的净出口总额，它反映本期生产的地区生产总值的使用构成。

最终消费 指常住单位在一定时期内对于货物和服务的全部最终消费支出，也就是常住单位为满足物资、文化和精神生活的需要，从本国经济领土和国外购买的货物和服务的支出。它不包括非常住单位在本国经济领土内的消费支出。最终消费分为居民消费和政府消费。

资本形成总额 指常住单位在一定时期内获得减去处置的固定资产和存货的净额，包括固定资产形成总额和存货增加两项。

户　数 包括家庭（含单身独居）和集体户。

总人口 指一定时点、一定地区范围内有生命的个人的总和。年度统计的年末人口是指每年12月31日24时的人口数。柳州市人口数不包括部队人口。

平均人数 一定时期内各个时点人口的平均数。某一时点的人数，只能代表这一时点的人口规模，不能代表一个时期（如 月 、季或若干年）的人口规模。平均人数是计算人口出生率，人均国民经济指标所必需的数字。

人口出生率 指在一定时期内（通常为一年内）平均每千人所出生的人数的比率，用千分率表示。计算公式：

$$人口出生率=\frac{年出生人数}{年平均人数}\times 1000‰$$

出生人数 指活产婴儿，即胎儿脱离母体时（不管怀孕月数），有过呼吸或其他生命现象。

人口死亡率 指在一定时期内（通常为一年内）一定地区的死亡人数与同期平均人数（或期中人数）之比，用千分率表示。计算公式：

$$人口死亡率=\frac{年死亡人数}{年平均人数}\times 1000‰$$

人口自然增长率 指在一定时期内（通常为一年内）出生人数减去死亡人数后的人口自然增加数与年平均人数之比，用千分率表示。计算公式：

$$人口自然增长率=\frac{本年出生人口数—本年死亡人口数}{年平均人数}\times 1000‰$$

人口自然增长率＝人口出生率—人口死亡率

人口增长率 指在一定时期内（通常为一年内）人口增加数与人口总数之比，用百分比表示。计算公式：

$$年人口增长率=\frac{全年增加人数}{人口总数}\times 100\%$$

性别比 人口中男性人数与女性人数之比。通常用每100个女性人口相应有多少男性人口表示，它是反映人口性别构成的指标之一。计算公式：

$$性别比=\frac{男性人口数}{女性人口数}\times 100$$

性别比可按全体人口计算，也可按各年龄组人口计算。

孩次构成 指一定时期内（通常为一年）某一孩次的出生婴儿人数占同期全部出生婴儿的比例。

迁移人口 指某地区一定时期（通常为一年）内迁入人数与迁出人数之和。

净迁人口 指某地区一定时期（通常为一年）内迁入人数减迁出人数与该地区平均人口数之比。

$$净迁移率=\frac{当年迁入人口—迁出人口}{当年平均人口数}\times 1000‰$$

净迁移率表示迁入迁出相抵后人口变动的程度，当迁入多于迁出时，净迁移率为正值，当迁出多于迁入时，净迁移率为负值。

单位从业人员 是指在各级国家机关、政党机关、社会团体及企业、事业单位中工作，并取得劳动报酬的全部人员。包括在岗职工、再就业的离退休人员、民办教师以及在各单位中工作的外方人员和港、澳、台方人员。

各单位的从业人员反映了各单位实际参加生产或工作的全部劳动力。因此，从 1998 年开始，各单位的从业人员不包括离开本单位仍保留劳动关系的职工。

在岗职工 指调查时期（点）在国有经济、城镇集体经济、联营经济、股份制经济、外商和港、澳、台投资经济、其他经济单位及其附属机构工作并领取工资的职工。

在岗职工工资总额 指各单位在一定时期内直接支付给本单位全部在岗职工的劳动报酬总额。

在岗职工工资总额的计算原则应以直接支付给在岗职工的全部劳动报酬为根据。各单位支付给在岗职工的劳动报酬以及其他根据有关规定支付的工资，不论是计入成本的还是不计入成本的，不论是按国家规定列入计征奖金税项目的，还是未列入计征奖金税项目的，不论是以货币形式支付的还是以实物形式支付的，均包括在工资总额内。

在岗职工平均工资 指企业、事业、机关单位的在岗职工在一定时期内平均每人所得的货币工资额。它表明一定时期在岗职工工资收入的高低程度，是反映在岗职工工资水平的主要指标。计算公式为：

$$在岗职工平均工资=\frac{报告期实际支付的在岗职工工资总额}{报告期在岗职工平均人数}$$

在岗职工平均实际工资 指扣除物价变动因素后的在岗职工平均工资。计算公式为：

$$在岗职工平均实际工资=\frac{报告期在岗职工平均工资}{报告期城镇居民消费价格指数}$$

农林牧渔业总产值 是以货币表现的农林牧渔业的全部产品总量和农林牧渔服务业产值(即对农林牧渔业生产活动进行的各种支持性服务活动的价值）之和。它反映一定时期内农林牧渔业生产总规模和总成果，是观察农林牧渔业生产水平和发展速度，研究农林牧渔业内部比例关系、农林牧渔业与工业、农林牧渔业与国家建设、人民生活比例关系的重要指标，同时也是计算农林牧渔业劳动生产率和农林牧渔业增加值的基础资料。

(1)农业 包括种植业和其他农业。

种植业 包括谷物、豆类、薯类、棉、油料、糖料、麻类、烟叶、蔬菜、药材、瓜类和其他农作物的种植，以及茶园、桑园、果园的生产经营。

其他农业 包括采集野生植物的果实、纤维、树胶、树脂、油料以及柴草、野生药材、菌类等及农民家庭兼营的商品性工业。

(2)林业 包括林木的栽培(不包括茶园、桑园和果园的栽培、 管理和收获等活动)、林产品的采集和村及村以下合作经济组织和农户的竹木采伐。

(3)牧业 包括除渔业养殖以外的一切动物饲养和放牧以及野生动物的捕猎和饲养。

(4)渔业 包括水生动物和海藻类植物的养殖和捕捞。

(5)农林牧渔服务业产值 农林牧渔服务业产值可用农林牧渔服务业收入代替。普查年份资料来源于基本单位普查，非普查年份主要是通过推算的办法取得数据。

农林牧渔业总产值的核算范围 农林牧渔业总产值的统计范围是辖区内各种经济组织类型、各个系统的全部农林牧渔业生产单位和非农行业单位附属的农林牧渔业生产活动单位。军委系统的农林牧渔业生产（除军马外）也应包括在内，但不包括农业科学试验机构进行的农业生产。

农林牧渔业总产值的核算范围也就是本辖区内在一定时期内生产的农业、林业、牧业、渔业产品的价值量和对农林牧渔业生产活动进行的各种支持性服务活动的价值的总和，执行日历年度。对于收获期延长到次年年初的个别农产品（如甘蔗），仍然把延期收获的部分算在本年度内。

农林牧渔业增加值 指农、林、牧、渔及农林牧渔服务业生产货物或提供服务活动而增加的价值，为农林牧渔业现价总产值扣除农林牧渔业现价中间投入后的余额。

农林牧渔业增加值的核算范围 农林牧渔业增加值的

核算范围同农林牧渔业总产值核算范围。

农业机械总动力 指主要用于农、林、牧渔业的各种动力机械的动力总和 。包括耕作机械、排灌机械、收获机械、农产品加工机械、运输机械、植物保护机械、牧业机械、林业机械、渔业机械和其他农业机械（内燃机按引擎马力折成瓦特计算）。不包括专门用于乡办工业、基本建设、非农业运输、科学试验和教学等非农业生产方面用的动力机械与作业机械。

耕地面积 指种植农作物,经常进行耕锄的由地。包括熟地、当年新开荒地、连续撩荒未满三年的耕地和当年的休闲地（轮歇地）。以种植农作物为主附带种植桑树、茶树、果树和其他林木的土地以及沿海、沿湖地区已围垦利用的“海涂”、“湖田”等也应包括在内。但专业性的桑园、茶园、果园、果木苗圃、林地、芦苇地、天然草原等不应包括在内。

耕地总资源 是指能够种植农作物的田地。包括当年实际耕种的熟地；新开荒且已种植的地；“沿海”、“沿湖”地区已围垦利用三年以上的“海涂”、“湖田”；弃耕、休闲不满三年，随时可以复耕的地；因灾害或其它因素，虽然当年内未种植农作物但仍可复耕的地；以种植农作物为主，附带种植桑树、果树和其它林的地；年年进行耕耘种草的地；南方小于1米、北方小于2米宽的沟、渠、路、田埂。

耕地总资源不包括 因灾害或其它因素，已不能复耕的地；弃耕、休闲满三年的地，或者虽不满三年，但已经成为荒地的土地；不进行耕耘，种植牧草已成为永久性草地的土地；专业性的桑园、茶园、果园、果木苗圃地、芦苇地、天然草场等；以混凝土等铺设的温室、玻璃室，导致栽培的植物体与地面隔绝的基地。

常用耕地 是指耕地总资源中专门种植农作物并经常进行耕种、能够正常收获的土地。包括当年实际耕种的熟地；弃耕、休闲不满三年，随时可以复耕的地；开荒利用三年以上的地。不包括临时种植农作物的坡度在25度以上的陡坡地；在河套、湖畔、库区临时开发的成片或零星土地；也不包括已列为国家和省（区、市）退耕计划但仍临时耕种的土地。常用耕地分为基木农田和零星可用耕地。

肉类总产量 是指当年出栏并已屠宰的猪、牛、羊、驴、骡、马、家禽、特种家禽和其它饲养动物肉类产量之和。即屠宰的猪、大牲畜、羊、狗除去头蹄下水以后带骨肉的重量，也就是胴体重；家禽、特种家禽和其它饲养动物除去毛和内脏后的重量。

乡（镇）村劳动力资源数 指乡村人口中劳动年龄以上（16周岁）能够参加生产经营活动的人员。

劳动年龄内 是指在劳动年龄之内的劳动力（或从业人员）。具体划分：男子16-60周岁，女子16-55周岁。

乡（镇）村从业人员 指乡（镇）村人口中16岁以上实际参加生产经营活动并取得实物或货币收入的人员，既包括劳动年龄内经常参加劳动的人员，也包括超过劳动年龄但经常参加劳动的人员。但不包括户口在家的在外学生、现役军人和丧失劳动能力的人，也不包括待业人员和家务劳动者。从业人员按从事主业时间最长（时间相同按收入）分为农林牧渔业从业人员、工业从业人员、建筑业从业人员、交通运输及邮电通讯业从业人员、批零贸易及餐饮业从业人员、其他从业人员。

工业 指从事自然资源的开采，对采掘品和农产品进行加工和再加工的物质生产部门。具体包括：⑴对自然资源的开采，如采矿、晒盐、森林采伐等(但不包括禽兽捕猎和水产捕捞)；⑵对农副产品的加工、再加工，如粮油加工、食品加工、轧花、缫丝、纺织、制革等；⑶对采掘品的加工、再加工，如炼铁、炼钢、化工生产、石油加工、机器制造、木材加工等，以及电力、自来水、煤气的生产和供应等；⑷对工业品的修理、翻新，如机器设备的修理、交通运输工具(包括小卧车)的修理等。

国有经济工业(即过去的全民所有制工业或国营工业)指生产资料归国家所有的一种经济类型。包括中央和地方各级国家机关、部队、科研机构、学校、人民团体和国有经济企事业单位等举办的国有经济工业。1957 年以前的公私合营和私营工业，后均改造为国营工业，1992 年改为国有工业，这部分工业的资料不单独分列时，均包括在国有工业内。从 1998 年起国有经济不含国有独资公司和国有联营公司。

集体经济工业 指生产资料归公民集体所有的一种经济类型，是社会主义公有制经济的组成部分。包括城乡所有使用集体投资举办的企业，以及部分个人通过集资自愿放弃所有权并依法经工商行政管理机关认定为集体所有制的企业。

其他经济类型工业 指除国有经济、集体经济、私营经济、个体经济、联营经济以外的其他经济类型工业企业(单位)。包括股份制经济(股份有限公司，有限责任公司)；外商投资经济(中外合资经营、中外合作经营、外资企业) ；港、澳、台投资经济(与大陆合资经营、与大陆合作经营、港、澳、台资企业)及其他经济类型的工业。

轻工业 指主要提供生活消费品和制作手工工具的工

业。按其所使用的原料不同，可分为两大类：(1)以农产品为原料的轻工业，是指直接或间接以农产品为基本原料的工业。主要包括食品制造、饮料制造、烟草加工、纺织、缝纫、皮革和毛皮制作、造纸以及印刷等工业；(2)以非农产品为原料的轻工业，是指以工业品为原料的轻工业。主要包括文教体育用品、化学药品制造、合成纤维制造、日用化学制品、日用玻璃制品、日用金属制品、手工工具制造、医疗器械制造、文化和办公用机械制造等工业。

重工业　是指为国民经济各部门提供物质技术基础的主要生产资料的工业。按其生产性质和产品用途，可以分为下列三类：(1)采掘(伐)工业，是指对自然资源的开采，包括石油开采、煤炭开采、金属矿开采、非金属矿开采和木材采伐等工业；(2)原材料工业，指向国民经济各部门提供基本材料、动力和燃料的工业。包括金属冶炼及加工、炼焦及焦炭化学、化工原料、水泥、人造板以及电力、石油和煤炭加工等工业；(3)加工工业，是指对工业原材料进行再加工制造的工业。包括装备国民经济各部门的机械设备制造工业、金属结构、水泥制品等工业，以及为农业提供的生产资料如化肥、农药等工业。

根据上述划分原则，修理业中以重工业产品为修理作业对象的划为重工业，反之划为轻工业。

工业总产值　是以货币表现的工业企业在一定时期内生产的已出售或可供出售工业产品总量，它反映一定时期内工业生产的总规模和总水平。包括在本企业内不再进行加工，以检验、包装入库（规定不需要包装的产品除外）的成品价值，工业性作业价值，自制半成品、在制品期末期初差额价值（生产周期较长的企业计算）。工业总产值采用“工厂法”计算，即以工业企业作为一个整体，按企业工业生产活动的最终成果来计算，企业内部不允许重复计算，不能把企业内部各个车间（分厂）生产的成果相加。但在企业之间、行业之间、地区之间存在着重复计算。

轻重工业总产值的划分也是按“工厂法”计算的，即一个企业在正常生产情况下生产的主要产品的性质属于轻工业，则该企业的全部总产值作为轻工业总产值统计；一个工业企业的生产主要产品的性质属于重工业，则该企业的全部总产值作为重工业总产值统计。

工业增加值　是工业企业在报告期内以货币表现的工业生产活动的最终成果，工业增加值有两种计算方法：一是生产法，即工业总产出减去工业中间投入；二是收入法，即从收入的角度出发，根据生产要素在生产过程中应得到的收入份额计算，具体构成项目有固定资产折旧、劳动者报酬、生产税净额、营业盈余，这种方法也称要素分配法。

固定资产原价　指企业在建造、购置、安装、改建、扩建、技术改造某项固定资产时所支出的全部货币总额。它一般包括买价、包装费、运杂费和安装费等。

固定资产净值　是指固定资产原值减去历年已提折旧额后的净值。

流动资产　指可以在一年或超过一年的营业周期内变现或耗用的资产，包括现金及各种存款、短期投资、应收及预付货款、存货等。

总资产　指企业拥有或控制的全部资产。包括流动资产、长期投资、固定资产、无形及递延资产、其他长期资产、递延税项等，即为企业资产负债表的资产总计项。

产品销售收入　指企业销售产品的销售收入和提供劳务等主要经营业务取得的收入总额。

利润总额　是企业在一定时期内实现盈亏的总额。利润总额若为正数，表现该企业为盈利企业，若为负数，则表现为亏损企业。按照国家有关规定，企业利润总额为产品销售利润加其他销售利润，加营业外收入，减营业外支出后净额。

工业产品销售率　指报告期销售产值与同期全部工业总产值之比，反映工业产品生产已实现销售的程度。计算公式为：

$$\text{工业产品销售率}=\frac{\text{报告期现价工业销售产值}}{\text{报告期现价工业总产值}}\times 100\%$$

工业资金利税率　指报告期已实现的利润、税金总额与同期的资产（流动资产和固定资产净值）之比，反映企业资金运用的经济效益。计算公式为：

$$\text{资金利税率}=\frac{\text{报告期止累计实现利税总额}}{\text{平均流动资产}+\text{固定资产净值平均余额}}\times 100\%$$

实现利税总额是指企业的产品销售税金及附加、本年应交增值税和利润总额之和。

工业增加值率　指报告期工业增加值与同期工业总产值之比，反映降低中间消耗的经济效益。计算公式为：

$$\text{工业增加值率}=\frac{\text{报告期工业增加值}}{\text{报告期现价工业总产值}}\times 100\%$$

工业总产出　是工业企业在一定时期内工业生产活动的成果。工业总产出包括：成品生产价值，对外加工费收入，自制半成品，在产品期末期初差额价值。

工业中间投入 指工业企业在工业生产活动中消耗的外购物质产品和对外支付的服务费用。服务费用包括支付给物质生产部门（工业、农业、批发零售贸易业、建筑业、运输业邮电业）的服务费用和支付给非物资生产部门（如保险、金融、文化教育、科学研究、医疗卫生、行政管理等）的服务费用。

中间投入的确定须遵循以下原则 ⑴必须是以外部购入的，并已计入工业总产出的产品和服务价值；⑵必须是本期投入生产，并一次性消耗掉（包括本期摊销的低值易耗品等）的产品和服务价值。

工业中间投入按购买者价格计算。包括外购材料、外购燃料、劳力的消耗以及向外单位支付的运输费、邮电费、修理费、利息支出、保险费，职工教育费等各种服务费。

工业销售产值 工业销售产值是以货币表现的工业企业在一定时期内销售的本企业生产的工业产品总量。包括已销售的成品、半成品价值，对外提供的工业性作业价值和对本企业基本建设部门、生活福利部门等提供的产品和工业性作业及自制设备的价值。

工业销售产值的计算范围、计算价格和计算方法与工业总产值一致，但两者计算的基础不同：工业销售产值计算的基础是产品销售总量。工业品产值计算的基础是工业产品生产总量。

所有者权益 指企业投资人对企业净资产的所有权。企业净资产等于企业全部资产减去全部负债后的余额，其中包括投资者对企业的最初投入，以及资本公积金、盈余公积金和未分配利润，对股份制企业即为股东权益。

民用汽车 由公安交通监理部门所掌管的领有本地区民用车辆牌照的机动车辆中的一部分。不包括拖拉机、摩托车、其他机动车等。民用汽车包括普通载货汽车、专用载货汽车、载客汽车、其他专用汽车、特种汽车等。

货(客)运量 指在一定时期内，各种运输工具实际运送的货物(旅客)数量。是反映运输业为国民经济和人民生活服务的数量指标，也是制定和检查运输生产计划，研究运输发展规模和速度的重要指标。货运按吨计算，客运按人计算。货物不论运输距离长短，货物类别，均按实际重量统计；旅客不论行程远近或票价多少，均按一人一次作为客运量统计。半价票、小孩票也按一人统计。

货物(旅客)周转量 指在一定时期内，由各种运输工具运送的货物（旅客）数量与其相应运输距离的乘积之总和；是反映运输业生产总成果的重要指标，也是编制和检查运输生产计划，计算运输效率、劳动生产率以及核算运输单位成本的主要基础资料。通常以吨公里和人公里为计算单位。计算货物周转量通常按发出站与到达站之间的最短距离，也就是计费距离计算。

邮电业务总量 指以货币表现的邮电部门用于传递信息和提供其他邮电服务的总数量。它综合反映了一定时期邮电工作的总成果，是研究邮电业务量构成和发展趋势的重要指标。根据邮电管理体制不同，分为中央国营业务总量和地方国营业务总量。它用各种邮电分类业务量，如函件件数、电报份数、长话张数、市内电话和农村电话的年均户数、订销报刊累计份数等，分别乘以相应的平均单价(不变价)，加总后再加上出租电路和设备的收入、代用户维护电话交换机和线路等设备的收入、其他业务收入求得。

港口吞吐量 是指报告期内从港口出口货物和进口货物的总和量，其计算单位为“吨”。

特种汽车 是指警车、消防车、工程抢险车、救护车等担负特种任务的车辆。

其它机动车 是指除民用汽车、轮式拖拉机及摩托车以外的其他民用机动车辆。如简易机动车，电车等。

载货汽车完好率 是指载货汽车的完好车日占车日的比重。

载货汽车车吨年产量 是指在报告期内平均每个吨位所完成的货物周转量。

水运的“营运率” 是反映船舶在报告期内参加时间多少的指标。它在说明报告期内船舶总时间中，营运时间所占的比重。

包括：航行、停泊和其他工作时间在内。

其计算公式如下：

$$营运率=\frac{营业吨位(客位、马力)天}{船舶总吨位(客位、马力)天}\times 100\%$$

移动电话用户 指在邮电部门登记，通过移动电话交换机进入移动电话网、占有移动电话号码的电话用户。用户数量以实际办理登记手续进入邮电部门移动电话网的户数进行计算，一部或一台移动电话统计为一户。

全社会固定资产投资 固定资产投资是社会固定资产再生产的主要手段。通过建造和购置固定资产的活动，国民经济不断采用先进技术装备，建立新兴部门，进一步调整经济结构和生产力的地区分布，增强经济实力，为改善人民物质文化生活创造物质条件，这对实现我国社会主义现代化建设具有重要意义。

固定资产投资额 是以货币表现的建造和购置固定资产活动的工作量，它是反映固定资产投资规模、速度、比例关系和使用方向的综合性指标。全社会固定资产投资包括国有经济单位投资、城乡集体经济单位投资、其他各种经济类型的单位投资和城乡居民个人投资。按照我国现行计划管理体制，全社会固定资产投资总额分为基本建设、更新改造、房地产开发投资和其他固定资产投资四个部分；城乡集体经济单位投资包括城镇集体所有制单位投资和农村集体所有制单位投资；其他各种经济类型单位投资包括联营经济、股份制经济、中外合资经营、中外合作经营、外资、与大陆合资经营、与大陆合作经营、港澳台独资及其他经济的单位投资。城乡居民个人投资包括城市、县城、镇、工矿区所辖范围内的个人建房和农村个人建房及购买生产性固定资产的投资。

基本建设投资 基本建设是指企业、事业、行政单位扩大生产能力或工程效益为主要目的的新建、扩建工程及有关工作。包括（1）列入中央和各级地方本年基本建设计划的建设项目，以及虽未列入本年基本建设计划，但使用以前年度基建计划内结转投资（包括利用基建设备材料）在本年继续施工的建设项目；（2）本年基本建设计划内投资与更新改造计划内投资结合安排的新建项目和新增生产能力（或工程效益）达到大中型项目标准的扩建项目，以及为改变生产力布局而进行的全厂性迁建项目；（3）国有单价既未列入基建计划，也未列入更新改造计划的总投资在50万元以上的新建、扩建、恢复项目和为改变生产力布局而进行的全厂性迁建项目，以及行政、事业单价增建业务用房和行政单位增建生活福利设施的项目。

更新改造投资 更新改造是指企业、事业单位对原有设施进行固定资产更新和技术改造，以及相应配套的工程和有关工作（不包括大修理和维护工程）。包括：(1)列入中央和各级地方本年更新改造计划的建设项目，以及虽未列入本年更新改造计划，但使用上年度更新改造计划内结转的投资在本年继续施工的建设项目；(2)本年基本建设计划内投资与更新改造计划内投资结合安排的对企业、事业单价原有设施进行技术改造或更新的项目，和增建主要生产车间、分厂等其新增生产能力（或工程效益）达到大中型项目标准的扩建项目，以及由于城市环境保护和安全生产的需要而进行的迁建工作；(3)国有单位、事业单位既未列入基建计划也未列入更新改造计划，总投资在50万元以上的属于改建或更新改造性质的项目，以及由于城市环境保护和安全生产的需要而进行的迁建工程。事业单价增建业务用房和行政单位增建生活福利设施的项目。

房地产开发投资 房地产开发投资是指各种经济类型的房地产开发公司，商品房屋建设公司及其他房地产开发单位统一开发的商品住宅、厂房、仓库、饭店、宾馆、度假村、写字楼、办公楼等房屋建筑物和配套的服务设施，以及土地开发工程所完成的投资额。包括非房地产企业实际从事房地产开发或经营活动，不包括单纯的土地交易活动。

固定资产投资按国民经济行业分 建设项目归哪个行业按它建成投产后的主要产品种类或主要用途及社会经济活动种类来确定。基本建设按建设项目划分国民经济行业，技术改造、国有其他固定资产投资和城镇集体投资根据整个企业、事业单位所属的行业来划分。一般情况下，一个建设项目或一个企业、事业单位只能属于一种国民经济行业。为了更准确地反映国民经济各行业之间的比例关系，联合企业（总厂）所属分厂属于不同行业的除按联合企业划分国民经济行业外，还要按其下属单位划分行业。

固定资产投资建设性质分 建设项目的性质一般分为新建、扩建、改建、迁建、恢复、单纯建造生活设施和单纯购置 。基本建设按建设项目划分建设性质，技术改造、国有其他固定资产投资及城镇集体投资按整个企业、事业单位的固定资产投资及城镇集体投资按整个企业 、事业单位的建设情况确定建设性质。现行统计制度规定房地产开发单位不划分建设性质。

新建 一般是指从无到有，“平地起家”新开始建设的单位或独立工程。有的单位原有的基础很小，经过建设后其新增加的固定资产价值超过企业、事业和行政单位原有固定资产价值（原值）三倍以上的算新建。

扩建 一般是指为扩大原有产品的生产能力，在厂内或其他地点增建主要生产车间、独立的生产线或总厂之下的分厂的企业；事业单位和行政单位在原单位增建业务用房（如学校增建教学用房、医院增建门诊或病床用房、行政机关增建办公楼等）也作为扩建。

改建 一般是指现有企业、事业单位为了技术进步，提高产品质量，增加花色品种，促进产品升级换代，降低消耗和成本，加强资源综合利用和三废治理，以及劳保安全等，采用新技术、新工艺、新设备、新材料等对现有设施、工艺条件进行技术改造或更新（包括相应配套的辅助性生产、生活福利设施）。有的企业为充分发挥现有生产能力，进行填平补齐而增建不增加本单位主要产品能力的车间等，也属于改建。

固定资产投资按构成分 固定资产投资活动按其工作内容和实现方式分为建筑安装工程，设备、工具、器具购置，其他费用三个部分。

建筑安装工程（建安工作量） 包括建筑工程和安装工程，这两部分投资必须兴工动料，通过施工活动实现。

安装工程（安装工作量） 指各种设备、装置的安装工程。在安装工程中，不包括被安装设备的本身价值。

设备、工具、器具购置 指购置或自制达到固定资产标准的设备、工具、器具的价值。固定资产的标准按财务部门规定，新建单位、扩建单位的新建车间，按照设计和计划要求购置或自制的全部设备、工具、器具，不论是否达到固定资产标准均计入“设备、工具、器具购置”中。

其他费用 指除建筑安装工程和设备工具、器具购置以外的各种应分摊计入固定资产的费用，具体包括：旧房屋购置；农林建设单位的基本畜禽支出；各种经济林木的造林费用；新建、扩建、改建项目投产初期购置的办公和生活用家具、器具购置、建设单位管理费；土地征用及迁移补偿费、勘察设计费，研究实验费；可行性研究费、临时设施费、施工机构转移费；设备检验费、负荷联合试车费、土地占用、使用费；投资方向调节税；建设期应付利息；包干结余；企业债券发行费等。

基本建设项目按大中小型划分 基本建设划分大中小型项目原则上应按照上级批准的设计任务书或初步设计所确定的总规模或总投资划分，没有正式批准设计任务书或初步设计的，按国家或省、自治区、直辖市年度基本建设投资计划中所列的总规模或总投资划分。上述两条均不具备的，按本年计划施工工程的建设总规模或总投资划分。生产单一产品的工业项目，按其主要产品的设计能力划分；生产多种产品的工业项目，按其主要产品的设计能力划分；品种繁多，难以按生产能力划分的，按全部计划投资额划分。

技术改造限额以上项目 是根据技术改造项目的计划总投资进行划分。有关部门规定，能源、交通、原材料工业项目在5000万元以上，其他行业项目在3000万元以上的项目为技术改造限额项目。

施工项目： 指报告期内曾进行建筑或安装施工活动的建设项目。包括报告期内新开工项目，报告期以前开工跨入报告期继续施工的项目，报告期施过工并在报告期内全部建成投产或停缓建的项目。

全部建成投产项目 工业项目是指设计文件规定形成生产能力的主体工程及其相应配套的辅助设施全部建成，经负荷试运转，证明具备生产设计规定合格产品的条件，并经过验收鉴定合格或达到竣工验收标准，与生产性工程配套的生活福利设施可以满足近期正常生产的需要，正式移交生产的建设项目；非工业项目是指设计文件规定的主体工程和相应的配套工程全部建成，能够发挥设计规定的全部效益，经验收鉴定合格或达到竣工验收标准，正式移交使用的建设项目。

新增生产能力 指通过固定资产投资活动而增加的设计能力或工程效益，是用实物形态表示的固定资产投资的成果。新增生产能力的计算，是以独立发挥生产能力或效益的单项工程（或项目）为对象。当单项工程（或项目）建成，经有关部门鉴定合格，正式移交投入生产，即可计算新增生产能力。新增生产能力或工程效益有以下几种表现形式：

⑴以建设项目或单项工程建成后的产品年产能力表示。如煤炭开采、石油开采等。

⑵以建设项目或单项工程建成后处理原料的能力表示。如选矿工程的年处理矿石能力，洗煤厂年洗原煤能力。

⑶以新增的主要设备数量或容量表示，如发电机组容量万千瓦，棉纺锭用万锭表示等。

⑷以建筑物容积、容量、面积或长度表示。如铁路公路里程、水库容量等。

新增生产能力的数量一般按设计能力计算。设计能力是指设计文件中规定的在正常情况下能够达到的生产能力，而不论投产后的实际产量如何。以设备数量、建筑物容积、面积、长度等表示的新增生产能力（或效益），则按建成的实际数量计算。

施工和竣工房屋建筑面积 房屋建筑面积从房屋的外墙线算起，包括房屋结构（如柱、墙）占用的面积和地下室面积。多层房屋按各自然层面积总和计算。包括房屋内的楼隔层，突出墙面的跳望间、门斗、有柱雨蓬的面积。不包括突出墙面结构的构件、艺术装饰等所占的面积，如台阶等。凹阳台、挑阳台按其水平投影面积的一半计算建筑面积。

施工面积 指报告期施工的全部房屋建筑面积。包括本期新开工的面积和上期开工跨入本期施工的房屋面积，以及上期已停建在本期继续施工的房屋建筑面积。

竣工面积 指在报告期内房屋建筑按照设计要求已全部完工，达到住人和使用条件，经验收鉴定合格，正式移交使用单位的建筑面积。

新增固定资产 指已经建成投产或交付使用的工程价

值和达到固定资产标准的设备、工具、器具的投资及有关应摊入的费用。它是以价值形式表示的固定资产投资成果的综合性指标，可以综合反映不同时期、不同部门、不同地区的固定资产投资成果。

建设项目投产率 指一定时期内全部建成投入生产项目个数占同期正式施工项目个数的比率。它是从项目建设速度的角度反映投资效果的指标。

固定资产交付使用率 指一定时期新增固定资产与同期完成投资额的比率。它是反映各个时期固定资产动用速度，衡量建设过程中投资效果的一个综合性指标。

未完工程占用率 指年末未完工程累计完成投资额占全年实际完成投资额的比率。它反映未完工程的相对规模，并可从资金占用的角度反映固定资产投资效果。由于未完工程是指已经开工，但尚未建成交付使用的工程，有个跨年度问题，因此未完工程占用率会出现大于1的情况。

建筑业总产值(自行完成施工产值) 指建筑业企业或附营建筑业施工单位自行完成的按工程进度计算的建筑安装生产总值。它包括建筑工程产值、设备安装工程产值、房屋、构筑物修理产值、非标准设备制造产值。

竣工产值 指在报告期内，按照设计所规定的工程内容全部完成，达到了设计规定的交工条件，经质量监督检查部门检查验收鉴定后合格的单位工程价值之和。

单位工程施工个数 指报告期内施过工的全部单位工程个数。其中不仅包括本期内新开工的，还包括上期施工跨入本期继续施工的单位个数。

单位工程竣工个数 指报告期内按设计规定的工程内容全部完成，达到了使用条件，经质量监督检查部门验收鉴定合格的全部单位工程个数。

房屋建筑施工面积 指在报告期内施工的全部房屋建筑面积。包括本期内新开工的、上期施工跨入本期继续施工、上期停建本期复工的房屋建筑面积；不包括上期开工后又停工，本期未施工的房屋建筑面积。

房屋建筑竣工面积 指报告期内，按照设计所规定的工程内容全部完成，达到了设计规定的交工条件，经质量监督检查部门检查验收鉴定合格的房屋建筑面积。

建筑业增加值 是建筑业企业在报告期内以货币表现的建筑业生产经营活动的最终成果。目前建筑业增加值采用分配法计算，即从收入的角度出发，根据生产要素在生产过程中应得到的收入份额计算，构成项目有本年提取的固定资产折旧、应付工资、应付福利费、管理费用中的劳动待业保险费、税金、工程结算税金及附加、营业利润。

自有机械设备年末总台数 是指归本企业（或单位）所有，属于本企业（或单位）固定资产的生产性机械设备年末总台数。包括施工机械、生产设备、运输设备以及其他设备。

自有机械设备净值 是指本企业（单位）自有机械设备的原价减去累计折旧后的净额，即自有机械设备经过使用、磨损后实际存有的价值。

实收资本 指企业实际收到的所有投资人投入的资本。包括货币、实物、无形资产等各种形式的投入。

资产 是企业拥有或控制的能以货币计量的经济资源，包括各种财产、债权和其他权利。资产按其流动性分为：流动资产、长期投资、固定资产、专项工程、无形及递延资产和其他资产。

负债 是企业所承担的能以货币计算，将以资产或劳务偿付的债务。负债一般按其偿还期长短分为流动负债和长期负债。

流动资产合计 是指企业可以在一年内或者超过一年的一个生产周期内变现或者耗用的资产合计，包括现金及各种存款、短期投资、应收及预付款项、存货等。

固定资产原价 指企业在建造、购置、安装、改建、扩建、技术改造某项固定资产时所支出的全部货币总额。它一般包括买价、包装费、运杂费和安装费等。

固定资产合计 指企业固定资产净值、固定资产清理、待处理固定资产净损失所占用的资金合计。

流动负债合计 是指企业在一年内或者超过一个营业周期内偿还的债务。包括短期借款、应付票据、应付帐款、预收帐款、应付工资、应交税金、应付利润、其他应付款、预提费用等。

长期负债合计 指偿还期在一年以上或者超过一年的一个营业周期以上的债务。它是除了投资人投入企业的资本以外，企业向债权人筹集，可供企业长期使用的资金。

所有者权益合计 指企业投资人对企业净资产的所有权，企业净资产等于企业全部资产减去全部负债后的余额。

工程结算收入 指本企业承包工程实现的工程价款结算收入以及向发包单位收取的除工程价款以外按规定列作营业收入的各种款项，如临时设施费、劳动保险、施工机构调迁费等以及向发包单位收取的各种索赔款。

工程结算税金及附加 指因从事建筑业生产活动，取得工程价款结算收入而规定应该交纳的营业税、城市维护建设税等以及随同营业税金一并计算交纳的教育费附加等。

工程结算利润　指已结算工程实现的利润。如为亏损以“-”号表示。

利润总额　指企业全年实现的利润，亏损以“-”号表示。

房屋建筑面积竣工率　是指报告期内房屋建筑竣工面积占同期房屋建筑施工面积的比重。

年末自来水厂生产能力　指城建部门系统自来水公司所属自来水厂及各单位自备水源取水、净化、送水、出厂输水干管环节的综合生产能力。

年末供水管长度　指从水泵至用户水表之间所有管道的长度，不包括水源地至水厂的管道、水源井群连路管，水厂内部的管理、进户管、庭院管和新安装尚未使用的管道。

全年供水总量　指公用自来水厂和自备水源的社会单位全年的供水总量，包括有效供水量及损失水量。

生活用水量　指居民日常生活与公共福利设施的用水量。包括居民、饮食店、旅馆、医院、理发店、浴池、洗衣店、游泳池、商店、学校、机关、部队等单位的用水量。

用水普及率　指城市非农业用水人口数与非农业人口数之比。计算公式：

$$用水普及率=\frac{城市非农业用水人口数}{城市非农业人口总数}\times 100\%$$

全年供气总量　指全年售给各类用户的全部煤气量。包括工业用量、家庭用量和其他用量。

城市用气普及率　指使用煤气(包括人工煤气、液化石油气、天然气)的城市非农业人口数(不包括临时人口和流动人口)与城市非农业人口总数之比。计算公式：

$$城市煤气普及率=\frac{城市用气的非农业人口数}{城市非农业人口总数}\times 100\%$$

年末公共汽车营运车辆　指城市公共交通企业可参加营运的全部车辆数。不包括公共企业的油罐车、货车和其他专用非营运车，也不包括借入、租入的客运车辆。

绿化覆盖面积　包括园林绿地面和道路绿化覆盖面积和园林绿地以外的单株树林覆盖面积。

园林绿地面积　指用作园林和绿化的各种绿地面积。包括公共绿地、单位附属绿地、居住区绿地、生产绿地、防护绿地和风景林地的总面积。

公共绿地　指供游览休息的各种公园、动物园、植物园、陵园以及花园、游园和供游览休息用的林荫道绿地、广场绿地。不包括一般栽植的行道树及林荫道的面积。

人均公共绿地面积　指城市居民每人拥有的公共绿地面积。计算公式：

$$人均公共绿地面积=\frac{城市公共绿地面积}{城市非农业人口}$$

绿地覆盖率　指一定区域范围绿地覆盖面积占区域总面积的比例，计算公式：

$$绿化覆盖率=\frac{区域内绿地覆盖面积}{区域总面积}\times 100\%$$

年末实有铺装道路面积　是指城区和郊区范围内修筑的铺装路面宽度在3.5米以上（含3.5米）的道路。包括全市性干道、高速道路、工业区道路和住宅区道路等，但不包括土路和街道内部的胡同、里弄。

人均拥有道路面积：指平均每人拥有的道路面积，计算公式：

$$人均拥有道路面积=\frac{城建部门管理道路面积+社会单位管理道路面积}{城市非农业人口}$$

工业废水排放量　指经过工业企业所有排放口排放到企业外部的全部废水总量。包括外排的生产废水和厂区生活污水，也包括外排的直接冷却水和矿区的超过排放标准的有毒有害的矿井地下水；不包括外排的间接冷却水。

工业废水排放达标量　指各项指标都达到国家或地方排入标准的外排工业废水量，包括未经处理外排达标的和经过处理后外排达标的两部分。国家排放标准见GB8978-88。

工业废气排放量　指企业厂区内燃料燃烧和生产工艺过程中产生的各种排入空气的含有污染物的气体的总量，以标准状态[273K，101325Pa]计。

工业粉尘排放量　指企业在生产工艺过程中排放的颗粒物重量。如钢铁企业的耐火材料粉尘、焦化企业的筛焦系统粉尘、烧结机的粉尘、石灰窑的粉尘、建材企业的水泥粉尘等。不包括电厂排入大气的烟尘。

工业固体废物产生量　指企业在生产过程中产生的固体状、半固体状和高浓度液体废弃物的总量，包括危险废物、冶炼废渣、粉煤灰、炉渣、煤矸石、尾矿、放射性废物和其他废物等；不包括矿山开采的剥离废石和掘进废石（煤矸石和呈酸性或碱性的废石除外）。酸性或碱性废石是指采掘的废石其流经水、雨淋水的PH值小于4或PH值大于10.5者。

工业固体废物综合利用量　指通过回收、加工、循环、交换等方式，从固体废物中提取或者使其转化为可以利用的资源、能源和其他原材料的固体废物量（包括当年利用往年的工业固体废物累计贮存量）。如用作农业肥料、生产建筑材料、筑路等。综合利用量由原产生固体废物的单位统计。

能源生产总量　指一定时期内全部（地区）一次能源生产量的总和。一次能源生产量包括原煤、原油、天然气、水电及其他动力能发电量（如风能、地热能等）。不包括低热值燃料生产量、生物质能、太阳能等的利用和由一次能源加工转换而成的二次能源产量。

能源消费总量　指一定时期内全国（地区）用于生产和生活的各种能源消费量的总和。能源消费总量包括原煤和原油及其制品、天然气、电力。不包括低热值燃料生物质能和太阳能的利用。能源消费总量分为三部分，即终端能源消费量、能源加工转换损失量和损失量。它是观察能源消费水平、构成和增长速度的总量指标。

⑴终端能源消费量　指一定时期内全国（地区）物质生产部门、非物质生产部门和生活消费的各种能源在扣除了用于加工转换二次能源消费量和损失量以后的数量。

⑵能源加工转换损失量　指一定时期内全国（地区）投入加工转换的各种能源数量之和与产出各种能源产品之和的差额。它是观察能源在加工转换过程中损失量变化的指标。

⑶能源损失量　指一定时期内能源在输送、分配、储存过程中发生的损失和由客观原因造成的各种损失量。不包括各种气体能源放空、放散量。

能源消费弹性系数　是反映能源消费增长速度与国民经济增长速度之间比例关系的指标。其计算公式为：

$$\text{能源消费弹性系数}=\frac{\text{能源消费量年平均增长速度}}{\text{国民经济年平均增长速度}}\times 100\%$$

电力消费弹性系数　是反映电力消费增长速度与国民经济增长速度之间比例关系的指标。其计算公式为：

$$\text{电力消费弹性系数}=\frac{\text{电力消费量年平均增长速度}}{\text{国民经济年平均增长速度}}\times 100\%$$

可供量　是指本地区报告期内实有的资源数量。包括一次能源生产量、进出口量、调入调出量、期初期末库存量等七个指标。其平衡关系式为：

可供本地区消费的能源量＝年初库存量＋一次能源生产量＋进口量＋调入量－出口量－调出量－期末库存量。

能源加工转换效率　指一定时期内能源经过加工转换后，产出的各种能源产品及其它石油制品和其它焦化产品的数量与同期内投入加工转换的各种能源数量的比率。它是观察能源加工转换装置和生产工艺先进与落后、管理水平高低等的重要指标。

消费　消费是指独立核算的工业企业、建筑企业、运输邮电企业在报告期内实际使用的原材料、能源的数量，包括主营活动和附营活动实际使用的原材料、能源的数量；并包括由本企业（作为投资单位）代填的乡镇建筑企业为完成本企业建设项目而实际使用的原材料、能源的数量。原材料、能源消费数量分别用实物量和价值量表示。

库存　库存量指独立核算的工业企业、建筑企业、运输邮电企业在报告期初、期末实际结存的原材料、能源的数量。原材料能源库存分别用实物量和价值量表示。

折标准煤系数　是指某种能源的实际热值与标准燃料热值之比。各种能源由于原始计量单位不同，热值也不一样，因此，必须折标成同一标准计量单位，才能进行汇总，对比和分析。

综合能源消费量　是指工业企业报告期内用于工业生产活动的各种能源总和。

工业总产值综合能耗　是指综合能源消费量与工业总产值之比，它反映单位工业总产值所消耗的能源量。计算公式为：

$$\text{工业总产值综合能耗}=\frac{\text{综合能源消费量}}{\text{工业总产值}}\times 100\%$$

批发零售贸易业　指专门从事商品流通行业。根据其经营方式不同可分为批发贸易业和零售贸易业两大部分。

批发贸易业　指从工农业生产者或从商品流通企业购进商品，转卖给工业、农业、建筑业、运输邮电、餐饮业和服务业等生产经常单位作为生产经营用，以及将商品转卖给其他批发贸易企业或零售企业的商品流通企业和单位。农副产品采购、供应企业、对国（境）外商进口、出口的对外贸易企业、物资供给企业等、一般都属于批发贸易企业。

零售贸易业　指从农业生产者、批发贸易业或居民购进商品，转卖给城乡居民作为生活费和售给社会集团作为公共消费的商品流通企业和单位。

餐饮业　指从事食品的烹饪、调制并直接售给居民和社会集团的机构。包括中西餐馆、饭馆、各种小吃店、冷饮店、酒店、茶楼等。

法人单位　指各种经济类型独立核算法人批发零售贸易企业、餐饮企业的单位个数。它应同时具备以下条件：(1)依法成立、有自己的名称、组织机构和场所，能独立承担民事责任；(2)独立拥有和使用资产、承担负债，有权与其他单价签订合同；（3）独立核算盈亏，并能编制资产负债表。

活动单位 也称产业活动单位。指经工商行政管理部门注册登记，领取营业执照从事批发零售贸易业、餐饮业单位个数。它应同时具备以下三个条件：（1）在一个场所内从事或主要从事批发零售贸易业、餐饮业活动；（2）相对独立组织经营活动；（3）能够掌握收入和支出等业务核算资料。它从属于各类法人单位，一个法人单位至少有一个活动单位。

人员 即从业人员，指从事批发零售贸易业、餐饮业劳动并取得劳动报酬或经营收入的人员。包括职工(含长期职工、合同制职工、临时职工)和其他从业人员(含再就业的离退休人员 、三资企业中的外方人员和港澳台方人员)。

商品购进总额 指批发零售贸易企业从本企业以外的单位和个人购进(包括从国外直接进口)作为转卖或加工后转卖的商品。它由从生产者购进额、从批发零售贸易业购进额、进口额和其他项目组成，反映批发零售贸易企业从国内、外市场上购进商的总量。

商品销售总额 指批发零售贸易企业对本企业以外的单位和个人出售(包括对国(境)外直接出口)的商品。这个指标反映批发零售贸易企业在国内市场上出售商品及出口商品的总量。

批发 指除零售以外的一切商品销售活动，包括对生产经营单位批发、对批发零售业批发和出口。

零售 指售给城乡居民直接用于生活消费的商品和社会集团直接用于公用消费的商品。

年末库存 指批发零售贸易企业已取得所有权的全部商品。这个指标反映批发零售贸易业的商品库存情况，以及对市场商品供应的保证程度。

社会消费品零售总额 指各种经济类型的批发零售贸易业、餐饮业和其他行业对城乡居民和社会集团的消费品零售额总和。社会消费品零售总额包括：

（1）售给城乡居民作为生活用的商品和修建房屋用的建筑材料；（2）售给机关、团体、学校、部队、企业、事业单位的职工食堂和旅店(招待所)附设专门供本店旅客食用，不对外营业的食堂的种食品、燃料；企业、单位和国营农场直接售给本单位职工和职工食堂的自己生产的产品；（3）售给部队干部、战士生活用的粮食、副食品、衣着品、日用品、燃料；（4）售给来华的外国人、华侨、港澳台同胞的消费品；（5）居民自费购买的中、西药品、中药材及医疗用品；（6）报社、出版社直接售给居民和社会集团的报纸、图书、杂志、集邮公司出售的新、旧纪念邮票、特种邮票、首日封、集邮册、集邮工具等；（7）旧货寄售商店自购、自销部分的商品零售额；（8）煤气公司、液化石油气站售给居民和社会集团的煤气灶具和罐装液化石油气；（9）售给社会集团的办公用品；公共用品和针织品；学校用的教学用具；文体用品；非专用的劳动保护用品；日用百货和杂品；家具、设备、日用电器、电器设备和照相器材；取暖用的设备和燃料，防暑、降温的饮料；非生产经营用的交通工具和油料；零星修理用的各种零配件、材料、工具、建筑材料等；举办各种招待会、茶话会、宴会用的烟酒茶和各种食品及馈赠的礼品；从公费医疗经费中开支的中、西药品、中药材和医疗器材以及其他非生产性设备和用品。

经营费用 指批发零售贸易企业在购、销、存过程中发生的各种经费用。包括运输费、包装费、保险费、展览费、差旅费、广告费、商品损耗、进出口商品累计佣金、经营人员的工资及福利等。

商品销售利润 指批发零售贸易企业由于商品销售得到的利润。

营业利润 指批发零售贸易企业营业收入扣除成本、费用和各种商品销售税金及附加费后的数额。

利润总额 指批发零售企业全年实现的利润。包括营业利润、投资净收益以及营业外支净额。

城乡集市贸易成交额 指在城市集市和农村集市上买卖双方（包括农民、非农业居民、机关、团体、企事业单位和个体商贩）成交的全部商品金额。

国际旅游人数 指来我国参观、访问、旅行、探亲、访友、休养、考察、 参加会议和从事经济、科技、文化、教育、体育、宗教等活动的外国人、华侨、港澳和台湾同胞的人数。不包括外国在我国的常住机构，如使领馆、通讯社、企业办事处的工作人员；来我国常驻的外国专家、留学生以及在岸逗留不过夜人员。

国际旅游（外汇）收入 入境游客在中国（大陆）境内旅行、游览过程中用于交通、参观游览、住宿、餐饮、购物、娱乐等全部花费。

城市居民消费价格指数 是反映城市居民所购买的生活消费品和服务项目价格变动趋势及其程度的相对数。编制城市居民消费价格指数，可以观察和分析消费品的零售价格和服务项目价格变动对职工货币工资的影响，作为研究职工生活和确定工资政策的依据。

商品零售价格指数 是反映城乡商品零售人格变动趋

势的一种经济指数。零售物价的调整变动直接影响到城乡居民的生活支出和国家的财政收入，影响居民购买力和市场供需平衡，影响消费与积累的比例。

对外借款 是我国利用外资的主要部分。包括我国通过外国政府贷款， 国际金融组织贷款，外国银行商业贷款，出口信贷以及对外发行债券，股票等方式，从境外筹措的资金。

外商直接投资 是指外国企业和经济组织或个人(包括华侨、港澳台胞以及我国在境外注册的企业)按我国有关政策、法规，用现汇、实物、 技术等在我国境内开办外商独资企业、与我国境内的企业或经济组织共同举办中外合资经营企业、合作经营企业或作合作开发资源的投资(包括外商投资收益的再投资)以及经政府有关部门批准的项目投资总额内，企业从境外借入的资金。

财政收入 国家财政参与社会产品分配所取得的收入，是实现国家职能的财力保证。财政收入所包括的内容几经变化，目前主要包括：

(1)各项税收 包括增值税、营业税、消费税、土地增值税、城市维护建设税、资源税、城市土地使用税、印花税、固定资产投资方向调节税、个人所得税、企业所得税、关税、农牧业税和耕地占用税等。

(2)专项收入 包括征收排污费、征收城市水资源费收入，教育费附加收入等。

(3)其他收入 包括基本建设贷款归还收入、国家能源交通重点建设基金收入、国家预算调节基金等。

(4)国有企业计划亏损补贴 这项为负收入，冲减财政收入。

中央财政收入和地方财政收入 按财政体制划分的中央本级收入和地方本级收入。1994 年分税制财政体制以后，属于中央财政的收入包括关税、海关代征消费税和增值税，消费税，中央企业所得税，地方银行和外资银行及非银行金融企业所得税，铁道、银行总行、保险总公司等集中缴纳的营业税、所得税、利润和城市维护建设税，增值税的 75%部分，海洋石油资源税和证券(印花)税 50%部分。属于地方财政的收入包括营业税，地方企业所得税，个人所得税，城镇土地使用税，固定资产投资方向调节税，城镇维护建设税，房产税，车船使用税，印花税，屠宰税，农牧业税，农业特产税，耕地占用税，契税，增值税 25%部分，证券交易税(印花税)的 50%部分和除海洋石油资源税以外的其他资源税。

中央财政支出和地方财政支出 根据政府在经济和社会活动中的不同职责，划分中央和地方政府的责权，按照政府的责权划分确定的支出。中央财政支出包括国防支出，武装警察部队支出，中央级行政管理费和各项事业费，重点建设支出以及中央政府调整国民经济结构、协调地区发展，实施宏观调控的支出。地方财政支出主要包括地方行政管理和各项事业费，地方统筹的基本建设、技术改造支出，支援农村生产支出，城市维护和建设经费，价格补贴支出等。

预算外资金收支 预算外资金是有关单位凭借国家权力或由国家授权而取得的没有纳入国家预算管理的财政性资金。其收入包括地方财政部门的各项附加收入，集中事业收入，专项收入等，事业行政单位的专用基金，经营性服务纯收入，行政事业性收费，专项资金，中小学勤工俭学收入，税收分成等。其支出包括固定资产投资支出，城市维护支出，福利奖励支出，行政事业支出等。

增值税 是一个国家性税种。是随着社会经济发展的客观需要而产生的，目前已在68个国家和地区实行。我国从1994年1月1日实行的新税制中，增值税是一个主体税种。

增值税是以流转额为计税依据，采取多环节征收，实行税款抵扣的一种流转税。

从计税原理上讲， 增值税是以货物或劳务价值中的增值额为计税依据的一种税，也就是相当于对利润、利息、工资、租金等征税。

营业税 指对提供应税劳务、转让无形资产或者销售不动产所取得的收入征收的一种税。提供应税劳务、转让无形资产或者销售不动产是指有偿提供劳务，有偿转让无形资产或者有偿转让不动产所有权的行为。有偿是指取得货币、货物或其他经济利益。

企业所得税 指对企业生产经营所得和其他所得征收的一种税。是国家直接参与企业利润分配的税收。

城乡维护建设税 是为加强城市的维护建设，扩大和稳定城市维护建设资金的来源而征收的一种税。城建税的纳税人为缴纳增值税、营业税、消费税的单位和个人。计征依据暂改按增值税、营业税、消费税征收。

教育费附加 是为加快发展地方教育事业，扩大地方教育经费的资金来源而征收的费用。计税依据为增值税、营业税、消费税的税额。

基本建设拨款 是指地方预算内的基本建设拨款，不包括地方预算外自筹的各种基本建设资金。

流动资金 指地方财政用自筹资金建设的纳入预算的企业，由财政拨付的自有流动资金。

企业挖潜改造及三项专用费 指由国家预算拨款，用于企业挖潜革新和改造方面的资金和新产品制费、中间试验费、重要科学研究补助费等科学技术三项费用。

城市维护费 指用城市维护建设税和地方机动财力安排的城市维护支出，包括城市道路、桥梁、给水、排水、公共污水处理、防洪堤坝、供气、供热、城市交通管理、消防、路灯等项公共设施的维护费；园林，中、小学校舍维修补助费；公共厕所、清扫垃圾、街道洒水、扫雪等公共环境卫生补助费；城市其他公共事业和公共设施的维护费。但不包括基建支出、流动资金、挖潜改造资金、科技三项费用和城建事业以及地方预算自筹的各种基本建设资金。

文教、科学卫生事业费 指除基本建设支出、挖潜改造资金、流动资金和科技三项费用以外的各级文化部门、出版事业、文物事业、体育事业、卫生事业地方中医管理部门、地方体委系统、档案事业、地震事业、海洋事业、通讯事业、广播电影电视事业、计划生育事业和其他文教事业等部门的事业费和公费医疗经费，以及由各级科委归口管理的科学事业费及中国社会科学院系统的国家预算拨款的科学事业费。

信贷资金 国家银行用于发放贷款的资金叫信贷资金。中国人民银行信贷资金的来源有各项存款、对国际金融机构负债、流通中货币、银行自有资金及当年结益等。信贷资金的运用有各项贷款、黄金占款、外汇占款、财政借款及在国际金融机构中的资产等。

存款 企业、机关、团体或居民根据可以收回的原则，把货币资金存入银行或其他信用机构保管并取得一定利息的一种信用活动形式。根据存款对象的不同可划分为企业存款、财政存款、机关团体存款、基本建设存款、城镇储蓄存款、农村存款等科目。它是银行信贷资金的主要来源。

城乡居民储蓄存款余额 包括城镇居民储蓄存款和农民个人储蓄存款两部分。不包括居民的手存现金和工矿企业、部队、机关团体等集团存款。储蓄存款余额，是指城乡居民存入银行及农村信用社储蓄的时点数(存入数扣除取出数的余额)，如月末、季末或年末数额。

贷款 银行或其他信用机构根据必须归还的原则，按一定利率， 为企业、个人等提供资金的一种信用活动形式。我国银行贷款分为流动资金贷款、固定资产贷款、城乡个体工商户贷款以及农业贷款等科目。

保费 又叫保险费。是保险人根据保险合同的有关规定， 为被保险人取得因约定危险事故发生所造成的经济损失补偿(或给付)权利，付给保险人的代价。包括财产险和人身险储金收入。

赔款 保险事故发生后，经查证确属保险责任范围以内的保险标的损失，保险人根据保险合同的规定履行赔偿义务，给予被保险人的款项叫做赔款。赔款可分为已决赔款和未决赔款两种。

普通高等学校 指按照国家规定的设置标准和审批程序批准举办，通过国家统一招生考试，招收高中毕业生为主要培养对象，实施高等教育的全日制大学、独立设置的学院和高等专科学校、短期职业大学。

成人高等学校 指按照国家有关规定审批，招收通过全国成人高教统一招生考试的具有高中毕业或同等学历的在职从业人员利用脱产、半脱产、业余或函授等多种形式对其实施高等学历教育培养高等教育专科或本科毕业水平的专门人才，修业年限、课程设置和总学时数均按高等学历教育要求付诸实施的学校。包括广播电视大学、职工高等学校、农民高等学校、管理干部学院、教育学院、独立设置的函授学院等。

小学学龄儿童入学率 指调查范围内已入小学学习的学龄儿童占学龄儿童总数（包括弱智儿童在内，但不包括盲聋哑儿童）的比重。计算公式：

$$\text{小学学龄儿童入学率}=\frac{\text{已入学的小学学龄儿童数}}{\text{校内外小学学龄儿童总数}}\times 100\%$$

毕业生数 指具有学藉的学生学完教学计划规定的全部课程，考试及格、获得毕业证书的学生数。不包括结业和肄业生数。

在校学生数 指学年初开学以后，具有学藉的全部在学习的学生总数。

专任教师 指主要从事教育工作的人员。包括临时调去帮助做其他工作的人员。不包括调离教学岗位，担任行政领导工作或其他工作的原教学人员，不包括兼任教师和代课教师。

平均每一教师负担的学生数 指专任教师在校学生数的比值。反映了教师所负担的教学工作量。 计算公式：

$$\text{平均每一教师负担学生数（人）}=\frac{\text{在校学生数}}{\text{专任教师数}}$$

等级运动员人数 指经考核正式批准授予等级运动员称号的人数。运动员等级分为国际运动员健将、运动健将、一级运动员、二级运动员、三级运动员、少年级运动员。

等级裁判人员数 指经考核正式批准授予等级裁判员称号的人数。裁判员待级分为国际裁判、国家级裁判、一级裁判、二级裁判、三级裁判。

体育场 指有 400 米跑道(中心含足球场)，有固定道牙，跑道 6 条以上， 并有固定看台的室外田径场地。以看台容纳观众人数分：甲级 25000 人以上， 乙级 15000-25000 人，丙级 5000-15000 人，丁级 5000 人以下。

体育馆 指有固定看台，可供篮球、排球、羽毛球、乒乓球、 体操等项目训练比赛活动用的室内运动场地。以看台容纳观众人数分：甲级 6000 人以上，乙级 4000－6000 人，丙级 2000-4000 人，丁级 2000 人以下。

卫生机构数 指各种部门、各种性质的专职卫生技术人员的卫生机构数。包括：医院、疗养院（所）、门诊部（所）、专科防治（站）、卫生防疫站、妇幼保健所（站）、药品检验所（室）、其他卫生机构、医学科学研究机构、高等医药院校和中等医药学校。

医院 指名称为医院、设有固定床位收容病人住院并能为病人提供医疗、护理服务的医疗机构。按所属性质分为卫生部门、工业及其他部门、集体所有制三类。其中县及县以上医院业务性质分为综合医院和专科医院。

卫生技术人员 指卫生事业机构支付工资的全部固定职工和合同制职工现任职务为卫生技术工作的人员。包括中医师、西医师、中西医结合、高级医师、护师、中药师、西药师、检验师、其他技师、其他中医、护理员、中药剂员、西药剂员、检验员、其他初级卫生技术人员。

每千人口中卫生技术人员数 指卫生技术人员同总人口的比例。计算公式为：

$$\text{每千人口中卫生技术人员数(人)}=\frac{\text{年末卫生技术人员}}{\text{年末总人数}}\times 1000$$

每千人口医院床位数：指卫生机构年末医院床位数与年末总人口数的比重。计算公式为：

$$\text{每千人口医院床位(张)}=\frac{\text{年末医院床位数}}{\text{年末总人数}}\times 1000$$

城镇居民家庭实际收入 指被调查城镇居民家庭全部的实际现金收入，包括经常或固定得到的收入和一次性收入。不包括周转性收入，如提取银行存款、向亲友借入款、收回借出款以及其他各种暂收款。

城镇居民家庭总收入 指调查户中生活在一起的所有家庭成员在调查其得到的工薪收入、经营净收入，财产性收入、转移性收入的总和，不包括出售财物收入和借贷收入。

城镇居民家庭可支配收入 指调查户可用于最终消费支出和其它非义务性支出及储蓄的总和，即居民家庭可以用来自由支配的收入。它是家庭总收入扣除交纳的所得税、个人交纳的社会保障费以及调查户的记账补贴后的收入。计算公式：可支配收入=家庭总收入—交纳所得税—个人交纳的社会保障支出—记帐补贴。

城镇居民家庭消费支出 指调查户用于本家庭日常生活的全部支出，包括食品、衣着、家庭设备用品及服务、医疗保健、交通和通讯、娱乐教育文化服务、居住、杂项商品和服务八大类。包括用于赠送的商品或服务。

农村居民可支配收入 指农村居民获得的经过初次分配与再分配后的收入。可支配收入可用于农村居民的最终消费、非义务性支出以及储蓄。其计算方法是：

农村居民可支配收入=全年总收入—家庭经营费用支出—税费支出—生产性固定资产折旧—调查补贴—财产性支出—转移性支出中除赠送农村内部亲友支出外的所有支出—亲友赠送收入+农村外部亲友赠送收入

农村居民家庭纯收入 指农村常住居民家庭总收入中，扣除相应的各项费用支出后，归农民所有的收入。它可以用于生产、非生产投资，改善物质和文化生活，以及用于再分配的支出和结余的收入。它是反映农民家庭实际收入水平的综合性的主要指标。农民家庭纯收入，既包括从事生产性和非生产性的经营收入，又包括取自在外人口寄回带回和国家财政救济、各种补贴等非经营性收入；既包括货币收入，又包括自产自用的实物收入。但不包括向银行、信用社和向亲友借款等属于借贷性的收入。其计算方法是：

纯收入=全年总收入—家庭经营费用—税费支出—固定资产折旧—亲友赠送收入+城市亲友赠送收入+一次性工伤补贴+保险公司赔付

农村居民生活消费支出 指农村常住居民家庭年内用于物质生活和精神生活方面的实际支出，直接反映农民的生活水平，是研究农民消费结构变化的基本指标。农民家庭生活消费支出，包括食品、衣着、居住、家庭设备、用品及服务、医疗保健、交通和通讯、文化教育娱乐用品及服务、其他商品和服务等消费支出。

鹿寨县简介

鹿寨县位于广西中部，全县辖5镇6乡，总面积3356平方公里，人口48万人，湘桂铁路、桂海高速公路，322、323国道纵贯南北县境，县城距桂林两江国际机场和柳州白莲机场分别为120公里和45公里，区位优势明显，交通十分便利。

近年来，鹿寨县充分发挥区位优势，按照“农业稳县、工业强县、商贸活县、旅游旺县”的发展思路，积极调整产业布局，改善和优化投资环境，实现了经济的持续快速健康发展。

县委书记：张永刚

飞鹿大道扩建工程开工典礼